Conheça o
Saraiva Conecta

Uma plataforma que apoia o leitor em sua jornada de estudos e de atualização.

Estude *online* com conteúdos complementares ao livro e que ampliam a sua compreensão dos temas abordados nesta obra.

Tudo isso com a **qualidade Saraiva Educação** que você já conhece!

Veja como acessar

No seu computador
Acesse o *link*
https://somos.in/RJOP1

No seu celular ou tablet
Abra a câmera do seu celular ou aplicativo específico e aponte para o *QR Code* disponível no livro.

Faça seu cadastro

1. Clique em **"Novo por aqui? Criar conta"**.

2. Preencha as informações – insira um *e-mail* que você costuma usar, ok?

3. Crie sua senha e clique no botão **"CRIAR CONTA"**.

Pronto!
Agora é só aproveitar o conteúdo desta obra!*

Qualquer dúvida, entre em contato pelo *e-mail* suportedigital@saraivaconecta.com.br

Confira o material do professor
MARCELO BARBOSA SACRAMONE
para você:

https://somos.in/RJOP1

*Sempre que quiser, acesse todos os conteúdos exclusivos pelo link ou pelo QR Code indicados. O seu acesso tem validade de 24 meses.

MARCELO BARBOSA SACRAMONE

RECUPERAÇÃO JUDICIAL

DOS OBJETIVOS AO PROCEDIMENTO

Incentivos Regulatórios do Sistema de Insolvência Brasileiro

2024

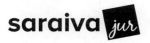

Av. Paulista, 901, Edifício CYK, 4º andar
Bela Vista – São Paulo – SP – CEP 01310-100

SAC | sac.sets@saraivaeducacao.com.br

Diretoria executiva	Flávia Alves Bravin
Diretoria editorial	Ana Paula Santos Matos
Gerência de produção e projetos	Fernando Penteado
Gerência de conteúdo e aquisições	Thais Cassoli Reato Cézar
Gerência editorial	Livia Céspedes
Novos projetos	Aline Darcy Flôr de Souza
	Dalila Costa de Oliveira
Edição	Samantha Rangel
Design e produção	Jeferson Costa da Silva (coord.)
	Karina Kempter
	Alanne Maria
	Guilherme Salvador
	Lais Soriano
	Rosana Peroni Fazolari
	Tiago Dela Rosa
	Verônica Pivisan
Planejamento e projetos	Cintia Aparecida dos Santos
	Daniela Maria Chaves Carvalho
	Emily Larissa Ferreira da Silva
	Kelli Priscila Pinto
Diagramação	Desígnios Editoriais
Revisão	Caio Cobucci Leite
	Silvana Cobucci Leite
Capa	Tiago Dela Rosa
Produção gráfica	Marli Rampim
	Sergio Luiz Pereira Lopes
Impressão e acabamento	Gráfica Paym

DADOS INTERNACIONAIS DE CATALOGAÇÃO NA PUBLICAÇÃO (CIP)

S123r Sacramone, Marcelo Barbosa
        Recuperação Judicial: dos objetivos ao procedimento - Incentivos Regulatórios do Sistema de Insolvência Brasileiro / Marcelo Barbosa Sacramone. - 1. ed. - São Paulo : Saraiva Jur, 2024.
        352 p.
        ISBN: 978-65-5362-359-0 (impresso)
        1. Direito. 2. Recuperação Judicial. I. Título.

2023-3295   CDD 340
                                       CDU 34

Elaborado por Vagner Rodolfo da Silva - CRB-8/9410

Índices para catálogo sistemático:
1. Direito   340
2. Direito   34

Data de fechamento da edição: 26-12-2023

Dúvidas? Acesse www.saraivaeducacao.com.br

Nenhuma parte desta publicação poderá ser reproduzida por qualquer meio ou forma sem a prévia autorização da Saraiva Educação. A violação dos direitos autorais é crime estabelecido na Lei n. 9.610/98 e punido pelo art. 184 do Código Penal.

| CÓD. OBRA | 721605 | CL | 608948 | CAE | 846169 |

OP 229379

Prefácio

Na economia de livre-iniciativa e competição, os estímulos que os agentes econômicos identificam nas leis e normas jurídicas em vigor cumprem uma função estruturante do mercado. Nem sempre – ou melhor, raramente – o que os agentes econômicos interpretam como estímulos da "ordem jurídica" é o produto de opções conscientes e estudadas, devidamente lastreadas em dados empíricos aptos a nortearem uma decisão verdadeiramente racional. Na edição e aplicação de leis e normas pesam mais as impressões subjetivas de protagonistas do processo decisório, extraídas de suas concepções pessoais e do modo como avaliam as próprias experiências. Mesmo assim, empresários fixam os preços de suas mercadorias e serviços embutindo custos e riscos a partir das expectativas acerca dos estímulos que eles vislumbram nas leis e regulamentos. A função estruturante do mercado, assim, não é propriamente um efeito direto da ordenação pretendida pelos legisladores e reguladores, mas apenas o modo como os agentes econômicos se comportam ao reagirem a ela.

Os vieses cognitivos e valores dos protagonistas da edição e aplicação das normas jurídicas são inevitáveis, mas podem e devem ser mitigados. Estudos jurimétricos são os instrumentos mais poderosos de que dispomos para isso. A jurimetria brasileira tem um desempenho à altura do desafio, por estar entre as melhores atualmente produzidas em todo o mundo, tanto pelo rigor metodológico quanto pela imensa população de dados com que consegue trabalhar.

Se os relatórios dos observatórios jurimétricos, por si sós, já fornecem algumas pistas de como os estímulos jurídicos podem ser racionalmente aprimorados, certamente o proveito da pesquisa empírica será muito mais consistente a partir de estudos criteriosos feitos sobre os dados apresentados por estes relatórios.

Diante do desafio de contrapor a pesquisa empírica aos vieses e valores dos protagonistas do processo legislativo ou judicial, o estudioso pode ter duas posturas diferentes (ou uma combinação delas com ênfase maior ou menor em uma ou outra): de um lado, pressupor que os humanos somos capazes de ordenar racionalmente nossas relações econômicas e sociais por meio de normas jurídicas gerais e abstratas; de outro, desconfiar dessa capacidade humana de organizar cientificamente a economia e a sociedade e, coerentemente, considerar que as normas jurídicas servem apenas de orientação genérica no tratamento de conflitos de interesses concretos. A primeira postura, que é a do positivismo filosófico (mais amplo que o jurídico), seduz estudiosos adeptos da análise econômica do direito, por exemplo. A segunda, que é a do ceticismo epistemológico, convence os que, na minha opinião, têm concepções mais realistas sobre o direito.

Marcelo Sacramone, com o trabalho que deu origem a este livro, adentrou a seara do escrutínio do que os agentes econômicos veem como estímulos jurídicos sem se comprometer estritamente com nenhuma dessas posturas. Sem positivismo nem ceticismo exacerbados, transitou por todos os temas relevantes da insolvência, mais especificamente pelos concernentes ao meio pelo qual os conflitos em torno da crise da empresa têm sido tratados no direito brasileiro desde 2005, a recuperação judicial.

Sacramone foi um dos criadores do observatório da insolvência, iniciativa do Núcleo de Pesquisa de Insolvência da PUC-SP (NEPI) e da Associação Brasileira de Jurimetria (ABJ). Acompanhou diretamente a estruturação da pesquisa desde o início, seus testes, bem como a coleta e processamento dos dados jurimétricos reunidos e publicados pelo observatório. Conhece como ninguém a acurada radiografia do tratamento judicial da empresa em crise que a jurimetria proporcionou aos estudiosos da matéria. E conhece também como ninguém a realidade desse tratamento, tanto pela perspectiva da magistratura (foi um juiz de vara especializada em São Paulo de reconhecidos méritos) como pela de advogado atuante no setor. A esses conhecimentos de pesquisador e profissional também se agregam os de professor de direito, tanto na graduação como na pós-graduação da Pontifícia Universidade Católica de São Paulo – sabemos todos que dar aulas é um dos modos mais ricos de ampliação do conhecimento.

Com o trabalho que deu origem a este livro, Sacramone obteve o título mais elevado outorgado pelas universidades brasileiras a um teórico: o de livre-docente. Se o título de mestre prova que o pesquisador domina a metodologia do trabalho acadêmico e o de doutor, que ele é capaz de dar uma contribuição nova para o conhecimento, o de livre-docência revela a capacidade de fazer isso sem um orientador. A livre-docência é um título para poucos. Com a sua tese sobre os incentivos regulatórios do sistema de insolvência brasileiro, Sacramone tornou-se o detentor do quarto título de livre-docência concedido pela PUC-SP na área do direito empresarial.

Pela qualidade das pesquisas e acurácia das conclusões, este livro está predestinado a servir não apenas de modelo de pesquisas acadêmicas lastreadas em jurimetria, mas sobretudo a contribuir para o aperfeiçoamento dos estímulos que convém sejam identificados pelos agentes econômicos na disciplina da recuperação judicial no Brasil.

Fábio Ulhoa Coelho
Professor Titular de Direito Empresarial da PUC-SP

Agradecimentos

O livro que se apresenta é resultado da tese sustentada para a obtenção da Livre-docência em Direito Empresarial na Pontifícia Universidade Católica de São Paulo.

Trata-se de projeto, entretanto, muito anterior. Ele foi iniciado em 2018, no âmbito do departamento de Direito Empresarial da PUC-SP, sob a coordenação do professor Fábio Ulhoa Coelho, e que pretendia uma maior compreensão, por meio da jurimetria, dos diversos campos do direito empresarial. No âmbito da insolvência, a mensuração das diversas variáveis dos processos de Recuperação Judicial e Falência foi realizada pelo Núcleo de Estudo e Pesquisa sobre Insolvência (NEPI-PUC-SP), cujos pesquisadores e estatísticos foram orientados pelos professores Marcelo Guedes Nunes, Ivo Waisberg e por mim. Sem o trabalho desses professores, de todas as dezenas de alunos pesquisadores e do apoio da Associação Brasileira de Jurimetria (ABJ), cujo presidente Marcelo Guedes Nunes não mediu esforços para tornar a coleta possível e os diversos dados compreensíveis, a abordagem jurimétrica necessária para a avaliação da adequação dos incentivos legais não existiria.

Para a pesquisa bibliográfica e confronto dos diversos sistemas jurídicos, imprescindível foi o apoio do Max-Planck-Institut für ausländisches und internationales Privatrecht.

A pesquisa tampouco poderia ter sido realizada sem a interlocução com diversos amigos que, cada qual no seu específico campo, contribuíram para que o projeto se tornasse possível. Pela revisão do texto, confronto dos argumentos e análise das premissas, meu agradecimento especial aos professores Ruy Pereira Camilo Jr., Marlon Tomazette, Sheila Christina Neder Cerezetti, Cezar Ciampolini Neto, Bárbara Gadig, Gilberto Gornati e Rodrigo D'Orio.

Pela leitura crítica e arguição, que tornaram o trabalho mais claro e consistente, meu agradecimento à banca examinadora composta pelos professores Fábio Ulhoa Coelho, Paula Forgioni, Marcia Carla Pereira Ribeiro, Ivo Waisberg e Paulo Brancher.

Pelo auxílio na pesquisa bibliográfica, agradeço ainda a Letícia Fornel, Anna Carolina Abrantes e Cezar Najjarian.

Por fim, este livro não poderia ter sido escrito sem que tivesse se tornado um projeto comum. Agradeço aos meus sócios Gabriel de Orleans e Bragança e Hugo Tubone Yamashita pelas discussões diárias e contribuições.

Esta obra é dedicada à Sílvia e ao Otávio. Sua compreensão pelo longo tempo exigido de privação do convívio e seu incentivo quando tudo ainda parecia muito distante fizeram com que esse projeto se tornasse possível.

Lista de figuras

Figura 1 – Dados de falências distribuídas e decretadas no Brasil.................................... 89

Figura 2 – Recuperações judiciais no Brasil 90

Figura 3 – Tabela retirada do Federal Statistical Office (Statistisches Bundesamt) 91

Figura 4 – Volume mensal e trimestral de recuperações judiciais distribuídas no Brasil e sua comparação com o Produto Interno Bruto do período 92

Figura 5 – Relação entre o ativo e o passivo declarados pelas recuperandas no momento da propositura 94

Figura 6 – Percentual de procedimentos falimentares e de concordatas preventivas na Itália... 101

Figura 7 – Número de procedimentos coletivos franceses apresentado no Relatório Anual de 2021 elaborado pelo Conseil National des Administrateurs Judiciaires et des Mandataires Judiciaires 107

Figura 8 – Número de procedimentos preventivos franceses apresentado no Relatório Anual de 2021 elaborado pelo Conseil National des Administrateurs Judiciaires et des Mandataires Judiciaires 107

Figura 9 – Pedidos de recuperação judicial de companhias abertas por credores nos EUA por ano 110

Figura 10 – Pedidos de recuperação judicial por credores nos EUA por quinquênio 111

Figura 11 – Volume mensal de falências requeridas e decretadas antes e depois do início da vigência da LREF.. 113

Figura 12 – Tempo até a decisão de processamento da recuperação judicial 159

Figura 13 – Tempo mediano do período de suspensão em razão do faturamento do devedor ... 161

Figura 14 – Diferença entre o lucro líquido projetado no plano de recuperação judicial e o realizado 229

Sumário

Prefácio	V
Agradecimentos	VII
Lista de figuras	IX
Introdução	1

CAPÍTULO 1
A FUNÇÃO DO SISTEMA DE INSOLVÊNCIA NACIONAL

1. A regulação legal e o desenvolvimento do mercado	5
2. A importância de um sistema de insolvência adequado	7
3. A insuficiência do sistema da execução individual	9
4. Objetivos do sistema de insolvência	12
4.1 A recuperação judicial como meio ou como fim	14
4.1.1 Teoria do *creditors' bargain*	15
4.1.1.1 Alemanha	17
4.1.1.2 Portugal	20
4.1.2 Teoria distributivista	23
4.1.2.1 Itália	26
4.1.2.2 França	29
4.1.3 A posição conciliatória norte-americana	32
4.1.4 Os objetivos da legislação brasileira	34
4.1.5 A eficiência econômica do procedimento de insolvência brasileiro	44

CAPÍTULO 2
A ESTRUTURA DO PROCEDIMENTO

1. A importância da eficiente alocação de poder	47
2. A eficácia das normas jurídicas é dependente da realidade sociocultural e histórica	50
2.1 A repressão histórica ao inadimplemento e a desconfiança dos credores	54
2.2 A alteração de paradigma pretendida pela n. Lei n. 11.101/2005 e o transplante parcial do Bankruptcy Code	65
3. Sistemas de insolvência e atribuição do poder decisório	69
3.1 Alocação de poder aos terceiros interessados	70
3.2 Alocação de poder ao Judiciário	75
3.3 Alocação de poder ao devedor em conjunto com seus credores	81
4. Incentivos adequados à alocação de poder	84

CAPÍTULO 3
FASE POSTULATÓRIA

1. Procedimentos de insolvência	87

2. Distribuição de procedimentos de recuperação judicial no Brasil 88

3. Fase postulatória 95

    3.1 Legitimidade para o requerimento de recuperação 95

        3.1.1 Alemanha 96

        3.1.2 Portugal 98

        3.1.3 Itália 99

        3.1.4 França 102

        3.1.5 EUA 108

        3.1.6 A legitimidade para o requerimento no Brasil 112

        3.1.7 A correção dos incentivos legais 116

    3.2 Dever legal de requerer a recuperação judicial 117

        3.2.1 Alemanha 117

        3.2.2 Portugal 119

        3.2.3 Itália 121

        3.2.4 França 122

        3.2.5 EUA 123

        3.2.6 O dever de pedir a recuperação no Brasil 126

            3.2.6.1 A correção dos incentivos legais 130

    3.3 Demonstração da crise do devedor como requisito do pedido 132

        3.3.1 Alemanha 133

        3.3.2 Portugal 135

        3.3.3 Itália 136

        3.3.4 França 138

        3.3.5 EUA 140

        3.3.6 A exigência de demonstração da crise do devedor no Brasil 141

            3.3.6.1 A correção dos incentivos legais 146

CAPÍTULO 4
FASE DE NEGOCIAÇÃO

1. A fase de negociação 149

2. Período de suspensão 149

    2.1 Alemanha 151

    2.2 Portugal 152

    2.3 Itália 154

    2.4 França 155

    2.5 EUA 157

    2.6 O período de suspensão no Brasil 158

        2.6.1 O tempo até a decisão de processamento da recuperação judicial 158

        2.6.2 A duração do período de suspensão 160

        2.6.3 A correção dos incentivos legais 163

3. A condução da empresa durante o procedimento 164

    3.1 Alemanha 170

    3.2 Portugal 175

    3.3 Itália 180

SUMÁRIO

3.4 França 181

3.5 EUA 185

3.6 Brasil 192

    3.6.1 A condução da atividade durante a recuperação judicial 192

    3.6.2 Limites da administração 197

    3.6.3 Papel do administrador judicial e do comitê de credores 204

    3.6.4 A nomeação do administrador judicial 206

    3.6.5 A correção dos incentivos legais 207

4. Apresentação do plano de reorganização 209

4.1 Alemanha 209

4.2 Portugal 212

4.3 Itália 214

4.4 França 215

4.5 EUA 216

4.6 A apresentação do plano na recuperação judicial no Brasil 217

    4.6.1 A correção dos incentivos legais 223

CAPÍTULO 5
FASE DE DELIBERAÇÃO

1. A Assembleia Geral de Credores 225

2. O interesse dos credores na deliberação sobre o plano (créditos sujeitos e não sujeitos à recuperação judicial) 229

2.1 Alemanha 230

2.2 Portugal 234

2.3 Itália 240

2.4 França 241

2.5 EUA 244

2.6 Créditos sujeitos e não sujeitos à recuperação no Brasil 245

    2.6.1 Os credores proprietários 246

    2.6.2 Créditos fiscais 249

    2.6.3 Adequação dos incentivos legais 255

3. Formação das classes 256

3.1 Alemanha 257

3.2 Portugal 260

3.3 Itália 261

3.4 França 263

3.5 EUA 264

3.6 As classes de credores no Brasil 264

    3.6.1 As subclasses de credores para efeito exclusivo de diferenciação de pagamento no Brasil 268

    3.6.2 A votação pelos sócios 270

3.7 Adequação dos incentivos legais 272

4. Quóruns de aprovação sobre o plano de recuperação judicial 273

4.1 Alemanha 274

4.2 Portugal 276

4.3 Itália 277

4.4 França 278

4.5 EUA 280

4.6 Os quóruns de deliberação brasileiros.. 283

    4.6.1 Adequação dos incentivos legais 286

5. Homologação judicial do plano 288

5.1 Alemanha 288

5.2 Portugal 291

5.3 Itália 293

5.4 França 295

5.5 EUA 297

5.6 A homologação judicial do plano de recuperação judicial no Brasil 299

    5.6.1 O controle de legalidade sobre o plano de recuperação............... 300

    5.6.2 O controle de legalidade sobre o abuso de voto 301

    5.6.3 A adequação dos incentivos legais 305

Conclusão 307

Referências 313

Introdução

O sistema de insolvência como um todo e o instituto da recuperação judicial, em particular, são instrumentos de política pública[1] que impactam o mercado de crédito. Os custos *ex post*, após a crise do devedor e a contratação das obrigações, sofrem interferência direta do sistema de insolvência por meio da disciplina da limitação temporal da constrição dos ativos do devedor, redução das despesas coletivas de monitoramento, restrição à satisfação dos créditos, ordem e tempo de pagamento dos credores.

Os custos *ex ante* também são diretamente afetados. Como empresários, os agentes econômicos desenvolvem atividade econômica profissional e organizada, ou seja, celebram negócios jurídicos de forma reiterada e consciente a respeito dos riscos contraídos. A alteração dos custos de satisfação do referido crédito afeta diretamente o comportamento desses agentes econômicos e interfere em todas as suas demais relações jurídicas. O sistema de insolvência acaba por influenciar a concessão do crédito, as garantias exigidas pelos agentes para se protegerem de eventual crise ou para ocupar posição privilegiada em face dos demais credores, o risco assumido pelos devedores para empreender e, por consequência, o próprio desenvolvimento do mercado brasileiro.

Após quase duas décadas de aplicação da Lei n. 11.101/2005 e das diversas crises econômicas enfrentadas pelos empresários brasileiros no período, o instituto, devidamente testado na prática, não tem sido avesso às críticas. A compreensão da estrutura do sistema de insolvência pressupõe a compreensão da função pretendida pelos institutos no direito brasileiro.

Instrumento de política pública, o sistema de insolvência pode se orientar para uma maior eficiência econômica da alocação dos recursos escassos, com vista à maior satisfação dos créditos, ou para acentuar uma política distributiva dos ativos entre os agentes econômicos conforme valores sociais de determinada época.

Diante dos objetivos almejados pela regulação do mercado e dos comportamentos dos agentes, a estrutura e o procedimento do sistema de insolvência são construções técnico-jurídicas cuja adequação para a obtenção dos referidos objetivos deve ser aferida.

Diante dessas pretensões, a Lei n. 11.101/2005 pode atribuir poder a agentes econômicos mais ou menos incentivados a tomarem as decisões conforme os objetivos pretendidos pelo sistema. A especificidade da atividade empresarial, a avaliação conjunta dos ativos em eventual liquidação, o eventual sobrepreço resultante de sua conservação em conjunto ou da permanência do devedor sob a sua condução exigirão análise complexa do agente com poder decisório.

Se as interferências de outros agentes menos incentivados à decisão devem ser restringidas para não comprometer a decisão mais adequada e que permitirá a obtenção dos objetivos pretendidos pela Legislação, a estruturação do procedimento deve assegurar que os agentes decisórios fiquem adstritos à proteção dos interesses almejados e que não atuem em conflito de interesses com o representado,

---

[1] "Política pública é o programa de ação governamental que resulta de um conjunto de processos juridicamente regulados – processo eleitoral, processo de planejamento, processo de governo, processo orçamentário, processo legislativo, processo administrativo, processo judicial – visando coordenar os meios à disposição do Estado e as atividades privadas, para a realização de objetivos socialmente relevantes e determinados" (Bucci, Maria Paula Dallari. *Direito Administrativo e políticas públicas*. São Paulo: Saraiva, 2002. p. 39).

com comportamento estratégico de maximização da utilidade individual, ainda que em detrimento dos interesses dos demais.

Uma inadequação da estrutura do procedimento recuperacional poderá permitir que planos de recuperação judicial de empresas reconhecidamente inviáveis sejam aprovados. A manutenção de empresas inviáveis economicamente e como forma de se evitar a liquidação falimentar, seja pelos credores em comportamento estratégico, seja por intervenção de outros agentes, consumiria os recursos escassos. Mesmo que viável a empresa, mas sob a condução ineficiente do devedor, a concessão da recuperação judicial impediria a possibilidade de se desenvolver atividade empresarial por empresário mais eficiente que adquirisse os ativos em uma rápida liquidação conjunta dos bens e de uma forma que permitisse a maior satisfação dos interesses de todos os envolvidos.

Pode permitir, por outro lado, que empresas viáveis economicamente tenham a liquidação falimentar fragmentada dos ativos ou que se obste o recebimento de sobrepreço e da conservação dos interesses envolvidos com o desenvolvimento da atividade por meio da permanência do devedor na condução da empresa. A inadequação do procedimento poderá permitir eventual comportamento estratégico do agente decisório de maximizar a utilidade individual, ainda que em detrimento da maior satisfação dos interesses de todos os demais.

Essa verificação do atendimento dos objetivos pretendidos mediante a análise dos incentivos legais ao longo de todo o procedimento de insolvência não é tarefa inédita. Inicialmente empreendida por Jackson[2] e posteriormente seguida por Baird[3] nos Estados Unidos, foi realizada por Sarra[4] no Canadá; empreendida entre os sistemas legislativos da América do Sul e Central por Martinez[5]; entre os sistemas europeus principalmente por Bork[6]; e, no Brasil, promovida, dentre outros, por Cerezetti[7] e Mattos e Proença[8].

A conformação do procedimento estruturado pela lei aos seus objetivos, entretanto, não pode ser mensurada de forma isolada ou em abstrato, apenas. A eficácia produzida pela norma legal é dependente de um ambiente sociocultural, cujo desenvolvimento histórico pode condicionar ou limitar a produção de seus efeitos.

Nesse sentido, a atribuição adequada de poder de decisão, conforme os objetivos pretendidos, pode não ser suficiente para assegurá-los. Ainda que a Lei promova uma designação abstrata de poder aos agentes decisórios com maior incentivo para tutelarem todos os interesses envolvidos, a atribuição dos poderes poderá sofrer interferências de terceiros ou o poder decisório sobre a viabilidade econômica do devedor poderá ser capturado.

Para além de se aferir em abstrato os incentivos regulatórios dispostos no procedimento para a obtenção dos objetivos pretendidos pelo Legislador, a avaliação almejada é das reais condições de negociação enfrentadas pelos diversos agentes econômicos ao longo desses mais de dezoito anos de aplicação da Lei n. 11.101/2005.

---

[2] JACKSON, Thomas H. *The logic and limits of bankruptcy law*. Washington D.C.: Beard Books, 2001.

[3] BAIRD, Douglas G. *Elements of bankruptcy*. 6. ed. New York: Foundation Press, 2001.

[4] SARRA, Janis Pearl. *Creditor rights and the public interest*: Restructuring Insolvent Corporations. Toronto, Canadá: University of Toronto Press, 2003.

[5] GURREA-MARTÍNEZ, Aurelio. Objetivos y fundamentos del derecho concursal. In: GURREA-MARTÍNEZ, Aurelio; ROUILLON, Adolfo (org.). *Derecho de la insolvencia*: un enfoque comparado y funcional. Madrid: Wolters, 2022.

[6] BORK, Reinhard. *Corporate insolvency law*: A Comparative Textbook. Cambridge: Intersentia, 2020.

[7] CEREZETTI, Sheila Neder. *A recuperação judicial de sociedade por ações*: o princípio da preservação da empresa na Lei de Recuperação e Falência. São Paulo: Malheiros, 2012.

[8] MATTOS, Eduardo da Silva; PROENÇA, José Marcelo Martins. *Recuperação de Empresas*. Curso avançado em direito, economia e finanças. São Paulo: Thomson Reuters Brasil, 2023.

Pela divisão das três fases do procedimento, postulatória, de negociação e deliberativa, os incentivos regulatórios aos agentes econômicos deverão ser confrontados com os comportamentos efetivamente desempenhados nos processos de recuperação judicial e que confirmam ou subvertem a lógica legal disposta na norma.

Sobre esse procedimento e os incentivos legais criados, a abordagem que se pretende é descritiva e prescritiva.

A descrição da estrutura legal somente poderá ser compreendida se realizada mediante a exposição das sucessivas legislações nacionais e dos diversos sistemas estrangeiros cujas normas foram parcialmente transplantadas para se solucionar problemas pontuais locais. A compreensão do transplante parcial da legislação estrangeira e seu confronto com a peculiar realidade sociocultural brasileira poderão auxiliar a explicar a eventual incapacidade de a regulação nacional cumprir sua função.

A abordagem comparada dos sistemas tradicionalmente relevantes para a legislação brasileira se por um lado possui a limitação natural dos referidos sistemas e do particular contexto social em que estão inseridos, por outro permitirá a reflexão sobre as diversas abordagens regulatórias para melhorar a legislação vigente.

Essa abordagem prescritiva pretende, diante do confronto desses diversos sistemas jurídicos, sugerir alternativa de estrutura que se considera mais adequada à função pretendida ao sistema de insolvência brasileiro.

CAPÍTULO 1
A FUNÇÃO DO SISTEMA DE INSOLVÊNCIA NACIONAL

1. A REGULAÇÃO LEGAL E O DESENVOLVIMENTO DO MERCADO

Entre os economistas, aponta-se a relação entre o desenvolvimento econômico e o direito[1].

A corrente dos espontaneístas baseava-se na crença de que o mercado age como ordem natural ou espontânea, de modo a orientar e indicar ao indivíduo a melhor maneira de promover o próprio bem-estar, assim como o das demais pessoas. Não seria produto de uma criação jurídica, mas resultado das capacidades e delimitações das próprias pessoas[2]. O direito não interferiria nas atividades dos cidadãos, que se regulariam e seriam dirigidas pelo mercado.

Para os criacionistas, liderados principalmente pelo trabalho de Natalino Irti[3], em contraposição aos espontaneístas, o direito cria os agentes econômicos ao oferecer-lhes capacidade jurídica e impor-lhes limites. Pela concepção, só existe mercado posteriormente ao direito.

Irti entende que o mercado é a lei que o rege e o constitui e toma forma a partir da decisão política e das escolhas normativas[4]: "La conformazione legislativa del mercato ne addita piuttosto il carattere di *artificialità. Locus artificialis,* e non *locus naturalis*, ordine costruito, e non ordine trovato nell'originaria natura degli uomini"[5].

A disputa entre criacionistas, que entendem que o mercado é criação do direito, o qual o constitui e governa[6], e os espontaneístas, crentes num mercado como uma ordem natural[7], é superada pela convicção de que o mercado não se confunde com o direito, mas este é "peça-chave de seu funcionamento"[8].

O mercado não é absolutamente independente do direito, como sustentam os espontaneístas, mas tampouco se confunde ou é criado por esse, como sustentam os criacionistas. Ele se desenvolve pelos agentes econômicos em sua busca pela expansão das riquezas[9] nos espaços deixados pela regulação econômica e, a partir desta, interfere nas condutas dos agentes econômicos ao promover, *a priori*, a alocação dos recursos escassos.

A posição da escola escocesa do século XVIII, capitaneada por Adam Smith, no sentido de que o desenvolvimento econômico dependeria da compreensão do indivíduo como produtor de riquezas

---

[1] "[...] there appears to be an increasingly firm consensus that institutions, including legal institutions, are an important determinant of economic development (and probably other aspects of development)" (DAVIS, Kevin E.; TREBILCOCK, Michael J. *The relationship between law and development*: Optimists versus skeptics. ed. 08-24. New York: New York University School of Law, 2008. p. 59).

[2] MISES, Ludwig von. *Ação humana*. São Paulo: Instituto Ludwig von Mises Brasil, 2010. p. 315.

[3] IRTI, Natalino. *L'ordine giuridico del mercato*. Roma-Bari: GLF Editori Laterza, 2001.

[4] "Il mercato è la legge, che lo governa e costituisce; e prende forma dalla decisione politica e dalle scelte normative. Cadono così i caratteri di naturalità ed a-politicità, che si sogliono invocare a protezione di un dato mercato o in conflitto e rifiuto di altro tipo di mercato" (IRTI, Natalino. *L'ordine giuridico del mercato*. Roma-Bari: GLF Editori Laterza, 2001. p. 12).

[5] IRTI, Natalino. *L'ordine giuridico del mercato*. Roma-Bari: GLF Editori Laterza, 2001. p. 12-13.

[6] IRTI, Natalino. *L'ordine giuridico del mercato*. Roma-Bari: GLF Editori Laterza, 2001. p. 12.

[7] MISES, Ludwig von. *Ação humana*. São Paulo: Instituto Ludwig von Mises Brasil, 2010. p. 315.

[8] CAMILO JUNIOR, Ruy Pereira. *Direito societário e regulação econômica*. Barueri: Manole, 2018. p. 24.

[9] SMITH, Adam. *An inquiry into the nature and causes of the wealth of nations*. MetaLibri Digital Library, 2007. Book I, Chapter VI: Of the component parts of the price of commodities. p. 66.

e de sua relação com a sociedade[10], o direito e a filosofia e psicologia sociais[11] parece, nesse cenário, pertinente.

O mercado é interdependente e se relaciona diretamente com a evolução das instituições jurídicas e sociais. O "mercado não existe sem o direito; seu desenvolvimento dar-se-á nos espaços deixados pelas regras jurídicas"[12].

Essa interdependência é demonstrada pela constatação de que as leis que asseguram a proteção aos investidores têm papel fundamental para promover o desenvolvimento econômico nacional.

Em resultado obtido em pesquisa de La Porta *et al.*[13], concluiu-se que o ambiente legal importa para o tamanho e a extensão do mercado de um país. "Because a good legal environment protects the potential financiers against expropriation by entrepreneurs, it raises their willingness to surrender funds in exchange for securities, and hence expands the scope of capital markets."[14]

Pela pesquisa elaborada por La Porta et al., verificou-se que os países em que se permite voto de acionistas por e-mail, há leis protegendo os acionistas minoritários e se exige pequeno percentual de ações para que os acionistas possam convocar uma Assembleia Extraordinária possuem melhor desenvolvimento do mercado de capitais[15]. Se pequenos investidores não possuem segurança ou proteção, empresas não seriam capazes de aumentar seu capital através deles e empresários não seriam capazes de diversificar suas propriedades ("holdings"). "High ownership concentration, then, may be a symptom of a poorly functioning capital market."[16] Com isso, La Porta et al. concluíram que o ambiente legal é diretamente relevante para o tamanho e a extensão do mercado de um país.

A importância dessa ligação é também observada pelo fato de o Banco Mundial ter elaborado, em conjunto com a Comissão das Nações Unidas para o Direito Comercial Internacional (UNCITRAL), um manual de *effective insolvency regime*, voltado para o aprimoramento dos regimes de insolvência dos países como forma de desenvolver o mercado e atrair recursos[17].

Diversas pesquisas chegam à mesma conclusão[18]. Em pesquisa correlata produzida por Levine, constatou-se que sistemas legais que oferecem alta proteção aos credores para o recebimento dos

---

[10] Smith, Adam. *An inquiry into the nature and causes of the wealth of nations*. MetaLibri Digital Library, 2007. Book I, Chapter VI: Of the component parts of the price of commodities. p. 62.

[11] Macfie, A. L. *The individual in society*. Papers on Adam Smith. Oxford: Routledge, 1967. p. 16.

[12] Forgioni, Paula. *A evolução do Direito Comercial brasileiro*: da mercância ao mercado. 5. ed. São Paulo: Thomson Reuters Brasil, 2021. p. 146.

[13] La Porta Rafael *et al.* Legal determinants of external finance. *NBER Working Paper Series*. Cambridge, n. 5879, p. 19, 1997.

[14] La Porta, Rafael *et al.* Legal determinants of external finance. *NBER Working Paper Series*. Cambridge, n. 5879, p. 19, 1997.

[15] La Porta, Rafael *et al.* Law and finance. *NBER Working Paper Series*. Cambridge, n. 5661, p. 19, 1996.

[16] La Porta, Rafael *et al.* Law and finance. *NBER Working Paper Series*. Cambridge, n. 5661, p. 41, 1996.

[17] UNCITRAL – UNITED NATIONS COMMISSION ON INTERNATIONAL TRADE LAW. Legislative Guide on Insolvency Law. Disponível em: https://uncitral.un.org/sites/uncitral.un.org/files/media-documents/uncitral/en/05-80722_ebook.pdf. Acesso em: 28 jun. 2023.

[18] Robert Daines apresenta evidências de que as leis corporativas aprimoram o valor de uma empresa e facilitam vendas de empresas públicas pela análise de 4.481 companhias entre 1981 e 1996. O autor conclui que as empresas de Delaware valem significativamente mais do que empresas similares em outros locais em razão da existência de leis que se atualizam rapidamente às mudanças das empresas. "It is the only state with a specialized Chancery Court for resolving corporate law disputes and its laws are relatively certain and well-known. Its rules are quickly updated to respond to firms' changing needs, largely because Delaware collects incorporation fees totaling roughly 20% of state revenues and is therefore dependent on producing corporate law that firms demand" (Daines, Robert. Does Delaware law improve firm value? *Journal of Financial Economics*, New York, New York University, v. 62, p. 526, dec. 2001). Destaca o autor: "In short, Delaware firms are worth more and receive more takeover bids. The results are robust to a wide variety of controls for potential endogeneity. Taken together, these results are consistent with the theory that Delaware law improves firm value by increasing the likelihood of merger premia and managers' incentives to improve share price" (Daines, Robert. Does Delaware law improve firm value? *Journal of Financial Economics*, New York, New York University, v. 62, p. 555, 2001).

CAPÍTULO 1 • A FUNÇÃO DO SISTEMA DE INSOLVÊNCIA NACIONAL

valores e impõem de forma mais rígida o cumprimento dos contratos têm intermediários financeiros melhores, o que se reflete em mercado mais desenvolvido[19].

Pela análise dos dados, o direito efetivamente interfere no desenvolvimento do mercado, que é dele dependente. Nesse aspecto, John Coffee Jr. dispõe que

> [t]he more logical conclusion is that law does matter, and **regulation can somehow better promote economic efficiency** than can reliance on financial contracting alone. By themselves, private contracting and the voluntary incentives for disclosure seem incapable of producing the level of continuing disclosure necessary to sustain active securities markets.[20]

É nesse contexto que surge a regulação. Pode essa ser definida, para o foco dessa análise, em sentido amplo e externo[21], como o conjunto de medidas por meio das quais o Estado controla o comportamento de agentes econômicos[22]. Trata-se de intervenção estatal sobre a atividade dos agentes econômicos[23].

2. A IMPORTÂNCIA DE UM SISTEMA DE INSOLVÊNCIA ADEQUADO

Se a regulação afeta diretamente os mercados, a interferência legal aferida por pesquisas sobre o mercado de capitais pode também ser eventualmente produzida no mercado de créditos, notadamente diante de uma regulação do sistema de insolvência de diversos países.

Pelo mesmo racional aplicável ao mercado de capitais, as leis de insolvência, ao disciplinarem o custo *ex post* do crédito e permitirem a mensuração pelos credores do risco *ex ante*, revelam-se como instrumentos de política econômica[24]. Têm o condão de afetar diretamente o mercado de crédito, as concessões pelos agentes econômicos, os juros exigidos dos devedores em crise econômico-financeira e as garantias necessárias para a eventual contratação[25].

O custo *ex post* é o custo do crédito após a insolvência do devedor. Trata-se da repercussão que a crise do devedor produz sobre a satisfação dos créditos, sobre a manutenção da atividade empresarial

---

[19] LEVINE, Ross. Law, Finance, and Economic Growth. Charlottesville: 1997. *Journal of Financial Intermediation*, 8, p. 33, jan. 1999.

[20] COFFEE JR., John. Privatization and Corporate Governance: The Lessons from Securities Market Failure. *Journal of Corporation Law*, Iowa, v. 25, 1999, p. 4.

[21] Por uma segunda visão, a regulação também poderá ser definida como sistema de autoajuste e que orienta o comportamento dos sujeitos (OGUS, Anthony. *Regulation legal*: legal form and economic theory. New York: Oxford University Press, 1994. p. 1).

[22] GONÇALVES, Maria Eduarda; MARQUES, Maria Manuel Leitão; SANTOS, Antônio Carlos. *Direito Económico*. 7. ed. Coimbra/Lisboa: Almedina, 2014. p. 181.

[23] Destaca-se que o excesso de regulação pode ser um obstáculo para o desenvolvimento financeiro dos mercados. Neste aspecto, "It is well recognized that excessive regulation is an obstacle to the development of financial markets. Even when rules of law are well designed, however, their enforcement is often affected by political considerations. Sovereign governments have vast powers in determining the 'rules of the game', through legislation or administrative discretion (although limited by constitutional or international laws). Issues of income distribution are an important policy motive; equity and efficiency are known at times to conflict. Thus, rules established to create ex ante incentives may be undermined by the ex post desire of altering the promised allocation of benefits in order to favor some constituency. In addition, the individuals assigned to ensure enforcement may be easily corrupted. This creates a contractual environment of unreliable enforcement" (MODIGLIANI, Franco; PEROTTI, Enrico C. *Security versus bank finance*: The importance of a proper enforcement of legal rules. MIT Sloan School of Management, 2000. p. 7).

[24] DJANKOV, Simeon; MCLIESH, Caralee; SHLEIFER, Andrei. Private credit in 129 countries. *Journal of Financial Economics*, v. 84, n. 2. 2007.

[25] GURREA-MARTÍNEZ, Aurelio. El ineficiente diseño de la legislación concursal española: una propuesta de reforma a partir de la experiencia comparada y de un análisis económico del Derecho concursal. *Working Paper Series*, Instituto Iberoamericano de Derecho y Finanzas (IIDF), v. 6, p. 2, jul. 2016; SENBET, Lemma W.; WANG, Tracy. Corporate financial distress and bankruptcy: A survey. *Foundations and Trends in Finance*, v. 5, n. 4, jul. 2012.

pelo devedor e sobre as sanções a ele e a seus sócios e administradores impostas e decorrentes da insolvência do devedor.

O custo *ex ante*, por seu turno, é o impacto produzido no comportamento dos agentes econômicos antes da situação de crise do devedor e em virtude das instituições concursais[26].

Por ocasião das contratações, os credores devem ter clareza quanto aos efeitos gerados pela impossibilidade de o devedor satisfazer suas obrigações. O crédito é a confiança alimentada pelas qualidades de uma pessoa ou entidade, traduzida pela segurança de que alguém é ou será capaz de corresponder à expectativa originalmente formulada[27]. É uma escolha intertemporal típica, do futuro para o presente[28]. Nesse aspecto, o tratamento aos agentes econômicos na hipótese de inadimplemento do devedor afeta a mensuração antecipada dos riscos de não satisfação dos créditos e, por consequência, os incentivos à contratação.

Ao afetar a satisfação dos créditos, o sistema de insolvência repercute no risco do crédito, no acesso e custo do financiamento, nas contratações entre os agentes, nas garantias exigidas, e afeta diretamente as sanções ou os incentivos ao devedor, com a alteração da própria propensão ao empreendimento.

Empiricamente, demonstrou-se que quanto maior a proteção aos credores, menores os juros exigidos e mais longos os empréstimos[29]. Quanto maior a proteção e maior clareza quanto ao resultado decorrente de uma crise de inadimplemento, maiores investimentos tendem a ser realizados[30]. A eficiência do sistema repercute, assim, diretamente na economia dos países, emprego e consumo e, por consequência, no desenvolvimento de todo o bem-estar social[31].

No Brasil, a influência no mercado de crédito de uma alteração na legislação de insolvência foi apresentada por Araújo, Ferreira e Funchal[32] logo na promulgação da Lei n. 11.101/2005. Como constatado pelos autores, a taxa de recuperação em falências era de meros 0,2% antes da reforma de 2005, o que se justificava pela menor preferência dos credores financeiros em face de credores trabalhistas e do crédito tributário. Referida taxa de recuperação implicava aumento da cobrança dos juros por ocasião da contratação, diante do risco de inadimplemento e de não satisfação no procedimento concursal[33].

---

[26] Gurrea-Martínez, Aurelio. Objetivos y fundamentos del derecho concursal. In: Gurrea-Martínez, Aurelio; Rouillon, A. (org.). *Derecho de la insolvencia*: un enfoque comparado y funcional. Madrid: Wolters, 2022. cap. 1.

[27] Saddi, Jairo. *Crédito e Judiciário no Brasil*: uma análise de Direito e Economia. São Paulo: Quartier Latin, 2007. p. 33.

[28] Saddi, Jairo. *Crédito e Judiciário no Brasil*: uma análise de Direito e Economia. São Paulo: Quartier Latin, 2007. p. 34.

[29] Qian, Jun; Strahan, Philip E. How laws and institutions shape financial contracts: The case of bank loans. *The Journal of Finance*, v. 62, n. 6, dez. 2007. Para Bae e Goyal, a maior proteção aos credores não afetaria a quantidade ou o tempo dos empréstimos, ainda que haja efetivamente redução dos juros exigidos (Goyal, Vidhan; Bae, Kee-Hong. Creditor rights, enforcement, and bank loans. *The Journal of Finance*, Wiley for the American Finance Association, v. 64, n. 2, p. 832-860, abr. 2009).

[30] Essa relação entre proteção a credores e desenvolvimento econômico foi apontada em índice desenvolvido. La Porta, Rafael; Lopez-de-Silanes, Florencio; Shleifer, Andrei; Vishny, Robert. Law and finance. *The Journal of Political Economy*, v. 106, n. 6, dez. 1998.

[31] Sobre isso, pertinente estudo de Davydenko e Franks, que apontam que "bankruptcy codes matter", após análise da legislação de insolvência e sua aplicação na França, Alemanha e Reino Unido (Davydenko, Sergei; Franks, Julian. Do bankruptcy codes matter? A study of defaults in France, Germany and the UK. *The Journal of Finance*, v. LXIII, n. 2, 2006).

[32] Araújo, Aloísio Pessoa de; Ferreira, Rafael de Vasconcelos Xavier; Funchal, Bruno. The Brazilian bankruptcy law experience. *Journal of Corporate Finance*, Elsevier, v. 18, 2012, p. 996.

[33] "[T]he basic reason for such low recovery was the priority order, since creditors ranked behind labor and tax claims [...] Since this fact was known to creditors *ex-ante*, they increased the interest rate charged to firms. This was the main reason for the extremely high interest rate spread in Brazil before the new law" (Araújo, Aloísio Pessoa de; Ferreira, Rafael de Vasconcelos Xavier; Funchal, Bruno. The Brazilian bankruptcy law experience. *Journal of Corporate Finance*, Elsevier, v. 18, 2012, p. 996).

CAPÍTULO 1 • A FUNÇÃO DO SISTEMA DE INSOLVÊNCIA NACIONAL

Com a alteração dessa taxa por meio de preferência conferida por lei aos credores fiduciários em face de todos os demais créditos e, concomitantemente, da preferência dos credores com garantia real em face dos créditos tributários, os juros exigidos para os empréstimos sofreram redução[34].

Por seu turno, a proteção apenas aos credores poderá impedir que os devedores exerçam sua atividade empresarial ou sejam incentivados a tanto. Estudos demonstram que a maior responsabilização pessoal dos empreendedores na hipótese de insolvência reduz a possibilidade de início de novos empreendimentos: "the more liability potential entrepreneurs face in case of default, the less likely they are to start new businesses"[35]. Para Araújo e Funchal, a excessiva proteção aos credores poderá dificultar a manutenção da atividade empresarial do devedor diante da certeza do recebimento do crédito[36].

A disciplina da insolvência, ao impactar o crédito e a atuação dos agentes econômicos, assim, é instrumento relevante de política pública nacional.

3. A INSUFICIÊNCIA DO SISTEMA DA EXECUÇÃO INDIVIDUAL

Essa necessidade de regulação do sistema de insolvência decorre da insuficiência do sistema de execução individual.

O sistema de insolvência procura disciplinar uma situação de crise do empresário devedor, que não conseguiu satisfazer suas obrigações sem razão em direito ou não possui condições de fazê-lo. Sua criação reflete a inadequação do sistema de execuções individuais para a satisfação dos credores quando há insolvabilidade do devedor[37].

Diante do mero inadimplemento do devedor, a legislação processual asseguraria aos respectivos credores execuções individuais para que pudessem, mediante a constrição de ativos do devedor,

---

[34] "Both firm-level specifications pointed to a positive effect of the new Brazilian bankruptcy law on the total amount of debt and long-term debt. For total debt, the estimated effect on Brazilian firms varied from 10% to 17%. For long-term debt, the diff-in-diff and the diff-in-diff model with different trends estimated effects of 74% and 23%, respectively. We found no evidence of a change in short-term debt. Finally, we found evidence of a reduction in the cost of debt financing between 7.8% and 16.8%, depending on which model specification we chosen. We also found no evidence of changes in the loan ownership structure" (ARAÚJO, Aloísio Pessoa de; FERREIRA, Rafael de Vasconcelos Xavier; FUNCHAL, Bruno. The Brazilian bankruptcy law experience. *Journal of Corporate Finance*, Elsevier, São Paulo, v. 18, 2012, p. 1.004).

[35] CLAESSENS, Stijn; DJANKOV, Simeon; MODY, Ashoka (ed.). *Resolution of financial distress*: an international perspective on the design of bankruptcy laws. Washington: WBI Development Studies, 2001. p. 22.

No mesmo sentido da pesquisa: "In one dataset, the probability of individuals being self-employed rises from about 10 percent if individuals live in states with low bankruptcy exemptions, to 11.5-12 percent if individuals live in states with high or unlimited bankruptcy exemptions. In two other datasets, the figures increase from about 12 percent if individuals live in states with low bankruptcy exemptions, to about 15 percent if individuals live in states with unlimited bankruptcy exemptions. The study also finds evidence that individuals are more likely to start businesses if they live in states with high bankruptcy exemptions. In one dataset, the probability of starting a business rises from about 4.0 percent per year to about 5.1 percent per year if individuals live in states with unlimited rather than low bankruptcy exemptions. In a second dataset, the figure increases from about 2.2 percent to about 3.3 percent. (All these relationships are statistically significant.) The study did not find evidence that the bankruptcy exemption level affects households' probability of shutting down existing businesses" (WHITE, Michelle J. Bankruptcy procedures in countries undergoing financial crises. In: CLAESSENS, Stijn; DJANKOV, Simeon; MODY, Ashoka (ed.). *Resolution of financial distress*: an international perspective on the design of bankruptcy laws. Washington: World Bank Institute, 2001. p. 42).

[36] ARAÚJO, Aloisio; FUNCHAL, Bruno. How much should debtors be punished in case of default? *Journal of Financial Services Research*, v. 47, 2013. SCHOENHERR, David; STARMANS, Jan. When should bankruptcy law be creditor-or-debtor-friendly? Theory and evidence. *The Journal of Finance*, v. 77, n. 5, 2022.

[37] "Individual collection actions are not only chaotic and costly in the context of general default, but they necessarily produce unpredictable results. To the extent that insolvency law can produce predictable outcomes following general default, it stimulates investment and reduces transaction costs" (WESTBROOK, Jay Lawrence. The globalization of insolvency reform. *New Zealand Law Review*, Auckland, 1999, n. 3, p. 406, 1999).

satisfazer os seus créditos. Por esse sistema, o credor que primeiro conseguisse fazer a constrição de ativos do devedor teria maior probabilidade de ser satisfeito integralmente, ainda que isso implicasse a impossibilidade de satisfação dos demais credores que o sucedessem[38].

Na hipótese de insolvabilidade do devedor, por seu turno, não há mero inadimplemento. A insolvabilidade caracteriza estado de crise patrimonial em que o devedor não consegue satisfazer, com o seu ativo, o montante total de seu passivo[39]. Trata-se do estado, atual ou potencial, de inabilidade do devedor para satisfazer suas obrigações diante da possibilidade de múltiplos credores exigirem o seu crédito[40].

Decerto é possível que o devedor continue a desenvolver sua atividade e se submeta a eventuais execuções individuais, ainda que em crise patrimonial, com ativo inferior ao passivo, desde que obtenha crédito para a satisfação do seu passivo exigível a curto prazo[41]. Contudo, as execuções individuais tornam-se inadequadas à proteção da coletividade dos credores quando há insolvabilidade do devedor e seu ativo escasso sequer permitir a satisfação do passivo exigível de imediato[42].

A falta de ativos suficientes à satisfação de todos os credores incentivaria os comportamentos oportunistas individuais em detrimento de toda a coletividade. Como a legislação processual estabeleceria um sistema de tratamento preferencial ao credor que obtivesse a primeira penhora, o sistema geraria uma disputa pelos ativos escassos do devedor.

Essa disputa demandaria dos credores que monitorassem a situação econômico-financeira do devedor de forma a serem os primeiros a executarem individualmente e a realizarem a constrição dos ativos na iminência de qualquer inadimplência, o que geraria maiores custos. Além desses custos serem suportados por todos os credores, os mais sofisticados e que poderiam suportar os maiores custos têm condições melhores para antever qualquer situação de insolvabilidade do devedor e fazer a constrição dos ativos antes dos demais credores[43].

Sem prejuízo da proteção maior ao credor mais sofisticado e em detrimento do mais vulnerável, a execução individual também afetaria a maximização do valor dos ativos do devedor. Isso porque a penhora seria realizada individualmente por cada um dos credores e na medida dos ativos suficientes à satisfação do seu crédito, acrescido de todos os encargos[44].

---

[38] Conforme art. 908 do Código de Processo Civil: havendo pluralidade de credores ou exequentes, o dinheiro lhes será distribuído e entregue consoante a ordem das respectivas preferências. [...] § 2º – Não havendo título legal à preferência, o dinheiro será distribuído entre os concorrentes, observando-se a anterioridade de cada penhora. A ordem material de preferência, por seu turno, é estabelecida no art. 186 do Código Tributário Nacional.

Segundo o art. 186 do CTN: "O crédito tributário prefere a qualquer outro, seja qual for sua natureza ou o tempo de sua constituição, ressalvados os créditos decorrentes da legislação do trabalho ou do acidente de trabalho. Parágrafo único. Na falência: I – o crédito tributário não prefere aos créditos extraconcursais ou às importâncias passíveis de restituição, nos termos da lei falimentar, nem aos créditos com garantia real, no limite do valor do bem gravado; II – a lei poderá estabelecer limites e condições para a preferência dos créditos decorrentes da legislação do trabalho; e III – a multa tributária prefere apenas aos créditos subordinado".

[39] A distinção entre inadimplemento, insolvência e insolvabilidade é realizada por COMPARATO, Fábio Konder. *Aspectos jurídicos da macro empresa*. São Paulo: Revista dos Tribunais, 1970. p. 125.

[40] "As we have seen, bankruptcy appropriately responds when multiple claimants are likely to exercise individual creditor remedies and the debtor does not have enough assets to satisfy them. This is a condition of insolvency or, as often called, 'insolvency in the bankruptcy sense'. It is a status where, whether or not the debtor has enough liquid assets to pay all of its obligations over time. The Bankruptcy Code seems to define this properly, at least for a first cut, as the status that exists when assets at fair valuation are not expected to be able to meet liabilities at fair valuation" (JACKSON, Thomas. *The logic and limits of Bankruptcy Law*. Cambridge, MA: Harvard University Press, 1986. p. 197).

[41] PINTO, Carlos Alberto da Mota. *Teoria geral do direito civil*. 3. ed. Coimbra: Coimbra Editora, 1999. p. 249.

[42] RODRIGUES, Frederico Viana. Reflexões sobre a viabilidade econômica da empresa no novo regime concursal brasileiro. *Revista de Direito Mercantil, Industrial, Econômico e Financeiro*, n. 138, São Paulo: Malheiros, 2005, p. 107.

[43] JACKSON, Thomas. *The logic and limits of Bankruptcy Law*. Cambridge, MA: Harvard University Press, 1986. p. 15.

[44] Art. 831 do Código de Processo Civil: A penhora deverá recair sobre tantos bens quantos bastem para o pagamento do principal atualizado, dos juros, das custas e dos honorários advocatícios.

CAPÍTULO 1 • A FUNÇÃO DO SISTEMA DE INSOLVÊNCIA NACIONAL

A liquidação dos ativos penhorados nos processos de execução individual, a depender do montante do débito executado, desse modo, poderia ocasionar o fracionamento do estabelecimento empresarial, em detrimento do aviamento ou *going concern*; a impossibilidade de manutenção da atividade pelo devedor pela retirada de bens indispensáveis à sua conservação; e a perda de valor do conjunto de bens, em detrimento dos interesses de todos os demais envolvidos.

Se por um lado o sistema de execuções individuais não se conforma com uma situação de insolvabilidade do devedor, por outro, a possibilidade de constrição dos ativos poderia aprofundar a crise econômico-financeira do devedor mesmo que este seja, eventualmente, ainda solvável.

Ainda que solvável, ou seja, com maiores ativos do que passivos, o devedor poderá estar em crise financeira ou econômica. A crise financeira do devedor pode caracterizar-se pelo simples descasamento entre o passivo do devedor e seu caixa para honrar seus compromissos. Mesmo que os ativos sejam maiores que o passivo, o devedor pode apresentar falta de liquidez em razão de seus créditos somente serem satisfeitos a longo prazo e seus débitos serem exigíveis imediatamente[45].

A crise econômica, por seu turno, revela a redução da comercialização dos produtos ou serviços do devedor, seja em razão de motivos externos, como a contração do mercado, seja em razão de motivos internos, como a inadequação dos produtos às necessidades dos consumidores[46].

Em ambas as formas de crise, apesar de o devedor ainda ser solvável, a continuidade das execuções individuais poderá impedir a obtenção de uma solução negocial ou estrutural para sanar a crise que acomete o devedor, aprofundando-a a ponto de comprometer todo o ativo, agravar o passivo e tornar o devedor, ao longo dessa deterioração de suas condições, insolvável.

Nesse cenário, a lei de insolvência procuraria romper a situação de "dilema do prisioneiro"[47] [48] gerada, em que a busca da satisfação dos interesses individuais pelos credores geraria uma obtenção de um resultado que, de modo a maximizar os interesses individuais de cada qual, não seria o melhor à coletividade dos credores.

A inadequação do sistema de execuções individuais exigiu o surgimento de um sistema de insolvência, que permitisse a melhor satisfação dos diversos interesses envolvidos diante de um inadimplemento geral do devedor.

Passado o período de punição pessoal do devedor em razão do inadimplemento geral de suas obrigações, a falência concentrou-se na liquidação dos ativos do devedor para a partilha de seu produto destinada à satisfação dos interesses de toda a coletividade de credores. Não tardou, entretanto, para se verificar que a liquidação forçada poderia não ser a melhor opção para a satisfação dos diversos interesses envolvidos e que uma estruturação da atividade e equalização do passivo por meio de uma eventual composição com os credores poderiam permitir, de forma mais eficiente, a superação da crise econômico-financeira que acometia a atividade do devedor e assegurar maior satisfação a todos os envolvidos[49].

---

[45] COELHO, Fábio Ulhoa. *Curso de direito comercial*. 17. ed. São Paulo, Revista dos Tribunais, 2016, v. 3. p. 223. ALTMAN, Edward; HOTCHKISS, Edith; WANG, Wei. *Corporate financial distress, restructuring and bankruptcy*: analyze leveraged finance, distressed debt, and bankruptcy. 4. ed. New Jersey: Wiley, 2019. p. 8.

[46] COELHO, Fábio Ulhoa. *Curso de direito comercial*. 17. ed. São Paulo, Revista dos Tribunais, 2016, v. 3. p. 223. ALTMAN, Edward; HOTCHKISS, Edith; WANG, Wei. *Corporate financial distress, restructuring and bankruptcy*: analyze leveraged finance, distressed debt, and bankruptcy. 4. ed. New Jersey: Wiley, 2019. p. 8.

[47] SALOMÃO FILHO, Calixto. *Regulação da atividade econômica*: Princípios e fundamentos jurídicos. 2. ed. São Paulo: Malheiros, 2008. p. 38.

[48] Sobre a teoria do Dilema do Prisioneiro, retratado na "teoria dos jogos" pela quebra da cooperação, vide: COOLER, Robert; ULEN, Thomas. *Law and economics*. 3. ed. New York: Addison Wesley Longman, 2000. p. 35-36.

[49] FLESSNER, Axel. Philosophies of business bankruptcy law: an international overview. In: ZIEGEL, Jacob S. (org.). *Current developments in international and comparative corporate insolvency law*. Oxford: Clarendon Press, 1994. p. 20. No Brasil, dentre outros, CEREZETTI, Sheila Christina Neder. *A recuperação judicial de sociedade por ações*: o princípio da preservação da empresa na Lei de Recuperação e Falência. São Paulo: Malheiros, 2012. pp. 203-214.

4. OBJETIVOS DO SISTEMA DE INSOLVÊNCIA

A criação de um sistema próprio de insolvência para lidar com o inadimplemento geral por empresários devedores procura assegurar alguns objetivos diversos da execução individual, restrita à máxima satisfação do crédito do exequente que adquire o direito de preferência pela penhora.

A clareza quanto aos objetivos da regulação e da política pública são fundamentais para que se possa controlar a adequação dos instrumentos jurídicos criados para implementá-los[50] e permitir a interpretação teleológica dos dispositivos legais.

Os objetivos da legislação, contudo, são difíceis de serem mensurados e, ainda que expressos pelo legislador, podem não estar refletidos expressamente na legislação. Nesse ponto, a função da legislação de insolvência não deixa de espelhar a própria dicotomia da função esperada pelas regulamentações em geral e refletida na disputa entre a teoria econômica da regulação e a escola do interesse público.

Pela primeira, o bem-estar social é concebido como o resultante da liberdade das pessoas de tutelarem os interesses individuais[51]. Deve prevalecer o individualismo[52] e a racionalidade econômica na medida em que cada indivíduo conseguiria avaliar seu próprio interesse e seria o melhor julgador para satisfazer suas necessidades.

A intervenção estatal deveria ser excepcional, de forma a não prejudicar a eficiência do mercado. A regulação somente encontraria justificativa em eventual falha de mercado, em que a informação não seja simétrica entre todos os agentes ou em que o custo de transação seja elevado a impedir a melhor alocação dos recursos[53].

Pela concepção, as normas legais devem ser editadas com o objetivo de se garantir eficiência econômica conforme um parâmetro de Kaldor-Hicks, em que o ganho de eficiência total da sociedade excede os custos eventualmente surgidos[54]. O direcionamento da Lei a parâmetros diversos do conceito de eficiência, como a concepção de justiça ou de equidade, é entendido como caracterização vaga, cuja ambiguidade dos termos permitiria o desvirtuamento pelos agentes[55].

---

[50] MUNHOZ, Eduardo Secchi. *A aquisição de controle na sociedade anônima*. São Paulo: Saraiva, 2013. p. 163.

[51] A teoria econômica da regulação "crê poder prever os resultados e, consequentemente, indicar os fins da atividade econômica. A regulação serve apenas como substituto do mercado"; como alternativa mais eficiente a suprir eventual falha desse (SALOMÃO FILHO, Calixto. *Regulação da atividade econômica*: Princípios e fundamentos jurídicos. 2. ed. São Paulo: Malheiros, 2008. p. 28).

[52] "The model assumes that social welfare can be understood only as the aggregate of all individual welfare; what is 'valuable to society' can have no other meaning" (OGUS, Anthony. Regulation. *Legal form and economic theory*. New York: Oxford University Press, 1994. p. 23).

[53] Para a escola austríaca, com autores como Ludwig von Mises (MISES, Ludwig von. *Ação humana*. São Paulo: Instituto Ludwig von Mises Brasil, 2010), Friedrich Hayek (HAYEK, Friedrich A. *Prices and production and other works*: on money, the business cycle, and the gold standard. Alabama: Ludwig von Mises Institute, 2008) e Schumpeter (SCHUMPETER, Joseph Alois. *Teoria do desenvolvimento econômico*: uma investigação sobre lucros, capital, crédito, juro e o ciclo econômico. Tradução: Maria Sílvia Possas. São Paulo: Nova Cultural, 1997), a regulação somente criaria ineficiências. Para esses autores, a assimetria de informações é característica do mercado. A incompletude natural das informações, assim, torna qualquer regulação estatal absolutamente inviável para interferir no mercado.
Na concepção da escola de Chicago, que sustentava que, diante das falhas de mercados, poderá ser permitida a intervenção do direito excepcionalmente para repará-las, o Estado poderá atuar, mediante a regulação, apenas para corrigir falhas e fazer atuar o sistema de preços e a melhor alocação dos recursos.
Nesse aspecto, as leis devem ser consideradas como mais uma forma de se alterarem incentivos nos preços. Como Posner sustenta, "the basic function of law in an economic or wealth maximizing perspective is to alter incentives" (POSNER, Richard. *The economics of justice*. Cambridge: Harvard University Press, 1983. p. 75). Na escola de Chicago, os agentes econômicos são maximizadores da satisfação pessoal, de modo que a imposição de leis fará com que ajustem o seu comportamento aos custos surgidos com a nova regulação.

[54] MERCURO, Nicholas; MEDEMA, Steven G. *Economics and the law*: from poster to postmodernism and beyond. 2. ed. New Jersey: Princeton University Press, 2006. p. 105.

[55] "A suitcase full of bottled ethics from which one freely chooses to blend his own type of justice" (STIGLER, George. The law and economics of public policy: a Plea to the Scholars. *Journal of Legal Studies*, Chicago, v. 1, 1972, p. 4).

CAPÍTULO 1 • A FUNÇÃO DO SISTEMA DE INSOLVÊNCIA NACIONAL

A regulação estatal procuraria aprimorar a destinação dos ativos nos mercados[56]. A intervenção nos mercados deveria aumentar a eficiência alocativa, de modo que os bens deveriam ser transferidos para as pessoas que mais os valorizassem ou aos usos mais valiosos[57]. Diante disso, a maximização da utilidade individual dos agentes asseguraria o bem-estar da sociedade[58].

Para a escola do interesse público, entretanto, as normas a disciplinarem a vontade privada dos agentes podem não ser suficientes para gerar o bem-estar coletivo pretendido, haja vista que as falhas de mercado podem evitar a alocação eficiente dos bens e os agentes podem não ser racionais para a tomada da melhor decisão[59]; a alternativa nesses casos, complementar ao sistema de mercado, seria a escola de interesse público.

Numa concepção diversa do papel do Estado, este interviria não apenas para suprir as falhas de mercado[60]. A justificativa para a regulação nada tem a ver com a preservação do mercado ou a correção de suas eventuais falhas. O objetivo é primordialmente a busca do bem público[61].

Para essa concepção, a regulação deveria pretender a justiça distributiva, eis que o conceito de eficiência continuaria a permitir injustiças e desequilíbrio entre todos os agentes.

Em economia, dois conceitos de eficiência podem ser apresentados: a eficiência de Pareto e a eficiência de Kaldor-Hicks. Em Pareto, a eficiência ocorre se o bem-estar de um indivíduo não puder ser melhorado sem a redução do bem-estar de outros. O bem-estar da sociedade dependeria do bem-estar dos indivíduos que a integram, os quais seriam os melhores juízes para avaliar seu próprio bem-estar. Em Kaldor-Hicks, por seu turno, o benefício de alguns compensaria hipoteticamente o custo em decorrência da redução do bem-estar de outros[62].

Pela concepção, essa eficiência partiria de uma determinada alocação dos recursos anteriormente, uma alocação preconcebida. Desse modo, a maximização de riquezas poderia ser considerada eficiente, ainda que uma determinada pessoa continuasse sem possuir recursos em Pareto. Haveria eficiência de Kaldor-Hicks se houvesse ainda maior desigualdade; mesmo que uma pessoa se encontrasse em situação pior, desde que houvesse ganho no sistema como um todo, haveria eficiência.

Para a Escola do Interesse Público, como preços, custos, riscos e ganhos não são fenômenos naturais e dependeriam da estrutura de direitos existente em uma sociedade, não haveria um único resultado eficiente de alocação, mas um particular para cada estrutura de direito existente. As normas jurídicas, sob essa concepção, não seriam neutras, mas orientariam os diversos fatores. Nesse sentido, "legal decisions or changes can be said to be efficient only from the point of view of the party whose interests are given effect through the identification and assignment of rights"[63].

---

[56] Pela concepção de Chicago, assim, a intervenção é justificada e possível, embora excepcional. O Estado tem papel apenas residual e a alocação de recursos é realizada exclusivamente por meio do sistema de preços mediante negociações privadas, a menos que haja falhas de mercado que possam comprometer a maior eficiência do sistema. Nessa situação, a regulação supriria uma falha de mercado com o objetivo de reduzir os custos de transação.

[57] CAMILO JUNIOR, Ruy Pereira. *Direito societário e regulação econômica*. Barueri: Manole, 2018. p. 13.

[58] OGUS, Anthony L. *Regulation*. New York: Oxford University Press, 1994. p. 23 s.

[59] Para Ogus, "When, then, 'market failure' is accompanied by 'private law failure', of the kind described above, there is a prima facie case for regulatory intervention in the public interest" (OGUS, Anthony L. *Regulation*. New York: Oxford University Press, 1994. p. 30).

[60] OGUS, Anthony L. *Regulation*. Oxford: Oxford University Press, 2011. p. 3.

[61] SALOMÃO FILHO, Calixto. *Regulação da atividade econômica*: princípios e fundamentos jurídicos. 2. ed. São Paulo: Malheiros, 2008. p. 23.

[62] VELJANOVSKI, Cento. *Economic principles of law*. New York: Cambridge University Press, 2007. p. 32-33.

[63] SAMUELS, Warren J. Maximization of wealth as justice: an essay on posnerian law and economics as policy analysis. *Texas Law Review* 147, v. 60, n. 1, 1981, p. 154.

Para essa concepção, ainda que o mercado não faça julgamentos morais, as instituições regulatórias os fazem[64]. A norma legal determinaria a distribuição de riqueza, o que, por seu turno, determinaria a eficiência da alocação dos recursos[65]. A escolha da norma legal, nesses termos, seria uma escolha de justiça distributiva[66] e a eficiência não poderia ser o único critério para a promulgação de normas jurídicas para essa concepção[67].

Essas visões aparentemente opostas sobre a função da regulação, contudo, não impedem uma conciliação entre a eficiência alocativa e a redistribuição para majorar tanto a produção quanto a distribuição dos recursos[68], o que parece se refletir nos próprios objetivos da regulação da insolvência.

4.1 A recuperação judicial como meio ou como fim[69]

Essas visões opostas da regulação da atividade econômica também são refletidas nos objetivos do sistema de insolvência.

Decerto tanto a corrente do *creditors bargain* quanto a corrente distributivista sustentam que o sistema de insolvência precisaria, diante da insolvência do devedor, assegurar uma distribuição de valor aos diversos interessados de forma diferente do que resultaria das execuções individuais[70]. No sistema das execuções individuais, seria favorecido o credor mais sofisticado. Aquele que fizesse o acompanhamento do devedor para identificar o primeiro sinal da crise e ser o primeiro a promover, na execução individual, a penhora de seus ativos teria mais chances de ter seu crédito satisfeito do que os demais[71].

Essa distribuição diversa pretendida do valor, que não fica condicionada à preferência da primeira penhora, ocorre mediante o tratamento idêntico entre os credores da mesma classe, a *par conditio creditorum*, que exige que os credores com créditos de natureza semelhantes sejam satisfeitos em igualdade de proporção e na mesma ordem legal[72].

Embora ambas as correntes anuam com essa diferente distribuição de valor se comparada à execução individual, a forma e os limites pelos quais essa distribuição dos valores deve ser feita, contudo, confronta as posições antagônicas.

Para uma primeira posição, essa distribuição de valor deveria ocorrer apenas para maximizar a satisfação dos interesses dos credores e deveria reproduzir o que os credores fariam caso pudessem

---

[64] BRAITHWAITE, John. *Regulatory capitalism*: how it works, ideas for making it work better. Cheltenham: Edward Elgar, 2008. p. 198.

[65] MERCURO, Nicholas; MEDEMA, Steven G. *Economics and the law*: from poster to postmodernism and beyond. 2. ed. Nova Jersey: Princeton University Press, 2006. p. 226 s.

[66] SAMUELS, Warren J. Normative premises in regulatory theory. *Journal of Post Keynesian Economics*. v. 1, n. 1, 1978, p. 106.

[67] SAMUELS, Warren J. The legal-economic nexus. *George Washington Law Review*, Washington D.C., v. 57, n. 6, 1989, p. 1.563.

[68] Para Ruy Camilo Júnior, "não há antagonismo necessário entre a eficiência alocativa e a redistribuição, pois a solução eficiente do mercado é determinada pela distribuição *ex ante* de renda e riqueza" (CAMILO JUNIOR, Ruy Pereira. *Direito societário e regulação econômica*. Barueri: Manole, 2018. p. 16).

[69] Classificação proposta por CEREZETTI, Sheila. *A recuperação judicial de sociedade por ações*: o princípio da preservação da empresa na Lei de Recuperação e Falência. São Paulo: Malheiros, 2012. p. 108. Para a autora, "o estudo dos diversos sistemas concursais permite afirmar que os mecanismos recuperacionais de empresas viáveis podem figurar como instrumento prioritário do sistema concursal como meio a ser utilizado sempre que forem compreendidos, no caso concreto, como a melhor alternativa à mais ampla satisfação dos credores. A diferença fundamental está entre preferir a preservação da empresa ou permiti-la, listando os mecanismos de recuperação, sem qualquer preferência, dentre os institutos regulados para tratar da crise empresarial" (p. 109).

[70] WARREN, Elizabeth. Bankruptcy policymaking in an imperfect world. *Michigan Law Review*, Ann Arbor, v. 92, n. 2, p. 353, 1993.

[71] KILPI, Jukka. *The ethics of bankruptcy*. EUA and Canada: Routledge, 2004. p. 12-13.

[72] "[T]hose in a similarly situated group – such as general creditors – should split the assets available to their group pro rata, and nothing more" (JACKSON, Thomas H. *The logic and limits of bankruptcy law*. Washington D.C.: Beard Books, 2001. p. 31).

CAPÍTULO 1 • A FUNÇÃO DO SISTEMA DE INSOLVÊNCIA NACIONAL

ex ante negociar as referidas posições na insolvência[73]. Corrente contraposta, todavia, defende que o sistema de insolvência deveria tutelar a satisfação dos interesses de todos aqueles envolvidos com a atividade empresarial, sejam os credores, trabalhadores, consumidores e a comunidade beneficiada indiretamente pelo seu desenvolvimento[74].

4.1.1   Teoria do *creditors' bargain*

Para a primeira concepção do *creditors' bargain*, o sistema de insolvência seria concebido para resolver o problema da "*common pool*" e sua consequência na forma do dilema do prisioneiro[75]. Para os autores dessa posição doutrinária, conhecida como modelo de barganha entre os credores, o sistema de insolvência surgiria para solucionar a situação de falta de ativos para satisfazer todos os credores[76].

Diante da ausência de ativos, o sistema estabeleceria regras para se evitar comportamentos individuais de tutela dos respectivos créditos e que poderiam comprometer a satisfação coletiva dos credores de forma geral. O estímulo a um comportamento colaborativo permitiria preservar seus interesses comuns através da avaliação da melhor decisão para a maximização dos valores dos ativos a serem partilhados entre todos os credores[77].

Nesse cenário, o processo de insolvência seria um sistema paralelo de execução dos créditos, que procuraria maximizar a posição coletiva dos credores. Enquanto a penhora na execução individual desmantelaria o estabelecimento, a manutenção do complexo de bens permitiria a conservação do valor do aviamento em benefício de todos os credores.

Como o sistema de insolvência teria sido criado como alternativa para promover um foro único para a execução de todos aqueles que teriam direitos em face dos ativos do devedor em detrimento de suas execuções individuais e que poderiam comprometer o valor dos ativos para a satisfação da coletividade de credores, apenas teriam participação aqueles interessados que tivessem créditos que pudessem ser exigidos fora da insolvência e mediante execução individual[78].

---

[73] Baird, Douglas G.; Jackson, Thomas H. Corporate reorganizations and the treatment of diverse ownership interests: a comment on adequate protection of secured creditors in bankruptcy. *University of Chicago Law Review*, Chicago, v. 5, n. 1, 1984.

Jackson, Thomas H. Bankruptcy, non-bankruptcy entitlements, and the creditors' bargain. *Yale Law Journal*, New Haven, v. 91, n. 5, p. 857 s., 1982.

[74] Para Flessner, haveria duas concepções extremadas, a primeira baseada no pragmatismo e que exige a aplicação da lei caso a caso, de acordo com as necessidades da empresa, e a segunda baseada no ativismo governamental e judicial, em que o poder decisório cumpriria ao Estado. Entre ambos os extremos, duas filosofias concorrentes apareceriam. Uma primeira filosofia, capitalista, que se concentraria nos bens do devedor e no direito de propriedade sobre esses exercido pelos credores para maximizar sua satisfação. A outra, calcada no desenvolvimento da empresa, sustenta que outros interessados que não credores e devedores são da mesma forma afetados pela insolvência. Para essa corrente, a função do sistema de insolvência seria permitir que os interesses de todos esses agentes fossem considerados (Flessner, Axel. Philosophies of business bankruptcy law: an international overview. In: Ziegel, Jacob S. (org.). *Current developments in international and comparative corporate insolvency law*. Oxford: Clarendon Press, 1994. p. 20-24).

[75] Jackson, Thomas H. *The logic and limits of bankruptcy law*. Washington D.C.: Beard Books, 2001. p. 5.

Baird, Douglas G.; Jackson, Thomas H. Corporate reorganizations and the treatment of diverse ownership interests: a comment on adequate protection of secured creditors in bankruptcy. *University of Chicago Law Review*, Chicago, v. 5, n. 1, 1984.

[76] São precursores dessa teoria Baird e Jackson. Dentre os diversos textos, Baird, Douglas G.; Jackson, Thomas H. Corporate reorganizations and the treatment of diverse ownership interests: a comment on adequate protection of secured creditors in bankruptcy. *University of Chicago Law Review*, Chicago, v. 5, n. 1, 1984.

Jackson, Thomas H. Bankruptcy, non-bankruptcy entitlements, and the creditors' bargain. *Yale Law Journal*, New Haven: v. 91, n. 5, 1982, p. 857 s.

[77] Para Jackson, "bankruptcy provides a way to override the creditors' pursuit of their own remedies and to make them work together. [...] That goal is to permit the owners of assets to use those assets in a way that is most productive to them as a group in the face of incentives by individual owners to maximize their own positions" (Jackson, Thomas H. *The logic and limits of bankruptcy law*. Washington D.C.: Beard Books, 2001. p. 17).

[78] Para Baird e Jackson, somente para aquele "who, outside of bankruptcy, have property rights in the assets of the firm filing a petition" (Baird, Douglas G.; Jackson, Thomas H. Corporate reorganizations and the treatment of diverse ownership interests: a comment on adequate protection of secured creditors in bankruptcy. *University of Chicago Law Review*, Chicago, v. 5, n. 1, 1984, p. 103).

Para essa posição, outros interessados na preservação da atividade, como trabalhadores ou a sociedade de modo geral, mas que não teriam relações de crédito com o devedor ou que não puderam negociar contratualmente a alocação do referido risco, não teriam pretensão sobre a propriedade dos ativos do devedor fora da insolvência. Como a insolvência serviria para resolver um problema de falta de recursos para a satisfação dos credores, a solução de cooperação pretendida somente deveria envolver aqueles que possuíssem pretensões individuais sobre os bens[79].

Defensores desse posicionamento sustentam a dificuldade de aplicação no processo de insolvência de interesses que não os dos credores. "When dollars and contract entitlements are not the criteria, there is no adequate medium to consider community interests vis-a-vis monetary interests, or even among competing community interests."[80]

Esses interesses de terceiros não credores não seriam relevantes para o procedimento de insolvência para essa posição. Ainda que referidos interesses sejam relevantes para o direito, extrapolariam a pertinência do sistema de insolvência.

O fim dos empregos ou efeitos negativos na comunidade em que a atividade é desenvolvida são efeitos negativos de qualquer insucesso empresarial, tanto no procedimento de insolvência quanto fora. Considerando que a maioria das pessoas jurídicas que encerram suas atividades não se sujeita ao procedimento falimentar, tais efeitos deveriam ser protegidos por outras políticas públicas, e não pelo sistema de insolvência, porque desse não são efeitos particulares[81].

A satisfação dos interesses dos credores, porém, não implica o tratamento em igual medida ou a *par conditio creditorum* geral. Os credores não são todos iguais ou tiveram os créditos contraídos em igualdade de condições. Há credores mais diligentes e que exigiram maiores garantias ou reduziram os juros e os riscos em virtude dessas, há credores mais vulneráveis e que têm dificuldade para avaliar os riscos da contrata0sto, incentivaria os agentes a buscarem a insolvência não como um procedimento em benefício da coletividade de credores, mas como uma forma de privilegiar alguns credores em detrimento de outros[82]. O sistema de insolvência não poderia ser utilizado como instrumento para que os agentes, mesmo que isso seja ineficiente para a satisfação da coletividade, requeressem o procedimento coletivo para se beneficiarem individualmente em detrimento dos demais[83]. Pretende-se evitar o *forum shopping* pela consideração dos interesses particulares dos credores, na medida da desigualdade e das condições de pagamento fora do procedimento de insolvência[84].

Nesse aspecto, o sistema de insolvência deveria simplesmente refletir o acordo que os credores realizariam entre eles caso pudessem negociar *ex ante* diante de uma futura insolvência de seu

---

[79] JACKSON, Thomas H. *The logic and limits of bankruptcy law*. Washington D.C.: Beard Books, 2001. p. 25.

[80] SCHEMER, Barry S. Response to Professor Gross: Taking the interests of the community into account in bankruptcy – a modern-day tale of belling the cat. *Washington University Law Review*, Washington D.C., v. 72, n. 3, Interdisciplinary Conference on Bankruptcy and Insolvency Theory, p. 1.051, 1994.

[81] RASMUSSEN, Robert K. The efficiency of Chapter 11. Claims & opinions. *Bankruptcy Developments Journal*, Atlanta, GA, v. 8, 1991, p. 324.

[82] Para JACKSON, "a rule change unrelated to the goals of bankruptcy creates incentives for particular holders of rights in assets to resort to bankruptcy in order to gain for themselves the advantages of that rule change, even though a bankruptcy proceeding would not be in the collective interest of the investor group" (JACKSON, Thomas. *The logic and limits of bankruptcy law*. Cambridge, MA: Harvard University Press, 1986. p. 25). Para Jackson e Scott, "the cornerstone of the creditors' bargain is the normative claim that prebankruptcy entitlements should be impaired in bankruptcy only when necessary to maximize net asset distributions to the creditors as a group and never to accomplish purely distributional goals" (JACKSON, Thomas H.; SCOTT, Robert E. On the nature of bankruptcy: an essay on bankruptcy sharing and the creditors' bargain. *Virginia Law Review*, Charlottesville, v. 75, n. 2, p. 155-156, 1989).

[83] JACKSON, Thomas H. Bankruptcy, non-bankruptcy entitlements, and the creditors' bargain. *Yale Law Journal*, New Haven, v. 91, n. 5, p. 867, 1982.

[84] Trata-se do princípio de Butner, consagrado no caso Butner *v.* United States, 440 U.S. 48, 55 (1979). No precedente se estabeleceu que se deve preservar as relações jurídicas preexistentes e que, na omissão do direito concursal, se deve aplicar as regras não concursais, desde que não conflitem com os princípios do procedimento concursal.

CAPÍTULO 1 • A FUNÇÃO DO SISTEMA DE INSOLVÊNCIA NACIONAL

devedor[85]. O sistema de insolvência deveria ser designado para espelhar "the agreement one would expect the creditors to form among themselves were they able to negotiate such an agreement from an *ex ante* position"[86].

Mesmo que a contratação com múltiplas partes seja apenas hipotética, como haveria a redução dos custos e a maximização da satisfação dos referidos credores por meio de um sistema de insolvência coletivo, este deveria ser imposto pela Lei e estruturado para refletir o contrato que poderia ser feito pelos credores caso vislumbrassem, *ex ante*, o risco de inadimplemento do devedor comum.

A maior satisfação dos credores, em suma, assegura que o sistema de insolvência procurará promover a maior eficiência *ex post*. Procura-se garantir a alocação mais eficiente dos recursos para que haja a maior satisfação possível dos créditos, com menos custos, seja por meio da liquidação falimentar, seja por meio do procedimento de recuperação judicial.

A proteção dos interesses dos credores, mesmo que em medidas diferentes, não implica a ausência de benefício aos demais interessados. Ainda que apenas os interesses dos credores devam ser satisfeitos, a proteção aos interesses dos credores beneficiaria toda a coletividade, mas de forma indireta.

A eficiência *ex post* do sistema de insolvência promoveria menor custo *ex ante*. A maior proteção aos credores refletiria em incentivo para maiores investimentos, menor custo de financiamento, maior quantidade de contratações, maior incentivo ao empreendedorismo, com o desenvolvimento da economia do país[87].

Em crítica à posição, doutrinadores sustentam que o devedor não é um conjunto de ativos, o qual seria de titularidade dos credores para satisfazerem seus créditos. Com exceção de direitos reais sobre a coisa, os credores possuem simplesmente crédito em face do devedor e poderão exigir o cumprimento da obrigação pelo pagamento, não pela propriedade dos bens.

Por consequência desse raciocínio, o devedor conserva sua autonomia para, até que haja as constrições pelos credores, realizar os referidos pagamentos conforme sua vontade. Para esses críticos, como os credores não seriam proprietários e a "pool of assets" só existiria a partir da insolvência, não haveria motivos para que se restringisse a insolvência à distribuição de poder e valores apenas aos credores se todos os envolvidos seriam afetados pela descontinuação da atividade[88].

A concepção foi adotada por Alemanha e Portugal.

4.1.1.1 Alemanha

A prioridade na proteção aos interesses dos credores é assegurada pela legislação alemã. A recuperação é vista, nesses sistemas, como um meio e não um fim em si[89]. O plano de recuperação e a preservação da empresa sob a condução do devedor são alternativas para promoverem a maior satisfação dos credores.

---

[85] JACKSON, Thomas H.; SCOTT, Robert E. On the nature of bankruptcy: an essay on bankruptcy sharing and the creditors' bargain. *Virginia Law Review*, Charlottesville, v. 75, n. 2, p. 161, 1989.

[86] JACKSON, Thomas H. Bankruptcy, non-bankruptcy entitlements, and the creditors' bargain. *Yale Law Journal*, New Haven, v. 91, n. 5, p. 860, 1982.

[87] LA PORTA, Rafael *et al.* Legal determinants of external finance. *NBER Working Paper Series*, *NBER Working Paper Series*, Cambridge, n. 5879, 1997.

LA PORTA, Rafael *et al.* Law and finance. *NBER Working Paper Series*, Cambridge, n. 5.661, 1996.

QIAN, Jun; STRAHAN, Philip E. How laws and institutions shape financial contracts. *The Journal of Finance*, v. 62, n. 6, 2007.

[88] FLESSNER, Axel. Philosophies of business bankruptcy law: an international overview. In: ZIEGEL, Jacob S. (org.). *Current developments in international and comparative corporate insolvency law.* Oxford: Clarendon Press, 1994. p. 26.

[89] CEREZETTI, Sheila. *A recuperação judicial de sociedade por ações*: o princípio da preservação da empresa na Lei de Recuperação e Falência. São Paulo: Malheiros, 2012. p. 130.

A legislação alemã sobre insolvência era dividida em duas, em consequência das diferenças entre o oriente e o ocidente do país. Na Alemanha Ocidental, existiam duas leis: a *Konkursordnung* (1877) e a *Vergleichsordnung* (1935). Na parte oriental, a *General Execution Law* (*Gesamtvollstreckungsordnung*), de 1990[90].

As leis alemãs se prendiam à regra do *pacta sunt servanda*, que exigia o cumprimento integral das obrigações contraídas e não admitia qualquer *fresh start* do devedor[91]. O sistema alemão de insolvência era historicamente concebido como uma parte da exequibilidade na cobrança dos créditos. Ele assegurava "the enforcement of the debtor's liabilities in the commercial interest of the creditors"[92].

Entretanto, esse sistema não permitia a recuperação dos créditos. Mais de 75% dos processos de insolvência eram arquivados em vista da insuficiência de fundos para pagar os custos da administração do caso. Apenas 1% de todos os casos terminavam em uma composição acordada. O problema tornou-se ainda mais agudo devido a um rápido aumento no número de insolvências registradas na Alemanha a partir de 1991[93].

Em 1994, o Parlamento Alemão adotou a nova Lei de Insolvência Alemã, *Insolvenzordnung* (InsO), que passou a viger a partir de janeiro de 1999 e alterou parcialmente o paradigma das legislações anteriores, com forte influência da legislação americana[94]. Embora o devedor historicamente fosse ligado a um conceito de culpa na administração dos seus bens, o InsO pretendeu uma mudança de postura[95] ao unificar a legislação existente e permitir a restruturação da empresa ao invés, necessariamente, da liquidação forçada[96].

Desde sua elaboração, o InsO pretendia fornecer um conjunto de regras para facilitar a eliminação de negócios inviáveis do mercado. Os elaboradores da Lei tinham em mente a facilitação da execução dos credores. Nesse sentido, pretendia-se elaborar meios para atingir o resultado mais adequado para os credores como um grupo. Os precursores do InsO entendiam tanto a reorganização quanto a liquidação como meios igualmente apropriados para fazer valer os direitos dos credores[97].

Não há hierarquia entre a reorganização e a falência. Na maioria dos casos, a reorganização não é preferida em relação à falência, ao passo que uma liquidação ordenada com a venda de inteiras unidades de negócios não prevalece sobre uma liquidação fragmentada dos ativos do devedor.

---

[90] PAULUS, Christoph G. Germany: lessons to learn from the implementation of a new insolvency code. *Connecticut Journal of International Law*, v. 17, n. 1, p. 89, 2001-2002.

[91] PAULUS, Christoph G. Germany: lessons to learn from the implementation of a new insolvency code. *Connecticut Journal of International Law*, v. 17, n. 1, p. 92, 2001-2002.

[92] EHLERS, Eckart. German statutory corporate rescue proceedings: the Insolvenzplan Procedure. In: BROC, Katarzyna Gromek; PARRY, Rebecca (ed.). *Corporate rescue*: an overview of recent developments. 2. ed. The Netherlands: Kluwer Law International, 2006. p. 156.

[93] KAMLAH, Klaus. The New German Insolvency Act: Insolvenzordnung. *American Bankruptcy Law Journal*, v. 70, n. 4, 1996, p. 419.

[94] "The new law reflects many elements of the most sophisticated pre-existing bankruptcy regime, namely, the Bankruptcy Code of the United States. However, the law expresses those elements in a continental legislative style that makes them attractive to Latin America and Eastern and Central Europe. Moreover, the German reform takes into account the criticism recently leveled by economic and legal scholars against the U.S. reorganization procedure and avoids some of the rightly criticized features of the U.S. Bankruptcy Code" (BALZ, Manfred. Market conformity of insolvency proceedings: policy issues of the German Insolvency Law. *Symposium Commentary*: Bankruptcy in the Global Village, v. 23, n. 1, article 8, 1997, p. 170-171).

[95] EHLERS, Eckart. German statutory corporate rescue proceedings: the Insolvenzplan Procedure – EC Regulation 1346/2000, selected issues and German Case Law. In: BROC, Katarzyna Gromek; PARRY, Rebecca. *Corporate rescue*: an overview of recent developments. 2. ed. The Netherlands: Kluwer Law International, 2006. p. 155.

[96] "The new InsO follows the French model and offers just one procedure that aims at the best satisfaction of all creditors by using either liquidation or reorganization" (PAULUS, Christoph G. The New German Insolvency Code. *Texas International Law Journal*, Austin, v. 33, 1. ed., 1998, p. 143).

[97] KAMLAH, Klaus. The New German Insolvency Act: Insolvenzordnung. *American Bankruptcy Law Journal*, v. 70, n. 4, 1996, p. 422.

CAPÍTULO 1 • A FUNÇÃO DO SISTEMA DE INSOLVÊNCIA NACIONAL

O sistema de via única alemão concentra-se no atendimento aos credores e a eles é atribuído o poder de decidir qual solução atende melhor aos seus interesses[98].

Nesse contexto, a preservação da empresa por meio da recuperação não é tratada como fim[99]. A recuperação apenas é apresentada aos credores como alternativa à falência para melhor satisfazerem os referidos créditos. O objetivo da legislação de insolvência alemã é a satisfação mais completa possível de todos os credores com os ativos do devedor[100]. Para Ehlers, "german insolvency law aims at the debtor taking maximum responsibility, realizing and satisfying as many liabilities as possible"[101].

Eventuais investimentos realizados com patrimônio do devedor para a reestruturação da empresa somente se viabilizam como forma de se possibilitar a maior satisfação conjunta dos credores[102].

O procedimento alemão de insolvência previsto é de via única, ou seja, "only one single set of proceedings serving all purposes, leaving it to the parties involved whether the proceedings should aim at restructuring rather than liquidation"[103]. O InsO conferiu aos credores, por meio da concordância a um *Insolvenzplan*, a possibilidade de buscarem alternativas à tradicional liquidação dos ativos do devedor para a satisfação dos respectivos créditos. Em vista do interesse econômico dos credores, o InsO assegura que eles possam decidir autonomamente sobre a forma, o tipo de liquidação e o curso do procedimento[104].

Por ser sistema de via única, todo procedimento se inicia como uma liquidação, a qual pode ser convertida para reorganização a qualquer tempo após a primeira assembleia de credores[105].

Nos termos do § 1º do InsO:

procedimentos de insolvência servem à satisfação coletiva dos credores do devedor por meio da liquidação dos ativos do devedor e distribuição dos produtos ou pela obtenção de um acordo em um plano de insolvência, em ordem a manter a empresa. Devedores honestos recebem a oportunidade de obterem o levantamento dos débitos remanescentes[106].

Nesse sentido, o sistema de insolvência alemã é orientado à satisfação exclusiva dos credores. Sua construção é realizada como uma forma de maximização dos ativos para o adimplemento do

---

[98] Balz, Manfred. Market conformity of insolvency proceedings: policy issues of the German Insolvency Law. *Symposium Commentary*: Bankruptcy in the Global Village, v. 23, n. 1, article 8, 1997, p. 173.

[99] Pertinente ponderação a ser considerada em relação à recém-publicada StaRUG, que se trata de processo pré-insolvência baseado na incapacidade iminente de pagar (*drohende Zahlungsunfähigkeit*), que visa trazer maior flexibilização ao devedor com o objetivo de preservação da atividade empresarial.

[100] Frege, Michael C.; Keller, Ulrich; Riedel, Ernst. *Handbuch der rechtpraxis, band 3*: insolvenzrecht, 8. ed. München: C.H. Beck, 2015. p. 3.

[101] Ehlers, Eckart. German Statutory *Corporate Rescue proceedings*: the Insolvenzplan Procedure – EC Regulation 1346/2000, selected issues and German Case Law. In: Broc, Katarzyna Gromek; Parry, Rebecca. *Corporate Rescue*: an overview of recent developments. 2. ed. The Netherlands: Kluwer Law International, 2006. p. 184.

[102] Frege, Michael C.; Keller, Ulrich; Riedel, Ernst. *Handbuch der rechtpraxis, band 3*: Insolvenzrecht, 8. ed. München: C.H. Beck, 2015. p. 3.

[103] Bork, Reinhard. *Corporate Insolvency Law*: a comparative textbook. Cambridge: Intersentia, 2020.

[104] "Die Insolvenzordnung geht davon aus, dass die Gläubiger autonom über die Form und die Art der Masseverwertung sowie den Gang des Verfahrens entscheiden sollen. Der privatautonomen Abwicklung der Insolvenz werden – einer Tendenz zur Deregulierung folgend – so wenig Schranken wie möglich gesetzt" (Eidenmüller, Horst; Schoppmeyer, Heinrich; Stürner, Rolf. *Münchener Kommentar zur Insolvenzordnung*. 4. ed. C.H. Beck, 2019).

[105] Kamlah, Klaus. The New German Insolvency Act: Insolvenzordnung. *American Bankruptcy Law Journal*, v. 70, n. 4, 1996, p. 424.

[106] "§ 1 Das Insolvenzverfahren dient dazu, die Gläubiger eines Schuldners gemeinschaftlich zu befriedigen, indem das Vermögen des Schuldners verwertet und der Erlös verteilt oder in einem Insolvenzplan eine abweichende Regelung insbesondere zum Erhalt des Unternehmens getroffen wird. Dem redlichen Schuldner wird Gelegenheit gegeben, sich von seinen restlichen Verbindlichkeiten zu befreien."

referido crédito[107]. Há que se observar a parte final do dispositivo legal referido, a qual traz como objetivo do sistema também a quitação da dívida residual para os devedores honestos, a fim de um novo começo econômico, diante de certas condições[108].

Podem ser apontados três objetivos do sistema de insolvência alemão: (i) todos os credores devem receber os seus créditos da forma mais completa possível; (ii) todos os credores devem ser tratados com igualdade; e (iii) o soerguimento do devedor, se recuperável for a sua atividade[109].

Na prática, os procedimentos de insolvência têm gerado baixa satisfação dos créditos. Na maioria dos casos, a empresa do devedor é dissolvida e os credores recebem de 1 a 4% do crédito original[110].

4.1.1.2 Portugal

Adepto desses mesmos objetivos figura Portugal.

O Código de Processo Civil de 1961, aprovado pelo Decreto-Lei n. 44.129, oferecia tratamento para a crise financeira dos agentes econômicos em Portugal. Trazia dois institutos jurídicos: a *insolvência* e a *falência*. Existiam também meios preventivos e suspensivos da falência, quais sejam os processos da *concordata* e o *acordo de credores*. Contudo, esses institutos eram pouco utilizados[111].

As primeiras iniciativas que visaram ao saneamento da empresa apareceram, pouco a pouco, a partir de 1976, com medidas intervencionistas do Estado. Com a promulgação do Decreto-Lei n. 864/76, passou-se a prever a superação da crise de empresas declaradas em "situação econômica difícil". No ano seguinte, o Decreto-Lei n. 353-H/77 clarificou os requisitos e os procedimentos do decreto anterior. Visava prioritariamente à flexibilização de encargos laborais para viabilizar a preservação de postos de trabalho[112].

Com esse propósito, houve a promulgação do Decreto-Lei n. 24/77. Referido decreto criava os "contratos de viabilização" por meio dos quais pretendia-se o reerguimento de empresas debilitadas, mas na via totalmente administrativa, pois os contratos de viabilização eram celebrados diretamente entre o devedor e alguns credores e exigiam homologação ministerial.

A participação dos credores, nesse processo, era limitada. Sua participação restringia-se às instituições de crédito, controladas à época direta ou indiretamente pelo Estado. A recuperação surgia, assim, fora do campo judicial e na seara administrativa, com a participação estatal como imprescindível pela homologação ministerial dos contratos de viabilização celebrados pelo devedor[113].

---

[107] EIDENMÜLLER, Horst. *Comparative corporate insolvency law*. European Corporate Governance Institute (ECGI), Law Working Paper, Brussels, n. 319, p. 10, 2016.

[108] KRAMER, Ralph; PETER, Frank K. *Insolvenzrecht*. Grundkurs fur wirtschaftswissenschaftler. 3. ed. Springer Gabler, 2014. p. 15.

[109] "Im Hinblick auf diese zwei Hauptziele hat das Insolvenzverfahren drei Funktionen. Es dient zunachst der Befriedigungsfunktion, d. h. Sämtliche Gläubiger sollen möglichst vollständig ihre Forderungen erhalten. Es dient darüber hinaus der. Gleichbehandlungsfunktion, d. h. Alle Gläubiger sollen gleich behandelt werden. Letztendlich dient es der Entschuldungs- und der Sanierungsfunktion, d. h. Der Schuldner soll die Möglichkeit der Sanierung haben" (KRAMER, Ralph; PETER, Frank K. *Insolvenzrecht*. Grundkurs fur wirtschaftswissenschaftler. 3. ed. Springer Gabler, 2014. p. 15).

[110] KRAMER, Ralph; PETER, Frank K. *Insolvenzrecht*. Grundkurs fur Wirtschaftswissenschaftler. 3. ed. Springer Gabler, 2014. p. 16.

[111] "A concordata funcionava como verdadeiro processo de liquidação do patrimônio do devedor, embora com resultados mitigados, ao passo que o acordo de credores raramente era utilizado, face à manifesta falta de interesse prático dos credores na sustentação de empresas em bancarrota" (SILVA, João Calvão da; RODRIGUES, Frederico Viana. Os novos paradigmas do direito concursal. *Revista de Direito Bancário e do Mercado de Capitais*, São Paulo, Revista dos Tribunais, ano 10, n. 36, p. 228, 2007).

[112] SILVA, João Calvão da; RODRIGUES, Frederico Viana. Os novos paradigmas do direito concursal. *Revista de Direito Bancário e do Mercado de Capitais*, São Paulo, Revista dos Tribunais, ano 10, n. 36, p. 228-230, 2007.

[113] SILVA, João Calvão da; RODRIGUES, Frederico Viana. Os novos paradigmas do direito concursal. *Revista de Direito Bancário e do Mercado de Capitais*, São Paulo, Revista dos Tribunais, ano 10, n. 36, p. 228-230, 2007.

CAPÍTULO 1 • A FUNÇÃO DO SISTEMA DE INSOLVÊNCIA NACIONAL

Dessa forma, para Catarina Serra, até 1993, o regime de insolvência português se assentava na ideia da "falência-liquidação", a qual considerava a existência de apenas dois grupos diferentes de agentes afetados pela insolvência: os credores, a quem se devia pagar, e o falido, que se devia punir[114]. Embora algumas alterações no sistema legislativo[115] tivessem introduzido ideias da chamada "falência-saneamento", a concepção dominante no Código de Processo Civil, no qual o processo de insolvência estava contido, era a da falência-liquidação.

Os mecanismos de recuperação da empresa e a satisfação dos interesses outros envolvidos na manutenção da atividade empresarial exigiram a alteração da legislação. Tornou-se claro que a falência envolvia outros sujeitos além do devedor e dos seus credores, os quais mereciam ser valorizados. "Então, um pouco por todo o lado, em nome dos interesses públicos do crescimento económico, da estabilidade no emprego e da harmonia social, conceberam-se e aperfeiçoaram-se os mecanismos de recuperação da empresa."[116]

Dessa forma, em 1993, aprovou-se o Código dos Processos Especiais de Recuperação da Empresa e de Falência (CPEREF) pelo Decreto-Lei n. 132/93, que foi revisto em 1998 e tinha como ponto de partida a recuperação da atividade empresarial[117]. O CPEREF disciplinava um sistema dúplice, em que se conferia a possibilidade da recuperação ou da liquidação falimentar. Priorizava-se a preservação da empresa por meio de um procedimento de recuperação judicial, embora esta somente pudesse ser concedida mediante "justificação plena, ao nível da própria economia nacional globalmente considerada, quando e enquanto o comerciante ou a sociedade comercial devedora se possam realmente considerar como unidades económicas viáveis"[118].

Essa proteção aos interesses de terceiros não restritos aos credores, diretamente, em pouco tempo foi considerada ineficiente. O Código da Insolvência e da Recuperação de Empresas (CIRE), aprovado pelo Decreto-Lei n. 53/2004 e com fortes inspirações na lei da insolvência alemã (*Insolvenzordnung*), determinou a satisfação prioritária dos credores como objetivo do procedimento de insolvência. De acordo com a redação inicial do art. 1º, n. 1, do CIRE, o processo de insolvência tinha por finalidade "a liquidação do património de um devedor insolvente e a repartição do produto obtido pelos credores, ou a satisfação destes pela forma prevista num plano de insolvência, que nomeadamente se baseie na recuperação da empresa compreendida na massa insolvente".

O Código altera a posição legislativa anterior, que priorizava as medidas de saneamento da atividade empresarial em crise, e consagra um claro retorno ao sistema da falência-liquidação. Na concepção de Leitão,

> o processo deixava de ter como fim principal a recuperação da empresa, ao contrário do que se previa nos arts. 1º, n. 1 e 2, do CPEREF, para passar a ter como único fim a satisfação dos credores, de que a recuperação da empresa é vista como mero instrumento[119].

Baseava-se o novo procedimento no pressuposto de que apenas as empresas viáveis economicamente assegurariam a maximização do valor dos ativos e a melhor satisfação de todos os interesses

---

[114] SERRA, Catarina. *O regime português da insolvência*. 5. ed. Coimbra: Almedina, 2012. p. 19.

[115] DL n. 177/86, o qual criou o processo especial de recuperação da empresa e da proteção de credores e DL n. 10/90, o qual apura o regime estabelecido no DL n. 177/86.

[116] SERRA, Catarina. *O regime português da insolvência*. 5. ed. Coimbra: Almedina, 2012. p. 19.

[117] MARTINS, Alexandre de Soveral. *Um curso de direito da insolvência*. 2. ed. Coimbra: Almedina, 2017. p. 25.

[118] Relatório do Diploma Preambular que aprovou o CPREF (DL n. 132/93, de 23 de abril). Disponível em: https://www.pg-dlisboa.pt/leis/lei_mostra_articulado.php?nid=106&tabela=lei_velhas&nversao=2&so_miolo=. Acesso em: 30 jun. 2023.

[119] LEITÃO, Luís Manuel Teles de Menezes. *Direito da insolvência*. 9. ed. Coimbra: Almedina, 2019. p. 76.

que gravitariam ao redor do desenvolvimento da atividade[120]. O empresário economicamente inviável deveria, por outro lado, ser liquidado como forma de se manter a higidez do mercado. Em virtude dessa lógica, os credores, ao avaliarem a melhor forma de satisfação dos respectivos créditos, seriam os maiores interessados para avaliar a viabilidade econômica do devedor e, por consequência, assegurar que todos os interesses fossem protegidos.

O procedimento refletia essa prioridade à solução verificada pelos credores e não mais à recuperação, ainda que em detrimento destes. Pelo CIRE, o sistema de insolvência português replicava muito do procedimento de insolvência alemão. Trata-se de sistema único de insolvência, em que aos credores era, no curso do procedimento, atribuída a escolha sobre a liquidação ou sobre a aprovação do plano de insolvência.

Em crítica a essa alteração, Catarina Serra destaca que, por força da insolvência, os credores convertem-se em proprietários econômicos da empresa, de modo a prevalecer os mecanismos próprios de regulação de mercado.

> Daí que se desjudicialize a recuperação da empresa e se dê ampla margem de manobra aos credores. Mas, não havendo um critério objetivo nem um (mínimo) controlo judicial da decisão sobre o destino da empresa, estabelece-se o império absoluto dos interesses privados.[121]

Entretanto, a recuperação da empresa no procedimento único na prática era dificultada. Nos termos do art. 1º, n. 1, e art. 195, n. 2, al. B, a recuperação somente poderia ser aprovada depois de transitada em julgado a sentença de declaração de insolvência, de esgotado o prazo para a impugnação da lista de credores reconhecidos e de realizada a assembleia de apreciação do relatório ou, caso não fosse designado dia para a sua realização, depois de decorridos quarenta e cinco dias da prolação da sentença de declaração de insolvência. Isso significava que, entre a declaração de insolvência e a decisão de recuperação, decorria um período tão longo que, na prática, era muito difícil que, no momento de aplicar as medidas de recuperação, as empresas estivessem ainda em condições de serem recuperadas[122].

Em 2012, foi aprovado o "Programa Revitalizar", o qual estabeleceu uma série de medidas para alteração do regime de insolvência português, tais como a revisão do Código da Insolvência e da Recuperação de Empresas (CIRE), a aprovação do Sistema de Recuperação de Empresas por Via Extrajudicial (SIREVE) e a revisão do enquadramento legal dos administradores da insolvência.

A Lei n. 16/2012 surge nesse contexto. Ela alterou o art. 1º do CIRE para atenuar o sistema falência-liquidação. Estabeleceu-se que o sistema de insolvência tem por finalidade "a satisfação dos credores pela forma prevista num plano de insolvência, baseado, nomeadamente, na recuperação da empresa compreendida na massa insolvente, ou, quando tal não se afigure possível, na liquidação do património

---

[120] De acordo com o preambulo do Código da Insolvência e da Recuperação de Empresas (CIRE): "Quando na massa insolvente esteja compreendida uma empresa que não gerou os rendimentos necessários ao cumprimento das suas obrigações, a melhor satisfação dos credores pode passar tanto pelo encerramento da empresa, como pela sua manutenção em actividade. Mas é sempre da estimativa dos credores que deve depender, em última análise, a decisão de recuperar a empresa, e em que termos, nomeadamente quanto à sua manutenção na titularidade do devedor insolvente ou na de outrem. E, repise-se, essa estimativa será sempre a melhor forma de realização do interesse público de regulação do mercado, mantendo em funcionamento as empresas viáveis e expurgando dele as que o não sejam (ainda que, nesta última hipótese, a inviabilidade possa resultar apenas do facto de os credores não verem interesse na continuação). Entende-se que a situação não corresponde necessariamente a uma falha do mercado e que os mecanismos próprios deste conduzem a melhores resultados do que intervenções autoritárias. Ao direito da insolvência compete a tarefa de regular juridicamente a eliminação ou a reorganização financeira de uma empresa segundo uma lógica de mercado, devolvendo o papel central aos credores, convertidos, por força da insolvência, em proprietários econômicos da empresa". Disponível em: https://dre.pt/dre/legislacao-consolidada/decreto-lei/2004-34529075. Acesso em: 7 jul. 2023.

[121] Serra, Catarina. *O novo regime português da insolvência*: uma introdução. 4. ed. Coimbra: Almedina, 2010. p. 21.

[122] Serra, Catarina. *O regime português da insolvência*. 5. ed. Coimbra: Almedina, 2012. p. 22.

CAPÍTULO 1 • A FUNÇÃO DO SISTEMA DE INSOLVÊNCIA NACIONAL

do devedor insolvente e a repartição do produto obtido pelos credores". A Lei acrescentou também o n. 3 do art. 192, o qual altera o nome do "plano de insolvência" para "plano de recuperação".

Outra mudança foi a instituição do Plano Especial de Revitalização (PER), com a inserção dos arts. 17º-A a 17º-I ao CIRE. O PER, que se fundamenta na preservação da empresa, foi uma das tentativas da legislação portuguesa de trazer maior oportunidade ao devedor que, na iminência de se tornar insolvente, poderia ainda se reerguer[123]. O PER foi alterado por diversos outros diplomas, *v.g.*, o Decreto-Lei n. 79/2017 e a Lei n. 9/2022.

Ainda que se buscasse dar primazia à recuperação de empresas, a manutenção da atividade ou sua liquidação continuou a ser decisão atribuída exclusivamente aos credores, em seu exclusivo interesse, e a disposição legal do art. 1º é expressa ao determinar que a finalidade da recuperação é a satisfação dos credores. Para Leitão, "todo esse património vem a ser submetido à esfera de ação dos credores, que decidirão a melhor forma de obter a satisfação dos seus direitos"[124].

O sistema de insolvência português, portanto, passou por três fases: a fase da falência-liquidação, a fase da falência-saneamento, com o CPEREF, e, por fim, retornou à fase da falência-liquidação, com o CIRE. Mesmo após as alterações legislativas, o que norteia o processo de insolvência em Portugal é a satisfação dos credores, da qual a recuperação da empresa é vista como mero instrumento[125].

4.1.2   Teoria distributivista

A repercussão social dos efeitos da insolvência de uma sociedade empresária, contudo, não se restringe exclusivamente ao devedor e seus credores[126]. A interrupção do desenvolvimento da atividade produz efeitos sobre os empregados, com o fechamento dos postos de trabalho, sobre a comunidade em que o empresário está inserido, em virtude da suspensão das diversas contratações com os fornecedores, contratantes e dependentes do desenvolvimento da atividade empresarial, bem como sobre o próprio mercado e os consumidores, pela redução da concorrência na oferta de determinados produtos ou serviços.

Para os adeptos de uma corrente social ou distributiva, o processo de insolvência não pode ter seus objetivos restritos à maximização da satisfação dos créditos apenas. Forma de política pública, o sistema de insolvência deveria buscar além da maximização do valor dos créditos. O sistema visaria a proteger toda a coletividade, afetada pela interrupção do desenvolvimento da atividade, com a garantia de que o inadimplemento geral do devedor seria resolvido de forma ordenada e justa[127].

A preservação da empresa, para essa concepção, deveria ser um fim do sistema de insolvência[128]. Não apenas poderia ser caracterizada como um modo de obter a melhor satisfação dos credores, mas como forma de se proteger os interesses de todos os envolvidos[129].

---

[123] SILVA, José. *A posição dos credores e a recuperação da empresa*: no protagonismo dos credores a ideia de insolvência residual. São Paulo: Quartier Latin, 2023. p. 327.

[124] LEITÃO, Luís Manuel Teles de Menezes. *Direito da insolvência*. 9. ed. Coimbra: Almedina, 2019. p. 18.

[125] LEITÃO, Luís Manuel Teles de Menezes. *Direito da insolvência*. 9. ed. Coimbra: Almedina, 2019. p. 77.

[126] WARREN, Elizabeth. Bankruptcy Policy. *University of Chicago Law Review*, Chicago, v. 54, n. 3, 1987. p. 777; JENSEN, Michael C. Corporate control and the politics of finance. *Journal of Applied Corporate Finance*, v. 4, n. 2, 1991.

[127] WESTBROOK, Jay Lawrence. The globalisation of insolvency reform. *New Zealand Law Review*, Auckland, n. 3, 1999,. p. 405. Para GROSS, "Bankruptcy involves much more than maximizing creditors' recovery as measured in dollars and cents. Bankruptcy is concerned with rehabilitating debtors, which may not benefit creditors' short-term recovery" (GROSS, Karen. *Failure and forgiveness*: rebalancing the bankruptcy system. New Haven and London: Yale University Press, 1997. p. 138).

[128] Classificação proposta por CEREZETTI, Sheila. *A recuperação judicial de sociedade por ações*: o princípio da preservação da empresa na Lei de Recuperação e Falência. São Paulo: Malheiros, 2012. p. 108.

[129] LOPUCKI, Lynn. A team production theory of bankruptcy reorganization. *Research Paper* n. 3-12. UCLA School of Law, Los Angeles, p. 10, 2003.

Caso o objetivo do sistema de insolvência se restringisse à maior satisfação exclusiva dos credores, diante dos enormes custos necessários ao procedimento, essa corrente sustenta que dificilmente se poderia considerar que uma solução de mercado não seria mais eficiente do que o procedimento de insolvência[130]. Para essa concepção, apenas a consideração de interesses outros justificaria pequenas ineficiências no processo[131].

Nesse sentido, a maximização do valor dos ativos como objetivo do procedimento de insolvência, embora importante, não trata da questão mais relevante e que consiste justamente na proteção dos interesses de todos os envolvidos com o desenvolvimento da atividade empresarial, ainda que não tenham formalmente direito sobre os bens do devedor[132]. A proteção desses diversos interessados deveria ocorrer porque eles são menos capazes de se protegerem da falência do que os demais credores. Tanto os trabalhadores, como os consumidores ou o próprio mercado, ou não teriam condições, ou as teriam de forma reduzida, de avaliarem a crise econômico-financeira do devedor ou de evitarem a produção dos efeitos negativos de uma insolvência sobre os seus interesses.

Dessa forma, a prioridade conferida aos trabalhadores seria uma das formas de distribuir os riscos entre todos aqueles afetados, haja vista que os trabalhadores teriam maior dificuldade de alterar seu comportamento diante de um risco de inadimplemento, nem conseguiriam repassar ou absorver esse inadimplemento[133].

O sistema de insolvência, portanto, para essa concepção, não deveria ser criado para resolver exclusivamente o problema do *common pool*, ou seja, da ausência de ativos para a satisfação de todos os credores. Ele seria uma "response to the larger problem of financial distress, understood as a crisis of diverse values"[134].

Ele deveria ser designado para distribuir os custos entre todos aqueles sujeitos aos seus efeitos. Ao contrário, entretanto, de uma distribuição propugnada pela posição anterior e restrita à reprodução da mesma ordem de preferência de créditos estabelecida pelo direito material, o sistema de insolvência deveria realizar uma distribuição desses riscos da insolvência conforme a habilidade dos interessados para suportarem e se prevenirem dos custos do inadimplemento do devedor[135].

Para tanto, a consideração dos interesses de todos os envolvidos, e não apenas daqueles com pretensões econômicas sobre o patrimônio do devedor, permitiria a obtenção de decisões mais informadas e de forma a orientar as relações entre todas as pessoas envolvidas com a crise do devedor[136].

---

[130] "The expense of this process is justified by a normative conclusion that spreading the losses of default by an organized scheme, developed by Congress and supervised by the courts, is superior to an unmonitored distribution by powerful creditors or self-interested debtors" (WARREN, Elizabeth. Bankruptcy Policy. *University of Chicago Law Review*, Chicago, v. 54, n. 3, 1987, p. 793).

[131] BAIRD, Douglas; RASMUSSEN, Robert K. The end of bankruptcy. *John M. Olin Program in Law and Economics,* Working Paper n. 173, 2002, p. 755.

[132] Para WARREN: "Bankruptcy policy also takes into account the distributional impact of a business failure on parties who are not creditors and who have no formal legal rights to the assets of the business. Business closings affect employees who will lose jobs, taxing authorities that will lose ratable property, suppliers that will lose customers, nearby property owners who will lose beneficial neighbors, and current customers who must go elsewhere" (WARREN, Elizabeth. Bankruptcy policymaking in an imperfect world. *Michigan Law Review*, Ann Arbor, v. 92, n. 2, p. 355-356, 1993).

[133] WARREN, Elizabeth. Bankruptcy policy. *University of Chicago Law Review*, Chicago, v. 54, n. 3, 1987, p. 790.

[134] KOROBKIN, Donald R. Value and rationality in bankruptcy decision making. *William & Mary Law Review*, v. 33, n. 2, p. 335, 1992. Disponível em: http://scholarship.law.wm.edu/wmlr/vol33/iss2/2. Acesso em: 29 jun. 2023.

[135] WARREN, Elizabeth. Bankruptcy policy. *University of Chicago Law Review*, Chicago, v. 54, n. 3, 1987, p. 790.

[136] KOROBKIN, Donald R. Value and rationality in bankruptcy decision making. *William & Mary Law Review*, v. 33, n. 2, p. 335, 1992. Disponível em: http://scholarship.law.wm.edu/wmlr/vol33/iss2/2. Acesso em: 29 jun. 2023.

CAPÍTULO 1 • A FUNÇÃO DO SISTEMA DE INSOLVÊNCIA NACIONAL

[137]Para a corrente, o objetivo seria a maximização do bem-estar de todos os envolvidos, num ótimo de Pareto[138], ou seja, os agentes deverão ter incremento em sua satisfação sem que haja a redução de utilidade de qualquer um[139]. Para Pareto[140], a eficiência ocorreria se a mudança socioeconômica gerasse melhor resultado em comparação ao *status quo ante* e desde que não tivessem sido produzidas perdas para nenhum dos atores socioeconômicos envolvidos[141]. [142][143][144]Ademais, partem os adeptos dessa teoria do pressuposto de que, diante do aviamento, que seria comprometido através da liquidação forçada ou da constrição de ativos na execução individual, a permanência do empresário devedor na condução de sua atividade preservaria os interesses dos diversos interessados, ainda que promovesse alguma ineficiência econômica[145].

Referida posição não ficou avessa às críticas, notadamente por admitir que a eficiência econômica não é o princípio básico diante de uma maior relevância da justiça distributiva. Em crítica a essa, sustenta-se que a proteção de interesses não exclusivos dos credores provocaria uma maior chance de o empresário ser mantido à frente de uma atividade econômica ineficiente e que apenas consumiria os recursos escassos[146]. Esse prolongamento ineficiente poderá causar diversos efeitos negativos.

O primeiro deles é que a maior probabilidade de um prolongamento ineficiente em razão da redistribuição dos ativos será absorvida como aumento do risco de retorno do capital pelos investidores e implicará um maior custo ao investimento[147]. Como esse aumento do risco não será homogêneo, mas concentrado nos empresários ou ramos de atividade com maior probabilidade de serem submetidos ao regime de insolvência, naturalmente os investidores exigirão desses, mais suscetíveis às crises, as maiores remunerações. Por conta disso, um sistema distributivo atribuirá os custos

---

[137] BOTELHO, Martinho. A eficiência e o efeito Kaldor-Hicks: a questão da compensação social. *Revista de Direito, Economia e Desenvolvimento Sustentável*, v. 2, n. 1, p. 27-45, p. 38, 2016.

[138] BOTELHO, Martinho. A eficiência e o efeito Kaldor-Hicks: a questão da compensação social. *Revista de Direito, Economia e Desenvolvimento Sustentável*, v. 2, n. 1, p. 27-45, 2016, p. 38.

[139] Cf. PARETO, Vilfredo. *Manual of political economy*. London: Augustus M. Kelley, 1971.

[140] Cf. PARETO, Vilfredo. *Manual of political economy*. London: Augustus M. Kelley, 1971.

[141] COASE, J. H. The problem of social cost. *Journal of Law and Economics*, v. 3, University of Chicago Press, 1960. Disponível em: http://www.jstor.org/stable/724810. Acesso em: 28 set. 2023.

[142] Em crítica, o ambiente de externalidades e os custos de transação impedem o resultado de Pareto ótimo (STRINGHAM, Edward. Kaldor-Hicks efficiency and the problem of central planning. *The Quarterly Journal of Austrian Economics*, v. 4, n. 2, p. 41-50, 2001). Essa visão é ampliada em Kaldor-Hicks. Para esses, os ganhadores deveriam poder compensar os perdedores pelo benefício obtido e de forma a compensar as perdas geradas (BOTELHO, Martinho. A eficiência e o efeito Kaldor-Hicks: a questão da compensação social. *Revista de Direito, Economia e Desenvolvimento Sustentável*, v. 2, n. 1, p. 27-45, 2016, p. 37).

[143] BOTELHO, Martinho. A eficiência e o efeito Kaldor-Hicks: a questão da compensação social. *Revista de Direito, Economia e Desenvolvimento Sustentável*, v. 2, n. 1, p. 27-45, 2016, p. 37.

[144] Cf. STRINGHAM, Edward. Kaldor-Hicks efficiency and the problem of central planning. *The Quarterly Journal of Austrian Economics*, v. 4, n. 2, p. 41-50, 2001.

[145] Em exposição sobre a teoria distributiva, BOWERS, James W. Rehabilitation, redistribution or dissipation: the evidence for choosing among bankruptcy hypotheses. *Washington University Law Review*, Washington D.C., v. 72, n. 3, p. 958-959, 1994.

[146] FROST, Christopher W. Bankruptcy redistributive policies and the limits of the judicial process. *North Carolina Law Review*, v. 74, n. 1, p. 113, 1995.

[147] "The introduction of the community and employee interests into the bankruptcy system will create a non-controllable risk in every investment contract: the risk that the investor will be forced to invest in negative net present value projects. The introduction of this risk can be expected to increase the cost of capital as firms are unable to make credible commitments that capital may be withdrawn from the project" (FROST, Christopher W. Bankruptcy redistributive policies and the limits of the judicial process. *North Carolina Law Review*, v. 74, n. 1, 1995. p. 115). No mesmo sentido, ADLER, Barry E. Bankruptcy and risk allocation. *Cornell Law Review*, v. 77, n. 3, 1992, p. 489; JACKSON, Thomas; SCOTT, Robert E. On the nature of bankruptcy: an essay on bankruptcy sharing and the creditors' bargain. *Virginia Law Review*, Charlottesville, p. 164, 1989.

justamente àqueles com menores condições de suportá-los e, por consequência, afetará os empregados e a comunidade que mais necessitaria da ajuda[148].

Manter o empresário ineficiente poderá também transferir parte dos custos aos demais agentes econômicos concorrentes. A crise poderá ocorrer porque determinado mercado está saturado, de forma que a manutenção de um agente ineficiente poderá promover a contínua oferta dos produtos ou serviços sem alteração da demanda, o que impedirá a adequação do preço nos produtos concorrentes[149].

Mas não apenas. A manutenção de um empresário em crise econômica que torne sua atividade inviável fará com que referido empresário reduza suas margens de lucro ou reduza o pagamento de fornecedores para conseguir aumentar sua fatia de mercado, mesmo que a longo prazo a prática seja insustentável. Referida redução será predatória e comprometerá os demais concorrentes de mercado, os quais deverão reduzir o preço para adequar-se ao sistema.

Dessa forma, o sistema de insolvência seria pouco adequado para tutelar interesses de outros que não credores[150] e poderia gerar distorções nos comportamentos estratégicos dos diversos agentes econômicos[151].

4.1.2.1   Itália

A legislação de recuperação de empresas italiana sofreu grandes alterações ao longo da história, inclusive com a publicação do novo *Codice della crisi d'impresa e dell'insolvenza* em 2019, que só entrou em vigor em julho de 2022, com a publicação do Decreto n. 83/2022. A nova legislação reflete, nesse aspecto, a implementação das diretivas ditadas pela UE[152].

A identificação entre a insolvência e a prática de atos criminosos pelo devedor fora historicamente superada[153]. A distinção foi o resultado da percepção de que o devedor poderia não ter agido dolosa ou culposamente para provocar sua própria insolvência. Essa poderia ser decorrente de um estado de crise como resultado de má-sorte (*fortunae iniuria*) ou, em qualquer caso, de fatores externos à sua própria atividade[154].

Se a punição do devedor não mais era decorrência necessária de sua insolvência, a necessária liquidação falimentar do devedor insolvente também passou a ser sopesada diante da viabilidade econômica da atividade dos interesses envolvidos com a sua continuidade.

Inicialmente, com a Revolução Industrial e as codificações do século XIX, muito em favor do princípio do livre comércio e da concorrência, a base da nova constituição econômica da época partia do pressuposto teórico da concorrência perfeita como modelo ideal de mercado. A falência tinha

---

[148] RASMUSSEN, Robert K. An essay on optimal bankruptcy rules and social justice. *University of Illinois Law Review*, v. 1994, n. 1, p. 02, 1994.

[149] FROST, Christopher W. Bankruptcy redistributive policies and the limits of the judicial process. *North Carolina Law Review*, v. 74, n. 1, 1995, p. 114.

[150] "Bankruptcy in particular and the judicial process generally are poorly designed to achieve redistributive goals" (FROST, Christopher W. Bankruptcy redistributive policies and the limits of the judicial process. *North Carolina Law Review*, v. 74, n. 1, 1995, p. 91).

[151] "Taxing creditors differently depending on which enforcement mechanism they use invites troublesome forum shopping" (BAIRD, Douglas G. loss distribution, forum shopping, and bankruptcy: a reply to Warren. *The University of Chicago Law Review*, Chicago, v. 54, 1987, p. 818).

[152] UNIÃO EUROPEIA. Diretiva (UE) 2019/1023 do Parlamento Europeu e do Conselho de 20 de junho de 2019 sobre os regimes de reestruturação preventiva, o perdão de dívidas e as inibições, e sobre as medidas destinadas a aumentar a eficiência dos processos relativos à reestruturação, à insolvência e ao perdão de dívidas, e que altera a Diretiva (UE) 2017/1132. PT (Diretiva sobre reestruturação e insolvência). *Jornal Oficial da União Europeia*, 26 jun. 2019. Disponível em: https://eur-lex.europa.eu/legal-content/PT/TXT/PDF/?uri=CELEX:32019L1023&from=EN. Acesso em: 19 jul. 2023.

[153] AMBROSINI, Stefano; CAVALLI, Gino; ALBERTO, Jorio. *Trattato di diritto commerciale*, v. XI, t. II. Padova: Cedam, 2009.

[154] PACCHI, Stefania; AMBROSINI, Stefano. *Diritto della crisi e dell'insolvenza*. 2. ed. Torino: Zanichelli, 2022. p. 2.

CAPÍTULO 1 • A FUNÇÃO DO SISTEMA DE INSOLVÊNCIA NACIONAL

uma função de instrumento de seleção natural dos empresários: os mais eficientes eram, por definição, os saudáveis, enquanto as empresas que faliam por não conseguirem satisfazer os seus credores deveriam ser rapidamente expulsas do mercado[155]. Nesse contexto, os credores eram os verdadeiros destinatários da proteção do sistema jurídico, o qual se amoldava para melhor satisfazê-los.

À medida que os mercados se afastavam gradualmente do ideal de mercado de concorrência perfeita, via-se cada vez mais predominante a corrente que apregoava que a dissolução de uma empresa em crise não era, em si mesma, um fato socialmente útil, mas sim, muitas vezes, prejudicial ao interesse de todos os envolvidos, dentre eles os próprios credores[156].

O resultado desse processo jurídico-econômico consiste no fato de que, há algumas décadas, a legislação italiana tem sido marcada por uma atitude decididamente favorável à continuidade da atividade empresarial como melhor forma de obter a melhor satisfação dos interesses de todos os envolvidos com o seu desenvolvimento[157].

Esse processo, entretanto, não se deu de forma rápida. Por quase oitenta anos, o fenômeno da crise empresarial encontrou sua regulamentação legal no Decreto Real 267/42, no qual a falência foi pela primeira vez regulamentada em um corpo separado de leis. O diploma previa quatro procedimentos de insolvência: falência, concordata, recuperação judicial e liquidação administrativa compulsória[158].

No decorrer da década de 1970, auxiliada pela ocorrência de uma série de grandes crises industriais, muito pelo cenário pós-guerra que se vivenciava em território italiano, levantou-se a ideia da inadequação da lei de falências em relação ao fenômeno da insolvência das grandes empresas. Porém, em vez de intervir sobre essa lei, preferiu-se a introdução de uma disciplina *ad hoc*, caracterizada pela retirada da gestão das grandes insolvências do Judiciário, em benefício do poder político, e por meio de uma opção regulatória em sentido marcadamente favorável à reorganização da empresa e, com ela, à proteção dos empregos.

Atualmente, a disposição específica para grandes empresas se faz disciplinada pela Legge 18 febbraio 2004, n. 39[159]. Essa regulamentação persegue o objetivo de preservar as instalações de produção e manter os níveis de emprego, em detrimento inevitável da proteção dos credores. Nesse aspecto, sustenta-se que a reestruturação seria financiada por esses e em benefício dos demais interessados.

Esse financiamento às custas dos credores era expresso no primeiro regulamento do Decreto Legislativo 270/99, anterior ao atual diploma, mas que partilha do mesmo pressuposto. Em seu art. 1º, evidenciam-se a natureza e a finalidade do instituto.

> L'amministrazione straordinaria è la procedura concorsuale della grande impresa commerciale insolvente, con finalità conservative del patrimonio produttivo, mediante prosecuzione, riattivazione o riconversione delle attività imprenditoriali.[160]

Essa orientação de preservação da empresa, que ainda era muito embrionária, teve sua ascensão nos anos de 2005-2006 com um maior enfoque na superação da *crise* da empresa, em detrimento da

---

[155] Mori, Giorgio. Rivoluzione industriale: storia e significato di un concetto. *Studi Storici*, v. 5, n. 2, 1964.

[156] Pacchi, Stefania; Ambrosini, Stefano. *Diritto della crisi e dell'insolvenza*. 2. ed. Torino: Zanichelli, 2022. p. 3.

[157] Pacchi, Stefania; Ambrosini, Stefano. *Diritto della crisi e dell'insolvenza*. 2. ed. Torino: Zanichelli, 2022. p. 3.

[158] Destas quatro principais modalidades, eram também previstas algumas variantes, *v.g.*, o caso da *amministrazione straordinaria*. Sobre isso: Stanghellini, Lorenzo. *Le crisi di impresa fra diritto ed economia* (le procedure di insolvenza). Bologna: Il Mulino, 2007.

[159] Disponível em: https://www.parlamento.it/parlam/leggi/04039l.htm. Acesso em: 17 jul. 2023.

[160] Disponível em: https://www.normattiva.it/uri-res/N2Ls?urn:nir:stato:decreto.legislativo:1999-07-08;270. Acesso em: 17 jul. 2023.

sua *insolvência*[161]. Em 2005, foi redesenhada a face da composição com os credores, tornando-a mais fácil de interpretação e aumentando significativamente a autonomia do devedor, enfraquecendo especulativamente os poderes de controle e intervenção do tribunal e do Estado na condução do processo de recuperação de empresas[162].

Em 2006, foi aprovada a reforma orgânica da falência, que reescreveu amplamente as suas regras para, entre outras coisas, tornar o procedimento menos aflitivo ao devedor, revogando a sua decretação *ex officio* e reduzindo os poderes do juiz delegado em favor das prerrogativas do curador e do comitê de credores. Além disso, foi também institucionalizada a possibilidade de maior detalhamento da elaboração de um plano de liquidação pelo próprio devedor[163].

A maior autonomia ao devedor era evidente[164], assim como a distribuição de valor a todos os interessados por meio da preservação da empresa, ainda que em detrimento da coletividade de credores.

A finalidade buscada pelo Código de 2005 era claramente a de minimizar os efeitos econômicos e sociais da crise das grandes empresas, colocando em destaque a repercussão social que resultaria da quebra. Preocupava-se com a figura do devedor para além da sua relação com os credores[165].

Por mais que, à luz da continuidade da atividade empresarial, a grande quantidade de opções conferida ao devedor tenha sido benéfica, a ampla discricionariedade ao devedor causou grande insegurança jurídica perante os diversos credores que participam do concurso. À época, equilíbrio, e sem incentivos ao empresário para tomar consciência de sua própria crise com brevidade, desenhou-se cenário de grande retrocesso empresarial.

Foi então constituída comissão para elaborar propostas de reforma para a disciplina dos processos de insolvência, dez anos após a legislação de 2005[166]. A comissão, formada por acadêmicos, especialistas e políticos da área, produziu grandes insumos para o Decreto Legislativo n. 14/2019, que, depois, foi transfundido, ainda que com significativas alterações, no atual *Codice della crisi d'impresa e dell'insolvenza*, finalmente promulgado no ano de 2022 por meio do Decreto n. 83/2022.

Pelo novo normativo legal, permanece a preocupação da lei com a recuperação judicial como um fim em si, e não apenas um meio de satisfação aos credores, mesmo que busque maior equilíbrio entre ambos os princípios.

Muito influenciada pela Diretiva (UE) 1.023/2019, a legislação é permeada pelo objetivo de neutralizar os efeitos que a crise produziu nas empresas e aliviar o panorama corporativo do superendividamento, mediante inclusão, na normativa sobre insolvência e processos de insolvência conexos, de medidas que no marco regulatório europeu foram identificadas como eficazes para resolver situações negativas no ciclo econômico com os correspondentes efeitos em termos de produção e emprego[167].

Esse equilíbrio entre os interesses dos credores e da coletividade de interessados é posto, *v.g.*, no art. 3º do texto de 2019, mesmo que posteriormente suprimido pela reforma de 2022:

---

[161] PUGLIESE, Adriana. *A falência e a preservação da empresa*: compatibilidade? Tese (Doutorado em Direito Comercial). Universidade de São Paulo, São Paulo, 2012. p. 63.

[162] PACCHI, Stefania; AMBROSINI, Stefano. *Diritto della crisi e dell'insolvenza*. 2. ed. Torino: Zanichelli, 2022. p. 7.

[163] STANGHELLINI, Lorenzo. *Le crisi di impresa fra diritto ed economia* (le procedure di insolvenza). Bologna: Il Mulino, 2007.

[164] IANNIELLO, Barbara. *Il nuovo diritto fallimentare*: guida alla riforma delle procedure concorsuali. Milano: Giuffrè, 2006.

[165] PUGLIESE, Adriana. *A falência e a preservação da empresa*: compatibilidade? Tese (Doutorado em Direito Comercial). Universidade de São Paulo, São Paulo, 2012. p. 63.

[166] Disponível em: https://www.giustizia.it/giustizia/it/mg_1_8_1.page?facetNode_1=4_69&facetNode_2=0_10&facetNode_3=0_10_63&facetNode_4=1_1%282015%29&contentId=SDC119771&previsiousPage=mg_1_8# Acesso em: 17 jul. 2023.

[167] PACCHI, Stefania; AMBROSINI, Stefano. *Diritto della crisi e dell'insolvenza*. 2. ed. Torino: Zanichelli, 2022. p. 25.

CAPÍTULO 1 • A FUNÇÃO DO SISTEMA DE INSOLVÊNCIA NACIONAL

Obiettivo delle procedure disciplinate dal presente codice è pervenire al miglior soddisfacimento dei creditori salvaguardando i diritti del debitore, nonché, ove questi eserciti un'attività d'impresa, favorire il superamento della crisi assicurando la continuità aziendale, anche attraverso la rilevazione tempestiva della crisi medesima, in vista di soluzioni concordate con tutti o parte dei creditori, ovvero, in difetto, il proficuo avvio di una procedura liquidatoria.[168]

Por mais que a norma tenha passado por diversas reformas até o momento de sua promulgação, a tutela dos interesses de todos os envolvidos com a atividade empresarial prevalece no direito italiano, ainda que às custas de eventual maior eficiência ou satisfação dos credores.

O direito dos credores e a eficiência na satisfação de seus créditos não são desconsiderados pelo recém aprovado Codice della Crise, sendo institutos que recebem significativa preocupação pela lei. Entretanto, a recuperação da empresa não deixa de ser vista como um fim em si mesma, com a prioridade de solucionar a crise empresarial e fazer com que a empresa volte a trazer benefícios para a sociedade.

4.1.2.2 França

No outro extremo dos sistemas alemão e português, e em consonância com a legislação italiana, o direito francês prioriza a preservação da empresa para a satisfação dos interesses de todos os envolvidos, dentre eles a proteção dos postos de trabalho, ainda que às custas da maior satisfação dos credores[169]. A expressão *le débiteur se place sous la protection du droit de la faillite* é frequentemente utilizada[170]. A preservação da empresa é vista como um fim à proteção dos interesses de todos os envolvidos, ainda que às custas de maior eficiência da alocação dos recursos.

A lei falimentar francesa sofreu diversas reformas no século XX e nas últimas décadas, especificamente nos anos de 1935, 1955, 1967, 1985, 1994 e, também, em 2005. As reviravoltas trazidas pelas reformas dificultaram que os usuários da lei dominassem todas as sutilezas dos institutos previstos. A cada reforma, novos objetivos da lei falimentar eram verificados, os quais em sua maioria não eram alcançados pela falta de tempo de adequação[171].

Durante muito tempo, no Antigo Regime e sob a égide do Código de Comércio de 1807, a preocupação essencial da falência era a de punir o comerciante que não honrasse com seus compromissos. Atualmente, não existe mais a conotação penal. Há, contudo, um conjunto de sanções de natureza civil ou criminal passível de atingir o empresário imprudente, negligente ou desonesto[172].

A partir de 1838, pouco a pouco a preocupação com o pagamento dos credores se introduziu. Os credores, contudo, tinham poucas opções. Ou consentiam com os sacrifícios propostos pela concordata ou a empresa seria liquidada e desapareceria. A possibilidade de escolha do procedimento era

---

[168] Em tradução livre: "O objetivo dos procedimentos regidos por este Código é obter a melhor satisfação dos credores e, ao mesmo tempo, salvaguardar os direitos do devedor e, quando o devedor exerce uma atividade comercial, favorecer a superação da crise, garantindo a continuidade dos negócios, também por meio da detecção oportuna da própria crise, com vistas a soluções acordadas com todos ou parte dos credores ou, na falta disso, o início bem-sucedido dos procedimentos de liquidação".

[169] CEREZETTI, Sheila. *A recuperação judicial de sociedade por ações*: o princípio da preservação da empresa na Lei de Recuperação e Falência. São Paulo: Malheiros, 2012. p. 113.

[170] "O devedor está sob a proteção da lei de falência", em tradução livre (BORGA, Nicolas; JACQUEMONT, André; MASTRULLO, Thomas. *Droit des entreprises en difficulté*. 11. ed. Paris: LexisNexis, 2019. p. 166).

[171] BRUNET, Andrée. Propos critiques sur le projet de réforme du droit français de la faillite. *Revista do Direito Bancário e do Mercado de Capitais*, São Paulo, Revista dos Tribunais, ano 10, n. 36, 2007, p. 109.

[172] "Pendant longtemps, en gros sous l'ancien régime et sous l'empire du Code de Commerce de 1807, la préoccupation essentielle était de punir le commerçant qui n'honorait pas ses engagements. Aujourd'hui, le droit de la faillite a évidemment perdu toute coloration pénale; pour autant, il existe tout un ensemble de sanctions, de nature civile ou pénale, susceptibles de frapper le chef d'entreprise imprudent, négligent ou malhonnête" (BRUNET, Andrée. Propos critiques sur le projet de réforme du droit français de la faillite. *Revista do Direito Bancário e do Mercado de Capitais*, São Paulo, Revista dos Tribunais, ano 10, n. 36, 2007, p. 109).

circunscrita, assim, ao *règlement judiciaire*, ou à sua alternativa, a *faillite*, com o consequente desaparecimento da empresa.

Com a Lei n. 67.563, de 1967, o número de procedimentos aumentou. Ainda subsistiram o *règlement judiciaire* e a falência – agora chamada de *liquidation des biens* –, mas foi incluída a *suspension provisoire des poursuites*, um germe do que seria o sistema de prevenção das dificuldades da empresa. A escolha do procedimento, antes feita tomando em conta a gravidade da falta cometida pelo empresário, passou a considerar as chances e a possibilidade de recuperação da empresa[173]. A distinção entre o empresário e a empresa passou a ser fortemente considerada: "la loi du 13 juillet 1967 a opéré une distinction fondamentale dans cette nouvelle approche du droit, entre le sort de l'homme et celui de l'entreprise. Ce fut la première étape du passage d'un droit de la faillite à un droit des entreprises en difficulté"[174].

Esse objetivo da sobrevivência da empresa viável foi implementado pelas modificações radicais trazidas pela Lei n. 85-88 de 1985. O sistema francês, que se preocupava inicialmente em punir severamente o falido culpado de ter traído a confiança de seus credores, passou a consagrar os procedimentos para lidar com "dificuldades". Essa mudança reflete uma própria alteração de perspectiva sobre o devedor[175].

A Lei n. 85-88 de 1985, em revolução aos propósitos de liquidação até então vigentes, previu o *redressement judiciaire*. Pela lei, os objetivos da recuperação judicial francesa eram *la sauvegarde de l'entreprise, le maintien de l'activité et de l'emploi et l'apurement du passif*[176].

Referidos objetivos possuem, pela legislação, uma ordem de prioridade[177]. A preservação da empresa prevaleceria como objetivo, sucedida pela preservação da atividade, do emprego e, por fim, do adimplemento do passivo.

O *redressement judiciaire* era utilizado quando os empresários se encontrassem em estado de cessação de pagamento, mas a não mais de 45 dias. Esse conceito de *cessation de paiements* recebe grande importância na doutrina francesa[178], embora não possuísse definição legal até 1985[179].

A cessação de pagamentos era equiparada a uma situação desesperadora ou irremediavelmente comprometedora de pagamento, critério interessante para a liquidação, mas não para a recuperação, pela própria intenção do procedimento[180].

Pela definição legal introduzida, a cessação de pagamentos consiste na inabilidade do devedor de satisfazer suas dívidas com os ativos disponíveis. Com a definição, verifica-se a data correta da cessação,

---

[173] "Désormais, le choix entre ces deux procédures, choix déterminant pour le sort de l'entreprise puisqu'il conditionne son sauvetage ou sa liquidation, dépend des chances de redressement de l'entreprise et non plus, comme c'était le cas jusque là, du degré de gravité des fautes commises par le chef d'entreprise" (BRUNET, Andrée. Propos critiques sur le projet de réforme du droit français de la faillite. *Revista do Direito Bancário e do Mercado de Capitais*, São Paulo, Revista dos Tribunais, ano 10, n. 36, 2007, p. 110).

[174] KOEHL, Marie. *La négociation en droit des entreprises en difficulté*. Droit. Université de Nanterre. Paris X, 2019. p. 15.

[175] KOEHL, Marie. *La négociation en droit des entreprises en difficulté*. Droit. Université de Nanterre. Paris X, 2019. p. 13.

[176] Article L631-1, Code de Commerce. Modifié par LOI n° 2022-172 du 14 février 2022 – art. 5.

[177] SAINT-ALARY-HOUIN, Corinne. *Droit des entreprises en difficulté*. 4. ed. Paris: Montchrestien, 2001. p. 30.

[178] "Donner une définition générale de l'état de cessation des paiements n'est guère aisé, ce qui explique qu'il faille préciser certains éléments d'appréciation de cette notion" (SOINNE, Bernard. *Traité des procédures collectives*. 3. ed. Paris: LexisNexis, 2021. p. 291).

[179] TEBOUL, Georges. La cessation des paiements: une définition ne varietur? *Entreprises en difficulté*: nouvel essai. Paris: Revue de Jurisprudence Commerciale, 2004. p. 14.

[180] "Alors qu'initialement la cessation des paiements était assimilée à une situation désespérée ou irrémédiablement compromise, critère intéressant dans une perspective de liquidation, la jurisprudence l'a ultérieurement analysée comme une crise grave de trésorerie, laissant ainsi la porte ouverte à une nouvelle stratégie de redressement dans le cadre d'une procédure judiciaire" (JACQUEMONT, André; BORGA, Nicolas; MASTRULLO, Thomas. *Droit des entreprises en difficulté*. 11. ed. Paris: LexisNexis, 2019. p. 132).

CAPÍTULO 1 • A FUNÇÃO DO SISTEMA DE INSOLVÊNCIA NACIONAL

e, consequentemente, o momento mais oportuno para instaurar o processo. Dessa forma, permite-se o seu reconhecimento e, por consequência, a antecipação do procedimento para aumentar o sucesso da recuperação da empresa.

Pelo procedimento, assegura-se um período de observação do devedor de seis meses, prorrogável por mais seis meses, e a apresentação de um plano de continuação para a preservação da empresa pelo administrador com apoio do devedor, após a análise das condições econômicas e financeiras da empresa. Alternativa ao plano de continuação é o plano de cessão dos ativos a um terceiro. Esse período de observação servia para se ter um diagnóstico dos males que assolavam a empresa, bem como analisar as soluções possíveis[181].

Referidos planos de continuação ou de cessão dos ativos a terceiro serão decididos pelo Tribunal e não pelos credores, ao contrário da possibilidade do *règlement amiable*, cujo plano poderia ser deliberado pelos credores.

Dessa forma, verifica-se que o Estado possui papel de destaque no sistema francês, visto que os Tribunais podem decidir inclusive de ofício quanto ao destino da empresa. É possível, por exemplo, a rejeição de projetos de plano, caso se entenda que não estão reunidas as condições para a sua adoção[182] [183]. Ademais, durante qualquer momento do período de observação, o Tribunal, a pedido do devedor, do administrador, do representante legal, do controlador, do Ministério Público ou de ofício, poderá ordenar a cessação parcial da atividade ou decretar a liquidação se a recuperação for manifestamente impossível[184].

Como a doutrina do período sustentava que os objetivos de preservação da empresa e da manutenção da atividade e do emprego não eram cumpridos diante da pretensão de maior pagamento dos credores[185], a legislação sofreu uma grande reforma em 2005, pela Lei n. 2005-845, e posteriormente em 2008, pela Ordonnance 2008-1.345, na tentativa de assegurá-los. As mudanças tiveram como cerne a antecipação e a diversificação dos procedimentos[186].

À época da propositura, para a doutrina parecia óbvio, à luz das estatísticas, que *les solutions amiables* conseguiram salvar as empresas, enquanto *le règlement judiciaire* levou nove em cada dez empresas à liquidação. Entendia-se, portanto, que a intervenção do juiz desde o início para ajudar na busca de uma solução amigável era a melhor solução. Dessa forma, foi elaborado o procedimento de salvaguarda, com o objetivo de antecipar uma dificuldade previsível e, portanto, intervir antes da cessação do pagamento[187].

---

[181] BRUNET, Andrée. Propos critiques sur le projet de réforme du droit français de la faillite. *Revista do Direito Bancário e do Mercado de Capitais*, São Paulo, Revista dos Tribunais, ano 10, n. 36, 2007, p. 110.

[182] BONHOMME, Régine; PÉROCHON, Françoise. *Entreprises en difficulté*: instruments de crédit et de paiement. 8. ed. Paris: Lextenso Éditions, Librairie Générale de Droit et de Jurisprudence, 2009. p. 358.

[183] BORGA, Nicolas; JACQUEMONT, André; MASTRULLO, Thomas. *Droit des entreprises en difficulté*. 11. ed. Paris: LexisNexis, 2019. p. 205.

[184] Code de Commerce, Article L631-15, "II.-A tout moment de la période d'observation, le tribunal, à la demande du débiteur, de l'administrateur, du mandataire judiciaire, d'un contrôleur, du ministère public ou d'office, peut ordonner la cessation partielle de l'activité ou prononce la liquidation judiciaire si le redressement est manifestement impossible".

[185] DASSO, Ariel Ángel. *Derecho concursal comparado*. Buenos Aires: Legis Argentina, 2009. t. 1 e 2. p. 806.

[186] PÉROCHON, Françoise; BONHOMME, Régine. *Entreprises en difficulté*: instruments de crédit et de paiement. 8. ed. Paris: Lextenso Éditions, Librairie Générale de Droit et de Jurisprudence, 2009. p. 209. No mesmo sentido: "La diversification est d'abord de fond. Aux débiteurs en difficulté, à leurs créanciers ou à leurs salariés, le projet propose six procédures: le mandat ad hoc, la 'procédure de conciliation', la 'procédure de sauvegarde', le redressement judiciaire, la liquidation judiciaire et la liquidation judiciaire simplifiée. Une telle diversification est en soi une nouveauté" (BOLARD, Georges. *Economie du Projet de Réforme des Procédures Collectives*. Paris: Revue de Jurisprudence Commerciale, 2004. p. 89).

[187] DE ROUX, Xavier. *Sur la sauvegarde de l'entreprise, l'esprit d'un texte*. Paris: Revue de Jurisprudence Commerciale, 2006. p. 91-92.

Além do *redressement judiciaire* e da *liquidation judiciaire*, a legislação francesa apresenta atualmente diversos procedimentos preventivos que podem ser adotados pelo devedor para identificar e tratar a crise empresarial, tais como o *mandat ad hoc*, a *procédure de conciliation* e a *procédure de sauvegarde*, que é considerada o centro da legislação de insolvência da França[188] e obteve parte de sua inspiração no Chapter 11 do Bankruptcy Code.

O *mandat ad hoc* trata da prevenção da crise das empresas. Seu objetivo é permitir a negociação entre devedor e credores e poderá iniciar-se pelo devedor que não esteja em cessação de pagamentos ou por meio do Tribunal de comércio. Ambos poderão indicar a nomeação de um mandatário *ad hoc* que auxiliará o devedor na solução da crise.

Também é procedimento preventivo a *procédure de conciliation*. Ela poderá ser requerida pelos devedores que não estejam em estado de cessação de pagamentos há mais de 45 dias. A *procédure* ocorre em face de alguns credores ou de todos mediante um procedimento confidencial de conciliação.

Por fim, a *procédure de sauvegarde* é procedimento preventivo que pretende a manutenção da atividade econômica diante da crise do empresário e antes da cessação de pagamentos. O procedimento assegura a suspensão das execuções por seis meses, prorrogáveis por mais seis meses, para que um plano de salvaguarda, proposto pelo devedor em conjunto com o administrador, ou pelos credores, seja aprovado pelo comitê de credores.

Em vista do viés de preservação encontrado, a recuperação tem preferência ante a liquidação da empresa no sistema francês. Essa só tem espaço quando a recuperação do devedor é manifestamente impossível.

> [O]ur law in respect of insolvency proceedings systematically sets the interests of businesses in financial difficulty against those of creditors. This setting of the parties against one another results from the constant confusion between the need to preserve the business (as the tool by which the entity provides its goods and services) and the company itself (as a legal entity).[189]

Pelo sistema francês, não se trata de se evitar a liquidação falimentar, mas de se priorizar a recuperação da empresa pela própria legislação[190].

Em crítica ao sistema, os autores esclarecem que, embora a lei traga diversos procedimentos que buscam a preservação da empresa e não apenas o pagamento dos credores, o direito francês acaba por não ser efetivo *ex ante*, pois não facilita o acesso ao crédito por companhias em dificuldades financeiras, e não é efetivo *ex post*, pois não maximiza o valor dos recursos da companhia[191].

4.1.3 A posição conciliatória norte-americana

Nos Estados Unidos da América (EUA), a controvérsia entre o sistema do *creditors' bargain* e o sistema normativo ou distributivo foi refletida na legislação. A legislação possui influência de ambos os sistemas[192].

---

[188] BORK, Reinhard. *Corporate insolvency law*: a comparative textbook. Cambridge: Intersentia, 2020.

[189] BEZERT, Adrien; VERMEILLE, Sophie. *Breaking the deadlock through Law & Economics*: How can we reconcile the effectiveness of the French law of security interests with French insolvency law? Droit et Croissance, 2014. p. 7. Disponível em SSRN: https://ssrn.com/abstract=2438697. Acesso em: 7 jul. 2023.

[190] PÉROCHON, Françoise; BONHOMME, Régine. *Entreprises en difficulté*: instruments de crédit et de paiement. 8. ed. Paris: Lextenso Éditions, Librairie Générale de Droit et de Jurisprudence, 2009. p. 1.

[191] VERMEILLE, Sophie; BEZERT, Adrien. *Breaking the deadlock through Law & Economics*: How can we reconcile the effectiveness of the French law of security interests with French insolvency law? Droit et Croissance, 2014. p. 32. Disponível em SSRN: https://ssrn.com/abstract=2438697. Acesso em: 7 jul. 2023.

[192] HAVIV-SEGAL, Irit. Bankruptcy law and inefficient entitlements. *Berkeley Business Law Journal*, v. 2:2, p. 357-358, 2005.

CAPÍTULO 1 • A FUNÇÃO DO SISTEMA DE INSOLVÊNCIA NACIONAL

Historicamente, diante da crise das companhias de estrada de ferro, a proteção ao interesse público de garantia de um transporte eficiente, além do interesse de maximização da satisfação dos credores, levou ao surgimento da proteção da empresa nos EUA como construção jurisprudencial através do *equity receivership*[193]. O Bankruptcy Act de1898 tinha os objetivos restritos à distribuição dos ativos da massa entre os credores e, no caso das companhias de estradas de ferro, exigiria a liquidação forçada dos ativos para a satisfação desses.

Para assegurar o interesse público na manutenção dessa atividade de transporte diante da crise ocorrida nas companhias do setor, houve a estruturação do mecanismo do *equity receivership*, que consistia na concessão da suspensão das ações e execuções em face do devedor e da nomeação de um *receiver,* responsável por conduzir a atividade empresarial enquanto os credores e devedores negociavam um plano de reorganização[194].

Essa possibilidade de preservação da empresa através da aprovação de um plano de reorganização foi ampliada para todos os ramos de atividade por meio da Section 77B, inserida em 1934 ao National Bankruptcy Act. Foi mantida pelo Chandler Act de 1938 e, até hoje, pelo Bankruptcy Code de 1978.

Na reorganização norte-americana, os credores avaliariam a possibilidade real de manutenção do *going concern* se os bens fossem liquidados no procedimento falimentar, ainda que fosse possível uma alienação de toda a empresa em bloco. Caso isso resultasse num valor inferior à manutenção dos ativos sob o comando do devedor, aos credores poderia ser mais conveniente, para a satisfação coletiva dos créditos, que o devedor permanecesse sob a condução de sua atividade empresarial com a novação dos créditos ou uma diferente configuração da propriedade dos bens[195].

Decerto é que a reorganização poderia ser justificada, pela teoria do *creditors' bargain*, como uma forma de continuar a proteger os credores e não simplesmente como um novo direito do devedor de conservar sua atividade em detrimento desses. Corroboraria o argumento o indicativo de que houve sua consagração pelo Bankruptcy Code ao exigir que o plano de reorganização assegure aos credores dissidentes da Assembleia que o aprovou, pelo menos, o valor a que teriam direito em eventual liquidação. É o *best interest of creditors*, previsto no § 1.129 (a)(7) do Bankruptcy Code de 1978.

Entretanto, a evolução histórica desde a crise das companhias de estradas de ferro caminha em sentido aparentemente diverso. Para Bladley e Rosenzweig,

> Congress was concerned that liquidations destroy valuable firm-specific assets and impose substantial costs on corporate stakeholders such as security holders, employees, suppliers, customers, and communities, and therefore concluded that the law must afford managers of financially troubled companies *the*

---

[193] "If the railroad encountered financial distress and failed to make the requisite interest payments on its bonds, a creditor would first file a 'creditor's bill' asking the court to appoint a receiver to oversee the defaulting railroad's property. The principal reason for appointing a receiver was that putting the receiver in place technically shifted control of the railroad's assets to the receiver and out of the reach of prying creditors" (SKEEL, David A. Jr. *Debts dominion*: a history of bankruptcy law in America. Princeton: Princeton, 2001. p. 58 ss.).

[194] "The mechanism on which they settled, the equity receivership, had its roots in the early law of remedies. Traditionally, if a judgment creditor attempted to execute on a debtor's property only to have its execution returned unsatisfied, the court of equity would sometimes aid the creditor in reaching such property. In some instances, it also exercised jurisdiction in winding up a decedent's estate. In both cases, the equity court acted to preserve, and ultimately liquidate, property for the benefit of claimants and then to distribute it in an equitable fashion, thus providing a remedy not available at law" (KOROBKIN, Donald R. Rehabilitating values: a jurisprudence of bankruptcy. *Columbia Law Review*, New York, v. 91, n. 4, p. 747, 1991).

[195] Também para o autor, "A reorganization may be justified in these cases involving closely held corporations where there is special expertise spread among several owners if the reorganization provides a better forum for readjusting ownership interests than exists elsewhere. In other words, reorganizations may be desirable if they enable those who value the assets the most to acquire them and if the alternatives (liquidations or nonbankruptcy workouts) do not" (BAIRD, Douglas G. The uneasy case for corporate reorganization. *Journal of Legal Studies*, Chicago, University of Chicago Press, v. 15, 1986, p. 142).

preferred alternative of court-supervised reorganization. In Congress' view, easier access to the protections of Chapter 11 would enhance social welfare by preventing the inefficient liquidation of financially viable firms.[196]

A proteção desses interesses não creditícios seria reconhecida, contudo, de forma limitada. Esses interessados não teriam direito de serem ouvidos no processo de insolvência, nem teriam qualquer direito de apoiar ou rejeitar qualquer estruturação do devedor.

Para Warren,

the Code leaves those decisions to the parties more immediately affected – the debtor and the parties with formal rights against the debtor. Those directly affected bear the most identifiable costs, and collectively they presumably make the most rational decisions regarding the long-term survival of the business.[197]

O sistema de insolvência protegeria esses interessados, mas apenas indiretamente, por disposições que impediriam a imediata liquidação e permitiriam a continuidade da operação do devedor[198]. Dentre essas disposições figura a possibilidade do *cram down*, em que o plano de reorganização poderia ser homologado judicialmente ainda que em detrimento da vontade da maioria dos credores.

Nesse aspecto, embora apenas uma classe de credores tenha concordado com o plano de reorganização proposto, faculta-se ao Juiz aprovar o plano de reorganização em detrimento da vontade da maioria, desde que as classes que não tenham aprovado o plano não sejam injustamente discriminadas (*discriminate unfairly*); o plano seja justo e equitativo (*fair and equitable*)[199]; e o credor dissidente, ainda que sua classe tenha aprovado o plano de reorganização, não receba quantia inferior ao que receberia na hipótese de liquidação (*best interest of creditors test*)[200].

4.1.4 Os objetivos da legislação brasileira

Essa posição conciliatória norte-americana parece ter sido a adotada no Brasil.

Historicamente, a maximização da satisfação dos credores sempre foi o objetivo tradicionalmente pretendido pelo direito brasileiro. Diante da atribuição ao Juiz do poder de conceder a concordata no Decreto-Lei n. 7.661/45, F. K. Comparato sustentou que a legislação pretendeu a conservação do devedor à frente de sua atividade e em detrimento dos interesses dos credores. Ao abordar a evolução do direito falimentar, sustentou que, "em nosso país, a legislação falimentar tem seguido um ritmo nitidamente pendular: protege-se alternadamente o insolvente, ou os seus credores, ao sabor da conjuntura econômica e da filosofia do momento"[201].

Contudo, uma análise detalhada da legislação falimentar, do Código Comercial de 1850 até o Decreto-Lei n. 7.661/45, refuta qualquer dualismo nos interesses a serem protegidos ou qualquer oscilação. A legislação pátria sempre foi orientada exclusivamente à proteção dos interesses dos credores, ao menos até o Decreto-Lei n. 7.661/45, mesmo diante da previsão de moratórias e concordatas.

Embora fossem previstas moratórias e concordatas suspensivas e preventivas, a manutenção da atividade a ser conduzida pelo devedor exigia consentimento dos credores, por maioria qualificada.

---

[196] BRADLEY, Michael; ROSENZWEIG, Michael, The untenable case for Chapter 11. *The Yale Law Journal*, New Haven, v. 101, p. 1.043-1.044, 1992. Disponível em: http://digitalcommons.law.yale.edu/ylj/vol101/iss5/2. Acesso em: 7 jul. 2023.

[197] WARREN, Elizabeth. Bankruptcy policymaking in an imperfect world. *Michigan Law Review*, Ann Arbor, v. 92, n. 2, p. 355, 1993.

[198] WARREN, Elizabeth. Bankruptcy policymaking in an imperfect world. *Michigan Law Review*, Ann Arbor, v. 92, n. 2, p. 355-356, 1993.

[199] Pela *unfair discrimination*, as classes com créditos semelhantes não podem ser tratadas de forma diferenciada. Pelo *fair and equitable*, outrossim, as classes hierarquicamente superiores não poderão receber depois de credores menos privilegiados [11 USC § 1.1299(b) (1)].

[200] U.S. Bankruptcy Code § 1.129 (a) (7).

[201] COMPARATO, Fábio Konder. *Aspectos jurídicos da macro-empresa*. São Paulo: Revista dos Tribunais, 1970. p. 98.

CAPÍTULO 1 • A FUNÇÃO DO SISTEMA DE INSOLVÊNCIA NACIONAL

A decretação da falência do devedor era evitada apenas mediante a apreciação pelos credores da conveniência da manutenção dessa atividade para a satisfação de seus créditos. Não se tratava, portanto, de benefício conferido aos devedores ou à proteção de interesses outros de afetados pelo desenvolvimento da atividade empresarial.

No direito brasileiro, a partir do Decreto-Lei n. 7.661 de 1945, pretendeu-se coibir os abusos na alocação de poderes aos credores para deliberarem a respeito das concordatas do empresário em crise. Nas palavras de Valverde, "a autonomia excessiva de que continuavam a gozar os credores, no estado jurídico da falência ou concordata, com muitos direitos e nenhuma obrigação, era, para nós, a causa primordial dos males de que se queixava o comércio"[202].

Não se alterava no Decreto-Lei n. 7.661/45, entretanto, o objetivo de proteção da coletividade de credores por meio da falência e da concordata, ainda que se tenha dispensado a vontade dos credores e mesmo a permitindo contra a vontade desses. Nas palavras do autor do projeto, "[o] motivo do ato está na vantagem que apresenta tanto para o devedor, quanto para os credores, a liquidação das obrigações fora do processo da falência"[203].

Pretendia-se coibir, com o ato normativo revogado, apenas, que a igualdade de tratamento dos credores fosse afastada em razão dos interesses individuais de cada qual em eventual deliberação. Nesse sentido, projeto de lei resultante no Decreto-Lei n. 7.661/45, elaborado por comissão coordenada pelo Ministro da Justiça Alexandre Marcondes Filho e que se inspirou em anteprojeto do próprio Trajano de Miranda Valverde, esclareceu seus objetivos em sua exposição de motivos.

> Nas concordatas formadas por maiorias de votos, os credores deliberam sob a pressão do seu interesse individual, deturpando o sentido coletivo da deliberação, e, pois, tornando ilegítima a sujeição da minoria. E a verdade é que, na vigência desse sistema, se tem verificado a constância dessa anomalia, através dos entendimentos externos do processo, o que importa na quebra da igualdade de tratamento dos credores, princípio informativo do processo falimentar.[204]

Por esse sistema, a concordata transformava-se num favor legal. Não havia verdadeiramente uma alteração pendular das legislações até então e que deslocou a importância da proteção aos interesses ao devedor propriamente. Nem se procura estabelecer que "o único interesse protegido pelo instituto é o interesse pessoal do devedor de continuar o seu negócio"[205].

Há, simplesmente, um deslocamento da alocação do poder dos credores ao Magistrado para evitar concordatas fraudulentas ou a violação da paridade entre os credores.

> O projeto consagra a concordata como favor concedido pelo juiz, cuja sentença substitui a manifestação da vontade dos credores na formação do contrato, reservados, entretanto, a estes, o exame e discussão das condições do pedido do devedor em face das exigências da lei.[206]

Corrobora esse posicionamento o art. 143 do Decreto-Lei n. 7.661/45, que determinava que é fundamento de embargos a impedir a concessão da concordata o sacrifício dos credores maior do que a liquidação na falência ou a impossibilidade evidente de ser cumprida.

---

[202] VALVERDE, Trajano de Miranda. *Comentários à lei de falências*. 4. ed. Rio de Janeiro: Forense, 1999. v. 1. p. 10.

[203] VALVERDE, Trajano de Miranda. *Comentários à lei de falências*. 4. ed. Rio de Janeiro: Forense, 1999. v. 2. p. 239.

[204] VALVERDE, Trajano de Miranda. Exposição de motivos da lei de falências, In: *Comentários à lei de falências*. 4. ed. Rio de Janeiro: Forense, 1999. v. 3. p. 267.

[205] COMPARATO, Fábio Konder. *Aspectos jurídicos da macro-empresa*. São Paulo: Revista dos Tribunais, 1970. p. 101.

[206] VALVERDE, Trajano de Miranda. Exposição de motivos da lei de falências, In: VALVERDE, Trajano de Miranda. *Comentários à lei de falências*. 4. ed. Rio de Janeiro: Forense, 1999. v. 3. p. 267.

Segundo Nelson Abrão, o formalismo do sistema falimentar do Decreto-Lei n. 7.661/45 até então não protegia os interesses dos credores a que procurava tutelar. "As trincas formais acabaram ofuscando a realidade econômica, de modo que o próprio fim precípuo a que a lei se propõe – realização do direito dos credores – acaba frustrado."[207]

Ademais, a concordata, apesar de evitar a liquidação forçada dos ativos, não combatia as causas principais da insolvência do devedor[208]. Não havia plano viável para a recuperação da empresa, mas mero atendimento a requisitos formais para sua concessão. Via-se nos institutos que "a falência não era mais do que um processo de execução concursal e a concordata um procedimento destinado a evitá-la ou suspendê-la"[209].

Assim, até a Lei n. 11.101/2005, os interesses a serem tutelados pela insolvência do comerciante restringiam-se à satisfação dos créditos. Quer seja pela disciplina falimentar, quer pela concordatária, as leis nacionais estruturavam a realização do ativo ou sua prevenção ou suspensão diante da maior satisfação dos credores. Nas palavras de Cerezetti, "tratava-se, portanto, de uma visão liquidatório-solutória, que colocava em relevo o necessário pagamento dos credores e buscava repelir do mercado o devedor inadimplente"[210].

O entendimento de que os interesses dos credores não eram os únicos a serem afetados por uma crise do empresário devedor e de que a concordata não era satisfatória para efetivamente assegurar a continuidade do desenvolvimento da atividade empresarial[211] fez com que a legislação falimentar fosse mais uma vez revogada, agora pela Lei n. n. 11.101/2005. Ainda em 1974, Requião apontava que a insolvência empresarial deveria, mais do que garantir a *par conditio creditorum*, assegurar o saneamento da atividade empresarial[212].

Referido saneamento pretendido foi realizado pelo objetivo específico da preservação da empresa. A Lei n. 11.101/2005 rompe com o objetivo exclusivo até então de maximizar a satisfação dos créditos e opta pela satisfação dos interesses de todos os envolvidos pela manutenção do desenvolvimento da atividade empresarial[213].

A despeito da proteção dos interesses de todos os envolvidos e não apenas a satisfação exclusiva dos credores, não se opta exclusivamente por um sistema distributivista ou institucionalista, em que a recuperação do empresário é vista como um fim em si mesma e em que a falência, por resultar na redução de postos de trabalho e na descontinuação da atividade pela liquidação dos ativos, fracionada

---

[207] ABRÃO, Nelson. *O novo direito falimentar*: nova disciplina jurídica da crise econômica da empresa. São Paulo: Revista dos Tribunais, 1985. p. 165.

[208] REQUIÃO, Rubens. A crise do direito falimentar brasileiro: reforma da lei de falências. *Revista de Direito Mercantil, Industrial, Econômico e Financeiro*, São Paulo, Revista dos Tribunais, v. 14, 1974, p. 23 s.

[209] TOLEDO, Paulo F.; PUGLIESE, Adriana V. A preservação da empresa e seu saneamento. In: CARVALHOSA, Modesto (coord.). *Tratado de direito empresarial*. São Paulo: Revista dos Tribunais, 2016. p. 59.

[210] CEREZETTI, Sheila. *A recuperação judicial de sociedade por ações*: o princípio da preservação da empresa na lei de recuperação e falências. São Paulo: Malheiros, 2012. p. 203.

[211] Para Bento de Faria, a lei de falência revogada, Decreto-Lei n. 7.661/45, "falhou no principal objetivo que deveria orientá-la, qual seja o de obstar, de modo absoluto, pelo menos, o desaparecimento da massa em detrimento dos credores e em proveito dos artífices da fraude" (BENTO DE FARIA, Antonio. *Direito comercial*. v. 4. Rio de Janeiro: A. Coelho Branco F., 1947. p. 54).

[212] REQUIÃO, Rubens. A crise do direito falimentar brasileiro: reforma da lei de falências. *Revista de Direito Mercantil, Industrial, Econômico e Financeiro*, São Paulo, Revista dos Tribunais, v. 14, 1974.

[213] Segundo Cerezetti, trata-se de guinada institucional da legislação. "[...] a preservação da empresa não deve ser vista como um objetivo legal pró-devedor. Na verdade, ela é medida destinada a proteger a empresa e a promover a satisfação dos interesses gerais por ela abrangidos, passando pelos interesses dos trabalhadores, dos credores financeiros, dos fornecedores, dos investidores, do mercado e da comunidade como um todo" (CEREZETTI, Sheila. *A recuperação judicial de sociedade por ações*: o princípio da preservação da empresa na Lei de Recuperação e Falência. São Paulo: Malheiros, 2012. p. 209).

CAPÍTULO 1 • A FUNÇÃO DO SISTEMA DE INSOLVÊNCIA NACIONAL

ou não essa liquidação, seria vista como última alternativa, mesmo que a conservação do empresário devedor não seja a mais eficiente possível ou assegure a maior satisfação dos credores.

Tampouco se opta exclusivamente pela teoria contratual e relacionada ao *creditors' bargain*, em que o procedimento de insolvência pretenderia resolver simplesmente o problema da *common pool* e da maior satisfação possível dos interesses exclusivamente dos credores.

A proteção dos interesses de todos os envolvidos com o desenvolvimento da atividade empresarial pressupõe a preservação apenas da atividade empresarial economicamente viável, seja pela recuperação judicial do empresário recuperável, seja pela liquidação falimentar do irrecuperável.

Nesse sentido, pela Lei n. 11.101/2005, o objetivo da preservação da empresa foi consagrado como princípio jurídico pelo art. 47 e pelo art. 75. Há verdadeiro direito à preservação da atividade empresarial, norma predominantemente finalística que estrutura diversas regras jurídicas para estabelecer os procedimentos para perseguir esse fim[214]. Sua proteção é decorrente dos benefícios que gravitam em torno da manutenção da atividade empresarial e que assegurariam a preservação dos empregos, a circulação de produtos e serviços aos consumidores, a competição no mercado de consumo, a circulação de riqueza entre os agentes econômicos.

No art. 47 da Lei n. 11.101/2005, determina-se que a recuperação judicial tem por objetivo viabilizar a superação da situação de crise econômico-financeira do devedor, a fim de permitir a manutenção da fonte produtora do emprego dos trabalhadores e dos interesses dos credores, promovendo, assim, a preservação da empresa, sua função social e o estímulo à atividade econômica.

Ao assegurar a preservação da empresa, não se trata de preservação do empresário. A preservação da empresa se refere ao perfil funcional[215]. Na definição adotada pelo Senador Ramez Tebet ao elaborar o PLC 71/2003, "é o conjunto organizado de capital e trabalho para a produção ou circulação de bens ou serviços".

O art. 47 não deve ser interpretado como princípio fundamental isoladamente e como forma de se pretender a concessão da recuperação judicial como prioritária, ainda que a atividade econômica seja viável economicamente. O dispositivo legal da recuperação judicial deve ser ponderado com outros princípios para melhor orientação na tarefa de se interpretar as regras previstas na lei, a exemplo do art. 75 da Lei n. 11.101, que regula a falência, e como forma de se assegurar a preservação da atividade viável economicamente, seja por meio da recuperação judicial, quando houver melhor aproveitamento dos recursos escassos pelo devedor, ou pela liquidação falimentar, quando o devedor não conseguir de forma eficiente continuar a conduzir a sua atividade[216].

Na disciplina da falência, o art. 75 estabelecia que a falência, ao promover o afastamento do devedor de suas atividades, visava a preservar e otimizar a utilização produtiva dos bens. Mesmo na liquidação falimentar, mais do que uma liquidação dos ativos do devedor para simplesmente satisfazer os credores, procurava-se uma melhor alocação dos diversos recursos disponíveis com o intuito de melhor desenvolvimento da atividade e proteção dos interesses de todos os envolvidos, como consequência mediata.

---

[214] Em sentido contrário, com o entendimento de que há regra jurídica apenas, e não princípio: NEGRÃO, Ricardo. *Preservação da empresa*. São Paulo: Saraiva, 2019. p. 94.

[215] ASQUINI, Alberto. *Profili dell'impresa*, 1943. Tradução: Fábio Konder Comparato. *Perfis da empresa*: RDM 104/116. São Paulo: Revista dos Tribunais, 1996.

[216] Nesse sentido, "o exercício da função social por parte da empresa está intrinsecamente ligado à sua real capacidade de atender aos interesses por ela envolvidos e de contribuir para a sociedade de que faz parte. Forçoso é reconhecer, portanto, que em prol disso se encontra não apenas a preservação da empresa, como sua liquidação, caso a recuperação não seja viável" (CEREZETTI, Sheila. *A recuperação judicial de sociedade por ações*: o princípio da preservação da empresa na Lei de Recuperação e Falência. São Paulo: Malheiros, 2012. p. 213).

Essa pretensão de persecução dos interesses dos terceiros é realizada por diversos dispositivos legais, que aparentemente não se justificariam se orientados exclusivamente para a satisfação dos credores. Na recuperação judicial, a conservação da atividade principal do devedor é realizada por meio da possibilidade de venda de Unidade Produtiva Isolada (UPI) livre de qualquer sucessão, nos termos dos arts. 60 e 66; na suspensão das medidas constritivas promovidas pelos credores proprietários e que recaiam sobre os bens de capital essenciais durante o período de negociação, conforme art. 6, § 7-A; na substituição das medidas constritivas promovidas pelo Fisco e que recaiam sobre os bens de capital essenciais durante todo o processo de recuperação (art. 6, § 7-B); e na dispensa das certidões negativas para o exercício da atividade (art. 52, II).

Por seu turno, no procedimento falimentar, a busca pelos interesses dos terceiros é pretendida pela determinação de ordem de preferência para a liquidação dos bens pelo maior conjunto possível, nos termos do art. 140; na possibilidade pelos credores de adjudicação dos bens arrecadados em função dos custos, conforme art. 111; na viabilidade de celebração de contratos para a produção de renda pelo administrador judicial, conforme art. 114; e na liquidação célere do art. 114-A, na hipótese de insuficiência de bens.

A preservação da empresa em benefício de todos os interessados ocorre, portanto, tanto na recuperação judicial quanto na falência. Ainda que o empresário seja irrecuperável, a atividade empresarial deverá ser preservada, se viável economicamente, em função da ordem legal de preferência da alienação pelo maior conjunto possível de ativos, conforme previsto no art. 140. Assegura-se, assim, a manutenção do desenvolvimento da atividade, agora sob a condução de empresário adquirente, que poderia melhor aproveitar os fatores de produção e beneficiaria os demais envolvidos com a produção [217].

Tal conclusão fica ainda mais clara pela nova redação que foi imposta ao art. 75 pela Lei n. 14.112/2020[218]. O novo ato normativo determinou que a falência deveria, além de preservar e otimizar a utilização produtiva dos bens, permitir a liquidação célere com vistas à realocação eficiente de recursos na economia e fomentar o empreendedorismo, com o retorno célere do empreendedor falido à atividade econômica. Em seu § 2º, por fim, esclarece que a falência "é mecanismo de preservação de benefícios econômicos e sociais decorrentes da atividade empresarial".

Assegura-se, pelos dispositivos legais, que a lei de insolvência não pretenda mais regular um instrumento de liquidação dos ativos do devedor simplesmente no procedimento falimentar. Pretende-se assegurar, por meio da ordem preferencial de alienação, a conservação da atividade empresarial se viável, ainda que sob a condução de novo empresário adquirente dos ativos em liquidação.

Ainda que se favorecesse a tutela dos interesses de todos os envolvidos com a manutenção da atividade empresarial, a preservação da empresa não significava que a recuperação judicial teria uma preferência sobre a falência ou que poderia ser considerada como um fim por si só ou em detrimento

---

[217] PUGLIESI, Adriana Valeria. *Direito falimentar e preservação da empresa*. São Paulo: Quartier Latin, 2013; TOLEDO, Paulo Fernando Campos Salles de. A preservação da empresa, mesmo na falência. In: DE LUCCA, Newton; DOMINGUES, Alessandra (coord.). *Direito recuperacional*: aspectos teóricos e práticos. São Paulo: Quartier Latin, 2009.

[218] A Lei n. 14.112/2020 não contou com exposição de motivos. Em parecer ao Projeto de Lei n. 6.229/2005 à Câmara dos Deputados pelo Deputado Federal Hugo Leal, em 27 de novembro de 2019, foram indicados cinco objetivos que deveriam orientar as alterações da Lei n. 11.101/2005 e que teriam norteado o substitutivo que, posteriormente e com diversas alterações, foi convertido na Lei n. 14.112/2020. Foram destacados como objetivos: a preservação da empresa; o fomento ao crédito; o incentivo à aplicação produtiva dos recursos econômicos, ao empreendedorismo e ao rápido recomeço (*fresh start*); a instituição de mecanismos legais que evitem um indesejável comportamento estratégico dos participantes da recuperação judicial, da recuperação extrajudicial e da falência que redundem em prejuízo social; e a melhoria do arcabouço institucional (Deputado Hugo Leal. Câmara dos Deputados, Parecer oferecido em plenário ao Projeto de Lei n. 6.229/2005, 27 de novembro de 2019).

CAPÍTULO 1 • A FUNÇÃO DO SISTEMA DE INSOLVÊNCIA NACIONAL

da maior satisfação dos credores. Não há dispositivo legal na lei que determine que a recuperação judicial será preferida à liquidação falimentar.

Mesmo que se considere a importância da proteção dos diversos interesses que gravitam em torno da empresa, não apenas os interesses creditícios, a permanência do devedor na condução de sua atividade e a proteção do *going concern value* decorrente da reunião dos ativos e das diversas relações de confiança estabelecidas[219] somente protegeria todos os interesses, a longo prazo, se refletisse a alocação mais eficiente dos recursos.

Nesse aspecto, a preservação da empresa não pode se confundir com a preservação do empresário irrecuperável, sob pena de se prejudicar os demais objetivos pretendidos pela Lei e os interesses de todos os envolvidos, os quais se procuraria efetivamente proteger[220]. Os empresários que não promovam acréscimo de valor ao conjunto de ativos em virtude de sua condução devem ser retirados do mercado, por meio da decretação de sua falência, com a liquidação falimentar de seus ativos em conjunto se a atividade for viável economicamente pela condução por um terceiro, ou de forma fragmentada, se inviável.

A postergação da liquidação forçada de um empresário que não apresenta ganhos à condução somente promove o maior consumo dos recursos escassos, afeta a concorrência entre os agentes econômicos, gera menor valor por ocasião da liquidação e implicará menor satisfação dos interesses dos credores.

Essa falta de primazia da recuperação judicial sobre a falência decorre de diversos dispositivos legais. Além da ausência de qualquer dispositivo que assegure qualquer preferência à recuperação judicial, são causa de convolação em falência o descumprimento de qualquer obrigação assumida no plano de recuperação judicial (art. 73, IV), o descumprimento dos parcelamentos fiscais (art. 73, V) ou o esvaziamento patrimonial da devedora que implique liquidação substancial da empresa (art. 73, VI), assim como se permite a decretação de falência do devedor pela demonstração da prática dos atos falimentares previstos no art. 94, III, da Lei n. 11.101/2005, pelo descumprimento de obrigação não sujeita à recuperação judicial (art. 73, § 1º), pela não apresentação de plano de recuperação judicial pelo devedor ou quando rejeitado o plano de recuperação judicial proposto.

Dessa forma, a concessão da recuperação judicial somente se justifica se a crise econômico-financeira que acomete o empresário devedor for apenas temporária e reversível, de modo que a

---

[219] LoPucki, Lynn. The nature of the bankrupt firm: a reply to Baird and Rasmussen's the end of bankruptcy. *Stanford Law Review*, v. 56, n. 3, p. 650, 2003.

[220] Por ocasião da tramitação da Lei n. 11.101/2005, o Senador Ramez Tebet indicou, em seu relatório à Comissão de Assuntos Econômicos do Senado Federal (Parecer n. 534/2004 apresentado à Comissão de Assuntos Econômicos do Senado Federal pelo Senador Ramez Tebet), doze "princípios" que orientaram a redação do substitutivo apresentado ao Projeto de Lei Complementar n. 71/2003. Em sua exposição, dentre os doze "princípios" apresentados, esclarece o Senador Ramez Tebet que a Lei n. 11.101/2005 pretende a maximização do valor dos ativos, a recuperação das sociedades e empresários recuperáveis e a liquidação falimentar com a retirada do mercado dos empresários irrecuperáveis, por meio da participação ativa dos credores; a redução do custo do crédito do Brasil; a tutela da higidez do mercado; e a preservação da empresa. Além dos referidos "princípios", pretende a Lei a separação do conceito de empresa e empresário, a proteção aos trabalhadores, a celeridade e eficiência de seus procedimentos, segurança jurídica, a participação ativa dos credores, a desburocratização da recuperação de microempresas e empresas de pequeno porte e, por fim, o rigor na punição de crimes relacionados à falência e à recuperação judicial.

Trata-se, em verdade, de objetivos pretendidos pelo legislador e que se materializaram em regras e princípios. Esses doze postulados foram materializados em normas jurídicas, as quais prescrevem comportamentos mediante a descrição de condutas por meio do estabelecimento de obrigações, permissões e proibições e, simultaneamente, em princípios jurídicos, normas imediatamente finalísticas. Conforme exposto por Camilo Junior, "ali se misturavam, no entanto, princípios propriamente ditos com os objetivos da norma, e meras descrições normativas" (CAMILO JUNIOR, Ruy Pereira. Comentários ao art. 1º da Lei n. 11.101/2005. In: TOLEDO, Paulo Fernando Campos Salles de [coord.]. *Comentários à lei de recuperação de empresas*. São Paulo: Revista dos Tribunais, 2021. p. 68).

conservação do devedor à frente do desenvolvimento de sua atividade possa resultar em maior satisfação dos créditos e melhor atendimento dos interesses que gravitam em torno da atividade empresarial, em benefício de toda a coletividade afetada.

Além da diferenciação entre os empresários recuperáveis e irrecuperáveis, a lei brasileira pretende a maximização do valor dos ativos do devedor para aumentar a satisfação dos interesses de todos os envolvidos.

Não se trata apenas de objetivo da insolvência brasileiro, mas de objetivo geral nos processos de insolvência[221], em que se pretende a alocação mais eficiente dos recursos[222]. Diante de uma insuficiência patrimonial do devedor para satisfazer seus créditos, o sistema deveria assegurar a colaboração entre os agentes econômicos para a maximização de valor dos ativos do empresário devedor[223], por meio da análise da melhor alocação dos recursos[224].

Pela crise da empresa, os diversos fatores de produção são explorados em ponto não ótimo pelo devedor. Diante da situação de insolvência, o sistema deveria assegurar que os recursos fossem atribuídos aos agentes que mais os valorizariam, na hipótese de atividade econômica inviável, ou fossem realocados ao seu melhor uso, se a atividade for viável economicamente e o devedor recuperável[225].

Para permitir essa melhor alocação, o sistema de insolvência, como um todo, asseguraria a proteção aos ativos do devedor contra as ações individuais dos credores e que fragmentariam o conjunto de ativos para a satisfação individual dos referidos créditos. Por meio de uma coordenação de comportamentos, o sistema asseguraria a preservação do conjunto de ativos para uma solução comum que aumentasse o valor de satisfação para todos[226]. Trata-se de um objetivo de maximização do valor *ex post* da empresa, após a crise, e como modo de se permitir maior satisfação dos interessados.

Na falência, o credor individual não poderia comprometer, com a liquidação forçada e o fracionamento do estabelecimento empresarial, a satisfação de todos os demais credores. O sistema deveria, para tanto, estabelecer regras para incentivar os comportamentos coletivos e reduzir as estratégias individuais em detrimento dos demais. Na hipótese de a empresa ser viável economicamente, a liquidação ordenada propiciaria maior valor, ao contrário da liquidação fragmentada do ativo. Viável economicamente, a manutenção da organização empreendida pelo empresário assegura que o conjunto de ativos continua tendo condição de produzir a atividade e os lucros dela decorrentes, de modo que

---

[221] Para Elizabeth WARREN, quatro são os objetivos: "The system aims, with greater or lesser efficacy, toward four principal goals: (1) to enhance the value of the failing debtor; (2) to distribute value according to multiple normative principles; (3) to internalize the costs of the business failure to the parties dealing with the debtor; and (4) to create reliance on private monitoring" (WARREN, Elizabeth. Bankruptcy policymaking in an imperfect world. *Michigan Law Review*, Ann Arbor, v. 92, n. 2, p. 343-344, 1993).

No mesmo sentido: HART, Oliver. Different approaches to bankruptcy. *Harvard Institute of Economic Research, Discussion Paper* 1903, 2000; AGHION, Philippe. Bankruptcy and its reform. In: *The New Palgrave Dictionary of Law and Economics*. New York: Palgrave, 2002. p. 145-149. v. 1.

[222] EIDENMÜLLER, Horst. *Comparative corporate insolvency law*. European Corporate Governance Institute (ECGI), Law Working Paper n. 319, 2016. p. 9.

[223] "The purpose of the recovery process is to maximize the value of the assets of the defaulting business and to distribute that value to designated beneficiaries" (WESTBROOK, Jay Lawrence. The control of wealth in bankruptcy. *Texas Law Review*, Austin, TX, v. 82, n. 4, p. 798, 2004).

[224] PATERSON, Sarah. Rethinking the role of the law of corporate distress in the twenty first century. *LSE Law, Society and Economy Working Papers*, London, 27, p. 6, 2014.

[225] MAKSIMOVIC, Vojislav; PHILLIPS, Gordon. Asset efficiency and reallocation decisions bankrupt firms. *The Journal of Finance*, Maryland: University of Maryland, 1998. EISFELDT, Andrea; RAMPINI, Adriano. Capital reallocation and liquidity. *Journal of Monetary Economics*, v. 53, Illinois: Northwestern University, 2006. BARTELSMAN, Eric; HALTIWANGER, John; SCARPETTA, Stefano. Cross-country differences in productivity: the role of allocation and selection, *Nber Working Paper Series*, v. 103, n. 1, Cambridge: National Bureau of Economic Research, 2009.

[226] ADLER, Barry E. Financial and political theories of American corporate bankruptcy. *Stanford Law Review*, v. 45, p. 311, 1992.

CAPÍTULO 1 • A FUNÇÃO DO SISTEMA DE INSOLVÊNCIA NACIONAL

a liquidação em conjunto acrescenta maior valor ao preço por meio da valorização do aviamento ou *going concern*[227].

Esse comportamento colaborativo foi, na legislação pátria, incentivado pela suspensão das execuções após a decretação da falência, nos termos do art. 6º da Lei n. 11.101/2005 e da universalidade do Juízo falimentar (art. 76 da Lei n. 11.101/2005). Um único processo de falência reúne todos os ativos do devedor e permite a análise de todos os créditos, cujos titulares passarão a se manifestar num único foro sobre a distribuição dos ativos do devedor, sendo vedadas as medidas constritivas individuais.

Nesse foro único, a falência assegura uma liquidação ordenada, de forma a preservar a empresa com a venda preferencialmente dos ativos em bloco e não fragmentada, o que permite a valoração do *going concern* ou do aviamento. Nos termos do art. 140 da Lei n. 11.101/2005, será observada preferência na forma de alienação, iniciando pela alienação da empresa com a venda de seus estabelecimentos em bloco. A alienação dos bens individualmente considerados será forma subsidiária, realizada apenas se a venda em conjunto não for conveniente para a obtenção do maior valor dos bens.

Por qualquer das formas, a liquidação, monitorada por todos os credores e por um Juízo Universal, pretende a obtenção dos maiores valores do que uma liquidação desordenada realizada pela constrição de diversos ativos conforme as ações individuais.

A colaboração entre os diversos agentes reunidos para a obtenção dos maiores valores de ativos do devedor é feita também por meio da recuperação judicial. Se a empresa for viável economicamente, a liquidação falimentar do conjunto dos ativos a preservaria e maximizaria o valor a ser obtido ao conservar o *going concern*[228]. Contudo, se a empresa for viável economicamente e, além disso, a permanência do devedor na condução do negócio acrescentar valor ao conjunto de bens por assegurar a manutenção de suas relações pessoais ou da especialização desenvolvida sob os ativos peculiares, a recuperação judicial poderá gerar maior valor para todos[229].

Por meio de regras como a suspensão das ações e execuções em face da recuperanda (art. 6º), os quóruns de maioria para a aprovação de plano de recuperação judicial (arts. 45 e 58) ou de alienações de ativos e a satisfação dos credores nos termos de um plano de recuperação judicial aprovado (arts. 60 e 66), assegura-se a preservação do *going concern* do empresário em crise temporária ou reversível[230].

---

[227] Segundo Warren: "(1) orderly liquidation is likely to produce more value – or to avoid more loss – than piecemeal liquidation; and (2) going-concern value is likely to be higher than liquidation value. Chapter 7 implements the first premise by requiring an organized liquidation, monitored by all the creditors and supervised by the bankruptcy court, that presumably produces greater value than the chaotic mix of self-help repossession and judicial execution available at state law" (WARREN, Elizabeth. Bankruptcy policymaking in an imperfect world. *Michigan Law Review*, Ann Arbor, v. 92, n. 2, p. 350, 1993).

[228] "Going-concern value is created when a collection of assets is organized into a healthy operating business" (ALLEN, Franklin; BREALEY, Richard; EDMANS, Alex; MYERS, Stewart. *Principles of corporate finance*. 14 ed. New York: McGraw-Hill, 2023. p. 88).

[229] "The Chapter 11 reorganization alternative implements the second premise, explicitly attempting to capture the going-concern value of a business that would likely be lost in any liquidation. The sale of an intact business might occur in either chapter 7 or Chapter 11, retaining the excess value for the bankruptcy estate" (WARREN, Elizabeth. Bankruptcy policymaking in an imperfect world. *Michigan Law Review*, Ann Arbor, v. 92, n. 2, p. 350, 1993).

[230] A preservação do *going concern* do empresário é também essencial para a legislação de insolvência dos Estados Unidos. Foi prioridade na reforma do Enterprise Act de 2002. É o que aponta Vanessa Finch: "In the 'new' administration procedures the rescue of the company as a going concern is the priority and the administrator has to sustain a company's business while plans are made for its future. The administrator can thus be involved in the day-to-day management of the company as well as in formulating rescue plans. A company is protected from creditors' demands when under an administration order and it can continue to trade but proposals for rescue have to be agreed by creditors" (FINCH, Vanessa. *Corporate insolvency law*: perspectives and principles. 2. ed. New York: Cambridge University Press, 2009. p. 180).

A recuperação judicial permite que a maioria imponha sua vontade à minoria dissidente e que procuraria a satisfação imediata de seus interesses, ainda que em detrimento da maior satisfação de toda a coletividade. Mesmo que uma parte dos votantes tenha interesse em liquidar os ativos por meio da falência, em virtude de seus interesses econômicos particulares, a imposição das decisões da maioria à minoria permite que se equalize o passivo e se tutele maior prognóstico financeiro de recebimento com a manutenção do devedor na condução de sua atividade[231].

A decisão entre a liquidação falimentar e a concessão da recuperação judicial ao devedor, contudo, não é decisão simples.

A recuperação judicial somente maximiza o valor da empresa em crise se viável economicamente e se houver ganho a partir da eficiência do devedor em sua condução[232]. Apenas se houver maior prognóstico de recebimento pela coletividade de credores na recuperação judicial é que a preservação do devedor à frente da sua atividade se justifica e poderá assegurar, a longo prazo, a proteção de todos os interesses envolvidos com a atividade empresarial.

Caso inviável a atividade, a concessão da recuperação judicial apenas gera o consumo dos recursos escassos e reduzirá o valor a longo prazo. Nessa hipótese de empresas economicamente inviáveis, o valor obtido com a sua liquidação fracionada é superior ao valor esperado da preservação do conjunto de bens. Não há *going concern*, como qualidade do conjunto de ativos para a produção de uma atividade, a ser preservado[233].

Mas não apenas. Além de viável, a condução do devedor à frente da atividade deverá ser eficiente, a ponto de gerar um incremento de valor, seja pela especialidade, detenção de informações, relações de confiança gerada. Devedor ineficiente, além de apenas consumir os recursos escassos, impede que se obtenha maior valor pela liquidação falimentar em conjunto dos bens e a preservação da empresa por meio de sua aquisição por um terceiro adquirente mais eficiente ao seu desenvolvimento[234].

Por conta desse raciocínio, para uma concepção doutrinária, a recuperação apenas seria justificável nas hipóteses de ativos específicos. Apenas com ativos absolutamente peculiares a uma exploração pelo devedor, a recuperação judicial poderia preservar, de forma mais adequada, o *going concern*. Isso porque os ativos específicos obteriam melhor valor se mantidos na condução do empresário devedor do que liquidados e perderiam valor se transferidos para outros empresários, o que seria raro[235].

Os ativos específicos, todavia, podem não ser apenas bens. A especificidade a motivar uma preservação poderá ser decorrente não apenas da peculiaridade de um objeto, mas também das diversas relações entre pessoas ou entre pessoas e ativos[236].

---

[231] "Os credores como um todo (e não algum deles individualmente considerado) devem ter um prognóstico financeiro de recebimento melhor na recuperação judicial do que na falência do devedor. Caso assim não fosse, a atividade econômica se mostraria inviável. Afinal, nesse caso, ela valeria mais por seu valor de liquidação do que como entidade operacional" (MATTOS, Eduardo da Silva; PROENÇA, José Marcelo Martins. *Recuperação de empresas*: (in)utilidade de métricas financeiras e estratégias jurídicas. Rio de Janeiro: Lumen Juris, 2019. p. 30).

[232] BRIS, Arturo; WELCH, Ivo; ZHU, Ning. The costs of bankruptcy: Chapter 7 liquidation versus Chapter 11 reorganization. *The Journal of Finance*, v. 61, n. 3, 2006.

[233] ALTMAN, Edward; HOTCHKISS, Edith; WANG, Wei. *Corporate financial distress, restructuring and bankruptcy*: analyze leveraged finance, distressed debt, and bankruptcy. 4. ed. New Jersey: Wiley, 2019. p. 11.

[234] TOLEDO, Paulo Fernando Campos Salles de. A preservação da empresa, mesmo na falência. In: DE LUCCA, Newton; DOMINGUES, Alessandra. (coord.). *Direito recuperacional*: aspectos teóricos e práticos. São Paulo: Quartier Latin, 2009.

[235] RASMUSSEN, Robert K.; BAIRD, Douglas. The end of bankruptcy. *John M. Olin Program in Law and Economics*, Working Paper n. 173, p. 785, 2002.

[236] LOPUCKI, Lynn M. The nature of the bankrupt firm: a reply to Baird and Rasmussen's the end of bankruptcy. *Stanford Law Review*, v. 56, n. 3, p. 5, 2003. Disponível em SSRN: https://ssrn.com/abstract=397780 ou http://dx.doi.org/10.2139/ssrn.397780.

CAPÍTULO 1 • A FUNÇÃO DO SISTEMA DE INSOLVÊNCIA NACIONAL

Em sociedades com controle concentrado, em que a administração é realizada em grande parte pelo sócio controlador, que detém quase a totalidade do capital social, como é constituída grande parte das sociedades brasileiras, parte significativa dessas relações entre os diversos agentes internos e entre os agentes internos e os demais contratantes externos sofre a interferência do sócio controlador. A importância dessas relações para o desenvolvimento da empresa assegura a sua conservação, já que, na liquidação falimentar, o devedor é afastado da condução de sua atividade, seus sócios passam a não ter mais interferência nessa gestão, o que pode comprometer a conservação desse *going concern*.

A maximização do valor dos ativos corrobora a interpretação sistemática de que a preservação da empresa recai apenas sobre a atividade viável economicamente e que não existe preferência legal à recuperação judicial. Essa deverá ser concedida apenas aos empresários recuperáveis, com a atribuição adequada dos recursos escassos, e exige a retirada célere dos empresários não recuperáveis. Nas palavras do senador relator, a retirada do mercado dos empresários irrecuperáveis é imprescindível "a fim de evitar a potencialização dos problemas e o agravamento da situação dos que negociam com pessoas ou sociedades com dificuldades insanáveis na condução do negócio"[237].

Essa pretensão de assegurar a higidez do mercado não é objetivo novo. Já destacava Rubens Requião que "o Estado, através da lei, objetiva concretamente a eliminação das empresas econômica e financeiramente arruinadas, em virtude das perturbações e perigos que podem causar no mercado, com reflexos em outros organismos"[238].

Alguns empresários apenas consomem os recursos e afetam a satisfação *ex post* de seus credores, o que majora *ex ante* o custo para todos os demais empresários[239]. No caso do empresário irrecuperável, a decretação de sua falência deverá ser imediata para que não se reduza a satisfação dos interesses mediante o consumo dos recursos escassos e, por conta disso, se majore o custo de contratar para todos os demais agentes do mercado.

Nesse sentido, a Lei n. 11.101/2005 consagrou que deverá ocorrer convolação da recuperação judicial em falência se houver a identificação de esvaziamento patrimonial pelo devedor em recuperação judicial (art. 73, VI), qualquer inadimplemento de obrigação prevista no plano de recuperação judicial ou cometimento de ato falimentar, que implica a majoração do risco dos credores em virtude de comportamento indevido do devedor (art. 94, III).

Essa decretação da falência do empresário irrecuperável afasta o falido da condução de sua atividade empresarial, que passa a ser substituído pela Massa Falida, representada pelo administrador judicial. A partir da decretação da falência, a atividade empresarial será interrompida ordinariamente, com a arrecadação de todos os bens para a liquidação e satisfação de todos os créditos, conforme a ordem legal.

A interrupção da atividade e o procedimento de dissolução da sociedade como consequência de pleno direito da decretação da falência implicam a retirada do mercado dos empresários insolventes. Esse afastamento do mercado impede que esses empresários continuem a contrair obrigações, de modo a reduzir o risco de inadimplemento e, por consequência, o efeito nos custos *ex ante* que essa

---

Acesso em: 29 jun. 2023.

[237] TEBET, Ramez. Lei de Recuperação de Empresas: Lei n. 11.101, de 2005. *Parecer n. 534*. Senado Federal, Brasília, 2004. p. 19.

[238] REQUIÃO, Rubens. *Curso de direito falimentar*. 17. ed. São Paulo: Saraiva, 1998. v. 1. p. 25. n. 12.

[239] Para Wood, "To recognize that not all companies are viable is imperative to the economy and to the respective business ecosystems that uncompetitive and wasteful companies are allowed to fail so that they are removed from the markets and replaced by companies that can provide greater creative wealth within the markets" (WOOD, John M. *The interpretation and value of corporate rescue*. Cheltenham: Edward Elgar, 2022. p. 9).

não satisfação das obrigações produzirá nas relações jurídicas dos diversos outros agentes econômicos desse mercado por ocasião de suas contratações.

A decretação da liquidação falimentar, com o afastamento ou a dissolução do empresário, entretanto, não implica a extinção da empresa ou sua não conservação. A empresa viável economicamente sob a condução de um terceiro deve ser preservada. Isso será realizado mediante a liquidação do estabelecimento empresarial e aquisição por um terceiro que preservará sua atividade se viável economicamente.

Dessa forma, a decretação da falência e o afastamento do falido do mercado para a arrecadação e liquidação de seus bens incentivam a manutenção da higidez do mercado e estimulam a celebração de diversas relações jurídicas entre os agentes econômicos, com o saneamento do meio empresarial[240], e com a própria preservação da atividade empresarial de modo a satisfazer os interesses de todos os envolvidos com o seu desenvolvimento.

Referido objetivo foi referendado pela exigência de apresentação de Certidões Negativas de Débitos Tributários (art. 57) ou realização de parcelamento e transações fiscais (art. 68) como condição para a concessão da recuperação judicial, pela preferência legal dos processos de falência e incidentes em face dos demais processos (art. 79), pela apresentação de plano detalhado de realização dos ativos em 60 dias da decretação da falência (art. 99, §3º), pela destituição do direito do devedor de administrar seus bens e dele dispor (art. 103) etc.

4.1.5 A eficiência econômica do procedimento de insolvência brasileiro

Por meio dos objetivos pretendidos pela legislação brasileira, pode-se constatar que o legislador brasileiro almejou, diante da disciplina dos procedimentos de insolvência, não mais satisfazer exclusivamente os interesses dos credores por meio da maximização do valor dos ativos do devedor, mas atender aos interesses de todos os afetados pelo desenvolvimento da atividade empresarial, sejam eles os devedores, os credores, os consumidores, os trabalhadores, a coletividade em que inserida a empresa, o interesse público no desenvolvimento do mercado etc.

Se a concepção tradicional da teoria da *creditors's bargain* e relacionada a uma visão contratualista da empresa em crise foi afastada, a concepção distributiva e relacionada ao institucionalismo tampouco foi integralmente acolhida[241].

A persecução da satisfação dos interesses de todos os agentes afetados pelo desenvolvimento da atividade empresarial, ainda que função almejada pelo sistema de insolvência nacional, pressupõe a destinação dos recursos escassos dos devedores à sua maior utilidade. Apenas a alocação mais eficiente dos bens permitiria a obtenção da maximização do valor dos ativos, da higidez do mercado, da distinção entre os empresários recuperáveis e irrecuperáveis para se permitir, a longo prazo e de forma consistente, a satisfação dos interesses de todos os *Stakeholders*.

Nesse aspecto, no sistema brasileiro, não há prevalência dos procedimentos de recuperação ao procedimento liquidação forçada falimentar. A melhor solução para o saneamento da crise empresarial pressupõe a análise de cada caso concreto, com a valoração da empresa e dos seus ativos e do ganho na manutenção do devedor sob a condução da atividade.

---

[240] REQUIÃO, Rubens. *Curso de direito falimentar*. 17. ed. São Paulo: Saraiva, 1998. v. 1. p. 25. n. 12.

[241] O posicionamento em face de Cerezetti indica se diferenciar menos nos objetivos pretendidos pela legislação nacional do que propriamente na forma pela qual a preservação dos interesses de todos esses envolvidos com a atividade empresarial deveria ocorrer durante o procedimento. Nesse sentido, para a autora, a preservação da empresa somente poderia ser compreendida por meio de uma via procedimental, em que sua "consecução esteja relacionada à existência de regras que garantam a efetiva inclusão dos variados interesses" (CEREZETTI, Sheila. *A recuperação judicial de sociedade por ações*: o princípio da preservação da empresa na Lei de Recuperação e Falência. São Paulo: Malheiros, 2012. p. 240).

CAPÍTULO 1 • A FUNÇÃO DO SISTEMA DE INSOLVÊNCIA NACIONAL

Os procedimentos de recuperação confeririam a possibilidade de acomodar o vencimento do passivo do devedor ao seu fluxo de caixa esperado e de reestruturar sua atividade, a qual poderia remanescer sob a condução do devedor conforme um plano de recuperação judicial. Entretanto, a preservação da atividade sob a condução do devedor por meio da concessão da recuperação judicial somente atenderia os interesses de todos os envolvidos com o desenvolvimento de sua atividade, dentre eles os credores, consumidores, cidadãos da localidade, empregados e demais contratantes, a longo prazo, se os recursos escassos do devedor estivessem destinados ao seu melhor aproveitamento e não fossem simplesmente consumidos ou desperdiçados.

Esse melhor aproveitamento repercutiria em maximização do valor dos ativos, de modo que a recuperação judicial deveria ser concedida quando houvesse um maior valor a ser obtido não apenas pela preservação do conjunto de ativos para desempenhar essa atividade, o que poderia ocorrer com a liquidação falimentar dos ativos em bloco, mas também quando houvesse um ganho por preservar referidos ativos sob a condução do empresário reestruturado[242].

Sob esse aspecto, além da viabilidade econômica da atividade, a concessão da recuperação judicial exige a análise da relevância do devedor para a sua condução. Esse ganho poderá ser resultante da particularidade dos ativos a serem utilizados, dos conhecimentos específicos sobre a sua utilização e que podem gerar ganhos em face de outros agentes, das relações jurídicas e de confiança estabelecidas entre os diversos contratantes e os administradores ou sócios da sociedade ou, pelo contrário, da falta de existência de um mercado de ativos estressados desenvolvido a ponto de permitir a aquisição dos bens pelo preço real na liquidação falimentar.

Se a empresa for viável economicamente, porém sob a condução ineficiente do devedor, a manutenção do empresário devedor pela recuperação apenas aumentará o custo *ex post*, reduzirá o recebimento dos créditos e consumirá os recursos escassos. A empresa sob recuperação de devedor ineficiente resultaria num valor menor do que o conjunto dos ativos a ser liquidado, provocaria o esgotamento dos recursos e a deterioração dos ativos, implicaria a falta de recolhimento dos impostos, a concorrência predatória no mercado, o aumento dos custos de contratação, a deterioração das condições empregatícias etc. O afastamento do devedor e a liquidação dos bens, pelo procedimento falimentar, nessa hipótese, assegurariam melhor os objetivos pretendidos a longo prazo[243].

A falência, nesse caso, não prejudica a obtenção desses objetivos. Na falência, caso a empresa seja viável economicamente, os ativos do devedor deverão ser vendidos no maior conjunto possível e como forma de assegurar a preservação do aviamento e a possibilidade de manutenção da empresa, como atividade econômica desenvolvida a partir dos referidos bens, e que continue a satisfazer os interesses de todos os envolvidos. Se viável economicamente, o valor do conjunto de ativos é maior do que o valor de alienação dos ativos em separado justamente porque o aviamento empresarial, como organização dos ativos para o desempenho em conjunto de determinada atividade, será valorizado. Nessa hipótese, a empresa continua a ser preservada, ainda que os ativos sejam submetidos à

---

[242] WESTBROOK, Jay Lawrence. The control of wealth in bankruptcy. *Texas Law Review*, Austin, TX, v. 82, n. 4, p. 2.004.

[243] Pela alteração prevista na Lei n. 14.112/2020, que inseriu o art. 50, XVIII, a venda integral da devedora tornou-se expressamente possível, mesmo no processo de recuperação judicial, desde que garantidas aos credores não submetidos ou não aderentes condições, no mínimo, equivalentes àquelas que teriam na falência, hipótese em que será, para todos os fins, considerada unidade produtiva isolada. A despeito da possibilidade legal, na prática, estudo jurimétrico aponta que as liquidações substanciais eram absolutamente excepcionais dentro da recuperação judicial. De 290 planos de recuperação judicial aprovados no estado de São Paulo de janeiro de 2010 a julho de 2017, a liquidação substancial teria ocorrido em apenas um deles (SACRAMONE, Marcelo Barbosa; AMARAL, Fernando Lima Gurgel do; MELLO, Marcus Vinícius Ramos Soares de. Recuperação judicial como forma de liquidação integral de ativos. *Revista de Direito Empresarial — RDEmp*, Belo Horizonte, ano 17, n. 3, p. 155-168, set./dez. 2020, p. 162).

liquidação falimentar. A mesma atividade empresarial passa a ser desempenhada, por meio da aquisição do conjunto de ativos, pelo empresário arrematante.

Caso a empresa seja inviável economicamente, essa liquidação dos bens deve ocorrer por meio de uma alienação individual dos ativos e como uma forma de se obter o maior valor. Não haveria valor no aviamento ou *going concern* no caso e os ativos deveriam ser empregados em destinação que melhor os aproveitasse.

A venda fragmentada dos bens do devedor deverá ocorrer quando se verifique que os ativos individualmente considerados tenham valor maior do que o conjunto. Isso ocorrerá quando a atividade econômica a ser desenvolvida por todo o conjunto já não possuir mais atrativo no mercado, de modo que sua conservação apenas consumiria os recursos escassos, alocados em uma atividade sem apreciação.

Os bens, nesse caso, deverão ser vendidos individualmente e como forma de obter um maior valor. O pagamento permitiria a majoração do valor a ser satisfeito pelos credores, assim como a conservação do bem adquirido por aquele que mais o valoriza, o qual poderá empregá-lo em outra atividade, com melhor aproveitamento dos recursos.

A aferição desses valores da empresa, do conjunto dos ativos que a produz e dos referidos excedentes, seja apenas o aviamento ou *going concern*, seja o resultante da manutenção da condução da empresa pelo empresário reestruturado, é fundamental para se assegurar a função do sistema de insolvência.

Trata-se de aferição complexa, entretanto, permeada por considerações de variáveis com destacada subjetividade, como o valor da empresa em funcionamento, a importância do devedor em sua condução ou o valor de mercado de sua liquidação forçada falimentar.

Destaca-se, assim, a necessária estruturação do procedimento, com a determinação dos corretos incentivos legais e com a adequada alocação dos poderes aos agentes decisórios para que se possa garantir que a melhor consideração sobre essas variáveis e sobre os referidos valores seja feita como forma de se assegurar que a satisfação dos referidos créditos seja maximizada e que a melhor alocação dos recursos escassos possa ocorrer, única forma de se proteger, a longo prazo, os interesses de todos os envolvidos pelo desenvolvimento da atividade empresarial.

CAPÍTULO 2
A ESTRUTURA DO PROCEDIMENTO

1. A IMPORTÂNCIA DA EFICIENTE ALOCAÇÃO DE PODER

A insolvência de um empresário vai além das estatísticas de perda de empregos: os credores possuem interesses em serem pagos, os acionistas em manter o direito residual aos lucros do negócio, os trabalhadores em manter suas fontes de renda e a comunidade ao redor em manter a empresa que fornece benefícios, mesmo que indiretos[1]. Em vista dessa gama de afetados é que o sistema de insolvência brasileiro foi estruturado.

Para que os objetivos do sistema de insolvência possam ser alcançados e os ativos possam ser destinados ao seu melhor aproveitamento, os poderes decisórios devem ser alocados para os agentes que tenham maiores condições de tutelar os interesses a serem protegidos[2]. Referida alocação de poder deve ser refletida ao longo de todo o procedimento de insolvência e como forma de promover os incentivos adequados para a obtenção dos objetivos pretendidos com a Lei n. 11.101/2005.

Essa atribuição de poder decisório depende da função pretendida ao sistema de insolvência. Funções puramente normativas ou distributivas poderão exigir a atribuição de poderes a agentes decisórios que possam tutelar os interesses sociais cuja proteção se pretende, ainda que apenas a curto prazo.

Para conservar o desenvolvimento da atividade empresarial sob a condução do empresário devedor a qualquer custo, mesmo que sua condução não seja eficiente, o sistema de insolvência poderia não permitir aos credores requererem a recuperação judicial, imputar ônus ao requerimento de falência, restringir as hipóteses de plano alternativo, ou seja, alocar o poder de decisão para o agente que está mais propenso a atrasar eventual opção de liquidação. Ainda que a atividade empresarial fosse inviável, nesses termos, a empresa seria mantida sob a condução do empresário devedor.

Os objetivos pretendidos, de proteção dos interesses de terceiros que gravitam em torno da atividade empresarial, da maximização do valor dos ativos, da higidez do mercado, não seriam alcançados a longo prazo nessa hipótese. A desconsideração do aspecto econômico e da consagração de uma teoria puramente distributiva, que sacrificaria os valores da eficiência econômica para a distribuição de valores entre outros interessados, prejudicaria os próprios interesses que se pretende proteger.

O retardamento de uma decisão de liquidação, com a manutenção de uma empresa inviável, ou com sua conservação fora do ambiente de negociação coletiva e de equalização de seu passivo e controle sobre o seu ativo, beneficiaria alguns interessados apenas durante curto lapso temporal e se faria em detrimento dos credores e do próprio mercado.

---

[1] FROST, Christopher W. Bankruptcy redistributive policies and the limits of the judicial process. *North Carolina Law Review*, v. 74, n. 1, 1995, p. 76.

[2] BAIRD, Douglas; RASMUSSEN, Robert K. Control rights, priority rights, and the conceptual foundations of corporate reorganizations. *Virginia Law Review*, Charlottesville, v. 87, p. 924, 2001, p. 76.

Os custos seriam suportados pelos credores, que ficariam forçados a manter o investimento em um empreendimento fracassado. "The delay imposes costs on the investors because they are forced to continue an investment in which they see little hope of success."[3]

Mas não apenas em prejuízo dos credores. Se a atividade for economicamente inviável ou o plano de recuperação judicial não permitir sua efetiva estruturação para a superação da crise, a permanência do empresário devedor na condução de sua atividade poderá resultar em ainda maiores prejuízos ao interesse público do que a liquidação forçada dos ativos na falência. A continuidade de uma empresa inviável consome os recursos escassos, dificulta a possibilidade de aquisição futura dos bens e o seu aproveitamento em outras atividades, a realocação mais rápida dos trabalhadores, embora se conservem transitoriamente os postos de trabalho etc.

Ademais, a empresa inviável economicamente pode comprometer o mercado ao impor preços predatórios aos concorrentes ou uma concorrência desleal de um concorrente que não suporta todos os custos e encargos para a disponibilização do mesmo produto ou serviço. Em uma pesquisa realizada com companhias aéreas nos Estados Unidos evidenciou-se que, durante o período em que estavam protegidas pelo manto da recuperação judicial, os devedores tendiam a reduzir os preços praticados. "We find that the insolvent carrier's price drops by 3.1% while under bankruptcy protection, and increases by almost 5% after emerging, both of these numbers relative to pre-bankruptcy prices."[4]

A existência de uma empresa financeiramente debilitada no mercado pode levar a uma distorção da eficiência produtiva, mediante a prática de preços predatórios em virtude do não pagamento de créditos, tributos e encargos, o que poderia prejudicar os concorrentes e reduzir, a longo prazo, o bem-estar do consumidor[5].

Objetivos legais pretendidos de maior eficiência econômica ou melhor aproveitamento dos recursos escassos exigem a atribuição de poder decisório a agentes econômicos com maior capacidade de aferição da melhor alocação dos recursos.

Nessa hipótese, a recuperação judicial apenas permitiria a superação da crise econômico-financeira que compromete a atividade empresarial, de modo a beneficiar toda a coletividade afetada pela empresa, se houvesse submissão ao procedimento ainda em momento pertinente à solução e anteriormente ao agravamento da crise, se o condutor da atividade for eficiente para desenvolvê-la, se o plano de recuperação judicial for proposto pelos maiores interessados e for decidido pelos agentes mais incentivados a avaliar a efetiva viabilidade econômica da atividade.

A alocação adequada dos poderes aos agentes econômicos mais incentivados para mensurar a viabilidade econômica da empresa e o ganho na manutenção do devedor sob a sua condução, nesse caso, seria a única forma de se permitir a efetiva estruturação da atividade ou, se o empresário for irrecuperável ou a atividade empresarial for economicamente inviável, sua identificação e rápida retirada do mercado como meio imprescindível para se garantir a higidez do sistema e impedir que a crise contamine os demais agentes econômicos.

---

[3] FROST, Christopher W. Bankruptcy redistributive policies and the limits of the judicial process. *North Carolina Law Review*, v. 74, n. 1, 1995, p. 80.

[4] CILIBERTO, Federico; SCHENONE, Carola. Bankruptcy and product-market competition: Evidence from the airline industry. *International Journal of Industrial Organization*, v. 30, n. 6, p. 564-577, 2012, p. 565. Disponível em: https://doi.org/10.1016/j.ijindorg.2012.06.004. Acesso em: 30 jun. 2023.

[5] FERNANDES, Roberta Ribeiro. *Failing firm defense*: utopia, teoria ou tese aplicável na análise antitruste brasileira? Maceió, 2013. Texto publicado no VIII Prêmio SEAE de defesa da concorrência e regulação da atividade econômica, Monografias premiadas 2013. p. 6.

CAPÍTULO 2 • A ESTRUTURA DO PROCEDIMENTO

Como pretendido pelo legislador ao delimitar os objetivos da Lei n. 11.101/2005, a função do sistema de insolvência brasileiro é assegurar a alocação mais eficiente dos ativos, ou seja, atribuí-los ao empresário que mais os valorize e consiga deles se aproveitar para satisfazer em maior grau os interesses de todos os credores e, de forma mediata, para a proteção de todos os demais interesses que gravitam em torno da preservação da atividade empresarial.

Sob a adoção dessa função ao sistema jurídico de insolvência brasileiro, a eficiência na alocação dos recursos escassos para o desenvolvimento da atividade somente pode ocorrer por meio da estruturação de um sistema de insolvência que permita os corretos incentivos aos agentes para decidirem pela concessão da recuperação judicial ou pela decretação da falência e total liquidação dos ativos.

Diante disso, incentivos legais adequados à mensuração da viabilidade econômica devem ser o pressuposto de todo o sistema de insolvência. A verificação da crise e da viabilidade econômica da empresa para se aferir sobre a possibilidade de sua manutenção na condução pelo devedor, contudo, nem sempre é evidente ou clara. A crise poderá ocorrer por excesso de débitos financeiros, má gestão administrativa ou obsolescência da atividade desenvolvida.

O agente decisório terá que considerar essa causa da crise. Mas não apenas. Deverá aferir o momento ideal para obter medidas para saneá-la, se as medidas de superação propostas são suficientes, bem como o valor econômico resultante da organização dos ativos em operação em contraposição ao valor de venda dos bens em uma liquidação forçada falimentar.

Evidências empíricas sobre as recuperações judiciais no Brasil, todavia, demonstram que os objetivos pretendidos não estão sendo alcançados. Análises jurimétricas demonstram que os empresários em crise continuam a desenvolver suas atividades mesmo quando acometidos de crise irreversível[6]. Ainda que o plano de recuperação judicial seja aprovado, em Assembleia Geral de Credores, em 88,4% dos casos, apenas 24,4% dos planos de recuperação judicial conseguiram cumprir as obrigações vencidas nos dois anos posteriores à concessão da recuperação judicial e conseguiram ser encerrados. A falência fora decretada em 20,5% dos casos e, em 55,1%, os procedimentos de recuperação judicial não foram encerrados por cumprimento do plano, apesar do decurso de mais de dois anos de fiscalização[7].

Em aprofundamento da análise por Frederico Nunes, verificou-se que, dos processos ativos cujo prazo de dois anos de fiscalização já teria sido transcorrido, 55% deveriam ter sido encerrados. Desses, as obrigações vencidas nos dois primeiros anos de cumprimento do plano de recuperação judicial com previsão de pagamento, em média, superiores a nove anos teriam sido descumpridas em aproximadamente 50% dos casos[8].

Pelos dados levantados de altas taxas de aprovação e de aproximadamente descumprimento total das obrigações vencidas nos primeiros dois anos em mais de 50% dos casos, ainda que só metade seja reconhecida a ponto de convolar o procedimento de recuperação judicial em falência, o procedimento de recuperação judicial, no Brasil, pode estar sendo utilizado simplesmente para atrasar liquidações falimentares absolutamente inevitáveis e impedir que a melhor alocação eficiente dos recursos escassos ocorresse tempestivamente. Empresários irrecuperáveis ou empresas inviáveis

---

[6] Mattos, Eduardo da Silva; Proença, José Marcelo Martins. O inferno são os outros II: análise empírica das causas de pedir e dos remédios propostos em recuperações judiciais. *Revista de Direito Empresarial – RDEmp*, Belo Horizonte, Fórum, ano 18, n. 2, maio/ago. 2021, p. 41.

[7] Nunes, Marcelo Guedes; Waisberg, Ivo; Sacramone, Marcelo Barbosa; Côrrea, Fernando. Associação Brasileira de Jurimetria, *Observatório da insolvência, Segunda fase*. Disponível em: https://abj.org.br/pesquisas/2a-fase-observatorio-da-insolvencia/. Acesso em: 30 jun. 2023.

[8] Cavalheiro, Frederico Augusto; Nunes, Carmelo. A satisfação de créditos por empresas em recuperação judicial e o período de fiscalização judicial. *Revista da Faculdade de Direito da Universidade São Judas Tadeu*, n. 9, São Paulo, p. 76-89, 2020.

economicamente teriam a recuperação judicial concedida, a despeito de clara impossibilidade de cumprimento do plano de recuperação judicial proposto.

Os resultados exigem, nesses termos, a análise pormenorizada da estrutura do procedimento de insolvência e da verificação se os incentivos legais dispostos estão corretos. Mas não apenas. Ainda que a previsão em abstrato pela norma legal esteja adequada a promover os objetivos pretendidos pela legislação, os resultados esperados podem não ser na prática produzidos em razão de desvirtuamento ou captura de poder pelos agentes decisórios, o que pode ser explicado pela continuidade institucional ou *path dependence*.

2. A EFICÁCIA DAS NORMAS JURÍDICAS É DEPENDENTE DA REALIDADE SOCIOCULTURAL E HISTÓRICA

Com a Lei n. 11.101/2005, vigente lei de recuperação de empresas e falência, a alteração do sistema de insolvência procurou se adequar a uma tendência global de convergência das legislações de insolvência mediante o transplante parcial da legislação de insolvência norte-americana, o *Bankruptcy Code* de 1978. Houve uma crescente alteração dos sistemas baseados em procedimentos de liquidação para a satisfação dos credores para um sistema de reorganização do devedor em que se permite, inclusive, ao devedor continuar a conduzir a atividade empresarial durante o procedimento[9].

Referido transplante foi realizado não apenas no Brasil, mas na *Gesetz zur weiteren Erleichterung der Sanierung von Unternehmen* (ESUG) em 2012 na Alemanha. Na França, a alteração da lei para conceber a *procédure de sauvegarde* foi realizada em 2005 com a expressa inspiração no Capítulo 11 do Código de Insolvência americano e de modo a evitar a insolvência do devedor e assegurar o tempo necessário para a apresentação de um plano de recuperação. Na Itália, a alteração da legislação de insolvência, a partir de 2005, incentivou negociações de planos de reorganização[10].

Embora houvesse diversas particularidades históricas e culturais, transplantou-se parcialmente a legislação criada nos Estados Unidos e que teria sido lá testada e aprimorada ao longo dos anos. Criaram-se por essa Lei institutos absolutamente originais e desconhecidos pela legislação brasileira até então, como a recuperação judicial e extrajudicial, de modo a romper com o sistema anterior.

Se a possibilidade de negociação coletiva para a obtenção de solução comum e superação da crise era considerada como ato falimentar pelo Decreto-Lei n. 7.661/45, o qual impossibilitava qualquer forma de dilação, remissão de créditos ou cessão de bens entre o devedor e seus credores, a prática voltou a ser estimulada pela legislação pátria.

A influência do direito norte-americano tentava promover a mudança de perspectiva voltada à preservação da empresa. Desviava-se o foco da liquidação de ativos como forma de maior satisfação dos credores para concentrar-se na preservação da empresa como mecanismo, seja por meio da recuperação, seja por meio da falência, de implementar os diversos interesses que gravitam em torno da atividade empresarial.

A despeito da pretendida ruptura pela Lei n. 11.101/2005, a regulação e o desenvolvimento do direito em geral são dependentes dos aspectos históricos e socioculturais de um povo, a *path dependence*, a continuidade das instituições estabelecidas.

---

[9] MEARS, Patrick; PANDYA, Sujal. Convergence in national and international insolvency laws since 2002. *Insolvency and Restructuring International*, v. 7, n. 1, p. 13, 2013.

[10] MEARS, Patrick; PANDYA, Sujal. Convergence in national and international insolvency laws since 2002. *Insolvency and Restructuring International*, v. 7, n. 1, p. 12-18, 2013.

CAPÍTULO 2 • A ESTRUTURA DO PROCEDIMENTO

O estabelecimento de novas instituições pela Lei é dependente de instituições postas anteriormente, as quais as condicionam. Instituições históricas que fortaleciam determinados grupos tendem a ser mantidas diante da influência alcançada pelos referidos grupos, os quais, pelos recursos substanciais obtidos, poderão influenciar sua manutenção, seja pela limitação direta das alterações legislativas, seja pela não aplicação ou interpretação das disposições que modificam as instituições existentes até então[11].

Nesse aspecto, estudos empíricos demonstram que o transplante de sistemas externos, em contraposição ao desenvolvimento interno que leve em consideração as diversas peculiaridades locais e as contribuições dos agentes nacionais, produz instituições menos eficientes e que respondem menos às necessidades e demandas internas[12].

O sistema estadunidense parcialmente transplantado fora criado em ambiente econômico social diverso do ambiente nacional, o que naturalmente vai condicionar a interpretação e aplicação das disposições legais.

A compreensão dos instrumentos previstos em abstrato pela norma e de sua adequação aos objetivos pretendidos pela regulação não pode ser realizada independentemente das particularidades socioculturais de determinado povo em determinada época[13].

O sistema jurídico é produto das forças sociais. "What makes regulation — form and substance — is pressure: pressure groups, political and economic activity."[14]

Nesse sentido, cabe relembrar a teoria tridimensional do direito analisada por Miguel Reale quanto à relação existente entre fato, valor e norma. Para Reale, o direito é uma unidade integrante entre a norma e a dialética de fatos e valores.

> Cada norma jurídica traduz a solução ou a composição tensional que, no âmbito de certa conjuntura histórico-social, foi possível atingir entre *exigências axiológicas* (ideais políticos, centro de interesse, pressões ideológico-econômicas, valorações jurídicas, morais, religiosas etc.) e um dado complexo de fatos.[15]

Por conta dessa relevância sociocultural na integração da norma, ainda que diversas instituições jurídicas sejam transplantadas[16] de outros sistemas jurídicos, a interferência do contexto político e social local não permite que ocorra a mesma eficácia ou interpretação legal[17]. Nesse aspecto, se "a

---

[11] Para os autores, sobre o mercado de capitais, "Rules that enable controllers to extract large private benefits of control are beneficial to controllers of existing publicly traded companies. In a country in which ownership is largely concentrated at T0 (with or without such rules), controlling shareholders of existing companies will be a powerful interest group with substantial resources. The influence of this group will make it more likely that this country will have or maintain such rules at T1. And because such rules encourage the use or retention of concentrated ownership, the presence of such rules at T1 will in turn help maintain or even strengthen the initial dominance of concentrated ownership" (BEBCHUCK, Lucian Arye; ROE, Mark J. A theory of path dependence in corporate ownership and governance. *Stanford Law Review*, v. 52, n. 1, 1999, p. 159).

[12] Entretanto, mesmo reconhecendo o devido posicionamento, Daniel Berkowitz e outros ensinam que "The transplant effect, while strongly path dependent, is not irreversible. Several countries that received law in the fashion of Ecuador have considerably better legality ratings than our model predicts" (BERKOWITZ, Daniel; PISTOR, Katharina; RICHARD, Jean-François. Economic development, legality, and the transplant effect. *European Economic Review*, v. 47, n. 1, p. 4, 2003).

[13] NORTH, Douglass C. *Instituições, mudança institucional e desempenho econômico*. São Paulo: Três Estrelas, 2018. p. 70.

[14] FRIEDMAN, Lawrence M. On regulation and legal process. In: NOLL, Roger G. *Regulatory policy and the social sciences*. Berkeley: University of California Press, 1985. p. 113.

[15] REALE, Miguel. Fundamentos da concepção tridimensional do direito. *Revista da Faculdade de Direito de São Paulo*, São Paulo, v. 56, n. 2, 1961, p. 82.

[16] WATSON, Alan. *Legal transplants*: an approach to comparative law. 2. ed. Georgia: University of Georgia Press, 1993. p. 21.

[17] RAJAN, Raghuram G.; ZINGALES, Luigi. *The great reversals*: the politics of financial development in the 20th century. Chicago: University of Chicago Press, 2001. p. 17.

norma jurídica é uma entidade histórico-cultural"[18], a real compreensão de sua eficácia para a obtenção dos objetivos pretendidos exige a consideração não apenas do texto da lei, como também da realidade cultural de determinada época em que sua aplicação é exigida.

Destaca Rachel Sztajn, nesse particular, que, ainda que se parta do mesmo conceito jurídico, as normas criadas serão diversas, "porque as estruturas sociais e, portanto, os valores sobre os quais se fundam, são distintos, levando a uma falta de sintonia entre noções e categorias jurídicas nos vários sistemas jurídicos existentes e aplicados"[19]. Como instrumentos sociais, as normas jurídicas carregam consigo valores culturais[20].

Para a compreensão e eficácia dos instrumentos legais, particular atenção deve ser dispensada aos aspectos culturais, pois se não os refletem, são deles dependentes[21]. Ao analisar dados apresentados por Nenova[22] sobre o desenvolvimento dos mercados entre os diversos países, Coffee[23] identifica que os sistemas legais escandinavos, em virtude das normas sociais existentes e do seu cumprimento pelos povos desses países, conseguem reduzir mais os benefícios privados do controle do que os outros países baseados no mesmo sistema legal[24].

No mesmo sentido, afirma Gorga:

> On one hand, culture can constrain rent-seeking interests and can make possible institutional changes that are not explained by the traditional economic model. On the other hand, culture can make interest groups even more powerful and impede institutional change.[25]

Essa relevância dos aspectos culturais explica o motivo pelo qual se espera menor coercibilidade das normas legais em países com transplantes legais. Diante desses transplantes, haveria menor correlação entre as regras e o ambiente sociocultural em que referidas regras tornaram-se eficazes[26], de modo que é mais provável que o seu cumprimento seja desconsiderado em virtude da ausência de identificação com os valores da população.

A relevância dessa constatação decorre de a influência na elaboração das normas jurídicas, não apenas no Brasil, remontar às origens do próprio sistema jurídico adotado[27]. Ainda que ao longo dos

---

[18] REALE, Miguel. Fundamentos da concepção tridimensional do direito. *Revista da Faculdade de Direito de São Paulo*, São Paulo, v. 56, n. 2, 1961, p. 87.

[19] SZTAJN, Rachel; GORGA, Érica. Tradições do direito. In: SZTAJN, Rachel; ZYLBERSZTAJN, Decio (org.). *Direito & economia*. Rio de Janeiro: Elsevier, 2005. p. 138.

[20] MARTIN, Nathalie. The role of history and culture in developing bankruptcy and insolvency systems: the perils of legal transplantation. *Boston College International and Comparative Law Review*, Boston, v. 28:1, p. 5, 2005.

[21] PARRY, Rebecca. *Introduction*. In: BROC, Katarzyna Gromek; PARRY, R. *Corporate Rescue*: an overview of recent developments. 2. ed. Alphen aan den Rijn: Kluwer Law International, 2006.

[22] NENOVA, Tatiana. *The value of corporate votes and control benefits*: a cross-country analysis. Harvard University, Department of Economics, Cambridge, 2000. Disponível em SSRN: https://papers.ssrn.com/sol3/papers.cfm?abstract_id=237809. Acesso em: 7 jul. 2023.

[23] COFFEE JR., John. Do norms matter? A cross-country evaluation. *University of Pennsylvania Law Review*, Philadelphia, v. 149, n. 6, jun. 2001. Ainda sobre o assunto: COFFEE JR., John. The rise of dispersed ownership: the roles of law and the state in the separation of ownership and control. *Yale Law Journal*, n. 76, 2001.

[24] COFFEE JR., John. Do norms matter? A cross-country evaluation. *University of Pennsylvania Law Review*, Philadelphia, v. 149, n. 6, p. 2.165, jun. 2001.

[25] GORGA, Érica Cristina Rocha. Does culture matter for corporate governance? A case study of Brazil. *John M. Olin Program in Law and Economics*, Working Paper n. 257, Stanford Law School, May 2003, p. 57. Disponível em SSRN: https://ssrn.com/abstract=410701. Acesso em: 7 jul. 2023.

[26] BERKOWITZ, Daniel; PISTOR, Katharina; RICHARD, Jean-François. *Economic Development, Legality, and the Transplant Effect*. Columbia: Columbia Law School, 1999. Disponível em SSRN: https://ssrn.com/abstract=183269. Acesso em: 7 jul. 2023. p. 5.

[27] Para Berkowitz e outros, a forma pela qual o direito estrangeiro é transplantado e recebido seria mais importante para sua eficácia do que quem teria sido seu fornecedor (BERKOWITZ, Daniel; PISTOR, Katharina; RICHARD, Jean-François. Economic development, legality, and the transplant effect. *European Economic Review*, v. 47, n. 1, 2003, p. 166).

CAPÍTULO 2 • A ESTRUTURA DO PROCEDIMENTO

anos tais influências possam ser permeadas por sistemas jurídicos diversos, em grande parte os países escolheram seus sistemas jurídicos involuntariamente e como consequência de conquista ou colonização[28], o que interferiu na própria cultura nacional[29].

Como destacam La Porta *et al.*, sistemas jurídicos foram transplantados em virtude de conquistas e colonização. Para além dos sistemas, "also human capital and legal ideologies were transplanted as well. Despite much local legal evolution, the fundamental strategies and assumptions of each legal system survived and have continued to exert substantial influence on economic outcomes"[30].

Na lição de Pargendler, sobre o direito societário,

tal processo legiferante deliberado e complexo deu origem a transplantes jurídicos seletivos de nações estrangeiras, resultando, assim, num regime idiossincrático que, embora consentâneo com os interesses das elites locais, era com frequência menos propício ao desenvolvimento financeiro do que qualquer um dos modelos estrangeiros tomados isoladamente[31].

Assim como ocorreu no campo societário, houve "transplantes seletivos" também no direito da insolvência brasileiro[32]. O sistema jurídico europeu continental, com destaque para legislações da França, Itália e de Portugal, fortemente baseadas na legislação alemã, foi prevalecente até o século XXI a influenciar o regime de insolvência brasileiro.

Se as normas são dependentes ou sofrem interferência dos aspectos culturais na produção de seus efeitos, a compreensão desses regimes sobre os quais se baseou historicamente a legislação nacional e o confronto com os valores sociais brasileiros são imprescindíveis para se verificar se a estrutura do procedimento construída é adequada à função pretendida pelo sistema de insolvência nacional.

Nesse aspecto, os regimes alemão, francês, italiano e português, historicamente, reprimiam a conduta do comerciante inadimplente e revelavam estigma social associado à insolvência. Originaram-se do direito romano, que permitia que a execução recaísse não apenas sobre os bens, mas sobre a pessoa do devedor[33] [34].

Foram esses sistemas e a cultura deles dependentes que influenciaram a construção histórica do sistema de insolvência nacional, cuja ruptura institucional foi pretendida pela Lei n. 11.101/2005.

---

[28] LA PORTA, Rafael *et al.* Law and finance. *NBER Working Paper Series*, Cambridge, n. 5661, 1996, p. 15.

[29] "A tentativa de implantação da cultura europeia em extenso território, dotado de condições naturais, se não adversas, largamente estranhas à sua tradição milenar, é, nas origens da sociedade brasileira, o fato dominante e mais rico em consequências. Trazendo de países distantes nossas formas de convívio, nossas instituições, nossas ideias, e timbrando em manter tudo isso em ambiente muitas vezes desfavorável e hostil, somos ainda hoje uns desterrados em nossa terra. Podemos construir obras excelentes, enriquecer nossa humanidade de aspectos novos e imprevistos, elevar à perfeição o tipo de civilização que representamos: o certo é que todo o fruto de nosso trabalho ou de nossa preguiça parece participar de um sistema de evolução próprio de outro clima e de outra paisagem" (HOLANDA, Sérgio Buarque de. *Raízes do Brasil*. 26. ed. São Paulo: Companhia das Letras, 1995. p. 31).

[30] LA PORTA, Rafael; LOPEZ-DE-SILANES, Florencio; SHLEIFER, Andrei. The economic consequences of legal origins. *Journal of Economic Literature*, v. 46, 2008, p. 286.

[31] PARGENDLER, Mariana. *Evolução do direito societário*. 2. ed. São Paulo, Almedina, 2021. p. 58.

[32] PARGENDLER, Mariana. *Evolução do direito societário*. 2. ed. São Paulo, Almedina, 2021. p. 57.

[33] MENDES, Octavio. *Falências e concordatas*: de acordo com o Decreto n. 5.746. São Paulo: Livraria Acadêmica Saraiva & C., 1929. p. 1-2.

[34] A vingança sobre o devedor faltoso permitia que o credor o submetesse à condição de escravo, ao menos de fato. "Como tal era entregue ao credor, que por sessenta dias mantinha-o prezo em cadeias de ferro, de peso não excedente a quinze libras, e alimentava-o dando por dia duas libras de farinha" (VIANNA, Manoel Álvaro. *Das fallencias*. Rio de Janeiro: Typographia Hildebrandt, 1907. p. 2).

2.1 A repressão histórica ao inadimplemento e a desconfiança dos credores

Enquanto o sistema norte-americano de insolvência originou-se de um capitalismo com características únicas e que recompensava o empreendedorismo e o gasto extensivo dos consumidores[35], o sistema brasileiro foi permeado por mais de quinhentos anos de normas que reprimiam o inadimplemento do devedor e refletiam um ambiente sociocultural de repressão às formas alternativas para coibi-lo, bem como desconfiava da atribuição de poderes aos credores para tutelarem a melhor forma de recebimento do referido crédito ou como forma de se coibir o devedor fraudador e sem condição de continuar na condução de sua atividade.

Durante o período colonial, o Brasil submeteu-se, em matéria de insolvência, à legislação vigente em Portugal[36]. "O instituto da insolvência, originalmente designado de quebra, e posteriormente de falência, encontra-se previsto em Portugal desde tempos imemoriais, surgindo referências à quebra nas várias Ordenações."[37] [38] A natureza punitiva ao comerciante inadimplente, geralmente punido com a pena de prisão, era característica das Ordenações[39].

Almachio Diniz dispõe sobre o estigma imputado a esse devedor a ser punido no período.

> Si o devedor, por culpa ou fraude, afastado das boas regras do crédito que alicerceia o bom commercio, incide na sancção de procedimentos qualificados crimes, uma acção nova se impõe, e é no direito penal que a lei encontra os elementos de cohibição.[40]

Nas Ordenações Afonsinas, a sentença definitiva de falência implicava a prisão do devedor, a qual somente poderia ser evitada com a cessão dos bens de modo a satisfazer as obrigações em face dos credores (*cessio bonorum* dos romanos)[41]. Sobre a *cessio bonorum*, Leitão esclarece que a cessão de bens era inspirada nos monumentos romanos e apenas era admitida se não houvesse burla ou má-fé do devedor. "O credor poderia, porém, preferir uma moratória por cinco anos, findos os quais, se o devedor não pagasse, seria preso, já não podendo fazer a cessão."[42]

Esse caráter punitivo também esteve presente nas Ordenações Manuelinas, de 1514 a 1603. Nessas, o falido poderia ser preso até que houvesse o total pagamento de suas dívidas.

> Tornando-se insolvável o devedor, ou *quebrado* na linguagem manoelina, não se podia fazer nenhuma diligência, execução ou penhora, no período de um mês. O devedor era preso: "E sendo o devedor condenado por sentença que passe em julgado" – determinava a Ordenação – "faça-se em seus bens execuçam e nom lhe achando bens que bastem para a dita condenaçam, em tal caso deve o dito devedor seer preso e retendo na cadea atee que pague o em que for condenado". Era-lhe facultado, contudo, fazer a cessão de bens para evitar o encarceramento.[43]

---

[35] MARTIN, Nathalie. The role of history and culture in developing bankruptcy and insolvency systems: the perils of legal transplantation. *Boston College International and Comparative Law Review*, Boston, v. 28:1, 2005, p. 3.

[36] REQUIÃO, Rubens. *Curso de direito falimentar*: falência. São Paulo: Saraiva, 1995. v. 1. p. 13.

[37] MENEZES LEITÃO, Luís Manuel Teles. *Direito da insolvência*. 5. ed. Coimbra: Almedina, 2013. p. 46.

[38] Por ocasião ainda da colônia, vigoraram no Brasil as Ordenações Afonsinas de 1500 a 1514; as Ordenações Manuelinas de 1514 a 1603 e as Ordenações Filipinas de 1603 até 1850, todas influenciadas pelo direito romano (VIANNA, Manoel Álvaro. *Das fallencias*. Rio de Janeiro: Typographia Hildebrandt, 1907. p. 23).

[39] As Ordenações Afonsinas eram compilação do direito romano e dos estatutos medievais italianos, o que, inserido no Livro V do direito criminal, gerava tratamento gravoso ao falido (SAMPAIO DE LACERDA, José Cândido. *Manual de direito falimentar*. 14. ed. Rio de Janeiro: Freitas Bastos, 1999. p. 45).

[40] DINIZ, Almachio. *Da fallencia*. 2. ed. São Paulo: Livraria Academica, Saraiva & Cia, 1930. p. 16.

[41] TELLECHEA, Rodrigo; SCALZILLI, João Pedro; SPINELLI, Luis Felipe. *História do direito falimentar*. São Paulo: Almedina, 2018. p. 159.

[42] MENEZES LEITÃO, Luís Manuel Teles. *Direito da insolvência*. 5. ed. Coimbra: Almedina, 2013. p. 46.

[43] REQUIÃO, Rubens. *Curso de direito falimentar*: falência. São Paulo: Saraiva, 1995. v. 1. p. 14.

CAPÍTULO 2 • A ESTRUTURA DO PROCEDIMENTO

Para evitar essa prisão, contudo, da mesma forma, o devedor poderia ceder seus bens aos credores. "Tal transferência de bens poderia ser solicitada pelo devedor caso restasse provado que à época da contratação com o credor aquele possuía bens suficientes ao respectivo pagamento."[44]

Restringiu-se, assim, a cessão aos devedores com bens por ocasião da contratação, em relação às Ordenações Afonsinas. A restrição era fundamentada na tentativa de se evitar as fraudes em conluio com os credores, como forma de o devedor inadimplente não impedir sua prisão[45].

De 1603 até 1850, vigoraram as Ordenações Filipinas[46]. Ainda que as Ordenações Filipinas distinguissem a falência entre culposa ou inocente, agravaram as punições ao falido[47]. As Ordenações Filipinas, que vigeram por mais de dois séculos no Brasil, foram baseadas em costumes portugueses, no direito romano e no direito canônico[48]. Estabelecia-se diferença entre a falência fraudulenta, a culposa e a inocente ou casual[49].

A imputação da pena de morte ou degredo para os comerciantes que, com dolo, escondiam seus bens, se evadiam ou se compunham com credores em detrimento de outros, somava-se ao impedimento aos comerciantes de ceder bens ou de se garantir qualquer moratória[50].

A falência inocente ou casual consistia em verdadeira inovação[51]. Sem a existência de dolo ou culpa, essa falência não impunha qualquer penalidade e assegurava o auxílio do Estado para a composição com os credores. Era considerada como casual se as pessoas tivessem caído "em pobreza sem culpa, por receberem grandes perdas no mar, ou na terra em seus tratos e comércio lícitos, não constando de algum dolo ou malícia"[52]. Apesar do avanço, o caráter penal e punitivo ainda predominava. O devedor não podia, por conta disso, receber ajuda de qualquer pessoa para satisfazer as dívidas, mesmo se isso resultasse na maior satisfação dos credores[53].

A evolução de seus termos somente ocorreu a partir de modificações empreendidas pelo Alvará de 13 de novembro de 1756 pelo Gabinete de Sebastião José de Carvalho e Melo, o Marquês de Pombal, que, em virtude do terremoto de 1755 ocorrido em Lisboa, permitiu a criação de um procedimento de insolvência e assegurou um tratamento específico e menos vexatório aos comerciantes insolventes que foram afetados pela falta de crédito decorrente do terremoto[54].

---

[44] FERREIRA, Waldemar. *Tratado de direito comercial*. São Paulo: Saraiva, 1965. v. 14. p. 23.

[45] MENEZES LEITÃO, Luís Manuel Teles. *Direito da insolvência*. 5. ed. Coimbra: Almedina, 2013. p. 46.

[46] Essas continuaram vigendo mesmo após a Independência, visto que a Lei de 20 de outubro de 1823 mandou que vigorassem as Ordenações, Regimes, Alvarás, Decretos e Resoluções promulgadas pelos Reis de Portugal e pelas quais o Brasil se governava até o dia 25 de abril de 1821, enquanto não se organizasse um novo código ou não fossem especialmente alteradas.
As Ordenações Filipinas surgiram na Espanha e foram aplicadas em Portugal, o qual estava submetido ao então Reino de Castela. Nelas ficou delineado o direito falimentar diante de seu amplo prazo de vigência e pelo início do florescimento do Brasil enquanto independente. (REQUIÃO, Rubens. *Curso de direito falimentar*: falência. São Paulo: Saraiva, 1995. v. I. p. 14).

[47] TOLEDO, Paulo Fernando Campos Salles de; PUGLIESI, Adriana. Insolvência e crise de empresa. In: CARVALHOSA, Modesto (coord.). *Tratado de Direito Empresarial*. São Paulo: Revista dos Tribunais, 2016. v. 5. p. 78.

[48] VIANNA, Manoel Álvaro. *Das fallencias*. Rio de Janeiro: Typographia Hildebrandt, 1907. p. 29.

[49] MENEZES LEITÃO, Luís Manuel Teles. *Direito da insolvência*. 5. ed. Coimbra: Almedina, 2013. p. 46.

[50] MENEZES LEITÃO, Luís Manuel Teles. *Direito da insolvência*. 5. ed. Coimbra: Almedina, 2013. p. 47.

[51] A falência culposa, por seu turno, não permitia a pena de morte. Considerava-se culposa a falência em decorrência de jogos ou gastos demasiados. Como culposa, sujeitava-se o falido ao degredo, conforme a culpa e a quantidade de dívidas (Ordenações Filipinas, Livro V, Título LXVI, n. 7).

[52] MENEZES LEITÃO Luís Manuel Teles. *Direito da insolvência*. 5. ed. Coimbra: Almedina, 2013. p. 47.

[53] CEREZETTI, Sheila. *A recuperação judicial de sociedade por ações*: o princípio da preservação da empresa na Lei de Recuperação e Falência. São Paulo: Malheiros, 2012. p. 58.

[54] CEREZETTI, Sheila. *A recuperação judicial de sociedade por ações*: o princípio da preservação da empresa na Lei de Recuperação e Falência. São Paulo: Malheiros, 2012. p. 59.

O Alvará regulou não só a punição penal do crime falimentar, mas também a falência culposa e a inocente. Quanto a estas últimas, determinava que os comerciantes que por culpa perdessem seus bens, jogando ou gastando demasiadamente, incorriam nas mesmas penas, exceto que não seriam equiparados aos "públicos ladrões", nem seriam "condenados em pena de morte natural", mas em penas de degredo[55].

> Por outro lado, os comerciantes que quebrassem – "cahirem em pobreza sem culpa sua" –, por sofrerem perdas em seus negócios lícitos, não eram punidos criminalmente; "e os que cahirem em pobreza sem culpa sua, por receberem grandes perdas no mar, ou em terra, em seus tratos, e commercios lícitos, não constando de algum dolo, ou malicia; não incorrerão em pena alguma de crime. E neste caso serão os Actos remetidos ao Prior, e Consules do Consulado, que os procurarão concertar, e compor com seus credores, conforme seu Regimento.[56]

Trata-se, pela primeira vez, de assegurar tratamento não punitivo ao devedor inadimplente, que tivesse sofrido insucesso em seus negócios, desde que a não satisfação dos débitos não fosse decorrente de comportamento culposo ou fraudulento.

A despeito da Proclamação da Independência, em 1822, a Lei de 20 de outubro de 1823 determinou que se aplicasse a legislação portuguesa no Brasil[57]. Por esse motivo, a Lei da Boa Razão, Alvará Português de 1769, que exigia que, subsidiariamente, se aplicassem as leis das nações civilizadas, continuou a ser vigente no Brasil.

Não obstante a existência de legislação específica em matéria falimentar em Portugal, a Lei da Boa Razão permitia a influência do Código Comercial Napoleônico de 1807 sobre todo o direito[58]. Disso decorreu a profunda influência do direito francês na evolução de nosso direito, inclusive em matéria falimentar[59].

O Código Napoleônico de Comércio de 1807 disciplinou a matéria falimentar no seu Livro III (*Des faillites et des banqueroutes*). O instituto procurava reprimir o comerciante desonesto e que houvesse cessado os pagamentos em virtude de fraude ou de culpa grave, o que era considerado infração penal.

Como destaca Leitão, sobre o Código Comercial francês que inspirou o brasileiro, tratava-se de sistema excessivamente severo para os falidos, com aplicação de sanções penais e fiscalização intensa para que se evitassem acordos fraudulentos apenas com alguns credores. "Devido aos escândalos causados por especulações desenfreadas, o próprio Napoleão exigiu que o Código fosse especialmente duro para os comerciantes que cessassem os pagamentos aos seus credores."[60]

---

[55] Requião, Rubens. *Curso de direito falimentar*: falência. São Paulo: Saraiva, 1995. v. 1. p. 15.

[56] Requião, Rubens. *Curso de direito falimentar*: falência. São Paulo: Saraiva, 1995. v. 1. p. 15.

[57] Barreto Filho, Oscar. Síntese da evolução histórica do direito brasileiro. *Revista de Direito Mercantil, Industrial, Econômico e Financeiro*, São Paulo: Revista dos Tribunais, v. 15, n. 24, p. 23-27, 1971.

[58] "As disposições do Código Comercial francês eram preferidas às das leis portuguesas, para regularem e decidirem todas as questões originadas das falências" (Carvalho de Mendonça, José Xavier. *Tratado de direito comercial brasileiro*. Rio de Janeiro: Freitas Bastos, 1946. , v. VII. p. 62). Em mesmo sentido, "No período imperial, com a proclamação da Independência, o país permaneceu, de início, regido pelas leis de Portugal, dentre as quais Lei da Boa Razão, que previa aplicação subsidiária de leis das 'nações civilizadas'. O direito concursal brasileiro, assim, foi fortemente influenciado pelo francês (*Code de Napoléon*, de 1807, notadamente pelo tratamento rigoroso ao falido, marcado por medidas repressivas, visando à proteção ao crédito por punição aos 'maus pagadores'" (Toledo, Paulo Fernando Campos Salles de; Pugliesi, Adriana. Insolvência e crise de empresa. In: Carvalhosa, Modesto (coord.). *Tratado de direito empresarial*. São Paulo: Revista dos Tribunais, 2016. v. 5. p. 79).

[59] Requião, Rubens. *Curso de direito falimentar*. 16. ed. São Paulo: Saraiva, 1995. v. 1. p. 19; Lopes, José Reinaldo de Lima. A formação do direito comercial brasileiro – A criação dos tribunais de comércio do império. *Revista Cadernos Direito GV*, São Paulo, v. 4, n. 6, p. 2007.

[60] Leitão, Luís Manuel Teles de Menezes. *Direito da insolvência*. 9. ed. Coimbra: Almedina, 2019. p. 32.

CAPÍTULO 2 • A ESTRUTURA DO PROCEDIMENTO 57

A primeira lei propriamente brasileira a tratar da falência, chamada bancarrota, foi o Código Criminal do Império, de 1832, ainda sob o ponto de vista criminal. Determinava-se em seu art. 263 que a falência, se considerada fraudulenta, seria punida com a prisão de um a oito anos.

A primeira sistematização brasileira sobre a insolvência somente ocorreu pelo Código Comercial de 1850, que, em sua Parte Terceira, disciplinou a falência[61]. O Código baseava-se no Código de Comércio Francês de 1807, e, em menor grau, no Código Espanhol de 1829 e no Código Português de 1833. Ele reproduzia o sistema punitivo aplicável desde os primórdios no Brasil.

Da mesma forma que no Código Comercial francês, o brasileiro se preocupava com a responsabilidade criminal do falido, em grande medida. Nesses termos, somente após finalizada toda a instrução do processo de falência e qualificada essa é que o procedimento de liquidação poderia ser iniciado, nos termos do art. 842[62].

Pelo art. 797 do Código, todo o comerciante que cessa seus pagamentos será considerado "quebrado ou falido". A natureza evidentemente punitiva da falência decorria das sanções impostas ao falido. Esse era apenado com penas rigorosas, além de "ser socialmente execrado"[63].

Diferenciava-se a falência decorrente do caso fortuito ou da força maior da falência fraudulenta, a qual era apenada criminalmente e impedia que o falido fosse reabilitado (art. 895). Apenas nas falências sem culpa permitia-se uma alternativa aos credores: concedia-se a possibilidade de requerimento da concordata suspensiva, que somente era possível se houvesse deliberação da maioria absoluta dos credores sujeitos e que representassem ao menos 2/3 do total do passivo sujeito à concordata[64].

Não havia a previsão da concordata preventiva, apenas da suspensiva. A despeito da previsão legal, a prática consagrava os acordos fora do procedimento falimentar, inclusive com homologação judicial, o que era criticado por serem ruinosos e desmoralizarem o procedimento. Em estudo sobre o período, Gornati ressalta que

> a visão de que os acordos ruinosos, que eram essas concordatas prévias, estavam desmoralizando o comércio brasileiro atacava diretamente o fato de que não havia no Código Comercial a previsão dessa concordata prévia e que isso poderia estar permitindo que falências que poderiam ser caracterizadas como fraudulentas e, portanto, não permitiriam acordos de concordatas, estavam passando sem a análise judicial dos casos[65].

Essa prática dos acordos extrajudiciais veio a ser institucionalmente incorporada pelo Estado na legislação quando da edição do Decreto n. 917 de 1890, no início do Governo Republicano[66].

---

[61] A despeito desse precursor criminal, as leis brasileiras sobre a insolvência podem ser divididas em quatro fases até o Decreto-Lei n. 7.661/45, em classificação sugerida por Valverde (VALVERDE, Trajano de Miranda. *Comentários à lei de falências*. 4. ed. Rio de Janeiro: Forense, 1999. v. 1. p. 9) e diante da relevância de cada período. A primeira inaugura-se com a publicação do Código Comercial de 1850 e termina com o advento da República. A segunda fase é marcada pelo Decreto Republicano n. 917, de 24 de outubro de 1890, e pela Lei n. 859 de 1902. A terceira, por sua vez, é marcada pela Lei n. 2.024, de 17 de dezembro de 1908. Por fim, tem-se o Decreto-Lei n. 7.661/45 e, posteriormente, a Lei n. 11.101/2005.

[62] MENDES, Octavio. *Fallencias e concordatas*. São Paulo: Saraiva, 1930. p. 3.

[63] TELLECHEA, Rodrigo; SCALZILLI, João Pedro; SPINELLI, Luis Felipe. *História do direito falimentar*: da execução pessoal à preservação da empresa. São Paulo: Almedina, 2018. p. 169.

[64] TOLEDO, Paulo Fernando Campos Salles de; PUGLIESI, Adriana. Insolvência e crise de empresa. In: CARVALHOSA, Modesto (coord.). *Tratado de direito empresarial*. São Paulo: Revista dos Tribunais, 2016. v. 5. p. 81.

[65] GORNATI, Gilberto. *O modo de produção das leis de falências e concordatas no Brasil*. Tese (Doutorado em Direito) – Faculdade de Direito da Universidade de São Paulo, 2023. p. 114.

[66] GORNATI, Gilberto. *O modo de produção das leis de falências e concordatas no Brasil*. Tese (Doutorado em Direito) – Faculdade de Direito da Universidade de São Paulo, 2023. p. 155, no original: "[a] prática das concordatas prévias, a partir de então institucionalizadas por meio dos *acordos extrajudiciais* ou também chamadas de *concordatas preventivas*, foram incorporadas na lei, permitindo

Ainda que não tenha incorrido em nenhuma culpa, a concordata suspensiva apenas poderia ser requerida depois de a falência ter sido reconhecida e de a culpabilidade do falido ter sido afastada. Dificilmente, contudo, era concedida. O quórum exigido, diante da quantidade dos credores e de sua eventual dispersão, dificultava na prática a sua concessão, o que se ilustra pela tentativa frustrada de sua utilização pelo Visconde de Mauá. Com mais de 3 mil credores dispersos, não se impediu a falência pela dificuldade de reunião ou anuência desses[67].

Permitia-se, ainda, a moratória, que possuía as mesmas críticas. Essa era concedida pelo tribunal "com a concordância da maioria dos credores em número e que ao mesmo tempo represente dois terços da totalidade das dívidas dos credores sujeitos aos efeitos da moratória" (art. 900) [68].

Para facilitar a obrigação do quórum passou-se a interpretar que eram considerados aderentes à concordata os ausentes, de modo que o silêncio ou a ausência eram interpretados como concordância.

Não obstante, criticavam-se os seus efeitos. As críticas decorriam da falta de limitação legal de prazos de pagamento ou de percentuais mínimos exigidos à concordata, o que se sustentava que permitia as fraudes, ainda que com a anuência dos credores lesados.

O Ministro da Justiça Nabuco de Araújo, em sessão na Câmara dos Deputados em 1º de junho de 1866, ressaltou que

> com efeito, o nosso processo das falências, lento, complicado, dispendioso, importa sempre a ruína do falido e o sacrifício do credor. Uma dolorosa experiência tem demonstrado que os credores, apesar das fraudes de que são vítimas, descorçoados do resultado, abstêm-se desses processos eternos, e querem antes aceitar concordatas as mais ruinosas e ridículas[69].

O Código[70] sofrera severas críticas ao longo dos anos e passou a ser considerado ultrapassado. Macedo Soares fora incumbido pelo Ministro da Justiça Cândido de Oliveira, em 1889, de organizar um projeto sobre a Lei de falências[71]. Para iniciar sua tarefa, expôs a impressão da época sobre o texto do Código Comercial. Para o autor, o texto "ressente-se, entre outros defeitos, de dois gravíssimos: é demasiado lento e demasiado dispendioso"[72].

Se as críticas à dificuldade da obtenção da concordata e da moratória diante do elevado quórum e da possível dispersão dos credores eram frequentes, ainda que pudessem excepcionalmente ser concedidas, sua concessão tampouco era preservada das críticas. Se a falência era vista como

---

também que oficialmente, sob a perspectiva das leis do Estado, credores e devedores negociassem fora do ambiente do Judiciário e levassem sua negociação para a homologação judicial, cuja necessidade se impunha para obrigar os credores dissidentes que formariam a minoria cuja manifestação de vontade poderia ser suprimida".

[67] FARIA, Alberto de. *Mauá: Irenêo Evangelista de Souza, Barão e Visconde de Mauá*. 2. ed. São Paulo: Companhia Editora Nacional, 1933. p. 501.

[68] Sua conceituação era realizada pelo art. 898: "Só pode obter a moratória o comerciante que provar que a sua impossibilidade de satisfazer de pronto as obrigações contraídas procede de acidentes extraordinários imprevistos ou de força maior, e que ao mesmo tempo verificar por um balanço exato e documentado que tem fundos bastantes para pagar integralmente a todos os seus credores, mediante alguma espera".

Essa "espera" era fixada em, no máximo, três anos, e seu efeito era sustar o pagamento das dívidas puramente pessoais do devedor (REQUIÃO, Rubens. *Curso de direito falimentar*. 14. ed. São Paulo: Saraiva, 1995. v. 2. p. 10).

[69] GORNATI, Gilberto. *O modo de produção das leis de falências e concordatas no Brasil*. Tese (Doutorado em Direito) – Faculdade de Direito da Universidade de São Paulo, 2023. p. 95.

[70] O Decreto Legislativo n. 3.065 de 1882 alterou os arts. 844 a 847 do Código Comercial. Pela alteração, consagrou-se a regra da maioria simples dos credores, ou seja, a maioria dos credores que comparecessem à assembleia, desde que representassem dois terços do valor de todos os créditos sujeitos aos seus efeitos. O Decreto, ainda, instituiu a possibilidade de concordata por abandono.

[71] *Diário Oficial* de 22 de outubro de 1889.

[72] SOARES, Antonio Joaquim de Macedo. Reflexões sobre o processo das falências. *O Direito*, v. 51, 1889, p. 327.

CAPÍTULO 2 • A ESTRUTURA DO PROCEDIMENTO

ruinosa e punitiva para o devedor, dizia-se também que a concordata não satisfazia os credores. Ainda que as condições de pagamento fossem ruins, dilatadas no tempo e que não se identificasse efetiva possibilidade de satisfação, os credores aceitavam as concordatas como forma de se evitar a decretação da falência.

Como expõe Carvalho de Mendonça, praticamente parafraseando o discurso de Nabuco de Araújo, sobre o pensamento da época:

> Com efeito, o nosso processo das falências, lento, complicado, dispendioso, importa sempre a ruína do falido e o sacrifício do credor. Uma dolorosa experiência tem demonstrado que os credores, apesar das fraudes de que são vítimas, descoroçoados do resultado, abstêm-se desses processos eternos, e querem antes aceitar concordatas as mais ruinosas e ridículas[73].

No mesmo sentido, sustentava Valverde que

> durante os quarenta anos em que vigorou a legislação falimentar do Código, cujo processo, por demasiado lento, oneroso, não satisfazia aos interesses do comércio, não defendia suficientemente o crédito, críticas e projetos de reforma não faltaram. Os defeitos não seriam tanto da lei, mas do modo porque era executada, falseada, como em regra toda a lei de falência, por aquelles mesmos a quem ella procura proteger[74].

Com a Proclamação da República, ainda no governo provisório, o Ministro da Justiça Campos Salles sustentava que o instituto da falência não preservava os interesses do falido ou sequer dos credores e deveria ser reformulado. A falência era morosa, imputava vexame ao falido e era ruinosa à satisfação dos credores[75].

O Decreto n. 917/1890 foi elaborado em apenas 14 dias por Carlos de Carvalho para revogar o livro das quebras do Código Comercial de 1850[76]. Da dificuldade da obtenção do quórum para a concordata suspensiva pelo Código Comercial, o Decreto permitiu que o devedor se valesse de diversos instrumentos para evitar a sua decretação de falência.

A despeito da alteração das formas alternativas a impedir a decretação de falência, essas eram vistas como formas fraudulentas de se evitá-la. Na lição de Carvalho de Mendonça, "foram as portas por onde entrou, desabusada, a fraude maior que se tem visto"[77].

O referido decreto mantinha como meio preventivo da declaração da falência a moratória, mas inseria também a cessão de bens e a concordata preventiva[78]. Quanto à concordata preventiva, o art. 120 determinava composição com os credores representantes de pelo menos ¾ da totalidade do

---

[73] CARVALHO DE MENDONÇA, José Xavier. *Tratado de direito comercial brasileiro*. Rio de Janeiro: Freitas Bastos, 1946. v. 7. p. 65.

[74] VALVERDE, Trajano de Miranda. *Comentários à lei de falências*. 4. ed. Rio de Janeiro: Forense, 1999. v. 1. p. 25. No mesmo sentido, "no mesmo ano de 1850 entrou em vigor o Decreto 738, o qual visava a cuidar dos aspectos processuais da quebra. Afirma-se, contudo, a inaptidão do citado decreto para cumprir com suas finalidades, em vista da lentidão e complexidade com que o tema era abordado" (ABRÃO, Nelson. *Curso de direito falimentar*. 5. ed. revista, atualizada e ampliada por Carlos Henrique Abrão. São Paulo: LEUD, 1997. p. 54).

[75] "Na parte relativa às falências, de há muito a prática demonstrara defeitos e inconvenientes que, embaraçando a marcha do processo desde a abertura da falência até a final liquidação, o tornava sobremodo vexatório para o falido e ruinoso para os credores" (SALLES, Campos. Exposição apresentada ao chefe do governo provisório em janeiro de 1891. In: CARVALHO DE MENDONÇA, José Xavier. *Tratado de direito comercial brasileiro*. Rio de Janeiro: Freitas Bastos, 1946. v. 7. p. 69).

[76] Pelo Decreto, não apenas a cessação de pagamentos, mas a impontualidade passou a ser motivo de decretação de falência. A demonstração da insolvabilidade econômica como interpretação jurisprudencial para cessação de pagamentos do Código Comercial de 1850, dominante até então, não era mais imprescindível. Bastava, a partir de então, a prova do inadimplemento.

[77] CARVALHO DE MENDONÇA, José Xavier. *Tratado de direito comercial brasileiro*. Rio de Janeiro: Freitas Bastos, 1946. v. 7. p. 71.

[78] CARVALHO DE MENDONÇA, José Xavier. *Tratado de direito comercial brasileiro*. Rio de Janeiro: Freitas Bastos, 1946. v. 7. p. 71.

passivo[79]. A cessão de bens, por outro lado, poderia ser conferida independentemente da vontade dos credores. O devedor pretendia a dação de todos os bens à satisfação dos credores e de modo a obter a quitação. Nesse caso, ao juiz competia simplesmente a verificação da boa-fé do devedor.

Sobre o instituto da cessão, a doutrina esclarece com precisão o posicionamento do período.

As cessões de bens, principalmente, que podiam ser concedidas pelos tribunais, independentemente da vontade dos credores, e mediante apenas a verificação da boa-fé do devedor, feita pelo juiz sobre o parecer de uma comissão de sindicância composta de credores nomeados pelo juiz, deram o mais deplorável resultado, vendo-se muitas vezes um devedor fraudulento conseguir plena quitação pela entrega a seus credores de um estabelecimento comercial inteiramente dilapidado.[80]

Nesse aspecto, com a crise comercial no governo Campos Salles, apontava-se como uma de suas razões "a facilidade das falências e concordatas fraudulentas, com real prejuízo do comércio honesto"[81]. Isto é, foi o momento em que "a indulgência concedida ao devedor tornou-o irresponsável e provocou por parte do comércio as mais fundadas reclamações"[82]. A impunidade dos falidos independentemente de terem cometido ou não atos fraudulentos fez com que se exigisse "em altas vozes"[83] a reforma do Decreto.

O deputado J. J. Seabra, encarregado de fazer o projeto de lei que reformaria o Decreto n. 917, assim expôs na Câmara dos Deputados:

Pode-se dizer que as queixas levantadas pelo comércio desta praça e das principais praças da República contra o Decreto n. 917, de 24 de outubro de 1890 (lei das falências), queixas que ultimamente tomaram a intensidade de um clamor, têm por único objeto os abusos e fraudes de que se tornou vítima o comércio inteiro, devido à abundância e, sobretudo, à facilidade dos meios que aquele decreto instituiu para prevenir e obstar a decretação da falência. Esses meios são: a moratória, a cessão de bens, o acordo extrajudicial e a concordata preventiva.[84]

Diante de alegados comportamentos estratégicos para se evitar a qualquer custo a falência, o Decreto n. 917 foi revogado pela Lei n. 859 de 1902. Para se evitar esses comportamentos, foram extintas a cessão de bens e a moratória.

O comportamento punitivo ao devedor falido e o estigma de fraudador associado ao inadimplemento preconizavam, no período, uma maior estrutura de controle. Como forma de se aumentar a fiscalização para se evitar fraudes, determinou-se que os síndicos deveriam ser escolhidos dentre os nomes indicados pela Junta Comercial.

Referida Lei, entretanto, pouco acrescentou para alterar o cenário de ruína do devedor e da pouca satisfação dos credores. Pelo contrário, a nova estruturação gerou imediatas críticas[85]. "Mais de uma vez se viu uma falência importantíssima confiada à sindicância de um indivíduo sem idoneidade

---

[79] TOLEDO, Paulo Fernando Campos Salles de; PUGLIESI, Adriana. Insolvência e crise de empresa. In: CARVALHOSA, Modesto (coord.). *Tratado de direito empresarial*. São Paulo: Revista dos Tribunais, 2016. v. 5. p. 81.

[80] MENDES, Octavio. *Fallencias e concordatas*. São Paulo: Saraiva, 1930. p. 06.

[81] DINIZ, Almachio. *Da fallencia*. 2. ed. São Paulo: Saraiva, 1930. p. 48.

[82] VIANNA, Manoel Álvaro. *Das fallencias*. Rio de Janeiro: Typographia Hildebrandt, 1907. p. 45.

[83] MENDES, Octavio. *Fallencias e concordatas*. São Paulo: Saraiva, 1930. p. 6.

[84] SEABRA, José Joaquim. *Anais da Câmara dos Deputados*, 1900. v. 5. p. 154 s.

[85] Segundo Mendonça, "os quarenta síndicos do Distrito Federal foram alcunhados de Ali-Babás, alusão ao conhecido conto 'Ali-Babá e os quarenta ladrões'" (CARVALHO DE MENDONÇA, José Xavier. *Tratado de direito comercial brasileiro*. Rio de Janeiro: Freitas Bastos, 1946. v. 7. p. 85).

CAPÍTULO 2 • A ESTRUTURA DO PROCEDIMENTO

alguma, moral ou material, o qual só servia para ajudar o falido a dilapidar a massa e forçar os credores a aceitarem uma concordata irrisória."[86]

Carvalho de Mendonça compreende sobre referida Lei que, apesar de ter sido elaborada no intuito de *salvar o comércio honesto*, possuía contradições, absurdos e portas abertas a fraudes[87]. Lacerda, à época da Lei, dissertava que

> falhas aproveitavam a fraude, a chamada indústria das falências, que nos maiores centros estava, como continua a estar, mesmo aparelhada de tudo quanto de mister para conduzir o seu triste negócio através dos trâmites judiciários e dos embaraços que pudessem opor os credores legítimos[88].

Se se acreditava que os devedores não estavam sendo suficientemente punidos pelo inadimplemento, tampouco os credores eram atendidos. Ainda que a moratória e a cessão tenham sido extintas, a concordata, como mecanismo alternativo à decretação da falência, era entendida ainda assim como permissiva da fraude.

Em relatório elaborado no Primeiro Congresso Jurídico de 1908, entendeu-se que os interesses dos credores eram prejudicados diante da "facilidade na obtenção de concordatas, indubitavelmente urdidas sem razão de ser, graças à fraudulenta mancomunação, antecipada e habilmente preparada, mediante artifícios de escrituração"[89].

Porém, mal entrou em vigor a nova lei de falências e concordatas e já foi apresentado novo projeto de lei, buscando fazer uma outra reforma, bem como extinguir o Regulamento do Decreto n. 4.885/1903 – que regulamentava a então legislação vigente, que viria a ser revogada pela Lei n. 2.024[90].

Apesar da mudança de 1902, "[p]ouco tempo após a republicação da Lei n. 859/1902, no *Diário Oficial*, que se deu em 7 de junho de 1903, o ainda deputado Paranhos Montenegro – como relator da Comissão de Legislação, Constituição e Justiça, bem como contando com o apoio do deputado Frederico Borges –, debatedor destacado daquele projeto que reformou o decreto do Governo Provisório, apresentou em sessão da Câmara de 16 de outubro de 1903 o Projeto de Lei n. 263, com o intuito de fazer nova reforma da lei de falências recentemente alterada"[91].

As diversas críticas à Lei fizeram com que fosse revogada apenas seis anos depois pela Lei n. 2.024 de 1908, da lavra de Carvalho de Mendonça[92].

Seu intuito era justamente evitar o efeito punitivo da falência. Para seu autor, a legislação de insolvência deveria deixar o seu estado de reprimenda ao inadimplente.

> A falência hodierna não serve mais de instrumento de ignomínia e de desonra, nas mãos dos credores para a vingança pessoal contra o devedor; não é o aparelho penal que, por exagerado, caiu em franca desmoralização. [...] Os bens do falido não constituem agora prêsa de guerra. Êste não é atualmente interdito, proibido de empregar a sua atividade em profissão lucrativa e até de exercer direitos políticos. [...]

---

[86] MENDES, Octavio. *Fallencias e concordatas*. São Paulo: Saraiva, 1930. p. 7.

[87] CARVALHO DE MENDONÇA, José Xavier. *Tratado de direito comercial brasileiro*. Rio de Janeiro: Freitas Bastos, 1946. v. 7. p. 85.

[88] LACERDA, Paulo Maria de. *Da fallencia no direito brasileiro*. São Paulo: Editora Nacional, 1931. p. 9.

[89] DINIZ, Almachio. *Da fallencia*. 2. ed. São Paulo: Saraiva, 1930. p. 51.

[90] GORNATI, Gilberto. *O modo de produção das leis de falências e concordatas no Brasil*. Tese (Doutorado em Direito) – Faculdade de Direito da Universidade de São Paulo, 2023. p. 251.

[91] GORNATI, Gilberto. *O modo de produção das leis de falências e concordatas no Brasil*. Tese (Doutorado em Direito) – Faculdade de Direito da Universidade de São Paulo, 2023. p. 253.

[92] FERREIRA, Waldemar. *Revista da Faculdade de Direito da Universidade de São Paulo*, v. 56, n. 1, p. 21, 1961.

À medida que a civilização progrediu e que o indivíduo se tornou sujeito de relações jurídicas mais numerosas e variadas e que se considerou a impontualidade ou a cessação de pagamentos do comerciante mero acidente da vida comercial, a atmosfera pesada que envolvia a falência, o seu caráter infamante foi se modificando e o instituto acabou por assumir caráter diverso do que lhe emprestavam as antigas legislações. A falência não macula a honra do devedor.[93]

Sobre a tentativa de fazer evoluir a legislação falimentar e a própria cultura arraigada sobre a repressão ao devedor inadimplente, a Lei n. 2.024 teria objetivo diverso. A norma legal foi "instituída não só para defesa e proteção do crédito, mas ainda para garantir o próprio devedor, ao qual presta muitas vezes auxílio ou favor"[94].

Quanto às formas de composição entre os credores e o devedor, como modo de se evitar os abusos praticados anteriormente, foram extintas a concordata extrajudicial e a cessão de bens. Ambas foram caracterizadas como atos falimentares.

Na visão de Carvalho Mendonça, a lei intentou reduzir a prática fraudulenta até então disseminada inclusive nas demais concordatas. Conforme ilustra,

> entre as disposições que sobremaneira dificultam o ingresso da fraude, do conluio e da má-fé, na formação e aceitação das concordatas, se notam as que: obrigam o concordatário a depositar a importância dos créditos privilegiados, sem garantias especiais, antes de receber os bens da massa; excluem da votação da concordata os credores que se apresentarem com créditos transferidos depois da abertura da falência; presumem o conluio entre o devedor e o credor que desistir de suas garantias para votar na concordata, quando nenhum interesse de ordem econômica lhe aconselhava esse procedimento e o seu voto influiu na formação da concordata[95].

Desta forma, foram preservadas as concordatas suspensivas e as preventivas, ambas propostas diretamente pelo devedor aos credores. Para tutelar efetivamente o recebimento pelos credores, dentre as condições exigidas à concordata preventiva, obrigava-se a garantia de pagamento de ao menos mais de 20% dos créditos como condição para se evitar a falência[96].

Entretanto, os objetivos da Lei não foram satisfeitos. Sobre as críticas existentes até então e que motivavam a alteração da legislação, o advogado Barbosa de Rezende publicou, em jornal à época,

> mas, perguntar-me-eis: resguardará mesmo esse projecto de lei, depois de sancionado, todos os direitos que deverá reger? A situação do commercio melhorará de facto? Não será mais ele, victima das concordatas preventivas do 21%, que em geral se transformavam em concordatas, na fallencia, de 5%, rarissimamente cumpridas? Os bens do devedor, que são a garantia dos credores não desapparecerão, como dantes desapareciam, emquanto não se nomeava o commissario na concordata preventiva, ou na fallencia não assumia o syndico o exercício do cargo?[97].

Em complemento, Valverde sustentava que as falhas da lei eram decorrentes da excessiva autonomia conferida aos credores. Se cabia aos credores a aceitação da concordata, as concordatas morosas,

---

[93] CARVALHO DE MENDONÇA, José Xavier. *Tratado de direito comercial brasileiro*. Rio de Janeiro: Freitas Bastos, 1946. v. 7. p. 25-26.

[94] CARVALHO DE MENDONÇA, José Xavier. *Tratado de direito comercial brasileiro*. Rio de Janeiro: Freitas Bastos, 1946. v. 7. p. 26.

[95] CARVALHO DE MENDONÇA, José Xavier. *Tratado de direito comercial brasileiro*. Rio de Janeiro: Freitas Bastos, 1946. v. 7. p. 113.

[96] De outro lado, aumentou-se o controle dos créditos na fase de verificação, para que se soubesse efetivamente com quem o devedor poderia negociar, de modo que se determinou que a verificação de crédito deveria ocorrer na própria assembleia de credores pelo síndico e pelo juiz. Quanto ao síndico, passou-se a determinar que fosse nomeado pelo juiz entre os maiores credores do devedor, com o fim das listas apresentadas pelas Juntas.

[97] REZENDE, Barbosa de. As modificações da lei de falências. *Jornal do Commercio*, Rio de Janeiro, 1929.

CAPÍTULO 2 • A ESTRUTURA DO PROCEDIMENTO

sem qualquer cumprimento e que não asseguravam a preservação dos bens, seriam decorrentes da excessiva autonomia que os credores gozavam no procedimento[98].

Fato é que mesmo a lei de Carvalho de Mendonça passou por críticas e propostas de alteração apenas quatro anos após sua promulgação.

Os debates para a mudança da lei de Carvalho de Mendonça de 1908 já tiveram início a partir de 1912, quando da propositura do projeto de Código Comercial elaborado por Inglês de Sousa e entregue no Senado. Não obstante o fato de que a proposta de reforma específica da lei de falências tenha sido apresentada no Senado, basicamente por meio da retirada do capítulo das falências e concordatas do projeto de Inglês de Sousa e apresentada pelo senador Lopes Gonçalves. Em 27 de agosto de 1927, o texto final foi substancialmente modificado, especialmente na Câmara dos Deputados, e congregou um debate intenso entre Congresso Nacional, Associação Comercial e Instituto dos Advogados.[99]

Em 1929, a Lei foi substituída pelo Decreto 5.746, de autoria do deputado Alexandre Marcondes Machado Filho, que alterou na Câmara dos Deputados o projeto de reforma iniciado no Senado, a partir de um projeto de autoria de Waldemar Ferreira apresentado à Associação Comercial de São Paulo.

Seu intuito foi, dentre outras alterações na própria verificação de crédito, a exigência de maiores garantias na concordata preventiva e a estipulação de pagamentos mínimos aos credores na concordata. Pelo ato normativo, houve a redução do quórum de aprovação da concordata e exigiu-se, do devedor, a apresentação de garantias reais ou pessoais na concordata preventiva para satisfação de pelo menos 50% dos créditos sujeitos (art. 149).

Ainda que diversos elogios tenham sido realizados à Lei, seus resultados práticos não agradaram. Foi aos juízes imputada a culpa a tanto, pois não seriam suficientemente enérgicos e diligentes ao aplicá-la[100].

Novamente, em pouco tempo após a edição de uma nova lei, já a partir de 1931 se iniciaram novos debates para uma nova reforma legislativa em matéria de falências e concordatas[101].

Pelos trabalhos de Valverde sob o mandato do Ministro Francisco Campos, e alterações do sucessos Ministro Alexandre Marcondes Machado Filho e de sua comissão de juristas em 1943, aprofundou-se a ideia da "concordata-sentença" em oposição à ideia da "concordata-contrato"[102].

Foi, então, em 1945, ainda durante a vigência do Estado Novo, que adveio o Decreto-Lei n. 7.661/45, que perdurou por sessenta anos. Se a concordata continuava a ser considerada como um mecanismo abusivo e que evitava a decretação de falência do devedor inadimplente em decorrência do absenteísmo dos credores ou da complacência destes para com o devedor ineficiente, o

---

[98] Segundo o autor, "a autonomia excessiva de que gozam os credores, no estado jurídico da falência ou concordata, com muitos direitos e nenhuma obrigação, é, para nós, a causa primordial dos males de que se queixa o comércio. Os seus membros já se confessaram incapazes para cercear a fraude que se infiltra na classe, com a qual não raro pactuam — sejamos justos — por complacência, amizade ou inércia. Põem de lado o seu interesse e a lei, que ali está para os proteger, porque é preciso servir ao pedido de um amigo ou de alguém de peso" (VALVERDE, Trajano. *A falência no direito brasileiro*. Rio de Janeiro: Freitas Bastos, 1931. pt. 1. p. 29).

[99] GORNATI, Gilberto. *O modo de produção das leis de falências e concordatas no Brasil*. Tese (Doutorado em Direito) — Faculdade de Direito da Universidade de São Paulo, 2023. p. 398-399.

[100] FERREIRA, Waldemar Martins. *Questões de direito commercial*: pareceres. São Paulo: Typographia Siqueira Salles Oliveira, Rocha & C., 1932. p. 189.

[101] GORNATI, Gilberto. *O modo de produção das leis de falências e concordatas no Brasil*. Tese (Doutorado em Direito) — Faculdade de Direito da Universidade de São Paulo, 2023. p. 418-419.

[102] GORNATI, Gilberto. O modo de produção das leis de falências e concordatas no Brasil. Tese (Doutorado em Direito) — Faculdade de Direito da Universidade de São Paulo, 2023, p. 444-445.

Decreto-Lei pretendeu coibir os abusos na alocação de poderes aos credores para deliberarem a respeito das concordatas do empresário em crise. Nas palavras de Valverde, era justamente essa excessiva autonomia dos credores que resultava na pouca eficácia do instituto[103].

O projeto de lei resultante no Decreto-Lei n. 7.661/45, elaborado por comissão coordenada pelo Ministro da Justiça Alexandre Marcondes Filho e que se inspirou em anteprojeto do próprio Trajano de Miranda Valverde, que, por sua vez, inspirou-se nos trabalhos da 6ª subcomissão legislativa comandada por Levi Carneiro, esclareceu seus objetivos em sua exposição de motivos.

> Nas concordatas formadas por maiorias de votos, os credores deliberam sob a pressão do seu interesse individual, deturpando o sentido coletivo da deliberação, e, pois, tornando ilegítima a sujeição da minoria. E a verdade é que, na vigência desse sistema, se tem verificado a constância dessa anomalia, através dos entendimentos externos do processo, o que importa na quebra da igualdade de tratamento dos credores, princípio informativo do processo falimentar.[104]

Pretendeu-se coibir, assim, que a igualdade de tratamento dos credores fosse afastada em razão dos interesses individuais de cada qual em eventual deliberação. Nesses termos, rompeu-se a sistemática de tratamento da crise econômico-financeira do devedor até então apenas com a possibilidade de suspensão da liquidação falimentar por meio da interferência da deliberação dos credores.

Pelo Decreto-Lei n. 7.661/45, ao Poder Judiciário competiria a concessão da concordata como um favor legal ao devedor, assim como o protagonismo do Judiciário era ainda assegurado pela obrigatoriedade do procedimento de inquérito judicial, nos termos do art. 103 do Decreto-Lei n. 7.661/45[105].

A concordata poderia consistir em dois tipos diversos: a preventiva e a suspensiva, nas quais se prevenia a decretação da falência ou se suspendia a liquidação dos bens após sua decretação, respectivamente[106]. Em ambas as formas, sua concessão independia da vontade dos credores no Decreto-Lei n. 7.661/45[107].

Os credores poderiam, apenas, antes de sua concessão e no prazo de cinco dias contados da data da publicação do aviso da impetração da concordata preventiva (art. 174, II, do Decreto-Lei

---

[103] VALVERDE, Trajano de Miranda. *Comentários à lei de falências*. 4. ed. Rio de Janeiro: Forense, 1999. v. 1. p. 10.

[104] Exposição de motivos da lei de falências, In: VALVERDE, Trajano de Miranda. *Comentários à lei de falências*. 4. ed. Rio de Janeiro: Forense, 1999. v. 3. p. 267.

[105] GORNATI, Gilberto. Por um aprofundamento sobre a teoria geral do direito da empresa em crise: a falência e a recuperação judicial no direito comercial brasileiro. *Cadernos Jurídicos da Faculdade de Direito de Sorocaba*, SP, ano 2, n. 1, 2020, p. 161.

[106] Na preventiva, o devedor requeria a dilação do prazo de pagamento dos credores ou o abatimento de parte dos valores devidos para impedir a decretação de sua falência. O comerciante em crise, desde que fosse de boa-fé, poderia obter judicialmente remissão de valores ou prazo para o pagamento de seus credores, prevenindo estes de lhe promoverem sua execução coletiva falimentar. O pedido de concordata, que deveria ser feito até a citação do devedor no procedimento falimentar, impedia o prosseguimento deste último.

Na concordata suspensiva, por seu turno, disciplinada pelo art. 177 e seguintes do Decreto-Lei n. 7.661/45, o comerciante poderia retomar a administração de sua atividade, ainda que sua falência já tivesse sido decretada. Após a quebra, mas antes da liquidação dos ativos, o comerciante poderia pretender suspender a execução coletiva para reerguer a empresa. Sustavam-se os efeitos de uma falência já decretada, em que os ativos e os passivos já poderiam ter sido apurados pelo síndico, para que o devedor pudesse satisfazer os seus débitos de forma privilegiada.

[107] Como favor legal, a concordata era concedida por sentença judicial desde que preenchidos os requisitos legais, que consistiam, na concordata preventiva, na exigência de ser comerciante, não haver pedido de declaração de falência, exercer regularmente comércio há mais de dois anos, possuir ativo cujo valor correspondesse a mais de 50% do seu passivo quirografário, não ser falido ou ter título protestado por falta de pagamento (art. 158 do Decreto-Lei n. 7.661/45). Na concordata suspensiva, o devedor não poderia ter denúncia ou queixa recebida contra si ou contra os diretores ou administradores da sociedade falida (art. 177 do Decreto-Lei n. 7.661/45).

CAPÍTULO 2 • A ESTRUTURA DO PROCEDIMENTO

revogado) ou do edital de ciência da impetração da concordata (art. 181 do Decreto-Lei n. 7.661/45) opor embargos à concordata. A matéria submetida aos embargos, contudo, era restrita. Somente poderia ser alegado pelos credores prejuízo maior para os credores na concordata do que na liquidação na falência ou impossibilidade evidente de ser cumprida a concordata; inexatidão das informações prestadas, ou qualquer ato de fraude ou má-fé do devedor[108].

A concessão ou a rejeição da concordata cabiam ao Magistrado exclusivamente e não dependiam de qualquer consentimento dos credores. Quanto à viabilidade econômica da empresa, os embargos seriam acolhidos apenas se evidente a impossibilidade de cumprimento.

Concebida como um favor legal, e independente da aprovação da coletividade de credores, a concordata tornou-se instrumento ineficiente para promover a superação da crise econômica do comerciante devedor. Diante de uma crise econômico-financeira, ao comerciante que a tivesse requerido era concedida a concordata de forma a que esse comerciante pudesse pagar os seus credores quirografários à vista em 50% do valor que lhes era devido ou de forma escalonada, com o montante integral devido devendo ser satisfeito em até dois anos[109].

Muitas concordatas, desse modo, foram concedidas para empresários sem condições efetivas de se reestruturarem e em detrimento da vontade da maioria dos credores, o que permitiu apenas uma maior dilação de prazo para a liquidação dos ativos e um maior risco de desvio de bens. Novamente, considerou-se majoritariamente como um ardil a ser utilizado pelos comerciantes que pretendiam, mais uma vez, inadimplir com seus débitos em face dos credores.

2.2 A alteração de paradigma pretendida pela n. Lei n. 11.101/2005 e o transplante parcial do Bankruptcy Code

A incapacidade de o Decreto-Lei n. 7.661/45 assegurar, de modo efetivo, a satisfação dos interesses dos credores por ocasião da liquidação dos ativos do falido ou a reorganização da atividade empresarial, com a proteção dos interesses de todos os demais agentes envolvidos, exigiu que o Ministério da Justiça, no início da década de 1990, estabelecesse uma Comissão encarregada de elaborar um projeto de reforma da Lei de Falências.

O anteprojeto do Ministério da Justiça foi apresentado à Câmara dos Deputados em 1993, sob n. 4.376, de iniciativa do Poder Executivo. Após dez anos de tramitação legislativa, o projeto foi aprovado sob a relatoria do Deputado Osvaldo Biolchi e encaminhado ao Senado Federal, com o número PLC n. 71/2003. No Senado, a Comissão de Assuntos Econômicos, por meio de seu relator, o Senador Ramez Tebet, remodelou o projeto de lei que, aprovado pelo Senado e cujas alterações exigiram nova aprovação da Câmara dos Deputados, veio a se converter na Lei n. 11.101/2005, sancionada pelo Presidente da República em 9 de fevereiro de 2005.

O projeto rompia com a tradição do sistema de insolvência até então e se inspirava fortemente no Bankruptcy Code, o modelo norte-americano. Trata-se de modelo difundido de melhores

---

[108] Batalha, Silvia Marina Labate; Batalha, Wilson de Souza Campo. *Falências e concordatas*: comentários à Lei de Falências. São Paulo: LTr, 1991. p. 504.

[109] Art. 156 do Decreto-Lei n. 7.661/45: o devedor pode evitar a declaração da falência, requerendo ao juiz que seria competente para decretá-la, lhe seja concedida concordata preventiva. § 1° O devedor, no seu pedido, deve oferecer aos credores quirografários, por saldo de seus créditos, o pagamento mínimo de: I – 50%, se fôr à vista; (Redação dada pela Lei n. 4.983, de 18-5-45). II – 60%, 75%, 90% ou 100%, se a prazo, respectivamente, de 6 (seis), 12 (doze), 18 (dezoito), ou 24 (vinte e quatro) meses, devendo ser pagos, pelo menos, 2/5 (dois quintos) no primeiro ano, nas duas últimas hipóteses. (Redação dada pela Lei n. 4.983, de 18-5-45). § 2° O pedido de concordata preventiva da sociedade não produz quaisquer alterações nas relações dos sócios, ainda que solidários, com os seus credores particulares.

práticas pelos órgãos financeiros internacionais para a restruturação do sistema de insolvência de diversos países[110].

Entretanto, o modelo sociocultural norte-americano era diametralmente oposto ao existente no Brasil por mais de cinco séculos.

Como vimos, a estrutura sociocultural brasileira era alicerçada na repressão ao comportamento do devedor inadimplente decretado falido e na consideração de que a concordata era um mecanismo utilizado ardilosamente por este para protrair a liquidação dos seus bens e evitar a satisfação imediata dos credores, inclusive com a concordância destes eventualmente contra os próprios interesses. A cultura brasileira não se harmonizava com o propósito de preservação da empresa em benefício de todos os interesses que ao redor dela gravitavam e com o entendimento de que o insucesso empresarial era consequência do risco imanente ao empreendedorismo.

O ambiente sociocultural americano era diverso. Na primeira metade do século XVIII nos Estados Unidos, notadamente por conta da escassez de moeda em virtude do controle da colônia pela Inglaterra, o desenvolvimento da economia baseou-se no crédito como uma forma de se permitir a produção e o gasto acima das riquezas correntes dos indivíduos. O empréstimo de dinheiro e as promessas de pagamento permitiram a expansão da produção agrícola e de bens de consumo e asseguraram o fortalecimento de um mercado de consumo decorrente do emprego dos recursos dessa produção. "The expansion of the United States market economy [...] depended heavily upon 'the credit system' – an intricate tangle of obligations that extended throughout the country's financing, production, distribution and consumption."[111]

Como aponta Mann sobre o início do século XVIII, nos EUA,

> with the kind of optimism possible in an atmosphere of prosperity and expansion, ambitious men launched their ventures with large aspirations and little capital. Credit bridged the gap, whether for traders who needed goods to trade or farmers who needed land and livestock to expand[112].

A estrutura econômica americana baseada no crédito implicou ainda maior vulnerabilidade dos cidadãos e dos empreendedores, que ficavam sujeitos às mudanças econômicas e à saúde financeira de seus devedores[113]. Se o risco de inadimplemento podia ser uma consequência inevitável e mesmo comum do crédito contraído ou da promessa de pagamento descumprida, era imprescindível o desenvolvimento dos sistemas de insolvência para lidar com o inadimplemento.

Da possibilidade de prisão do devedor inadimplente até o século XVII, as colônias inglesas passaram, inicialmente, a conceder os ativos do devedor como pertencentes a todos os seus credores e não apenas ao devedor no século XVIII. A insolvência do devedor era reconhecida para os devedores que tivessem ativos, em comparação com devedores indigentes, cujos débitos e ativos eram diminutos, tinham já estado presos e que faziam juramento para se livrar dos débitos por sequer conseguirem pagar a alimentação da prisão[114].

---

[110] Zukin, James H. Are more restructuring regimes becoming like the U.S. Chapter 11 System? In: Pomerleano, Michael; Shaw, William (ed.). *Corporate restructuring*: lesson from experience. Washington: World Bank, 2005. p. 127-141.

[111] Martin, Nathalie. The role of history and culture in developing bankruptcy and insolvency systems: the perils of legal transplantation. *Boston College International and Comparative Law Review*, Boston, v. 28:1, p. 8, 2005.

[112] Mann, Bruce. *Republic of debtors, bankruptcy in the age of the American Revolution*. Cambridge: Harvard University Press, 2009. p. 36.

[113] "[U]niversal dependence on credit also made Americans more susceptible to the shifting currents of the overall economy or the misfortunes of the firms with whom they transacted business, and thus more likely to undergo financial shipwreck. If, for example, enough customers neglected, refused, or lacked the ability to pay the bills owed to a rural storekeeper, that proprietor could not so easily make good on his debts to eastern wholesalers" (J. Balleisen, Edward. *Navigating failure*: bankruptcy and commercial society in Antebellum America. Chapel Hill and London: The University of North Carolina Press, 2001. p. 32).

[114] Mann, Bruce. *Republic of debtors, bankruptcy in the age of the American Revolution*. Cambridge: Harvard University Press, 2009. p. 50.

CAPÍTULO 2 • A ESTRUTURA DO PROCEDIMENTO

A sociedade que incentivava o empreendedorismo e o desenvolvimento rápido da economia por meio do crédito presenciou grande parte dos seus cidadãos tomando risco para empreender. Por consequência, na metade do século XVIII, presenciou-se o insucesso de grande parte dos negócios conduzidos sem experiência ou capital pelos seus cidadãos.

Com a Guerra dos Sete Anos, em 1755, a escassez de moeda existente e a necessidade de créditos mais longos foram acompanhadas, logo em seguida, por ainda maior restrição do fluxo de moeda pela contração econômica do pós-guerra e pela maior exigibilidade dos credores britânicos por pagamentos. As colônias passaram a alterar os estatutos para a distribuição dos ativos entre os credores e a liberação dos débitos e dos devedores de posteriores responsabilidades. "War made everyone familiar with risk, economic risk included. With the economic impact of war and its aftermath clear for all to see, it became harder to stigmatize insolvency as moral failure."[115]

Permeada por quebras e insucessos decorrentes do crédito e da volatilidade dos mercados financeiros, a sociedade norte-americana passou a incorporar uma indulgência com o inadimplemento das obrigações e como uma forma de encorajar a contínua persecução do empreendedorismo.

Esse sistema baseado no crédito e aliado a uma liberação do devedor por meio do reconhecimento de sua falência e partilha de seus bens entre os credores assegurou ainda maior desenvolvimento econômico[116]. As quebras foram consideradas como o desenvolvimento natural da moderna sociedade e incentivaram ainda mais os sujeitos a contraírem crédito e a empreenderem[117].

Segundo Sauer, "bankruptcy proved so divisive because it was perceived by Americans as emblematic of a fundamental issue of economic identity: the expansion and consolidation of the capitalist presence in American life"[118] [119]. No mesmo sentido, sustenta Balleisen que o reconhecimento da isenção de responsabilidade pelo débito incentivou que os empreendedores desenvolvessem sua atividade, com a expansão do domínio econômico, o desenvolvimento de novos produtos ou métodos de distribuição. Esses estímulos asseguraram que esses empreendedores acumulassem maiores dívidas sem condições de serem satisfeitas, em grande medida, mas favoreceram a consolidação de uma cultura de negócios baseada na destruição criativa, em que novas formas de empreendimento eram buscadas e formas ultrapassadas eram continuamente eliminadas[120].

---

[115] MANN, Bruce. *Republic of debtors, bankruptcy in the age of the American Revolution*. Cambridge: Harvard University Press, 2009. p. 55-56.

[116] MARTIN, Nathalie. The role of history and culture in developing bankruptcy and insolvency systems: the perils of legal transplantation. *Boston College International and Comparative Law Review*, Boston, v. 28:1, p. 6-13, 2005.

[117] "With the increase in credit utilization that accompanies commercial development, the incidents and consequences of default expand as well. Hence, a modern credit system requires a systematic approach to the administration of unpaid debts. Bankruptcy measures provide a means to marshal and distribute an insolvent debtor's assets among his creditors while discharging the debtor from any remaining obligations. This mechanism has been described as a signal characteristic of economic modernity, "the result of the complex development to which modem society has attained" (SAUER, Richard C. Bankruptcy Law and the maturing of American capitalism. *Ohio State Law Journal*, v. 55, p. 295-296, 1994).

[118] SAUER, Richard C. Bankruptcy law and the maturing of American capitalism. *Ohio State Law Journal*, v. 55, 1994. p. 291.

[119] Para o autor, "it is fitting that developmental capitalism and federal bankruptcy administration came to maturity during the same period of American history. Bankruptcy exemplifies the basic premises of developmental capitalism: the elimination of the personal from economic life, the abstraction of property interests into market values, and the regulation of commerce from a purely utilitarian standpoint. Moreover, it stands upon many of the same institutional underpinnings, including a modem credit system. This congruence, as we have seen, did not escape the notice of the American people, who addressed the issue of bankruptcy as going to the essence of our national economic identity. Thus our endorsement of federal bankruptcy administration signaled an acceptance of commercial modernity, in the fullest sense, as our national destiny" (SAUER, Richard C. Bankruptcy law and the maturing of American capitalism. *Ohio State Law Journal*, v. 55, p. 339, 1994).

[120] "Discharge from past obligations encouraged a number of highfliers to redouble their entrepreneurial efforts. These bankrupts typically sought to breech prevailing commercial boundaries, either by expanding the domain of market transactions, developing

Essa evolução histórica fez com que o estigma relacionado ao insucesso empresarial fosse reduzido em relação aos demais países. A noção de que o risco é imprescindível ao desenvolvimento do mercado capitalista implicou que o insucesso seria, se não natural, ao menos não moralmente penalizado.

Nesse sentido:

a country's sociological perception of failure plays a huge role in the development of a stigma surrounding a distressed debtor. Strong publicity and availability of information to the public may not create stigma in a society where business partners, consumers and investors do not attach any importance to the potential failure of an enterprise. This is generally the case in the U.S. where commencement of reorganisation procedures is not perceived negatively and can even have a positive effect on the outcome of the debtor[121].

Ainda hoje, o sistema de insolvência é aceito como possivelmente o único programa social do governo e como forma de encorajar que os empreendedores possam se arriscar no desenvolvimento de sua atividade e, por consequência, permitam o crescimento econômico. O instituto da reorganização é visto, nesse cenário, como uma forma de suavizar os efeitos deletérios de um inadimplemento decorrente de eventual imprevisibilidade da alteração das condições do mercado e a falência como uma forma de se distribuir os ativos do devedor entre os credores e de se permitir a extinção de suas obrigações para que o agente possa voltar a empreender.

Nesse aspecto, o transplante fragmentado do sistema falimentar americano foi realizado sem que houvesse uma adaptação adequada à realidade nacional. A promulgação de nova lei com viés de ruptura, dissociada de "um aprofundamento das discussões e da educação do Estado e dos operadores envolvidos no dia a dia para a aplicação dos novos institutos", implica que "a ruptura acaba por tomar características conjunturais e não consegue se implementar integralmente, sendo certo que, em essência, a ruptura deveria produzir efeitos de mudanças estruturais"[122] [123].

Assim, ainda que a alocação de poder em abstrato possa ser realizada pela legislação brasileira de forma adequada e mesmo de modo a transplantar parcialmente sistema jurídico testado alhures, a continuidade institucional poderá impedir que as estruturas sejam plenamente eficazes e que os agentes econômicos não capturem o poder decisório ou subvertam a dinâmica do procedimento[124].

---

new products, or devising new methods of distribution. On occasion such efforts produced spectacular post failure success; more commonly they led only to new accumulations of unpayable obligations. Collectively, the ventures of risk-taking former bankrupts helped to consolidate a business culture predicated on 'creative destruction', in which a multitude of entrepreneurs mounted ongoing assaults on prevailing forms of economic activity, at once seeking profits and envisioning, if not always realizing, a continuous process of social 'improvement'" (J. BALLEISEN, Edward. *Navigating failure*: bankruptcy and commercial society in Antebellum America. Chapel Hill and London: The University of North Carolina Press, 2001. p. 19).

[121] WHITE & CHASE LLP. Bankruptcy and a fresh start: stigma on failure and legal consequences of bankruptcy 10, european comm., U.S. Report, 2002, p. 204.

[122] GORNATI, Gilberto. Por um aprofundamento sobre a teoria geral do direito da empresa em crise: a falência e a recuperação judicial no direito comercial brasileiro. *Cadernos Jurídicos da Faculdade de Direito de Sorocaba*, SP, ano 2, n. 1, 2020, p. 167.

[123] Exatamente essa também a conclusão do transplante parcial do sistema americano para a legislação italiana: "le possibili soluzioni giuridiche devono tuttavia fare i conti con i contesti economici e sociali nei quali esse si collocano; e non è un caso che il processo di uniformazione delle leggi nazionali regolatrici delle crisi d'impresa risulti assai più lento di quello tipico di altri settori del diritto (ed il pensiero va alle norme societarie). Le tradizioni culturali e giuridiche, le conformazioni del contesto economico, le caratteristiche ambientali e lo stesso rapporto che lega il cittadino alle regole della convivenza civile ed economica esercitano un ruolo importante nella definizione delle norme regolatrici delle crisi d'impresa e comportano adattamenti e modifiche degli istituti pur nella condivisione dei principi generali" (JORIO, Alberto. La riforma della legge fallimentare tra utopia e realtà. In: CARIELLO, Vincenzo; CAMPOBASSO, Mario; DI CATALDO, Vincenzo; GUERRERA, Fabrizio; SCIARRONE ALIBRANDI, Antonella (org.). *Società, banche e crisi d'impresa*. Torino: Utet, 2014. p. 2.633-2.634).

[124] "Ogni sistema, si diceva, ha le proprie caratteristiche, ed è illusorio pretendere di trapiantare puramente e semplicemente soluzioni nate e sviluppatesi in contesti e con presupposti differenti. Ma su alcuni punti si può cercare di ragionare, partendo da

CAPÍTULO 2 • A ESTRUTURA DO PROCEDIMENTO

3. SISTEMAS DE INSOLVÊNCIA E ATRIBUIÇÃO DO PODER DECISÓRIO

Como o legislador brasileiro pretendeu a alocação economicamente mais racional dos recursos escassos, referida função somente será atendida se a recuperação judicial for concedida apenas aos empresários que consigam desenvolver de forma eficiente atividade econômica viável. Referidos empresários agregarão valor ao *going concern* ou *aviamento empresarial*, de modo a valorizar o estabelecimento empresarial sob a sua condução e a permitir maior satisfação dos interesses de todos os envolvidos.

Sob o ponto de vista da implementação desse objetivo econômico pretendido pelo legislador, as decisões para a superação da crise devem ser atribuídas àqueles com maior capacidade de avaliar a eficiência econômica do devedor nessa condução e o valor dos ativos no cenário da recuperação judicial ou da liquidação falimentar. Nesse aspecto, nem todos os envolvidos no procedimento possuem o mesmo interesse ou o maior incentivo para tanto.

Decerto, na hipótese de empresário eficiente e que conduz atividade econômica viável, desde que seus ativos não sejam suficientes para a satisfação do passivo, os interesses dos credores na maximização da satisfação dos respectivos créditos com a concessão da recuperação judicial coincidem com os interesses dos demais envolvidos na atividade, como o próprio devedor, os trabalhadores na preservação dos seus postos de trabalho, os consumidores na manutenção da disponibilidade dos produtos e serviços e aumento da concorrência, da comunidade em que inserido o empresário pela circulação de riquezas e criação de postos indiretos de trabalho nos diversos fornecedores etc.

Em outras situações, contudo, esses interesses poderão não ser concorrentes, mas conflitantes. Se superavitário o empresário, sua submissão pelos credores ao procedimento de insolvência em contrariedade à sua vontade poderia implicar, a despeito da eficiência do devedor ou da viabilidade da atividade empresarial, a imediata liquidação falimentar dos ativos como forma de maximizar e tornar mais célere a satisfação dos créditos. Tal satisfação poderia ocorrer em detrimento dos interesses do devedor na conservação de seu negócio, dos interesses dos demais envolvidos com a preservação do desenvolvimento da atividade empresarial, a qual seria naturalmente afetada no procedimento falimentar, ainda que se pretendesse a sua integral conservação nas mãos do arrematante[125].

Situação idêntica de conflito ocorreria, ademais, se, na hipótese de patrimônio deficitário e realizado o pedido de reestruturação, os credores identificassem a inviabilidade econômica da atividade ou a ineficiência do devedor para conduzi-la. Nessa situação, poderiam decidir pela liquidação falimentar em detrimento dos interesses do devedor e dos demais envolvidos, ainda que a curto prazo.

A estruturação desse sistema de insolvência e de seu procedimento pode ocorrer de diversas formas e pode atribuir a alocação de poder decisório sobre a solução da crise da empresa a diferentes agentes[126].

---

qualche convincimento di fondo" (JORIO, Alberto. La riforma della legge fallimentare tra utopia e realtà. In: CARIELLO, Vincenzo; CAMPOBASSO, Mario; DI CATALDO, Vincenzo; GUERRERA, Fabrizio; SCIARRONE ALIBRANDI, Antonella (org.). *Società, banche e crisi d'impresa*. Torino: Utet, 2014. p. 2.640).

[125] De acordo com dados coletados pelo Observatório da Insolvência, em uma amostragem de 1.047 falências, apenas em 215 processos foram realizados leilões para alienação de bens, um percentual de aproximadamente, 20,5%. NUNES, Marcelo Guedes; WAISBERG, Ivo; SACRAMONE, Marcelo. Associação Brasileira de Jurimetria, *Observatório da insolvência, Terceira fase*. Disponível em: https://abj.org.br/pesquisas/3a-fase-observatorio-da-insolvencia/#:~:text=Na%203%C2%AA%20fase%20do%20Observat%C3%B3rio,2010%20e%20dezembro%20de%202020./. Acesso em: 30 jun. 2023.

[126] "Public policy is shifting towards a model that facilitates a going-concern solution where there is surplus value to be realized. A sound framework is needed to recognize the diversity of interests implicated in the firm's financial distress; to facilitate decision making that will enhance value; to measure and account for all the costs associated with restructuring or firm failure; to respect current priorities such that there is continued confidence in the credit system; to address collective action problems while controlling transaction costs; and to provide certainty to parties in their own decision-making processes" (SARRA, Janis Pearl. *Creditor rights and the public interest*: restructuring insolvent corporations. Toronto, Canada: University of Toronto Press, 2003. p. 56).

Quanto à alocação de poder aos diversos agentes, o procedimento de insolvência e os incentivos conferidos aos que dele participam podem ser divididos e classificados em três fases.

A primeira caracteriza-se pela fase postulatória e refere-se ao requerimento de reestruturação do devedor. A segunda fase é caracterizada pela condução da atividade empresarial durante o desenvolvimento do procedimento. Por fim, a terceira fase caracteriza-se pela negociação da solução para a superação da crise que afeta o devedor.

Em todas essas três fases, a disciplina do poder decisório e a estruturação dos incentivos adequados aos agentes decisores são fundamentais para que os objetivos pretendidos pelo legislador possam ser obtidos.

Três são os agentes a quem se pode conferir o poder decisório sobre o procedimento de insolvência: aos terceiros interessados, ao Judiciário e ao devedor em conjunto com seus credores.

3.1 Alocação de poder aos terceiros interessados

Diversas pessoas, ainda que não tenham créditos em face do devedor, sofreriam os efeitos diretos de eventual interrupção da atividade empresarial, como os empregados que perderiam seus empregos, a comunidade que deixaria de ter a arrecadação de tributos decorrentes da atividade e que perderia um de seus agentes econômicos que promove a circulação de riquezas, os consumidores que perderiam a disponibilidade de produtos ou seriam afetados pela redução da concorrência.

Por produzirem esses efeitos em face de terceiros, diversos sistemas de insolvência, dentre eles o brasileiro, passaram a apregoar a preservação da atividade empresarial como objetivo do sistema em detrimento de uma necessária liquidação forçada fragmentada justamente para tutelar referidos interesses.

Nesse contexto, o sistema do *creditors' bargain*, adotado pela legislação brasileira, não se distingue da teoria normativa pela consideração ou não dos interesses dos referidos terceiros sujeitos à referida atividade como objetivo do sistema, já que ambas as correntes reconhecem a relevância de seus efeitos quanto a todos os afetados e a necessidade de sua proteção. A distinção entre as correntes decorre do fato de que a distribuição de valores entre todos os interessados não poderia ser realizada em detrimento da eficiência alocativa ou da maximização da satisfação dos credores, de modo a assegurá-los, ainda que indiretamente, no longo prazo.

Diante da consideração dos efeitos aos interesses dos demais agentes que gravitam em torno do desenvolvimento da atividade empresarial, uma primeira corrente doutrinária sustenta a necessidade de que todos os afetados deveriam participar da decisão sobre a recuperação judicial do devedor[127]. Como seriam afetados diretamente pela preservação ou descontinuidade da atividade, a corrente sustenta que os próprios interessados deveriam poder se manifestar não somente quanto à aprovação ou rejeição do plano, mas também sobre a própria submissão do devedor ao procedimento de reestruturação.

Para essa corrente, o direito da insolvência serviria para garantir a todos os afetados, direta ou indiretamente, pela crise da empresa um espaço para expor seus interesses e vê-los, em certa medida, atendidos.

> Because the participants' varied grievances typically reflect conflicting and fundamentally incommensurable values, bankruptcy law provides a forum for an ongoing debate in which these diverse values can be expressed and sometimes recognized.[128]

---

[127] KOROBKIN, Donald R. Rehabilitating values: a jurisprudence of bankruptcy. *Columbia Law Review*, New York, v. 91, n. 4, p. 717-789, 1991.

[128] KOROBKIN, Donald R. Rehabilitating values: a jurisprudence of bankruptcy. *Columbia Law Review*, New York, v. 91, n. 4, p. 717-789, 1991, p. 721.

CAPÍTULO 2 • A ESTRUTURA DO PROCEDIMENTO

Nesse sentido, a Diretiva (UE) 2019/1023 do Parlamento Europeu e do Conselho de 20 de junho de 2019 ("Diretiva 2019/1023"), que dispõe sobre os regimes de reestruturação preventiva nos países-membros da União Europeia, destaca, dentre os seus objetivos, que a participação direta desses terceiros interessados seria relevante.

Qualquer operação de reestruturação, em especial de grande dimensão e com impacto significativo, deverá basear-se num diálogo com as partes interessadas. Esse diálogo deverá abarcar a escolha das medidas previstas em relação aos objetivos da operação de reestruturação, bem como as opções alternativas, e deverá assegurar a participação adequada dos representantes dos trabalhadores conforme prevista no direito nacional e da União.[129]

Na Alemanha, a Lei de Estabilização e Reestruturação de Empresas ("StaRUG")[130], que entrou em vigor em 1º de janeiro de 2021 e representa a internalização da Diretiva 2019/1023 pelo país, confirma que o procedimento para reestruturação conforme a StaRUG não deverá afetar os deveres do empregador perante o comitê de empregados, assim como os direitos de participação destes quanto aos planos da empresa[131].

Pelo *Betriebsverfassungsgesetz*, constitui dever do empregador informar ao comitê de empregados sobre quaisquer planos que possam afetar os empregos e a estrutura organizacional da empresa[132]. O comitê de empregados pode, por sua vez, submeter propostas que visem, dentre outros aspectos, à garantia da preservação dos postos de trabalho e a participar de discussões relacionadas aos planos de investimento na empresa[133].

Na França, o ordenamento jurídico estabelece mecanismos que garantem a intervenção dos diversos *stakeholders* tanto nos procedimentos que visam à prevenção da crise como naqueles que visam à sua superação.

Os funcionários de uma empresa podem se utilizar do sistema de alerta, por meio do qual se pretende emitir tempestivamente um aviso interno a fim de evitar que as dificuldades pelas quais a empresa passa se tornem insustentáveis[134]. De acordo com o Código de Trabalho francês, as empresas que possuem mais de onze funcionários durante o prazo consecutivo de um ano obrigatoriamente

---

[129] UNIÃO EUROPEIA. Diretiva (UE) 2019/1023 do Parlamento Europeu e do Conselho de 20 de junho de 2019 sobre os regimes de reestruturação preventiva, o perdão de dívidas e as inibições, e sobre as medidas destinadas a aumentar a eficiência dos processos relativos à reestruturação, à insolvência e ao perdão de dívidas, e que altera a Diretiva (UE) 2017/1132. PT (Diretiva sobre reestruturação e insolvência). *Jornal Oficial da União Europeia*, 26 jun. 2019. Disponível em: https://eur-lex.europa.eu/legal-content/PT/TXT/PDF/?uri=CELEX:32019L1023&from=EN. Acesso em: 30 jun. 2023.

[130] BORK, Reinhard. *Insolvenzordnung / Unternehmensstabilisierungs- und -restrukturierungsgesetz: InsO / StaRUG.* 24. Auflage. München: C.H. Beck, 2022.

[131] § 92 Beteiligungsrechte nach dem Betriebsverfassungsgesetz. BORK, Reinhard. *Insolvenzordnung / Unternehmensstabilisierungs- und -restrukturierungsgesetz: InsO / StaRUG.* 24. Auflage. München: C.H. Beck, 2022. "Die Verpflichtungen des Schuldners gegenüber den Arbeitnehmervertretungsorganen und deren Beteiligungsrechte nach dem Betriebsverfassungsgesetz bleiben von diesem Gesetz unberührt."

[132] Betriebsverfassungsgesetz § 90 Unterrichtungs- und Beratungsrechte (1) Der Arbeitgeber hat den Betriebsrat über die Planung 1. von Neu-, Um- und Erweiterungsbauten von Fabrikations-, Verwaltungs- und sonstigen betrieblichen Räumen, 2. von technischen Anlagen, 3. von Arbeitsverfahren und Arbeitsabläufen einschließlich des Einsatzes von Künstlicher Intelligenz oder 4. der Arbeitsplätze.

[133] Betriebsverfassungsgesetz. § 92a Beschäftigungssicherung (1) Der Betriebsrat kann dem Arbeitgeber Vorschläge zur Sicherung und Förderung der Beschäftigung machen. Diese können insbesondere eine flexible Gestaltung der Arbeitszeit, die Förderung von Teilzeitarbeit und Altersteilzeit, neue Formen der Arbeitsorganisation, Änderungen der Arbeitsverfahren und Arbeitsabläufe, die Qualifizierung der Arbeitnehmer, Alternativen zur Ausgliederung von Arbeit oder ihrer Vergabe an andere Unternehmen sowie zum Produktions- und Investitionsprogramm zum Gegenstand haben.

[134] ANTONINI-COCHIN, Laetitia; LAURENCE-CAROLINE, Henry. *Droit des entreprises en difficulté.* Paris: Gualino, 2022. p. 33.

devem contar com um comitê representativo de seus trabalhadores, chamado de *comité social et économique* ("CSE")[135].

Uma das faculdades do CSE é a solicitação de informações para o empregador quando os funcionários tomam conhecimento de fatos suscetíveis de atingir negativamente a situação econômica da empresa. Assim que se tem o conhecimento dessa situação, o pedido de informações deve ser colocado na ordem do dia da próxima reunião da Comissão. Se não forem obtidas respostas suficientes do empregador ou se as respostas confirmarem a situação preocupante, um relatório é elaborado, o qual deve ser encaminhado para o empregador e para o auditor de empresa[136].

É possível, ainda, que os próprios sócios se utilizem do sistema de alerta, uma vez que possuem diretas preocupações com situações que possam atingir o capital da empresa. De acordo com o *Code de Commerce*[137], podem se utilizar do alerta os sócios não gerentes da sociedade limitada e, nas sociedades anônimas, acionistas que juntos detenham 5% do capital social.

No ordenamento francês, os funcionários podem, ainda, comunicar ao tribunal todos os fatos relevantes de que tiverem tomado conhecimento relacionados à cessação de pagamentos[138], causa para o *redressement judiciaire*. O comitê social e econômico é também informado acerca da execução do plano[139].

Sob o ponto de vista econômico, essa atribuição aos terceiros afetados indiretamente pela atividade não seria a mais adequada. Como expressado pelo teorema de Coase, na ausência de custos de transação, os interessados barganhariam *ex ante* pela insolvência para a alocação mais eficiente de recursos. Se ficassem fora da disciplina da insolvência, os terceiros afetados negociariam para proteger seus interesses contra perdas do devedor. De outro lado, se os terceiros fossem incluídos, os credores barganhariam pela proteção de seus investimentos de modo a não serem prejudicados pela distribuição de valores aos terceiros.

Do ponto de vista econômico, a eficiência seria alcançada pela barganha dos agentes se os custos de transação inexistissem, independentemente da disciplina jurídica. Num ambiente de custos de transação positivos, o teorema de Coase sustenta que as regras jurídicas deveriam reduzir os custos de transação e refletir a maior quantidade de barganha *ex ante* entre os agentes para promover a melhor alocação dos recursos, na medida em que a barganha contra a disciplina jurídica estabelecida seria mais custosa[140].

---

[135] Code du Travail. Article L2322-2. "Un comité social et économique est mis en place dans les entreprises d'au moins onze salariés. Sa mise en place n'est obligatoire que si l'effectif d'au moins onze salariés est atteint pendant douze mois consécutifs."

[136] Code du Travail. Article L2312-63. "Lorsque le comité social et économique a connaissance de faits de nature à affecter de manière préoccupante la situation économique de l'entreprise, il peut demander à l'employeur de lui fournir des explications. Cette demande est inscrite de droit à l'ordre du jour de la prochaine séance du comité. Si le comité n'a pu obtenir de réponse suffisante de l'employeur ou si celle-ci confirme le caractère préoccupant de la situation, il établit un rapport. Dans les entreprises employant au moins mille salariés et en l'absence d'accord prévu à l'article L. 2315-45, ce rapport est établi par la commission économique prévue par l'article L. 2315-46. Ce rapport, au titre du droit d'alerte économique, est transmis à l'employeur et au commissaire aux comptes."

[137] Code de Commerce. Article L225-232. "Un ou plusieurs actionnaires représentant au moins 5% du capital social peuvent, deux fois par exercice, poser par écrit des questions au président du conseil d'administration ou au directoire sur tout fait de nature à compromettre la continuité de l'exploitation. La réponse est communiquée au commissaire aux comptes, s'il en existe."

[138] Article L631-6. Les membres du comité social et économique peuvent communiquer au président du tribunal ou au ministère public tout fait révélant la cessation des paiements du débiteur.

[139] Article L631-19-2. Le commissaire à l'exécution du plan vérifie que les associés ou actionnaires souscripteurs ou cessionnaires respectent leurs obligations. Il a qualité pour agir à l'encontre des souscripteurs ou cessionnaires pour obtenir l'exécution de leurs engagements financiers. Il informe le comité social et économique de l'exécution du plan de redressement, ainsi que du respect de leurs engagements par les associés souscripteurs ou cessionnaires.

[140] "But equally there is no reason why, on occasion, such governmental administrative regulation should not lead to an improvement in economic efficiency. This would seem particularly likely when [...] a large number of people are involved and in which

CAPÍTULO 2 • A ESTRUTURA DO PROCEDIMENTO

Nesse cenário, a alocação de poder aos terceiros interessados contrariaria a constatação de que referidos agentes raramente negociam ou pretendem proteger os referidos interesses diante de uma insolvência do devedor. Por seu turno, os credores teriam altos custos de transação para barganhar *ex ante* com todos os terceiros envolvidos, cujos interesses seriam dispersos e permitiriam o *free-rider*, o comportamento estratégico de um agente de se beneficiar sem custo pelo esforço dos demais, pois sem a completa anuência de todos os envolvidos não seria possível obter preferência no tratamento da insolvência ao credor[141], o que desincentivaria a negociação.

Entretanto, apesar de, do ponto de vista econômico, um sistema exclusivo de participação dos credores assegurar menor custo de transação na medida em que os terceiros afetados teriam, em tese, maior facilidade para barganharem por proteção no sistema do que o contrário, corrente doutrinária sustenta que o sistema de mercado seria injusto.

Em crítica, sustenta-se que os mercados apenas poderiam distribuir riscos conforme a livre escolha dos agentes se todos tivessem as mesmas condições de efetuarem essas escolhas e de serem compensados pelas perdas. Os terceiros afetados não teriam condições de realizarem efetivas escolhas *ex ante*, pois a barganha pressuporia o direito de não negociar e trabalhadores e a comunidade não conseguiriam impor uma não contratação ou não submissão aos seus efeitos[142].

Pela concepção, o sistema deveria redistribuir valores aos terceiros envolvidos e que seriam afetados pela falência e deveria conferir a esses interessados o poder de, diretamente ou por meio de representantes que os tutelassem, decidir a melhor forma de satisfação dos seus interesses.

Embora, decerto, os terceiros envolvidos no desenvolvimento da atividade empresarial sejam afetados pela concessão da recuperação judicial ou decretação de sua falência, a alocação do poder decisório a esses pode não ser o mais eficiente para tutelar os próprios e os demais interesses incidentes.

Ainda que os trabalhadores, os cidadãos da localidade afetada pela empresa e os consumidores beneficiários com a produção de um determinado produto ou serviço possam ser afetados diretamente pela descontinuidade das atividades, não tomarão decisões conforme o conceito de viabilidade ou não da empresa na condução pelo empresário em crise e em relação à melhor alocação dos recursos escassos. Eventual inviabilidade econômica somente produzirá efeitos negativos dispersos e a longo prazo, em contraposição a efeitos positivos concentrados, ainda que a curto prazo.

Por seu turno, os interesses dos diversos terceiros envolvidos podem não ser harmônicos entre si. A proteção ao interesse dos trabalhadores poderá contrariar a proteção ao melhor desenvolvimento de um produto ou a redução de seu preço, o que poderia afetar o interesse difuso dos consumidores e o desenvolvimento econômico como um todo.

Além da contrariedade dos interesses dos terceiros entre si, tais interesses são complexos e dificilmente poderão ser apreendidos sem a consideração de variáveis a longo prazo. A proteção

---

therefore the costs of handling the problem through the market or the firm may be high" (COASE, J. H. The problem of social cost. *Journal of Law and Economics*, University of Chicago Press, Chicago, v. 3, p. 1-44, oct. 1960, p. 18. Disponível em: http://www.jstor.org/stable/724810. Acesso em: 30 jun. 2023).

[141] FROST, Christopher W. Bankruptcy redistributive policies and the limits of the judicial process. *North Carolina Law Review*, v. 74, n. 1, 1995, p. 107.

[142] "[...] if persons might be viewed as contractually 'consenting' to exclusion from representation in the choice situation, some persons excluded by the creditors' bargain model cannot reasonably be construed as having consented at all. These persons include tort claimants as well as dependents of those affected by financial distress, neither group having voluntarily entered into relationships with the business enterprise. Their exclusion from representation cannot be justified by appeal to voluntary consent under any circumstances" (KOROBKIN, Donald R. Contractarianism and the normative foundations of bankruptcy law. *Texas Law Review*, v. 71, n. 3, p. 541-632, feb. 1993, p. 557-558).

direta dos referidos interesses pelas diversas pessoas afetadas pela atividade poderá refletir uma proteção apenas a curto prazo e insustentável no tempo. É o que pode ocorrer com a proteção imediata do emprego em detrimento de uma eficiência empresarial e que, a longo prazo, poderá resultar na deterioração das condições de trabalho, achatamento salarial e desatualização, com dificuldade de recolocação profissional após eventual rescisão por inviabilidade de manutenção da atividade.

Se em relação a esses dificilmente se consegue ter clareza quanto ao acerto da decisão para proteção dos interesses realizáveis a longo prazo, mais árduo é ainda o necessário controle quanto à redistribuição de valores na comunidade. Nas palavras de Baird,

> it may be impossible to discover what course best advances society's interests at large. Even if one wants to save jobs, it does not follow that allowing a bad restaurant to fold reduces the number of jobs in the economy. The hardware store that replaced the restaurant might, in fact, hire more people. The person who bought the restaurant equipment might open another restaurant in a different city, become very successful, and need to hire more workers than the owner of the bad restaurant[143].

Nesse aspecto, outrossim, referidos terceiros não credores não teriam qualquer incentivo para apurar a melhor alocação dos recursos do devedor. Quanto maior o tempo que os recursos permaneçam deslocados de seu ponto de maior utilidade, maior o consumo dos recursos escassos ou seu não aproveitamento e, por consequência, maior o custo social da medida que será imposto a alguns dos envolvidos.

Para os terceiros não credores, a manutenção da atividade durante a recuperação judicial, ainda que conduzida de forma ineficiente pelo devedor, deveria ocorrer a todo custo, ao menos a curto prazo. Os terceiros afetados pela atividade têm o maior interesse em que a recuperação judicial seja concedida e a falência não seja decretada porque potencialmente não receberão qualquer valor de uma liquidação forçada dos ativos e não possuem qualquer garantia de que a atividade será preservada pela arrematação dos ativos por diversos empresários.

Como não possuem nenhum crédito pecuniário a ser satisfeito pelo devedor, não receberiam nenhum benefício imediato com a decretação da falência. Ainda que saibam que a condução da empresa pelo empresário devedor seja inviável, não perderiam nenhum capital investido com a continuação da atividade e, pelo contrário, sempre se beneficiariam imediatamente com o seu prolongamento. Naturalmente estarão mais propensos à concessão da recuperação judicial com a aprovação do plano a eles submetido, independentemente de sua viabilidade econômica.

A preservação de uma atividade sob a condução de um devedor ineficiente, entretanto, impõe ônus aos demais agentes. O primeiro custo a ser imputado é o custo de capital. Credores suportarão maior ônus em relação à satisfação dos respectivos créditos, que poderão resultar em maiores juros para as contratações ou em maiores garantias para não serem submetidos ao procedimento coletivo. Com o aumento dos custos *ex ante*, haverá a redução dos contratos celebrados, da circulação de riquezas e, por consequência, o empresário poderá reduzir suas próprias atividades e afetar os interesses que inicialmente a medida redistributiva intentava preservar[144].

---

[143] BAIRD, Douglas. A world without bankruptcy. *Law and Contemporary Problems*, v. 50, n. 2, p. 184, 1987.

[144] "However, the model shows that in fact both efficient and inefficient failing firms may file under Chapter 11 and both may successfully reorganize. This wastes resources, since reorganizing inefficient firms delays their shutdown and delays the movement of resources to new and more valuable uses. It thus contributes to economic stagnation" (WHITE, Michelle J. Does Chapter 11 save economically inefficient firms? *Washington University Law Review*, v. 72, n. 3, 1994, p. 1.339. Disponível em: https://openscholarship.wustl.edu/law_lawreview/vol72/iss3/34. Acesso em: 30 jun. 2023).

CAPÍTULO 2 • A ESTRUTURA DO PROCEDIMENTO

O custo também poderá ser imposto sobre os competidores do mercado do devedor. A conservação artificial do empresário devedor ineficiente, que não satisfaz seus credores, permite a oferta de produtos em condições díspares dos seus competidores, com a deterioração dos demais empresários diante da concorrência desleal.

3.2 Alocação de poder ao Judiciário

Uma segunda corrente sustenta que a atribuição do referido poder para proteger os interesses dos envolvidos deve ser atribuída a órgão imparcial, o qual seria independente dos diversos interesses egoísticos envolvidos no procedimento.

Seja porque esses terceiros interessados não conseguem ou não têm condição de atuar diretamente no procedimento de insolvência[145], seja porque os interesses egoísticos dos credores impedem-nos de tomar as melhores decisões para a maximização coletiva da satisfação dos referidos créditos[146], apregoa-se que a atribuição do poder a um órgão imparcial administrativo ou judiciário asseguraria de forma mais adequada a persecução de todos os objetivos pretendidos.

Essa atribuição de poder ao Judiciário pode ser implementada de duas formas distintas, não excludentes. Na primeira, o sistema de insolvência pode ser disciplinado como um mecanismo de, por meio das normas legais, assegurar a proteção dos interesses dos terceiros, o que não poderia ser realizado diretamente pelos devedores ou credores em virtude de seus interesses diretos e de sua racionalidade econômica de agir para tentar maximizar a satisfação dos próprios interesses.

O Judiciário, nesse contexto, se comportaria como um garantidor de que os interesses desses terceiros efetivamente fossem preservados, ainda que em detrimento do melhor aproveitamento dos recursos e da imposição dos custos decorrentes a outros agentes. Todavia, os juízes dificilmente conseguiriam controlar agentes econômicos com incentivos equivocados e que tutelariam os respectivos interesses, de forma estratégica[147].

A segunda forma de promover a redistribuição de valores aos terceiros ocorreria mediante a assunção de poderes pelo Judiciário na interpretação e aplicação das normas legais conforme essa orientação e, eventualmente, ainda que em detrimento de sua redação literal. Nesse aspecto, a redistribuição de valores ocorreria individualmente em cada processo, o que evitaria os custos imediatos de uma disciplina legal explícita quanto à alteração da prioridade de direitos, à exigência legal de ônus à satisfação dos credores ou à manutenção da atividade empresarial sob a condução do devedor irrecuperável e em detrimento dos credores.

Nessa segunda forma, a redistribuição indireta de valores ocorreria pela alteração individual e casuística da aplicação das normas legais, de modo a proteger interesses outros envolvidos no desenvolvimento da atividade. Trata-se do processo que Korobkin denomina "racionalidade procedimental"[148].

---

[145] WARREN, Elizabeth. Bankruptcy policy. *University of Chicago Law Review*, Chicago, v. 54, n. 3, p. 796, 1987.

[146] "Nas concordatas formadas por maiorias de votos, os credores deliberam sob a pressão do seu interesse individual, deturpando o sentido coletivo da deliberação, e, pois, tornando ilegítima a sujeição da minoria. E a verdade é que, na vigência desse sistema, se tem verificado a constância dessa anomalia, através dos entendimentos externos do processo, o que importa na quebra da igualdade de tratamento dos credores, princípio informativo do processo falimentar" (VALVERDE, Trajano de Miranda. Exposição de motivos da lei de falências, In: VALVERDE, Trajano de Miranda. *Comentários à Lei de falências*. 4. ed. Rio de Janeiro: Forense, 1999. v. 3. p. 267).

[147] BAIRD, Douglas F. Loss distribution, forum shopping, and bankruptcy: a reply to Warren. *University of Chicago Law Review*, Chicago, v. 54, 1987.

[148] "In those instances, normative constraints embodied in bankruptcy law appropriately direct the court to pursue settled aims. The court need engage only in ordinary deliberation intended to arrange means of realizing these aims" (KOROBKIN, Donald R. *Value and rationality in bankruptcy decisionmaking. William & Mary Law Review*, v. 33, n. 2, p. 353-354, 1992. Disponível em: https://scholarship.law.wm.edu/wmlr/vol33/iss2/2. Acesso em: 30 jun. 2023).

Todavia, o Judiciário é um substituto imperfeito para os agentes econômicos. Entendida a recuperação judicial como mecanismo de distribuição dos custos sociais da crise empresarial, a conexão entre a decisão judicial e a política pública de implementação dos objetivos pretendidos pela lei poderá influenciar a neutralidade do magistrado, seja na aplicação direta da norma, seja em sua interpretação.

Ao menos nove teorias podem explicar esse comportamento judicial, como a atitudinal, a estratégica, sociológica, psicológica, econômica, organizacional, pragmática fenomenológica e legalista[149]. Pela relevância para o julgamento na insolvência, destacam-se três: a legalista, a atitudinal e a estratégica.

Na teoria jurídica, ocorre a subsunção do fato à norma para a sua aplicação, de modo que o magistrado decidisse de forma neutra. A aplicação seria um processo lógico de subsunção do fato à norma. A despeito do que apregoa o modelo jurídico ou legalista, segundo o qual os magistrados, no exercício de suas funções, buscariam, a partir de aplicação de hermenêutica jurídica, interpretar a lei de modo a aplicá-la, em sua literalidade, ao caso concreto[150], as evidências empíricas demonstram que o processo de tomada de decisão não é influenciado apenas pelos aspectos legais[151], mas também por inúmeros fatores individuais do julgador e externos, tais como posicionamentos políticos e ideológicos[152], valores pessoais[153], a familiaridade com o advogado da parte[154], aspectos econômicos das partes[155], entre vários outros.

Na teoria atitudinal, os vieses não poderiam ser desconsiderados, de modo que se acrescentaria a ideologia, as convicções dos magistrados para a tomada de decisão. Por fim, a teoria estratégica apontaria que, além das preferências pessoais, as decisões são influenciadas por constrangimentos externos de toda ordem[156].

Sob o ponto de vista da ciência política, essas teorias seriam mais frequentes para explicar o comportamento judicial. Os juízes são naturalmente não neutros e sofrem a influência não apenas de suas opções ideológicas como de fatores ambientais internos e externos ao próprio Poder Judiciário, como controle de produtividade, assessores para o desempenho da atividade, repercussão social da decisão.

Quanto à influência ideológica, de modo geral, o juiz é sujeito a vieses cognitivos. A influência em seus julgamentos, notadamente envolvendo questões políticas ou sociais, poderia colocar sua imparcialidade em dúvida[157], prejudicar a qualidade de suas decisões e a credibilidade do sistema[158].

---

[149] POSNER, Richard A. *How judges think*. Cambridge, MA: Harvard University Press, 2008. p. 19.

[150] "In a pure legal model, judges wan only to interpret the law as well as possible. For this reason, they choose between alternative case outcomes and doctrinal positions on the basis of their legal merits" (BRAUM, Lawrence. *Judges and their audiences*: a perspective on judicial behavior. New Jersey: Princeton University Press, 2006. p. 4).

[151] SPAMANN, Holger; KLÖHN, Lars. Justice is less blind, and less legalistic, than we thought: evidence from an experiment with real judges. *Journal of Legal Studies*, Chicago, v. 45, n. 2. Harvard, John M. Olin Center for Law, Economics, and Business, 2016.

[152] SCHUBERT, Glendon apud GIBSON, James L. from simplicity to complexity: the development of theory in the study of judicial behavior. *Political Behavior*, v. 5, n. 1, p. 7-49, 1983, p. 11.

[153] SEGAL, J., SPAETH, H apud CESTARI, Roberto Tagliari. *Decisão judicial e realismo jurídico*: evolução das pesquisas sobre o comportamento judicial. 2016. Dissertação (Mestrado em Desenvolvimento no Estado Democrático de Direito) – Faculdade de Direito de Ribeirão Preto, Universidade de São Paulo, Ribeirão Preto, 2016. p. 71. Disponível em: https://teses.usp.br/teses/disponiveis/107/107131/tde-01092017-094644/pt-br.php. Acesso em: 30 jun. 2023.

[154] EPSTEIN, Lee; GEORGE, Tracey E. On the nature of supreme court decision making. *The American Political Science Review*, v. 86, n. 2, p. 323-337, jun. 1992, p. 325.

[155] VAN KOPPEN, Peter J.; KATE, Jan Ten. Individual differences in judicial behavior: personal characteristics and private law decision-making. *Law & Society Review*, v. 18, n. 2, p. 225-248, 1984.

[156] CARDOSO, Henrique Ribeiro; GASSEN, Valcir; SANTOS NETO, José Leite. A distanásia judicial de empresas: uma análise do comportamento judicial nos processos de recuperação de empresas. *Revista Jurídica*, Curitiba, v. 5, n. 72, p. 326-358, 2022.

[157] TARUFFO, Michele. *Uma simples verdade*: o juiz e a construção dos fatos. São Paulo: Marcial Pons, 2016. p. 143-144

[158] "[...] the institutional legitimacy of the judiciary still depends on the quality of the judgments that judges make" (GUTHRIE, Chris; RACHLINSKI, Jeffrey J.; WISTRICH, Andrew J. Inside the Judicial Mind. *Cornell Law Faculty Publications*, v. 86, n. 4, paper 814, p. 779, 2001).

CAPÍTULO 2 • A ESTRUTURA DO PROCEDIMENTO

Esse raciocínio seria até mesmo intuitivo porque juízes não podem ser considerados agentes econômicos livres de convicções. A despeito de seu cargo, treinamento e da função política que exercem, remanescem humanos, sujeitos aos mesmos vieses a que está sujeita a população em geral[159]. Nesses termos,

> é absolutamente intuitiva a noção de que um juiz, ao decidir, por mais que procure ser isento e imparcial, é influenciado por motivações pessoais, história de sua vida, educação e outros fatores que constroem sua personalidade. As pessoas são diferentes e interpretam diferentemente os fatos[160].

Nesse aspecto, a tentativa de proteger os interesses sociais imediatos poderia justificar uma enviesada propensão à inaplicação da própria lei, ainda que em detrimento dos efeitos secundários ou de longo prazo.

No Brasil, em pesquisa realizada, confrontados os funcionários públicos brasileiros dos três poderes, constatou-se que 61% dos membros do Judiciário acreditavam que o juiz deveria performar uma função social e que a busca pela justiça social justificaria a quebra de contratos[161]. Da mesma forma, em pesquisa com 700 juízes, constatou-se que 73,1% dos juízes concordavam mais que a justiça social justificaria decisões de rompimento dos contratos em comparação a que os contratos precisariam ser sempre cumpridos[162].

De acordo com Kahneman, esses vieses cognitivos e que afetam a imparcialidade do julgador decorrem, em essência, de dois sistemas de pensamento que atuam concomitantemente: um primeiro, que guarda, dentre suas funções, o armazenamento da memória, a percepção da realidade cotidiana e atua instintivamente; e um segundo, cuja função é pensar racionalmente, o que demandaria maior esforço[163]. O segundo sistema seria regrado pela lei do menor esforço e buscaria atalhos para responder a perguntas complexas[164].

Todos os seres humanos estariam sujeitos, em maior ou menor intensidade, aos inúmeros vieses cognitivos estudados por Kahneman. Com os magistrados não seria diferente. A psicologia cognitiva reafirma que "dificilmente haverá um grau zero de parcialidade ou imparcialidade total, que propicie uma atmosfera 'pura' de objetividade. Uma neutralidade asséptica de vieses é praticamente impossível"[165].

Desse modo, para os fins a que se presta este trabalho, focar-se-á nos quatro principais atalhos da mente, cuja aplicabilidade aos membros do Judiciário já foi testada.

---

[159] "Judges, it seems, are human. Like the rest of us, their judgment is affected by cognitive illusions that can produce systematic errors in judgment" (GUTHRIE, Chris; RACHLINSKI, Jeffrey J.; WISTRICH, Andrew J. Inside the Judicial Mind. In: *Cornell Law Faculty Publications*, v. 86, n. 4, paper 814, 2001. p. 778).

[160] CESTARI, Roberto Tagliari. *Decisão judicial e realismo jurídico*: evolução das pesquisas sobre o comportamento judicial. 2016. Dissertação (Mestrado em Desenvolvimento no Estado Democrático de Direito) – Faculdade de Direito de Ribeirão Preto, Universidade de São Paulo, Ribeirão Preto, 2016. Disponível em: https://teses.usp.br/teses/disponiveis/107/107131/tde-01092017-094644/pt-br.php. Acesso em: 30 jun. 2023.

[161] LAMOUNIER, Bolívar; DE SOUZA, Amaury. *As elites brasileiras e o desenvolvimento nacional*: fatores de consenso e dissenso. São Paulo: Instituto de Estudos Econômicos, Sociais e Políticos de São Paulo, 2002.

[162] PINHEIRO, Armando Castelar. Judiciário, reforma e economia: a visão dos magistrados. *IPEA* (Instituto de Pesquisa Econômica Aplicada), Texto para Discussão n. 966, Rio de Janeiro, 2003, p. 25-27.

[163] KAHNEMAN, Daniel. *Rápido e devagar*: duas formas de pensar. Tradução: Cassio de Andares Leite. Rio de Janeiro: Objetiva, 2012. p. 29.

[164] KAHNEMAN, Daniel. *Rápido e devagar*: duas formas de pensar. Tradução: Cassio de Andares Leite. Rio de Janeiro: Objetiva, 2012. p. 126.

[165] COSTA, Eduardo J. F. *Levando a imparcialidade a sério*: proposta de um modelo interseccional entre direito processual, economia e psicologia. 2016. Tese (Doutorado) – Curso de Direito Processual Civil, PUC-SP, São Paulo, 2016.

O primeiro deles é denominado "representatividade", o qual estabelece que "as probabilidades são avaliadas segundo o grau em que A é representativo de B, ou seja, segundo o grau em que A se assemelha a B"[166]. No âmbito da insolvência, por exemplo, a probabilidade de um determinado empresário conseguir recuperar-se ou pagar seus credores poderia ser analisada com base na quantidade de empresários que obtiveram sucesso nos procedimentos.

O raciocínio desconsideraria, dentre outros aspectos, a taxa-base de frequência, a probabilidade *a priori*, assim como o espaço amostral, levando a distorções.

Em um estudo realizado por professores da universidade americana de Cornell, testou-se a incidência desse e de outros vieses cognitivos em "*magistrate federal judges*", cuja função é auxiliar os *federal district judges*[167]. Verificou que os juízes não estão imunes aos efeitos do viés da representatividade, a despeito de aparentemente serem menos propensos a cair nessa armadilha cognitiva. De acordo com os dados coletados, apenas 41% dos juízes que participaram da pesquisa adotaram a alternativa correta[168].

O segundo viés chama-se "ancoragem e ajuste" e preleciona que "diferentes pontos de partida produzem diferentes estimativas, que são viesadas na direção dos valores iniciais"[169], ainda que tais valores sejam absolutamente arbitrários ou irrelevantes. A ancoragem levaria à busca de circunstâncias para que o valor inicial estivesse correto[170], o que decorreria da tendência mental de busca pela coerência.

De acordo com o estudo, os juízes seriam tão suscetíveis aos efeitos da ancoragem quanto pessoas comuns e mesmo a especialização não alteraria essa conclusão[171]. Os efeitos da ancoragem já foram testados em juízes de insolvência estadunidenses (*bankruptcy judges*), oportunidade em que se verificou que, a despeito da especialidade e de lidarem diariamente com questões econômicas e estatísticas, praticamente se igualavam aos juízes generalistas no que toca à susceptibilidade ao efeito. "The effect size observed in this study is only slightly smaller than the effect size we have observed in previous studies with generalist judges."[172]

O terceiro viés consistiria no chamado "enquadramento", que se revela em uma fase preliminar de avaliação do problema e da decisão a ser tomada, a partir da verificação de atos a serem praticados, contingências adotadas e possíveis desfechos para posterior avaliação racional. Ocorre que "framing is controlled by the manner in which the choice problem is presented as well as by norms, habits, and expectancies of the decision maker"[173].

---

[166] TVERSKY, Amos; KAHNEMAN, Daniel. O julgamento sob incerteza: heurísticas e vieses. *Science*, v. 185, 1974, p. 2.

[167] United States Courts. *Court role and structure*. Disponível em: https://www.uscourts.gov/about-federal-courts/court-role-and-structure. Acesso em: 30 jun. 2023.

[168] "The judges in our study were much more attentive than other experts to base-rate statistics and were much less likely to make decisions based solely on representativeness of the evidence. Our material differed somewhat from previous studies in that we asked the judges to select one of four answers rather than provide a specific probability estimate. Nevertheless, in a comparable study, only 18% of doctors – as compared to 40% of the judges in our study – provided the correct answer a problem like ours" (GUTHRIE, Chris; RACHLINSKI, Jeffrey J.; WISTRICH, Andrew J. Inside the judicial mind. *Cornell Law Faculty Publications*, v. 86, n. 4, paper 814, 2001, p. 818).

[169] TVERSKY, Amos; KAHNEMAN, Daniel. O julgamento sob incerteza: heurísticas e vieses. *Science*, v. 185, 1974, p. 7.

[170] "Specifically, we suggest that, to solve the comparative task, participants test the possibility that the target possesses the anchor value and try to construct a mental model that includes information that is maximally consistent with the anchor value" (STRACK, Fritz; MUSSWEILER, Thomas. Explaining the enigmatic anchoring effect: mechanisms of select accessibility. *Journal of Personality and Social Psychology*, v. 73, n. 3, p. 437-446, 1997, p. 444).

[171] GUTHRIE, Chris; RACHLINSKI, Jeffrey J.; WISTRICH, Andrew J. Inside the Judicial Mind. Inside the Judicial Mind. *Cornell Law Faculty Publications*, v. 86, n. 4, paper 814, 2001, p. 816.

[172] RACHLINSKI, Jeffrey J.; GUTHRIE, Chris; WISTRICH, Andrew J. Inside the bankruptcy judge's mind. *Cornell Law Faculty Publications*, v. 86, n. 5, paper 1084, p. 1.227-1.265, 2006, p. 1.237.

[173] TVERSKY, Amos; KAHNEMAN, Daniel. Rational choice and the framing of decisions. *The Journal of Business*, v. 59, n. 4, pt. 2: The behavioural foundations of economic theory, p. S251-S278, 1986, p. S257.

CAPÍTULO 2 • A ESTRUTURA DO PROCEDIMENTO

Os estudos demonstrariam que a forma como as opções são apresentadas influenciaria a escolha. As pessoas tenderiam a fugir do risco quando confrontadas com opções que representam possibilidades de perda, enquanto tenderiam a tomar decisões arriscadas quando confrontadas com opções que instituam possibilidades de ganho, ainda que numericamente as alternativas sejam idênticas. "This is a common pattern: choices involving gains are usually risk averse, and choices involving losses are often risk seeking-except when the probability of winning or losing is small."[174]

Particularmente na insolvência, referido viés é destacado. A decretação da falência como representação da possibilidade de perda seria menos atrativa do que a recuperação judicial, ainda que no cenário de elevado risco à atividade. Ainda que os juízes e advogados treinados[175] estejam menos suscetíveis aos seus efeitos do que a população em geral[176], o viés influenciaria na tomada de decisões[177].

O último, chamado de "*hindsight bias*", levaria à impressão de que se poderia prever o que teria ocorrido após o fato já ter acontecido[178]. O viés estaria relacionado à inconsciente mudança de percepção quanto à realidade e à previsibilidade de determinados eventos, em razão do conhecimento, pelo avaliador, do desfecho das decisões tomadas por determinado agente a partir de avaliação *ex ante*.

Pelo viés, as pessoas consistentemente exageram o que poderiam prever. Não apenas consideram o resultado como inevitável, como acreditam que era possível antecipar a ocorrência de eventos com uma probabilidade muito maior do que efetivamente ocorrem[179].

Nesse aspecto, ainda que se possa sustentar que o conhecimento dessa não neutralidade pelo julgador poderia permitir que ele se mantivesse equidistante dos diversos interesses em conflito[180], a alocação de poder ao magistrado, diante desse possível enviesamento, pode colocar em risco a expectativa de atribuição de poder a um julgador imparcial e que teria condições de aferir a melhor forma de proteção dos diversos interesses envolvidos.

Além dessa convicção pessoal enviesada, o ambiente externo também influencia o comportamento decisório e interfere na neutralidade do juízo. Prova dessa dificuldade na neutralidade é demonstrada pela influência nas decisões produzida pelo ambiente em que inserido o julgador.

Em um estudo realizado na França que buscou estabelecer a influência das taxas de desemprego locais sobre a decisão acerca da continuidade da atividade empresarial, verificou-se uma relação

---

[174] TVERSKY, Amos; KAHNEMAN, Daniel. Rational choice and the framing of decisions. *The Journal of Business*, v. 59, n. 4, pt. 2: The behavioural foundations of economic theory, p. S251-S278, 1986, p. S255.

[175] KOROBKIN, Russell; GUTHRIE, Chris. Psychology, economics, and settlement: a new look at the role of the lawyer. *Texas Law Review*, v. 76, n. 1, p. 77-142, 1997-1998, p. 100-101.

[176] GUTHRIE, Chris; RACHLINSKI, Jeffrey J.; WISTRICH, Andrew J. Inside the judicial mind. *Cornell Law Faculty Publications*, v. 86, n. 4, paper 814, 2001, p. 816-817.

[177] RACHLINSKI, Jeffrey J.; GUTHRIE, Chris; WISTRICH, Andrew J. Inside the bankruptcy judge's mind. *Cornell Law Faculty Publications*, v. 86, n. 5, paper 1084, p. 1.227-1.265, 2006, p. 1.241.

[178] "Mistaken belief that one could have predicted a given outcome once the outcome is known" (YAMA, Hiroshi *et al.* A cross-cultural study of hindsight bias and conditional probabilistic reasoning. *Thinking & Reasoning*, v. 16, p. 346–371, 2010, p. 349).

[179] FISCHHOFF, Baruch. For those condemned to study the past: reflections on historical judgment. *New Directions for Methodology of Social and Behavioral Science*, 4, p. 79-93, 1980, p. 83.

Nesse sentido, também: "when predicting the likelihood of something after the fact, judges cannot help but rely on facts that were unavailable before the fact. Judge's susceptibility to the hindsight bias is troubling because judges are frequently expected to supress their knowledge of some set of facts before making decisions. [...] our results suggest that judges are vulnerable to the influence of the hidsight bias" (GUTHRIE, Chris; RACHLINSKI, Jeffrey J.; WISTRICH, Andrew J. Inside the judicial mind. *Cornell Law Faculty Publications*, v. 86, n. 4, paper 814, 2001, p. 804-805).

[180] DANTAS, Rodrigo D'Orio. *A imparcialidade no divã*. São Paulo: Revista dos Tribunais, 2021; COSTA, Eduardo J. F. *Levando a imparcialidade a sério*: proposta de um modelo interseccional entre direito processual, economia e psicologia. São Paulo, 2016. Tese (Doutorado em Direito) – Curso de Direito Processual Civil, PUC-SP, São Paulo.

inversamente proporcional entre as duas variáveis. Quanto maior o índice de desemprego na região, menores as chances de se levar a devedora à liquidação. Os resultados confirmariam que os julgamentos sobre o futuro dos procedimentos de insolvência são dependentes das características do ambiente local[181].

Além da dificuldade de o julgador conseguir mensurar todos os efeitos da decisão, não apenas os imediatos, mas também os mediatos e secundários, e de conseguir manter-se imparcial em relação às partes e neutro em face das influências ambientais sofridas e dos próprios vieses, a verificação da viabilidade econômica da empresa sob a condição do empresário poderá exigir análise complexa, em regra não evidente, e que exigirá conhecimento especializado dos agentes decisórios[182].

O Judiciário, entretanto, não reúne capacidade técnica para a referida análise[183], tampouco está inserido no campo específico de atividade da recuperanda, ou conhece a dinâmica de suas relações de mercado. A análise poderá exigir conhecimentos multidisciplinares, econômicos, bem como especializados de determinada área, o que é custoso e incompatível com a estrutura disponibilizada ao Poder Judiciário ou a exigência de conhecimento pelos juízes[184].

Outrossim, o Judiciário não tem incentivos para que ocorra a melhor decisão. Caso os agentes econômicos não sejam os mais diligentes e tomem decisões equivocadas, serão retirados do mercado ou sofrerão os maiores prejuízos. O juiz, entretanto, receberá sua remuneração em detrimento da correção da decisão e eventual equívoco terá os efeitos apenas produzidos sobre a esfera dos terceiros.

Nesse sentido, a alocação de poder ao juiz, sem que possua estrutura, informação ou incentivos para que tome a decisão mais adequada em relação à recuperação judicial ou à falência do devedor, poderá implicar maiores custos a todos os agentes econômicos. Sua intervenção não poderia versar sobre a viabilidade econômica da atividade ou a recuperabilidade do devedor. Deveria ser adstrita, em situações absolutamente excepcionais, à análise de eventual comportamento abusivo de qualquer das partes negociantes.

Como agente decisório, a atribuição de poder ao Judiciário para a apreciação da conveniência da concessão da recuperação judicial implicará, naturalmente, atraso da opção de liquidação dos bens. A decisão será mais propensa a aprovar o plano de recuperação judicial – ainda que o devedor conduza atividade economicamente inviável ou seja irrecuperável – como forma de se evitar a imediata perda dos empregos, ou de se impedir a distribuição dos produtos aos consumidores ou obstar a manutenção da concorrência do mercado. Isso porque o Judiciário, no intuito de proteger os referidos interesses de terceiros, está mais propenso a concentrar-se nos efeitos mais imediatos,

---

[181] ESQUERRÉ, Stéphane. *How do judges judge?* Evidence of local effect on French bankruptcy judgments, 2014. Disponível em: https://ssrn.com/abstract=2470059. Acesso em: 3 jul. 2023.

[182] BREALEY, Richard; MYERS, Stewart; ALLEN, Franklin; EDMANS, Alex. *Principles of corporate finance*. 14 ed. New York: McGraw-Hill, 2023.

[183] "The bankruptcy process is institutionally incapable of resolving the loss distribution issues among all who are interested in the outcome of the case. Even assuming that the social costs accompanying business failure should be spread over a broad base, the judicial system is particularly ill-equipped to make the types of judgments required to distribute losses in a way that bears any resemblance to rational policy" (FROST, Christopher W. Bankruptcy redistributive policies and the limits of the judicial process. *North Carolina Law Review*, Chapel Hill, v. 74, n. 1, 1995, p. 77).

[184] Uma das exceções ocorreria na França, na medida em que, como regra, os juízes de insolvência são "merchants or business persons chosen by their peers through a two-stage election". Esses são chamados de juízes consulares. Ao comparar os índices de admissão da recuperação judicial nos distritos sujeitos aos juízes consulares e aos juízes misturados – em que os casos são julgados conjuntamente por um juiz de carreira com apoio dos juízes consulares –, concluiu-se que os juízes consulares facilitariam a admissão dos pedidos de recuperação judicial, mas sua atuação não influenciaria as taxas de efetiva recuperação (ESQUERRÉ, Stéphane. Court structure and legal efficiency: the case of French échevinage in bankruptcy courts. *HAL Open Science*, 2019. p. 20).

CAPÍTULO 2 • A ESTRUTURA DO PROCEDIMENTO

facilmente perceptíveis e concentrados, do que nos mediatos, que poderão ser mais dispersos ou serem secundários. Tal conclusão é resultante, senão dos diversos vieses que afetam o julgador ou da pressão social em face da referida decisão, do simples fato de que a mensuração de todas as variáveis complexas não facilmente perceptíveis é mais custosa[185].

Contudo, o prolongamento de um procedimento de recuperação judicial de uma empresa inviável ou sob condição irrecuperável do empresário devedor poderá gerar um consumo de fatores de produção escassos, a deterioração dos ativos, concorrência desleal no mercado e maior dificuldade em futura alienação forçada do conjunto de bens. A não decretação da falência pelo agente decisório poderá ocorrer, a despeito dos interesses imediatos protegidos, em detrimento dos próprios interesses mediatos de todos os envolvidos no processo e aos quais o instituto da insolvência é destinado a proteger[186].

Desta forma, pesquisa de Gennaiolli e Rossi confirma empiricamente a referida conclusão: "Bankruptcy Codes granting courts more discretion should be associated with more pro debtor adjudication, and thus with more (inefficient) reorganizations, more bankruptcy re-filing and lower repayment"[187].

A atribuição do poder de decisão sobre a viabilidade econômica da empresa e a recuperabilidade do devedor ao magistrado, nesses termos, não permitiria que se protegessem todos os interesses cuja proteção se pretende de forma adequada.

3.3 Alocação de poder ao devedor em conjunto com seus credores

A terceira corrente, desenvolvida por Baird e Jackson, apregoa a alocação de poder aos devedores e credores[188].

Embora seja necessário tutelar os interesses dos terceiros não detentores de créditos, mas cujos interesses são dependentes do prosseguimento da atividade empresarial, a alocação do poder deve ser feita àqueles que terão o maior incentivo para tomar decisões eficientes e que suportarão os maiores custos de uma decisão equivocada.

Na insolvência do devedor, os credores se apresentariam como titulares do valor residual da atividade. Aos credores seria diretamente relevante o aumento dos ativos do devedor, que assim poderia satisfazer seus débitos, ou sentiriam diretamente os efeitos de uma decisão equivocada, ao reduzir o patrimônio do devedor e, por consequência, reduzir a satisfação dos referidos créditos[189].

Dessa forma, aa alocação deverá concentrar-se naqueles que têm o maior incentivo a acertar a decisão, pois, diante da grande quantidade de variáveis, dificilmente se pode mensurar uma decisão como correta previamente e será exigido grande investimento dos decisores para avaliar a melhor

---

[185] Na lição principal econômica de Henry Hazlitt, o agente "must trace not merely the immediate results but the results in the long run, not merely the primary consequences but the secondary consequences, and not merely the effects on some special group but the effects on everyone" (HAZLITT, Henry. *Economics in one lesson*. New Rochelle, NY: Arlington House, 1979, p. 103).

[186] Nesse sentido: "To the extent the reorganization takes time, however, the shutdown decision rests with a bankruptcy judge or some other actor who lacks both the expertise and the incentives needed to make this decision well. Entrusting the shutdown decision to such a person can be costly, even if the reorganization lasts only a few months" (BAIRD, Douglas G.; MORRISON, Edward. Bankruptcy decision making. *John M. Olin Program in Law and Economics*, Working Paper n. 126, 2001, p. 3).

[187] GENNAIOLI, Nicola; ROSSI, Stefano. Judicial discretion in corporate bankruptcy. *UBCWinter Finance Conference 2008 Paper*, EFA 2008 Athens Meetings Paper, 2009, p. 5. Disponível em SSRN: https://ssrn.com/abstract=1051441 ou http://dx.doi.org/10.2139/ssrn.1051441. Acesso em: 3 jul. 2023..

[188] BAIRD, Douglas G. Loss distribution, forum shopping, and bankruptcy: a reply to Warren. *University of Chicago Law Review*, Chicago, v. 54, p. 815-834, 1987, p. 831-833; JACKSON, Thomas H. Bankruptcy, non-bankruptcy entitlements, and the creditors' bargain. *The Yale Law Journal*, v. 91, n. 5, p. 857-907, 1982.

[189] BAIRD, Douglas G. A world without bankruptcy. *Law and Contemporary Problems*, v. 50, n. 2, 1987, p. 192.

decisão para a condução da atividade. Para serem mais eficientes, as decisões deverão ser atribuídas aos que sofrerão as maiores perdas, caso tomem decisões equivocadas, e os maiores ganhos, caso corretas: os devedores e os credores[190].

Essa alocação de poder para a deliberação sobre o plano de recuperação judicial proposto é denominada "structured bargain", negociação estruturada[191] ou modelo dos credores (*creditors' bargain*).

Os devedores e os credores teriam os interesses mais facilmente identificáveis. A majoração do valor do ativo do devedor e a maior satisfação dos respectivos créditos fariam com que ambos tomassem presumivelmente as decisões economicamente mais racionais ao aferirem a viabilidade econômica da empresa.

Se os devedores ou os sócios da pessoa jurídica precisam ter os estímulos corretos para serem obrigados a tomar decisões tempestivas de saneamento empresarial diante da crise, mas possuem interesse em satisfazer o crédito de todos para que o remanescente possa remunerá-los, os credores são afetados diretamente pela condução da atividade. A decisão equivocada sobre a sua preservação ou liquidação afetará diretamente a satisfação dos respectivos créditos, de modo que possui incentivo para sua correção.

Ademais, a complexidade da referida aferição apenas poderia ser desempenhada a contento por agentes econômicos diretamente envolvidos com o seu desenvolvimento e que teriam condições de obter, de forma menos onerosa ou com incentivos diretos para investir recursos para obter, as informações imprescindíveis sobre a operação do negócio.

Ao tutelarem os respectivos interesses econômicos, ambos promoveriam a mais eficiente alocação dos recursos escassos da companhia e, diante disso, assegurariam a proteção dos interesses de todos os envolvidos, desde que os incentivos legais fossem adequados para que os interesses dos credores, como coletividade, coincidissem com os interesses de todos os terceiros envolvidos. Para tanto, a insolvência deveria espelhar um acordo hipotético feito pelos credores entre si e com o devedor diante da impossibilidade de adimplemento[192]. O sistema sofre críticas e questiona-se a alocação de poder aos credores, notadamente em função da sua busca por maximização da própria riqueza. Nesse sentido: "bankruptcy involves much more than maximizing creditors' recovery as measured in dollars and cents. Bankruptcy is concerned with rehabilitating debtors, which may not benefit creditor's short-term recovery"[193].

Ademais, o sistema de credores não reconheceria as diferenças entre os credores, os quais poderiam ter interesses diferentes e sofrer efeitos diversos em virtude de uma não satisfação do referido crédito[194], visto que são tratados de forma igualitária. Dessa forma, "this model is premised on a belief in equality of treatment among creditors. [...] [T]he system fails to recognize the vast chasm

---

[190] "Those directly affected bear the most identifiable costs, and collectively they presumably make the most rational decisions regarding the long-term survival of the business" (WARREN, Elizabeth. Bankruptcy policymaking in an imperfect world. *Michigan Law Review*, Ann Arbor, v. 92, n. 2, 1993, p. 355).

[191] JACKSON, Thomas H. Bankruptcy, non-bankruptcy entitlements, and the creditors' bargain. The *Yale Law Journal*, v. 91, n. 5, p. 857-907, 1982.

[192] BAIRD, Douglas. A world without bankruptcy. *Law and Contemporary Problems*, v. 50, n. 2, 1987, p. 186. Ainda, no mesmo sentido: "The ability to sell entire firms and divisions eliminates the need for a collective forum in which the different players must come to an agreement about what should happen to the assets. That decision can be left to the new owners" (BAIRD, Douglas; RASMUSSEN, Robert K. The end of bankruptcy. *John M. Olin Program in Law and Economics*, Working Paper n. 173, 2002, p. 7/8).

[193] GROSS, Karen. *Failure and forgiveness* – rebalancing the bankruptcy system. New Haven and London: Yale University Press, 1997. p. 138.

[194] GROSS, Karen. *Failure and forgiveness* – rebalancing the bankruptcy system. New Haven and London: Yale University Press, 1997. p. 138.

CAPÍTULO 2 • A ESTRUTURA DO PROCEDIMENTO

between equality of treatment and equality of outcome. A richer, more finely tuned concept of equality is needed"[195].

Outrossim, o pressuposto de que os credores tomariam decisões racionais conforme seus interesses diretos pode não ocorrer. Assim como acontece com outros agentes, "o processo de escolha pelos credores poderá ser enviesado, ainda que inconscientemente, com uma possível predominância de carga emocional na formulação de seus juízos"[196].

Diante da complexidade na avaliação da viabilidade econômica do devedor e da dificuldade de se aferir se o plano de recuperação judicial permitiria melhor recuperação dos créditos do que a liquidação falimentar, os credores tenderiam, como todos os demais agentes, a evitar esse raciocínio mais dificultoso e de probabilidade em virtude dos dados expostos. Sua análise poderia se basear em avaliações básicas, mediante julgamentos intuitivos e com base em abordagem de heurísticas e vieses[197]. Ao invés de considerarem os fluxos de caixa projetados, a capacidade de pagamento do devedor e o valor dos ativos da liquidação forçada, os credores poderiam evitar a realidade da perda do procedimento falimentar e se apegar em um risco desproporcional de sucesso da recuperação judicial para a proteção dos respectivos créditos. Diante do viés, poderiam os credores "tomarem decisões com base em avaliações contínuas, da experiência, tomadas sem nenhum esforço e que podem sofrer os efeitos de vieses"[198].

Contudo, a existência de heurísticas e vieses está disseminada entre todos os agentes econômicos. Em Assembleia Geral de Credores, diante da ausência de um interesse comum a orientar as deliberações[199], os credores seriam reunidos para que fosse obtido o sentido de voto da maioria. Essa reunião permitiria a discussão do melhor meio de recuperação judicial proposto para maximizar os interesses de todos, o que reduziria os vieses individuais diante das informações variadas trazidas. Pelo quórum de maioria qualificada, ademais, garantir-se-ia que os votos dissonantes ou proferidos diante de comportamentos estratégicos do credor não impedissem a melhor alocação dos recursos escassos para a proteção dos interesses de todos[200].

Por seu turno, a alocação de poderes no devedor e nos credores não desconsidera a proteção ao interesse de todos os envolvidos. Os credores são "as extremidades do mercado em contato com a empresa"[201]. Como o patrimônio do devedor será a garantia da satisfação dos créditos, a atribuição aos credores do poder de decisão assegurará a melhor análise dessa garantia e da possibilidade de a preservação da atividade empresarial na condução do devedor maximizar a satisfação dos créditos[202].

---

[195] GROSS, Karen. *Failure and forgiveness* – rebalancing the bankruptcy system. New Haven and London: Yale University Press, 1997. p. 138.

[196] SACRAMONE, Marcelo Barbosa; DANTAS, Rodrigo D'Orio. O fator emocional nas decisões dos credores sobre o plano de recuperação judicial. In: MUNHOZ, Eduardo; SATIRO, Francisco; CEREZETTI, Sheila Neder (coord.). *Estudos sobre a reforma da Lei n. 11.101/2005*. Belo Horizonte: Expert, 2022. p. 202.

[197] KAHNEMAN, Daniel. *Rápido e devagar*: duas formas de pensar. Tradução: Cassio de Andares Leite. Rio de Janeiro: Objetiva, 2012. p. 117.

[198] SACRAMONE, Marcelo Barbosa; DANTAS, Rodrigo D'Orio. O fator emocional nas decisões dos credores sobre o plano de recuperação judicial. In: MUNHOZ, Eduardo; SATIRO, Francisco; CEREZETTI, Sheila Neder (coord.). *Estudos sobre a reforma da Lei n. 11.101/2005*. Belo Horizonte: Expert, 2022. p. 203.

[199] SATIRO, Francisco. Autonomia dos credores na aprovação do plano de recuperação judicial. In: *Direito empresarial e outros estudos de direito em homenagem ao professor José Alexandre Tavares Guerreiro*. São Paulo: Quartier Latin, 2013. p. 110.

[200] SACRAMONE, Marcelo Barbosa; PIVA, Fernanda Neves. Abuso de direito de voto na recuperação judicial. *Revista do Advogado*, n. 150, AASP, São Paulo, p. 162-168, 2021.

[201] RODRIGUES, Frederico Viana. Reflexões sobre a viabilidade econômica da empresa no novo regime concursal brasileiro. *Revista de Direito Mercantil, Industrial, Econômico e Financeiro*, n. 138, São Paulo: Malheiros, 2005, p. 111.

[202] Para Sztajn, "sendo a empresa fenômeno econômico, sua preservação ou recuperação deve manter foco nas questões econômico-financeiras, nas operacionais e no fato de que deixar de fundar as decisões nesses parâmetros – o econômico em particular –

A proteção dos interesses públicos relacionados à proteção dos diversos envolvidos com o desenvolvimento da atividade empresarial e que não possuam créditos pecuniários em face do devedor se coaduna com essa satisfação dos interesses dos credores. Como sustentado em outra oportunidade,

> a proteção dos respectivos interesses creditícios individuais pelos credores asseguraria a melhor alocação dos recursos escassos, seja na condução da atividade pelo empresário devedor, seja por meio da liquidação forçada falimentar e, por consequência, beneficiaria a todos os demais afetados pela atividade empresarial do devedor em crise[203].

Como o patrimônio do devedor representa a satisfação dos interesses dos credores, diante de uma crise do devedor, os credores decidirão se a empresa seria viável, ou seja, procurarão maximizar o interesse individual de cada qual. Caso viável, facilmente percebe-se que o interesse dos credores se harmoniza com os interesses dos demais envolvidos diante da decisão de manter o desenvolvimento da atividade empresarial pelo próprio devedor.

Se a crise econômica for condizente com uma perspectiva de rentabilidade negativa, sem condição de restruturação, entretanto, mais conveniente ao interesse dos credores a imediata liquidação por meio da decretação da falência. Ainda nesse ponto, embora possa parecer que os interesses dos credores não se coadunam com os interesses sociais, isso ocorre apenas com os imediatos. A longo prazo, a empresa ineficiente, com perspectiva de rentabilidade negativa, apenas consome os recursos escassos, gera concorrência predatória e fatalmente sucumbirá após a deterioração ou alienação individual dos bens[204].

4. INCENTIVOS ADEQUADOS À ALOCAÇÃO DE PODER

Ainda que a empresa em crise e a interrupção de seu desenvolvimento possam afetar os interesses de diversas pessoas, referidos interesses são complexos, heterogêneos, variáveis a longo prazo e, eventualmente, contraditórios entre si.

Além da dificuldade da representação, os terceiros interessados não possuem incentivos para a direta mensuração da viabilidade econômica da atividade ou para a recuperabilidade do devedor. Embora possam sofrer os efeitos negativos de uma eventual preservação da atividade inviável a longo prazo, com a deterioração dos salários, concentração de mercado e redução da concorrência e aumento dos riscos de inadimplemento, referidos efeitos negativos dispersos se contraporiam a efeitos

---

para atender a alguns interesses, em geral defendidos por grupos que, capturando o legislador, tratam de obter vantagens pessoais, independentemente de quem venham a prejudicar, faz com que se perca eficiência na alocação de recursos escassos" (SZTAJN, Rachel. Notas sobre as Assembleias de Credores na Lei de Recuperação de Empresas. *Revista de Direito Mercantil, Industrial, Econômico e Financeiro*, n. 138, São Paulo: Malheiros, 2005, p. 56).

[203] SACRAMONE, Marcelo Barbosa; PIVA, Fernanda Neves. Abuso de direito de voto na recuperação judicial. *Revista do Advogado*, São Paulo, AASP, n. 150, p. 162-168, 2021, p. 166.

[204] Essa mesma corrente é muito bem aplicada pelo Código de Insolvência alemão, que não dá nenhuma prioridade legal as diferentes opções de liquidação do patrimônio do devedor, e deixa a escolha a cargo da autonomia dos credores. É o que comenta a doutrina alemã: "Die Insolvenzordnung kennt kernen gesetzlichen Vorrang einer dieser Verwertungsmöglichkeiten, sondern überlässt die Auswahl der Gläubigerautonomie. Die Entscheidung, welcher der Wege die beste Gläubigerbefriedigung Verspricht und deshalb beschritten wer den soll, soll nach einem für alle Verwertungsformen gemeinsamen und einheitlichen Verfahrensbeginn im Berichtstermin mit einfacher Mehrheit getroffen werden (§8 29 Abs. 1 Nr. 1, 76 Abs. 2, 1561. InsO). Man kann insoweit von einem gemeinsamen Suchprozess der Beteiligten sprechen".

Em tradução livre: "O Código de Insolvência não dá nenhuma prioridade legal a uma dessas opções de liquidação, mas deixa a escolha a cargo da autonomia dos credores. A decisão sobre qual das formas promete a melhor satisfação dos credores e, portanto, deve ser seguida, deve ser tomada por uma maioria simples na reunião do relatório após um início comum e uniforme dos procedimentos para todas as formas de realização (§8 29 (1) n. 1, 76 (2), 1561. InsO). A esse respeito, pode-se falar de um processo de busca conjunta das partes envolvidas" (BORK, Reinhard. *Insolvenzordnung / Unternehmensstabilisierungs- und -restrukturierungsgesetz: InsO / StaRUG*. 24. Auflage. München: C.H. Beck, 2022. p. 11).

CAPÍTULO 2 • A ESTRUTURA DO PROCEDIMENTO

benéficos positivos e concentrados, ainda que transitórios e de curto prazo, como a preservação dos empregos, da disponibilidade de produtos ou serviços e desenvolvimento das contratações.

A atribuição do poder a um órgão imparcial, como o Poder Judiciário, para a proteção dos interesses de todos esses envolvidos também não asseguraria, de forma mais adequada, a persecução de todos os objetivos pretendidos. Seja pela aplicação de regras distributivas expressas, seja indiretamente por meio de interpretação teleológica para implementar política pública com intuito social, o Poder Judiciário é um substituto imperfeito para a persecução dos referidos interesses.

A decisão judicial estaria sujeita aos vieses cognitivos do julgador, além de fatores externos. O Poder Judiciário, dentre os diversos vieses do julgador, tenderia a evitar a possibilidade de perda por meio da decretação da falência e a reduzir o risco previsto da concessão da recuperação judicial diante da alternativa ser considerada uma possibilidade de ganho. Além dos vieses, também estaria sujeito a fatores externos, como o ambiente em que inserido, a comoção social gerada por eventual descontinuidade da atividade, o fechamento dos postos de trabalho, a interrupção do fornecimento de produtos e serviços.

A verificação da viabilidade econômica é questão complexa e que exige conhecimento especializado, custoso e incompatível com estrutura disponível ao Judiciário. A dificuldade de análise da informação soma-se à falta de incentivos na tomada da melhor decisão. O decisor não sofrerá os efeitos da decisão tomada e não há parâmetros para aferição se a decisão judicial foi correta ou errônea ou para fiscalização externa.

Para a obtenção dos objetivos pretendidos de concessão da recuperação judicial apenas aos empresários recuperáveis e com atividades viáveis economicamente, a atribuição mais eficiente do poder decisório deverá ser feita aos agentes econômicos com maiores incentivos para a tomada de decisões corretas e de forma tempestiva. Aos devedores e credores deve ser concedido o poder para tomar decisões em razão de serem potencialmente os grandes beneficiários ou prejudicados, sob uma perspectiva de longo prazo, com o encerramento das atividades do devedor.

Os credores suportariam os custos mais identificáveis e teriam os incentivos econômicos mais diretos para a tomada da mais correta decisão. Ao protegerem a maximização da satisfação dos próprios créditos ou interesses, tomarão presumivelmente a decisão mais racional em longo termo sobre a manutenção ou não do devedor à frente da condução da sua atividade[205].

Os devedores e credores promoverão a melhor alocação dos fatores de produção, seja por meio da concessão da recuperação judicial e permanência do devedor na condução da atividade empresarial, seja por meio da liquidação falimentar com a liquidação dos ativos. A tutela da eficiência dos meios de produção asseguraria que os devedores e credores, ao protegerem a maior satisfação dos próprios interesses, promoveriam a proteção, a longo prazo, dos interesses de todos os terceiros que gravitam em torno do desenvolvimento da atividade.

A promoção dos interesses de todos os envolvidos com o desenvolvimento da atividade empresarial somente será atendida pelos credores ao aferirem a viabilidade econômica da empresa para maximizar a satisfação dos respectivos créditos e recuperabilidade do devedor, entretanto, se a estrutura legal permitir incentivos adequados para que os credores tutelem os respectivos interesses pecuniários de forma coletiva, "tomando os devidos cuidados para não abrir margem para risco moral e comportamentos oportunistas"[206].

---

[205] "Those directly affected bear the most identifiable costs, and collectively they presumably make the most rational decisions regarding the long-term survival of the business" (WARREN, Elizabeth. Bankruptcy policymaking in an imperfect world. *Michigan Law Review*, Ann Arbor, v. 92, n. 2, 1993, p. 355).

[206] LISBOA, Marcos de Barros *et al*. A racionalidade econômica da nova lei de falências. In: PAIVA, Luiz Fernando Valente de (coord.). *Direito falimentar e a nova lei de falências*. São Paulo: Quartier Latin, 2005. p. 46.

Os objetivos legais pretendidos de melhor eficiência alocativa dos recursos e de maior satisfação dos interesses de todos os afetados pela atividade empresarial serão obtidos apenas se a estrutura legal criada para os pedidos de recuperação judicial e a manifestação de vontade sobre o plano de recuperação proposto permitir os incentivos adequados para que a manifestação dos interesses dos devedores e dos credores não seja oportunista e represente a melhor solução coletiva negociada.

Diante dessa atribuição a ser conferida aos devedores e credores para aferir a viabilidade econômica da empresa, a crise da devedora e as soluções propostas, a negociação realizada entre os devedores e seus credores não poderá sofrer alterações pelo juízo recuperacional.

Ao Judiciário não seria dado intervir no mérito econômico do plano de recuperação judicial, aferir a crise da empresa devedora ou alterar a deliberação dos credores. O Poder Judiciário deve apenas conduzir a relação jurídica processual que permitirá ao devedor negociar com os seus credores a melhor alternativa para superarem, juntos, a crise que acomete o devedor[207].

A autonomia da Assembleia Geral de Credores e a livre estipulação dos meios de recuperação pelo devedor ou pelos credores não significam, entretanto, absoluta soberania. O plano de recuperação judicial e a deliberação da Assembleia Geral de Credores não prevalecem se afrontarem norma cogente[208]. Como qualquer outro negócio jurídico, o plano de recuperação judicial e os votos dos credores se submetem aos requisitos de validade dos negócios jurídicos, os quais necessitam ter objeto lícito, possível e determinado ou determinável.

A intervenção do Estado no controle judicial dessa legalidade não implica interferência na livre manifestação de vontade das partes contratantes, as quais podem regular sua autonomia privada, mas simplesmente afere os limites em que essa liberdade de manifestação deve se restringir. Ainda que os contratantes possam convencionar os termos que melhor atendam aos interesses respectivos, a convenção não poderá extrapolar os limites estabelecidos pelo direito ao afrontar normas cogentes ou os dispositivos legais que asseguram a proteção de interesses públicos ou sociais.

Deve, entretanto, restringir-se à estrita análise da legalidade, sob pena de interferir nos incentivos legais aos agentes econômicos com maior incentivo para a correta decisão.

---

[207] Nesses termos, o Enunciado n. 46 da I Jornada de Direito Comercial CJF/STJ estabelece: "Não compete ao juiz deixar de conceder a recuperação judicial ou de homologar a extrajudicial com fundamento na análise econômico-financeira do plano de recuperação aprovado pelos credores".

[208] Enunciado n. 44 da I Jornada de Direito Comercial CJF/STJ: "A homologação de plano de recuperação judicial aprovado pelos credores está sujeita ao controle judicial de legalidade".

CAPÍTULO 3
FASE POSTULATÓRIA

1. PROCEDIMENTOS DE INSOLVÊNCIA

Os sistemas de insolvência são variados entre os países. A despeito de alguns países que sequer possuem procedimentos formais de reorganização, com o território autônomo de Hong Kong, ainda que este admita alguma informal finalidade de reorganização no procedimento de liquidação falimentar, de modo geral os sistemas podem ser agrupados em dois grupos conforme a autonomia ou o início dos procedimentos liquidatórios e de organização.

Um primeiro grupo, conhecido como sistema único ou de via única de entrada, é identificado pela previsão de ingresso a um único procedimento de insolvência, que pode se orientar tanto para a reorganização, com a aprovação de um plano de reestruturação, como pela liquidação falimentar. É o caso dos sistemas de insolvência da Alemanha e Portugal, dentre os sistemas que influenciaram diretamente a legislação nacional, além de Espanha, México e Uruguai[1].

Um segundo grupo é conhecido como sistema dúplice ou de via dupla de entrada. É identificado pela previsão de procedimento de reorganização e outro, com via autônoma, de natureza predominante liquidatória. Além do Brasil, é o caso dos sistemas de insolvência da Itália, França e Estados Unidos, dentre os sistemas que influenciaram diretamente a legislação nacional, além de Argentina, Chile e Reino Unido.

Entre os procedimentos, podem-se apontar vantagens e desvantagens de cada qual. Nos procedimentos de entrada única, tanto os empresários recuperáveis quanto os irrecuperáveis serão submetidos a um período de suspensão para que os credores possam verificar se deverá ou não ocorrer a sua liquidação. Nesse ponto, entretanto, empresários irrecuperáveis e empresas inviáveis economicamente poderão se beneficiar de um período de suspensão até que se possa diferenciá-los dos recuperáveis e viáveis. Por seu turno, como a diferenciação pode se revelar de difícil ocorrência, poder-se-ia dificultar a reorganização dos empresários e submeter todos a uma liquidação forçada[2].

Nos procedimentos de via dupla de ingresso, a identificação dos empresários recuperáveis e das empresas viáveis se faz por meio de procedimentos concursais específicos já desde o início, o que permitiria uma abordagem particular do procedimento conforme essa natureza. Nesses termos, não haveria suspensão das execuções no procedimento de liquidação das empresas inviáveis até que a falência fosse decretada, enquanto isso deveria ocorrer imediatamente na recuperação das viáveis.

Entretanto, o sistema de via dupla permite comportamento estratégico. Empresas inviáveis e devedores irrecuperáveis poderão ser submetidos ao procedimento de recuperação de forma oportunista, o que poderia retardar o reconhecimento e assegurar o benefício do procedimento em detrimento da conservação dos recursos escassos.

A despeito das vantagens e desvantagens de cada procedimento, a maior eficiência sistêmica parece independer da forma de via única ou dupla e mais da estruturação de cada procedimento

---

[1] Ressalvando-se os institutos pré-insolvência; *v.g.*, StaRUG e o PER, para os regimes alemão e português, respectivamente.

[2] Gurrea-Martínez, Aurelio. Objetivos y fundamentos del derecho concursal. In: Gurrea-Martínez, Aurelio; Rouillon, Adolfo (org.). *Derecho de la insolvencia*: un enfoque comparado y funcional. Madrid: Wolters, 2022. cap. 2.

como forma de reduzir as desvantagens de cada qual e assegurar a reorganização apenas das empresas viáveis, bem como disponibilizar efetivo meio para a superação da crise econômico-financeira.

2. DISTRIBUIÇÃO DE PROCEDIMENTOS DE RECUPERAÇÃO JUDICIAL NO BRASIL

Seja em comparação com países com sistemas de via única, seja em comparação com outros países que adotaram sistemas de via dupla, a utilização do procedimento de insolvência brasileiro tem se relevado diminuta em relação aos demais.

Pelos dados coletados pelo Observatório de Insolvência realizado pelo Núcleo de Estudo e Pesquisa sobre Insolvência (NEPI) da PUC-SP e Associação Brasileira de Jurimetria (ABJ), foram distribuídos apenas 1.194 processos de recuperações judiciais no estado de São Paulo entre janeiro de 2010 e julho de 2017[3]. "Do total de 1.194 processos, 145 (12,1%) recuperações judiciais foram requeridas exclusivamente por Microempresas (ME), 148 (12,4%) recuperações judiciais foram requeridas exclusivamente por Empresas de Pequeno Porte (EPP), 270 (22,6%) por grupos societários, ainda que envolvessem EPP e ME, e 629 (52,7%) exclusivamente por sociedades isoladas não classificadas como EPP ou ME."[4]

No estado do Rio de Janeiro, o Observatório de Insolvência identificou 313 processos de recuperação judicial distribuídos entre 2010 e 2018, dos quais 215 tiveram o processamento da recuperação deferido. Dos processos considerados, 26 (8,3%) recuperações judiciais foram requeridas exclusivamente por Microempresas (ME), 11 (3,5%) recuperações judiciais foram requeridas exclusivamente por Empresas de Pequeno Porte (EPP), 102 (32,6%) por grupos societários, ainda que envolvessem EPP e ME, e 174 (55,6%) exclusivamente por sociedades isoladas não classificadas como EPP ou ME[5].

Os dados de distribuição do Brasil nos estados economicamente mais relevantes revelam que, para a imensa maioria dos empresários brasileiros, únicos legitimados a se submeterem ao sistema de insolvência, o processo de recuperação judicial não é uma alternativa viável.

Para grande parte das MEs e EPPs, a Lei de Insolvência não é um instrumento adequado para a superação da crise econômico-financeira que acomete sua atividade, uma vez que diminuto percentual delas consegue acesso ao procedimento. Percentual ainda menor consegue o deferimento do processamento para o início das negociações coletivas para a superação da crise[6].

Embora as MEs e EPPs sejam mais sujeitas a crises pelas poucas reservas, menor quantidade de ativo e menor quantidade de acesso ao crédito, a participação delas na distribuição de casos de recuperação judicial é pequena se comparada ao restante dos empresários, mesmo a Lei possuindo disposições para tornar o procedimento menos oneroso. Em relação à presença dos empresários ativos no estado de São Paulo até 31 de julho de 2017, revelou-se que os empresários de grande e médio porte apresentam frequência 44 vezes maior na recuperação judicial dos que as MEs e 2,7 vezes maior do que as EPPs[7].

---

[3] WAISBERG, Ivo *et al. Atualização da Segunda Fase do Observatório de Insolvência* – Recuperação judicial no estado de São Paulo. Disponível em: obs_recuperacoes_abj.pdf (abjur.github.io). Acesso em: 3 jul. 2023.

[4] WAISBERG, Ivo *et al. Atualização da Segunda Fase do Observatório de Insolvência* – Recuperação judicial no estado de São Paulo. Disponível em: obs_recuperacoes_abj.pdf (abjur.github.io). Acesso em: 3 jul. 2023.

[5] NUNES, Marcelo Guedes; SACRAMONE, Marcelo Barbosa; WAISBERG, Ivo. *Observatório da Insolvência*. Processos de recuperação judicial no Rio de Janeiro. p. 18 Disponível em: https://abjur.github.io/obsRJRJ/relatorio/obs_rjrj_abj.pdf. Acesso em: 8 jul. 2023.

[6] SACRAMONE, Marcelo *et al.* O processo de insolvência e o tratamento das microempresas e empresas de pequeno porte em crise no Brasil. *Pensar: Revista de Ciências Jurídicas*, v. 25, p. 1-14, 2020, p. 6.

[7] SACRAMONE, Marcelo *et al.* O processo de insolvência e o tratamento das microempresas e empresas de pequeno porte em crise no Brasil. *Pensar: Revista de Ciências Jurídicas*, v. 25, p. 1-14, 2020, p. 6.

CAPÍTULO 3 • FASE POSTULATÓRIA

A despeito de representarem 87,97% dos empresários registrados no Estado, as MEs e EPPs respondem por apenas 23,85% das recuperações. Uma das conclusões a que se pode chegar dos dados apresentados é a de que a disparidade entre os pedidos de recuperação realizados por MEs e EPPs identifica uma seletividade do procedimento recuperacional[8].

A baixa adesão ao procedimento indica que a recuperação judicial, enquanto estrutura legal criada pela Lei de Insolvência para obter os objetivos de maximização de valor dos ativos e maior satisfação dos interesses dos diversos envolvidos com o desenvolvimento da atividade empresarial, afasta o típico empresário nacional desses instrumentos de saneamento. A falta de documentação contábil e as despesas necessárias ao procedimento revelam-se como barreiras de entrada à negociação coletiva judicial para as MEs e EPPs[9].

A despeito da presença reduzida dos microempresários e empresários de pequeno porte, cujas peculiaridades aparentam exigir tratamento diverso pela legislação de insolvência, mas cuja especificidade de análise transborda os objetivos desta tese, a pequena distribuição e decretação em geral dos processos de falência e da distribuição dos pedidos de recuperação judicial, independentemente do faturamento do empresário, pode indicar que não há estímulos corretos para a adoção do procedimento como instrumento para superar a crise econômico-financeira do devedor.

Figura 1 - Dados de falências distribuídas e decretadas no Brasil[10]

---

[8] SACRAMONE, Marcelo et al. O processo de insolvência e o tratamento das microempresas e empresas de pequeno porte em crise no Brasil. *Pensar: Revista de Ciências Jurídicas*, v. 25, p. 1-14, 2020, p. 6.

[9] SACRAMONE, Marcelo et al. O processo de insolvência e o tratamento das microempresas e empresas de pequeno porte em crise no Brasil. *Pensar: Revista de Ciências Jurídicas*, v. 25, p. 1-14, 2020, p. 13.

[10] Dados extraídos do Serasa Experian. Disponível em: https://www.serasaexperian.com.br/conteudos/indicadores-economicos/. Acesso em: 2 set. 2023.

Os requerimentos de falência e suas decretações têm se reduzido ao longo dos anos. A partir de 2016, menos de 730 falências foram decretadas por ano em todo o Brasil.

Se o número de procedimentos falimentares é diminuto, o número de recuperações judiciais também evidencia a pouca utilização do instituto pelos empresários brasileiros.

Se avaliarmos os números aproximadamente estáveis em 1.200 a 1.250 processos de recuperação judicial com processamento deferidos nos anos de 2017, 2018 e 2019, o montante é pequeno se compararmos com a existência de 21.652.529 empresas ativas no Brasil, dentre as quais 14.937.419 empresários individuais e 6.412.542 sociedades limitadas[11], o que revela percentual anual de 0,00554% de pedidos de recuperação.

Figura 2 - Recuperações judiciais no Brasil[12]

Se compararmos com a realidade dos Estados Unidos, país que adotou o sistema de via dupla, os dados brasileiros são ainda mais diminutos. De acordo com dados apresentados pelo *site* oficial *United States Courts*, entre 2010 e 2017, nos Estados Unidos, foram requeridos 60.268 processos de reorganização. O número é pequeno se comparado aos pedidos de falência, os quais formam, em mesmo período, um total de 5.344.087[13].

Nesse país, apenas no ano de 2017, foram requeridos 7.008 pedidos de reorganização[14]. Em tal ano, 2.170 pedidos de reorganização foram apresentados apenas às Cortes que compõem o Segundo Circuito, as quais atendem os distritos de Nova York, Vermont e Connecticut[15]. O número supera sobremaneira os pedidos de recuperação judicial requeridos perante as Cortes dos dois principais estados brasileiros no período de sete anos pesquisado pela ABJ, em aproximadamente 1.500.

---

[11] Dados extraídos do Mapa de empresas. Disponível em: https://www.gov.br/empresas-e-negocios/pt-br/mapa-de-empresas/painel-mapa-de-empresas. Acesso em: 2 set. 2023.

[12] Dados extraídos do Serasa Experian. Disponível em: https://www.serasaexperian.com.br/conteudos/indicadores-economicos/. Acesso em: 2 set. 2023.

[13] United States Courts. Caseload Statistics Data Tables. Disponível em: https://www.uscourts.gov/statistics-reports/caseload-statistics-data-tables. Acesso em: 30 jun. 2022.

[14] United States Courts. Caseload Statistics Data Tables. Disponível em: https://www.uscourts.gov/sites/default/files/data_tables/jff_7.2_0930.2017.pdf. Acesso em: 30 jun. 2022.

[15] United States Courts. Caseload Statistics Data Tables. Disponível em: https://www.uscourts.gov/sites/default/files/data_tables/jff_7.2_0930.2017.pdf. Acesso em: 30 jun. 2022.

CAPÍTULO 3 • FASE POSTULATÓRIA

A comparação com países com sistema de insolvência de via única também revela a diminuta utilização dos institutos no Brasil. No mesmo período, na Alemanha, foram abertos 151.772 processos de insolvência de empresários[16], o que compreende não apenas a reestruturação como a liquidação falimentar.

Insolvency proceedings: Germany, years, proceedings filed

Statistics on filed insolvency proceedings
Germany

Year	Proceedings filed	
	Opened	
	Insolvency proceedings (enterprises)	Insolvency proceedings (other debtors)
	number	number
2010	23,531	130,018
2011	22,393	123,309
2012	21,311	116,342
2013	19,488	109,781
2014	17,877	105,354
2015	16,961	98,886
2016	15,814	95,383
2017	14,397	89,890

© Federal Statistical Office, Wiesbaden 2022 | created: 2022-03-07 / 19:35:17

Figura 3 - Tabela retirada do Federal Statistical Office (Statistisches Bundesamt) [17]

Quanto aos dados alemães, Reinhard Bork alerta para a superficialidade dos números indicados nas fontes oficiais alemãs, haja vista que a quantidade de processos deve ser ainda maior. Para o autor, seria necessária a utilização de fontes privadas para números mais exatos. Isso porque a reorganização, na Alemanha, não ocorre dentro do processo de plano de insolvência ou na autogestão, mas é feita antes da insolvência ou pelos administradores segundo o procedimento extrajudicial[18].

No Brasil, os motivos pelos quais a recuperação judicial não tem sido largamente requerida podem ser esclarecidos por diversas hipóteses, provavelmente concorrentes. Dentre as hipóteses que desestimulam os pedidos voluntários pelo devedor, podem ser apontados os altos custos diretos e indiretos[19] do procedimento, dentre esses últimos a crise reputacional decorrente do pequeno per-

---

[16] FEDERAL STATISTICAL OFFICE (*Statistisches Bundesamt*). Disponível em: https://www-genesis.destatis.de/genesis/online?operation=abruftabelleBearbeiten&levelindex=1&levelid=1646678081548&auswahloperation=abruftabelleAuspraegungAuswaehlen&auswahlverzeichnis=ordnungsstruktur&auswahlziel=werteabruf&code=52411=0001-&auswahltext=&werteabrufValue+retrieval#abreadcrumb. Acesso em: 7 mar. 2022.

[17] FEDERAL STATISTICAL OFFICE (*Statistisches Bundesamt*). Disponível em: https://www-genesis.destatis.de/genesis/online?operation=abruftabelleBearbeiten&levelindex=1&levelid=1646678081548&auswahloperation=abruftabelleAuspraegungAuswaehlen&auswahlverzeichnis=ordnungsstruktur&auswahlziel=werteabruf&code=52411-0001&auswahltext=&werteabruf=Value+retrieval#abreadcrumb. Acesso em: 7 mar. 2022.

[18] BORK, Reinhard. *Rescuing companies in England and Germany*. Oxford: Oxford University Press, 2012. p. 50-51.

[19] São apontados como custos diretos os honorários dos advogados, contadores, conselheiros financeiros, além das despesas processuais e administradores judiciais. São custos indiretos diversos custos de oportunidade, como danos reputacionais que afetam as vendas, aumento do provisionamento bancário para novos empréstimos, desestímulos aos empregados etc. (ALTMAN, Edward;

centual de empresários que consegue superar o período de fiscalização[20] ou a dificuldade de obtenção de crédito em virtude da majoração do provisionamento bancário (Resolução CMN n. 2.682/99[21], Circular BC n. 3.648/2013[22] e Resolução CMN n. 4.966/2021).

Se os números são baixos, a análise da distribuição pode indicar que há ainda comportamento estratégico para a sua distribuição. Apesar da pouca adoção, com fundamento na base de dados do Serasa sobre o volume mensal de pedidos de recuperação judicial de 2005 até 2020 em todo o Brasil, verifica-se que há um crescimento anual, ainda que sutil, consistente da utilização do instituto desde 2008 até 2020, quando incidiu a epidemia da covid-19.

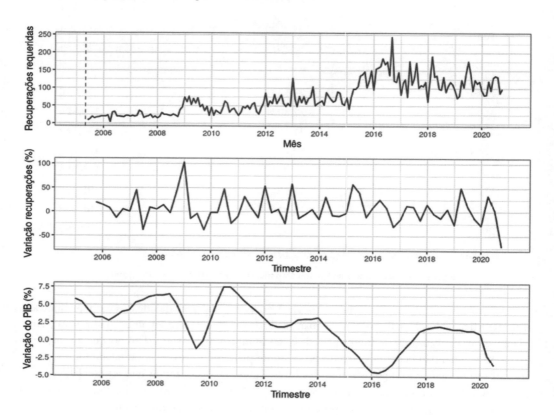

Figura 4 - Volume mensal e trimestral de recuperações judiciais distribuídas no Brasil e sua comparação com o Produto Interno Bruto do período [23]

HOTCHKISS, Edith; WANG, Wei. *Corporate financial distress, restructuring and bankruptcy*: analyze leveraged finance, distressed debt, and bankruptcy. 4. ed. New Jersey: Wiley, 2019. p. 72).

[20] WAISBERG, Ivo *et al*. Atualização da Segunda Fase do Observatório de Insolvência – Recuperação judicial no estado de São Paulo. Disponível em: obs_recuperacoes_abj.pdf (abjur.github.io). Acesso em: 3 jul. 2023.

[21] Resolução n. 2.682/99 do Banco Central do Brasil. Dispõe sobre critérios de classificação das operações de crédito e regras para constituição de provisão para créditos de liquidação duvidosa.

[22] Circular n. 3.648/2013 do Banco Central do Brasil. Estabelece os requisitos mínimos para o cálculo da parcela relativa às exposições ao risco de crédito sujeitas ao cálculo do requerimento de capital mediante sistemas internos de classificação do risco de crédito.

[23] NUNES, Marcelo Guedes; SACRAMONE, Marcelo Barbosa; TRECENTI, Julio. Recuperação judicial e preservação da empresa: evidências empíricas sobre a efetividade da recuperação judicial na manutenção da atividade econômica das empresas. In: DANTAS, Rodrigo D'Orio; NUNES, Marcelo Guedes; SACRAMONE, Marcelo Barbosa (coord.). *Recuperação judicial e falência*: evidências empíricas. São Paulo: Foco, 2022. p. 7.

CAPÍTULO 3 • FASE POSTULATÓRIA

Ainda que se possa correlacionar uma variação positiva dos pedidos de recuperação judicial com a redução do Produto Interno Bruto, o que é decorrente de uma deterioração do cenário econômico externo, a constância dos pedidos de recuperação judicial em detrimento de um incremento do PIB pode indicar comportamentos estratégicos do devedor[24].

> Esse crescimento indica a possibilidade de que empresários que se encontram em crise não por motivos conjunturais, mas por uma inviabilidade estrutural (e que, portanto, são essencialmente irrecuperáveis) possam se utilizar da recuperação judicial para consumir os recursos escassos ou viabilizar uma liquidação de parte substancial de seus ativos fora das regras falimentares, em benefício da devedora e de uma parcela dos credores[25].

Se os pedidos voluntários, feitos pelo devedor sob juízo de conveniência e oportunidade, são restritos, os incentivos legais para os requerimentos forçados diante da crise são de baixa coercibilidade.

Além de as medidas de saneamento serem imprescindíveis para superarem os cenários de crise do devedor e maximizar a satisfação dos créditos, o pedido deverá ser tempestivo, sob pena de se dificultar a recuperação.

De acordo com Altman, "bankruptcy can be predicted two years prior to the event"[26]. A existência de mecanismos para a identificação de crise econômico-financeira, porém, não leva ao imediato pedido de recuperação judicial. O retardamento do pedido de recuperação judicial implica a possível deterioração das condições econômico-financeiras do devedor e, por consequência, maior dificuldade para preservar os objetivos pretendidos[27][28].

Conforme pesquisa desenvolvida por Mattos e Proença, nas recuperações judiciais brasileiras, identifica-se que a reserva de lucros como porcentagem do total de ativos era negativa em $2/3$ dos empresários que pediam recuperação judicial. O "índice negativo aponta para o fato de a empresa já estar acumulando prejuízos a tempo suficiente que isso fez com que todos os lucros históricos tenham sido dissipados"[29].

Esse indicador, que reflete que os pedidos são tardios no direito brasileiro e que os empresários já acumulam prejuízo há bastante tempo, é corroborado pelos dados de que o patrimônio líquido das empresas ou era negativo ou próximo de zero, ainda que contabilmente e, possivelmente, com deterioração do valor reconhecido dos ativos sob venda forçada.

---

[24] Em sentido semelhante: "a relação entre crescimento nacional e procura por procedimentos falimentares não é 'quanto pior o crescimento econômico, mais empresas se valem da insolvência'. Na realidade, a relação entre resultados econômicos nacionais e a procura por insolvência pelas empresas ainda não é clara ou bem estabelecida, o que pode sinalizar que existem significativos ruídos na estruturação do sistema falimentar brasileiro" (MATTOS, Eduardo da Silva; PROENÇA, José Marcelo Martins. *Recuperação de empresas*: Curso avançado em direito, economia e finanças. São Paulo: Thomson Reuters Brasil, 2023. p. 48).

[25] NUNES, Marcelo Guedes; SACRAMONE, Marcelo Barbosa; TRECENTI, Julio. Recuperação judicial e preservação da empresa: evidências empíricas sobre a efetividade da recuperação judicial na manutenção da atividade econômica das empresas. In: DANTAS, Rodrigo D'Orio; NUNES, Marcelo Guedes; SACRAMONE, Marcelo Barbosa (coord.). *Recuperação judicial e falência*: evidências empíricas. São Paulo: Foco, 2022. p. 9.

[26] ALTMAN, Edward I. Financial ratios, discriminant analysis and the prediction of corporate bankruptcy. *The Journal of Finance*, v. 23, n. 4, 1968, p. 589-609. Disponível em: https://doi.org/10.2307/2978933. Acesso em: 30 jun. 2023.

[27] MATTOS, Eduardo da Silva. *Fundamentos falimentares em risco de crédito*. Tese (Doutorado em Administração de Empresas), Universidade Presbiteriana Mackenzie, São Paulo, 2019. p. 54-55.

[28] PATROCÍNIO, Daniel Moreira. Eficiência e recuperação judicial de empresas. *Revista Magister Direito Empresarial, Concorrencial e do Consumidor*, v. 50, p. 5-20, 2013, p. 6.

[29] MATTOS, Eduardo da Silva; PROENÇA, José Marcelo Martins. *Recuperação de empresas*: (in)utilidade de métricas financeiras e estratégias jurídicas. Rio de Janeiro: Lumen Juris, 2019. p. 122.

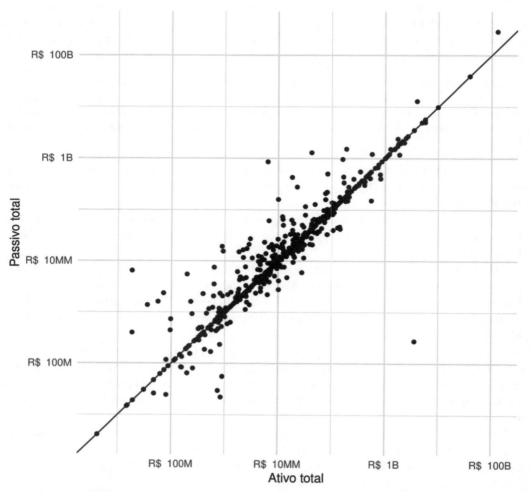

Figura 5 - Relação entre o ativo e o passivo declarados pelas recuperandas no momento da propositura [30]

Como apontou o Observatório da Insolvência,

na mensuração, compararam-se o total de ativo circulante e não circulante no balanço do último ano fiscal completo antes do pedido de recuperação judicial com o passivo sujeito e não sujeito à recuperação judicial, desconsiderando o valor do patrimônio líquido. Da comparação, verificou-se uma equiparação entre os dois valores na maior parte dos casos. Entretanto, existe uma quantidade expressiva de casos em que o passivo declarado foi maior do que o ativo[31].

A proximidade entre o valor do ativo e do passivo em números absolutos demonstra que o empresário precisará liquidar todo o seu ativo para satisfazer o seu passivo. Entretanto, como o valor do

---

[30] WAISBERG, Ivo *et al. Atualização da Segunda Fase do Observatório de Insolvência* – Recuperação judicial no estado de São Paulo. Disponível em: obs_recuperacoes_abj.pdf (abjur.github.io). Acesso em: 3 jul. 2023.

[31] WAISBERG, Ivo *et al. Atualização da Segunda Fase do Observatório de Insolvência* – Recuperação judicial no estado de São Paulo. Disponível em: obs_recuperacoes_abj.pdf (abjur.github.io). Acesso em: 3 jul. 2023.

CAPÍTULO 3 • FASE POSTULATÓRIA

ativo é o contábil e não o referente ao valor de uma liquidação forçada, o montante pode ser muito inferior ao necessário ao pagamento de todos[32].

Nesse aspecto, imperioso se verificar quais os incentivos da legislação para a propositura da recuperação judicial e de sua distribuição tempestiva, tão logo identificados os sinais da crise e enquanto ela ainda for superável.

3. FASE POSTULATÓRIA

Independentemente da classificação dos sistemas de insolvência, os procedimentos podem ser analisados em suas três fases: fase postulatória, fase de negociação e fase de deliberação.

Antecipa os referidos procedimentos, também, uma fase precedente, conhecida por pré-concursal, variada nas diversas legislações. A despeito da sua relevância, acentuada inclusive nos últimos anos nos sistemas de insolvência em virtude da crise econômica promovida pela covid-19, sua análise extrapola o objeto do presente estudo, adstrito à apreciação dos incentivos legais dos procedimentos concursais e sua adequação aos objetivos pretendidos

Em cada uma dessas três fases do procedimento concursal, a adequação do procedimento para a obtenção dos objetivos de política pública pretendidos pressupõe a análise dos incentivos legais, atribuição mais adequada de poder decisório e a aplicação real dos institutos jurídicos.

Essa apreciação não prescinde de uma abordagem comparada. A comparação entre os procedimentos dos diversos países deve ser feita tanto sob o ponto de vista descritivo, como para a função prescritiva pretendida. Sob o ponto de vista descritivo, a abordagem da legislação dos países que, historicamente, influenciaram a legislação nacional permite a melhor compreensão dos transplantes parciais realizados, das peculiaridades do instituto e de eventual inadequação da reprodução parcial na legislação nacional. Sob o ponto de vista prescritivo, são confrontados modelos legais que poderão contribuir com alternativas de ajustes para tornar mais adequados os incentivos da legislação nacional.

A primeira fase, postulatória, compreende o período caracterizado entre a distribuição do pedido de recuperação judicial e a admissão de seu processamento. Nesse período, são relevantes os requisitos e pressupostos para o pedido e a obrigação ou direito subjetivo ao seu requerimento. Abordar-se-ão os legitimados para o requerimento de recuperação judicial, eventual ônus de demonstração de algum pressuposto para esse requerimento e a imposição ao devedor de dever de requerer ou de eventual responsabilização pelo seu retardamento.

3.1 Legitimidade para o requerimento de recuperação

A alocação do poder de requerer a recuperação tem sido realizada nas legislações de insolvência de formas distintas. A maioria das legislações confere legitimidade tanto para os devedores quanto para os credores para promover o início do procedimento de insolvência.

A legitimidade para o requerimento do pedido deve ser relacionada ao incentivo legal para acelerar o procedimento. Se os incentivos legais precisam ser adequados para que se adotem medidas de saneamento tempestivas, no início do surgimento da crise econômico-financeira, também deve se evitar que os credores possam provocar uma deterioração da saúde financeira de empresas que não enfrentavam cenários de crise e que poderiam, com medidas menos arriscadas, permitir a satisfação de seus credores.

Os incentivos legais devem ser compreendidos no âmbito de uma estruturação do sistema de insolvência. A legitimidade para os pedidos, nesse aspecto, tem sido diretamente relacionada à estruturação

---

[32] Pulvino, Todd C. Do asset fire sales exist? An empirical investigation of commercial aircraft transactions. *The Journal of Finance*, v. 53, n. 3, 1998, p. 939-978.

do sistema de insolvência de cada país. "Different countries emphasize different bankruptcy practices, consistent with their social and legal systems."[33] [34]

Sistemas de via única são caracterizados pelo pedido de insolvência realizado pelo devedor ou em face dele por um interessado. Trata-se de sistema que se caracteriza por, no âmbito desse procedimento único de insolvência, definir-se a melhor medida para a superação da crise econômico-financeira, seja a liquidação forçada falimentar ou a restruturação do devedor.

Nesse sistema de via única, a legitimidade para o requerimento de insolvência tende a ser mais ampla, não restrita ao devedor, como forma de saneamento e preservação da higidez do mercado e dos interesses dos credores. São os sistemas, dentre outros, de Alemanha e Portugal.

Nos sistemas de via dúplice, por outro lado, os requerimentos de restruturação são normalmente mais restritos e adstritos ao próprio devedor. Limitam-se os pedidos para os credores ou terceiros sob a justificativa de se evitar comportamentos estratégicos em detrimento de medidas menos gravosas para a satisfação dos créditos e em momentos precoces, em que o devedor ainda teria outras formas para conseguir superar a crise que afeta sua atividade.

No sistema de via dúplice, diante da crise que acomete a atividade do devedor, os credores exclusivamente poderiam, para proteger seus interesses e a satisfação dos respectivos créditos, além de promoverem as execuções individuais, requererem a liquidação falimentar do devedor, que poderá defender-se do pedido por meio de um pedido de recuperação judicial. Adotam o sistema dúplice, dentre outros, Itália, França, Estados Unidos e Brasil.

Há, ainda, algumas jurisdições que permitem que o procedimento de insolvência seja reconhecido de ofício pelo Juízo ou promovido por autoridade administrativa. Na França, tanto o Ministério Público quanto a Comissão Social e Econômica da empresa poderão apresentar a cessação de pagamentos e requerer a abertura do procedimento.

A compreensão dos diferentes sistemas e dos tratamentos nacionais dispensados à legitimidade dos agentes para o requerimento dos procedimentos dos países cujas legislações influenciaram historicamente a legislação nacional é imprescindível para se verificar a adequação do sistema legal brasileiro, suas principais deficiências e virtudes.

3.1.1 Alemanha

No sistema alemão de insolvência, o procedimento é de via única. Há exclusivamente o pedido de insolvência, o qual poderá ser deduzido tanto pelo devedor quanto por qualquer credor, mediante requerimento escrito (§ 13, InsO).

A legitimidade do pedido de insolvência, contudo, varia conforme a fundamentação e a profundidade da crise do devedor.

Anteriormente ao InsO, não havia definição legal de insolvência. A jurisprudência permitia o reconhecimento da insolvência se o devedor fosse permanentemente incapaz de cumprir as suas

---

[33] BERAHO, E. K.; ELISU, R. Influence of Country Culture on Bankruptcy and Insolvency Legal Reform Management. *International Journal of Management & Information Systems – IJMIS*, [s. l.], v. 14, n. 2, 2010. Disponível em: https://clutejournals.com/index.php/IJMIS/article/view/829. Acesso em: 30 jun. 2023.

[34] No mesmo sentido, "Insolvency systems profoundly reflect the legal, historical, political, and cultural context of the countries that have developed them. [...] Given the vast cultural differences around the world, and the history of each country's economy and attitudes about money and debt, there is no one-kind-fits-all bankruptcy system for either enterprises or individuals. New insolvency systems must instead reflect how individual nations have experienced the growth of market economies, and how, philosophically, countries have viewed debt. Bankruptcy systems are social tools. As such, they are value-laden and must be drafted with care to reflect the particular values of a culture" (MARTIN, Nathalie. The role of history and culture in developing bankruptcy and insolvency systems: the perils of legal transplantation. *Boston College International and Comparative Law Review*, v. 28:1, 2005, p. 6).

obrigações de pagamento. Essa definição, entretanto, já não está presente no InsO, embora continue a ser regularmente utilizada para determinar a insolvência[35].

Pelo InsO, há três fundamentos para o pedido de insolvência e sobre os quais a legitimidade será diferenciada. O pedido pode ser baseado em uma situação de inadimplência do devedor (§ 17 InsO), de superendividamento (*over-indebtedness*, § 19 InsO) ou de iminência de insolvência (§ 18 InsO).

O devedor é parte legítima para fazer o pedido com base em qualquer um dos três fundamentos. Quanto à iminência da insolvência, contudo, sua legitimidade é exclusiva. Apenas o devedor será legitimado para o seu requerimento nessa hipótese[36].

O credor é legitimado para fazer o pedido com base apenas nos dois primeiros fundamentos, de situação de inadimplência e de superendividamento. Por credor legitimado ao pedido, considera-se aquele que, ao tempo do ajuizamento da ação de insolvência, é titular de direito de crédito demonstrado perante o devedor (§§ 38 e 39, InsO).

O primeiro dos fundamentos é o inadimplemento (§ 17). O inadimplemento exigido para o pedido de insolvência não se caracteriza pela mera falta de vontade do devedor de pagar uma determinada obrigação. O inadimplemento pressupõe a indisponibilidade objetiva de recursos líquidos suficientes para o cumprimento das prestações vencidas.

Essa indisponibilidade de ativos para o pagamento é presumida por lei se o devedor deixar de efetuar os pagamentos, pois isso revela impressão aparente de uma cessação de pagamento, embora possa o devedor comprovar sua completa solvência, caso isso tenha ocorrido[37]. O conceito mais restritivo visa a garantir que o pedido seja apresentado tempestivamente[38].

Por seu turno, o superendividamento ou sobre-endividamento, *over-indebtedness*, é um momento anterior ao inadimplemento, embora possa com ele coexistir. Trata-se da situação em que a crise patrimonial já é evidente. O superendividamento ocorre quando o passivo da empresa excede seus ativos e há apenas uma pequena probabilidade de continuidade do negócio[39].

Conforme dispõe o § 19 do InsO, o sobre-endividamento está ligado a uma avaliação da situação financeira. Ele difere do inadimplemento em virtude de este exigir uma análise pontual, enquanto o sobre-endividamento exige a avaliação da situação financeira da pessoa jurídica e da sua evolução em período mais longo de previsão, conforme já apontado pela doutrina alemã[40].

O terceiro fundamento do pedido de insolvência é a ameaça de inadimplência ou também chamado de iminência de insolvência. Diferentemente dos dois anteriores, contudo, esse fundamento apenas permite a legitimidade do pedido ao próprio devedor e não aos credores.

A iminência de insolvência consiste na suposição, pelo devedor, de que ele não terá condições de cumprir as obrigações vincendas, no período aproximado de 24 meses, nas datas ajustadas (§ 18). O devedor não está ainda inadimplente ou em crise patrimonial, mas possui obrigações de pagamento que provavelmente não poderão ser cumpridas com os recursos disponíveis no momento do respectivo vencimento[41].

---

[35] FRIDGEN, Alexander; GEIWITZ, Arndt; GÖPFERT, Burkard. *BeckOK Insolvenzrecht*. 26. ed. München: C.H. Beck, 2022.

[36] EHLERS, Eckart. German Statutory Corporate Rescue proceedings: The Insolvenzplan Procedure. In: BROC, Katarzyna Gromek; PARRY, Rebecca (ed.). *Corporate rescue*: an overview of recent developments. 2. ed. The Netherlands: Kluwer Law International, 2006. p. 165.

[37] FRIDGEN, Alexander; GEIWITZ, Arndt; GÖPFERT, Burkard. *BeckOK Insolvenzrecht*. 26. ed. München: C.H. Beck, 2022.

[38] OTTO, Stephan. Die gewälte Definition bezweckt somit die Sicherstellung einer rechtzeitigen Verfahrenseröffnung. In: NITSCH, Karl Wolfhart. *Handbuch das Insolvenzrechts*. Bremen: Europäischer Hochschuverlag GmbH & Co KG, 2012. p. 174.

[39] CLOSSET, Frédéric; URBAN, Daniel. The balance of power between creditors and the firm: evidence from German insolvency law. *Journal of Corporate Finance*, 58, 2019, p. 4.

[40] FRIDGEN, Alexander; GEIWITZ, Arndt; GÖPFERT, Burkard. *BeckOK Insolvenzrecht*. 26. ed. München: C.H. Beck, 2022. InsO § 19.

[41] FRIDGEN, Alexander; GEIWITZ, Arndt; GÖPFERT, Burkard. *BeckOK Insolvenzrecht*. 26. ed. München: C.H. Beck, 2022. InsO § 8. Rn. 15.

Trata-se de suposição de sua incapacidade futura de adimplemento. Como se trata de suposição do devedor, não consiste em dever-legal ao pedido de insolvência, mas sim um direito[42]. Não há obrigação de requerer a insolvência, sob esse fundamento.

Pela concepção do fundamento da insolvência iminente, o legislador pretendia incentivar o devedor a se antecipar aos demais credores e à própria crise e iniciar o processo de insolvência com a maior brevidade possível. Diante de sua característica como suposição da crise pelo devedor, este é o único legitimado para iniciar o processo por esse fundamento.

Nessa última hipótese, o direito de requerer a insolvência é atribuído exclusivamente ao devedor para evitar abusos pelos credores[43]. Evita-se que os credores provoquem ou agravem eventual crise do devedor quando este ainda não está inadimplente ou sobre-endividado e como uma forma de serem satisfeitos individualmente, ainda que em detrimento de toda a coletividade dos demais credores.

3.1.2 Portugal

O processo de insolvência português assemelha-se ao *Insolvenzverfahren* do InsO. Trata-se de procedimento voltado à satisfação dos credores, de modo que o plano de recuperação é apenas mais uma alternativa à maximização dessa satisfação. Nesses termos, o procedimento "tem como finalidade a liquidação do património do devedor e a repartição do produto obtido pelos credores podendo, contudo, ser evitado através de um plano de insolvência"[44].

Nesse aspecto, destaca Serra que, apesar do processo de insolvência como via única em Portugal, este não se confunde com um processo de execução.

> Existe, visivelmente, uma legitimidade processual alargada, uma vez que têm o poder de requerer a declaração de insolvência sujeitos que não são titulares de direitos de crédito e, inclusivamente, o devedor. Isto representa um aspecto dissonante relativamente ao processo executivo, que é um paradigmático "processo de partes".[45]

Em Portugal, o processo de insolvência poderá então ser iniciado por pedido do próprio devedor, ou por pedido de qualquer credor, pelos responsáveis pelos seus débitos ou pelo Ministério Público (art. 19 e 20 do Código da Insolvência e da Recuperação de Empresas). São responsáveis todas as pessoas que, nos termos da lei, são obrigadas pessoal e ilimitadamente pela generalidade das dívidas do insolvente, ainda que a título subsidiário (art. 6º, 2, do CIRE).

Ao devedor cabe a apresentação, em primeiro lugar, do pedido de declaração de insolvência. Sua pretensão poderá ocorrer a qualquer momento[46].

Caso não o faça, qualquer credor poderá propor a abertura do processo de insolvência do devedor, independentemente do montante ou da natureza do crédito[47]. Essa legitimidade dos credores é ampla. Os credores poderão requerer a insolvência do devedor, mesmo que os créditos de que sejam titulares não estejam vencidos e mesmo sem qualquer exigência de que o crédito esteja consubstanciado em

---

[42] BERGER, Dora. *A insolvência no Brasil e na Alemanha*. Porto Alegre: Sergio Antonio Fabris Editor, 2001. p. 52.

[43] FRIDGEN, Alexander; GEIWITZ, Arndt; GÖPFERT, Burkard. *BeckOK Insolvenzrecht*. 26. ed. München: C.H. Beck, 2022. InsO § 17. Rn. 1.

[44] SERRA, Catarina. *O regime português da insolvência*. 5. ed. Coimbra: Almedina, 2012. p. 112.

[45] SERRA, Catarina. *Lições de direito da insolvência*. Coimbra: Almedina, 2019. p. 65.

[46] "Caso o devedor seja incapaz, a legitimidade para apresentar o pedido cabe ao seu representante legal (art. 19 e 6, n 1º, al. b). Porém, se o devedor não for uma pessoa singular, a legitimidade incide sobre o órgão social incumbido da sua administração ou sobre a entidade incumbida da administração ou liquidação do património em causa (art. 19 e 6, n. 1 al. a) para o efeito que for competente" (COSTA, Olímpia. *Dever de apresentação à insolvência*. 2. ed. Coimbra: Almedina, 2019. p. 23-24).

[47] SERRA, Catarina. *Lições de direito da insolvência*. Coimbra: Almedina, 2019. p. 115.

CAPÍTULO 3 • FASE POSTULATÓRIA

título executivo. Ainda que em virtude de créditos de pequena monta ou desprezíveis, a legitimidade do credor é decorrente de seu interesse na proteção de todos aqueles que seriam afetados pela insolvência do devedor[48].

A legitimidade dos credores e do Ministério Público, contudo, é adstrita a alguns fundamentos. Estes somente podem requerer a insolvência pelos fatos-índices constantes no art. 20°, n. 1[49], os quais consistem em "indícios ou sintomas da situação de insolvência"[50]. A verificação de pelo menos um deles é condição para que credores e o Ministério Público iniciem o processo, por ser tratar de rol taxativo.

São fatos-índices, nos termos do artigo referido: a) suspensão generalizada do pagamento das obrigações vencidas; b) falta de cumprimento de uma ou mais obrigações que, pelo seu montante ou pelas circunstâncias do incumprimento, revele a impossibilidade de o devedor satisfazer pontualmente a generalidade das suas obrigações; c) fuga do titular da empresa ou dos administradores do devedor ou abandono do local em que a empresa tem a sede ou exerce a sua principal atividade, relacionados com a falta de solvabilidade do devedor e sem designação de substituto idôneo; d) dissipação, abandono, liquidação apressada ou ruinosa de bens e constituição fictícia de créditos; e) insuficiência de bens penhoráveis para pagamento do crédito do exequente verificada em processo executivo movido contra o devedor; f) não cumprimento de obrigações previstas em plano de insolvência ou em plano de pagamentos, nas condições previstas na alínea a) do n. 1 e no n. 2 do art. 218°; g) não cumprimento generalizado, nos últimos seis meses, de dívidas de algum dos seguintes tipos: i) tributárias; ii) de contribuições e quotizações para a segurança social; iii) dívidas emergentes de contrato de trabalho, ou da violação ou cessação deste contrato; iv) rendas de qualquer tipo de locação, incluindo financeira, prestações do preço da compra ou de empréstimo garantido pela respectiva hipoteca, relativamente a local em que o devedor realize a sua atividade ou tenha a sua sede ou residência; h) manifesta superioridade do passivo sobre o ativo segundo o último balanço aprovado, ou atraso superior a nove meses na aprovação e depósito das contas, se a tanto estiver legalmente obrigado.

A ocorrência do fato-índice dá origem apenas a uma presunção relativa de insolvência. O devedor pode impedir a declaração de insolvência se mostrar que, embora o fato-índice esteja presente, a insolvência não existe (art. 30, n. 3). Os fatos-índice, portanto, são condições necessárias, mas não suficientes do pedido de declaração de insolvência[51].

De forma a impedir que a ampla possibilidade de requerimento pelos credores possa incentivar comportamentos de má-fé contra o devedor, o art. 22 do CIRE determina que "a dedução de pedido infundado de declaração de insolvência, ou a indevida apresentação por parte do devedor, gera responsabilidade civil pelos prejuízos causados ao devedor ou aos credores, mas apenas em caso de dolo".

3.1.3 Itália

Ao contrário dos sistemas de via única, nos sistemas de via dúplice, em que há distinção entre o pedido de recuperação e o pedido de decretação de falência, os legitimados aos pedidos geralmente são diversos.

Na Itália, os procedimentos de insolvência podem ser concentrados na concordata preventiva e na liquidação falimentar. Enquanto na liquidação falimentar a legitimidade é ampla, de modo a assegurar a higidez do mercado, na concordata preventiva, diante da natureza negocial, a legitimidade de sua propositura é restrita aos devedores.

---

[48] Serra, Catarina. *Lições de direito da insolvência*. Coimbra: Almedina, 2019. p. 115-116.

[49] Costa, Olímpia. *Dever de apresentação à insolvência*. 2. ed. Coimbra: Almedina, 2019. p. 24-25.

[50] Serra, Catarina. *Lições de direito da insolvência*. Coimbra: Almedina, 2019. p. 120.

[51] Serra, Catarina. *Lições de direito da insolvência*. Coimbra: Almedina, 2019. p. 64-65.

Nesse aspecto, a concordata preventiva italiana é essencialmente instrumento para a reestruturação da empresa, pelo qual o devedor pode elaborar um plano com credores para não ser declarado falido[52]. Ela é provocada exclusivamente pelo devedor com a intenção de superar a crise econômico-financeira que acomete sua atividade e de modo a pretender uma composição com seus credores.

O art. 160, 1, r.d. 16-3-1942, n. 267 (*legge fallimentare*) determina que "L'imprenditore che si trova in stato di crisi può proporre ai creditori un concordato preventivo sulla base di un piano [...]". Na concordata, o devedor assume um compromisso com os credores, ainda que o compromisso se torne vinculante somente após a aprovação do acordo[53].

Após diversas reformas, a concordata preventiva se tornou mais simples e mais rápida[54]. Foi desenvolvida o que se chama de "concordato in bianco" (também chamada de "concordata com reserva" ou "pré-concordata"), na qual o devedor pode apresentar em momento posterior alguns documentos, como o plano de recuperação[55].

Sua legitimidade adstrita aos devedores decorreria da natureza da concordata preventiva. A concordata preventiva seria concebida por uma visão com dupla perspectiva, ora negocial, que se baseia num acordo de natureza privada entre devedores e credores, ora pública, em que se impõe a vontade de controle estatal e a confiança depositada nos devedores em estado de crise[56].

Por sua natureza negocial, concebeu-se que ao devedor deveria ser atribuída a autonomia de vontade[57] de se submeter ou não a essa negociação coletiva. Trata-se de direito subjetivo exclusivo desse e que não poderia lhe ser imposto contra a vontade[58] [59].

Em crítica a essa falta de inovação e sobre a legitimidade restrita, Gabrielli sustenta que seria verdadeiramente uma reforma aquela que "avesse riconosciuto ai creditori, e non all'imprenditore, la legittimazione a chiedere l'apertura della procedura alternativa alla dichiarazione di fallimento"[60].

A legitimidade exclusiva poderá provocar o retardamento do exercício do direito pelo devedor, em detrimento da maior satisfação dos credores. Desta forma, a doutrina argumenta que a possibilidade de pedido de concordata pelos credores eliminaria eventual retardo causado pelos devedores para superarem a crise que acomete as atividades[61].

---

[52] ANGELONI, Alberto. *Italy restructuring update*. The new concordato preventivo: the Italian Chapter 11? DLA Piper, 2012. p. 1.

[53] FABIANI, Massimo. *Il diritto della crisi e dell'insolvenza*. Bologna: Zanichelli, 2017. p. 479.

[54] As principais reformas ocorreram pelo Decreto-Lei n. 78, de 31 de maio de 2010, o qual foi convertido na Lei n. 122, de 30 de julho de 2010, pelo Decreto-Lei n. 83, de 22 de junho de 2012, convertido na Lei n. 134, de 7 de agosto de 2012, e pelo Decreto-Lei n. 83, de 27 de junho de 2015, convertido na Lei n. 132, de 6 de agosto de 2015.

[55] ACCETTELLA, Francesco. The crisis of companies from an italian perspective: reorganization and fresh money. *International Insolvency Review*, v. 25, 2016, p. 183.

[56] GIORDANO, Andrea; TOMMASI, Fabrizio; VASAPOLLO, Valeria. *Codice del fallimento e delle altre procedure concorsuali*. Padova: CEDAM, 2015. p. 692.

[57] FABIANI, Massimo. *Il diritto della crisi e dell'insolvenza*. Bologna: Zanichelli, 2017. p. 471.

[58] "L'attribuzione al solo debitore della scelta di accedere al concordato fu la ragione per la quale si affermò che la domanda di concordato era l'esplicazione di un diritto soggettivo rivolto a far risolvere il dissesto con un accordo collettivo piuttosto che con la liquidazione fallimentare, tanto è vero che la domanda di fallimento era qualificata al modo di una domanda riconvenzionale pregiudiziale" (FABIANI, Massimo. *Il diritto della crisi e dell'insolvenza*. Bologna: Zanichelli, 2017. p. 467).

[59] No mesmo sentido, destaca-se que "il procedimento di ammissione al concordato preventivo ha inizio con la presentazione di una formale istanza del debitore. È preclusa qualsiasi altra iniziativa. In questo senso si rileva che il legislatore, contrariamente ad alcune tendenze manifestate in dottrina, non ha esteso la legittimazione attiva ai creditori, né ai terzi" (LO CASCIO, Giovanni. *Il concordato preventivo e le altre procedura di crisi*. 9. ed. Milano: Giuffrè, 2015. p. 192).

[60] GABRIELLI, Enrico. *L'autonomia privata dal contrato alla crisi d'impresa*. Milano: Wolters Kluwer, 2020. p. 409.

[61] "L'eventualità che il ritardo nel chiedere l'accesso alla procedura di protezione comporti l'iniziativa di terzi e lo spossessamento può costituire un significativo deterrente all'indecisione del debitore e può indurlo ad anticipare il ricorso all'ombrello protettivo" (JORIO, Alberto. La riforma della legge fallimentare tra realtà e utopia. In: CARIELLO, Vincenzo; CAMPOBASSO, Mario; DI CATALDO, Vincenzo; GUERRERA, Fabrizio; SCIARRONE ALIBRANDI, Antonella (org.). *Società, banche e crisi d'impresa*. Torino: Utet, 2014. p. 2638).

A falta desses incentivos, aliada à inexistência de obrigação de requerer a concordata diante de determinada situação econômico-financeira, tem feito com que a concordata preventiva italiana seja subutilizada e dificulte a recuperação das empresas. Como destaca Sandulli,

> la mancanza della previsione, da parte della legge, di predeterminate condizioni per il concordato, piuttosto che indurre l'imprenditore ad affrettare i tempi per il ricorso alle procedure, ha fatto sì che questi fossero procrastinati. Ciò ha avuto come conseguenza che il tempo abbia corroso ulteriormente la potenziale continuità aziendale, con conseguente minore possibilità di una ragionevole soddisfazione per i creditori[62].

Se a concordata preventiva tem a legitimidade do pedido exclusivamente atribuída aos devedores, a falência poderá ter o procedimento ativado a pedido do devedor, de um ou mais credores ou a requerimento do Ministério Público (art. 6º da *Legge Fallimentare*[63]).

A legitimidade restrita aos procedimentos de concordata resultava na pequena quantidade de distribuição dos pedidos e na baixa recuperação de crédito do procedimento de insolvência italiano[64].

Pesquisa jurimétrica demonstra que, embora a concordata preventiva seja um procedimento de óbice à liquidação falimentar e tenha como um de seus objetivos solucionar as dívidas do devedor antes que a situação se torne insustentável, sua utilização é pequena se comparada à falência[65]:

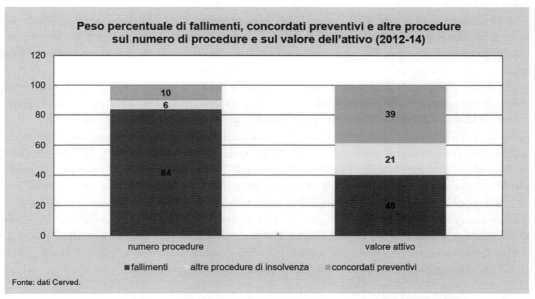

Figura 6 - Percentual de procedimentos falimentares e de concordatas preventivas na Itália

---

[62] SANDULLI, Michele. Il tempo è danaro (anche nelle procedure concorsuali). In: CARIELLO, Vincenzo; CAMPOBASSO, Mario; DI CATALDO, Vincenzo; GUERRERA, Fabrizio; SCIARRONE ALIBRANDI, Antonella (org.). *Società, banche e crisi d'impresa*. Torino: Utet, 2014. p. 2.763.

[63] Legge Fallimentare. Art. 6. – Iniziativa per la dichiarazione di fallimento 1. Il fallimento è dichiarato su ricorso del debitore, di uno o più creditori o su richiesta del pubblico ministero.

[64] BISOGNO, Marco. The accessibility of the Italian bankruptcy procedures: an empirical analysis. *Eurasian Business Review*, v. 2, Springer: Eurasia Business and Economics Society, 2012, p. 4.

[65] CASTELLI, Claudio *et al*. Il concordato preventivo in Italia: una valutazione delle riforme e del suo utilizzo. *Questioni di Economia e Finanza*. Banca d'Italia, Eurosistema, mar. 2016, p. 28.

A baixa utilização e a diminuta recuperabilidade dos créditos dos procedimentos resultaram no aperfeiçoamento legal do sistema italiano, embora a legitimidade para o requerimento de concordata não tenha sofrido alteração substancial.

O *Codice della crisi d'impresa e dell'insolvenza*, decreto legislativo de 12 de janeiro de 2019, trouxe novas disposições sobre o tema. O novo dispositivo divide o sistema em "instrumentos de regulação da crise e da insolvência" (acordo, procedimentos para resolver a crise de superendividamento e a concordata preventiva) e na liquidação judicial falimentar. Além desses procedimentos, o novo código passou a prever maneiras amigáveis para composição com os credores, inspirando-se no modelo francês.

A iniciativa para acesso às ferramentas de regulação de crises e da insolvência continua a restringir-se ao devedor. Apenas na liquidação judicial falimentar a legitimidade pode ser atribuída de forma ampla: ao devedor, aos órgãos e às autoridades administrativas com função de controle e supervisão da empresa, a um ou mais credores ou ao Ministério Público[66].

Nesse aspecto, de forma exclusiva para a liquidação falimentar, a autoridade judiciária que detecta a insolvência no curso de um processo deve comunicá-la ao Ministério Público, que pode apresentar o pedido se possuir notícias da existência de um estado de insolvência.

3.1.4 França

O sistema francês prevê, além dos meios judiciais para a superação da crise (*redressement judiciaire*, *rétablissement professionnel*, *sauvegarde* e *liquidation judiciaire*), instrumentos não judiciais para a prevenção da crise. Esses procedimentos consistem em sistemas de prevenção e alerta, os quais podem ser internos e externos, além do *mandat ad hoc* e da conciliação.

Os procedimentos de alerta interno buscam uma reação dentro da própria pessoa jurídica. Através dos *commissaires aux comptes* (auditores), de seu comitê social e econômico e de seus sócios, pode-se de antemão emitir alerta para evitar que as dificuldades pelas quais a empresa passa se tornem insustentáveis[67].

Foi instituída, pela lei, a obrigação da existência de auditores nas sociedades francesas nas empresas que cumprem determinados requisitos[68]. O art. 20 da Lei n. 2019-486 de 22 de maio de 2019, chamada de "Lei PACTE", e o decreto n. 2019-6514 de 24 de maio de 2019 uniformizaram os limites para a nomeação de revisores oficiais de contas em todos os tipos de sociedades previstas no ordenamento francês[69].

Independentemente da forma jurídica da sociedade, a nomeação de um auditor é obrigatória em empresas que preencham ao menos dois dos três seguintes requisitos: balanço total de 4.000.000 € (fora impostos), volume de negócios em 8.000 € e número de funcionários em 50. É possível, ainda, a solicitação voluntária de um auditor por sócios que detenham ao menos 1/10 do capital social da empresa, mesmo que não cumpram os requisitos da obrigatoriedade[70].

---

[66] Art. 37 1. La domanda di accesso agli strumenti di regolazione della crisi e dell'insolvenza è proposta con ricorso del debitore. 2. La domanda di apertura della liquidazione giudiziale è proposta con ricorso del debitore, degli organi e delle autorità amministrative che hanno funzioni di controllo e di vigilanza sull'impresa, di uno o più creditori o del pubblico ministero.

[67] Antonini-Cochin, Laetitia; Laurence-Caroline, Henry. *Droit des entreprises en difficulté*. Paris: Gualino, 2022. p. 33.

[68] "Le gestion et représentation de la société réalisée par ses dirigeants est controlée par le commissaire aux comptes et par d'autres organes de contrôle, tel le commissaire aux apports et l'expert de gestion." E "La présence d'un commissaire aux comptes est obligatoire seulement lorsque les seuils fixés par le législateur sont dépassés" (Branlard, Jean-Paul; Salgado, Maria-Beatriz. *Master droit de l'entreprise*: théorie & pratique du droit des affaires. 5. ed. Paris: Editions ESKA, 2021. p. 133 e p. 149).

[69] Branlard, Jean-Paul; Salgado, Maria-Beatriz. *Master droit de l'entreprise*: théorie & pratique du droit des affaires. 5. ed. Paris: Editions ESKA, 2021. p. 133.

[70] Branlard, Jean-Paul; Salgado, Maria-Beatriz. *Master droit de l'entreprise*: théorie & pratique du droit des affaires. 5. ed. Paris: Editions ESKA, 2021. p. 133.

CAPÍTULO 3 • FASE POSTULATÓRIA

Os auditores são profissionais independentes[71] da empresa, não nomeados pelos sócios, mas pela autoridade central. Sua função consiste, diante da identificação de sintomas de crise que possam comprometer a atividade da empresa, em ativar rapidamente todos os instrumentos internos, como administradores e assembleias, para que os órgãos sociais possam tomar medidas de defesa e de superação da crise[72].

Além dos auditores, os funcionários de uma empresa também podem se utilizar do sistema de alerta. De acordo com o Código de Trabalho francês, as empresas que possuem mais de onze funcionários durante o prazo consecutivo de um ano obrigatoriamente devem contar com um comitê representativo de seus trabalhadores, chamado de *Comité Social et Économique* ("CSE")[73].

Uma das faculdades do CSE é a solicitação de informações para o empregador quando os funcionários tomam conhecimento de fatos suscetíveis de atingir negativamente a situação econômica da empresa. Assim que se tem o conhecimento dessa situação, o pedido de informações deve ser colocado na ordem do dia da próxima reunião da Comissão. Se não forem obtidas respostas suficientes do empregador ou se as respostas confirmarem a situação preocupante, um relatório é elaborado, o qual deve ser encaminhado para o empregador e para o auditor de empresa[74]. Todo esse procedimento possui caráter confidencial[75].

É possível, ainda, que os próprios sócios se utilizem do sistema de alerta, uma vez que possuem diretas preocupações com situações que possam atingir o capital da empresa. De acordo com o *Code de Commerce*[76], podem se utilizar do alerta os sócios não gerentes da sociedade limitada e, nas sociedades anônimas, acionistas que juntos detenham 5% do capital social. Esse direito não pode ser exercido mais do que duas vezes por ano fiscal para não atrapalhar a ação dos gestores[77], visto que o andamento envolve etapas de perguntas e respostas entre os sócios e gestores que podem tomar certo tempo.

Se as medidas internas forem ineficazes, os auditores comunicam o presidente do Tribunal de Comércio, o qual poderá também agir autonomamente diante das anotações no Registro das Empresas. O presidente tem a função de conscientizar o devedor de todas as medidas possíveis de serem tomadas para a superação da crise e as consequências da não adoção[78].

---

[71] Art. 29 da Lei n. 2012-387 de 22 de março de 2012 : "I. — Les professions libérales groupent les personnes exerçant à titre habituel, de manière indépendante et sous leur responsabilité, une activité de nature généralement civile ayant pour objet d'assurer, dans l'intérêt du client ou du public, des prestations principalement intellectuelles, techniques ou de soins mises en œuvre au moyen de qualifications professionnelles appropriées et dans le respect de principes éthiques ou d'une déontologie professionnelle, sans préjudice des dispositions législatives applicables aux autres formes de travail indépendant".

[72] No mesmo sentido, "Ces professionnels indépendants sont effectivement à même de détecter de façon précoce les difficultés et d'alerter les dirigeants" (ANTONINI-COCHIN, Laetitia; LAURENCE-CAROLINE, Henry. *Droit des entreprises en difficulté*. Paris: Gualino, 2022. p. 33).

[73] Code du Travail. Article L2322-2. "Un comité social et économique est mis en place dans les entreprises d'au moins onze salariés. Sa mise en place n'est obligatoire que si l'effectif d'au moins onze salariés est atteint pendant douze mois consécutifs."

[74] Code du Travail. Article L2312-63. "Lorsque le comité social et économique a connaissance de faits de nature à affecter de manière préoccupante la situation économique de l'entreprise, il peut demander à l'employeur de lui fournir des explications. Cette demande est inscrite de droit à l'ordre du jour de la prochaine séance du comité. Si le comité n'a pu obtenir de réponse suffisante de l'employeur ou si celle-ci confirme le caractère préoccupant de la situation, il établit un rapport. Dans les entreprises employant au moins mille salariés et en l'absence d'accord prévu à l'article L. 2315-45, ce rapport est établi par la commission économique prévue par l'article L. 2315-46. Ce rapport, au titre du droit d'alerte économique, est transmis à l'employeur et au commissaire aux comptes."

[75] ANTONINI-COCHIN, Laetitia; LAURENCE-CAROLINE, Henry. *Droit des entreprises en difficulté*. Paris: Gualino, 2022. p. 41.

[76] Code de Commerce. Article L225-232. "Un ou plusieurs actionnaires représentant au moins 5% du capital social peuvent, deux fois par exercice, poser par écrit des questions au président du conseil d'administration ou au directoire sur tout fait de nature à compromettre la continuité de l'exploitation. La réponse est communiquée au commissaire aux comptes, s'il en existe."

[77] ANTONINI-COCHIN, Laetitia; LAURENCE-CAROLINE, Henry. *Droit des entreprises en difficulté*. Paris: Gualino, 2022. p. 42.

[78] Code de Commerce. Article L611-2. "I.- Lorsqu'il résulte de tout acte, document ou procédure qu'une société commerciale, un groupement d'intérêt économique, ou une entreprise individuelle, commerciale ou artisanale connaît des difficultés de nature

No sistema francês, diante da crise, a reorganização da empresa, de modo geral, poderá ser pretendida tanto pelos devedores quanto pelos credores, legitimidade que dependerá do específico procedimento.

Nesse aspecto, deve-se diferenciar que, como antecipado, além da recuperação judicial, da liquidação, da salvaguarda e salvaguarda acelerada, existem outros procedimentos que atuam de modo preventivo, como o processo de conciliação, *mandat ad hoc* e de alerta, os quais exorbitam o objeto deste trabalho e, portanto, não serão por ele abordados.

O processo de reorganização propriamente, chamado *redressement judiciaire*, é aberto quando o devedor, na impossibilidade de fazer frente ao passivo exigível com o seu ativo disponível, está em situação de cessação de pagamentos[79]. A cessação de pagamentos se configura quando o empresário está impossibilitado de arcar com seu passivo exigível diante do seu ativo disponível[80].

Para o devedor que se encontra em situação de cessação de pagamentos, o pedido de recuperação judicial constitui um ônus[81], o que decorre do reconhecimento de que o tratamento rápido da crise é indispensável e de que é o devedor quem melhor conhece o seu estado[82]. No entanto, dada a possibilidade de descumprimento de tal obrigação, a despeito das sanções previstas na legislação ao representante legal da sociedade e/ou ao empreendedor individual, a lei estabelece a legitimidade para o pedido a outros atores[83].

Assim, ao contrário do procedimento de salvaguarda, "a abertura de um processo de recuperação judicial ou de liquidação judicial pode ser requerida não apenas pelo devedor, mas também por um credor ou pelo Ministério Público, desde que não esteja em curso um processo de conciliação"[84].

Entende-se por credor, apto a requerer o pedido de recuperação judicial, aquele que detém crédito certo, líquido e exigível contra o devedor[85]. A circunstância estaria relacionada ao interesse de agir do credor respectivo[86].

A posição é criticada por Françoise Pérochon, para quem condicionar o pedido à exigibilidade do crédito serviria para retardar o início do procedimento coletivo, na contramão da intenção da lei[87]. É ônus do requerente a demonstração da condição de cessação de pagamentos do devedor. Quando o procedimento é iniciado pelo devedor, tal circunstância será por ele declarada[88]; quando requerida pelo credor, normalmente será demonstrada a partir de provas documentais, tais como protestos, rejeição de cheques por ausência de fundos, inscrição em cadastros de

---

à compromettre la continuité de l'exploitation, ses dirigeants peuvent être convoqués par le président du tribunal de commerce pour que soient envisagées les mesures propres à redresser la situation."

[79] European Justice. Insolvência/falência. Conteúdo fornecido por Rede Judiciária Europeia. Disponível em: https://e-justice.europa.eu/447/PT/insolvencybankruptcy?FRANCE&member=1#tocHeader10. Acesso em: 7 fev. 2022.

[80] Article 631-1. Il est institué une procédure de redressement judiciaire ouverte à tout débiteur mentionné aux articles L. 631-2 ou L. 631-3 qui, dans l'impossibilité de faire face au passif exigible avec son actif disponible, est en cessation des paiements.

[81] Article 631-4. L'ouverture d'une procédure de redressement judiciaire doit être demandée par le débiteur au plus tard dans les quarante-cinq jours qui suivent la cessation des paiements s'il n'a pas, dans ce délai, demandé l'ouverture d'une procédure de conciliation.

[82] Pérochon, Françoise. *Entreprise en difficulté*. 11. ed. Paris: LGDJ, Lextenso, 2022. p. 311.

[83] Perochon, Françoise. *Entreprise en difficulté*. 11. ed. Paris: LGDJ, Lextenso, 2022. p. 311.

[84] European Justice. Insolvência/falência. Conteúdo fornecido por Rede Judiciária Europeia. Disponível em: https://e-justice.europa.eu/447/PT/insolvencybankruptcy?FRANCE&member=1#tocHeader10. Acesso em: 7 fev. 2022.

[85] Court de Cassation, Chambre commerciale financière et économique, pouvoir n. 18-18.680, 20 février 2020.

[86] Pérochon, Françoise. *Entreprise en difficulté*. 11. ed. Paris: LGDJ, Lextenso, 2022. p. 318.

[87] Pérochon, Françoise. *Entreprise en difficulté*. 11. ed. Paris: LGDJ, Lextenso, 2022. p. 318-319.

[88] "La déclaration de cessation des paiements est le mode normal de saisine du tribunal, au regard duquel les autres devraient être tout à fait exceptionnels" (Perochon, Françoise. *Entreprise en difficulté*. 11. ed. Paris: LGDJ, Lextenso, 2022. p. 311).

CAPÍTULO 3 • FASE POSTULATÓRIA

inadimplentes, dentre outros. A prova deve ser robusta, a mera comprovação de inadimplemento perante o credor requerente seria entendida como insuficiente[89]. A presunção seria *juris tantum*, admitindo prova em contrário[90].

No procedimento de *redressement judiciaire*, o Tribunal também podia decidir pela sua abertura. Tal alternativa podia ser considerada, pois, pelo art. L631-7[91], permitia-se a aplicação do art. L621-1[92] no procedimento da *redressement judiciaire*. Esse artigo, por sua vez, permitia que o tribunal decidisse sobre a abertura do processo. O art. L631-5 dispunha que "Lorsqu'il n'y a pas de procédure de conciliation en cours, le tribunal peut également être saisi sur requête du ministère public aux fins d'ouverture de la procédure de redressement judiciaire"[93]. O dispositivo legal, entretanto, fora revogado.

O requerimento também pode ser feito pelo Ministério Público. A possibilidade não era muito utilizada, visto que em muitos casos essa instituição apenas informava ao tribunal a situação da empresa para que, de ofício, fossem tomadas providências. Contudo, a partir de 2014, o artigo[94] que permitia o início do procedimento de ofício foi revogado e ocorreu consequentemente uma maior utilização dos requerimentos pelo Ministério Público[95].

É possível, ainda, que a Comissão Social e Econômica da empresa comunique ao presidente do Tribunal ou ao Ministério Público qualquer fato que revele a cessação dos pagamentos por parte do devedor[96]. Diante dessa informação, o Tribunal competente decide sobre a abertura do processo de recuperação, depois de ouvido ou devidamente convocado o devedor e a(s) pessoa(s) designada(s) pela Comissão Social e Econômica[97].

A cessação de pagamentos, requisito para o processamento do pedido de *redressement judiciaire*, deverá ser aferida pelo tribunal quando decidir sobre a abertura do procedimento[98], a quem cabe fixar uma data para o seu início[99]. A fixação da data de cessação de pagamentos é relevante para

---

[89] ANTONINI-COCHIN, Laetitia; LAURENCE-CAROLINE, Henry. *Droit des entreprises en difficulté*. Paris: Fualino, Lextenso, 2022. p. 158.

[90] Article L631-1. […] Le débiteur qui établit que les réserves de crédit ou les moratoires dont il bénéficie de la part de ses créanciers lui permettent de faire face au passif exigible avec son actif disponible n'est pas en cessation des paiements.

[91] Article L631-7. Les articles L. 621-1, L. 621-2 et L. 621-3 sont applicables à la procédure de redressement judiciaire. […].

[92] Article L621-1. Le tribunal statue sur l'ouverture de la procédure, après avoir entendu ou dûment appelé en chambre du conseil le débiteur et la ou les personnes désignées par le comité social et économique. […].

[93] No mesmo sentido, "A court may commence proceedings sua sponte as well. Finally, creditors may procure a summons for an insolvent debtor by establishing that the debt is unquestionable, due, enforceable, backed by title, and uncollectible in previous attempts. When the case commences, a debtor must submit its financial statements and other disclosures to the court. The court also imposes a stay on collection effort" (WEBER, Robert. Can the sauvegarde reform save French bankruptcy law? A comparative look at Chapter 11 and French bankruptcy law from an agency cost perspective. *Michigan Journal of International Law*, Ann Arbor, v. 27, 2005. p. 287. Disponível em: https://ssrn.com/abstract=802944. Acesso em: 3 jul. 2023).

[94] Article L. 631-3-1. Lorsqu'il est porté à la connaissance du président du tribunal des éléments faisant apparaître que le débiteur est en cessation des paiements, le président en informe le ministère public par une note exposant les faits de nature à motiver la saisine du tribunal.

[95] ANTONINI-COCHIN, Laetitia; LAURENCE-CAROLINE, Henry. *Droit des entreprises en difficulté*. Paris: Fualino, Lextenso, 2022. p. 160-161.

[96] Article L631-6. Les membres du comité social et économique peuvent communiquer au président du tribunal ou au ministère public tout fait révélant la cessation des paiements du débiteur.

[97] Article L621-1. Le tribunal statue sur l'ouverture de la procédure, après avoir entendu ou dûment appelé en chambre du conseil le débiteur et la ou les personnes désignées par le comité social et économique.

[98] ANTONINI-COCHIN, Laetitia; LAURENCE-CAROLINE, Henry. *Droit des entreprises en difficulté*. Paris: Fualino, Lextenso, 2022. p. 159.

[99] Article L631. Le tribunal fixe la date de cessation des paiements après avoir sollicité les observations du débiteur. A défaut de détermination de cette date, la cessation des paiements est réputée être intervenue à la date du jugement d'ouverture de la procédure.

determinação do início do período suspeito, em que determinados atos serão tidos como nulos ou anulávei[100] [101].

O *Code de Commerce* estabelece que, caso o tribunal tenha a impressão de que a situação do devedor é manifestamente insuscetível de recuperação, deverá convocá-lo para apresentar suas considerações acerca da existência de condições para liquidação, antes de decidir sobre a abertura do processo de recuperação judicial ou liquidação. Ao tribunal caberá, ainda, considerar a pertinência e cabimento de abertura de procedimento de *rétablissement professionnel*, o que deverá contar com o consentimento do devedor[102].

O processo de *rétablissement professionnel* é um procedimento expedito, cuja duração máxima é de quatro meses, e que poderá levar à liberação de grande parte da dívida declarada pelo devedor[103].

Com dados obtidos pelo Conselho Nacional dos Administradores Judiciais e Mandatários Judiciais[104], verificou-se que durante o ano de 2021 foram abertos ao todo 27.561 procedimentos coletivos, quais sejam a salvaguarda, a reorganização judicial e a liquidação judicial. O procedimento com maior número de processamentos foi o da liquidação, com 20.172, seguido da recuperação judicial, com 6.614 e, por fim, a salvaguarda, com 775 processamentos. Quanto aos procedimentos de prevenção, em 2021, foram abertos 5.592, dos quais 1.842 se deram através da conciliação e 3.750 pela escolha de um *mandat ad hoc*[105].

---

[100] Article L632-1. I.- Sont nuls, lorsqu'ils sont intervenus depuis la date de cessation des paiements, les actes suivants : 1° Tous les actes à titre gratuit translatifs de propriété mobilière ou immobilière; 2° Tout contrat commutatif dans lequel les obligations du débiteur excèdent notablement celles de ᖯautre partie; 3° Tout paiement, quel qu'en ait été le mode, pour dettes non échues au jour du paiement; 4° Tout paiement pour dettes échues, fait autrement qu'en espèces, effets de commerce, virements, bordereaux de cession visés par l'article L. 313-23 du code monétaire et financier ou tout autre mode de paiement communément admis dans les relations d'affaires; 5° Tout dépôt et toute consignation de sommes effectués en application de ᖯarticle 2350 du code civil (1), à défaut d⟩une décision de justice ayant acquis force de chose jugée; 6° Toute sûreté réelle conventionnelle ou droit de rétention conventionnel constitués sur les biens ou droits du débiteur pour dettes antérieurement contractées, à moins qu⟩ils ne remplacent une sûreté antérieure d⟩une nature et d⟩une assiette au moins équivalente et à ᖯexception de la cession de créance prévue à ᖯarticle L. 313-23 du code monétaire et financier, intervenue en exécution d⟩un contrat-cadre conclu antérieurement à la date de cessation des paiements; 7° Toute hypothèque légale attachée aux jugements de condamnation constituée sur les biens du débiteur pour dettes antérieurement contractées; 8° Toute mesure conservatoire, à moins que ᖯinscription ou ᖯacte de saisie ne soit antérieur à la date de cessation de paiement; 9° Toute autorisation et levée d⟩options définies aux articles L. 225-177 et suivants et L. 22-10-56 et suivants du présent code; 10° Tout transfert de biens ou de droits dans un patrimoine fiduciaire, à moins que ce transfert ne soit intervenu à titre de garantie d'une dette concomitamment contractée; 11° Tout avenant à un contrat de fiducie affectant des droits ou biens déjà transférés dans un patrimoine fiduciaire à la garantie de dettes contractées antérieurement à cet avenant; 12° Toute affectation ou modification dans l'affectation d'un bien, sous réserve du versement des revenus que l'entrepreneur a déterminés, dont il est résulté un appauvrissement du patrimoine visé par la procédure au bénéfice d'un autre patrimoine de cet entrepreneur; 13° La déclaration d'insaisissabilité faite par le débiteur en application de l'article L. 526-1. II.- Le tribunal peut, en outre, annuler les actes à titre gratuit visés au 1° du I et la déclaration visée au 13° faits dans les six mois précédant la date de cessation des paiements.

[101] Article L632-2. Les paiements pour dettes échues effectués à compter de la date de cessation des paiements et les actes à titre onéreux accomplis à compter de cette même date peuvent être annulés si ceux qui ont traité avec le débiteur ont eu connaissance de la cessation des paiements.

[Toute] saisie administrative, toute saisie attribution ou toute opposition peut également être annulée lorsqu'elle a été délivrée ou pratiquée par un créancier à compter de la date de cessation des paiements et en connaissance de celle-ci.

[102] Article L631-7. [...] Lorsque la situation du débiteur qui a déclaré être en état de cessation des paiements apparaît manifestement insusceptible de redressement, le tribunal invite celui-ci, en l'absence de demande subsidiaire aux fins d'ouverture d'une procédure de liquidation judiciaire, à présenter ses observations sur l'existence des conditions de l'article L. 640-1. Il statue ensuite, dans la même décision, sur la demande de redressement judiciaire et, le cas échéant, sur l'ouverture d'une procédure de liquidation judiciaire. Avant de statuer, le tribunal examine si la situation du débiteur répond aux conditions posées aux articles L. 645-1 et L. 645-2 et ouvre, le cas échéant, avec son accord, une procédure de rétablissement professionnel.

[103] Pérochon, Françoise. *Entreprise en difficulté*. 11. ed. Paris: LGDJ, Lextenso, 2022. p. 318-319.

[104] Relatório anual de 2021. Observatoire des données économiques. Rapport annuel 2021. Conseil National des Administrateurs Judiciaires et des Mandataires Judiciaires, p. 7. Disponível em: https://www.cnajmj.fr/observatoire-donnees-economiques/. Acesso em: 8 jul. 2023.

[105] Os dados obtidos do Observatório de Estatística do Conseil National des Greffiers des Tribunaux de Commerce indicam também pela maior quantidade de liquidações judiciais, seguida da recuperação judicial e da salvaguarda. Disponível em: https://www.cngtc.fr/fr/os-jugement-ouverture-procedure-collective.php. Acesso em: 1° jul. 2023.

CAPÍTULO 3 • FASE POSTULATÓRIA

LES PROCÉDURES COLLECTIVES

Nombre d'ouvertures de procédures collectives par type	2017	2018	2019	2020	2021	Evolution 2021/2020
Sauvegarde	1 195	1 077	1 018	854	775	-9,3%
Redressement judiciaire	14 322	14 339	13 832	7 603	6 614	-13,0%
Liquidation judiciaire directe	39 994	39 036	36 950	23 960	20 172	-15,8%
Total	55 511	54 452	51 800	32 417	27 561	-15,0%
Nombre d'emplois concernés	139 383	147 470	142 291	136 175	75 061	-44,9%

Source : Observatoire des données économiques du CNAJMJ

Figura 7 - Número de procedimentos coletivos franceses apresentado no Relatório Anual de 2021 elaborado pelo Conseil National des Administrateurs Judiciaires et des Mandataires Judiciaires

LES PROCÉDURES DE PRÉVENTION

Nombre d'ouvertures de procédures de prévention par type	2017	2018	2019	2020	2021	Evolution 2021/2020
Conciliation	1 268	1 401	1 468	1 693	1 842	+8,8%
Mandat ad hoc	4 091	4 344	4 317	3 403	3 750	+10,2%
Total	5 359	5 745	5 785	5 096	5 592	+9,7%

Source : Observatoire des données économiques du CNAJMJ

Figura 8 - Número de procedimentos preventivos franceses apresentado no Relatório Anual de 2021 elaborado pelo Conseil National des Administrateurs Judiciaires et des Mandataires Judiciaires

De acordo com dados coletados pela Deloitte em parceria com Altares, a taxa de sucesso dos procedimentos de *redressement judiciaire* alcança a marca de 31% (trinta e um por cento). No ano de 2018, 68% (cento e oito por cento) das recuperações judiciais acabaram sendo convertidas em liquidação[106]. A conversão ocorreria velozmente: em metade dos casos, o tempo entre o pedido de *redressement judiciaire* e a sua conversão em *liquidation* seria de 13 (treze) semanas[107][108].

A pesquisa também confirma "qu'anticiper le choix de la procédure maximise les chances de retournement"[109], o que evidenciaria que a intenção do legislador ao impor a obrigação de requerer recuperação judicial dentro de um curto espaço de tempo a contar da verificação da cessação de pagamentos[110] seria garantir ao máximo a taxa de sucesso do procedimento e o alcance dos objetivos da lei.

3.1.5 EUA

No sistema dúplice norte-americano, a legitimidade para os pedidos de reorganização também é ampla. A propositura da reorganização pode ser realizada diretamente pelo devedor, o chamado *voluntary petition*, ou por seus credores, conhecido como *involuntary petition*.

Pelo Capítulo 11 do Bankruptcy Code, o *voluntary petition* inicia-se por pedido realizado pelo devedor (§ 301) pelo seu simples requerimento de reorganização. É o peticionamento que produz o efeito de iniciar o *automatic stay*, com a *order for relief*, a suspensão de todos os procedimentos constritivos em face do devedor[111].

O nome *voluntary petition* não significa, entretanto, que o devedor fez seu pedido de livre e espontânea vontade, sem qualquer intervenção dos credores. Frequentemente, os devedores formulam seu pedido de reorganização como reação às constrições promovidas pelos credores em suas execuções[112].

Em paralelo à propositura pelo devedor, o *involuntary petition* permite aos credores também requererem a reorganização do devedor. Isso poderá ocorrer diante de um receio dos credores quanto à recuperabilidade do devedor na condução de sua atividade e diante de um risco de que o devedor não tenha condição de satisfazer as dívidas contraídas.

A possibilidade de requerimento pelos credores, contudo, não é ampla.

Para poder deduzir o pedido de reorganização, o legitimado precisa ser um credor ou representante deste. A necessidade de figurar como credor estabelece uma relação de utilidade entre o interesse individual e o pedido de reorganização pelo credor[113].

Precisa, ainda, ser titular de crédito de determinada natureza e valor. O Código determina um mínimo necessário para a dedução do pedido, de modo que o crédito titularizado pelo requerente

---

[106] Vale destacar que os números indicam que o procedimento de *sauvegarde* seria mais efetivo do que os procedimentos de recuperação judicial. BEUCHAMP, Jean-Paschel *et al. Étude Deloitte Altares sur les entreprises en difficulté en France en 2021*, 2022, p. 62.

[107] A base de dados da autora se refere aos pedidos apresentados em toda a França entre 2006 e 2012, portanto, anterior às reformas de 2014 e 2021, e é composta por aqueles requeridos por sociedades comerciais com pelo menos um empregado com exclusão das *self-imployed firms*.

[108] ESQUERRE, Stéphane. How do judges judge? Evidence of local effect on French bankruptcy judgments. *SSRN Eletronic Journal*, 2014, p. 10. Disponível em: https://papers.ssrn.com/sol3/papers.cfm?abstract_id=2470059. Acesso em: 1º jul. 2023.

[109] Vale destacar que os números indicam que o procedimento de *sauvegarde* seria mais efetivos do que os procedimentos de recuperação judicial. BEUCHAMP, Jean-Paschel *et al. Étude Deloitte Altares sur les entreprises en difficulté en France en 2021*, 2022, p. 10.

[110] Article L631-4. L'ouverture d'une procédure de redressement judiciaire doit être demandée par le débiteur au plus tard dans les quarante-cinq jours qui suivent la cessation des paiements s'il n'a pas, dans ce délai, demandé l'ouverture d'une procédure de conciliation.

[111] TABB, Charles Jordan. *Law of bankruptcy*. 4. ed. St. Paul: West Academic, 2016. p. 118.

[112] BLOCK-LIEB, Susan. Why creditors file so few involuntary petitions and why the number is not too small, *57 Brook. L. Rev.* 803, 1991, p. 804. Disponível em: http://ir.lawnet.fordham.edu/faculty_scholars hip/738 Acesso em: 1º jul. 2023.

[113] TABB, Charles Jordan. *Law of bankruptcy*. 4. ed. St. Paul: West Academic, 2016. p. 151.

CAPÍTULO 3 • FASE POSTULATÓRIA

deve ser substancial. Há, ainda, a necessidade de que exista número mínimo de peticionantes que adiram ao pedido, conforme § 303(b)[114].

Os credores apenas poderão requerer a *reorganization* do devedor caso haja representação de três ou mais credores por créditos superiores a US$ 13,475, nos termos do 11 U.S.C. § 303 (b)[115], além de requisitos para a demonstração da crise do devedor.

Os efeitos desse peticionamento pelos credores também diferem.

> Petitioning creditors' access to bankruptcy relief is much more limited in involuntary cases than for a petitioning debtor in voluntary cases, in two ways. First, the order for relief is *not* entered automatically upon creditors filing the petition. Instead, the petitioning creditors must establish one of the statutory grounds supporting relief [§ 303 (h)]. Although some bankruptcy consequences are triggered by the filing of the involuntary petition alone, the full operation of the case must await the entry of the order for relief.[116]

Por outro lado, o *Bankruptcy Code* contém normas para o caso de credores que, munidos de má-fé, proponham a reorganização e causem danos aos devedores[117]. No 11 U.S.C. § 303 (i), por exemplo, observa-se que há previsão de condenação do requerente à indenização dos danos promovidos, além de danos punitivos[118].

Apesar da faculdade legal do *involuntary petition*, a maioria dos pedidos de reorganização, mais de 99%, é realizada pelos próprios devedores, com apenas pequeno percentual de pedidos formulados pelos credores[119].

Nesse sentido,

> most of the debtors studied used all or substantially all of the time allowed to them by the state remedies subsystem before resorting to Chapter 11. While their petitions are designated as "voluntary" in a very real sense they are not. By the elimination of all other options by which debtors could avoid liquidation, a large majority of the debtors studied were forced into Chapter 11[120].

---

[114] TABB, Charles Jordan. *Law of bankruptcy*. 4. ed. St. Paul: West Academic, 2016. p. 151.

[115] 11 U.S.C. §303 (b): "by three or more entities, each of which is either a holder of a claim against such person that is not contingent as to liability or the subject of a bona fide dispute as to liability or amount, or an indenture trustee representing such a holder, if such noncontingent, undisputed claims aggregate at least $13,475 more than the value of any lien on property of the debtor securing such claims held by the holders of such claims; If there are fewer than 12 such holders, excluding any employee or insider of such person and any transferee of a transfer that is voidable under section 544, 545, 547, 548, 549, or 724 (a) of this title, by one or more of such holders that hold in the aggregate at least $13.475 of such claims [...]".

[116] TABB, Charles Jordan. *Law of bankruptcy*. 4. ed. St. Paul: West Academic, 2016. p. 119.

[117] GROSS, Karen. *Failure and forgiveness* – rebalancing the bankruptcy system. New Haven and London: Yale University Press, 1997. p. 39.

[118] (i) If the court dismisses a petition under this section other than on consent of all petitioners and the debtor, and if the debtor does not waive the right to judgment under this subsection, the court may grant judgment; (2) Against any petitioner that filed the petition in bad faith, for — (A) any damages proximately caused by such filing; or (B) punitive damages.

[119] BLOCK-LIEB, Susan. Why creditors file so few involuntary petitions and why the number is not too small, *57 Brook. L. Rev.* 803, 1991. Disponível em: http://ir.lawnet.fordham.edu/faculty_scholars hip/738 Acesso em: 1º jul. 2023. No mesmo sentido, TABB: "An 'involuntary' case, by contrast, is commenced *by creditors* of the *debtor*, not by the debtor. § 303(b). In other words, from the debtor's perspective, bankruptcy relief is involuntary. While bankruptcy relief in its original conception was only available at the behest of creditors, today the overwhelming norm (far in excess of 99% of all cases) is voluntary bankruptcy" (TABB, Charles Jordan. *Law of bankruptcy*. 4. ed. St. Paul: West Academic, 2016. p. 119; HYNES, Richard M.; LAWTON, Anne; HOWARD, Margaret. National Study of Individual Chapter 11 Bankruptcies. *American Bankruptcy Institute Law Review*, v. 25, 2017).

[120] LOPUCKI, L. M. The debtor in full control – Systems failure under. Chapter 11 of the Bankruptcy Code? First installment. *American Bankruptcy Law Journal* 57, 1983, p. 115.

Da análise realizada pela UCLA School of Law (LoPucki Bankruptcy Research Database – BRD), das 1.214 companhias em reorganização a partir de 1979, é possível constatar baixo número de pedidos de reorganização por parte dos credores (*involuntary petition*).

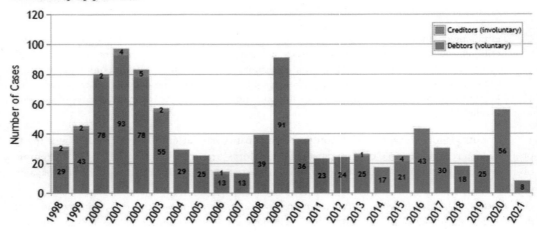

Figura 9 - Pedidos de recuperação judicial de companhias abertas por credores nos EUA por ano[121][122]

Utilizando base diversa, mais ampla, de todos os pedidos de reorganização, o resultado é corroborado.

---

[121] "The BRD contains data on all large, public company bankruptcy cases filed in the United States Bankruptcy Courts from October 1, 1979, to the most recent update of this database. A case is 'large' if debtor reported assets or more than $100 million (measured in 1980 dollars) on the last form 10-K that the debtor filed with the Securities Exchange Commission before filing the bankruptcy case. A company is 'public' if the company filed a form 10-K with the Securities Exchange Commission in the three years prior to bankruptcy. A 'case' includes all cases filed by or against members of the 10-K filing company's corporate group provided that those cases are consolidated by the bankruptcy court for the purpose of administration. Thus, a single 'case' for the purpose of the WebBRD may be reported by the Administrative Office of the U.S. Courts as dozens or hundreds of cases" (LoPucki, Lynn. *Bankruptcy Research Database*. Disponível em: https://lopucki.law.ufl.edu/index.php. Acesso em: 1 jul. 2023).

[122] No mesmo sentido, Webster, Seth. Collateral damage: non-debtor recovery for bad faith involuntary bankruptcy petitions. *Bankruptcy Developments Journal*, Atlanta: Emory University School of Law, v. 35 (1), 2019, p. 113.

CAPÍTULO 3 • FASE POSTULATÓRIA

Year	Total Bankruptcies	Total Involuntary	% Involuntary
1970	194,399	1,099	0.57%
1975	254,484	1,286	0.51%
1980	210,364	936	0.44%
1985	364,536	1,597	0.44%
1990	749,981	1,637	0.22%
1995	883,457	1,142	0.13%
2000	1,262,102	730	0.06%
2005	1,782,643	563	0.03%
2010	1,596,355	1,054	0.07%
2015	860,182	351	0.04%

Figura 10 - Pedidos de recuperação judicial por credores nos EUA por quinquênio[123]

Pelos dados, verifica-se que, embora o Bankruptcy Code legitime os credores a iniciarem o processo, raramente isso acontece. De acordo com Susan Block-Lieb, a hipótese mais aceita para esse fato seria a preferência dos credores pela resolução de conflitos de maneira não litigiosa[124]. O risco que os credores enfrentam ao exercerem o *involuntary petition*, combinado com as alternativas para a cobrança da dívida, deixa essa modalidade como último recurso[125].

Ademais, o pequeno percentual indica que o sistema pressupôs que as informações fossem amplas entre todos os envolvidos para que pudessem atender aos requisitos para o requerimento, o que aparentemente não ocorre. Para demonstrar o inadimplemento geral dos débitos, os credores deveriam ter informações sobre as obrigações do devedor e se há disputas judiciais sobre os referidos créditos, o que implicará custos.

Outrossim, acredita-se que os credores preferem, para tentar satisfazer seus créditos, soluções não judiciais por diversas razões, dentre elas a redução dos custos ou a tentativa de manter as relações negociais com o devedor[126]. "Creditors file few involuntary petitions because they often prefer a negotiated resolution of a debtor's financial troubles."[127]

Ainda que o número seja reduzido, o *involuntary petition* tem como principal função incentivar os devedores a realizarem requerimentos voluntários de reorganização.

---

[123] Figura retirada de WEBSTER, Seth. Collateral damage: non-debtor recovery for bad faith involuntary bankruptcy petitions. *Bankruptcy Developments Journal*, Atlanta: Emory University School of Law, v. 35 (1), 2019, p. 114.

[124] BLOCK-LIEB, Susan. Why creditors file so few involuntary petitions and why the number is not too small, *57 Brook. L. Rev.* 803, 1991, p. 862. Disponível em: http://ir.lawnet.fordham.edu/faculty_scholars hip/738 Acesso em: 1º jul. 2023.

[125] WEBSTER, Seth. Collateral damage: non-debtor recovery for bad faith involuntary bankruptcy petitions. *Bankruptcy Developments Journal*, Atlanta: Emory University School of Law, v. 35 (1), 2019, p. 115.

[126] BLOCK-LIEB, Susan. Why creditors file so few involuntary petitions and why the number is not too small, *57 Brook. L. Rev.* 803, 1991, p. 836. Disponível em: http://ir.lawnet.fordham.edu/faculty_scholars hip/738 Acesso em: 1º jul. 2023.

[127] BLOCK-LIEB, Susan. Why creditors file so few involuntary petitions and why the number is not too small, *57 Brook. L. Rev.* 803, 1991, p. 805. Disponível em: http://ir.lawnet.fordham.edu/faculty_scholars hip/738 Acesso em: 1º jul. 2023.

Por seu turno, a possibilidade de os credores pedirem a recuperação judicial poderá ensejar a imposição de restrições indevidas ao devedor na condução de sua empresa, o que poderá indevidamente aprofundar a crise econômico-financeira que acomete a atividade[128].

Mas esses danos ao devedor somente serão resultantes se a hipótese de insolvência – que permitiria a formulação do pedido por credores – não for bem delimitada e se não houver a possibilidade de responsabilizar os credores por eventuais pedidos indevidos.

A possibilidade de requerer a recuperação judicial pelo credor não significa que ele efetivamente irá exercer esse poder. Ainda que possam ocorrer poucos casos em que a reorganização do devedor seja promovida pelo credor, como foi verificado ao abordar os casos distribuídos nos EUA, a possibilidade de os credores pedirem a reorganização do devedor e não apenas sua liquidação falimentar incentivaria os devedores a formularem seu pedido tempestivamente e como uma forma de se anteciparem a esses credores.

Nesse sentido, o guia legislativo da UNCITRAL destaca a necessidade de o credor ter a possibilidade de pedir a recuperação judicial do devedor como uma forma de se assegurar a maximização do valor dos ativos por meio da reorganização do devedor e como consequência de serem os beneficiários primários do sucesso da reorganização[129].

3.1.6   A legitimidade para o requerimento no Brasil

No Brasil, pela Lei n. 11.101/2005, adotou-se o sistema dúplice. O processo de insolvência poderá ocorrer por uma via autônoma da recuperação judicial ou pelo pedido falimentar.

Enquanto a legitimidade para o pedido de abertura do procedimento de recuperação fora atribuída exclusivamente ao devedor (art. 48 da Lei n. 11.101/2005), a legitimidade para os pedidos falimentares é ampla.

O art. 48 determina que apenas o devedor poderá requerer a recuperação judicial[130]. Para tanto, o devedor deverá atender, cumulativamente, os requisitos indicados na lei. Deverá, assim, demonstrar que exerce regularmente suas atividades há mais de 2 (dois) anos; que não é falido, e, se o foi, que estejam declaradas extintas, por sentença transitada em julgado, as responsabilidades daí decorrentes; não obteve, há menos de 5 (cinco) anos, concessão de recuperação judicial; e não foi condenado por qualquer dos crimes previstos na Lei n. 11.101/2005.

Excepcionalmente, diante de falecimento do empresário individual de responsabilidade ilimitada, o requerimento do devedor poderá ser realizado pelo cônjuge sobrevivente, pelos herdeiros do devedor ou pelo inventariante. Trata-se, ainda nesses casos, de pedido exclusivo do devedor. Falecido o empresário individual, os bens são transferidos aos seus herdeiros imediatamente, de modo que eles tutelam os respectivos direitos.

No caso de sociedade empresária, a legitimidade ativa foi também conferida ao sócio remanescente diante de impedimento dos demais sócios de requererem. Não se trata de hipótese de legitimidade de sócio minoritário, em detrimento do sócio controlador e contra o interesse social. Trata-se de impossibilidade de comparecimento dos sócios em Assembleia Geral para deliberar sobre o pedido de recuperação judicial. Isso porque, nas sociedades limitadas, os administradores somente poderão requerer

---

[128] Nesse sentido, "o fácil acesso à denúncia de situações que podem significar crise ou dificuldades e à intervenção do tribunal para colocar a empresa em observação pode resultar em grave ameaça para a situação da empresa no mercado e seu acesso a crédito" (RIVERA, Julio C.; ROITMAN, Horacio; VÍTOLO, Daniel R. *Ley de concursos y quiebras*. 3. ed. Santa Fe: Rubinzai-Culzoni, 2005. t. 1. p. 233-235).

[129] "Given that one of the objectives of reorganization proceedings is to enhance the value of assets and thereby increase the return to creditors on their claims through the continued operation and reorganization of the debtor's business, it is highly desirable that the ability to apply not be given exclusively to the debtor" (UNCITRAL. *Legislative Guide on Insolvency Law*, 2005, p. 54. Disponível em: https://uncitral.un.org/sites/uncitral.un.org/files/media-documents/uncitral/en/05-80722_ebook.pdf. Acesso em: 3 jul. 2023. p. 54).

[130] COELHO, Fábio Ulhoa. *Comentários à Lei de Falências e de Recuperação de Empresas*. 15. ed. São Paulo: Thompson Reuters Brasil, 2021. p. 167.

a recuperação judicial se tiver ocorrido aprovação de mais da metade do capital social em assembleia geral de sócios (arts. 1.072 e 1.076 do Código Civil – "CC").

No Brasil, ao credor não é possível pedir a recuperação judicial do devedor. Diante de inadimplemento de seu crédito, o credor apenas poderia, como forma de forçar o devedor a pedir a recuperação judicial, pelo sistema dúplice adotado, realizar pedido de falência do devedor. O pedido deveria ser fundamentado na impontualidade injustificada do devedor de título executivo protestado de no mínimo 40 salários mínimos, na execução individual frustrada ou na prática de atos falimentares, nos termos do art. 94 da Lei n. 11.101/2005.

O incentivo para o devedor pedir recuperação decorreria desse pedido falimentar. Para se defender desse pedido falimentar, o devedor poderia, além de contestar o pedido e realizar o depósito elisivo (art. 98, parágrafo único), requerer a recuperação da empresa (art. 95).

Entretanto, o incentivo aos pedidos de recuperação judicial pelo devedor como forma de defesa a pedidos falimentares pelos credores parece não ser condizente com a realidade brasileira.

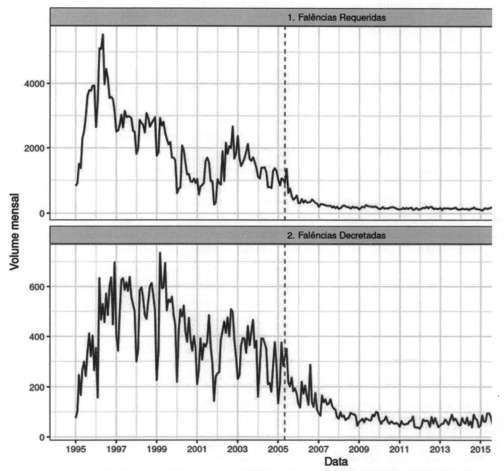

Figura 11 - Volume mensal de falências requeridas e decretadas antes e depois do início da vigência da LREF[131]

---

[131] NUNES, Marcelo Guedes; SACRAMONE, Marcelo Barbosa; TRECENTI, Julio. Recuperação judicial e preservação da empresa: evidências empíricas sobre a efetividade da recuperação judicial na manutenção da atividade econômica das empresas. In: DANTAS, Rodrigo D'Orio; NUNES, Marcelo Guedes; SACRAMONE, Marcelo Barbosa (coord.). *Recuperação judicial e falência*: evidências empíricas. São Paulo: Foco, 2022.

A análise dos pedidos de falência após a Lei n. 11.101/2005 identifica uma queda abrupta tanto na distribuição dos pedidos quanto na decretação. A partir de 2010, os pedidos de falência no Brasil estabilizam-se em um patamar de pouco menos de 1.500 pedidos por ano, segundo a média realizada com os dados disponibilizados pelo Serasa[132].

A pouca utilização dos pedidos de falência pelos credores em relação aos demais países e à quantidade de empresários existentes pode ser explicada pela reduzida utilidade para a satisfação do referido crédito e pelo grande tempo despendido no procedimento para a liquidação dos ativos do devedor.

Dados coletados pelo Observatório de Insolvência em relação a todos os 6.269 processos de falência distribuídos no estado de São Paulo entre janeiro de 2010 e dezembro de 2020 demonstraram que houve apenas 1.335 falências decretadas, dentre as quais somente 267 apresentaram alguma avaliação de bens e apenas 13 foram encerradas pelo pagamento até 29 de abril de 2022. Em processos em que houve a localização de ativos, a taxa mediana final calculada de liquidação dos ativos foi de 12,1%, o que permitiu o pagamento na mediana de 6,1% da dívida[133].

Nesse contexto de falta de utilidade do procedimento falimentar aos credores e, consequentemente, de poucos pedidos falimentares, não há incentivos para que o procedimento de recuperação seja iniciado tempestivamente a não ser pela vontade do devedor, único legitimado no Brasil a requerer a recuperação.

A atribuição exclusiva pela lei brasileira ao empresário devedor do poder de requerer sua recuperação judicial pode acarretar demora injustificada do pedido e prejudicar a preservação da empresa[134]. A inércia do devedor em realizar o pedido reduz as chances de a recuperação ser eficiente para evitar o procedimento liquidatório, o que resultará em prejuízo para todos os demais envolvidos com o desenvolvimento da atividade empresarial[135].

O retardamento do pedido de recuperação judicial, embora afete os interesses de todos os demais envolvidos, poderá não resultar em prejuízo ao próprio devedor, embora a este tenha sido conferido exclusivamente o poder de requerer a recuperação judicial. Como os sócios apenas receberão após a satisfação dos credores (art. 83 da LREF), na hipótese de o endividamento empresarial superar os ativos da sociedade, uma deterioração financeira da companhia não piora suas condições financeiras a ponto de incentivá-los a ingressar com a medida tempestivamente.

Some-se a esse argumento o fato de o pedido pelo devedor poder não ser realizado diante das primeiras evidências de crise econômico-financeira de sua atividade como uma estratégia para, caso deteriorada a sua condição econômica, facilitar ainda mais a aprovação do seu plano de recuperação e a

---

[132] NUNES, Marcelo Guedes; SACRAMONE, Marcelo Barbosa; TRECENTI, Julio. Recuperação judicial e preservação da empresa: evidências empíricas sobre a efetividade da recuperação judicial na manutenção da atividade econômica das empresas. In: SACRAMONE, Marcelo Barbosa; NUNES, Marcelo Guedes; DANTAS, Rodrigo D'Orio (coord.). *Recuperação judicial e falência*: evidências empíricas. São Paulo: Foco, 2022.

[133] NUNES, Marcelo Guedes; SACRAMONE, Marcelo Barbosa; WAISBERG, Ivo. Observatório da Insolvência: Fase 3: Falências no Estado de São Paulo. *Associação Brasileira de Jurimetria*, p. 15-16. Disponível em: https://abjur.github.io/obsFase3/relatorio/index.html. Acesso em: 3 jul. 2023.

[134] Ainda que o legislador tenha inserido a concepção de que a recuperação judicial não se cinge aos interesses exclusivos de seus representantes, mas à sociedade em geral, foi demasiadamente simplista ao tratar da legitimação para o requerimento do benefício. É que a lei deixa ao único e exclusivo arbítrio do devedor a legitimação para a promoção da medida preventiva de saneamento de eventual crise, que, se não intentada, por motivos diversos, inclusive de ordem pessoal, em determinadas situações poderá ocasionar a liquidação da empresa, contrapondo-se, no entanto, ao fundamento essencial da lei, que é a sobreposição do interesse da coletividade ao do indivíduo que administra a empresa" (MARZAGÃO, Lídia Valério. A recuperação judicial. In: MACHADO, Rubens Approbato (coord.). *Comentários à nova Lei de Falências e Recuperação de Empresas*. São Paulo: Quartier Latin, 2005. p. 93).

[135] CEREZETTI, Sheila. *A recuperação judicial de sociedade por ações*: o princípio da preservação da empresa na Lei de Recuperação e Falência. São Paulo: Malheiros, 2012. p. 264-265.

conservação de sua condução à frente de sua atividade. Diante de uma menor satisfação dos créditos na liquidação forçada falimentar, em virtude da ausência de ativos, os credores teriam maiores incentivos a aprovar plano de recuperação judicial e a conservar o devedor à frente de sua atividade.

A atribuição de legitimidade aos credores, por lei, para requerer a recuperação judicial dos devedores, nesse ponto, poderá ser alternativa. Entretanto, há críticas doutrinárias a tanto.

O primeiro óbice decorreria da falta de informações contábeis e financeiras do devedor para que os credores pudessem conhecer a crise econômico-financeira e demandar o início do procedimento[136].

Decerto a assimetria informacional entre devedor e seus credores é de fácil constatação, notadamente diante da própria irregularidade contábil dos devedores ordinariamente[137]. Entretanto, referida dificuldade pode não obstar o pedido de recuperação pelos credores desde que haja parâmetros objetivos de crise a motivar o pedido, a despeito do desconhecimento da real situação econômico-financeira do devedor, a qual poderia ser esclarecida em eventual defesa, com a inversão probatória.

A segunda crítica seria decorrente do comportamento estratégico dos credores, os quais não teriam incentivos para realizar os pedidos, haja vista que os devedores continuariam na condução da atividade e o sucesso da recuperação judicial dependeria do seu empenho. Dessa forma, tenderiam a privilegiar negociações bilaterais às coletivas[138]. Segundo Matos e Proença,

> caso fosse ela requerida por terceiro e seu processamento fosse deferido, a recuperanda estaria em uma posição que não desejaria estar e, diferentemente da falência, o sucesso do procedimento demanda uma atuação ativa e altiva do devedor, seja na condução da operação, seja na negociação com credores[139].

Todavia, o comportamento cooperativo dos credores poderia ser facilmente incentivado por meio de atribuição de privilégio ao credor que formulasse o pedido de recuperação judicial. Se o crédito do referido titular sofresse alteração em sua prioridade em virtude do comportamento cooperativo do credor de se antecipar aos sinais de crise do devedor, referido credor teria estímulo a promover o pedido de recuperação judicial em benefício de toda a coletividade e como uma forma de maximizar a satisfação não apenas coletiva, como a do próprio crédito em condição privilegiada.

Ademais, o risco de o devedor não continuar a desenvolver sua atividade com regularidade poderá ser atenuado por meio da possibilidade de destituição do devedor caso a atividade empresarial não seja desenvolvida no melhor interesse social, assim como pela própria possibilidade de apresentação de plano de recuperação judicial alternativo pelos credores.

---

[136] Referida dificuldade de obtenção de informações é apontada como de árdua superação para a apresentação de pedidos pelos credores (AYOUB, Luiz Roberto; CAVALLI, Cássio. *A construção jurisprudencial da recuperação judicial de empresas*. 4. ed. Rio de Janeiro: Forense, 2020. p. 6).

[137] Essa realidade é inclusive verificada nos casos de MEs e EPPs, ainda que possuam o benefício de apresentar relatórios contábeis simplificados. Após realização de estudo jurimétrico no estado de São Paulo, entre os anos de 2010 e 2018, foi possível constatar que: "[…] a maior dificuldade experimentada pelos empresários é a apresentação da documentação exigida. A despeito do permissivo legal de que as MEs e EPPs poderão apresentar livros e escrituração contábil simplificados (art. 51, § 2º, da Lei de Insolvência), verifica-se, pela principal causa de indeferimento, em 78 dos 96 processos com processamento indeferido definido, que o empresário não consegue manter a regularidade de sua escrituração contábil, ainda que simplificada" (SACRAMONE, Marcelo *et al.* O processo de insolvência e o tratamento das microempresas e empresas de pequeno porte em crise no Brasil. *Pensar: Revista de Ciências Jurídicas*, v. 25, p. 1-14, 2020, p. 7).

[138] MATTOS, Eduardo da Silva; PROENÇA, José Marcelo Martins. *Recuperação de empresas*. Curso avançado em direito, economia e finanças. São Paulo: Thomson Reuters Brasil, 2023. p. 325, n. 9.

[139] MATTOS, Eduardo da Silva; PROENÇA, José Marcelo Martins. *Recuperação de empresas*. Curso avançado em direito, economia e finanças. São Paulo: Thomson Reuters Brasil, 2023. p. 325, n. 9.

3.1.7 A correção dos incentivos legais

A baixa distribuição dos pedidos de recuperação judicial no Brasil, se comparado aos demais países, indica que o instituto não tem sido utilizado como alternativa eficiente à superação da crise econômico-financeira que afeta a atividade do devedor.

A reduzida distribuição dos pedidos de falência em comparação aos demais países, notadamente diante da morosidade e baixa satisfação do crédito propiciadas pela liquidação falimentar, demonstra que o instituto não é suficiente para propiciar a coerção necessária pelos credores para que o devedor tome medidas de saneamento da crise.

Diante dessa crise, o retardamento na adoção de medidas de saneamento empresarial poderá agravar a insolvência do devedor, consumir os recursos escassos, comprometer a concorrência do mercado diante da prática de preços predatórios, deteriorar a condição empregatícia de seus funcionários e dificultar a recuperação econômica e a preservação da empresa.

Além de uma maior utilidade no procedimento falimentar, com medidas de aceleração da liquidação de ativos e pagamento dos credores, como pretendido pela Lei n. 14.112/2020, a conferência de legitimidade ativa aos interessados para requerer a recuperação judicial do devedor reduziria a possibilidade de comportamento estratégico dos administradores e sócios da pessoa jurídica com vistas a retardar as medidas de saneamento para auferir benefício próprio em detrimento de eventual deterioração da situação econômico-financeira do empresário.

Se a falta de legitimidade aos credores reduz a quantidade de pedidos de recuperação, como evidenciam Itália e Brasil, a análise da legislação estrangeira, notadamente francesa, indica que a simples atribuição da legitimidade do requerimento ao poder público ou aos terceiros afetados pelo desenvolvimento da atividade empresarial, diretamente ou via representante, como o Ministério Público, pode também revelar-se de pouca efetividade. A dificuldade de obtenção de informação, de conhecimento sobre a atividade desenvolvida, da verificação da situação econômico-financeira do devedor e das melhores medidas para a superação da crise econômico-financeira impõem custos de monitoramento e fiscalização exacerbados aos referidos agentes, de modo que a medida pode se revelar de pouca utilidade.

Aos credores, entretanto, a atribuição de legitimidade para o requerimento da recuperação judicial reduziria os custos de monitoramento, da primazia da primeira penhora na execução individual, além de conferir a possibilidade, aos principais interessados, de maximizar a satisfação dos respectivos créditos por meio de uma solução coletiva a todos antes da deterioração da situação econômico-financeira do devedor.

Decerto, contudo, a legislação americana demonstra que, ainda que a legitimidade seja atribuída aos credores, a assimetria informacional com o devedor sobre suas circunstâncias financeiras dificultaria a realização dos pedidos. Todavia, como visto na legislação estrangeira, a atribuição de legitimidade aos credores compeliria o devedor a tomar medidas de saneamento antes de a crise se alastrar e como forma de manter o controle sobre o procedimento previamente à situação ser reconhecida pelos credores, que poderiam agir ainda que em detrimento da vontade do devedor.

Nesse aspecto, para se incentivar o comportamento precoce dos devedores a tomarem medidas de saneamento empresarial, aos credores deveria ser conferida a legitimidade para requererem a recuperação judicial do devedor. Como essa legitimidade poderá gerar comportamentos oportunistas de tentativa de extrair benefício pessoal em detrimento da maior satisfação coletiva, além de ter que demonstrar a crise mediante parâmetros que serão pormenorizados posteriormente, deverá ser imposta a esses requerentes eventual responsabilização por prejuízos causados diante de um pedido infundado, além de custos de sua abertura.

CAPÍTULO 3 • FASE POSTULATÓRIA

Para que referidos custos e despesas não obstaculizem os pedidos de recuperação judicial pelos credores, os quais, diante da abertura do procedimento, submeter-se-ão às mesmas condições dos demais credores que não requereram a abertura e, portanto, não se submeteram ao risco da condenação, deve-se criar incentivo legal aos referidos pedidos, como eventual tratamento privilegiado ao referido credor.

3.2 Dever legal de requerer a recuperação judicial

Se a assimetria informacional entre o devedor e seus credores reduz a possibilidade de estes últimos requererem a recuperação judicial dos devedores, incentivos legais podem ser impostos para induzir o comportamento voluntário do devedor para seu requerimento.

Enquanto a sociedade for solvente, os sócios sofrerão os efeitos diretos de uma administração eficiente. Decisões gerenciais adequadas maximizarão o seu recebimento, enquanto decisões administrativas equivocadas o reduzirão. Os sócios, diante da solvência da sociedade, comportar-se-ão como credores residuais, de modo que terão incentivos diretos a nomear os mais eficientes administradores sociais e a acompanharem diretamente sua atuação.

Na insolvência da sociedade, entretanto, em que o passivo seja superior ao ativo, não haverá qualquer recebimento pelos sócios na hipótese de dissolução e liquidação da pessoa jurídica[140]. Os sócios não terão incentivos para o maior controle da administração social ou para a nomeação do administrador mais eficiente. Eventual insucesso na gestão não implicará a redução dos haveres dos sócios.

A despeito da falta de interesse dos sócios na maior ou menor eficiência da administração das sociedades insolventes, estes continuam com o poder de nomear e destituir seus administradores, se não forem os próprios, inclusive. Nesse sentido, os administradores terão incentivos para continuar a tutelar os referidos interesses, ainda que em detrimento daqueles mais afetados com uma majoração ou redução do patrimônio social.

Pelo contrário, referidos administradores tenderão a maximizar os interesses dos sócios. Como apenas se a sociedade conseguir reverter a situação de crise os sócios poderão receber algum valor, embora nada tenham a perder caso a crise se deteriore, os administradores tenderão a tomar as medidas mais arriscadas na gestão da sociedade, a adiar medida de saneamento que possa prejudicar sua conservação no cargo ou que lhe imponha maior controle em detrimento dos acionistas ou a consumir os recursos escassos antes de eventual liquidação.

Para que o devedor tome medidas para superar a crise econômico-financeira que afeta sua atividade antes de seu agravamento, de modo a evitar que esta se torne irreversível ou deteriore os ativos ou prejudique a maior satisfação dos credores, as medidas de recuperação podem ser impostas como dever legal ao devedor em crise.

Essa disciplina do requerimento de recuperação judicial tem sido realizada de modo diverso pelas legislações, ora como direito subjetivo, ora como ônus imposto ao devedor.

3.2.1 Alemanha

Na Alemanha, determina o § 15a do InsO o dever de o devedor requerer o procedimento de insolvência. Segundo o dispositivo legal, em caso de inadimplência ou superendividamento de uma

---

[140] Nesse sentido: "several jurisdictions around the world, including Argentina, Ecuador, France, Mexico, Peru, Spain, Sweden and Uruguay, require corporate directors to call a shareholders' meeting with the purpose of promoting the recapitalisation or liquidation of the company whenever, due to the existence of losses, the firm's net assets fall below the company's legal capital" (GURREA-MARTÍNEZ, Aurelio. Towards an optimal model of directors' duties in the zone of insolvency: an economic and comparative approach. *Journal of Corporate Law Studies*, v. 21, n. 2, Singapore: Routledge Taylor & Francis Group, 2021, p. 376).

pessoa coletiva, os administradores devem requerer, sem hesitação, o pedido de abertura do procedimento de insolvência[141]. O requerimento de insolvência deve ser feito se "não houver perspectivas legítimas de reestruturação bem-sucedida e continuação da empresa" ou, ainda, se "ficar claro que a reestruturação não será bem-sucedida dentro do período"[142].

O pedido deve ser feito em até três semanas após o início do inadimplemento e seis semanas após o início do superendividamento. Essa data de início ocorre a partir do conhecimento da inadimplência ou do superendividamento, os quais devem ser conhecidos pelos administradores desde a existência e são independentes da elaboração formal de qualquer balanço. O conhecimento da real situação econômica da sociedade é pressuposto da atuação dos administradores[143].

Referida obrigação é indelegável. O administrador com poder de representação da companhia é obrigado à realização do requerimento desde o momento de sua nomeação e independentemente, inclusive, da inscrição no registro público[144].

Na ausência do pedido ou de sua tempestividade, o administrador da pessoa jurídica poderá ser responsabilizado pelos prejuízos resultantes aos credores, os quais poderão pretender indenização dos administradores pelos prejuízos suportados ou pela redução dos ativos a satisfazerem as obrigações sociais.

Além da responsabilização civil pelos prejuízos causados[145], os administradores também poderão ser criminalmente responsabilizados. A falta do requerimento ou de sua tempestividade poderá impor ao administrador pena de prisão de até três anos e multa e, se a desídia ocorrer por negligência, pena de até um ano de prisão ou multa[146].

Nesse aspecto, não justifica a não realização do pedido a inexistência de ativos. Conforme destaca Dora Berger, "o descumprimento do dever legal não é justificável com a alegação de que a ação de insolvência não foi ajuizada porque, em razão de inexistência de massa, o indeferimento do pedido pelo juiz era evidente (parág. 1°, art. 26, InsO)"[147]. Pelo contrário, o administrador da insolvência deverá notificar a insuficiência dos ativos e os procedimentos serão interrompidos após a distribuição dos ativos disponíveis (§§ 208 e seguintes do InsO).

Pertinente a disposição do § 16 do InsO, que disciplina a necessidade de que a abertura de um processo de insolvência tenha um motivo e, em complemento, o § 17(1), que estabelece que o motivo geral é a própria insolvência. Outrossim, o § 17(2) caracteriza o devedor insolvente como aquele que não conseguiu cumprir com suas obrigações de pagamento[148].

---

[141] "German law explicitly imposes civil and criminal sanction for breach of duty to initiate insolvency proceedings. Under § 15a InsO, members of the debtor's representative body have three weeks from the moment of substantive insolvency (balance-sheet insolvency or inability to pay debts) to apply for insolvency proceedings, which they must do without culpable delay. Breach of this duty exposes them to damages claims under § 823 Abs 2 BGB, as well as to criminal liability, even where the case is one of negligence rather than malice. The only exceptions are for debtors who are natural persons or when one of the personally liable partners is a natural person" (BORK, Reinhard. *Rescuing companies in England and Germany*. Tradução: Christopher Schuller. Oxford: Oxford University Press, 2012, p. 79).

[142] FRIDGEN, Alexander; GEIWITZ, Arndt; GÖPFERT, Burkard. *BeckOK Insolvenzrecht*. 26. ed. München: C.H. Beck, 2022.

[143] BERGER, Dora. *A insolvência no Brasil e na Alemanha*. Porto Alegre: Sergio Antonio Fabris Editor, 2001. p. 77.

[144] FRIDGEN, Alexander; GEIWITZ, Arndt; GÖPFERT, Burkard. *BeckOK Insolvenzrecht*. 26. ed. München: C.H. Beck, 2022.

[145] §823, Bürgerliches Gesetzbuch. (1) Wer vorsätzlich oder fahrlässig das Leben, den Körper, die Gesundheit, die Freiheit, das Eigentum oder ein sonstiges Recht eines anderen widerrechtlich verletzt, ist dem anderen zum Ersatz des daraus entstehenden Schadens verpflichtet. (2) Die gleiche Verpflichtung trifft denjenigen, welcher gegen ein den Schutz eines anderen bezweckendes Gesetz verstößt. Ist nach dem Inhalt des Gesetzes ein Verstoß gegen dieses auch ohne Verschulden möglich, so tritt die Ersatzpflicht nur im Falle des Verschuldens ein.

[146] WHITE, Michelle J. The costs of corporate bankruptcy: A U.S.-European comparison. In: BHANDARI, Jagdeep S.; WEISS, Lawrence A. (ed.). *Corporate bankruptcy*: economic and legal perspectives. Cambridge: Cambridge University Press, 1996. p. 470.

[147] BERGER, Dora. *A insolvência no Brasil e na Alemanha*. Porto Alegre: Sergio Antonio Fabris Editor, 2001. p. 77.

[148] InsO, §17 (2): O devedor é insolvente se não conseguir cumprir as obrigações de pagamento devidas. A insolvência é geralmente presumida se o devedor parou de efetuar os pagamentos.

CAPÍTULO 3 • FASE POSTULATÓRIA

Também, de acordo com o § 26 (3) do InsO, as pessoas que, contrariando o supracitado § 15a do InsO, e que falharam culposamente e em violação do dever de apresentar um requerimento para o início de um processo de insolvência, devem a um credor que adiantou os custos do processo o reembolso do valor adiantado[149]. O objetivo é garantir que o processo possa ser realizado em qualquer caso nessas condições, o que, obviamente, só pode ser bem-sucedido se os ativos forem suficientes pelo menos para os custos restantes do processo de insolvência[150].

Destaca-se, contudo, que não há dever imposto ao devedor para a abertura quando o motivo é a insolvência iminente, visto que nessa fase oferece-se ao devedor a escolha de requerer a abertura do procedimento de reestruturação judicial ou extrajudicialmente ou de realizar outras medidas de saneamento empresarial[151].

A imposição de abertura do procedimento diante do inadimplemento ou do superendividamento incentiva a proteção dos ativos escassos, na medida em que a abertura do procedimento de insolvência altera os deveres fiduciários dos administradores e impõe a proteção dos interesses dos credores. Ademais, protege os ativos das constrições iminentes dos credores e que poderiam comprometer uma eventual proposta de plano de reorganização e de melhor satisfação dos interesses de todos.

A identificação do momento adequado para a medida de saneamento depois da detecção da crise, entretanto, é de difícil mensuração. Sua imposição determina que o devedor, já em situação de dificuldade de satisfazer suas obrigações, possa ter que incorrer em novos custos decorrentes do procedimento de insolvência e poderá impedir que soluções menos drásticas possam ser tentadas[152].

3.2.2 Portugal

Em Portugal, a apresentação à insolvência também constitui obrigação imposta ao devedor[153]. No art. 18, 1 do Código da Insolvência e Recuperação de Empresas ("CIRE"), observa-se que "o devedor deve requerer a declaração da sua insolvência dentro dos 30 dias seguintes à data do conhecimento da situação de insolvência, tal como descrita no n. 1 do art. 3°, ou à data em que devesse conhecê-la".

De acordo com o n. 1 do art. 3° do CIRE, "é considerado em situação de insolvência o devedor que se encontre impossibilitado de cumprir as suas obrigações vencidas". O prazo dos 30 dias se inicia a partir do momento em que se presume o conhecimento da situação de insolvência. Referido conhecimento, entretanto, é de difícil mensuração[154].

Caso os administradores e gerentes não cumpram o dever legal, podem ser responsabilizados e, diante disso, incorrer na obrigação de indenizar os credores pelos prejuízos que foram resultantes do

---

[149] InsO § 26 (3): "Wer nach Absatz 1 Satz 2 einen Vorschuß geleistet hat, kann die Erstattung des vorgeschossenen Betrages von jeder Person verlangen, die entgegen den Vorschriften des Insolvenz- oder Gesellschaftsrechts den Antrag auf Eröffnung des Insolvenzverfahrens pflichtwidrig und schuldhaft nicht gestellt hat. Ist streitig, ob die Person pflichtwidrig und schuldhaft gehandelt hat, so trifft sie die Beweislast".

[150] BORK, Reinhard. *Insolvenzordnung / Unternehmensstabilisierungs- und -restrukturierungsgesetz: InsO / StaRUG*. 24. Auflage. München: C.H. Beck, 2022. p. 13.

[151] "The debtor should be able to choose whether it wishes in this phase to pursue restructuring out of court or within legal proceedings, which is why there is no duty to initiate proceedings for imminent inability to pay debts, but the creditors should not be able to torpedo out-of-court restructuring efforts, and certainly not through abuse of process" (BORK, Reinhard. *Rescuing companies in England and Germany*. Tradução: Christopher Schuller. Oxford: Oxford University Press, 2012. p. 90).

[152] WARNER, Jerold. Bankruptcy costs: some evidence. *The Journal of Finance*, v. 32, n. 2, New Jersey: Wiley for the American Finance Association, 1997.

[153] SERRA, Catarina. *O regime português da insolvência*. 5. ed. Coimbra: Almedina, 2012. p. 112.

[154] MARTINS, Alexandre de Soveral. *Um curso de direito da insolvência*. 2. ed. Coimbra: Almedina, 2017. p. 81.

agravamento da crise econômico-financeira[155]. Trata-se de presunção legal de culpa grave dos administradores, nos termos do art. 186º, 3 e 4[156], do CIRE[157].

Os dispositivos legais são corroborados pelo Código Civil Português. Em seu art. 483, 1[158], prevê a responsabilização civil do devedor pelos prejuízos causados. Trata-se de responsabilização extracontratual em razão da violação do dever legal de requerimento para obstar o agravamento da crise[159].

Ainda no âmbito civil, o pedido de exoneração do passivo restante será liminarmente indeferido se o devedor não tiver cumprido o dever de apresentação à insolvência com prejuízo para os credores. A punição, contudo, somente poderá ocorrer se o requerimento não for feito pelo devedor, desde que "sabendo, ou não podendo ignorar sem culpa grave, não existir qualquer perspectiva séria de melhoria da sua situação econômica"[160], em razão do art. 238, 1, d., do CIRE.

Do ponto de vista criminal, o descumprimento da obrigação legal de apresentação do pedido de insolvência poderá gerar a imposição de pena de prisão aos administradores. Conforme o art. 228 do Código Penal Português, a insolvência negligente é tipificada.

> 1 – O devedor que: a) Por grave incúria ou imprudência, prodigalidade ou despesas manifestamente exageradas, especulações ruinosas, ou grave negligência no exercício da sua actividade, criar um estado de insolvência; ou b) Tendo conhecimento das dificuldades económicas e financeiras da sua empresa, não requerer em tempo nenhuma providência de recuperação; é punido, se ocorrer a situação de insolvência e esta vier a ser reconhecida judicialmente, com pena de prisão até um ano ou com pena de multa até 120 dias.[161]

Além da responsabilização pela omissão ou intempestividade do pedido, o pedido doloso apresentado de forma indevida também é penalizado (CIRE, art. 22º). O recurso imprudente ao procedimento de insolvência poderá prejudicar a satisfação de todos os envolvidos com o agravamento da crise, de modo que também deverá exigir a responsabilização do requerente se tiver agido dolosamente. Trata-se de um equilíbrio entre liberdades e direitos concedidos e consequente responsabilização pela escolha[162].

---

[155] Costa, Olímpia. *Dever de apresentação à insolvência*. 2. ed. Coimbra: Almedina, 2019. p. 75.

[156] Art. 186, 3 – Presume-se unicamente a existência de culpa grave quando os administradores, de direito ou de facto, do devedor que não seja uma pessoa singular tenham incumprido:

a) O dever de requerer a declaração de insolvência;

b) A obrigação de elaborar as contas anuais, no prazo legal, de submetê-las à devida fiscalização ou de as depositar na conservatória do registo comercial.

4 – O disposto nos n. 2 e 3 é aplicável, com as necessárias adaptações, à actuação de pessoa singular insolvente e seus administradores, onde a isso não se opuser a diversidade das situações.

[157] Martins, Alexandre de Soveral. *Um curso de direito da insolvência*. 2. ed. Coimbra: Almedina, 2017. p. 84.

[158] Código Civil Português. Art. 483 – 1. Aquele que, com dolo ou mera culpa, violar ilicitamente o direito de outrem ou qualquer disposição legal destinada a proteger interesses alheios fica obrigado a indemnizar o lesado pelos danos resultantes da violação.

[159] Martins, Alexandre de Soveral. *Um curso de direito da insolvência*. 2. ed. Coimbra: Almedina, 2017. p. 85.

[160] Martins, Alexandre de Soveral. *Um curso de direito da insolvência*. 2. ed. Coimbra: Almedina, 2017. p. 84.

[161] Código Penal Português: Art. 227º 3 – Sem prejuízo do disposto no art. 12º, é punível nos termos dos n. 1 e 2 deste artigo, no caso de o devedor ser pessoa colectiva, sociedade ou mera associação de facto, quem tiver exercido de facto a respectiva gestão ou direcção efectiva e houver praticado algum dos factos previstos no n. 1.

[162] Nogueira da Costa, Teresa. A responsabilidade pelo pedido infundado ou apresentação indevida ao processo de insolvência prevista no art. 22º do CIRE. In: Epifânio, Maria do Rosário (coord.). *Estudos de direito da insolvência*. Coimbra: Almedina, 2015. p. 24-25.

CAPÍTULO 3 • FASE POSTULATÓRIA

3.2.3 Itália

Na Itália, que adotou o sistema dúplice de insolvência, o requerimento de falência é imposto como obrigatório ao devedor.

O comerciante devedor é obrigado a declarar a cessação dos seus pagamentos, sob pena de ser considerado culpado pela falência. Como expõe Bonelli, ainda sobre o art. 686 do Código de Comércio[163],

> la dichiarazione di cessazione dei pagamenti è un diritto e un obbligo per commerciante. Ma la legge la considera soprattutto da questo secondo punto di vista, ed è la consacrazione di un tale obbligo che si contiene nel presente articolo. Da ció consegue che nell'intenzione del legislatore l'iniziativa del fallito è il modo normale e più corretto di apertura del fallimento. Altrimenti si ha uno stato abusivo, caratterizzato dall'inadempimento di un obbligo da parte del debitore, e che lo espone a sanzioni anche di ordine penale (art. 857 n. 3)[164].

A concordata preventiva, entretanto, era considerada direito subjetivo a evitar a falência. Tratava-se de benefício concedido ao devedor de boa-fé para que pudesse evitar as sanções pessoais que acompanhariam a falência[165].

Na nova lei italiana, o art. 3º dispõe sobre a obrigatoriedade das medidas de saneamento, sob pena de responsabilização pelos danos resultantes.

> L'imprenditore individuale deve adottare misure idonee a rilevare tempestivamente lo stato di crisi e assumere senza indugio le iniziative necessarie a farvi fronte e l'imprenditore collettivo deve istituire un assetto organizzativo, amministrativo e contabile adeguato ai sensi dell'articolo 2086 del Codice Civile, ai fini della tempestiva rilevazione dello stato di crisi e dell'assunzione di idonee iniziative.

Esse dever tem sua sanção correspondente indicada nos arts. 2392 e 2394 do Código Civil italiano. Neles, versa-se tanto sobre o surgimento de uma responsabilização civil solidária à empresa, por parte de administradores que não tenham agido com a "diligência que exige à lei no cumprimento de seus deveres estabelecidos no contrato social"[166] num plano geral, quanto sobre a responsabilização desses mesmos administradores perante os credores da empresa, quando aqueles não cumpram seus deveres de conservação da integridade patrimonial da sociedade[167] num plano específico.

Consequentemente, a violação, por parte não só do empresário individual, mas de todos os administradores, acarretará sua responsabilização civil pessoal, no montante dos danos causados à sociedade e aos credores[168][169]. Em mesmo sentido caminha nova redação do art. 2086 do Codice Civile:

---

[163] Art. 686. Il fallito (a) entro giorni tre dalla cessazione dei pagamenti, compreso quello in cui cessarono, deve farne la dichiarazione nella cancelleria del tribunale [di commercio] designato nell'articolo precedente.

[164] BONELLI, Gustavo. *Del fallimento*. 3. ed. Milano: Francesco Vallardi, 1938. v. 1. p. 195.

[165] BONELLI, Gustavo. *Del fallimento*. 3. ed. Milano: Francesco Vallardi, 1939. v. 3. p. 436.

[166] Art. 2392 "Gli amministratori devono adempiere i doveri ad essi imposti dalla legge e dallo statuto con la diligenza richiesta dalla natura dell'incarico e dalle loro specifiche competenze. Essi sono solidalmente responsabili verso la società dei danni derivanti dall'inosservanza di tali doveri, a meno che si tratti di attribuzioni proprie del comitato esecutivo o di funzioni in concreto attribuite ad uno o più amministratori".

[167] Art. 294 "Gli amministratori rispondono verso i creditori sociali per l'inosservanza degli obblighi inerenti alla conservazione dell'integrità del patrimonio sociale".

[168] DUBROVICH, Chiara. *L'azione di responsabilità contro gli amministratori e la quantificazione del danno*. Tesi di Laurea Magistrale. Università degli Studi di Milano, 2020. p. 6.

[169] STANGHELLINI, Lorenzo. Proprietà e controllo dell'impresa in crisi. *Riviste delle Società*, v. 2004, 2004. p. 1.041.

L'imprenditore, che operi in forma societaria o collettiva, ha il dovere di istituire un assetto organizzativo, amministrativo e contabile adeguato alla natura e alle dimensioni dell'impresa, anche in funzione della rilevazione tempestiva della crisi dell'impresa e della perdita della continuità aziendale, nonché di attivarsi senza indugio per l'adozione e l'attuazione di uno degli strumenti previsti dall'ordinamento per il superamento della crisi e il recupero della continuità aziendale.

Não é pacífico entendimento se os empresários individuais[170] estão fora desta disposição, por não estarem expressamente apontados no enunciado. Entretanto, parece correta interpretação que entende que os deveres introduzidos pela nova redação atribuída ao diploma civil constituem uma dívida do empresário, e dão origem a uma responsabilidade que "si estroflette nei confronti di tutti i soggetti interessati a vario titolo alla conservazione dell'impresa"[171].

De todo modo, com a edição da lei da falência italiana, o empresário individual terá de adotar as medidas adequadas para detectar prontamente o estado de crise e tomar sem demora as iniciativas necessárias para saná-la.

A importância da referida obrigação é explicitada no Relatório Explicativo ao Código (*Relazione ilustrativa al códice*), que deixa claro que

le possibilità di salvaguardare i valori di un'impresa in difficoltà sono direttamente proporzionali alla tempestività dell'intervento risanatore, mentre il ritardo nel percepire i segnali di una crisi fa sì che, nella maggior parte dei casi, questa degeneri in vera e propria insolvenza sino a divenire irreversibile[172].

Depreende-se dessas novas disposições a ligação entre a adequação da estrutura da empresa e a adoção e implementação tempestiva de medidas para superar sua crise e a importância que a reforma corretamente atribuiu a esse vínculo. Trata-se, para a doutrina italiana, de uma das inovações mais sistemáticas de todo o direito[173].

3.2.4   França

Na França, a disciplina legal impõe o ônus ao devedor de requerer as medidas de reestruturação. No sistema dúplice francês, de acordo com o art. L631-4 do *Code de Commerce,* é dever do devedor requerer a abertura do processo nos 45 dias seguintes à cessação de pagamentos[174].

O retardamento ou a omissão do pedido de abertura poderá resultar, além de eventual pena criminal, em responsabilização civil dos administradores pelos prejuízos resultantes, bem como impedimentos para que possam administrar outra companhia no futuro[175].

A cessação de pagamentos impõe ao devedor a obrigação de abertura do procedimento diante da posição privilegiada como detentor de informações sobre a crise econômico-financeira por que passa a atividade. Nesse sentido,

---

[170] Art. 2802, c.c.: "È imprenditore chi esercita professionalmente un'attività economica organizzata al fine della produzione o dello scambio di beni o di servizi".

[171] Di Marzio, Fabrizio. *Obbligazione, insolvenza, impresa*. Milano: Giuffrè, 2019. p. 134.

[172] *Relazione illustrativa 2 ottobre 2018*, Parte prima, Titolo II, 2018. p. 5. Disponível em: http://www.ilfallimento.it/wp-content/uploads/ 2018/10/relazione_illustrativa_-_schema_di_d.lgs_._recante_codice_della_crisi_e_dellinsolvenza-1.pdf. Acesso em: 14 jul. 2023

[173] Pacchi, Stefania; Ambrosini, Stefano. *Diritto della crisi e dell'insolvenza*. 2. ed. Torino: Zanichelli, 2022. p. 63.

[174] "L'ouverture d'une procédure de redressement judiciaire doit être demandée par le débiteur au plus tard dans les quarante-cinq jours qui suivent la cessation des paiements s'il n'a pas, dans ce délai, demandé l'ouverture d'une procédure de conciliation."

[175] White, Michelle J. The costs of corporate bankruptcy: A U.S.-European comparison. In: Bhandari, Jagdeep S.; Weiss, Lawrence A. (ed.). *Corporate bankruptcy*: economic and legal perspectives. Cambridge: Cambridge University Press, 1996. p. 469.

CAPÍTULO 3 • FASE POSTULATÓRIA

en effet, le débiteur est le seul pour qui la demande d'ouverture de la procédure collective fondée sur la cessation des paiements constitue une obligation, solution fondée puisqu'il est le mieux placé pour connaître sa situation. Cette obligation est assortie de sanctions qui visent selon le cas l'exploitant individuel – s'il est toujours en activité: la demande est à notre avis facultative s'il a cessé son activité[176].

A responsabilização dos administradores poderá ser estendida para todo o passivo da sociedade ou apenas para parte deste. Ela poderá recair não apenas sobre os administradores nomeados como tais, mas também sobre os próprios acionistas que assumirem papel ativo como administradores de fato da companhia[177].

Em algumas situações, a falência pessoal do próprio administrador pode ser imposta se "it is shown that management concealed or destroyed the accounting books of the bankrupt firm, embezzled or concealed part of the firm's assets, fraudulently caused the firm to lever up its debt, or failed to declare *cessation de paiements*"[178].

Sobre os dispositivos legais, a jurisprudência francesa tem aplicado as sanções de forma severa diante do seu descumprimento, sem admitir, na maioria dos casos, justificativas do devedor pela sua inércia. Diante dessa imposição legal, os procedimentos coletivos são instaurados, na maioria dos casos, em virtude do requerimento do próprio devedor[179].

3.2.5 EUA

Nos Estados Unidos, o dever de se submeter ao procedimento de reorganização e a eventual responsabilização dos administradores pelo retardamento ou omissão no pedido são controversos[180].

Conhecida por *deepening insolvency*, a teoria pugna pela responsabilização dos administradores que retardam as medidas de saneamento da crise empresarial[181]. Através desse instituto, os administradores são obrigados a fazer o requerimento da recuperação judicial ou autofalência da sociedade em estado de insolvência.

O dever de não prolongar a vida da sociedade insolvente baseia-se no fato de que não se deve permitir aos administradores manterem a atividade empresária sem as medidas necessárias ao

---

[176] PÉROCHON, Françoise; BONHOMME, Régine. *Entreprises en difficulté*: instruments de crédit et de paiement. 8. ed. Paris: L.G.D.J., 2009. p. 161-162.

[177] WEBER, Robert. Can the sauvegarde reform save French bankruptcy law? A comparative look at Chapter 11 and French bankruptcy law from an agency cost perspective. *Michigan Journal of International Law*, Ann Arbor, v. 27, 2005, p. 292. Disponível em: https://ssrn.com/abstract=802944. Acesso em: 3 jul. 2023.

[178] WEBER, Robert. Can the sauvegarde reform save french bankruptcy law? A comparative look at Chapter 11 and French bankruptcy law from an agency cost perspective. *Michigan Journal of International Law*, Ann Arbor, v. 27, 2005, p. 293. Disponível em: https://ssrn.com/abstract=802944. Acesso em: 3 jul. 2023..

[179] "Alors même que le délai général n'était que de quinze jours avant 2005 et que la cessation des paiements n'a pas des contours aussi précis que ce que suggère sa définition, la jurisprudence est dans l'ensemble plutôt sévère, refusant notamment de tenir compte des motifs qui ont animé le débiteur. Il lui est même arrivé de sanctionner des personnes qui n'avaient pas le pouvoir de déclarer la cessation des paiements, tels certains dirigeants de droit (administrateurs…) voire des dirigeants de fait, dont la faute est alors de n'avoir pas incité le représentant légal à effectuer la déclaration. À cet égard, l'allongement du délai rendra logiquement plus difficile la justification de l'abstention. Dans les faits, la procédure collective est ouverte dans une moitié des cas environ sur déclaration de cessation des paiements" (BONHOMME, Régine; PÉROCHON, Françoise. *Entreprises en difficulté*: instruments de crédit et de paiement. 8. ed. Paris: L.G.D.J., 2009. p. 162).

[180] WHITE, Michelle J. The costs of corporate bankruptcy: A U.S.-European comparison. In: BHANDARI, Jagdeep S.; WEISS, Lawrence A. (ed.). *Corporate bankruptcy*: economic and legal perspectives. Cambridge: Cambridge University Press, 1996. p. 470.

[181] Para Juliana de Freitas Reis, a teoria da *deepening insolvency* se caracterizaria como "causa específica de imputação de responsabilidade aos administradores por agravamento do estado de insolvência da sociedade, tendo em vista o prolongamento artificial da atividade empresária" (REIS, Juliana de Freitas. *Deepening insolvency*: a obrigatoriedade do pedido de autofalência. Rio de Janeiro: Escola da Magistratura do Estado do Rio de Janeiro, 2011. p. 10).

saneamento da crise sob a alegação da continuidade da empresa de forma indefinida e em detrimento tanto dos sócios/acionistas, quanto dos demais *stakeholders*[182].

Pressupõe-se que, na crise da pessoa jurídica, os deveres fiduciários dos administradores são alterados. É a chamada "duty shifting doctrine". Como, na ausência de ativos para a satisfação de todos, o conjunto de ativos deve ser utilizado para a satisfação dos credores e apenas o remanescente ser utilizado para a remuneração dos sócios/acionistas pelo emprego do capital, a atividade empresarial deveria ser conduzida pelos administradores em atenção aos interesses de todos os envolvidos, notadamente os credores que sofreriam as principais consequências de uma redução patrimonial da sociedade em função de insucesso em operações.

Pela concepção, o prolongamento da crise sem que as medidas de saneamento sejam tomadas poderia gerar uma deterioração dos ativos, afastar potenciais investidores e prejudicar o patrimônio social. Nesse sentido, a jurisprudência americana permitiu, em alguns casos, a responsabilização dos administradores se medidas de saneamento não foram tomadas para impedir a deterioração do patrimônio social diante da crise[183].

O precedente significativo a estabelecer a alteração dos deveres fiduciários ocorreu em 1991, pela Corte de Delaware. No julgamento de Credit Lyonnais Bank Nederland *v.* Pathe Commc'ns Corp., foi decidido que, quando o negócio está na proximidade da insolvência, o dever dos diretores é de tutela tanto dos interesses dos acionistas quanto dos credores: "at least where a corporation is operating in the vicinity of insolvency, a board of directors is not merely the agent of the residue risk bearers, but owes its duty to the corporate enterprise"[184 185].

Nesse aspecto, a jurisprudência preconizou uma alteração dos deveres fiduciários dos administradores conforme o estado da crise econômica. Enquanto a saúde econômico-financeira da companhia estivesse regular, os administradores poderiam tutelar o interesse dos sócios enquanto sócios e de modo a garantir a esses o interesse social representado pelo escopo-meio de obter o maior desenvolvimento da atividade empresarial e o escopo-fim de propiciar a maior distribuição de dividendos.

Por seu turno, para a concepção, na proximidade da insolvência, ou *vicinity of insolvency*[186], os deveres fiduciários dos administradores deveriam ser alterados para que sua atuação ocorresse em

---

[182] REIS, Juliana de Freitas. *Deepening insolvency*: a obrigatoriedade do pedido de autofalência. Rio de Janeirl: Escola da Magistratura do Estado do Rio de Janeiro, 2011. p. 11.

[183] Nesse sentido, "the cases hold or suggest that the obligation of corporate managers in normal or solvent periods is to act in the best interests of shareholders but that the duty changes to an obligation to act in the best interests of the corporation once the firm enters the vicinity of insolvency. As the firm's financial distress deepens and it passes out of the vicinity of insolvency and into actual insolvency, cases suggest or hold that the obligation of managers becomes a duty to maximize the interests of creditors" (CAMPBELL JR.; Rutheford, B.; FROST, Christopher W. Managers' fiduciary duties in financially distressed corporation: chaos in Delaware (and elsewhere). *Journal of Corporation Law*, v. 32, n. 3, 2007, p. 493. Disponível em: https://ssrn.com/abstract=1096309. Acesso em: 3 jul. 2023).

[184] Credit Lyonnais Bank Nederland *v.* Pathe Commc'ns Corp., No. CIv. A. 12150, 1991 WL 277613, at. p. 34 n. 55 (Del. Ch. 1991).

[185] No mesmo sentido do precedente, em GEYER *v.* Ingersoll Publications Co, 621 A. 2d 784 (Del. Ch. 1992), foi determinado que os diretores tinham um dever fiduciário para com os credores da companhia, que operava insolvente. Em In re Central Ice Cream Co., 836 F. 2d 1068 (7th Cir. 1987), foi decidido que os diretores deveriam, em seu julgamento, maximizar o valor da empresa como um todo.

[186] Rutherford B. Campbell Jr. e Christopher W. Frost definem a "vicinity of insolvency" como o período prévio à insolvência, no qual a companhia está muito próxima da completa inviabilidade econômico-financeira, mas ainda tem meios para seguir no exercício de sua atividade: "Delaware courts have created a third zone that might be described as pre-bankcupcty period in which the company is near, yet short of, actual insolvency" (CAMPBELL JR., Rutheford B.; FROST, Christopher W. Managers' fiduciary duties in financially distressed corporation: chaos in Delaware (and elsewhere). *Journal of Corporation Law*, v. 32, n. 3, 2007. Disponível em: https://ssrn.com/abstract=1096309. Acesso em: 3 jul. 2023. p. 503).

CAPÍTULO 3 • FASE POSTULATÓRIA

benefício da companhia, representada pelos interesses de todos os envolvidos com o desenvolvimento da atividade empresarial, e não exclusivamente dos seus sócios. Isso porque, diante da iminência da crise, os interesses dos credores e demais interessados conflitariam com os interesses dos sócios, os quais poderiam não ter mais nada a perder e estariam dispostos a arriscar todo o patrimônio remanescente da companhia, já que, em eventual dissolução, provavelmente nada receberiam após a satisfação prioritária dos credores.

Nesse aspecto, como confirmado pela Corte de Delaware em 2004, ao julgar o caso Production Resources Group L.L.C *v.* NCT Group Inc.[187], os administradores não mais poderiam tutelar os interesses exclusivos dos sócios na iminência da insolvência. Ainda que em detrimento da maximização dos lucros, os administradores deveriam evitar a assunção de riscos excessivos durante o desenvolvimento da atividade empresarial.

A alteração do parâmetro dos deveres fiduciários promovia imediata análise da responsabilização dos administradores pela condução da atividade empresarial. Decerto os administradores, ao atuarem como órgãos da pessoa jurídica, fazem-na presente, de modo que seus atos revelam condutas imputáveis à própria pessoa jurídica.

> The knowledge and actions of corporate directors and officers are imputable to their principal, the corporation, under rules of imputation from agency law. By providing the rules that determine what the corporation knows and does, the rules of imputation take on special importance when corporate directors and officers participate in wrongdoing.[188]

Por essa concepção, que entende que, na proximidade da insolvência, haveria uma alteração do interesse social para abarcar não apenas os interesses dos sócios, mas também dos credores e dos demais envolvidos com a atividade empresarial, o comportamento dos administradores que não seja realizado no interesse da sociedade extravasaria dos limites do órgão, como centro de imputação[189]. A responsabilização decorreria da violação dos deveres fiduciários dos administradores sobre a tutela dos interesses de todos os envolvidos na atividade empresarial. A reparação do referido prejuízo ao patrimônio social pelo comportamento omissivo e que gerou a violação dos deveres fiduciários poderia ser assim imposto aos administradores[190].

A teoria, entretanto, não foi acolhida sem críticas nos EUA. A atual doutrina majoritária sustenta que não haveria alteração dos deveres fiduciários dos administradores na proximidade da crise diante da impossibilidade de verificação objetiva de seus parâmetros ou dos interesses a serem protegidos[191].

Não haveria nenhum parâmetro na legislação americana para a identificação da iminência da insolvência a exigir comportamento diverso dos administradores. Tampouco se identificavam os

---

[187] Prod. Res. Group, LLC *v.* NCT Group, Inc., 863 A.2d 772 (Del. Ch. 2004).

[188] HEATON, J. B. Deepening insolvency. *Journal of Corporation Law*, v. 30, n. 3, p. 465-500, Spring 2005, p. 469.

[189] HEATON, J. B. Deepening insolvency. *Journal of Corporation Law*, v. 30, n. 3, p. 465-500, Spring 2005, p. 470.

[190] REIS, Juliana de Freitas. *Deepening insolvency*: a obrigatoriedade do pedido de autofalência. Rio de Janeiro: Escola da Magistratura do Estado do Rio de Janeiro, 2011. p. 2.

[191] Hu, Henry T. C.; Westbrook, Jay Lawrence. Abolition of the corporate duty to creditors. *Columbia Law Review*, New York, v. 107, n. 6, 2007; POTTOW, John A. E. Fiduciary duties in bankrupcty and insolvency. *Law & Economics Working Papers*, 135, Ann Arbor, University of Michigan Law School, 2018; CAMPBELL JR.; Rutheford, B.; FROST, Christopher W. Managers' fiduciary duties in financially distressed corporation: chaos in Delaware (and elsewhere). *Journal of Corporation Law*, v. 32, n. 3, 2007. Disponível em: https://ssrn.com/abstract=1096309. Acesso em: 3 jul. 2023; RUBEN, Neil. Duty to creditors in insolvency and the zone of insolvency: Delaware and Alternatives, 7 *N.Y.U. J. L. & BUS.* 333, p. 351-357, 2010; KELCH, Thomas G. The phantom fiduciary: the debtor in possession in Chapter 11. *The Wayne Law Review*, v. 38, n. 3, 1992.

interesses a serem protegidos, os quais poderiam, inclusive, não ser necessariamente harmônicos entre si, como os interesses dos empregados, da comunidade e dos credores.

Por fim, o fundamento no direito residual sobre os ativos pela concepção, na hipótese de crise econômica, violava o direito de propriedade dos sócios. Os credores teriam apenas direito de crédito em face do devedor, o qual seria exclusivo titular sobre os ativos[192].

Pelas críticas expostas aos precedentes anteriores, a própria Corte de Delaware revisitou a alteração dos parâmetros dos deveres fiduciários dos administradores em 2007. Em North American Catholic Educational Programming Foundation *v.* Gheewalla[193], a Corte reconheceu que a modificação dos deveres fiduciários não ocorreria na iminência da crise, mas apenas quando a insolvência fosse efetiva. Antes da insolvência, os sócios teriam o direito residual sobre o patrimônio, de modo que os deveres fiduciários ficariam adstritos à proteção dos seus interesses.

Na insolvência da companhia, por seu turno, deveriam ser tutelados os interesses dessa, que consistiriam na proteção daqueles que possuiriam interesses residuais sobre o seu patrimônio. Diante da insolvência, os deveres fiduciários dos administradores deveriam concentrar-se na maximização do valor da empresa para a satisfação de todos os interessados residuais em seu patrimônio, o que inclui não apenas os sócios, mas também agora os credores[194].

Por essa posição majoritária, a falta de consenso sobre a alteração do dever fiduciário dos administradores na proximidade da insolvência, com a proteção exclusiva dos interesses dos sócios, não compele os administradores a requererem as medidas de saneamento necessárias à superação da crise empresarial.

Entretanto, a alteração exclusiva do parâmetro de responsabilização por ocasião da insolvência e da própria abertura do procedimento de reorganização incentiva os administradores e sócios a postergarem os pedidos para extraírem benefícios por comportamento estratégico, ainda que em detrimento dos interesses da sociedade e dos demais interessados.

Contudo, nos EUA, ao contrário dos países continentais europeus e do Brasil, a estrutura de capital das companhias é, em regra, dispersa. Os administradores são pessoas distintas dos acionistas e, diante do controle pulverizado, conseguem desenvolver suas funções com maior independência em face desses.

Na proximidade da crise, nesses termos, ainda que a jurisprudência não determine a alteração dos seus deveres fiduciários, referidos administradores estão mais inclinados a protegerem os interesses de todos os envolvidos e a realizarem as medidas de saneamento como uma forma de, inclusive, poderem ser conservados na gestão da companhia.

3.2.6 O dever de pedir a recuperação no Brasil

No Brasil, não há nenhuma norma na lei de falência que determine a obrigação legal do devedor de requerer a recuperação, embora haja dispositivo legal que imponha, em sua interpretação literal, a obrigação de requerer a autofalência.

Nos termos do art. 48 da Lei n. 11.101/2005, estabelece-se que *"poderá* requerer recuperação judicial o devedor que [...]". O art. 105, ao tratar da autofalência, por seu turno, disciplina que "o

---

[192] Hu, Henry T. C.; WESTBROOK, Jay Lawrence. Abolition of the corporate duty to creditors. *Columbia Law Review*, New York, v. 107, n. 6, p. 1.340, 2007.

[193] North American Catholic Educational Programming Foundation, Inc. *v.* Gheewalla –930 A.2d 92 (Del. 2007).

[194] ELLIAS, Jared A.; STARK, Robert. *Delaware corporate law and the "end of history" in creditor protection*. Fiduciary Obligations in Business, Forthcoming, UC Hastings Research Paper Forthcoming, 2020. Disponível em: https://papers.ssrn.com/sol3/papers.cfm?abstract_id=3670399. Acesso em: 4 jul. 2023.

CAPÍTULO 3 • FASE POSTULATÓRIA

devedor em crise econômico-financeira que julgue não atender aos requisitos para pleitear sua recuperação judicial *deverá* requerer ao juízo sua falência [...]".

Se não há obrigação expressa para a recuperação judicial, mesmo a obrigação do pedido de autofalência, imposta expressamente pelo dispositivo legal, fora interpretada de forma diversa pela jurisprudência, mesmo anteriormente à Lei n. 11.101/2005.

Na redação do Decreto-Lei n. 7.661/45, o art. 8º estabelecia que o comerciante que não pagasse no vencimento obrigação líquida, sem justificativa, deveria, em trinta dias, requerer ao juiz a declaração de sua falência. Caso não o fizesse, estava-lhe vedada a concordata preventiva, nos termos do art. 140 do Decreto-Lei revogado.

A redação expressa, contudo, fora abrandada pela jurisprudência da época, que sopesava a higidez do mercado pretendida com a obrigação do pedido de autofalência com a preservação do desenvolvimento do empresário à frente da condução da atividade empresarial. Dessa forma, pela Súmula 190 do Supremo Tribunal Federal, consolidou-se que o devedor, mesmo não tendo requerido anteriormente sua autofalência, poderia ter acesso à concordata: "o não pagamento de título vencido há mais de trinta dias, sem protesto, não impede a concordata preventiva".

Esse entendimento jurisprudencial foi preservado em face da legislação atual. Ainda que conste no art. 105 a obrigação ao pedido de autofalência, não houve a imposição de qualquer sanção ao empresário inerte, de modo que os pedidos de autofalência, no Brasil, são diminutos. Isso resta claro pelo fato de que, dentre os processos de falência distribuídos nas Comarcas do estado de São Paulo entre janeiro de 2010 e dezembro de 2020, 91,9% são pedidos realizados por credores[195].

Embora não haja a imposição do dever de requerer a recuperação judicial pela Lei n. 11.101/2005 e a própria obrigação de se requerer a autofalência tenha sido pela jurisprudência abrandada, pode-se questionar sobre um dever legal imposto aos administradores da sociedade de evitar a deterioração dos ativos sociais em face de um agravamento da crise, o que poderia ser evitado por meio de requerimento da recuperação judicial.

Sobre o dever de diligência dos administradores, esse é regulado pela Lei n. 6.404/76, que estabelece, em seu art. 153, que o administrador da companhia deve empregar, no exercício de suas funções, o cuidado e a diligência que todo homem ativo e probo costuma empregar na administração de seus próprios negócios.

Trata-se, em seu sentido objetivo[196], do padrão de comportamento exigido do administrador no emprego dos fatores de produção para a persecução do interesse social, consistente no escopo-meio de desenvolvimento da atividade da companhia e a maximização de seus resultados, e no escopo-fim de distribuição dos lucros aos acionistas.

Um padrão de comportamento que se difere do *vir probus*, do *bonus pater familias,* de origem romana[197]. Na condução da atividade empresarial, exige-se do administrador comportamento profissional

---

[195] NUNES, Marcelo Guedes; WAISBERG, Ivo; SACRAMONE, Marcelo Barbosa. Observatório da insolvência: Fase 3: Falências no estado de São Paulo. *Associação Brasileira de Jurimetria*. Disponível em: https://abjur.github.io/obsFase3/relatorio/index.html. Acesso em: 3 jul. 2023.

[196] "No sentido subjetivo, o dever de diligência pode ser tido como esforço, dedicação, cuidado, interesse, atenção e zelo na execução de uma tarefa, independente do resultado final. E numa concepção objetiva, o padrão de conduta exigido no exercício de uma atividade" (RIBEIRO, Renato Ventura. *Dever de diligência dos administradores de sociedades*. São Paulo: Quartier Latin, 2006. p. 208).

[197] Segundo CARVALHOSA, "não basta, em nosso direito, por sua inquestionável feição institucional, que o administrador atue como homem ativo e probo na condução de seus próprios negócios. São insuficientes os atributos de diligência, honestidade e boa vontade para qualificar as pessoas como administradores. É necessário que se acrescente a competência profissional específica, traduzida por escolaridade ou experiência e, se possível, ambas. O próprio art. 152 expressamente estabelece esses requisitos, ao falar em competência, reputação profissional e tempo de dedicação às suas funções" (CARVALHOSA, Modesto. *Comentários à lei de sociedades anônimas*. 2. ed. São Paulo: Saraiva, 1998. v. 3. p. 228).

128   *RECUPERAÇÃO JUDICIAL: DOS OBJETIVOS AO PROCEDIMENTO*

e especializado compatíveis com o desenvolvimento da empresa num mercado célere e dinâmico[198]. Isso porque, se fora determinado que, no art. 152, a fixação de sua remuneração deveria ser compatível com sua competência, reputação profissional e o valor dos seus serviços no mercado, o exercício de suas funções deverá corresponder a um padrão de um administrador profissional e consciente que considere os diversos riscos da atividade na tomada de suas decisões[199].

Trata-se de uma obrigação de meio do administrador. Os administradores não são responsáveis perante os resultados da companhia. O risco da atividade é decorrente do negócio empresarial explorado. Os administradores respondem apenas pelos prejuízos gerados ou lucros cessantes diante de uma conduta negligente de mensuração de riscos para a maximização dos resultados[200].

Sobre esse dever de diligência e a aplicação aos administradores durante a recuperação judicial, já sustentamos anteriormente que a aplicação dos deveres fiduciários é estendida à atuação do administrador durante a recuperação judicial, diante da expressa aplicação do regramento societário nos termos do art. 50, *caput*, da LREF e como forma de se minorar eventuais consequências negativas do *debtor-in-possession*[201].

Decerto, durante a recuperação judicial, como o objetivo do instituto é a proteção dos interesses de todos os envolvidos pelo desenvolvimento da atividade empresarial[202], os deveres fiduciários não permaneceriam da mesma forma. Em sua consideração, deverão ser avaliados os interesses de todos

---

[198] TOLEDO, Paulo F. C. Salles de. *O conselho de administração na sociedade anônima*. São Paulo: Atlas, 1997. p. 54. *Nesse sentido,* MARTINS determina que "a simples honestidade, boa vontade ou diligência de um homem ativo e probo não são bastantes para fazer com que ele exerça funções de administrador da sociedade; necessário é que haja conhecimentos técnicos e que o administrador atue profissionalmente [...]" (MARTINS, Fran. *Comentários à lei das sociedades anônimas*. Rio de Janeiro: Forense, 1978. V. 2. P. 362). Para CARVALHOSA, "trata-se, com efeito, de regra típica do mandato que foi transposta para o âmbito da administração das companhias. E por essa razão, entende-se que não se coaduna o padrão com o sistema organicista que caracteriza a moderna administração societária" (CARVALHOSA, Modesto. *Comentários à lei de sociedades anônimas*. 2. Ed. São Paulo: Saraiva, 1998. V. 3. P. 230). Segundo RIBEIRO, "a transposição do modelo romano do direito civil antigo para o direito empresarial moderno apresenta alguns problemas. O primeiro, a aplicação de um instituto de base civilística para disciplina de relações empresariais. O outro é a tendência à profissionalização da gestão das empresas modernas, pelo que alguns autores relegam a responsabilidade com base na ideia do bom pai de família, considerando o padrão insuficiente, inadaptado e inadaptável" (RIBEIRO, Renato Ventura. *Dever de diligência dos administradores de sociedades*. São Paulo: Quartier Latin, 2006. p. 213-214).

[199] Para COSTA, "é a elasticidade da formulação do dever de diligência na lei que permite que se estipule um grau de exigência maior, ligado ao requisito de profissionalismo, para os administradores de companhia aberta. Uma interpretação sistemática da lei de sociedades por ações, em substituição a uma leitura isolada e apressada do art. 153, não leva a outra conclusão" (COSTA, Luiz Felipe Duarte Martins. *Contribuição ao estudo da responsabilidade civil dos administradores de companhias abertas*. Dissertação de Mestrado – Faculdade de Direito da Universidade de São Paulo, 2006. P. 68).

[200] É o que pode apreender da lição de José Xavier CARVALHO DE MENDONÇA, para quem "a lei não atribuiu aos administradores o caráter de garantes ou abonadores das operações sociais relativamente aos acionistas ou à sociedade, nem lhes impôs responsabilidades tão pesadas que dificultassem o preenchimento do cargo por pessoas ciosas da sua reputação e amigas da sua tranquilidade. Os riscos inerentes a todas as empresas comerciais não ficam a cargo dos administradores. Eles respondem pelos prejuízos ou danos (sem prejuízo não há responsabilidade) decorrentes da sua culpa ou dolo" (CARVALHO DE MENDONÇA, José Xavier. *Tratado de direito comercial brasileiro*. 6. ed. São Paulo: Freitas Bastos, 1959. V. 4. P. 77-78). No mesmo sentido VALVERDE: "se bem que a responsabilidade civil dos administradores pressuponha sempre a existência de prejuízos causados à sociedade, não é de aferir-se a conduta por eles seguida na gestão dos negócios sociais pelos resultados obtidos, e, sim, pela normalidade das operações, que empreenderam e executaram. Assim, o fato de terem os administradores conseguido grandes lucros em negócios arriscados, ou estranhos ao objeto da sociedade, não serve para caracterizar uma boa e prudente administração" (VALVERDE, Trajano de Miranda. *Sociedade por ações*. 2. ed. Rio de Janeiro: Forense, 1953. V. 2. P. 331).

[201] FRANCO, Gustavo Lacerda; Sacramone, Marcelo Barbosa. Dever de diligência na recuperação judicial: novos interesses, riscos menores. In: REVISTA DOS TRIBUNAIS (org.). *Contraponto jurídico*: posicionamentos divergentes sobre grandes temas do direito. São Paulo: Revista dos Tribunais, 2018. p. 617-632.

[202] MILLER, Harvey R. The changing face of Chapter 11: a reemergence of the bankruptcy judge as producer, director, and sometimes star of the reorganization passion play. *American Bankruptcy Law Journal*, v. 69, n. 4, 1995, p. 442. Também nessa direção, parcela da doutrina americana delineia modelo conceitual do *debtor in possession*, que reconhece a diferença entre tal mecanismo e o devedor, vislumbrando dois papéis: aquele do devedor anterior ao processo, sem qualquer dever fiduciário especial aos seus credores, e aquele do *debtor in*

CAPÍTULO 3 • FASE POSTULATÓRIA

os sócios/acionistas, mas, diante da crise econômico-financeira e que faz com que o ativo possa não ser suficiente à satisfação de todo o passivo, são ampliados esses deveres fiduciários para envolver também os interesses dos credores e de todos os demais afetados pela manutenção da atividade empresarial[203].

Corrobora essa conclusão o art. 64, IV, da LREF, que determina a destituição do administrador da recuperanda em hipóteses que podem denotar mera proteção dos interesses dos acionistas ou sócios. Nesse sentido, é causa da destituição dos administradores ou do afastamento do devedor a verificação das condutas de "efetuar despesas injustificáveis por sua natureza ou vulto, em relação ao capital ou gênero do negócio, ao movimento das operações e a outras circunstâncias análogas" (alínea *b*), de "descapitalizar injustificadamente a empresa ou realizar operações prejudiciais ao seu funcionamento regular" (alínea *c*) ou mesmo de "efetuar gastos pessoais manifestamente excessivos em relação a sua situação patrimonial" (alínea *a*)[204].

Da mesma forma, o art. 66 da LREF restringe a alienação e a oneração de bens ou direitos do ativo não circulante da devedora após a distribuição do pedido de recuperação, de forma que há a alteração dos parâmetros a serem utilizados na condução da empresa pelos administradores durante a recuperação judicial. Assim como o art. 6º-A veda a distribuição de lucros e dividendos a sócios e acionistas até a aprovação do plano de recuperação judicial.

Assim, os deveres fiduciários seriam alterados se houvesse o pedido de recuperação, pois isso criaria a suspensão da própria possibilidade de satisfação dos créditos, bem como o instituto impediria que os sócios tivessem incentivos para evitar qualquer liquidação dos ativos e expropriar riqueza dos credores[205].

Se essa alteração do dever fiduciário pode ser sustentada durante a recuperação judicial com base nos parâmetros da Lei n. 11.101/2005, situação diversa é a da alteração dos deveres fiduciários diante de uma crise econômico-financeira da empresa, mas anteriormente ao pedido de recuperação.

Fora da crise, os deveres fiduciários dos administradores são tradicionalmente deveres impostos de tutela dos interesses dos acionistas enquanto acionistas. A despeito dos princípios institucionalistas presentes na Lei n. 6.404/76, sustenta-se que o próprio interesse social é formado não pelos interesses de terceiros afetados pela atividade ou de credores, mas pela maximização dos interesses dos sócios[206].

A situação de crise econômico-financeira do devedor não altera, por si só, referidos deveres. Os credores conservam os mesmos riscos e as mesmas alternativas se o devedor está ou não em crise, assim como o administrador tem exatamente os mesmos deveres[207].

---

possession, com seus deveres fiduciários especiais que devem exercidos em benefício dos novos interessados (KELCH, Thomas G. The hantom fiduciary: the debtor in possession in Chapter 11. *TheWayne Law Review*, v. 38, n. 3, p. 1.323-1.378, Spring 1992, p. 1.333-1.334).

[203] FRANCO, Gustavo Lacerda; Sacramone, Marcelo Barbosa. Dever de diligência na recuperação judicial: novos interesses, riscos menores. In: REVISTA DOS TRIBUNAIS (org.). *Contraponto jurídico*: posicionamentos divergentes sobre grandes temas do direito. São Paulo: Revista dos Tribunais, 2018. p. 617-632. No mesmo sentido, CEREZETTI, Sheila. *A recuperação judicial de sociedade por ações*: o princípio da preservação da empresa na Lei de Recuperação e Falência. São Paulo: Malheiros, 2012. P. 394.

[204] FRANCO, Gustavo Lacerda; Sacramone, Marcelo Barbosa. Dever de diligência na recuperação judicial: novos interesses, riscos menores. In: REVISTA DOS TRIBUNAIS (org.). *Contraponto jurídico*: posicionamentos divergentes sobre grandes temas do direito. São Paulo: Revista dos Tribunais, 2018. p. 181.

[205] CAMPBELL JR.; Rutheford B.; FROST, Christopher W. Managers' fiduciary duties in financially distressed corporation: chaos in Delaware (and elsewhere). *Journal of Corporation Law*, v. 32, n. 3, 2007, p. 522. Disponível em: https://ssrn.com/abstract=1096309. Acesso em: 3 jul. 2023,

[206] Sacramone, Marcelo Barbosa. *Tutela do interesse social nas deliberações assembleares*. Iniciação científica apresentada à Fapesp, São Paulo, 2004.

[207] CAMPBELL JR.; Rutheford B.; FROST, Christopher W. Managers' fiduciary duties in financially distressed corporation: chaos in Delaware (and elsewhere). *Journal of Corporation Law*, v. 32, n. 3, 2007, p. 519. Disponível em: https://ssrn.com/abstract=1096309. Acesso em: 3 jul. 2023.

A alteração do dever fiduciário dos administradores antes do pedido de recuperação judicial e como uma forma de exigir o próprio pedido não pode ser sustentada com base na alteração do direito efetivo sobre os ativos do empresário em crise ou mesmo insolvente. Decerto, diante de um ativo inferior ao passivo, os acionistas da pessoa jurídica devedora somente conservariam, após eventual liquidação, o remanescente do produto após a satisfação de todos os créditos. Como o ativo é insuficiente para satisfazer todo o passivo, embora a atividade seja conduzida pelo devedor, os ativos seriam do interesse direto dos credores, os quais sofreriam os principais efeitos de qualquer decisão incorreta da administração.

Contudo, os credores apenas possuem, ao menos em grande parte, uma obrigação pessoal em face do devedor. Seus créditos representam não uma relação direta com os ativos do devedor, embora evidentemente assegurariam a satisfação em geral das obrigações, mas apenas o direito de serem satisfeitos em razão de uma prestação a ser realizada pelo devedor na condução de sua atividade.

Não há obrigação dos administradores de resultado e de garantir que todas as dívidas da sociedade sejam satisfeitas durante o curso habitual dos negócios. Os administradores da sociedade apenas deverão empreender os melhores esforços para maximizar o interesse social, consistente no escopo-meio de desenvolvimento do objeto social e no escopo-fim de distribuição dos dividendos aos acionistas. Pelos prejuízos sociais causados, desde que não tenham atuado com culpa ou dolo no desempenho de suas funções, ou tenham extrapolado as determinações legais ou do estatuto social, nos termos do art. 158 da Lei n. 6.404/76, os administradores não possuem responsabilidade[208].

Logo, ainda que em crise econômico-financeira, os credores continuam apenas com um direito pessoal sobre uma prestação do devedor e baseado na confiança neste depositada de regular desenvolvimento de seus negócios. Esse regular desenvolvimento não é alterado em virtude da situação do ativo em relação ao passivo, embora devesse sê-lo.

A exigência de maior controle sobre a atividade do administrador na iminência da insolvência é decorrente dos incentivos ao superinvestimento ou aos empreendimentos arriscados[209]. Isso porque, diante da crise econômico-financeira e que afeta a pessoa jurídica, os administradores têm incentivos para ingressar em atividades arriscadas, na medida em que, se lograrem sucesso, poderão superar a crise financeira e beneficiar os sócios e acionistas, cujo direito é residual em eventual dissolução. Por seu turno, caso o empreendimento arriscado fracasse, na hipótese de insolvabilidade econômica, os sócios/acionistas não terão reduzido os seus haveres, já inexistentes em decorrência da insolvabilidade. A redução dos ativos afetará diretamente apenas os credores, o que estimularia comportamentos extraordinariamente arriscados[210].

3.2.6.1 A correção dos incentivos legais

Ao contrário do verificado em países como Alemanha, Portugal, Itália e França, a legislação brasileira não impõe ao devedor a obrigação legal de requerer as medidas necessárias ao saneamento da crise.

Nos EUA, essa falta de imposição de sanções ao comportamento omissivo do devedor ou ao retardamento do requerimento de recuperação judicial também não ocorreu. Essa exigência é suprida, contudo, pela necessidade de os administradores conservarem-se no cargo e serem demandados diante de um controle pulverizado.

---

[208] SACRAMONE, Marcelo Barbosa. *Administradores de sociedades anônimas*. São Paulo: Almedina, 2015.

[209] O raciocínio é também confirmado por Berkovitch e Israel: "In the presence of risky debt, this conflict results in the well-known over- and under-investment problems" (BERKOVITCH, Elazar; ISRAEL, Ronen. The bankruptcy decision and debt contract renegotiations. *European Finance Review*, 2: 1-27, 1998, p. 2).

[210] STIGLITZ, Joseph. Bankruptcy laws: basic economic principles. In: MODY, Ashoka; DJANKOV, Simeon; CLAESSENS, Stijn (ed.). *Resolution of financial distress*: an international perspective on the design of bankruptcy laws. Washington: The World Bank, 2001. p. 9.

CAPÍTULO 3 • FASE POSTULATÓRIA

Entretanto, ao contrário desse país, a estrutura societária brasileira é caracterizada por um controle totalitário ou amplamente majoritário, em que os administradores, se não se confundem com os próprios sócios controladores, são deles absolutamente dependentes.

Ao contrário das demais legislações que influenciaram seus dispositivos legais, assim, a legislação brasileira confere ao devedor um direito subjetivo de optar pelas medidas de saneamento empresarial, mas não um ônus de sua utilização em benefício dos credores e de toda a coletividade afetada pela crise empresarial, e a estrutura societária não compele os administradores a tutelarem os interesses da companhia, ainda que em detrimento dos interesses do sócio controlador, como uma forma de se conservar no cargo.

Pela legislação societária atual, o administrador e os controladores aparentam conservar os mesmos deveres fiduciários se o empresário estiver em crise econômico-financeira ou não. Os credores do devedor conservam apenas direito subjetivo consistente em exigir a satisfação dos respectivos créditos pelo devedor na condução de sua atividade, embora não obtenha qualquer primazia na tutela dos seus respectivos interesses pelo administrador.

As medidas de saneamento empresarial, entretanto, diante da falta de ativos a suportar o passivo, não se restringem à mera proteção dos interesses próprios do devedor ou de seus sócios e, inclusive, geralmente contrariam referidos interesses. Tampouco encontram guarida por meio da promoção de um pedido falimentar diretamente pelos credores, como já visto.

Nesse contexto, a disciplina legal nacional não incentiva a promoção do melhor aproveitamento dos recursos ou assegura um tratamento precoce para a superação da crise empresarial, notadamente diante da concentração acionária no Brasil e da identificação, senão na própria pessoa, dos interesses dos administradores com os interesses dos sócios.

A imposição legal do requerimento de recuperação judicial ao devedor, como um dever, sob pena de responsabilização pessoal de seus administradores e/ou controladores, evitaria eventual agravamento da crise econômico-financeira e da deterioração dos ativos do devedor, com a consequentemente menor satisfação dos créditos.

A medida legal é necessária para coibir que o devedor possa retardar os pedidos de recuperação e ver-se incentivado a realizar atividades mais arriscadas para tentar obter maiores resultados para salvar sua empresa, pois eventual insucesso e liquidação somente acarretariam prejuízos maiores aos credores, já que os sócios apenas receberiam seus dividendos ou o resultado da apuração de haveres após estes serem satisfeitos, prioritariamente. Referido comportamento poderá implicar maiores riscos e prejuízos diretos aos credores, que podem não se beneficiar no mesmo montante de eventual sucesso do negócio.

Decerto há críticas quanto à obrigação de requerer a recuperação se o sistema de insolvência nacional permitir, na prática, pouca recuperabilidade do crédito e aproveitamento dos ativos, o que ocorreria em grande parte das economias emergentes[211]. A obrigação de se submeter a um sistema com falhas ou que implicasse dano reputacional poderia impor maiores custos *ex post* tanto a devedores quanto a credores, na medida em que o sistema comprometeria os ativos e reduziria a satisfação dos interesses de todos. Ademais, haveria dificuldade de se identificar a proximidade da insolvência, o que se tornaria ainda mais complexo em estruturas judiciais com pouca qualificação e recursos.

Todavia, se o comportamento de saneamento precoce deve ser estimulado, como forma de se reduzir, inclusive, comportamentos estratégicos e arriscados dos próprios administradores das sociedades, o sistema de insolvência deve ser aprimorado com o intuito de permitir a obtenção dos objetivos pretendidos.

---

[211] GURREA-MARTÍNEZ, Aurelio. Objetivos y fundamentos del derecho concursal. In: GURREA-MARTÍNEZ, Aurelio; ROUILLON, Adolfo (org.). *Derecho de la insolvencia*: un enfoque comparado y funcional. Madrid: Wolters, 2022. cap. 8.

A imposição da obrigação de requerer a abertura do procedimento de reorganização aos devedores ou seus administradores permitiria a redução dos comportamentos estratégicos, o melhor controle sobre os recursos escassos, além de incentivos para o melhor aproveitamento dos ativos. Referida imposição, para não conferir ampla discricionariedade ao Poder Judiciário para aferição dos parâmetros do referido dever e da consequente responsabilização dos agentes, poderá ser baseada em parâmetros objetivos para a identificação da crise do devedor, como ademais é feito nos países cujas legislações influenciaram historicamente a disciplina nacional.

3.3 Demonstração da crise do devedor como requisito do pedido

Se a obrigação legal deveria ocorrer, importante é verificar qual o momento em que a referida obrigação deveria ser imposta e qual o requisito necessário para sua demonstração.

O processo de insolvência pressupõe a crise de modo a afetar a atividade do devedor e comprometer a satisfação de suas obrigações.

Como parâmetro para essa crise, decerto pode ser a insolvabilidade, crise patrimonial, em que o devedor se revela atual ou potencialmente inapto para satisfazer suas obrigações diante da possibilidade de múltiplos credores exigirem o seu crédito.

Ainda que o devedor seja solvável, entretanto, na crise financeira poderia ocorrer o descasamento do seu passivo com o seu faturamento, na medida em que seus créditos poderiam ser satisfeitos somente a longo prazo e suas obrigações poderiam ser exigidas imediatamente. Dessa forma, ainda que solvável, a crise financeira exigiria medidas de saneamento do devedor e deveria ser possível o ingresso no procedimento coletivo.

Da mesma forma, poderia ser exigida a crise econômica, em que a redução da comercialização dos produtos ou serviços poderá afetar, a longo prazo, a situação patrimonial do devedor.

O tratamento da crise é importante porque a exigência de um parâmetro que antecipe o momento do requerimento poderá aumentar os custos do saneamento empresarial, com repercussão no mercado e deterioração da própria situação que se procuraria superar. Por seu turno, o retardamento do pedido quando necessário poderá reduzir as chances de salvamento, a satisfação dos credores em maior medida e a proteção indireta dos interesses de todos os demais.

Na identificação do melhor parâmetro a exigir a medida, o sistema de insolvência poderá permitir a maximização do valor dos ativos, a redução dos custos de monitoramento, a maior satisfação dos interessados e a preservação da empresa. O sistema de execuções individuais tornar-se-ia inadequado para proteger todos os interessados e fomentaria comportamentos oportunistas individuais que poderiam dizimar o ativo, em detrimento de todos.

Esses parâmetros para a crise foram disciplinados de forma diversa pelas legislações, seja com a exigência de demonstração da crise econômica, financeira, patrimonial ou, alternativamente, de qualquer delas pelo devedor.

Em algumas jurisdições, como a estadunidense, essa demonstração não é necessária. Ela foi presumida pela própria legislação por ocasião do requerimento pelo devedor e como forma de se reduzir os custos e de se acelerar a abertura dos procedimentos de insolvência.

Em outros procedimentos, ao invés da demonstração do estado da crise do devedor, exige-se parâmetro diverso para o requerimento realizado pelos terceiros. Como esses podem não ter informação direta sobre a situação econômica do devedor, a exigência de demonstração do estado de crise do devedor seria impossível ou dificultaria, em muito, os pedidos. Por seu turno, a abertura do procedimento de insolvência é importante, pois poderia ocorrer mediante comportamento estratégico, como uma forma de coagir o devedor ao pagamento e ainda que em detrimento dos demais credores.

CAPÍTULO 3 • FASE POSTULATÓRIA

Nesse sentido, alguns países passaram a exigir a demonstração da cessação de pagamentos, execução frustrada ou constrição que possa resultar na insolvência do devedor como uma das formas de se demonstrar referida crise pelo terceiro.

Assim, se a crise é pressuposto do sistema, a exigência de sua demonstração, sua presunção ou os parâmetros exigidos para a abertura do procedimento de insolvência são tratados diferentemente conforme a legislação.

3.3.1   Alemanha

Na Alemanha, adepta do sistema de via única, a abertura de um processo de insolvência pressupõe a existência de um motivo de abertura, conforme § 16 do InsO[212]. Como no sistema único o pedido de insolvência poderá ser realizado pelos credores ou pelo próprio devedor, a norma legal determina a necessidade de demonstração dos fundamentos para o pedido.

Três são os fundamentos para o pedido na Alemanha. A insolvência (§ 17), a insolvência iminente (§ 18) e o superendividamento (§ 19).

O § 17(1) determina que a regra geral para o pedido de insolvência é a própria insolvência. A insolvência é definida como a incapacidade de pagamentos das obrigações vencidas pelo devedor. Nesse sentido, o § 17 (2) do InsO estabelece que "o devedor será considerado insolvente se não for capaz de cumprir as suas obrigações de pagamento vencidas. A insolvência será presumida como regra se o devedor suspendeu os pagamentos"[213].

A não satisfação das obrigações não exige exclusivamente a demonstração de falta de ativos perante o passivo. A iliquidez, a falta de ativos disponíveis a curto prazo para satisfazer as obrigações ou obter garantias, é suficiente para o pedido[214].

Nesse primeiro fundamento da insolvência, a legitimidade é ampla. Ela é atribuída tanto aos devedores quanto aos credores. De modo a evitar que os credores possam prejudicar os devedores quando a crise econômico-financeira ainda não for grave a ponto de impedir os pagamentos das obrigações, a legitimidade dos credores é restrita ao fundamento da insolvência atual ou do superendividamento.

O pedido é exclusivamente do devedor se for realizado sob o fundamento legal de insolvência iminente. Considera-se, como tal, a ameaça de inadimplência das obrigações vincendas, em razão da § 18 do InsO[215].

Não havia, pela lei, uma definição específica da insolvência iminente ou do período de inadimplemento das obrigações vincendas. À falta de especificação legal, a doutrina controvertia sobre a duração do período de previsão relevante. Uma parte da doutrina sustentava que o prazo seria até a data de vencimento do último passivo existente no momento da avaliação, enquanto outra parte sustentava a adoção de prazos fixos, os quais poderiam variar de meses a anos. A corrente majoritária, mista, defendia um período variável dependendo da empresa a ser avaliada e as datas de vencimento

---

[212] § 16 Die Eröffnung des Insolvenzverfahrens setzt voraus, daß ein Eröffnungsgrund gegeben ist.

[213] § 17 Insolvência (2) O devedor será considerado ilíquido se não for capaz de cumprir as suas obrigações vencidas. A insolvência será presumida como regra se o devedor suspendeu os pagamentos.

§ 17 (1) Allgemeiner Eröffnungsgrund ist die Zahlungsunfähigkeit.

(2) Der Schuldner ist zahlungsunfähig, wenn er nicht in der Lage ist, die fälligen Zahlungspflichten zu erfüllen. Zahlungsunfähigkeit ist in der Regel anzunehmen, wenn der Schuldner seine Zahlungen eingestellt hat.

[214] UHLENBRUK, W. § 17. Insolvenzordnung Kommentar. 12. Auflage. München, 2003. p. 378-379.

[215] InsO. Section 18. Imminent Insolvency. (1) If the debtor requests the opening of insolvency proceedings, imminent insolvency shall also be a reason to open. (2) The debtor shall be deemed to be faced with imminent insolvency if he is likely to be unable to meet his existing obligations to pay on the date of their maturity.

das responsabilidades existentes até um máximo de cerca de dois anos ou o fim do próximo exercício financeiro[216].

Com a alteração a partir de janeiro de 2021, o dispositivo legal passou a regrar que o prazo de previsão é de 24 meses[217]. Sua concepção assegura que o devedor possa ingressar com o processo com a maior brevidade possível diante dos primeiros sinais de crise econômico-financeira.

Entretanto, com a crise econômica e social em razão da covid-19 e diante do endividamento excessivo (*Überschuldung*), foram editadas alterações normativas para alterar os prazos de previsão. De forma excepcional, o período de previsão foi alterado para 12 meses. Como a iminência pressupõe prognósticos de satisfação da obrigação no tempo, o devedor tem direito ao requerimento da insolvência, mas não está obrigado ao pedido. Da mesma forma, em razão da prognose, a legitimidade é atribuída exclusivamente ao devedor para que se evitem abusos pelos credores[218 219].

De forma residual[220], o § 19 do InsO determina que o sobre-endividamento ou o superendividamento (*Überschuldung*) é uma das causas para a abertura do procedimento de insolvência tanto pelo devedor quanto por seus credores[221]. Ainda que os devedores tenham liquidez para satisfazer suas dívidas, ao menos no curto prazo, a demonstração do superendividamento permite antecipar o pedido de insolvência antes que a situação econômica da empresa se deteriore[222].

Nos termos do § 19, n. 2, do InsO, o superendividamento ocorrerá se os ativos da sociedade forem insuficientes para a satisfação das obrigações existentes. Trata-se de cálculo a ser realizado com base no balanço do devedor e na análise do valor de liquidação dos referidos ativos.

Excepciona a regra do superendividamento a demonstração de que, a despeito da insuficiência dos ativos, as circunstâncias tornem mais provável que a empresa continue a operar nos próximos doze meses. Essa probabilidade de prosseguimento da atividade é interpretada como superior a 50% com base na avaliação do planejamento financeiro do devedor para o cumprimento dessas obrigações[223].

Para a sua definição, assim, avalia-se o balanço do devedor para se identificar o superendividamento aritmético, de modo a que o passivo seja maior do que o ativo. Diante desse superendividamento

---

[216] FRIDGEN, Alexander; GEIWITZ, Arndt; GÖPFERT, Burkard. *BeckOK Insolvenzrecht*. 26. ed. München: C.H. Beck, 2022.

[217] FRIDGEN, Alexander; GEIWITZ, Arndt; GÖPFERT, Burkard. *BeckOK Insolvenzrecht*. 26. ed. München: C.H. Beck, 2022.

[218] FRIDGEN, Alexander; GEIWITZ, Arndt; GÖPFERT, Burkard. *BeckOK Insolvenzrecht*. 26. ed. München: C.H. Beck, 2022.

[219] "This ground is especially worth discussion in this context, since the legislator added it to the grounds for insolvency proceedings specifically to induce the debtor and its management to enter insolvency proceedings of their own initiative as early as possible, giving restructuring an increased chance of success" (BORK, Reinhard. *Rescuing Companies in England and Germany*. Tradução: Christopher Schuller. Oxford: Oxford University Press, 2012. p. 90).

[220] SCHMIDT, Karsten. Sobreendeudamiento y deberes en relación con la solicitud de apertura de concurso: wrongful trading conforme al derecho alemán. *Revista de Derecho Concursal Y Paraconcursal: Anales De Doctrina, Praxis, Jurisprudencia y Legislación*, n. 12, 2010, p. 384.

[221] Código de Insolvência (InsO) – § 19 Superendividamento.

(1) No caso de uma pessoa coletiva, o sobre-endividamento é também o motivo de abertura.

(2) Superendividamento existe quando os ativos do devedor não cobrem mais os passivos existentes, a menos que as circunstâncias tornem mais provável que a empresa continue a operar nos próximos doze meses. Pedidos de restituição de empréstimos de acionistas ou de atos jurídicos que correspondam economicamente a tal empréstimo, para os quais a subordinação em processo de insolvência foi acordada entre o credor e o devedor de acordo com a Seção 39 (2) para as reivindicações referidas na Seção 39 (1) n. 1 a 5, não devem ser tidos em consideração no passivo de acordo com alínea 1.

(3) Se nenhum sócio pessoalmente responsável for uma pessoa física em uma empresa sem personalidade jurídica, os §§ 1 e 2 são aplicáveis em conformidade. Isso não se aplica se os parceiros pessoalmente responsáveis incluírem outra empresa na qual o parceiro pessoalmente responsável seja uma pessoa física.

[222] DRUKARCZYK, Jochen; SCHÜLER, Rolf. Rn. 2. *Münchener Kommentar zur Insolvenzordnung*: InsO | InsO § 19 Rn. 1-3.

[223] BECKOK InsR/Wolfer, 24. ed. 15-7-2021, InsO § 19 Rn. 15.

CAPÍTULO 3 • FASE POSTULATÓRIA

aritmético, avalia-se se o prognóstico de permanência também é negativo, ou seja, se a continuidade da empresa é pouco provável, de modo a caracterizar o sobre-endividamento jurídico[224].

3.3.2 Portugal

Ainda no âmbito do processo de via única, Portugal exige tanto ao devedor quanto aos credores a demonstração de pressupostos para o pedido de insolvência. O CIRE, em seu art. 3°, n. 1, define os pressupostos de insolvência como a impossibilidade de o devedor cumprir as obrigações vencidas[225].

Para que o requisito possa ser preenchido e o pedido de insolvência possa ser processado, deve ser demonstrado que o devedor não tem recursos necessários ou não possui crédito para a satisfação pontual de suas obrigações.

A teoria da impontualidade sustenta que a simples falta de cumprimento de obrigação corresponderia à demonstração da insolvência, sendo dela o seu próprio fundamento[226]. Por essa razão, no caso de o devedor apresentar pedido de insolvência, é suficiente a mera declaração da insolvência ou da insolvência iminente por parte do devedor (art. 28°)[227], hipótese essa última que é restrita aos devedores.

Se a insolvência for requerida por outros sujeitos, requisitos especiais devem ser observados na petição inicial para a demonstração da insolvência atual. Nessa hipótese, o requerente da declaração de insolvência tem que alegar e provar a verificação de um ou de alguns dos *factos-índice* do art, 20, n. 1. Para essa caracterização, deve-se demonstrar, alternativamente, que o devedor não satisfez de forma generalizada as obrigações no vencimento; não pagou uma ou algumas das obrigações, de forma que indiquem que o devedor não consegue satisfazer a generalidade de seus compromissos; abandonou o estabelecimento empresarial de forma injustificada; praticou atos voluntários de redução patrimonial com a intenção de prejudicar os credores etc.[228].

Esses fundamentos para o pedido de insolvência, conhecidos como "factos-índice" da insolvência (art. 20, n. 1), permitem a presunção de que o devedor está insolvente[229]. Essa presunção é *juris*

---

[224] FRIDGEN, Alexander; GEIWITZ, Arndt; GÖPFERT, Burkard. *BeckOK Insolvenzrecht*. 26. ed. München: C.H. Beck, 2022.

[225] "1 – É considerado em situação de insolvência o devedor que se encontre impossibilitado de cumprir as suas obrigações vencidas".

[226] SILVA, José. *A posição dos credores e a recuperação da empresa*: no protagonismo dos credores a ideia de insolvência residual. São Paulo: Quartier Latin, 2023. p. 290.

[227] CIRE art. 28 A apresentação à insolvência por parte do devedor implica o reconhecimento por este da sua situação de insolvência, que é declarada até ao 3° dia útil seguinte ao da distribuição da petição inicial ou, existindo vícios corrigíveis, ao do respectivo suprimento.

[228] Art. 20, n. 1, do CIRE: 1 – A declaração de insolvência de um devedor pode ser requerida por quem for legalmente responsável pelas suas dívidas, por qualquer credor, ainda que condicional e qualquer que seja a natureza do seu crédito, ou ainda pelo Ministério Público, em representação das entidades cujos interesses lhe estão legalmente confiados, verificando-se algum dos seguintes factos: a) Suspensão generalizada do pagamento das obrigações vencidas; b) Falta de cumprimento de uma ou mais obrigações que, pelo seu montante ou pelas circunstâncias do incumprimento, revele a impossibilidade de o devedor satisfazer pontualmente a generalidade das suas obrigações; c) Fuga do titular da empresa ou dos administradores do devedor ou abandono do local em que a empresa tem a sede ou exerce a sua principal actividade, relacionados com a falta de solvabilidade do devedor e sem designação de substituto idóneo; d) Dissipação, abandono, liquidação apressada ou ruinosa de bens e constituição fictícia de créditos; e) Insuficiência de bens penhoráveis para pagamento do crédito do exequente verificada em processo executivo movido contra o devedor; f) Incumprimento de obrigações previstas em plano de insolvência ou em plano de pagamentos, nas condições previstas na alínea a) do n. 1 e no n. 2 do art. 218°; g) Incumprimento generalizado, nos últimos seis meses, de dívidas de algum dos seguintes tipos: i) Tributárias; ii) De contribuições e quotizações para a segurança social; iii) Dívidas emergentes de contrato de trabalho, ou da violação ou cessação deste contrato; iv) Rendas de qualquer tipo de locação, incluindo financeira, prestações do preço da compra ou de empréstimo garantido pela respectiva hipoteca, relativamente a local em que o devedor realize a sua actividade ou tenha a sua sede ou residência; h) Sendo o devedor uma das entidades referidas no n. 2 do art. 3°, manifesta superioridade do passivo sobre o activo segundo o último balanço aprovado, ou atraso superior a nove meses na aprovação e depósito das contas, se a tanto estiver legalmente obrigado.

[229] SERRA, Catarina. *O regime português da insolvência*. 5. ed. Coimbra: Almedina, 2012. p. 113.

136   *RECUPERAÇÃO JUDICIAL: DOS OBJETIVOS AO PROCEDIMENTO*

tantum, ou seja, admite prova em contrário e pode ser elidida pelo devedor. Este poderá, diante de pedido de terceiros, demonstrar que possui condições de satisfazer suas obrigações[230] (art. 30, n. 3). Dessa forma, Serra alega que "o único pressuposto objetivo da declaração de insolvência não deixa, assim, de ser a situação de insolvência, sendo os factos-índice meros fundamentos necessários, mas não suficientes do requerimento da declaração de insolvência do devedor"[231].

A insuficiência patrimonial do devedor ou sua insolvabilidade patrimonial, situação em que o conjunto de seus ativos é inferior ao total do passivo, é critério apenas residual para a consideração da insolvência de entes coletivos. Nos termos do art. 3, n. 2[232], a insolvência poderá ser reconhecida quando o passivo for manifestamente superior ao ativo, independentemente do vencimento das obrigações. Contudo, o passivo pode, em certos casos, ser até mesmo superior ao ativo, mas não se verificar uma situação de insolvência, pois o devedor pode se socorrer de financiamentos bancários[233]. Nesses casos, afasta-se o requisito da insolvência[234].

Por fim, possível também a demonstração de insolvência iminente pelo devedor. Conforme art. 3º, n. 4, do Título 1 do CIRE, o devedor poderá se apresentar como insolvente, mesmo que não haja dívidas vencidas. À vista de futura dificuldade na satisfação de suas obrigações, o devedor poderá requerer o reconhecimento de sua insolvência. A iminência de insolvência, entretanto, apenas poderá ser utilizada como fundamento para o pedido pelo devedor, mas é obstada para o pedido dos credores.

Diante da falta de definição legal, a insolvência iminente "é a situação em que é possível prever/antever que o devedor estará impossibilitado de cumprir as suas obrigações num futuro próximo, designadamente quando se vencerem estas obrigações"[235].

Trata-se de definição próxima à iminência de insolvência da legislação alemã. Considerando o prognóstico, ao devedor é conferido como direito subjetivo o referido pedido e não como imposição. Ademais, como se trata de previsão de futuro inadimplemento, restringe-se a legitimidade dos demais interessados como forma de se evitarem abusos.

Essa consideração atribuída pela lei deverá ser analisada pelo *juiz singular* competente para então declarar a insolvência e dar início ao processo[236].

3.3.3   Itália

Na Itália, pressuposto para a admissão do procedimento de concordata é o "stato di crisi". Para o pedido, deve-se demonstrar que, nos termos do art. 160, 1 da *Legge Fallimentare* n. 267 de 1942, o devedor está em estado de crise, o que não se confunde com insolvente.

---

[230] Art. 30º, 3 – A oposição do devedor à declaração de insolvência pretendida pode basear-se na inexistência do facto em que se fundamenta o pedido formulado ou na inexistência da situação de insolvência.

4 – Cabe ao devedor provar a sua solvência, baseando-se na escrituração legalmente obrigatória, se for o caso, devidamente organizada e arrumada, sem prejuízo do disposto no n. 3 do art. 3º.

5 – Se a audiência do devedor não tiver sido dispensada nos termos do art. 12º e o devedor não deduzir oposição, consideram-se confessados os factos alegados na petição inicial, e a insolvência é declarada no dia útil seguinte ao termo do prazo referido no n. 1, se tais factos preencherem a hipótese de alguma das alíneas do n. 1 do art. 20.

[231] SERRA, Catarina. *O regime português da insolvência*. 5. ed. Coimbra: Almedina, 2012. p. 113.

[232] CIRE. 3º 2 – As pessoas colectivas e os patrimónios autónomos por cujas dívidas nenhuma pessoa singular responda pessoal e ilimitadamente, por forma directa ou indirecta, são também considerados insolventes quando o seu passivo seja manifestamente superior ao activo, avaliados segundo as normas contabilísticas aplicáveis.

[233] COSTA, Olímpia. *Dever de apresentação à insolvência*. 2. ed. Coimbra: Almedina, 2019. p. 43.

[234] SERRA, Catarina. *Lições de direito da insolvência*. Coimbra: Almedina, 2019. p. 55.

[235] SERRA, Catarina. *O regime português da insolvência*. 5. ed. Coimbra: Almedina, 2012. p. 63.

[236] CIRE, 7º, 3 – A instrução e decisão de todos os termos do processo de insolvência, bem como dos seus incidentes e apensos, compete sempre ao juiz singular.

CAPÍTULO 3 • FASE POSTULATÓRIA

A insolvência pode ser definida como a incapacidade de satisfazer as próprias obrigações. Nos termos do art. 5º da Lei, o estado de insolvência se manifesta com o inadimplemento ou outros fatos exteriores, os quais demonstrem que o devedor não tem condições de satisfazer regularmente suas obrigações.

O estado de crise, por outro lado, exigido para o pedido de concordata, não tem definição tão clara. Parte majoritária da doutrina entende que seria mais geral, envolvendo a situação de insolvência, mas também a sua iminência, momento em que a cessação de pagamentos pode ainda não ter se verificado e que a crise seria sanável[237]. Trata-se, assim, de gênero do qual o estado de insolvência é espécie e que o integra, nos termos do art. 160, 3[238].

De acordo com Fabiani, em uma primeira análise, é possível considerar o sujeito para a distinção da crise e da insolvência. Enquanto a insolvência atinge o empresário, a crise afeta a empresa. A crise consiste em situação de dificuldade da empresa em noção mais ampla do que a noção de insolvência. "[S]è che quando c'è crisi non è detto ci sia insolvenza, mentre se c'è insolvenza c'è anche crisi."[239]

Destaca-se, entretanto, corrente minoritária que entende que não haveria diferença substancial entre o estado de crise e o estado de insolvência, de modo que "il concordato continuerà ad essere chiesto da debitori 'insolventi' ai quali è stato concesso, per salvare la faccia, di autodefinirsi come 'imprenditori in crisi'"[240 241].

Nesse sentido, o estado de crise pode ser definido como a incapacidade de satisfazer suas obrigações, atuais ou futuras, e de forma mais ampla a permitir um tratamento precoce solicitado pelo devedor[242].

A concordata preventiva tem a legitimidade de seu pedido restrita ao requerimento pelo devedor. Consiste em procedimento de composição com credores que é ativado somente pela iniciativa do devedor, o qual tem como pretensão superar suas próprias dificuldades através de composição com os credores, homologada posteriormente pelo tribunal.

Em crítica a essa legitimidade exclusiva, entretanto, Lo Cascio sustenta:

se, invece, la situazione economica che si presenta è d'insolvenza o di rischio d'insolvenza, la legittimità di un'esclusiva iniziativa del debitore, in assenza di prospettive economiche migliori del fallimento (recupero imprenditoriale, maggior soddisfacimento dei creditori, breve durata della procedura, ecc.) potrebbe risultare discutibile perché ai creditori sarebbe preclusa un'effettiva tutela concorsuale e la linea di demarcazione tra la posizione delle parti e quella dei terzi si assottiglierebbe al punto da rendere discutibile lo stesso concordato preventivo[243].

---

[237] Giordano, Andrea; Tommasi, Fabrizio; Vasapollo, Valeria. *Codice del fallimento e delle altre procedure concorsuali*. Padova: CEDAM, 2015. p. 694; Pastore, Michele; Jeantet, Luca; Basso, Luca; Varoli, Andrea. *La ristrutturazione*. 2. ed. Milano: Franco Angeli, 2005. p. 59.

[238] Art. 160. 3. Ai fini di cui al primo comma per stato di crisi si intende anche lo stato di insolvenza.

[239] Fabiani, Massimo. *Il diritto della crisi e dell'insolvenza*. Bologna: Zanichelli, 2017. p. 479.

[240] Terranova, Giuseppe. *Insolvenza, stato di crisi, sobraindebitamento*. Torino: Giappichelli, 2013. p. 82.

[241] Em crítica a essa posição, Lo Cascio sustenta: "se, invece, la situazione economica che si presenta è d'insolvenza o di rischio d'insolvenza, la legittimità di un'esclusiva iniziativa del debitore, in assenza di prospettive economiche migliori del fallimento (recupero imprenditoriale, maggior soddisfacimento dei creditori, breve durata della procedura, ecc.) potrebbe risultare discutibile perché ai creditori sarebbe preclusa un'effettiva tutela concorsuale e la linea di demarcazione tra la posizione delle parti e quella dei terzi si assottiglierebbe al punto da rendere discutibile lo stesso concordato preventivo" (Lo Cascio, Giovanni. *Il concordato preventivo*. 9. ed. Milano: Giuffrè, 2015. p. 111).

[242] Nas palavras de Torrepadula, "in definitiva la crisi è configurabile allorché esiste un'incapacità (patrimoniale o finanziaria) dell'imprenditore di adempiere regolarmente alle proprie obbligazioni. Si osservi che tale incapacità non è assoluta e può pure essere superabile" (Torrepadula, Nicola Rocco di. *Diritto dell'impresa in crisi*. Bologna: Zanichelli, 2010. p. 324).

O Tribunal de Palermo, em fevereiro de 2006, esclarece: "Ai fini dell'ammissione al concordato preventivo, lo stato di crisi comprende l'insolvenza, ossia quella situazione d'importanza economica funzionale e non transitoria che non consente all'imprenditore di far fronte alle proprie obbligazioni con mezzi normali per il venir meno di quelle condizioni di liquidità e di credito necessarie alla propria attività, mas può anche consistere in altre situazioni di minor gravità che sono potenzialmente idonee a sfociare nell'insolvenza medesima".

[243] Lo Cascio, Giovanni. *Il concordato preventivo*. 9. ed. Milano: Giuffrè, 2015. p. 111.

138   *RECUPERAÇÃO JUDICIAL: DOS OBJETIVOS AO PROCEDIMENTO*

O devedor deve juntar declarações de patrimônio e de sua situação econômico-financeira, bem como um plano de resolução da crise, no qual atesta a situação viável da empresa, solicitando a aprovação dos credores[244]. Esse plano, e até mesmo os documentos necessários (a declaração de um profissional sobre a autenticidade dos dados corporativos e a viabilidade do plano), podem ser apresentados em momento posterior ao pedido. É o que se chama de "concordato in bianco" ou "concordato con riserva"[245].

Quanto à demonstração de sua crise, de acordo com as disposições do novo Código italiano, o devedor que realiza o pedido para algum dos instrumentos de regulação da crise e da insolvência deve apresentar registros contábeis, declarações fiscais relativas aos três anos anteriores ou de toda a existência da empresa, além de declarações IRAP e anuais relativas ao mesmo período. É necessário também que se junte um relatório sobre a situação econômica, patrimonial e financeira atualizada da empresa, de maneira pormenorizada, certificações sobre débitos fiscais, previdenciários e de seguro, a lista dos credores e a indicação dos respectivos créditos, bem como a lista dos nomes dos titulares de direitos reais e pessoais sobre as coisas em sua posse e a indicação das próprias coisas e do título de que direito surge. Deve, ainda, apresentar um relatório dos atos da administração praticados nos cinco anos anteriores.

Toda essa documentação deve ser conferida pelo tribunal competente, e apresentada nos ditames da lei[246].

3.3.4   França

No sistema dúplice de insolvência francês, são impostos diversos requisitos para a demonstração da crise pelo devedor em seu pedido de restruturação.

Para o procedimento de salvaguarda, preventivo à reorganização, o devedor, como único legitimado, deverá demonstrar que não está em cessação de pagamentos e que possui dificuldades que não consegue ultrapassar. Não basta a mera alegação de crise pelo devedor, mas a demonstração de sua efetiva dificuldade, que deve ser atual, e será apreciada pelo juiz[247].

---

[244] JORIO, Alberto. An overview of the Italian insolvency procedures and proposed reforms. In: PARRY, Rebecca; BROC, Katarzyna Gromek (ed.). *Corporate rescue*: an overview of recent developments. 2. ed. The Netherlands: Kluwer Law International, 2006. p. 251-252.

[245] ACCETTELLA, Francesco. The crisis of companies from an Italian perspective: reorganization and fresh money. *International Insolvency Review*, v. 25, 2016, p. 182.

[246] Art. 39 1. Il debitore che chiede l'accesso a uno strumento di regolazione della crisi o e dell'insolvenza o a una procedura di insolvenza deposita presso il tribunale le scritture contabili e fiscali obbligatorie, le dichiarazioni dei redditi concernenti i tre esercizi o anni precedenti ovvero l'intera esistenza dell'impresa o dell'attività economica o professionale, se questa ha avuto una minore durata, le dichiarazioni IRAP e le dichiarazioni annuali IVA relative ai medesimi periodi, i bilanci relativi agli ultimi tre esercizi. Deve inoltre depositare, anche in formato digitale, una relazione sulla situazione economica, patrimoniale e finanziaria aggiornata, uno stato particolareggiato ed estimativo delle sue attività, un'idonea certificazione sui debiti fiscali, contributivi e per premi assicurativi, l'elenco nominativo dei creditori e l'indicazione dei rispettivi crediti e delle cause di prelazione, nonché l'elenco nominativo di coloro che vantano diritti reali e personali su cose in suo possesso e l'indicazione delle cose stesse e del titolo da cui sorge il diritto. Tali elenchi devono contenere l'indicazione del domicilio digitale dei creditori e dei titolari di diritti reali e personali che ne sono muniti. 2. Il debitore deve depositare una relazione riepilogativa degli atti di straordinaria amministrazione di cui all'articolo 94, comma 2, compiuti nel quinquennio anteriore, anche in formato digitale.

[247] "Le débiteur qui demande l'ouverture de la sauvegarde doit justifier de 'difficultés qu'il n'est pas en mesure de surmonter'. Comparée à celle de l'article L. 611-4 relatif à la conciliation (*supra*, n. 66), cette formule révèle clairement la gradation des moyens corrélée à celle des difficultés à résoudre, non pas tant, croyons-nous, par le pluriel utilisé, mais plutôt par l'exigence de justification clairement posée par le texte, en vertu de laquelle une démonstration doit être faite par le débiteur, qui ne peut *a priori* se contenter d'alléguer l'existence de difficultés: il doit en établir la réalité, les juges étant souverains pour apprécier la portée des éléments que leur soumet le débiteur. Les difficultés considérées doivent être actuelles, avérées et pas seulement prévisibles: la sauvegarde est un traitement judiciaire lourd destiné à des débiteurs en situation plus délicate, en principe, que la procédure amiable de conciliation" (PÉROCHON, Françoise; BONHOMME, Régine. *Entreprises en difficulté*: instruments de crédit et de paiement. 8. ed. Paris: L.G.D.J., 2009. p. 146).

CAPÍTULO 3 • FASE POSTULATÓRIA

O devedor deve justificar as dificuldades que não consegue superar. Por dificuldades entendem-se todas as dificuldades jurídicas, sociais, econômicas ou financeiras. Nesse sentido, a demonstração não deve ser somente contábil. De modo negativo, o devedor não pode estar em cessação de pagamentos, condição respeitada ao máximo pelos tribunais[248].

Para requerer a abertura do procedimento de recuperação judicial, por seu turno, no sistema francês, tanto o devedor quanto o credor e terceiros são legitimados a tanto. Os fundamentos para o requerimento, contudo, diferem.

O devedor deverá demonstrar a situação de cessação de pagamentos e justificá-la a ponto de demonstrar que a recuperação judicial é uma alternativa para superá-la. Nesse sentido, provar a cessação de pagamentos supõe a demonstração de impossibilidade de o devedor cumprir o passivo exigível com os ativos disponíveis. Essa prova pode ser feita por todos os meios se os pagamentos são relativos a credores empresariais e, caso contrário, devem seguir as regras do Código Civil Francês[249].

A data da cessação de pagamentos é fixada pelo tribunal pelo que foi apresentado pelo credor ou, se não foi discriminada, considera-se que a cessação dos pagamentos ocorreu na data da sentença que deu início ao procedimento. A data não é fixa, visto que o tribunal ainda a pode alterar durante o procedimento[250][251].

Os credores, por outro lado, devem demonstrar a titularidade de créditos vencidos e que não foram satisfeitos[252]. O credor precisa especificar a natureza e o valor da dívida, se ela é civil ou comercial, e adicionar prova suscetível de caracterizar a cessação do pagamento. Nesse sentido, a falta de pagamento da dívida não é suficiente para estabelecer o estado de cessação dos pagamentos. Deverá o credor demonstrar, de maneira substancial, que a circunstância de cessação de pagamentos está preenchida.

Para tanto, deverá apresentar provas documentais, tais como protestos, rejeição de cheques por ausência de fundos, inscrição em cadastros de inadimplentes, dentre outras. A prova deve ser robusta, pois a mera comprovação de inadimplemento perante o credor requerente seria entendida como insuficiente[253]. A presunção seria *juris tantum*, admitindo prova em contrário[254].

Cabe ao tribunal autorizar a abertura do processo coletivo, após a oitiva do devedor e dos trabalhadores[255]. Caso se entenda que os pressupostos legais para o procedimento não foram preenchidos, deverá o tribunal rejeitar o pedido de instauração do procedimento coletivo[256]. Contra tal decisão caberá apelação, a qual poderá ser interposta pelo devedor, por qualquer credor e pelo Ministério Público[257].

---

[248] ANTONINI-COCHIN, Laetitia; LAURENCE-CAROLINE, Henry. *Droit des entreprises en difficulté*. 6. ed. Paris: Gualino, 2022. p. 95.

[249] ANTONINI-COCHIN, Laetitia; LAURENCE-CAROLINE, Henry. *Droit des entreprises en difficulté*. Paris: Gualino, 2022. p. 158.

[250] ANTONINI-COCHIN, Laetitia; LAURENCE-CAROLINE, Henry. *Droit des entreprises en difficulté*. Paris: Gualino, 2022. p. 158.

[251] Code de Commerce. Article L631-8. Le tribunal fixe la date de cessation des paiements après avoir sollicité les observations du débiteur. A défaut de détermination de cette date, la cessation des paiements est réputée être intervenue à la date du jugement d'ouverture de la procédure. ...[...] La demande de modification de date doit être présentée au tribunal dans le délai d'un an à compter du jugement d'ouverture de la procédure.

[252] WEBER, Robert. Can the sauvegarde reform save french bankruptcy law? A comparative look at Chapter 11 and French bankruptcy law from an agency cost perspective. *Michigan Journal of International Law*, Ann Arbor, v. 27, 2005, p. 287. Disponível em: https://ssrn.com/abstract=802944. Acesso em: 3 jul. 2023.

[253] ANTONINI-COCHIN, Laetitia; LAURENCE-CAROLINE, Henry. *Droit des entreprises en difficulté*. Paris: Fualino, Lextenso, 2022. p. 158.

[254] Article L631-1. [...] Le débiteur qui établit que les réserves de crédit ou les moratoires dont il bénéficie de la part de ses créanciers lui permettent de faire face au passif exigible avec son actif disponible n'est pas en cessation des paiements.

[255] Article L621-1. Le tribunal statue sur l'ouverture de la procédure, après avoir entendu ou dûment appelé en chambre du conseil le débiteur et la ou les personnes désignées par le comité social et économique.

[256] PEROCHON, Françoise. *Entreprise en difficulté*, 11. ed. Paris: LGDJ, Lextenso, 2022. p. 364.

[257] Article L661-1. I.- Sont susceptibles d'appel ou de pourvoi en cassation :

1° Les décisions statuant sur l'ouverture des procédures de sauvegarde ou de redressement judiciaire de la part du débiteur, du créancier poursuivant et du ministère pub lic; [...]

3.3.5 EUA

No sistema de via dupla norte-americano, ao devedor foi concebido amplo acesso ao pedido de reorganização.

No *voluntary petition*, o devedor não precisa demonstrar a insolvência ou sua falta de liquidez ao propor diretamente sua recuperação. A petição deve simplesmente apresentar as informações financeiras necessárias, lista de credores, de ativos e responsabilidades, fluxo de caixa etc.[258].

Não é necessário que o devedor apresente provas de que não está pagando suas dívidas no vencimento, como é exigido no *involuntary petition* dos credores. Nesse sentido, além da petição, o devedor deve apenas pagar a taxa apropriada para iniciar o processo[259].

A facilitação do acesso do devedor ao processo de reorganização pretende evitar maior obstáculos para que medidas protetivas ao saneamento da crise possam ser tomadas com celeridade[260]. Essa facilitação do acesso não significa que a decisão é tomada de maneira fácil, mas sim após muitas deliberações do devedor[261].

A ausência de requisitos não ocorre, entretanto, se o pedido for realizado pelos credores, o *involuntary petition*. Figura inexistente no direito brasileiro, o pedido de recuperação pelos credores exige o preenchimento dos requisitos do 11 U.S.C. § 303 (b)[262]. Para tanto, deverão os credores demonstrar que houve a apreensão de parcela substancial dos seus ativos, dentro de 120 dias[263], ou que houve o inadimplemento geral do devedor (*general failure to pay*)[264], a menos que exista sobre os créditos um litígio entre as partes que torne controvertida a obrigação.

---

[258] TABB, Charles Jordan. *Law of Bankruptcy*. 4. ed. St. Paul: West Academic, 2016. p. 119.

[259] PICKER, Randal C. Voluntary petitions and the creditors' bargain. *University of Cincinnati Law Review* 519, Ohio, 1992, p. 519. No mesmo sentido, "A voluntary case is commenced by filing a petition with a bankruptcy court. A qualified entity may be a Chapter 11 petitioner without regard to its financial condition; it is not necessary to allege that it is insolvent or unable to pay its debts as they mature" (TROST, J. Ronald. Business reorganizations under Chapter 11 of the new bankruptcy code. *The Business Lawyer*, v. 34, 1979, p. 1.312).

[260] Nesse sentido, "debtors do not have to state that they are insolvent, or indeed make any averment regarding their financial status, troubles, or need for relief. The relatively minimal screening in voluntary cases comes not at the point of commencement, but rather through the process of dismissal. The policy in the United States since the enactment of the Bankruptcy Act of 1898 has been one of open access to the bankruptcy system for debtors. Some inroads on that policy were made in the BAPCPA [Bankruptcy Abuse Prevention and Consumer Protection Act] amendments in 2005 but the fundamental orientation remains one of ready access to bankruptcy relief" (TABB, Charles Jordan. *Law of bankruptcy*. 4. ed. St. Paul: West Academic, 2016. p. 119).

No mesmo sentido, "the insolvency requirement for a business to seek to restructure in Chapter 11 was abolished. Post-1978, a debtor needs no longer be insolvent – on either a balance sheet or an equity basis – to file for Chapter 11. As a result, there are currently no meaningful constraints on a company seeking to enter bankruptcy to make use of the corporate rescue laws" (LEWIS, Paul B. Corporate Rescue Law in the United States. In: BROC, Katarzyna Gromek; PARRY, Rebecca (ed.). *Corporate rescue*: an overview of recent developments. 2. ed. The Netherlands: Kluwer Law International, . 2006. p. 340).

[261] "This is not to say that debtors file casually. The consequences of filing for the debtor and its managers are often substantial and there is every reason to believe that most filings are made only after much deliberation. My point is only that once the debtor has concluded that filing is sensible, very little stands in the way" (PICKER, Randal C. Voluntary petitions and the creditors' bargain. *University of Cincinnati Law Review* 519, Ohio, 1992, p. 519).

[262] 11 U.S.C. § 303 (b): "by three or more entities, each of which is either a holder of a claim against such person that is not contingent as to liability or the subject of a bona fide dispute as to liability or amount, or an indenture trustee representing such a holder, if such noncontingent, undisputed claims aggregate at least $13,475 more than the value of any lien on property of the debtor securing such claims held by the holders of such claims; If there are fewer than 12 such holders, excluding any employee or insider of such person and any transferee of a transfer that is voidable under section 544, 545, 547, 548, 549, or 724 (a) of this title, by one or more of such holders that hold in the aggregate at least $13.475 of such claims [...]".

[263] 11 U.S.C. § 303 (h) 2: "within 120 days before the date of the filing of the petition, a custodian, other than a trustee, receiver, or agent appointed or authorized to take charge of less than substantially all of the property of the debtor for the purpose of enforcing a lien against such property, was appointed of took possession".

[264] 11 U.S.C. § 303 (h) 1: "the debtor is generally not paying such debtor's debts as such debts become due unless such debts are the subject of a bona fide dispute as to liability or amount".

CAPÍTULO 3 • FASE POSTULATÓRIA

São vários os requisitos para o *involuntary petition*. O valor da reinvindicação deve ser de pelo menos US$ 13.475,00[265]. Se o devedor possui doze ou mais credores, ao menos três credores devem participar do procedimento[266]. Ainda, só se pode realizar o *involuntary petition* se não houver motivo legítimo para que o devedor não tenha pagado a dívida[267].

A previsão da possibilidade de pedidos de reorganização pelos próprios credores e a amplitude do critério para o requerimento do *involuntary petition* procurariam encorajá-los a forçar a reorganização antes que a crise do devedor se tornasse sem esperança ou que o ativo fosse deteriorado[268]. Nesse aspecto, por ocasião da alteração da legislação americana,

> the Commission viewed a liberal standard for bringing an involuntary case as good policy because it encourages creditors to file an involuntary petition at an earlier stage in the debtor's financial difficulty-early enough either to rehabilitate the debtor's business, or to prevent the debtor from becoming "more insolvent" as a result of the continued devaluation of its assets[269].

O objetivo do *involuntary petition* no sistema americano seria de fornecer aos credores uma ferramenta para obrigar a reorganização do devedor, notadamente se houver a suspeita de que o devedor está desperdiçando ou ocultando bens. Contudo, o Congresso norte-americano entendeu que essa ferramenta poderia ocasionar abusos por parte dos credores, motivo pelo qual seu exercício não poderia ocorrer livremente, sem justificativa[270].

Cumpridos todos os requisitos citados, o tribunal inicia a análise do mérito do pedido. Na prática, grande parte das petições são rejeitadas: "the courts have held that the filing of an involuntary petition is an extreme remedy with serious consequences to the alleged debtor, such as loss of credit standing, inability to transfer assets and carry on business affairs, and public embarrassment"[271]. Os tribunais preocupam-se, também, que essa forma de cobrança de créditos, se utilizada para a cobrança de qualquer dívida, acabe por sobrecarregar o Judiciário[272].

3.3.6 A exigência de demonstração da crise do devedor no Brasil

No Brasil, para o requerimento de recuperação, pela redação originária da Lei n. 11.101/2005, o devedor deveria expor apenas que estava em crise econômico-financeira e juntar as demonstrações e documentos enunciados no art. 51 da Lei n. 11.101/2005, que permitiriam aos credores verificarem sua viabilidade econômica.

Ainda que o art. 51 estabeleça a obrigação de exposição da crise econômico-financeira pelo devedor, não se define sequer seu significado ou quais seriam seus parâmetros[273].

---

[265] 11 U.S.C. § 303 (b).

[266] 11 U.S.C. § 303 (b) (2).

[267] WEBSTER, Seth. Collateral damage: non-debtor recovery for bad faith involuntary bankruptcy petitions. *Bankruptcy Developments Journal*, Atlanta, Emory University School of Law, v. 35, (1), 2019, p. 116.

[268] BLOCK-LIEB, Susan. Why creditors file so few involuntary petitions and why the number is not too small, *57 Brook. L. Rev.* 803, 1991. Disponível em: http://ir.lawnet.fordham.edu/faculty_scholars hip/738. Acesso em: 1º jul. 2023.

[269] BLOCK-LIEB, Susan. Why creditors file so few involuntary petitions and why the number is not too small. *57 Brook L. Rev.* 803, Fordham Law School, 1991. Disponível em: http://ir.lawnet.fordham.edu/faculty_scholars hip/738. Acesso em: 1º jul. 2023.

[270] WEBSTER, Seth. Collateral damage: non-debtor recovery for bad faith involuntary bankruptcy petitions. *Bankruptcy developments journal*, Atlanta, Emory University School of Law, v. 35, (1), 2019. p. 113.

[271] United States Court of Appeals for the Seventh Circuit. N. 84-2343. In re Reid, 773 F.2d 945 (1985).

[272] WEBSTER, Seth. Collateral damage: non-debtor recovery for bad faith involuntary bankruptcy petitions. *Bankruptcy developments journal*, Atlanta, Emory University School of Law, v. 35, (1), 2019. p. 117.

[273] CEREZETTI, Sheila Christina Neder. Grupos de sociedades e recuperação judicial: o indispensável encontro entre direitos societário, processual e concursal. In: YARSHELL, Flávio Luis; PEREIRA, Guilherme Setoguti (coord.). *Processo societário*. São Paulo: Quartier Latin, 2015. v. 2. p. 750.

Se não havia definição, tampouco havia necessidade de demonstração. Não havia exigência de provar que o devedor estava inabilitado para pagar seus débitos ou, ainda menos, de que estava insolvente, com passivo superior ao ativo[274].

Embora o art. 51, I, da LREF exija que o devedor exponha, em sua petição inicial, as causas concretas de sua situação patrimonial e as razões da crise econômico-financeira, a crise ou sua iminência não eram apreciadas pelo julgador para deferir ou não o processamento da recuperação judicial. As causas, sejam internas e decorrentes de decisões administrativas ineficientes, ou externas, mas que afetaram o desenvolvimento da atividade empresarial, deveriam ser especificadas apenas para permitir que os credores, por ocasião da análise da viabilidade econômica do plano de recuperação judicial, verificassem suas consistências e se o plano seria adequado para superá-las.

Presume-se, portanto, a situação de crise pela mera declaração do devedor. A lei não previa a possibilidade de apreciação da viabilidade econômica do devedor pelo Juízo por ocasião da decisão de processamento da recuperação judicial, mas a mera verificação documental imprescindível para a negociação. O Juízo não poderia aferir a viabilidade econômica do devedor, e, dessa forma, tampouco a existência de crise do devedor a motivar seu pedido[275].

Além da falta de previsão legal para tanto, o que já seria mais do que suficiente para impedir a intervenção judicial, a lei conferiu participação ativa dos credores no processo e evitou a intervenção judicial em virtude da falta de recursos necessários à sua efetiva compreensão econômica ou dos incentivos à tomada correta da decisão[276]. A análise sobre condição subjetiva de crise, haja vista a sua falta de definição, não apenas causa demora injustificada ao procedimento recuperacional, como exigiria do devedor a demonstração de uma suposta dificuldade, o que retardaria o pedido e poderia deteriorar a saúde financeira do devedor.

Podia-se, apenas, avaliar excepcionalmente se o pedido de recuperação não tinha sido realizado por meio de evidente comportamento abusivo ou fraudulento, haja vista a previsão geral do abuso de direito como ato ilícito pelo art. 187 do Código Civil. Isso porque, nos termos do art. 52 da Lei n. 11.101/2005, o pedido de recuperação judicial teria o processamento deferido se a documentação exigida apenas estivesse em termos.

Se a doutrina passou a criticar eventuais abusos de devedores que requeriam recuperação judicial simplesmente para postergar o pagamento de seus créditos[277], a jurisprudência, entretanto, por meio de prática como a perícia prévia, realizava esse controle preliminar, ainda que não ausente de críticas[278].

---

[274] "AGRAVO DE INSTRUMENTO. RECUPERAÇÃO JUDICIAL. DEFERIMENTO DO PEDIDO DE PROCESSAMENTO. REQUISITO DA PETIÇÃO INICIAL. Art. 51 da Lei n.11.101/2005. Alegação de que a recuperanda não expôs as causas concretas da situação patrimonial e as razões da sua crise econômico-financeira. Causas descritas pela recuperanda na petição inicial. Requisito atendido. Recurso improvido" (TJSP, 1ª Câmara Reservada de Direito Empresarial, AI 2157710-93.2016, Rel. Des. Hamid Bdine, j. 11-1-2017).

[275] Contrariamente ao exposto, Medina e Hübler sustentam que o juízo deveria fazer controle rigoroso sobre as condições de admissibilidade da ação de recuperação judicial, inclusive com análise sobre a demonstração perfunctória da viabilidade econômica (MEDINA, José Miguel Garcia; HÜBLER, Samuel. Juízo de admissibilidade da ação de recuperação judicial: exposição das razões da crise econômico-financeira e demonstração perfunctória da viabilidade econômica. *Revista de Direito Bancário e do Mercado de Capitais*, v. 63, 2014).

[276] Em sentido contrário, TOLEDO, Paulo Fernando Campos Salles de; PUGLIESI, Adriana Valéria. Insolvência e crise de empresa. In: CARVALHOSA, M. (coord.). *Tratado de direito empresarial*. v. 5. Recuperação empresarial e falência. 2. ed. São Paulo: Revista dos Tribunais, 2018. Para os autores, ao juízo caberia conferir se o devedor estava impossibilidade de cumprir suas obrigações na data do pedido de recuperação.

[277] PROENÇA, José Marcelo Martins; RAMUNNO, Pedro. Um novo direito concursal em conformação? Doutrina e jurisprudência de pontos controvertidos. *Revista de Direito Mercantil, Industrial, Econômico e Financeiro*, São Paulo, ano LIII, 166/167, 2014.

[278] Para Oliveira Filho, "a Lei n. 11.101/2005 não atribuiu ao juízo da recuperação neste momento inicial um juízo de cognição exauriente sobre o estado de crise da empresa. Quem fará tal análise são os credores, após a apresentação do plano de recuperação pelo devedor"

CAPÍTULO 3 • FASE POSTULATÓRIA

A chamada perícia prévia é prática jurisprudencial que foi realizada em 12% dos processos de recuperação judicial das varas especializadas e em 9,4% dos processos de recuperação judicial das varas comuns do estado de São Paulo até então[279].

Tratava-se de procedimento que, na prática, ainda que sob esse fundamento, extrapolava a mera nomeação de um perito para a análise da documentação prevista no art. 51, como fora originalmente pretendida, mas que aferia a existência da crise do devedor e, em alguns casos, a própria viabilidade econômica do devedor. Conforme Cavalli expõe,

> a preocupação com a verificação da viabilidade econômica da empresa devedora é uma característica de diversas decisões que têm por objeto o deferimento do processamento da recuperação judicial. Nessas decisões, a verificação da viabilidade econômica da empresa apresenta-se como um pressuposto para a legitimação à postulação da recuperação judicial[280].

Diante desse cenário, a Lei n. 14.112/2020 consagrou a prática jurisprudencial e intentou impor-lhe limites para vedar a análise judicial da viabilidade econômica do devedor pelo magistrado, embora determinasse expressamente a possibilidade de análise da crise econômica e das condições de exploração da atividade. Nesse sentido, a exposição de motivo ao Projeto de Lei n. 6.229/2005, que se converteu na Lei n. 14.112/2020, inseriu a constatação preliminar no art. 51-A da Lei n. 11.101/2005 e determinou que "a capacidade de a empresa em crise gerar empregos e renda, circular produtos, serviços, riquezas e recolher tributos é pressuposto lógico para a deflagração do processo de recuperação judicial e diretamente ligado ao interesse processual"[281].

Prossegue o relator, de forma ainda mais clara, ao afirmar que

> a identificação da real condição da empresa em crise é essencial para a correta aplicação do remédio legal e que não se deve aplicar recuperação judicial para empresas absolutamente inviáveis, cujas atividades não merecem ser preservadas em função da ausência de benefícios que deveriam ser gerados em favor do interesse público e social[282].

Desta forma, atribuiu a Lei ao magistrado a verificação da crise do devedor ao determinar que, nos termos do art. 51-A, após a distribuição do pedido de recuperação judicial, poderá o juiz, quando reputar necessário, nomear profissional de sua confiança, com capacidade técnica e idoneidade, para promover "*a constatação exclusivamente das reais condições de funcionamento da requerente* e da regularidade e da completude da documentação apresentada com a petição inicial".

Nesse sentido, embora fosse vedada expressamente a análise da viabilidade econômica do devedor, conforme redação do § 5º do dispositivo legal, determinou-se a verificação das reais condições de funcionamento da empresa. Nas palavras do relator,

> o objetivo da diligência, nesse momento, é tão somente verificar se a empresa gera ou tem condições de gerar empregos, tributos, produtos, serviços e riquezas em geral. Ou seja, basta verificar se a empresa,

---

(OLIVEIRA FILHO, Paulo Furtado. *Perícia prévia na recuperação judicial*: a exceção que virou regra? São Paulo: Portal Migalhas, 2018).

[279] WAISBERG, Ivo *et al. Atualização da Segunda Fase do Observatório de Insolvência*. Recuperação judicial no estado de São Paulo. Disponível em: obs_recuperacoes_abj.pdf (abjur.github.io). Acesso em: 3 jul. 2023.

[280] CAVALLI, Cássio. Reflexões sobre a recuperação judicial: uma análise da aferição da viabilidade econômica de empresa como pressuposto para o deferimento do processamento da recuperação judicial. In: MENDES, Bernardo Bicalho de Alvarenga (org.). *Aspectos polêmicos e atuais da lei de recuperação de empresas*. Belo Horizonte: D'Plácido, 2016. p. 103.

[281] LEAL, Hugo. Relatório apresentado ao Projeto de Lei n. 6.229/2005 à Câmara dos Deputados.

[282] LEAL, Hugo. Relatório apresentado ao PL 6.229/2005 à Câmara dos Deputados.

ainda que em situação crítica, encontra-se em funcionamento ou em condições de funcionar, gerando aqueles benefícios econômicos e sociais acima referidos, que são decorrentes da atividade empresarial[283].

Referida atribuição de poder ao magistrado, como visto no capítulo anterior, confere poder decisório a agente econômico que não tem os maiores incentivos para a tomada correta de decisão. Ainda que não se aprecie expressamente a viabilidade econômica do devedor, determina-se a aferição da atividade e se a empresa tem condições de gerar empregos, tributos, produtos, serviços e riquezas em geral, questões complexas que exigem conhecimento especializado em determinado ramo de negócio, o que extrapola a função jurisdicional.

A pretensão de que o intérprete, no caso o magistrado, realize uma qualificação jurídica da realidade a despeito da vontade do legislador e promova a aderência do sistema jurídico à realidade social[284] pode gerar distorções, como os dados apresentam e já confirmavam antes da própria alteração legislativa da Lei n. 14.112/2020.

Além de o juiz não reunir as informações necessárias para a tomada da decisão complexa sobre a viabilidade econômica da empresa, sobre a comparação entre a empresa organizada e a liquidada, a análise nesse momento inicial é inviável. A aparência de inviabilidade econômica inicial pode não subsistir após a reorganização da atividade e de modo a preservar o aviamento empresarial ou ser apenas transitória.

A atribuição da apreciação da crise pelo juízo gera retardamento ao pedido do devedor. Considerando que a suspensão das ações em face do patrimônio do devedor apenas ocorrerá no Brasil a partir da decisão de processamento da recuperação judicial, a determinação de perícia prévia acarreta demora injustificada no processamento do pedido, o que permite a retomada de ativos essenciais e o comprometimento da própria reorganização.

Conforme dados jurimétricos do estado de São Paulo,

nos processos em que não houve nem emenda e nem perícia prévia, o prazo mediano até deferimento foi de 26 dias. Nos processos em que houve perícia prévia, mas não houve emenda, a mediana foi de 28 dias. Nos em que houve emenda, mas não houve perícia prévia, a mediana foi de 60 dias. Nos em que houve emenda e perícia prévia, a decisão de processamento demorou 63 dias[285].

Mas não apenas. A prática jurisprudencial era defendida em virtude de grande percentual de extinção dos processos judiciais. Conforme expõe Mange,

afirmavam alguns juízes que, com essa prévia diligência, aproximadamente 30% (trinta por cento) das RJs ajuizadas seriam indeferidas, seja porque as empresas estavam paralisadas, seja porque não havia documentação contábil necessária para fundamentar e trazer confiabilidade às informações apresentadas[286].

Entretanto, ao contrário do que era esperado e, inclusive, projetado pelos seus adeptos, se a atribuição da aferição da crise no momento inicial deveria agravar os custos para o ingresso no processo de recuperação judicial, medida que se contrapõe ao objetivo da norma de incentivar

---

[283] LEAL, Hugo. Relatório apresentado ao PL 6.229/2005 à Câmara dos Deputados.

[284] É o sustentado por CAVALLI, Cássio. *Empresa, direito e economia*. Rio de Janeiro: Forense, 2013. p. 245.

[285] WAISBERG, Ivo *et al. Atualização da Segunda Fase do Observatório de Insolvência*. Recuperação judicial no estado de São Paulo. Disponível em: obs_recuperacoes_abj.pdf (abjur.github.io). Acesso em: 3 jul. 2023.

[286] MANGE, Renato Luiz de Macedo. Comentários ao art. 51-A da Lei n. 11.101/2005. In: TOLEDO, Paulo Fernando Campos Salles de (coord.). *Comentários à Lei de Recuperação de Empresas*. São Paulo: Thomson Reuters, 2021. p. 328.

CAPÍTULO 3 • FASE POSTULATÓRIA

os devedores a requererem as medidas de saneamento precocemente, os dados jurimétricos apresentados revelam que há uma redução dos indeferimentos do processamento ou maior taxa de processamento.

A pesquisa sobre os processos revelou que a taxa mediana de deferimento do processamento da recuperação judicial era de 67,3%, e a de indeferimentos era de 32,7%. Com a determinação de perícia prévia, a taxa mediana de deferimento dos processos subiu para 82,8% e o indeferimento caiu para 17,2%[287].

Hipótese a explicar referida constatação pode ser a de que, como o perito nomeado pelo Juízo para a constatação preliminar é, comumente, o nomeado como administrador judicial caso ocorra o deferimento do processamento da recuperação judicial, a medida cria incentivo aos administradores judiciais a concordarem com os requisitos apresentados ou a auxiliarem os devedores na produção documental, o que poderia comprometer sua imparcialidade necessária como fiscal do devedor[288].

Além de morosa, aumentar o custo de transação para o devedor requerer a medida de modo a evitar o agravamento da crise, os números demonstram que há incentivos perversos que asseguram comportamentos estratégicos dos agentes econômicos, de modo que a constatação preliminar é medida injustificável, ao menos na maioria dos casos em que não há a suspeita de fraude ou abuso do devedor[289].

A interferência jurisprudencial na verificação da crise e das reais condições de desenvolvimento da atividade empresarial da devedora por meio da alteração da Lei n. 14.112/2020 foi corroborada expressamente pelas alterações legais quanto ao produtor rural.

No caso do produtor rural, a Lei n. 14.112/2020 foi expressa ao determinar a demonstração da crise pelo devedor e o seu parâmetro. Alterada a disciplina legal, o produtor rural pessoa natural deverá demonstrar a "crise de insolvência, caracterizada pela insuficiência de recursos financeiros ou patrimoniais com liquidez suficiente para saldar sua dívida" (art. 51, § 6º, I, da LREF).

Não basta a esse produtor a exposição na petição inicial das causas concretas da situação patrimonial do devedor e das razões da crise econômico-financeira. O produtor rural tem como condição para o processamento da sua recuperação judicial a demonstração de sua falta de liquidez ou de insolvência, o que será aferido pelo magistrado diante do caso concreto para o processamento da recuperação judicial.

---

[287] WAISBERG, Ivo et al. *Atualização da Segunda Fase do Observatório de Insolvência*. Recuperação judicial no estado de São Paulo. Disponível em: obs_recuperacoes_abj.pdf (abjur.github.io). Acesso em: 3 jul. 2023.

[288] Nesse sentido: "Como já anteriormente fora demonstrado com mensuração empírica, não só se retardava o deferimento do processamento da recuperação judicial, como a nomeação do perito para a perícia prévia, com a habitual nomeação posterior como administrador judicial caso houvesse a deferimento do processamento da recuperação judicial, gerava um incentivo perverso a esse profissional, que caso constatasse a falta de atividade ou a documentação insuficiente não seria nomeado como administrador durante o procedimento. Como consequência, demonstrou-se que a realização da perícia prévia fazia com que a mediana de indeferimentos do processamento da recuperação judicial não apenas não subisse, o que seria esperado diante da nomeação de um especialista para checar se a atividade era real e se os documentos foram apresentados, como fosse reduzida pela metade" (SACRAMONE, Marcelo. *Comentários à Lei de Recuperação de Empresas e Falência*. São Paulo: Saraiva, 2023. p. 328).

Em sentido contrário, "a mudança legislativa demonstra inequivocamente a preocupação e sensibilidade do legislador a respeito da crise empresarial e a busca de mantença no mercado das entidades que de fato merecem a tentativa de soerguimento" (CLARO, Carlos Roberto. **Apontamentos sobre o diagnóstico preliminar em recuperação judicial. Abordagem zetética.** In: ABRÃO, Carlos Henrique; CANTO, Jorge Luiz Lopes do; LUCON, Paulo Henrique dos Santos (coord.). *Moderno direito concursal*. São Paulo: Quartier Latin, 2021. p. 63).

[289] Nesse sentido, COELHO, Fábio Ulhoa. *Comentários à Lei de Falências e de Recuperação de Empresas*. 15. ed. São Paulo: Thomson Reuters Brasil, 2021. p. 215.

A exigência de demonstração da crise pelo produtor teria sido concebida pela lei como uma forma de se evitar que o produtor rural pudesse se beneficiar do instituto da recuperação judicial de forma indevida.

Nesse particular, se a recuperação judicial é uma composição realizada entre devedor e credores para superar a crise econômico-financeira que acomete a atividade do devedor, a exigência de demonstração da crise pelo produtor rural ou a exigência de perícia prévia para constatar a crise poderão apenas retardar o procedimento de recuperação judicial e aprofundar ainda mais a crise.

3.3.6.1 A correção dos incentivos legais

Após a comparação dos diversos sistemas legais, a oneração do pedido de recuperação judicial pelo devedor com a obrigação de demonstração de determinados pressupostos, como a situação de crise econômico-financeira, a existência de inadimplemento geral dos débitos ou do montante do ativo não ser suficiente para a satisfação do passivo, como é exigido no direito brasileiro especificamente para o produtor rural e mediante a apreciação das reais condições do negócio pela perícia prévia, a partir da Lei n. 14.112/2020, cria desincentivo ao devedor para ingressar com pedido tempestivo para superar a sua crise e a se compor coletivamente com os credores.

A demonstração da crise para o processamento da recuperação judicial atribui logo no processamento o poder de decisão a agente não interessado e que não possui as informações necessárias sobre o ramo de atuação do devedor. Desloca-se o poder de decisão sobre a utilidade de uma novação para o agente que não é o mais interessado e que não tem incentivos adequados para buscar as informações necessárias para a decisão.

Diante do confronto dos diversos sistemas legais, a busca antecipada de soluções para resolver ou mitigar a crise iminente ou mesmo prevista deve ser estimulada e não coibida. A antecipação do pedido de recuperação judicial permitiria aos devedores e credores soluções menos drásticas enquanto as condições econômico-financeiras da empresa ainda não tenham se deteriorado.

Incentivos adequados à antecipação dos requerimentos e a impedir os comportamentos estratégicos seriam a redução dos custos para o ingresso das medidas de saneamento empresarial, com a presunção *juris tantum* de crise atual ou iminente pelo devedor, a qual poderá ser elidida, após a proteção dos ativos, na hipótese de demonstração de fraude ou de exercício abusivo de direito.

Ainda que a viabilidade econômica não devesse ser apreciada e que a verificação da crise possa acarretar demora injustificada no procedimento, a presunção da crise mediante a declaração do devedor poderá gerar comportamento estratégico deste, o que deverá ser controlado excepcionalmente antes de que os recursos escassos sejam deteriorados e como forma de se garantir a redução dos custos *ex post*.

É justamente nesse sentido que a determinação legal deve ser interpretada e os incentivos legais devem ser esclarecidos. O controle judicial deve ser absolutamente excepcional, não quanto ao mérito ou crise, mas quanto ao abuso da utilização do instituto. Diante da detecção de indícios contundentes de utilização fraudulenta da ação de recuperação judicial, permitir-se-ia que o juiz excepcionalmente indeferisse o processamento da recuperação judicial e, inclusive, tomasse providências criminais em face do devedor.

Entretanto, se não houver abuso, mas o devedor for irrecuperável ou sua atividade carecer de viabilidade econômica e pretender impor plano de recuperação judicial indevido sobre os credores, esse comportamento abusivo do devedor deveria poder ser rechaçado com celeridade por meio da rejeição ao plano de recuperação judicial pelos credores, principais interessados e que sofrerão os efeitos da medida.

CAPÍTULO 3 • FASE POSTULATÓRIA

Pela comparação dos sistemas estrangeiros, razões delimitadas a respeito da crise econômica do devedor devem ser exigidas apenas dos credores, concomitantemente à atribuição de legitimidade ativa para requererem a recuperação judicial do devedor. A justificativa para tanto é evitar que o credor, por comportamento estratégico, possa prejudicar o desenvolvimento da atividade empresarial e o interesse de toda a coletividade de credores para ter seu crédito imediatamente satisfeito.

Para os credores, entretanto, a demonstração da insolvabilidade do devedor ou a cessação de pagamentos, diante da ausência de informações gerais disponíveis a esses, é fundamento ineficiente a criar incentivo aos credores. Parâmetros concretos como a frustração da execução ou constrição de bens que possa resultar na insolvência desse ou na cessação de pagamentos mostram-se mais adequados diante da assimetria de informações e como forma de incentivar os credores a tutelarem os ativos do devedor para uma maximização da satisfação coletiva dos credores.

CAPÍTULO 4
FASE DE NEGOCIAÇÃO

1. A FASE DE NEGOCIAÇÃO

Diante da escassez de recursos do devedor para satisfazer todos os credores, a cooperação dos diversos agentes poderá maximizar o valor dos ativos e propiciar maior pagamento de todos os créditos[1]. A despeito da *common pool*, os credores poderão não ter incentivos, diante da falta de jogos sucessivos, e, da quantidade de informações disponíveis, para optar por uma solução cooperativa[2].

Pelo contrário, ao pressuporem comportamentos oportunistas e estratégicos dos outros agentes econômicos, os credores têm incentivos para não cooperarem, ainda que a solução obtida possa ser melhor para toda a coletividade. Como a inércia na tomada de medidas de constrição sobre os ativos poderá impedir que o credor se satisfaça e permitir que outros mais céleres recebam com primazia seus créditos, os credores terão incentivos para acelerar suas referidas medidas constritivas sobre os ativos do devedor. Trata-se de problema de ação coletiva[3]. Para que se possa verificar a melhor medida para superar a crise que afeta a atividade ou para maximizar os ativos para a maior satisfação dos créditos, os processos de insolvência organizam os agentes decisórios e determinam medidas impositivas de fornecimento de informações, bem como restritivas de comportamentos estratégicos individuais, como forma de incentivarem a cooperação, as negociações para a obtenção da melhor solução comum. O período de negociação consiste na fase posterior ao processamento do pedido de recuperação judicial até a deliberação em Assembleia Geral pelos credores ou equivalente. Essa fase compreende os efeitos do processamento da recuperação judicial, a permanência ou não do devedor na condução de sua atividade, os poderes de eventual administrador judicial nomeado e a apresentação do plano de recuperação judicial.

Como a negociação pode ocorrer mesmo na Assembleia Geral de Credores, a rigor, a deliberação também deveria integrar a fase de negociação do plano. Diante de suas particularidades, contudo, a Assembleia Geral de Credores será apreciada em capítulo próprio.

2. PERÍODO DE SUSPENSÃO

A suspensão das ações individuais decorre da própria utilidade do procedimento de insolvência e de sua pretensão de incentivo à busca de uma solução coletiva, com a maximização dos interesses de todos os envolvidos.

---

[1] Há que se apontar que os objetivos do grupo refletirão nos objetivos individuais dos credores. Para Olson, "[...] all of the individuals in a group would gain if they achieved their group objective, that they would act to achieve that objective, even if they were all rational and self-interested. Indeed, unless the number of individuals in a group is quite small, or unless there is coercion or some other special device to make individuals act in their common interest, rational, self-interested individuals will not act to achieve their common or group interests" (OLSON, Mancur. *The logic of collective action: public goods and theory of groups*. Harvard University Press, 1971. p. 2).

[2] Os recursos comuns (*common pool resources*), de acordo com Ivo Teixeira Gico, "[...] compartilham a não exclusividade dos bens públicos, mas seu consumo por alguém diminui, substancialmente, a utilidade do bem para outros usuários, tornando-os rivais em uso assim como os bens privados" (GICO, Ivo Teixeira Junior. A natureza econômica do direito e dos tribunais. *Revista Brasileira de Políticas Públicas*, v. 9, n. 3, 2019, p. 17.)

[3] JACKSON, Thomas H. *The logic and limits of bankruptcy law*. Washington D.C.: Beard Books, 2001.

Pretende-se evitar comportamentos individuais não cooperativos dos agentes econômicos, o que seria a tendência dos agentes em maximizar a satisfação dos seus próprios interesses[4]. Os credores, para maximizarem apenas a própria utilidade, diante da insolvabilidade do devedor[5], procurarão acelerar as primeiras constrições sobre os bens do devedor, diante da regra da primeira penhora, prevista no art. 908, § 2º, do Código de Processo Civil[6], o que prejudicaria a maximização do valor dos ativos, poderia gerar a liquidação prematura da companhia e poderia comprometer a própria preservação do *aviamento*.

A aceleração das constrições é mecanismo não equitativo[7]. Para maximizar seu recebimento, o credor precisará conseguir obter a prioridade das penhoras. Premia-se o credor mais célere, mais sofisticado, ainda que em detrimento dos demais credores da mesma classe ou dos mais vulneráveis. Os prejuízos que os credores, em grupo, podem sofrer por decisões tomadas individualmente são apontados por Thomas Jackson:

> The grab rules of nonbankruptcy law and their allocation of assets on the basis of first-come, first-served create an incentive on the part of the individual creditors, when their sense that a debtor may have more liabilities than assets, to get in line today (by, for example, getting a sheriff to execute on the debtor's equipment), because if they do not, they run the risk of getting nothing. This decision by numerous individual creditors, however, may be the wrong decision for the creditors as a group. Even though the debtor is insolvent, they might be better off if they held the assets together[8].

Tampouco é eficiente para os credores. A aceleração das constrições de bens deteriora ainda mais a crise econômica da empresa, que passa a não contar com ativos eventualmente indispensáveis para a manutenção de sua atividade e a produção de faturamento para a satisfação de todos.

Diante da escassez dos recursos do devedor e da prioridade obtida por aquele que conseguir a primeira penhora, os credores tenderão a explorar ao máximo a oportunidade de receber, ainda que em detrimento dos demais credores, e diante do risco de que os demais credores, ao agirem individualmente para maximizarem a respectiva satisfação, consigam obter prioridade nas penhoras. Trata-se da "tragédia dos comuns"[9], em que os próprios credores teriam poucos estímulos para, sem os incentivos adequados, cooperar para a preservação do bem comum e a maximização da satisfação de todos.

O período de suspensão também procura maximizar o valor dos ativos dos credores. Pela suspensão, permite-se ao devedor continuar a explorar sua atividade com regularidade, sem a ameaça de retirada imediata dos ativos pelos credores e de modo a superar as dificuldades que afetam a empresa[10].

---

[4] "Portanto se dois homens desejam a mesma coisa, ao mesmo tempo que é impossível ela ser gozada por ambos, eles tornam-se inimigos" (HOBBES, Thomas. *Leviatã ou matéria, forma e poder de um Estado eclesiástico e civil*. Tradução: João Paulo Monteiro e Maria Beatriz Nizza da Silva. São Paulo: Martins Fontes, 2003. p. 107).

[5] "Consider, for example, a machine that is crucial for running a production process in a business. If the financing bank were allowed to take it away and sell it on the market to realize its claim, restructuring prospects for the firm would be greatly reduced or even eliminated. Hence, imposing a stay on enforcement actions also with respect to secured creditors, as many jurisdictions do makes sense" (EIDENMUELLER, Horst. *Comparative corporate insolvency law*. European Corporate Governance Institute (ECGI) – Law Working Paper n. 319, 2016. Oxford Legal Studies Research Paper n. 30, 2017. p. 17).

[6] Art. 908, §2º, do Código de Processo Civil: não havendo título legal à preferência, o dinheiro será distribuído entre os concorrentes, observando-se a anterioridade e cada penhora.

[7] BAIRD, Douglas G.; PICHER, Randal C. A simple noncooperative bargaining model of corporate reorganizations. *The Journal of Legal Studies*, Chicago, v. 20, n. 2, 1991.

[8] JACKSON, Thomas H. *The logic and limits of bankruptcy law*. Washington D.C.: Beard Books, 2001. p. 12.

[9] HARDIN. Garret. The tragedy of the commons. *Science*, v. 162, issue 3859, p. 1.243-1.248, 1968.

[10] GILSON, Stuart C. Managing default: some evidence on how firms choose between workouts and Chapter 11. *Journal of Applied Corporate Finance*, v. 4, n. 2, 1991.

CAPÍTULO 4 • FASE DE NEGOCIAÇÃO

Como forma de incentivo para a cooperação entre os credores entre si e com o devedor, as legislações de insolvência disciplinam períodos de suspensões das ações e execuções em face do patrimônio do devedor. Se na falência o período de suspensão tem a pretensão de evitar que a *par conditio creditorum* seja lesada e de modo a assegurar que o Juízo Universal seja o único competente para a liquidação dos ativos e satisfação dos credores, na recuperação judicial a pretensão do período de suspensão é a de assegurar que os credores possam negociar coletivamente com o devedor a obtenção de uma solução comum para a superação da crise econômico-financeira que afeta a empresa.

O período de suspensão pode ocorrer automaticamente após o pedido da recuperação judicial (*automatic stay*), sem qualquer exigência de decisão judicial e mediante a apresentação de simples formulário, ou mediante a decisão de processamento da recuperação[11]. Ele determina, em geral, a suspensão do prosseguimento das execuções individuais dos credores e das medidas constritivas sobre o patrimônio do devedor.

O tratamento quanto aos créditos cujas execuções e medidas constritivas são suspensas, assim como a disciplina da duração do referido período, não foram uníssonos entre as legislações.

2.1 Alemanha

Na Alemanha, o período de suspensão é determinado no sistema único de insolvência. Não se trata, contudo, de suspensão automática com a distribuição, o *automatic stay*. O período de suspensão tem início após o deferimento do pedido de insolvência apenas (Vollstreckungssperre)[12].

Em razão do § 89 InsO[13], proíbe-se que os credores da insolvência proponham ações em face do devedor e que incidam sobre a massa insolvente ou façam constrição sobre bens do devedor durante o processo de insolvência. Apenas poderão prosseguir as ações não pecuniárias em face do devedor, as quais não serão afetadas pela insolvência[14]. Tampouco serão afetadas as execuções de créditos de alimentos ou de crédito decorrente de um ato ilícito intencional na parte do salário que não possa ser penhorada por outros credores[15].

O período de suspensão não possui prazo certo. Ele perdura até a revogação ou extinção do processo de insolvência. A extinção ocorre com a aprovação do plano de insolvência final e, a menos que o plano não disponha em contrário, o tribunal deverá decidir pelo fim do processo (§ 258 InsO)[16].

ALTMAN, Edward; HOTCHKISS, Edith; WANG, Wei. *Corporate financial distress, restructuring and bankruptcy*: analyze leveraged finance, distressed debt, and bankruptcy. 4. ed. New Jersey: Wiley, 2019. p. 11 e p. 47.

[11] PIMENTEL JR., Washington Luiz Dias. O *automatic stay* e o *stay period*: um paralelo entre o regime jurídico falimentar norte-americano e brasileiro quanto aos mecanismos iniciais de proteção dos ativos da empresa em recuperação judicial. In: MARTINS, André Chateaubriand; YAGUI, Márcia (coord.). *Recuperação judicial*: uma análise comparada Brasil – Estados Unidos. São Paulo: Almedina, 2020. p. 211-225.

[12] BERGER, Dora. *A insolvência no Brasil e na Alemanha*: estudo comparado entre a Lei de Insolvência Alemã de 01.01.1999 (traduzida) e o Projeto de Lei Brasileiro n. 4.376 de 1993 (com as alterações de 1999) que regula a falência, a concordata preventiva e a recuperação das empresas. Porto Alegre: Sergio Antonio Fabris Editor, 2001. p. 92.

[13] Section 89. Prohibition of Execution (1) Individual insolvency creditors may not execute into the insolvency estate or into the debtor's other property during the insolvency proceedings. (2) Even creditors without the status of insolvency creditors may not execute during the proceedings into future claims to emoluments due to the debtor under an employment relationship or into recurring emoluments replacing them. This shall not apply to execution under a claim for maintenance or under a claim arising from willful tort into the amount of emoluments not subject to attachment by other creditors. (3) The insolvency court shall decide on any relief to be granted against execution under subsections (1) or (2). Prior to its decision the court may issue a restraining order; in particular, it may order a provisional suspension of such execution with or without providing a security and its continuation subject to a security.

[14] FRIDGEN, Alexander; GEIWITZ, Arndt; GÖPFERT, Burkard. *BeckOK Insolvenzrecht*. 26. ed. München: C.H. Beck, 2022.

[15] FRIDGEN, Alexander; GEIWITZ, Arndt; GÖPFERT, Burkard. *BeckOK Insolvenzrecht*. 26. ed. München: C.H. Beck, 2022.

[16] Section 258. Termination of the Insolvency Proceedings. (1) As soon as approval of the insolvency plan has become final and unless the insolvency plan provides otherwise, the insolvency court shall decide on termination of the insolvency proceedings. (Ver § 200, § 207, § 211, § 212, § 258).

A decisão que recebe o processo de insolvência não afetaria os créditos com garantia, que podem perseguir os seus direitos de crédito, o que decorreria da intenção legislativa de proteger os credores dessa natureza[17]. A abordagem germânica é complexa e permite ao administrador judicial que aliene os bens dados em garantia aos credores respectivos, desde que estes estejam na posse do administrador e se proteja, com o saldo da alienação, os créditos garantidos (§ 167(1), InsO)[18].

Independente do prazo de suspensão em face dos credores do devedor, de acordo com o § 90(1) do InsO, pelo período de seis meses, contado a partir da abertura do processo de insolvência, é vedada a execução de quaisquer dívidas da massa insolvente[19]. A intenção legislativa seria evitar o desmembramento completo da massa insolvente no início do procedimento de insolvência, o que dificultaria sobremaneira ou até mesmo poderia vir a impedir a recuperação da devedora[20].

Não estão inseridas nessa regra as dívidas decorrentes de contratos bilaterais que o administrador judicial tenha optado por manter; as obrigações decorrentes de contratos de trato contínuo, cujos vencimentos sejam posteriores à data em que o administrador judicial poderia ter rescindido o contrato sem o fazer; e obrigações decorrentes de trato contínuo a respeito das quais a massa insolvente, por meio do administrador judicial, tenha recebido da contraparte a prestação respectiva (§ 90(2) InsO).

2.2 Portugal

No sistema único português, em que a recuperação ou a liquidação são decididas durante o procedimento de insolvência, as restrições são amplas ao prosseguimento das ações.

O art. 88, n. 1, da CIRE alinha que

> 1 – A declaração de insolvência determina a suspensão de quaisquer diligências executivas ou providências requeridas pelos credores da insolvência que atinjam os bens integrantes da massa insolvente e obsta a instauração ou o prosseguimento de qualquer ação executiva intentada pelos credores da insolvência; porém, se houver outros executados, a execução prossegue contra estes.

É possível dividir o art. 88 em duas partes: a primeira, a qual abrange não apenas as diligências compreendidas nas ações executivas com processo comum, mas também as compreendidas em execuções com processo especial e os procedimentos cautelares. A segunda parte, por sua vez, impede a instauração de novas execuções após a declaração da insolvência. Dessa forma, se alguma execução é intentada após a declaração da insolvência, ela deve ser indeferida[21].

O desenvolvimento das ações judiciais em que o devedor é parte sofre intervenção pelo processo de insolvência, a qual pode manifestar-se desde a entrada em juízo do pedido de insolvência até o final do respectivo processo[22]. Caso não se respeite a imediata suspensão, as diligências executivas que deram prosseguimento à execução são consideradas nulas[23].

---

[17] KAMLAH, K. The New German Insolvency Act: Insolvenzordnung. *American Bankruptcy Law Journal*, v. 70, n. 4, 1996, p. 428.

[18] Section 167. Notification of creditor. (1) If the insolvency administrator is entitled to realise a movable item under section 166 (1), he or she is to notify the condition of the movable item to the creditor with a right to separate satisfaction at the latter's request. Instead of such notification the administrator may allow the creditor to inspect the object.

[19] Section 90. Prohibition of execution under debts incumbent on estate. (1) Execution in respect of debts incumbent on the estate which was not caused by a transaction by the administrator is inadmissible for a period of six months from the opening of the insolvency proceedings.

[20] KRAMER, Ralph; PETER, Frank K. *Insolvenzrecht*: Gründkurs für Wirtschaftswissenschaftler. 3. ed. Worms (Deustchland): Springer Gabler, 2013. p. 109.

[21] OLIVEIRA, Artur Dionísio. Os efeitos externos da insolvência: as acções pendentes contra o insolvente. *Julgar*, n. 9, 2009. p. 176.

[22] OLIVEIRA, Artur Dionísio. Os efeitos externos da insolvência: as acções pendentes contra o insolvente. *Julgar*, n. 9, 2009. p. 173.

[23] MALCHER, Wilson de Souza. Aspectos processuais do novo Código da Insolvência e da Recuperação de Empresas em Portugal. *Revista de Direito da ADVOCEF* – Associação Nacional dos Advogados da Caixa Econômica Federal, Londrina: ADVOCEF, v. 1, n. 5, 2007. p. 135.

CAPÍTULO 4 • FASE DE NEGOCIAÇÃO

A suspensão é completada, diante da insolvência do devedor, pela indivisibilidade do Juízo da insolvência.

O art. 85 do CIRE prevê que

1 – Declarada a insolvência, todas as acções em que se apreciem questões relativas a bens compreendidos na massa insolvente, intentadas contra o devedor, ou mesmo contra terceiros, mas cujo resultado possa influenciar o valor da massa, e todas as acções de natureza exclusivamente patrimonial intentadas pelo devedor são apensadas ao processo de insolvência, desde que a apensação seja requerida pelo administrador da insolvência, com fundamento na conveniência para os fins do processo.

Em todas essas ações, o devedor é substituído pelo administrador da insolvência[24].

Dessa forma, um dos efeitos processuais da declaração da insolvência é a reunião ao processo de insolvência das ações que possam comprometer o valor da massa insolvente, as quais são apensadas se requeridas pelo administrador da insolvência. Também são apensados de maneira oficiosa todos os processos nos quais se tenha efetuado qualquer ato de apreensão ou detenção de bens compreendidos na massa insolvente. Há, ainda, a "apensação compulsória" das ações declaratórias ou executivas relativas às dívidas da massa insolvente, com exceção das execuções por dívidas de natureza tributária[25].

A suspensão prevista no referido artigo deve ser decretada de ofício pelo juízo do processo da execução ou no processo que deve ser suspenso, assim que tomar conhecimento da insolvência[26].

Pelo antigo Código português que regrava os processos de insolvência (CPREF), as execuções eram extintas assim que fosse declarada a insolvência pela interpretação dada ao art. 154, n. 3, pelo qual "a declaração de falência obsta à instauração ou ao prosseguimento de qualquer acção executiva contra o falido; porém, se houver outros executados, a execução prossegue contra estes".

Embora com redação similar ao art. 88, 1, do CIRE, tal entendimento quanto à extensão não prevalece no atual regramento, sob o risco de distorção dos atuais objetivos falimentares lusitanos, visto que o prosseguimento futuro das execuções pendentes não é comprometido[27].

De modo geral, a suspensão permanece até o encerramento do processo, assim como previsto no art. 233 do CIRE[28]. Contudo, deve-se observar o motivo e o momento do encerramento do processo.

---

[24] Art.–85 3 - O administrador da insolvência substitui o insolvente em todas as acções referidas nos números anteriores, independentemente da apensação ao processo de insolvência e do acordo da parte contrária.

[25] MALCHER, Wilson de Souza. Aspectos processuais do novo Código da Insolvência e da Recuperação de Empresas em Portugal. *Revista de Direito da ADVOCEF* – Associação Nacional dos Advogados da Caixa Econômica Federal, Londrina: ADVOCEF, v. 1, n. 5, 2007. p. 132-133.

Determina o art. 89, n. 2, do CIRE que "As acções, incluindo as executivas, relativas às dívidas da massa insolvente correm por apenso ao processo de insolvência, com excepção das execuções por dívidas de natureza tributária".

[26] OLIVEIRA, Artur Dionísio. Os efeitos externos da insolvência: as acções pendentes contra o insolvente. *Julgar*, n. 9, 2009, p. 178.

[27] OLIVEIRA, Artur Dionísio. Os efeitos externos da insolvência: as acções pendentes contra o insolvente. *Julgar*, n. 9, 2009, p. 177.

[28] Art. 233 1 – Encerrado o processo, e sem prejuízo do disposto no n. 5 do art. 217° quanto aos concretos efeitos imediatos da decisão de homologação do plano de insolvência: a) Cessam todos os efeitos que resultam da declaração de insolvência, recuperando designadamente o devedor o direito de disposição dos seus bens e a livre gestão dos seus negócios, sem prejuízo dos efeitos da qualificação da insolvência como culposa e do disposto no artigo seguinte; b) A extinção da instância dos processos de verificação de créditos e de restituição e separação de bens já liquidados que se encontrem pendentes, exceto se tiver já sido proferida a sentença de verificação e graduação de créditos prevista no art. 140°, ou se o encerramento decorrer da aprovação de plano de insolvência, caso em que prosseguem até final os recursos interpostos dessa sentença e as acções cujos autores assim o requeiram, no prazo de 30 dias; c) Os credores da insolvência poderão exercer os seus direitos contra o devedor sem outras restrições que não as constantes do eventual plano de insolvência e plano de pagamentos e do n. 1 do art. 242°, constituindo para o efeito título executivo a sentença homologatória do plano de pagamentos, bem como a sentença de verificação de créditos ou a decisão proferida em acção de verificação ulterior, em conjugação, se for o caso, com a sentença homologatória do plano de insolvência;

154

Caso tenha se encerrado após a realização do rateio final e o insolvente for uma sociedade comercial, a execução deverá extinguir-se, pois extingue-se a própria sociedade, como dispõe o art. 234°, n. 3[29]. Caso tenha se encerrado antes por pedido do próprio devedor ou por insuficiência da massa insolvente, a execução deve prosseguir independentemente de se tratar de sociedade comercial ou pessoa singular. Tal sucede porque nestas situações não se conclui e, por vezes, nem sequer se dá início à liquidação do ativo, não havendo também lugar para a extinção da sociedade insolvente[30].

Caso o encerramento ocorra antes do rateio final, mas por homologação de plano de insolvência, deve-se analisar o plano concretamente aprovado para conhecer o destino das execuções suspensas, visto que ele pode prever o prosseguimento de execuções suspensas, a prorrogação da suspensão ou a extinção imediata da ação executiva[31].

Destaca-se, ainda, que, além das ações executivas, as ações declaratórias também podem ser influenciadas pela declaração de insolvência. O CIRE, contudo, não regula de forma sistematizada os efeitos da insolvência nessas, uma vez que as ações declaratórias não colocam em risco de forma imediata o princípio da *par conditio creditorum*[32].

Serra dispõe que,

> nos restantes casos, a solução é a de que, após o encerramento do processo, as ações podem prosseguir, a não ser que haja restrições a isso no plano de insolvência ou no plano de pagamentos aos credores ou que esteja a decorrer o chamado "período de cessão do rendimento disponível"[33].

Trata-se de suspensão não automática, que exige a declaração de insolvência do devedor. Prescinde-se de prazo determinado para a referida suspensão, a qual perdurará até a aprovação de eventual plano de recuperação ou do final do procedimento de liquidação forçada.

2.3 Itália

No sistema italiano, o período de suspensão é decorrente do pedido de *concordato*. Seus efeitos iniciam-se a partir da publicação do pedido no registro de empresas e vigoram até o "trânsito em julgado" do decreto de homologação da concordata preventiva, como dispõe o art. 168 da Legge Fallimentare[34].

A publicação deve ser feita por um escrivão no dia seguinte ao requerimento, nos termos do art. 161[35]. A suspensão tem como efeitos: a suspensão da prescrição e caducidade das ações de proteção dos credores, suspensão dos procedimentos executivos e cautelares em curso, inibição de novos

---

[29] OLIVEIRA, Artur Dionísio. Os efeitos externos da insolvência: as acções pendentes contra o insolvente. *Julgar*, n. 9, 2009, p. 179.

Art. 234. 3 – Com o registo do encerramento do processo após o rateio final, a sociedade considera-se extinta.

[30] OLIVEIRA, Artur Dionísio. Os efeitos externos da insolvência: as acções pendentes contra o insolvente. *Julgar*, n. 9, 2009, p. 179-180.

[31] OLIVEIRA, Artur Dionísio. Os efeitos externos da insolvência: as acções pendentes contra o insolvente. *Julgar*, n. 9, 2009, p. 180.

[32] OLIVEIRA, Artur Dionísio. Os efeitos externos da insolvência: as acções pendentes contra o insolvente. *Julgar*, n. 9, 2009, p. 183.

[33] SERRA, Catarina. *Lições de direito da insolvência*. Coimbra: Almedina, 2019. p. 216.

[34] Art. 168 – Effetti della presentazione del ricorso: 1. Dalla data della pubblicazione del ricorso nel registro delle imprese e fino al momento in cui il decreto di omologazione del concordato preventivo diventa definitivo, i creditori per titolo o causa anteriore non possono, sotto pena di nullità, iniziare o proseguire azioni esecutive e cautelari sul patrimonio del debitore.

[35] Art. 161 5. La domanda di concordato è comunicata al pubblico Ministero ed è pubblicata, a cura del cancelliere, nel registro delle imprese entro il giorno successivo al deposito in cancelleria. Al pubblico ministero è trasmessa altresì copia degli atti e documenti depositati a norma del secondo e del terzo comma, nonché copia della relazione del commissario giudiziale prevista dall'articolo 172.

CAPÍTULO 4 • FASE DE NEGOCIAÇÃO

procedimentos executivos e cautelares em andamento, inibição de novos procedimentos executivos e cautelares, inibição da aquisição de novas garantias privilegiadas ou de preferência sobre bens do devedor e, por fim, a ineficácia das hipotecas contraídas nos noventa dias anteriores[36].

Trata-se de efeito automático e que persiste até o trânsito em julgado da homologação da concordata[37][38].

A instauração do período de suspensão, o qual paralisa as ações executivas e cautelares, tem como finalidade impedir a formação de posições assimétricas entre os credores. Busca-se primordialmente a preservação da integridade do patrimônio durante a duração de todo o procedimento[39].

Outro importante objetivo da suspensão é proteger os credores. No entanto, a doutrina italiana tem registrado tentativas de abuso dessa suspensão, como a apresentação de pedidos sem a intenção real de reorganizar as finanças da empresa, visando apenas a atrasar o pagamento das dívidas[40].

No aspecto subjetivo, a proibição no prosseguimento das referidas ações atinge todos os credores por título ou causa anterior[41]. No âmbito objetivo, FABIANI destaca que tanto o patrimônio da empresa quanto os patrimônios pessoais do devedor são abrangidos no período de suspensão, em vista do que dispõe o art. 168. Dessa forma, a proibição também se estende aos bens pessoais[42].

Referida disposição não se estende aos bens dos coobrigados. As execuções prosseguem quanto a terceiros garantidores: "non possono essere protetti dal divieto i beni che i terzi mettano a disposizione dei creditori del debitore concordatario perché nei loro confronti non vale, comunque, l'obbligatorietà del concordato"[43].

2.4 França

No sistema francês, o período de suspensão poderá ocorrer mesmo antes do procedimento de recuperação e durante os procedimentos preventivos.

Nos procedimentos do mandato *ad hoc* e da conciliação, o período de suspensão não é automático. Ele decorre de uma decisão judicial. No procedimento de salvaguarda e de recuperação, contudo, ele é automático[44].

---

[36] "1) Sospensione della prescrizione e della decadenza delle azioni a tutela dei creditori; 2) Sospensione delle procedure esecutive e cautelari in corso; 3) Inibizione dell'acquisto di nuove procedure esecutive e cautelari in corso; 4) Inibizione delle nuove procedure esecutive e cautelari; 5) Inibizione dell'acquisto di nuove garanzie privilegiate o prelazioni sui beni del debitore; 6) Inefficacia delle ipoteche transcritte nei novanta giorni antecedenti" (GIORDANO, Andrea; TOMMASI, Fabrizio; VASAPOLLO, Valeria. *Codice del fallimento e delle altre procedure concorsuali*. Padova: Cedam, 2015, p. 716).

[37] "Il divieto inizia, istantaneamente, sin dal momento in cui viene pubblicato il ricorso per l'ammissione e si esaurisce quando diviene definitivo il decreto di omologazione del concordato. Nel caso in cui il divieto non risulta osservato occorre trovare la sanzione" (FABIANI, Massimo. *Il diritto della crisi e dell'insolvenza*. Bologna: Zanichelli, 2017. p. 508).

[38] Para Giordano *et al.*, "la sola presentazione del ricorso, infatti, a mente del successive 168 1.fall. impone l'inibizione delle procedure esecutive e la sospensione di quelle già incorso, nonché la sospensione del decorso della prescrizione" (GIORDANO, Andrea; TOMMASI, Fabrizio; VASAPOLLO, Valeria. *Codice del fallimento e delle altre procedure concorsuali*. Padova: Cedam, 2015. p. 714).

[39] FABIANI, Massimo. *Il diritto della crisi e dell'insolvenza*. Bologna: Zanichelli, 2017. p. 508.

[40] PACCHI, Stefania. L'abuso del diritto nel concordato preventivo. *Giustizia Civile*, n. 4, p. 789-816, 2015.

[41] FABIANI, Massimo. *Il diritto della crisi e dell'insolvenza*. Bologna: Zanichelli, 2017. p. 508.

[42] "Per ciò che concerne la delimitazione oggettiva del perimetro delle azioni vietate, occorre prendere atto che l'art. 168 l. fall. si riferisce al patrimonio del debitore, il che significa che, diversamente da quanto si opina, il divieto si estende anche ai beni personali (e cioè quelli che ai sensi dell'art. 46 l. fall. non sono soggetti all'esecuzione fallimentare), e che, per converso, il divieto non copre il patrimonio di quei soggetti che pure possono essere direttamente coinvolti nel concordato" (FABIANI, Massimo. *Il diritto della crisi e dell'insolvenza*. Bologna: Zanichelli, 2017. p. 508).

[43] FABIANI, Massimo. *Il diritto della crisi e dell'insolvenza*. Bologna: Zanichelli, 2017. p. 509.

[44] BROWN, Sarah; KEAY, Andrew; MCCORMACK, Gerard. *European insolvency law*: reform and harmonization. Cheltenham, UK and Northampton, MA, USA: EE Elgar, 2017. p. 240.

Nos termos do Código de Comércio L622-21, uma suspensão universal das execuções é imposta aos credores no procedimento de salvaguarda[45]. O devedor que obtém a abertura de um processo de salvaguarda se beneficia, de imediato, durante o período de observação, de uma ampla proteção. Mais do que uma simples trégua, o sistema francês oferece ambiente para que o devedor possa repor suas forças e preparar a reorganização de sua empresa.

O chamado "período de observação", na França, possui uma função dupla: ele protege o devedor e permite a continuação da atividade da empresa dentro de melhores condições[46].

Durante o período de seis meses, prorrogável por igual período, as ações e execuções são suspensas para a negociação de um plano de salvaguarda. A suspensão ocorre em vista do art. L622-21[47] do Código de Comércio Francês, de acordo com o qual o julgamento de abertura do processo interrompe ou proíbe todas as ações judiciais elaboradas por credores cujos créditos não estejam mencionados no art. L622-17[48] e que tendem à condenação do devedor ao pagamento de uma quantia em dinheiro ou à rescisão de um contrato por falta de pagamento.

Outrossim, sem prejuízo dos direitos desses credores, a decisão de abertura suspende ou proíbe qualquer processo de execução tanto sobre bens móveis como sobre imóveis, bem como qualquer processo que não tenha produzido efeito atributivo antes da decisão de abertura.

O procedimento de salvaguarda pressupõe a inexistência do estado de cessação de pagamento que, se ocorrer, obriga à conversão do procedimento em *redressement judiciaire*.

No procedimento de recuperação, também ocorre a suspensão. Nos termos do art. L631-14, permite-se a aplicação do art. L622-21 ao processo de recuperação judicial. Desta forma, caso não se tenha a abertura do processo de salvaguarda e ocorra diretamente o procedimento da *redressement judiciaire*, a suspensão das execuções é aplicável de forma idêntica.

O regramento do *stay* da recuperação é igual ao do procedimento da salvaguarda. Nesse sentido, a duração do período de suspensão tanto do *redressement* quanto da salvaguarda é de seis meses (L621-3), renovável por igual período através de decisão judicial. Diferem os procedimentos pelo fato de o requerimento para a renovação no *redressement* poder ser feito também pelo Ministério Público[49].

---

[45] Article L622-21 I. - Le jugement d'ouverture interrompt ou interdit toute action en justice de la part de tous les créanciers dont la créance n'est pas mentionnée au I de l'article L. 622-17 et tendant: 1° A la condamnation du débiteur au paiement d'une somme d'argent; 2° A la résolution d'un contrat pour défaut de paiement d'une somme d'argent.

[46] Antonini-Cochin, Laetitia; Laurence-Caroline, Henry. *Droit des entreprises en difficulté*. Paris: Gualino, 2022. p. 111.

[47] Article L622-21. I. - Le jugement d'ouverture interrompt ou interdit toute action en justice de la part de tous les créanciers dont la créance n'est pas mentionnée au I de l'article L. 622-17 et tendant: 1° A la condamnation du débiteur au paiement d'une somme d'argent; 2° A la résolution d'un contrat pour défaut de paiement d'une somme d'argent. II. - Sans préjudice des droits des créanciers dont la créance est mentionnée au I de l'article L. 622-17, le jugement d'ouverture arrête ou interdit toute procédure d'exécution tant sur les meubles que sur les immeubles ainsi que toute procédure de distribution n'ayant pas produit un effet attributif avant le jugement d'ouverture.

[48] Article L622-17. I. - Les créances nées régulièrement après le jugement d'ouverture pour les besoins du déroulement de la procédure ou de la période d'observation, ou en contrepartie d'une prestation fournie au débiteur pendant cette période, sont payées à leur échéance. II. - Lorsqu'elles ne sont pas payées à l'échéance, ces créances sont payées par privilège avant toutes les autres créances, assorties ou non de privilèges ou sûretés, à l'exception de celles garanties par le privilège établi aux articles L. 3253-2, L. 3253-4 et L. 7313-8 du code du travail, des frais de justice nés régulièrement après le jugement d'ouverture pour les besoins du déroulement de la procédure et de celles garanties par le privilège établi par l'article L. 611-11 du présent code. III. - Leur paiement se fait dans l'ordre suivant : 1° Les créances de salaires dont le montant n'a pas été avancé en application des articles L. 3253-6, L. 3253-8 à L. 3253-12 du code du travail; 2° Les créances résultant d'un nouvel apport de trésorerie consenti en vue d'assurer la poursuite de l'activité pour la durée de la procédure; 3° Les créances résultant de l'exécution des contrats poursuivis conformément aux dispositions de l'article L. 622-13 et dont le cocontractant accepte de recevoir un paiement différé; 4° Les autres créances, selon leur rang.

[49] Antonini-Cochin, Laetitia; Laurence-Caroline, Henry. *Droit des entreprises en difficulté*. Paris: Gualino, 2022. p. 164.

2.5 EUA

Nos Estados Unidos, após a distribuição do pedido de reorganização, são suspensas as ações e medidas constritivas em face do patrimônio da recuperanda. Essa suspensão ocorre automaticamente após o pedido. É o chamado *automatic stay* (11 U.S. Code § 362).

A intenção do período de proteção é ser ampla. Os credores não poderão acionar o devedor ou realizar qualquer cobrança, constrição de ativos, integrações na posse, consolidações de propriedade dada em garantia, amortizações[50].

O instituto do *automatic stay* não foi elaborado com intenção de ser permanente. Sua função é de preservar o *status quo* de forma temporária durante a pendência do processo, para que o procedimento ocorra de maneira ordenada[51]. A suspensão, portanto, tem o objetivo de oferecer espaço ao devedor e interromper a corrida para a constrição de ativos que poderia ocorrer quando os credores fossem noticiados do pedido de reorganização[52].

De acordo com a legislação americana, o *stay* persiste até o momento em que a novação dos créditos pelo plano de reorganização é concedida ou negada[53] e ele só funciona para dívidas e discussões contraídas anteriormente ao pedido de reorganização[54]. Dessa forma, embora automático, o *stay* não é permanente.

Os credores quirografários geralmente devem suportar as proibições do § 362 (a) durante todo o processo. Os credores com garantias, no entanto, podem se beneficiar da modificação ou mesmo da extinção da suspensão automática em determinadas circunstâncias[55] [56].

O *stay* não opera em casos de ações criminais em face do devedor, no início ou na continuação de ações civis que envolvam reconhecimento de paternidade, para o estabelecimento ou modificação de ordens para apoio doméstico, ações que envolvam a guarda de filhos dos devedores, bem como divórcios – exceto na medida em que tenha como finalidade determinar a divisão de bens de propriedade da empresa e, por fim, em ações que envolvam violência doméstica[57].

---

[50] "When a bankruptcy case is filed, most collection efforts against the debtor immediately cease. This debtor protection takes effect automatically and is technically termed the automatic stay. The scope of the stay is intended to be broad. Creditors cannot sue the debtor to collect what is owed them, and all harassment of a debtor must stop. Creditors cannot write or call the debtor demanding payment. Secured creditors cannot foreclose on their collateral, debt collectors cannot repossess the debtor's property through either self-help mechanisms or judicial proceedings, and wages cannot be garnisheed. The whole world of state and federal debt collection basically comes to a rip-roaring halt" (GROSS, Karen. *Failure and forgiveness* – rebalancing the bankruptcy system. New Haven and London: Yale University Press, 1997. p. 41).

[51] De acordo com Jordan Tabb, "the stay will terminate automatically under §362(c), by operation of law, when the reason for its existence no longer applies. In addition, a creditor may obtain relief from the stay from the court at an earlier time under §362(d), if an appropriate showing is made" (TABB, Charles Jordan. *Law of bankruptcy*. 4. ed. St. Paul: West Academic, 2016. p. 278).

[52] DUFFIE, Darrel; SKEEL, David. *A dialogue on the costs and benefits of automatic stays for derivates and repurchase agreements.* University of Penn, Institute for Law & Economics, Research Paper n. 12-02, Rock Center for Corporate Governance at Stanford University, Working Paper n. 108, 2012, p. 2.

[53] 11 U.S. Code § 362 (c) (2) (C). if the case is a case under chapter 7 of this title concerning an individual or a case under chapter 9, 11, 12, or 13 of this title, the time a discharge is granted or denied.

[54] 11 U.S. Code § 362 (a).

[55] SHEFFNER, Daniel J. Situating reimposition of the automatic stay within the federal common law of bankruptcy. *University of Toledo Law Review*, v. 47, n. 2, 2016, p. 451.

[56] "The Bankruptcy Code allows the judge to lift the bankruptcy stay, and a good deal of bankruptcy litigation arises from creditors seeking to get the stay lifted, so that they can sue the debtor, or more frequently, so that they can seize assets securing their loans" (ROE, Mark J. *Bankruptcy and corporate reorganization*. Legal and financial materials. 3. ed. New York: Foundation Press-Thomson Reuters, 2011. p. 10).

[57] 11 U.S. Code § 362.

Também não ocorre o *stay* em ações de entidades governamentais federais e locais necessárias para fazer cumprir os poderes policiais ou regulatórios ou, ainda, para proteger a saúde ou segurança pública[58].

O *stay* pode, contudo, ser levantado. A pedido de uma parte interessada e após notificação do devedor, pode o Juízo modificar ou interromper o *stay* diante de uma justa causa, como a falta de proteção dos interesses dos credores com garantias e a demonstração de que o bem não é imprescindível à reorganização[59].

O ônus de provar que estão presentes as condições para o levantamento do *stay*, de acordo com a § 362 (g), é colocado sobre "the party requesting such relief has the burden of proof on the issue of the debtor's equity in property; and (2) the party opposing such relief has the burden of proof on all other issues".

Destaca-se, ainda, que, se o devedor provar que o bem discutido é essencial para uma reorganização efetiva em tempo razoável, o *stay* permanece ativo. Nesse sentido, o devedor deve provar a viabilidade de sua reorganização. Caso o tribunal entenda pela inexistência de sucesso, o *stay* será modificado[60].

Ainda que, pelo *stay*, o bem essencial não possa ser constrito pelo credor titular da garantia, assegura o § 361 a devida compensação ao credor garantido. Trata-se de uma proteção compensatória, que considerará a indisponibilidade da coisa no tempo e eventual efeito sobre a avaliação do bem[61].

2.6 O período de suspensão no Brasil

O período de suspensão no Brasil não decorre da distribuição do pedido de recuperação judicial. Ele somente se inicia a partir da publicação da decisão de processamento da recuperação judicial, ocasião em que o Juiz apreciará a disponibilização de todas as informações e documentos pelo devedor e que este possui legitimidade para realizar seu pedido de recuperação judicial[62].

2.6.1 O tempo até a decisão de processamento da recuperação judicial

Ao contrário dos Estados Unidos e da Itália, a suspensão das execuções e medidas constritivas, no Brasil, não é automática. Da mesma forma do que ocorre na França e nos sistemas de via única, ela somente se inicia a partir da decisão de processamento da recuperação judicial.

No Brasil, referida decisão, contudo, não é célere. Pelos dados do observatório da insolvência, a mediana de tempo até o deferimento do pedido de recuperação judicial é de 54 dias, nas varas especializadas, e de 58 dias, nas varas comuns[63].

---

[58] "To restrain an action by a governmental agency, the debtor has the burden of proving that the gency's actions do not come within one of the automatic stay exceptions" (BAKER, Erin Y. The automatic stay in bankruptcy: an analysis of the Braniff Chapter 11 Proceeding. *Texas Tech Law Review*, v. 14, n. 2, 1983, p. 443).

[59] 11 U.S. Code § 362 – Automatic stay (d) (q) (2) (a) (b).

[60] "For example, in Central National Bank *v.* Johnson (In re Johnson), the bankruptcy court granted relief under section 362 because the chances for an effective reorganization were exceedingly remote to the point of being practically non-existent" (BAKER, Erin Y. The automatic stay in bankruptcy: an analysis of the Braniff Chapter 11 Proceeding. *Texas Tech Law Review*, v. 14, n. 2, 1983, p. 450).

[61] BAIRD, Douglas; JACKSON, Thomas. Corporate reorganizations and the treatment of diverse ownership interests: a comment on adequate protection of secured creditors in bankruptcy. *University of Chicago Law Review*, Chicago, v. 51, 1984.

[62] Lei n. 11.101/2005. Art. 6º A decretação da falência ou o deferimento do processamento da recuperação judicial implica: [...] § 4º Na recuperação judicial, as suspensões e a proibição de que tratam os incisos I, II e III do *caput* deste artigo perdurarão pelo prazo de 180 (cento e oitenta) dias, contado do deferimento do processamento da recuperação, prorrogável por igual período, uma única vez, em caráter excepcional, desde que o devedor não haja concorrido com a superação do lapso temporal.

[63] NUNES, Marcelo Guedes; WAISBERG, Ivo; SACRAMONE, Marcelo; CÔRREA, Fernando. *Associação Brasileira de Jurimetria, Observatório da Insolvência, Segunda Fase*, p. 17. Disponível em: https://abjur.github.io/obsFase2/relatorio/obs_recuperacoes_abj.pdf. Acesso em: 04 jul. 2023.

CAPÍTULO 4 • FASE DE NEGOCIAÇÃO

Referido período varia conforme a presença de decisões judiciais para emendar a petição inicial, o faturamento das recuperandas, determinações de perícia prévia. Sem que haja qualquer determinação de emenda ou de perícia prévia, o tempo mediano até o deferimento foi de 26 dias. Se o processo teve tanto determinação de perícia prévia quanto determinação de emenda, o período mediano alcançou 63 dias[64].

Emenda	Perícia	N	Média	Mediana	Máximo
Não	Não	345	58,2	26	1570
Não	Sim	32	53,7	28	574
Sim	Não	362	89,5	60	1183
Sim	Sim	69	105,4	63	1012

Figura 12 - Tempo até a decisão de processamento da recuperação judicial

Durante o referido período, como a suspensão é condicionada à decisão de deferimento do processamento da recuperação judicial, sem que haja a suspensão das execuções e medidas constritivas em face do devedor, os ativos do devedor poderão ser constritos para a satisfação de créditos individuais em detrimento da maior satisfação coletiva e, eventualmente, com o comprometimento de eventual plano de recuperação judicial que permitiria uma melhor solução para superar a crise econômico-financeira do devedor.

A postergação do período de suspensão à decisão de processamento da recuperação judicial é, a princípio, justificada pela tentativa de se evitar que os devedores pudessem obter referido benefício sem que fizessem jus, como diante da falta de requisitos para o requerimento de recuperação judicial.

Entretanto, a recuperação judicial tem o processamento deferido em 68,8% dos casos. Se deferida a perícia prévia, referido percentual é ainda maior. Conforme análise jurimétrica, "enquanto nas varas comuns as perícias aumentam as taxas de deferimento de processos com e sem emenda de 65,4% e 82,8%, respectivamente, para 87,2% e 81,2%, nas varas especializadas o aumento é de 52,6% e 49,0% para 80,0% e 75,0%"[65].

Referido percentual não justifica o ônus de demora imposto a todas as requerentes e que pode ser crucial para se garantir sua sobrevivência.

Essa desnecessidade se justifica ainda mais pela consequência do indeferimento do pedido de recuperação judicial. Nessa hipótese, não mais se decreta a falência do devedor, como ocorria sob a égide do Decreto-Lei n. 7.661/45[66], justamente para não se estimular que os devedores retardassem os pedidos de recuperação.

---

[64] NUNES, Marcelo Guedes; WAISBERG, Ivo; SACRAMONE, Marcelo; CÔRREA, Fernando. *Associação Brasileira de Jurimetria, Observatório da Insolvência, Segunda Fase*, p. 21. Disponível em: https://abjur.github.io/obsFase2/relatorio/obs_recuperacoes_abj.pdf. Acesso em: 04 jul. 2023.

[65] NUNES, Marcelo Guedes; WAISBERG, Ivo; SACRAMONE, Marcelo; CÔRREA, Fernando. *Associação Brasileira de Jurimetria, Observatório da Insolvência, Segunda Fase*, p. 16. Disponível em: https://abjur.github.io/obsFase2/relatorio/obs_recuperacoes_abj.pdf. Acesso em: 4 jul. 2023.

[66] De acordo com os arts. 151 e 152 do Decreto-Lei n. 7.661/45:

Art. 151. Pode requerer a rescisão da concordata qualquer credor admitido e sujeito aos seus efeitos. 3º Na sentença que rescindir concordata preventiva, o juiz declarará a falência, observando o disposto no parágrafo 1º art. 162; na que rescindir con-

Os empresários cujos pedidos de recuperação judicial foram indeferidos, seja por falta de documentos, fraude, legitimidade ativa, poderão explorar regularmente sua atividade no mercado e, inclusive, pleitear imediatamente depois novo pedido de recuperação judicial.

Dessa forma, o retardamento da concessão do período suspensivo poderá permitir comportamentos oportunistas e individuais de alguns credores, na satisfação dos respectivos créditos ainda que em detrimento da preservação da empresa e mesmo diante de eventual comprometimento da maior satisfação coletiva.

Ademais, a necessidade de uma decisão de processamento da recuperação judicial impede que se garanta a higidez do mercado, na medida em que se evita, diante de um indeferimento por falta de requisitos impostos, maior controle do administrador judicial sobre eventual conduta fraudulenta e a decretação de falência com a retirada do empresário do mercado diante de uma rejeição pelos próprios credores.

De modo a acelerar os efeitos do período de suspensão, a Lei n. 14.112/2020 conferiu a possibilidade, no § 12 do art. 6º da Lei n. 11.101/2005, de que os efeitos do deferimento do processamento da recuperação judicial fossem antecipados por meio de um pedido cautelar antecedente ao procedimento de recuperação judicial. Desde que os requisitos da tutela de urgência estivessem demonstrados, como a probabilidade do direito e o perigo de dano ou risco ao resultado útil do processo, a medida liminar poderia ser conferida para se antecipar parcial ou totalmente a produção dos referidos efeitos.

2.6.2   A duração do período de suspensão

Processada a recuperação judicial, serão suspensas as execuções e medidas de constrição em face do devedor. Também chamado de *stay period,* tem como objetivo suspender todas as execuções em face do devedor para que se possa incentivar uma solução coletiva pelos credores.

Em razão do período de suspensão, o credor não teria incentivos para buscar a satisfação própria de seu crédito, ainda que pudesse, com a retirada de ativos para satisfazê-lo, comprometer a satisfação de todos os demais credores.

Em sua redação original, a Lei n. 11.101/2005 determinava que o prazo de suspensão era de 180 dias, improrrogável. Se esses 180 dias sem deliberação sobre o plano fossem ultrapassados, as execuções voltariam a tramitar normalmente, independentemente de novo pronunciamento judicial.

A despeito dessa redação legal, o procedimento brasileiro tinha uma fase de negociação prolongada.

Até a deliberação definitiva do plano de recuperação judicial, tem-se, no estado de São Paulo, o tempo mediano de 506 dias. Segundo a pesquisa do Observatório de Insolvência, "o tempo mediano até a deliberação definitiva sobre o plano de recuperação judicial é, nas varas especializadas, menor do que o tempo mediano nas varas comuns. Na especializada, o prazo mediano é de 384 dias, enquanto na comum a mediana é de 553"[67].

---

cordata suspensiva, reabrirá falência, observando o disposto nos ns. V e VI do parágrafo único do art. 14 e ordenando que o síndico reassuma suas funções.

Art. 152. Rescindida a concordata, a falência prosseguirá nos têrmos desta lei, mas a realização do ativo será iniciada logo após a avaliação dos bens, para o que o síndico providenciará a publicação do aviso referido no art. 114.

[67] NUNES, Marcelo Guedes; WAISBERG, Ivo; SACRAMONE, Marcelo; CÔRREA, Fernando. *Associação Brasileira de Jurimetria, Observatório da Insolvência, Segunda Fase,* p. 28. Disponível em: https://abjur.github.io/obsFase2/relatorio/obs_recuperacoes_abj.pdf. Acesso em: 4 jul. 2023.

CAPÍTULO 4 • FASE DE NEGOCIAÇÃO

O prolongamento do período de suspensão pode ser decorrente não da necessidade de negociação dos termos de um plano de recuperação judicial ou de sua complexidade, mas dos benefícios obtidos pelo devedor e seus sócios enquanto essa deliberação não ocorrer.

O aumento do porte da empresa, considerado pela sua faixa de faturamento, poderia evidenciar maior complexidade a ser resolvida pelo plano de recuperação judicial e, por essa razão, maior tempo exigido das partes para negociação. Os dados coletados, entretanto, evidenciam que o maior faturamento, ainda que de forma variável, implica menor prazo de negociação.

Faixa de faturamento	Frequência	Tempo mediano
Até R$ 1MM	56	695
Entre R$ 1MM e R$ 5MM	78	639
Entre R$ 5MM e R$ 10MM	35	610
Entre R$ 10MM e R$ 50MM	144	543
Entre R$ 50MM e R$ 100MM	49	454
Acima de R$ 100MM	76	454
Sem informação	255	621

Figura 13 - Tempo mediano do período de suspensão em razão do faturamento do devedor [68]

Não apenas o período de suspensão, mas a própria instalação da Assembleia Geral de Credores é muito posterior à exigência legal. Segundo dados do Observatório da Insolvência, foi observado que o tempo da instalação da Assembleia Geral de Credores, no desfecho mediano, ocorreu 327 dias após o deferimento da recuperação nas varas especializadas, ou seja, quase o dobro do prazo legal de 150 dias. Nas varas comuns, a dilatação é ainda maior, com mediana de 456 dias até a instalação da AGC[69].

Ainda que o plano de recuperação judicial possa ter negociação muito antes da instalação do conclave, a demora na instalação da própria assembleia, quando o plano obrigatoriamente já fora apresentado em 60 dias da decisão de deferimento do processamento da recuperação judicial, indica que a mora no procedimento não ocorreu propriamente pela falta de ajustes dos termos pelas partes, mas eventualmente por comportamento estratégico do próprio devedor.

Dentre algumas vantagens ao devedor, é importante destacar que, durante o referido período, não apenas as execuções serão suspensas como também os pagamentos voluntários em face dos credores sujeitos à recuperação judicial.

Sob pena de atitude criminalmente punível, nos termos dos arts. 168 e 172 da Lei n. 11.101/2005, o devedor, até a aprovação ou rejeição do plano de recuperação judicial, não pode satisfazer voluntariamente os credores sujeitos à recuperação judicial. Nesse período, o devedor poderá utilizar referidos valores destinados ao pagamento para continuar a desenvolver sua atividade e pagar apenas os novos credores ou os não sujeitos à recuperação judicial.

---

[68] NUNES, Marcelo Guedes; WAISBERG, Ivo; SACRAMONE, Marcelo; CÔRREA, Fernando. *Associação Brasileira de Jurimetria, Observatório da Insolvência, Segunda Fase*, p. 31. Disponível em: https://abjur.github.io/obsFase2/relatorio/obs_recuperacoes_abj.pdf. Acesso em: 4 jul. 2023.

[69] NUNES, Marcelo Guedes; WAISBERG, Ivo; SACRAMONE, Marcelo; CÔRREA, Fernando. *Associação Brasileira de Jurimetria, Observatório da Insolvência, Segunda Fase*, p. 26-27. Disponível em: https://abjur.github.io/obsFase2/relatorio/obs_recuperacoes_abj.pdf. Acesso em: 4 jul. 2023.

Quanto aos créditos não sujeitos à recuperação judicial, o período de suspensão não impede a continuidade das execuções ou a constrição dos bens cuja propriedade foi transferida ou permanece com o credor. Embora as execuções de créditos extraconcursais prossigam normalmente, com a possibilidade de atos de constrição sobre o patrimônio do devedor, os bens de capital essenciais, na hipótese de créditos do art. 49, §§ 3º e 4º, não poderão ser retirados durante o período.

Nesse caso, ainda que ocorra o inadimplemento do devedor em relação aos créditos não sujeitos do art. 49, § 3º, referidos credores não poderão fazer a constrição do próprio ativo. O credor titular da posição de proprietário fiduciário de bens móveis ou imóveis, de arrendador mercantil, de proprietário ou promitente vendedor de imóvel cujos respectivos contratos contenham cláusula de irrevogabilidade ou irretratabilidade ou de proprietário em contrato de venda com reserva de domínio, apesar de não ter seu crédito submetido aos efeitos da recuperação judicial e de modo a prevalecer seus direitos de propriedade sobre a coisa e as condições contratuais, não poderá retirar do estabelecimento do devedor os bens de capital essenciais a sua atividade empresarial durante o período de suspensão.

O devedor, nessa hipótese, ainda que inadimplente, poderá usufruir do bem que não lhe pertence e, em regra, de forma absolutamente gratuita e sem nenhum ônus.

Referida proteção do devedor também ocorre em face do crédito fiscal. Ainda que as execuções fiscais possam prosseguir, diante da sua não submissão à recuperação judicial, o art. 6º, § 7-B, da Lei n. 11.101/2005 atribui competência ao juízo da recuperação judicial para determinar a substituição dos atos de constrição que recaiam sobre bens de capital essenciais à manutenção da atividade empresarial não apenas durante o período de negociação, mas até o encerramento da recuperação judicial. O prolongamento do período, dessa forma, novamente assegura ao devedor a proteção do poder judiciário em face dos ativos de capital essenciais, ainda que não haja qualquer exigência de proteção ou remuneração pela utilização do ativo.

Nesse aspecto, a possibilidade de retardar o pagamento dos valores destinados aos credores concursais e de se utilizar dos ativos dos credores não concursais ou dos bens de capital essenciais que poderiam ser constritos pelos credores fiscais sem qualquer contraprestação incentiva o devedor a prolongar o período de suspensão.

Não há, em regra, maior controle judicial sobre as hipóteses de prorrogação. Ainda que a lei determinasse a improrrogabilidade do período e a jurisprudência construísse interpretação de que o período poderia ser prorrogável se não houvesse inércia proposital do devedor, as fundamentações das decisões de prorrogação do período eram genéricas e sem maior exigência de demonstração da excepcionalidade da medida[70].

No período, destaca-se, a única restrição é o pagamento de dividendos. A distribuição de dividendos aos sócios foi proibida pela Lei n. 14.112/2020 durante o período de negociação do plano de recuperação judicial[71].

Em 2020, com a Lei n. 14.112, de 24 de dezembro de 2020, a legislação foi alterada e o período de suspensão passou a ser prorrogável, em caráter excepcional, por até 180 dias, desde que o devedor não haja concorrido com a superação do lapso temporal. A prorrogação do prazo poderia ocorrer apenas por motivos outros que não imputados ao devedor, como ocorre pela demora de publicação dos editais pela serventia, retardamento de apresentação da lista de credores pelo administrador judicial, suspensões reiteradas das sessões da Assembleia Geral de Credores etc.[72]

---

[70] CARAMÊS, Guilherme; RIBEIRO, Márcia Carla P. A prorrogação do *stay period*: análise jurisprudencial. *Revista Semestral de Direito Empresarial*, n. 19, 2018.

[71] Art. 6º-A. É vedado ao devedor, até a aprovação do plano de recuperação judicial, distribuir lucros ou dividendos a sócios e acionistas, sujeitando-se o infrator ao disposto no art. 168 desta Lei.

[72] SACRAMONE, Marcelo Barbosa. *Comentários à Lei de Recuperação de Empresas e Falências*. 4. ed. São Paulo: Saraiva, 2023. p. 116.

CAPÍTULO 4 • FASE DE NEGOCIAÇÃO

A despeito do prazo novamente preclusivo e da prorrogação excepcional, verifica-se, na prática, mesmo após a alteração legislativa, a prorrogação reiterada do período e o prolongamento dos prazos de suspensão por decisão judicial.

O decurso do prazo, pela legislação alterada, não mais permite também o prosseguimento automático das execuções individuais. Pela n. 14.112/2020, foi inserido o art. 6º, § 4º-A, pelo qual se passou a conferir aos credores o prazo de 30 dias, a partir do término do prazo ou da rejeição do plano pela assembleia geral, nos termos do art. 56, para a apresentação de plano alternativo pelos credores.

A apresentação do plano alternativo em 30 dias do término do prazo de suspensão pelos credores ou da rejeição do plano renovaria o prazo de suspensão. As execuções e as medidas constritivas, juntamente com a prescrição das referidas ações, ficarão suspensas pelo período de mais 180 dias, o qual se inicia do término do prazo de 180 dias iniciais, do fim do prazo de sua prorrogação ou da rejeição do plano de recuperação judicial apresentado pelo devedor.

Apenas se não ocorrer a apresentação do plano alternativo no período de 30 dias após o decurso do período de suspensão é que as execuções individuais dos credores voltarão a tramitar.

2.6.3   A correção dos incentivos legais

Em todas as legislações analisadas, verificou-se a imprescindibilidade do período de suspensão das execuções para se evitar comportamentos estratégicos e individuais dos credores em detrimento da coletividade de interessados envolvida com as medidas de saneamento da crise empresarial e se incentivar soluções coletivas negociadas.

Se é uníssona a necessidade do período de suspensão durante o procedimento de insolvência, o início do procedimento possui tratamento diferenciado pelas legislações. Nesse aspecto, notadamente em face dos sistemas dúplices de insolvência, o procedimento de reorganização poderia ser iniciado imediatamente após o pedido, como ocorre na Itália e nos EUA, ou após análise dos requisitos para o deferimento do processamento do pedido, como ocorre na França e no Brasil.

O retardamento dos efeitos da suspensão, entretanto, não é medida condizente com os objetivos pretendidos pelo legislador. O decurso do período expõe a risco o conjunto de ativos do devedor, os quais podem ser imprescindíveis para a reestruturação do devedor e para a preservação da empresa. Seu retardamento poderá gerar uma deterioração da crise empresarial em detrimento de todos os interesses.

Não gera, por outro lado, qualquer benefício. O maior controle judicial para o início do processamento da recuperação judicial evita a verificação da viabilidade econômica do devedor pelos principais interessados na solução dos débitos, ou seja, os credores. Desloca a alocação de poder para o Judiciário, que não tem os incentivos mais adequados para a obtenção das informações ou para as decisões mais céleres, mesmo que esse devesse se limitar exclusivamente à apreciação dos requisitos documentais.

Por fim, ainda que essa imposição de maior controle inicial para o deferimento do processamento da recuperação judicial constatasse a irregularidade da atividade ou dos documentos apresentados pelo devedor, o indeferimento do processamento provocaria o retorno do empresário devedor em crise ao mercado. Se a decretação da sua falência nesse momento inicial poderia resultar em desincentivo para o precoce pedido de recuperação judicial, a impossibilidade do processamento e da não submissão aos credores dessa condição, com o retorno do devedor irregular imediatamente ao mercado para o prosseguimento habitual de suas atividades, feriria a tutela de higidez do mercado que o instituto da insolvência brasileira pretende preservar.

Além de o período de suspensão dever ser automático e decorrente da distribuição do pedido de recuperação judicial, seus efeitos não podem ser utilizados para promover enriquecimento indevido dos devedores ou de alguns credores em detrimento de outros.

Em sistemas como Itália e EUA, o prazo de suspensão das execuções não é fixo. Ele perdura até a deliberação sobre o plano de recuperação judicial. No sistema americano, entretanto, a despeito dessa inexistência de prazo fixo, o período de suspensão poderá ser interrompido se houver justa causa decorrente da falta de proteção dos interesses dos credores proprietários, justamente para evitar o enriquecimento indevido.

No Brasil, a despeito de se reproduzir o prazo fixo do sistema francês, referido prazo tem sido sistematicamente prorrogado, a despeito da norma legal expressa vedando a prorrogação ou limitando-a, o que foi reproduzido pela Lei n. 14.112/2020. Se o Poder Judiciário não é o agente econômico com maiores incentivos para avaliar se o prazo de suspensão é suficiente ou não para a negociação, mostra-se mais adequado reduzir os incentivos de comportamentos estratégicos dos devedores e dos credores sujeitos em face dos créditos não sujeitos.

Como uma forma de se evitar o enriquecimento indevido, deve ser imposta, de forma clara, por um lado, a proteção dos interesses de todos os credores em detrimento de um comportamento estratégico de alguns não sujeitos à recuperação judicial. Dessa forma, há necessidade de preservação dos ativos essenciais constritos de titularidade dos credores proprietários durante a fase de negociação e a exigência de substituição adequada dos ativos essenciais penhorados por credores não sujeitos à recuperação judicial ou, ainda mais, para a sua disposição como Unidade Produtiva Isolada.

Por outro lado, de modo a não existir enriquecimento indevido da recuperanda ou dos credores sujeitos em detrimento dos não sujeitos, a suspensão das penhoras ou retomadas dos ativos de capital essenciais deverá ficar restrita ao período de negociação, deverá ser garantida a higidez das garantias e, ainda, a devida remuneração dos seus titulares pela impossibilidade de retomada da posse do bem, como possibilita a aplicação analógica do art. 37-A da Lei n. 9.514/97, que determina a remuneração pela taxa de ocupação de 1% ao mês a ser paga pelo devedor fiduciante ao credor fiduciário.

3. A CONDUÇÃO DA EMPRESA DURANTE O PROCEDIMENTO

Os incentivos ao prolongamento ou não do período de suspensão são diretamente relacionados à atribuição do poder de controle e administração da atividade durante o procedimento de recuperação[73].

A permanência do devedor na condução da administração poderá prejudicar o desenvolvimento da atividade, com a postergação de uma liquidação forçada que poderia ser inevitável e preservaria o valor dos ativos. Permite também incentivos à extração de valor da companhia, mediante o consumo de seus ativos escassos pelo desenvolvimento ineficiente de sua atividade, a exploração de ativos de terceiros sem remuneração e a satisfação de credores não sujeitos em detrimento dos demais etc.

A preservação da administração poderá ser utilizada, ademais, como mecanismo de *forum shopping*. Com a manutenção do devedor na administração, pode-se incentivar a utilização dos mecanismos formais de reorganização de empresas como uma maneira de preservar o controle dos ativos em detrimento dos credores[74]. O devedor poderá se utilizar da reorganização para evitar prerrogativas dos credores[75] e como forma de se conservar na administração da atividade e evitar, por tempo maior, a liquidação dos ativos[76].

---

[73] FRANCO, Gustavo Lacerda. *A administração da empresa em recuperação judicial*: entre a manutenção e o afastamento do devedor. São Paulo: Almedina, 2021. p. 46.

[74] "The law may choose to encourage a formal proceeding by enlarging the debtor's control of the business and by major inroads on creditor rights, in which event the proceeding is pro-debtor" (WOOD, Philip R. Principles of international insolvency (part II). *International Insolvency Review*, v. 4, n. 2, p. 109-138, 1995, p. 114. Disponível em: https://doi.org/10.1002/iir.3940040202. Acesso em: 6 jul. 2023).

[75] "If management is not automatically displaced as the price it has to pay for the venture's failure, managers have an incentive to gamble with other people's money" (AZAR, Ziad Raymond. Bankruptcy policy: a review and critique of bankruptcy statues and practices in fifty countries worldwide. *Cardozo Journal of International and Comparative Law*, New York, NY, v. 16, n. 2, p. 282-378, Summer 2008, p. 292).

[76] Azar aponta quatro razões principais para retirada do administrador do poder: "First, management should bear at least part of the responsibility for the business' failure. Second, displacing management helps to curb the problem of moral hazard. Third, creditors

CAPÍTULO 4 • FASE DE NEGOCIAÇÃO

Por seu turno, a nomeação de um terceiro sem a informação necessária para desenvolver a atividade poderá destruir o valor da companhia, que poderia gerar a maximização do valor dos ativos para a satisfação dos créditos sujeitos. A descontinuação das operações e a falta de informações do terceiro que naturalmente não participava dos negócios dificultam que, no momento mais crítico da crise econômico-financeira, o desenvolvimento da atividade possa ser mantido.

O conhecimento acerca da empresa é importante especialmente para reestruturação de empresários individuais e pequenas companhias, visto que proporciona a base para a tomada de decisões de gestão de curto prazo. O auxílio da administração original pode ainda ajudar eventual representante da insolvência a desempenhar as suas funções com uma compreensão mais imediata e completa do funcionamento do negócio do devedor. Nesse sentido, a total substituição do devedor pode prejudicar as chances de sucesso de uma reorganização[77].

Além disso, a substituição do administrador da sociedade em dificuldades financeiras poderá retardar os pedidos voluntários de recuperação. Como são os administradores que requerem a reorganização, sua substituição no procedimento de recuperação judicial faria com que eles tivessem incentivos para evitar ou retardar os pedidos para conservar as respectivas funções.

McBryde *et al.* apontam que, além do oferecimento de uma última chance ao devedor, existem três motivos principais para manter o devedor na administração:

> The procedure may profit from the ability and experience of a debtor or an incorporated debtor's directors when they can be trusted to behave honestly. The debtor's enterprise may be saved the formalities and expenses of a full administration. And the prospect of remaining in possession may be an incentive for the debtor to apply for a reorganization timely enough for an attempted rescue of the business[78].

Diante das vantagens e desvantagens de cada sistema, sua maior ou menor adequação aos objetivos pretendidos pela legislação deve ser apreciada diante da cultura corporativa de cada país, da força das instituições, da relevância do poder dos credores em exigir informações etc.[79].

Com base nessas premissas, três sistemas podem ser apresentados sobre a condução da empresa durante o processo de reorganização, conforme classificação do Banco Mundial[80].

---

have more protection against management's natural inclination to forum shop and expropriate creditors' contractual entitlements. Finally, displacing management could increase both transparency and the debtor's chances to recover from bankruptcy" (AZAR, Ziad Raymond. Bankruptcy policy: a review and critique of bankruptcy statues and practices in fifty countries worldwide. *Cardozo Journal of International and Comparative Law*, New York, NY, v. 16, n. 2, p. 282-378, Summer 2008, p. 292).

[77] UNCITRAL – United Nations Commission on International Trade Law. *Legislative Guide on Insolvency Law*. New York: United Nations Publications, 2005, p. 162-163. Disponível em: https://uncitral.un.org/sites/uncitral.un.org/files/media-documents/uncitral/en/05-80722_ebook.pdf. Acesso em: 4 jul. 2023.

[78] MCBRYDE, William; FLESSNER, Axel; KORTMANN, S. C. *Principles of European Insolvency Law*. Países Baixos: Kluwer Legal Publishers, 2003. v. 4. p. 86.

[79] "[T]he structure of corporate governance and the bargaining power of the various players active in a national market strongly affect the desirable model for reorganization law in that country. In jurisdictions where corporate law is influenced by the Berle-Means corporate model,11 that is, where the control by management is separated from the equity holders' ownership of the firm, management can be relied on to continue controlling the debtor firm through the bankruptcy case and cooperate with the creditors. On the other hand, in jurisdictions where the equity holders closely control the firm, allowing management to keep control of the debtor firm jeopardizes the creditors and leaves them vulnerable to equity holders' manipulation" (HAHN, David. Concentrated ownership and control of corporate reorganizations. *Bar-Ilan University Faculty of Law*, Working Paper n. 6-03, oct. 2003, p. 6).

[80] THE WORLD BANK. *Principles for effective insolvency and creditor/debtor regimes*. World Bank Group, 2021. p. 20.

O primeiro consiste no modelo que permite ao administrador preexistente a permanência no comando da empresa. É o chamado *debtor-in-possession*[81] presente no sistema norte-americano.

A segunda forma consiste na nomeação de um supervisor para fiscalizar a atuação do devedor, que continua a conduzir sua empresa durante o procedimento de reorganização, mas com algumas limitações, como ocorre no sistema italiano, francês e brasileiro.

A terceira forma ordena que um terceiro ou *trustee* exterior à empresa, independente e imparcial, substitua o devedor, como ocorre predominantemente em Portugal e na Alemanha[82].

A escolha de uma dentre as três formas apresentadas traz consequências na estrutura do sistema de insolvência do país, especialmente quanto ao equilíbrio a ser alcançado entre os vários participantes do processo e até que ponto um participante pode exercer controle sobre o outro (*checks and balance*)[83].

Nota-se, ademais, reflexo dos sistemas adotados com os objetivos pretendidos pelo legislador. Sistemas de maior afastamento do devedor da condução da sua atividade tendem a privilegiar a satisfação dos credores como objetivo precípuo do procedimento de insolvência[84]. Referidos sistemas pressupõem algum grau de culpa do devedor pela crise empresarial ou maior risco de que esse, sob a condução empresarial, possa mais beneficiar a si do que maximizar a satisfação dos créditos[85].

---

[81] HAHN, David. Concentrated ownership and control of corporate reorganizations. *Bar-Ilan University Faculty of Law*, Working Paper n. 6-03, oct. 2003, p. 2.

[82] O guia de insolvência elaborado pela UNCITRAL – United Nations Commission on International Trade Law – também aponta três abordagens para o papel do devedor após o requerimento de recuperação judicial, os quais consistem na (i) total substituição do devedor; (ii) supervisão do devedor ou (iii) no controle total pelo devedor (UNCITRAL – United Nations Commission on International Trade Law. *Legislative Guide on Insolvency Law*. New York: United Nations Publications, 2005, p. 163-164. Disponível em: https://uncitral.un.org/sites/uncitral.un.org/files/media-documents/uncitral/en/05-80722_ebook.pdf. Acesso em: 4 jul. 2023).

[83] UNCITRAL – United Nations Commission on International Trade Law. *Legislative Guide on Insolvency Law*. New York: United Nations Publications, 2005, p. 164. Disponível em: https://uncitral.un.org/sites/uncitral.un.org/files/media-documents/uncitral/en/05-80722_ebook.pdf. Acesso em: 4 jul. 2023.

[84] Flessner aponta a existência de duas filosofias principais nos sistemas de insolvência: uma visão de centro-direita e uma visão de centro-esquerda. A primeira foca no valor dos ativos do devedor, o qual seria destruído em caso de execuções individuais e esparsas. Os ativos são vistos como sujeitos às reivindicações dos credores e todas as decisões relacionadas à empresa insolvente devem ser tomadas em consideração da sua maximização em prol dos credores. Nesse sentido, o atraso no início de um procedimento coletivo e até mesmo a previsão por lei de uma tentativa de reorganização da empresa são tidas como suspeitas, visto que a reorganização tende a levar ainda mais tempo e permite que o devedor ou o administrador administre o fundo comum às custas dos credores. A segunda, por sua vez, baseia-se na concepção de que existem mais partes afetadas na insolvência além do devedor e os credores. Dessa forma, as decisões relacionadas a uma empresa insolvente devem considerar também os funcionários, fornecedores, consumidores, vizinhos e o próprio governo (FLESSNER, Axel. Philosophies of business bankruptcy law: an international overview. In: Ziegel, Jacob S. (ed.). Current developments in international and comparative corporate insolvency law. Oxford: Clarendon Press; New York: Oxford University Press, 1994. p. 23-24).

[85] Sobre a culpabilidade do devedor, Raymond Azar discorre: "I argue that displacing management upon filing for reorganization is more protective to creditors but is not without cost. On the one hand, management should bear at least part of the responsibility for the business's failure. Displacing management curbs the problem of moral hazard and addresses management's natural inclination to forum-shop and to expropriate creditors' pre-bankruptcy contractual entitlements. It increases the transparency and the integrity of the bankruptcy procedure. On the other hand, such a rule could displace talented managers who may not be guilty of ruining the debtor. In time sensitive insolvencies, newly appointed managers cannot easily become familiar with' the debtor's business. Trustees might have fewer incentives to work hard and less business experience to save the failing debtor. Finally, automatically displacing management encourages it to delay filing for bankruptcy protection, which jeopardizes the debtor's chance to successfully restructure" (AZAR, Ziad Raymond. Bankruptcy policy: a review and critique of bankruptcy statues and practices in fifty countries worldwide. *Cardozo Journal of International and Comparative Law*, New York, NY, v. 16, n. 2, p. 282-378, Summer 2008, p. 285-286).

Uma das críticas à substituição do devedor, de acordo com H. Miller, é a de que nem sempre a insolvência ocorre por culpa do administrador: "Patently, there are reorganization cases caused by inept, inefficient, and poor management. However, this is not a universal situation. Financial distress and operational difficulties have many root causes. Many financial crises are the consequences

CAPÍTULO 4 • FASE DE NEGOCIAÇÃO

Por outro lado, sistemas de conservação do devedor à frente da atividade privilegiam a preservação da atividade e dos interesses de todos os envolvidos. A continuidade do desenvolvimento da empresa pelo devedor pretende assegurar os interesses dos demais envolvidos ao garantir, ainda que momentaneamente, a preservação dos postos de trabalho, das relações criadas na comunidade em que inserida a empresa etc.

No *debtor-in-possession*[86], o devedor assume dois papeis: o de titular do direito sobre os ativos, mas também o de representante fiduciário dos demais interesses envolvidos. Todos os deveres, direitos e poderes sobre os ativos e as relações jurídicas celebradas com terceiros continuam a ser conduzidos diretamente pelo próprio devedor[87]. Na pessoa jurídica, o administrador controla as operações diárias do ente coletivo, decisões sobre os investimentos e financiamentos e decisões sobre o futuro da corporação, ou seja, poderá decidir sobre a reorganização ou liquidação.

Ao contrário do segundo sistema existente, não há qualquer supervisão por terceiro imparcial. O Congresso Americano, na elaboração do Código de 1978, seguiu pelo entendimento de que as dificuldades financeiras de uma empresa podem decorrer de diversas causas além de administração inepta e ineficiente. Nesse sentido, o Congresso concluiu que era mais benéfico do que prejudicial aos objetivos da reorganização que o devedor permanecesse na administração e perseguisse os objetivos de acordo com as disposições do Código[88].

Os acionistas, durante o procedimento de recuperação, são conservados com os seus respectivos direitos, como o de realizar as assembleias, votar e substituir os administradores. "There is no requirement, however, that directors chosen by the shareholders be approved by the court, although the court can exercise control over the choice of directors."[89]

Nesse sistema, a substituição do devedor ou dos administradores na condução da atividade é excepcional e apenas ocorre se determinados requisitos estiverem presentes. São requisitos para a substituição do administrador a demonstração do cometimento de atos culposos ou dolosos com prejuízo aos interesses dos acionistas e dos credores ou a deliberação pela coletividade de credores de sua substituição.

Por esse sistema, conserva-se o devedor na administração de sua própria empresa para permitir a maximização dos ativos e a maior satisfação de todos os interesses. Sua manutenção é decorrente da presunção de que o devedor é o que possui melhores informações e conhecimento para o desenvolvimento de sua atividade e seria o mais propício à proteção dos interesses de todos os envolvidos[90].

---

of circumstances and conditions outside the control of management" (MILLER, Harvey R. The changing face of Chapter 11: a reemergence of the bankruptcy as producer, director, and sometimes star of the reorganization passion play. *American Bankruptcy Law Journal*, v. 69, n. 4, p. 431-466, Fall 1995, p. 445).

[86] HAHN, David. Concentrated ownership and control of corporate reorganizations. *Bar-Ilan University Faculty of Law*, Working Paper n. 6-03, oct. 2003, p. 2.

[87] TABB, Charles Jordan. *Law of bankruptcy*. 4. ed. St. Paul: West Academic, 2016. p. 1.049.

[88] MILLER, Harvey R. The changing face of Chapter 11: a reemergence of the bankruptcy as producer, director, and sometimes star of the reorganization passion play. *American Bankruptcy Law Journal*, v. 69, n. 4, p. 431-466, Fall 1995, p. 445.

[89] KELCH, Thomas G. Shareholder control rights in bankruptcy: disassembling the withering mirage of corporate democracy. *Maryland Law Review*, v. 52, issue 2, p. 265-335, 1993, p. 273.

[90] "A firm continues to carry on business during its Chapter 11 reorganization proceeding. Bankruptcy law permits the management of the firm to continue to make the business decisions of the firm as the debtor in possession and, in this respect, management enjoys the rights and powers of a trustee under the Bankruptcy Code" (TRIANTIS, George G. A theory of regulation of debtor-in-possession financing, *Review 901*, v. 46, issue 4, p. 901-936, may 1993, p. 904. Disponível em: https://scholarship.law.vanderbilt.edu/vlr/vol46/iss4/4. Acesso em: 5 jul. 2023).

Sobre as vantagens da manutenção do devedor na condução da empresa, o guia de insolvência elaborado pela UNCITRAL aponta "In many circumstances, the debtor will have immediate and intimate knowledge of its business and the industry within

Outrossim, os credores podem ter preferência em lidar com a administração já existente, com a qual já possuem familiaridade, do que com um administrador desconhecido, indivíduo inexperiente que deve se inteirar no ramo da empresa e que muitas vezes contrata numerosos e caros profissionais para sustentar sua posição[91].

Essa desvinculação dos interesses exclusivos dos próprios acionistas exige que o administrador possua autonomia em face dos acionistas. Para que o *debtor in possession* tutele os interesses de todos os demais envolvidos com a empresa e não apenas assegure a proteção dos interesses do devedor e em detrimento dos demais, a dissociação entre o controle e a administração é relevante[92].

Nas sociedades com controle disperso, os administradores seriam mais independentes para tutelar interesses que não os dos próprios acionistas. A imposição de deveres fiduciários em face dos próprios credores durante o procedimento de reorganização exigiria que seus interesses na condução da empresa em crise durante o procedimento de reorganização não fossem idênticos ao interesse dos sócios de maximizarem sua utilidade individual a curto prazo, em detrimento da companhia, por meio de uma política negocial mais agressiva e arriscada, por exemplo.

Essa constatação é corroborada pelos dados empíricos norte-americanos de que, em suas companhias com ampla dispersão acionária, os administradores são substituídos por outros administradores por ocasião da iminência da crise da empresa, o que poderia indicar até maior influência na substituição pelos credores[93]. Para Gross, "managers of large financially troubled companies are frequently replaced just before or during a large case"[94].

Por seu turno, a desvinculação dos interesses privatísticos dos controladores dificilmente poderia ser feita em sistemas de controle concentrado, em que o administrador é o próprio controlador ou em que está vinculado diretamente a esse pela nomeação e/ou destituição.

Em controles concentrados, os administradores estariam mais propensos a tutelar a posição dos acionistas controladores, eis que sua imagem no mercado estaria atrelada ao respeito aos acionistas, em detrimento dos credores. Nesse tipo de companhia, a conservação do administrador na condução

---

which it operates. This knowledge is particularly important in the case of sole traders and small partnerships and, in the interests of business continuity, may provide a basis for the debtor to have a role in making short term and day-to-day management decisions. It may also assist the insolvency representative to perform its functions with a more immediate and complete understanding of the operation of the debtor's business. For similar reasons, the debtor is often well positioned to propose a reorganization plan. In such circumstances, total displacement of the debtor, notwithstanding its role in the financial difficulties of the business, may not only eliminate an incentive for entrepreneurial activity, risk-taking in general and for debtors to commence reorganization procedures at an early stage, but also may undermine the chances of success of the reorganization" (UNCITRAL – United Nations Commission on International Trade Law. Legislative Guide on Insolvency Law. New York: United Nations Publications, 2005. Disponível em: https://uncitral. un.org/sites/uncitral.un.org/files/media-documenver/uncitral/en/05-80722_ebook.pdf Acesso em: 04 jul. 2023. p. 162).

[91] MILLER, Harvey R. The changing face of Chapter 11: a reemergence of the bankruptcy as producer, director, and sometimes star of the reorganization passion play. *American Bankruptcy Law Journal*, v. 69, n. 4, p. 431-466, Fall 1995. p. 445.

[92] Para Hahn, "the structure of corporate governance and the bargaining power of the various players active in a national market strongly affect the desirable model for reorganization law in that country. In jurisdictions where corporate law is influenced by the Berle-Means corporate model, that is, where the control by management is separated from the equityholders' ownership of the firm, management can be relied on to continue controlling the debtor firm through the bankruptcy case and cooperate with the creditors. On the other hand, in jurisdictions where the equityholders closely control the firm, allowing management to keep control of the debtor firm jeopardizes the creditors and leaves them vulnerable to equityholders' manipulation" (HAHN, David. Concentrated ownership and control of corporate reorganizations. *Bar-Ilan University Faculty of Law*, Working Paper n. 6-03, oct. 2003, p. 5).

[93] TRIANTIS, George G. A theory of regulation of debtor-in-possession financing, *Review 901*, v. 46, issue 4, p. 901-936, may 1993, p. 917. Disponível em: https://scholarship.law.vanderbilt.edu/vlr/Vol46/iss4/4. Acesso em: 5 jul. 2023.

[94] GROSS, Karen. *Failure and forgiveness* – rebalancing the bankruptcy system. New Haven and London: Yale University Press, 1997. p. 32.

LoPUCKI, Lynn M. Strange visions in a strange world: a reply to professors Bradley and Rosenzweig. *Michigan Law Review*, Ann Arbor, v. 79, issue 1, p. 79-110, oct. 1992.

CAPÍTULO 4 • FASE DE NEGOCIAÇÃO

da empresa durante o processo de recuperação judicial poderá incentivá-lo a proteger os interesses exclusivos dos sócios, com a assunção de negócios extremamente arriscados com o intuito de superar a crise econômica ou de beneficiar alguns credores parceiros e o próprio devedor em detrimento dos interesses dos demais envolvidos com a maior satisfação do referido crédito.

Seus incentivos são decorrentes também do próprio benefício pessoal. Em estruturas concentradas, os administradores se preocupam com a reputação deles no mercado ao protegerem os interesses dos sócios e com o risco de perderem seus empregos. Como resultado, administradores buscam evitar a liquidação da empresa, uma vez que isso significa a perda de seus empregos, não considerando, portanto, a perda que o valor da empresa pode sofrer[95].

Mesmo em controles dispersos, em que haveria maiores incentivos ao cumprimento dos deveres fiduciários pelos administradores, a eficiência do sistema decorreria da preservação da independência dos administradores. Crítica ao sistema decorreria da falha da fiscalização dos comitês de credores e do efetivo monitoramento sobre a disponibilização das informações necessárias aos credores pelo devedor.

No segundo sistema existente, a administração da atividade continua com a pessoa do devedor ou é conduzida pelos administradores preexistentes da sociedade em reorganização. Essa administração, contudo, não é livre. Nomeia-se um terceiro supervisor para fiscalizar a atividade do devedor, cujos atos extraordinários são submetidos à prévia manifestação desse ou à autorização. Trata-se de sistema misto em que se pretende assegurar os benefícios da conservação daquele que possui mais informações para a gestão da atividade, embora se pretenda limitar seu comportamento estratégico por meio da supervisão de um terceiro.

No terceiro sistema, por seu turno, há a nomeação de um terceiro imparcial, o *trustee*. Trata-se do sistema clássico de insolvência, em que o devedor é afastado da condução da empresa durante o procedimento de reorganização, embora não perca a propriedade sobre os bens. Na maioria dos sistemas, o controle passa para o administrador, pessoa independente e imparcial, designado para realizar a reorganização da empresa – *a neutral third party trustee*[96].

Nesse sistema, o devedor perde a ingerência sobre a condução de sua atividade e disponibilidade de seus ativos totalmente. Alguns sistemas permitem que os negócios do devedor anteriores ao processo de insolvência sejam examinados e revertidos. Com a administração por esse terceiro, há uma gestão no interesse de todas as partes sujeitas ao processo[97].

---

[95] Sobre as desvantagens da manutenção do devedor: "Creditors may have a lack of confidence in the debtor on account of the financial difficulties of the business (and the role that the debtor may have played in those difficulties) and confidence will need to be rebuilt if the reorganization is to be successful. Permitting the debtor to continue to operate the business with insufficient control over its powers may not only exacerbate the breakdown of confidence but may antagonize creditors further. One factor that may affect creditors' views of this option is the effectiveness of any applicable corporate governance regime and the responsiveness of the debtor to that regime. Where there is no effective governance regime, creditors may prefer an appointed insolvency representative to displace the debtor or to have significant supervisory powers over the debtor". UNCITRAL – United Nations Commission on International Trade Law. *Legislative Guide on Insolvency Law*. New York: United Nations Publications, 2005, p. 163. Disponível em: https://uncitral.un.org/sites/uncitral.un.org/files/media-documents/uncitral/en/05-80722_ebook.pdf. Acesso em: 4 jul. 2023.

[96] Martin, Nathalie. The role of history & culture in bankruptcy & insolvency systems: the perils of legal transplantation. *Boston College International & Comparative Law Review*, v. 28, n. 2, 2005, p. 45.

[97] "Control passes to the administrator who is an independent and impartial person appointed to carry out the liquidation or reorganization. The consequences are that acts by the debtor in relation to the assets are not binding on the administrator or the creditors. Even dealings by the debtor prior to the insolvency proceedings may be examined and retrospectively reversed. Also the creditors can no longer seize the assets of the debtor. The administrator is in charge. In this way there is a management in the interest of all the parties subject to their rights" (McBryde, William; Flessner, Axel; Kortmann, S. C. *Principles of European Insolvency Law*. Países Baixos: Kluwer Legal Publishers, 2003, v. 4, p. 37).

Por essa concepção, entende-se que a nomeação de pessoa externa para controlar a empresa e substituir a administração seria o mínimo a se fazer para proteger os interesses dos credores da empresa. Em vista do *stay* imposto aos credores, não é possível a cobrança de créditos detidos contra a devedora durante o período da reorganização. Nesse sentido, a proteção pela suspensão imposta dissipa quaisquer possíveis pressões de mercado que poderiam disciplinar os administradores. Sem a nomeação de um administrador externo, os credores ficariam, até certo ponto, à mercê da administração do devedor[98].

A ideia de privação dos poderes de administração e disposição dos bens por parte do devedor decorre da ideia de punição do falido, o qual inicialmente estava sujeito às mais graves cominações do Direito. De acordo com Catarina Serra, a falência importava uma *capitis deminutio*, ou seja, uma autêntica "morte civil" do devedor. Essa situação foi amenizada lentamente. O devedor, que antes era caracterizado pela incapacidade absoluta, passou a ser caracterizado pela incapacidade relativa, restrita a bens[99].

O procedimento é o de nomeação de um administrador pela Corte, ou por indicação diretamente por um credor com garantia, pela companhia ou por seus diretores[100]. O administrador é um "trustee-in-reorganization"[101]. Ele conduz todos os negócios da sociedade em recuperação, seus ativos e relações jurídicas e, frequentemente, apresenta o próprio plano de reorganização.

É esperado que o *trustee* tenha reputação ilibada, seja imparcial e que necessariamente não seja parte do grupo gerencial culpado pelo fracasso da corporação na medida em que tal irregularidade ou culpa exista. "The employment of an independent officer of the court is believed to ensure objective control of the reorganizing debtor, and fair and equitable proceedings for the creditors."[102]

Entretanto, com o sistema do *trustee*, essa necessária substituição do administrador durante o processo de reorganização poderá criar um incentivo para que o devedor demore para se submeter ao procedimento e como forma de conservar seu poder. É o chamado "the bankruptcy commencement dilemma"[103].

3.1 Alemanha

No sistema alemão, historicamente de proteção ao interesse dos credores, o devedor sempre foi considerado culpado pela insolvência. Por essa razão, não representa função típica do sistema alemão a continuidade de empresas ineficientes sem que exista interesse dos credores[104].

Com a abertura do processo de insolvência, inicia-se o procedimento de liquidação, o qual poderá ser convertido em procedimento de reorganização pela aprovação de um plano apresentado pelos devedores ou pelo administrador da insolvência e submetido à assembleia de credores.

---

[98] ROTEM, Yaad. Contemplating a corporate governance model for bankruptcy reorganizations: lessons from Canada. *Virginia Law & Business Review*, Charlottesville, v. 3, 2008. p. 4-5. Disponível em: https://ssrn.com/abstract=1924598. Acesso em: 5 jul. 2023.

[99] SERRA, Catarina. Os efeitos patrimoniais da declaração de insolvência após a alteração da Lei n. 16/2012 ao Código da Insolvência. *Julgar*, n. 18. Coimbra: Coimbra Editora, 2012. p. 176.

[100] Insolvency Act, Schedule B1 § 14 (1), § 22(1) e § 22(2).

[101] HAHN, David. Concentrated ownership and control of corporate reorganizations. *Bar-Ilan University Faculty of Law*, Working Paper n. 6-03, oct. 2003, p. 14.

[102] HAHN, David. Concentrated ownership and control of corporate reorganizations. *Bar-Ilan University Faculty of Law*, Working Paper n. 6-03, oct. 2003, p. 15.

[103] HAHN, David. Concentrated ownership and control of corporate reorganizations. *Bar-Ilan University Faculty of Law*, Working Paper n. 6-03, oct. 2003, p. 16.

[104] "It is not a legitimate function of bankruptcy law to maintain inefficient firms where such maintenance is not in the interest of creditors, to protect the debtor from its creditors, or to replace the rigor of general private and commercial law with vague judicial equity" (BALZ, Manfred. Market conformity of insolvency proceedings: policy issues of the German Insolvency Law. *Symposium Commentary*: Bankruptcy in the Global Village, v. 23, issue 1, article 8, 1997, p. 171).

CAPÍTULO 4 • FASE DE NEGOCIAÇÃO

Nesse aspecto, a partir do requerimento de insolvência, o juiz nomeava um administrador interino, com o afastamento do devedor, para preservar os ativos e impedir sua alienação pelo devedor (§ 21, InsO)[105], até que se verificasse a existência de ativos suficientes para arcar com a administração e os pressupostos para a abertura do procedimento de insolvência.

Convencido da existência de uma base para iniciar o processo e da existência de bens suficientes para financiar as despesas de administração, o Tribunal determinava a expedição de ordem para abertura do processo e a nomeação do administrador definitivo[106].

Pelo § 80 I do InsO, após a abertura do procedimento, os direitos de administração e disposição dos bens pelo devedor são transferidos para o administrador da insolvência[107]. Esse deve ser pessoa natural, com conhecimento sobre os negócios empresariais do ramo do devedor, jurídica e economicamente independente do devedor e dos credores (§ 56, InsO)[108]. Trata-se de profissional subordinado à supervisão do juiz e dos credores. Pode ser destituído de ofício e responde por danos causados culposamente aos participantes da ação, por má administração e por infração a dispositivos de lei[109].

A despeito da nomeação do administrador de insolvência pelo juiz, o poder dos credores é amplo no procedimento, visto que, durante todo o processo, considera-se que os credores são os prejudicados pela insolvência do devedor. Na primeira Assembleia Geral de Credores, esse administrador pode ser mantido ou substituído pelos credores, bem como substituído por esses a qualquer tempo, sem justificativa necessária[110].

A crítica colocada a essa ampla autonomia na nomeação e substituição do administrador judicial pelos credores seria a possibilidade de que um grupo de credores realizasse a escolha de administrador que atuasse em prol apenas desse grupo[111].

---

[105] InsO. § 21 Anordnung vorläufiger Maßnahmen. (1) Das Insolvenzgericht hat alle Maßnahmen zu treffen, die erforderlich erscheinen, um bis zur Entscheidung über den Antrag eine den Gläubigern nachteilige Veränderung in der Vermögenslage des Schuldners zu verhüten. Gegen die Anordnung der Maßnahme steht dem Schuldner die sofortige Beschwerde zu. (2) Das Gericht kann insbesondere einen vorläufigen Insolvenzverwalter bestellen, für den § 8 Absatz 3 und die §§ 56 bis 56b, 58 bis 66 und 269a entsprechend gelten.

[106] KAMLAH, Klaus. The New German Insolvency Act: Insolvenzordnung. *American Bankruptcy Law Journal*, v. 70, n. 4, p. 417-435, 1996, p. 426.

[107] InsO. § 80 Übergang des Verwaltungs- und Verfügungsrechts (1) Durch die Eröffnung des Insolvenzverfahrens geht das Recht des Schuldners, das zur Insolvenzmasse gehörende Vermögen zu verwalten und über es zu verfügen, auf den Insolvenzverwalter über.

[108] InsO. § 56 Bestellung des Insolvenzverwalters (1) Zum Insolvenzverwalter ist eine für den jeweiligen Einzelfall geeignete, insbesondere geschäftskundige und von den Gläubigern und dem Schuldner unabhängige natürliche Person zu bestellen, die aus dem Kreis aller zur Übernahme von Insolvenzverwaltungen bereiten Personen auszuwählen ist. Wer als Restrukturierungsbeauftragter oder Sanierungsmoderator in einer Restrukturierungssache des Schuldners tätig war, kann, wenn der Schuldner mindestens zwei der drei in § 22a Absatz 1 genannten Voraussetzungen erfüllt, nur dann zum Insolvenzverwalter bestellt werden, wenn der vorläufige Gläubigerausschuss zustimmt. Die Bereitschaft zur Übernahme von Insolvenzverwaltungen kann auf bestimmte Verfahren beschränkt werden. Die erforderliche Unabhängigkeit wird nicht schon dadurch ausgeschlossen, dass die Person 1. vom Schuldner oder von einem Gläubiger vorgeschlagen worden ist oder 2. den Schuldner vor dem Eröffnungsantrag in allgemeiner Form über den Ablauf eines Insolvenzverfahrens und dessen Folgen beraten hat.

[109] BERGER, Dora. *A insolvência no Brasil e na Alemanha*: estudo comparado entre a Lei de Insolvência Alemã de 01.01.1999 (traduzida) e o Projeto de Lei Brasileiro n. 4.376 de 1993 (com as alterações de 1999) que regula a Falência, a Concordata Preventiva e a Recuperação das Empresas. Porto Alegre: Sergio Antonio Fabris Editor, 2001. p. 101.

[110] "One of the fundamental new concepts of the Insolvency Code is the strengthening of the creditors' autonomy." Based on the assumption that they are the ones who pay for the debtor's insolvency, they are granted more rights and participation powers than they had under the old law. The most prominent example is that now they are the ones who-upon the administrator's presentation of the debtor's state of affairs-decide whether the debtor shall be liquidated or reorganized. In addition, they may also order the administrator to draft a plan according to their instructions. Finally, they have the right to replace the court appointed administrator in the first creditors' assembly, without the need to justify their choice" (PAULUS, Christoph G. Germany: lessons to learn from the implementation of a new insolvency code. *Connecticut Journal of International Law*, v. 17, n. 1, 2001, p. 92).

[111] "Since the assembly decides with the majority of the claims' amount, an admittedly extreme example demonstrates what this rule might lead to in practice: if there are three big creditors-such as banks-and fifty small creditors, the three banks might constitute

As funções do administrador dependem do que for determinado pelo juiz na decisão de abertura do processo de insolvência. Dentre as funções, confere-se ao administrador a autoridade exclusiva para gerir e alienar os bens do devedor. Como visto, o § 80, 1, do InsO determina que "upon the opening of the insolvency proceedings the debtor's right to manage and transfer the insolvency estate shall be vested in the insolvency administrator"[112].

Nesse aspecto, o administrador da insolvência, na Alemanha, deveria exercer sua função com independência. Entretanto, na prática, como a atribuição do poder de escolha é feita aos credores, a imparcialidade desses é questionável, em especial em razão da possibilidade de gerar benefícios aos credores titulares da maioria dos créditos.

Mesmo na legislação anterior, era comum que o administrador fosse escolhido pelo principal credor garantido no caso, e isso não mudou com o InsO. Dessa forma, apesar da exigência técnica de um administrador independente, o administrador escolhido costuma ser aquele amigável aos interesses do maior credor[113].

Nesse sistema, também é prevista a possibilidade de autoadministração. O devedor poderá atuar como *debtor-in-possession* em razão da s. 270 e s. 285 do InsO, com a supervisão de um administrador judicial (§§ 274 ss). Para que isso ocorra, deve ser requerido pelo devedor, a partir de requerimento instruído com certificado assinado por conselheiro tributário, auditor ou advogado especialista em insolvência e que ateste que há um risco iminente de insolvência ou de sobre-endividamento, mas ainda não há insolvência e que a reorganização do devedor é possível e em nenhuma circunstância poderá acarretar desvantagens aos credores[114].

A doutrina entende que a concessão ao devedor do benefício de se manter na condução das suas atividades deve ser interpretada com cautela, de modo a se aplicar especificamente nos casos em que a crise decorrer de fatores exógenos, não relacionados à gestão da sociedade e quando os administradores são vistos como confiáveis e competentes o suficiente para conduzir o procedimento de maneira semelhante à do administrador judicial, o que se vislumbraria, essencialmente, nas grandes companhias[115].

Essa solicitação da permanência na administração deverá ser solicitada pelo devedor antes da abertura da insolvência (§ 270 I 1)[116]. Após a abertura da insolvência, a permanência do devedor somente é possível a pedido dos credores (§ 271)[117]. Dessa forma, convém a apresentação da solicitação junto da autoconfissão[118].

---

the majority. They therefore have the power to appoint an administrator that they trust" (PAULUS, Christoph G. Germany: lessons to learn from the implementation of a new insolvency code. *Connecticut Journal of International Law*, v. 17, n. 1, 2001. p. 93).

[112] FRIDGEN, Alexander; GEIWITZ, Arndt; GÖPFERT, Burkard. *BeckOK Insolvenzrecht*. 26. ed. München: C.H. Beck, 2022.

[113] "In fact, although the new Code states that the administrator appointed in each case shall be independent and thus not biased toward any particular party in the case, prior to the enactment of InsO, it was common for the administrator to be chosen by the lead or primary secured lender in the case. This has not changed under the InsO. Thus, despite the technical requirement of an independent administrator, the main or lead bank can often choose an administrator who is friendly to its interests" (MARTIN, Nathalie. The role of history and culture in developing bankruptcy and insolvency systems: the perils of legal transplantation. *Boston College International and Comparative Law Review*, v. 28, n. 2, 2005, p. 49).

[114] FRIDGEN, Alexander; GEIWITZ, Arndt; GÖPFERT, Burkard. *BeckOK Insolvenzrecht*. 26. ed. München: C.H. Beck, 2022.

[115] FREGE, Michael C.; KELLER, Ulrich; RIEDEL, Ernst. *Handbuch der Rechtspraxis, band 3*: Insolvenzrecht, 8. ed. München: C.H. Beck, 2015. p. 900.

[116] InsO. § 270 Grundsatz. (1) Der Schuldner ist berechtigt, unter der Aufsicht eines Sachwalters die Insolvenzmasse zu verwalten und über sie zu verfügen, wenn das Insolvenzgericht in dem Beschluss über die Eröffnung des Insolvenzverfahrens die Eigenverwaltung anordnet. Für das Verfahren gelten die allgemeinen Vorschriften, soweit in diesem Teil nichts anderes bestimmt ist.

[117] InsO. § 271 Nachträgliche Anordnung. Beantragt die Gläubigerversammlung mit der in § 76 Absatz 2 genannten Mehrheit und der Mehrheit der abstimmenden Gläubiger die Eigenverwaltung, so ordnet das Gericht diese an, sofern der Schuldner zustimmt. Zum Sachwalter kann der bisherige Insolvenzverwalter bestellt werden.

[118] COROTTO, Susana. *Modelos de reorganização empresarial brasileiro e alemão*: comparação entre a Lei de Recuperação e Falências de Empresas (LRFE) e a *Insolvenzordung* (InsO) sob a ótica da viabilidade prática. Porto Alegre: Sergio Antonio Fabris Editor, 2009. p. 76.

CAPÍTULO 4 • FASE DE NEGOCIAÇÃO

Apesar de o InsO prever mecanismo de preservação do devedor na condução da empresa durante o procedimento de insolvência, tal prática não foi utilizada no início da aplicação da Lei. Na maioria dos casos, era o administrador judicial – *trustee* – que operava a empresa do devedor[119]. Os credores não acreditavam na recuperação do devedor que mantinha a condução da atividade, assim como a jurisprudência não autorizava a preservação desses à frente dos negócios com a imposição de diversos óbices na prática.

Entretanto, o sistema alemão permitia apenas reduzido percentual de reorganizações. Na vigência do *Konkursordnung* (KO) e do *Vergleichsordnung* (VergIO), 75% dos pedidos de insolvência eram arquivados por insuficiência de patrimônio. Dos 25% dos pedidos restantes, 10% eram arquivados posteriormente também pela falta de patrimônio[120]. A necessária destituição do devedor da administração dos seus negócios, ademais, postergava os pedidos voluntários de abertura do procedimento de insolvência[121].

Em 2011, a partir das alterações da lei, a autoadministração começou a ser largamente aceita na prática. Pretendia a legislação, desde que houvesse requerimento do devedor e o preenchimento dos requisitos legais, conservar o devedor na condução de sua atividade como forma de se incentivar a reorganização da atividade e em detrimento da necessária liquidação, como regra geral.

A alteração legislativa permitiu que a autoadministração fosse, efetivamente, utilizada. Em 2009, para fortalecer essa nova posição, Angela Merkel objetivou realizar em seu governo a reforma da lei de insolvência, da qual o chamado "Gesetz zur weiteren Erleichterung der Sanierung von Unternehmen" (ESUG) faz parte[122]. O ESUG entrou em vigência em 2012 e consistiu em reforma da lei de insolvência alemã a fim de maior simplificação e utilização da autogestão[123].

Com o ESUG, o legislador reformulou completamente os regulamentos sobre a autogestão e, em particular, reduziu significativamente os obstáculos para entrar no procedimento. Mais recentemente, a autogestão foi amplamente reformada pelo Sanierungs- und Insolvenzrechtsfortentwicklungsgesetz (SanInsFoG), lei que desenvolveu ainda mais a lei de insolvência alemã, em especial o ESUG. A autogestão ganhou enorme importância e passou a ser amplamente utilizada na prática, especialmente na reestruturação de grandes empresas[124].

Os pré-requisitos para a autoadministração são um pedido correspondente de autoadministração pelo devedor, ao qual deve ser anexado um plano de autoadministração de acordo com o

---

[119] "In most cases brought under the InsO, a trustee, called an administrator, operates the debtor's business, although at least in theory, a debtor-in-possession is possible" (MARTIN, Nathalie. The role of history & culture in bankruptcy & insolvency systems: the perils of legal transplantation. *Boston College International & Comparative Law Review*, v. 28, n. 2, 2005, p. 48).

[120] COROTTO, Susana. *Modelos de reorganização empresarial brasileiro e alemão*: comparação entre a Lei de Recuperação e Falências de Empresas (LRFE) e a *Insolvenzordung* (InsO) sob a ótica da viabilidade prática. Porto Alegre: Sergio Antonio Fabris Editor, 2009. p. 59.

[121] "[S]elf-administration is met with great reservation in Germany. However, the debtor's self-administration can offer, in connection with the opportunity for the debtor's management to file for insolvency proceedings as soon as imminent insolvency occurs, an incentive for the debtor to file in time because then they might be able to avoid being ousted from their management positions" (EHLERS, Eckart. *German Statutory Corporate Rescue proceedings*: the Insolvenzplan Procedure – EC Regulation 1346/2000, Selected Issues and German Case Law. In: BROC, Katarzyna Gromek; PARRY, Rebecca. *Corporate Rescue* – an overview of recent developments. 2. ed. The Netherlands: Kluwer Law International, 2006. p. 174).

[122] HONER, Gerret. Esug: German for "Modernising Bankruptcy Law". *Eurofenix*, p. 16-19, Spring 2012, p. 18.

[123] "Die Stärkung der Eigenverwaltung war eines der Markenzeichen und wesentlichen Ziele der Reform des deutschen Insolvenz- und Sanierungsrechts durch das Gesetz zur weiteren Erleichterung der Sanierung von Unternehmen (ESUG) im Jahr 2012. Dabei war nicht nur eine verfahrensrechtliche Stärkung dieser Verfahrensoption angedacht; es ging dem Gesetzgeber vor allem auch um eine Erhöhung der bis dato kümmerlichen Fallzahlen.2 Erfolgreiche Sanierungen in Eigenverwaltung waren Einzelfälle. Die Reformen des ESUG wollten dies signifikant ändern" (MADAUS, Stephan. *Zustand und Perspektiven der Eigenverwaltung in Deutschland*: Shortcomings in the Current German Insolvency Law on Debtor-in Possession Proceedings, KTS, 2015, p. 115. Disponível em: SSRN: https://ssrn.com/abstract=2648860. Acesso em: 6 jul. 2023).

[124] FRIDGEN, Alexander; GEIWITZ, Arndt; GÖPFERT, Burkard. *BeckOK Insolvenzrecht*. 26. ed. München: C.H. Beck, 2022.

art. 270a (1)[125] e outras declarações de acordo com o art. 270a (2)[126], bem como um pedido de insolvência. Além disso, de acordo com a Seção 270f (1)[127], os requisitos padronizados na Seção 270b devem ser atendidos e não deve haver motivos para uma revogação sob a Seção 270e[128] [129]. Em suma, para o seu deferimento, além do pedido do devedor, não pode haver riscos de que sua permanência atrase o andamento do processo e nem de que a autoadministração se torne prejudicial à satisfação do maior interesse dos credores[130].

A necessária anuência dos credores que tenham realizado o procedimento de insolvência foi suprimida pela reforma legislativa de 2011 justamente para estimular a autoadministração. Essa pode ser determinada também na primeira assembleia de credores.

> Nos termos do art. 270º, n. 1, frase 1, o devedor mantém o poder de administrar e alienar os bens se o tribunal ordenar a autoadministração na decisão de abertura do processo de insolvência. A situação do devedor também é semelhante à do administrador da insolvência no processo normal. Em particular, o devedor autoadministrado está sujeito às obrigações do direito de insolvência existentes no interesse dos credores.[131]

---

[125] InsO. § 270a (1) Der Schuldner fügt dem Antrag auf Anordnung der Eigenverwaltung eine Eigenverwaltungsplanung bei, welche umfasst: 1. einen Finanzplan, der den Zeitraum von sechs Monaten abdeckt und eine fundierte Darstellung der Finanzierungsquellen enthält, durch welche die Fortführung des gewöhnlichen Geschäftsbetriebes und die Deckung der Kosten des Verfahrens in diesem Zeitraum sichergestellt Werden soll, 2. ein Konzept für die Durchführung des Insolvenzverfahrens, welches auf Grundlage einer Darstellung von Art, Ausmaß und Ursachen der Krise das Ziel der Eigenverwaltung und die Maßnahmen beschreibt, welche zur Erreichung des Ziels in Aussicht genommen werden, 3. eine Darstellung des Stands von Verhandlungen mit Gläubigern, den am Schuldner beteiligten Personen und Dritten zu den in Aussicht genommenen Maßnahmen, 4. eine Darstellung der Vorkehrungen, die der Schuldner getroffen hat, um seine Fähigkeit sicherzustellen, insolvenzrechtliche Pflichten zu erfüllen, und 5. eine begründete Darstellung etwaiger Mehr- oder Minderkosten, die im Rahmen der Eigenverwaltung im Vergleich zu einem Regelverfahren und im Verhältnis zur Insolvenzmasse voraussichtlich anfallen werden.

[126] InsO. § 270a (2) Des Weiteren hat der Schuldner Zu erklären, 1. ob, in welchem Umfang und gegenüber welchen Gläubigern er sich mit der Erfüllung von Verbindlichkeiten aus Arbeitsverhältnissen, Pensionszusagen oder dem Steuerschuldverhältnis, gegenüber Sozialversicherungsträgern oder Lieferanten in Verzug befindet, 2. ob und in welchen Verfahren zu seinen Gunsten innerhalb der letzten drei Jahre vor dem Antrag Vollstreckungs- oder Verwertungssperren nach diesem Gesetz oder nach dem Unternehmensstabilisierungs- und -restrukturierungsgesetz angeordnet wurden und 3. ob er für die letzten drei Geschäftsjahre seinen Offenlegungspflichten, insbesondere nach den §§ 325 bis 328 oder 339 des Handelsgesetzbuchs nachgekommen ist.

[127] InsO. § 270f Anordnung der Eigenverwaltung (1) Die Eigenverwaltung wird auf Antrag des Schuldners angeordnet, es sei denn, eine vorläufige Eigenverwaltung wäre nach § 270b nicht anzuordnen oder nach § 270e aufzuheben.

[128] InsO. § 270e Aufhebung der vorläufigen Eigenverwaltung (1) Die vorläufige Eigenverwaltung wird durch Bestellung eines vorläufigen Insolvenzverwalters aufgehoben, wenn 1. der Schuldner in schwerwiegender Weise gegen insolvenzrechtliche Pflichten verstößt oder sich auf sonstige Weise zeigt, dass er nicht bereit oder in der Lage ist, seine Geschäftsführung am Interesse der Gläubiger auszurichten, insbesondere, wenn sich erweist, dass a) der Schuldner die Eigenverwaltungsplanung in wesentlichen Punkten auf unzutreffende Tatsachen gestützt hat oder seinen Pflichten nach § 270c Absatz 2 nicht nachkommt, b) die Rechnungslegung und Buchführung so unvollständig oder mangelhaft sind, dass sie keine Beurteilung der Eigenverwaltungsplanung, insbesondere des Finanzplans, ermöglichen, c) Haftungsansprüche des Schuldners gegen amtierende oder ehemalige Mitglieder seiner Organe bestehen, deren Durchsetzung in der Eigenverwaltung erschwert werden könnte, 2. Mängel der Eigenverwaltungsplanung nicht innerhalb der gemäß § 270b Absatz 1 Satz 2 gesetzten Frist behoben werden, 3. die Erreichung des Eigenverwaltungsziels, insbesondere eine angestrebte Sanierung sich als aussichtslos erweist, 4. der vorläufige Sachwalter dies mit Zustimmung des vorläufigen Gläubigerausschusses oder der vorläufige Gläubigerausschuss dies beantragt, 5. der Schuldner dies beantragt. (2) Die vorläufige Eigenverwaltung wird durch Bestellung eines vorläufigen Insolvenzverwalters zudem aufgehoben, wenn ein absonderungsberechtigter Gläubiger oder Insolvenzgläubiger die Aufhebung beantragt und glaubhaft macht, dass die Voraussetzungen für eine Anordnung der vorläufigen Eigenverwaltung nicht vorliegen und ihm durch die Eigenverwaltung erhebliche Nachteile drohen. Vor der Entscheidung über den Antrag ist der Schuldner zu hören. Gegen die Entscheidung steht dem Gläubiger und dem Schuldner die sofortige Beschwerde zu. (3) Zum vorläufigen Insolvenzverwalter kann der bisherige vorläufige Sachwalter bestellt werden. (4) Dem vorläufigen Gläubigerausschuss ist vor Erlass der Entscheidung nach Absatz 1 Nummer 1 oder 3 Gelegenheit zur Äußerung zu geben. § 270b Absatz 3 Satz 2 gilt entsprechend. Bestellt das Gericht einen vorläufigen Insolvenzverwalter, sind die Gründe hierfür schriftlich darzulegen. § 27 Absatz 2 Nummer 4 gilt entsprechend.

[129] FRIDGEN, Alexander; GEIWITZ, Arndt; GÖPFERT, Burkard. *BeckOK Insolvenzrecht*. 26. ed. München: C.H. Beck, 2022.

[130] COROTTO, Susana. *Modelos de reorganização empresarial brasileiro e alemão*: comparação entre a Lei de Recuperação e Falências de Empresas (LRFE) e a *Insolvenzordung* (InsO) sob a ótica da viabilidade prática. Porto Alegre: Sergio Antonio Fabris Editor, 2009. p. 157.

[131] FRIDGEN, Alexander; GEIWITZ, Arndt; GÖPFERT, Burkard. *BeckOK Insolvenzrecht*. 26. ed. München: C.H. Beck, 2022.

CAPÍTULO 4 • FASE DE NEGOCIAÇÃO

Nessa hipótese de autoadministração, de acordo com o § 275 do InsO[132], o devedor cuja autoadministração tiver sido aprovada não poderá assumir quaisquer obrigações alheias ao exercício ordinário das atividades sem a prévia autorização de um comissário ou supervisor indicado. O supervisor tem poder de vetar até mesmo a assunção de obrigações relacionadas ao exercício ordinário das atividades, na medida em que, de acordo com a parte final do § 275 do InsO, o devedor não poderá assumi-las caso o supervisor objete tais contratações.

O poder de autogestão do devedor não é, portanto, ilimitado. Está sujeito ao monitoramento de um supervisor judicial nomeado e também, em determinados casos, que envolvam transações particularmente relevantes para o processo de insolvência, à aprovação do comitê de credores ou da assembleia de credores, a depender do caso. O § 276 do InsO estabelece a aplicação, ao devedor autoadministrado, das mesmas restrições aplicáveis ao supervisor judicial, as quais estão listadas nas ss. 160 (1)(2)[133], 161, frase 2[134] e 164[135].

Ainda, conforme s. 277, a pedido da assembleia de credores, o tribunal poderá ordenar, em adição às limitações do § 275 do InsO, que determinadas transações dependerão da prévia aprovação do supervisor judicial para que sejam eficazes.

3.2 Portugal

No sistema português, disciplinado pelo Código de Insolvência e de Recuperação de Empresas (CIRE) e inspirado no sistema alemão de insolvência, a nomeação do administrador para o procedimento único de insolvência é de competência do juiz (art. 52, 1, CIRE)[136].

Como o propósito do sistema de insolvência, preponderantemente, é a maior satisfação dos credores, o administrador de insolvência poderá ser substituído por um eleito pela assembleia de credores (art. 53, 1, CIRE)[137].

---

[132] Section 275. Consent of insolvency monitor. (1) No obligations exceeding the range of their ordinary business may be entered into by debtors without the insolvency monitor's consent. Debtors may not even enter into obligations falling under the range of their ordinary business if the insolvency monitor objects to such obligations.

[133] Section 160. Transactions of particular importance. (1) Insolvency administrators are required to obtain the consent of the creditors' committee if they intend to engage in transactions which are of particular importance to the insolvency proceedings. If no creditors' committee has been appointed, they are to obtain the consent of the creditors' assembly. If a creditors' assembly which has been convened is without a quorum, consent is deemed to have been given; the creditors are to be informed of these consequences in the invitation to the creditors' assembly.

(2) Consent under subsection (1) is, in particular, required

1. if such transaction purports to sell the enterprise, establishment, the entire stock, a part of real property to be realised by private sale, the debtor's shares in another enterprise if such shares are intended to bring about a permanent affiliation to such other enterprise or the entitlement to receive recurring earnings;

2. if such transaction purports to enter into a loan contract with considerable burdens on the insolvency estate;

3. if such transaction purports to bring or join a court action amounting to a considerable value in dispute, to refuse the bringing of such action, or to negotiate a settlement or compromise to settle or avoid any such action.

[134] Section 161. Provisional prohibition of transaction. In the cases referred to in section 160, the insolvency administrator is to inform the debtor before the creditors' committee or assembly take a decision if provision of such information is possible without detrimentally delaying the insolvency proceedings. If the creditors' assembly has not given its consent, then at the request of the debtor or of a majority of creditors qualifying under section 75 (1) no. 3 and after hearing the administrator, the insolvency court may provisionally prohibit the transaction and convene a creditors' assembly so that a decision may be taken on the transaction.

[135] Section 164. Legal validity of transaction. Any contravention of sections 160 to 163 leaves the validity of the acts of the insolvency administrator unaffected.

[136] CIRE. art. 52, 1 – A nomeação do administrador da insolvência é da competência do juiz.

[137] CIRE. art. 53, 1 – Sob condição de que previamente à votação se junte aos autos a aceitação do proposto, os credores, reunidos em assembleia de credores, podem, após a designação do administrador da insolvência, eleger para exercer o cargo outra pessoa, inscrita ou não na lista oficial, e prover sobre a remuneração respetiva, por deliberação que obtenha a aprovação da maioria dos votantes e dos votos emitidos, não sendo consideradas as abstenções.

Nomeia-se um administrador em face da desconfiança na capacidade de administração do devedor, demonstrada pelo próprio estado de insolvência. Nesse sentido, a administração deve ser atribuída a um administrador autônomo[138].

A noção de administrador é apontada no art. 6º do CIRE, pelo qual são administradores os titulares do órgão social incumbidos da administração ou liquidação da entidade ou patrimônio em causa, no caso de o devedor não ser pessoa singular. Neste último caso, consideram-se administradores os representantes legais e mandatários com poderes gerais de administração[139].

A nomeação é de um único administrador judicial, como regra. A escolha é feita pelo juiz, através de processo que apure aleatoriamente e de modo igualitário um administrador inscrito em lista oficial[140]. Em casos de grande complexidade ou que exijam conhecimentos especiais do administrador, entretanto, o juiz pode, de ofício ou mediante requerimento de qualquer interessado, nomear mais do que um administrador (art. 52, 4)[141].

Dessa forma, a declaração de insolvência priva imediatamente o insolvente, por si ou pelos seus administradores, dos poderes de administração e de disposição dos bens integrantes da massa insolvente, os quais passam a competir ao administrador da insolvência[142].

Via de regra, a atribuição tem caráter absoluto com a integral substituição do devedor e seus administradores dos poderes de administração da massa insolvente. Quando a massa insolvente não compreender uma pessoa jurídica[143], a substituição tem caráter relativo e a massa insolvente continua a ser administrada pelo devedor. Nessas situações, a intervenção do administrador da insolvência se limita à fiscalização e aprovação de alguns atos[144].

---

[138] LEITÃO, Luís Manuel Teles de Menezes. *Direito da insolvência*. 9. ed. Coimbra: Almedina, 2019. p. 119.

[139] CIRE. art. 6º – "1 - Para efeitos deste Código, são considerados como administradores: a) Não sendo o devedor uma pessoa singular, aqueles a quem incumba a administração ou liquidação da entidade ou património em causa, designadamente os titulares do órgão social que para o efeito for competente; b) Sendo o devedor uma pessoa singular, os seus representantes legais e mandatários com poderes gerais de administração. 2 - Para efeitos deste Código, são considerados responsáveis legais as pessoas que, nos termos da lei, respondam pessoal e ilimitadamente pela generalidade das dívidas do insolvente, ainda que a título subsidiário".

[140] Estatuto do Administrador Judicial (Lei n. 22/2013) Art. 13º 1 – Sem prejuízo do disposto no art. 53º do Código da Insolvência e da Recuperação de Empresas, apenas podem ser nomeados administradores judiciais aqueles que constem das listas oficiais de administradores judiciais.

2 – Sem prejuízo do disposto no n. 2 do art. 52º do Código da Insolvência e da Recuperação de Empresas, a nomeação a efetuar pelo juiz processa-se por meio de sistema informático que assegure a aleatoriedade da escolha e a distribuição em idêntico número dos administradores judiciais nos processos.

3 – Não sendo possível ao juiz recorrer ao sistema informático a que alude o número anterior, este deve pugnar por nomear os administradores judiciais de acordo com os princípios vertidos no presente artigo, socorrendo-se para o efeito das listas a que se refere a presente lei.

[141] CIRE. art. 52, 4 – Caso o processo de insolvência assuma grande complexidade, ou sendo exigíveis especiais conhecimentos ao administrador da insolvência, o juiz pode, oficiosamente ou a requerimento de qualquer interessado, nomear mais do que um administrador da insolvência, cabendo, em caso de requerimento, ao requerente a responsabilidade de propor, fundamentadamente, o administrador da insolvência a nomear, bem como remunerar o administrador da insolvência que haja proposto, caso o mesmo seja nomeado e a massa insolvente não seja suficiente para prover à sua remuneração.

[142] CIRE. art. 81º Transferência dos poderes de administração e disposição. 1 – Sem prejuízo do disposto no título X, a declaração de insolvência priva imediatamente o insolvente, por si ou pelos seus administradores, dos poderes de administração e de disposição dos bens integrantes da massa insolvente, os quais passam a competir ao administrador da insolvência.

[143] LEITÃO, Luís Manuel Teles de Menezes. *Direito da insolvência*. 9. ed. Coimbra: Almedina, 2019. p. 119.

[144] LEITÃO, Luís Manuel Teles de Menezes. *Direito da insolvência*. 9. ed. Coimbra: Almedina, 2019. p. 119.

CIRE. art. 226, 1 – O administrador da insolvência fiscaliza a administração da massa insolvente pelo devedor e comunica imediatamente ao juiz e à comissão de credores quaisquer circunstâncias que desaconselhem a subsistência da situação; não havendo comissão de credores, a comunicação é feita a todos os credores que tiverem reclamado os seus créditos.

CAPÍTULO 4 • FASE DE NEGOCIAÇÃO

Apresentado requerimento de insolvência, e não havendo razões para o seu indeferimento liminar, o juiz nomeia por despacho o administrador judicial provisório. Referido despacho é imediatamente notificado ao devedor e objeto de publicidade[145].

O administrador judicial provisório está inserido nas medidas cautelares disponíveis ao juízo. Desde que haja justificado receio da prática de atos de má gestão, as medidas cautelares são permitidas para evitar o agravamento da situação patrimonial do devedor (art. 31, n. 1, do CIRE)[146]. Dentre as medidas, a nomeação de um administrador judicial provisório para administrar o patrimônio do devedor até que ocorra a sentença de declaração de insolvência do devedor, momento em que poderá referido administrador ser nomeado como administrador definitivo da insolvência de forma preferencial (art. 32, n. 1 e 3, do CIRE)[147].

Na sentença de declaração de insolvência do devedor, a nomeação do administrador da insolvência é obrigatória. Referido administrador detém os poderes exclusivos de administração dos ativos do devedor e de representação do devedor para todos os efeitos patrimoniais como forma de se proteger aos interesses dos credores. Com sua nomeação, impede-se que o devedor ou a administração preexistente possa praticar os atos de administração ou de disposição dos bens da massa, nos termos do art. 81, n. 1, do CIRE[148].

Apesar da nomeação judicial do administrador da insolvência, ele poderá ser substituído pelos credores a qualquer momento (art. 53 do CIRE)[149]. A autonomia desses é ampla para a substituição do administrador, a qual não poderá ser restringida pelo juiz.

De acordo com o art. 56 do CIRE, o juiz pode, a todo o tempo, destituir o administrador da insolvência e substituí-lo por outro se, ouvidos a comissão de credores, quando exista, o devedor e o próprio administrador da insolvência, fundamentadamente considerar existir justa causa. Nessa situação, a assembleia de credores poderá indicar por eleição o respectivo substituto, cuja nomeação só poderá ser recusada pelo juiz nos casos previstos no art. 53, n. 3[150].

---

[145] Leitão, Luís Manuel Teles de Menezes. *A recuperação económica dos devedores*. Coimbra: Almedina, 2019. p. 72.

[146] CIRE. art. 31, 1 – Havendo justificado receio da prática de actos de má gestão, o juiz, oficiosamente ou a pedido do requerente, ordena as medidas cautelares que se mostrem necessárias ou convenientes para impedir o agravamento da situação patrimonial do devedor, até que seja proferida sentença.

[147] CIRE. art. 32, 1 – A escolha do administrador judicial provisório recai em entidade inscrita na lista oficial de administradores de insolvência, podendo o juiz ter em conta a proposta eventualmente feita na petição inicial no caso de processos em que seja previsível a existência de atos de gestão que requeiram especiais conhecimentos ou quando o devedor seja uma sociedade comercial em relação de domínio ou de grupo com outras sociedades cuja insolvência haja sido requerida e se pretenda a nomeação do mesmo administrador nos diversos processos. 3 – A remuneração do administrador judicial provisório é fixada pelo juiz, na própria decisão de nomeação ou posteriormente, e constitui, juntamente com as despesas em que ele incorra no exercício das suas funções, um encargo compreendido nas custas do processo, que é suportado pelo organismo responsável pela gestão financeira e patrimonial do Ministério da Justiça na medida em que, sendo as custas da responsabilidade da massa, não puder ser satisfeito pelas forças desta.

[148] CIRE. art. 81, 1 – Sem prejuízo do disposto no título X, a declaração de insolvência priva imediatamente o insolvente, por si ou pelos seus administradores, dos poderes de administração e de disposição dos bens integrantes da massa insolvente, os quais passam a competir ao administrador da insolvência.

[149] CIRE. art. 53, 1 – Sob condição de que previamente à votação se junte aos autos a aceitação do proposto, os credores, reunidos em assembleia de credores, podem, após a designação do administrador da insolvência, eleger para exercer o cargo outra pessoa, inscrita ou não na lista oficial, e prover sobre a remuneração respetiva, por deliberação que obtenha a aprovação da maioria dos votantes e dos votos emitidos, não sendo consideradas as abstenções.

[150] CIRE. art. 53, 3 – O juiz só pode deixar de nomear como administrador da insolvência a pessoa eleita pelos credores, em substituição do administrador em funções, se considerar que a mesma não tem idoneidade ou aptidão para o exercício do cargo, que é manifestamente excessiva a retribuição aprovada pelos credores ou, quando se trate de pessoa não inscrita na lista oficial, que não se verifica nenhuma das circunstâncias previstas no número anterior.

Diante de alterações posteriores ao CIRE, permitiu-se que, sem precedentes no direito português, o devedor fosse conservado na administração de sua atividade. Desde que verificados determinados pressupostos, como o pedido de administração, compromisso de apresentação do plano de insolvência no prazo de 30 dias, que não haja receio de desvantagens aos credores e que, se realizado por terceiro, o requerente do pedido de insolvência concorde com a administração do devedor ou haja deliberação favorável dos credores (arts. 36 e 224 do CIRE)[151], foi conferido ao devedor, apesar de ter sido declarado insolvente, o poder de manter a administração da atividade[152].

A continuidade da condução da atividade empresarial pelo devedor pode ser permitida pelo juiz ou pode ser deliberada pelos credores em assembleia, desde que haja requerimento do devedor e que fundamente o seu requerimento. "O juiz não pode decidir oficiosamente atribuir a administração da massa insolvente ao devedor nem a assembleia de credores pode deliberar no mesmo sentido sem aquele requerimento."[153]

Os requisitos para a autoadministração pelo devedor são apresentados no n. 2 do art. 224, pelo qual "2 - São pressupostos da decisão referida no número anterior que: a) O devedor a tenha requerido; b) O devedor tenha já apresentado, ou se comprometa a fazê-lo no prazo de 30 dias após a sentença de declaração de insolvência, um plano de insolvência que preveja a continuidade da exploração da empresa por si próprio; c) Não haja razões para recear atrasos na marcha do processo ou outras desvantagens para os credores; d) O requerente da insolvência dê o seu acordo, caso não seja o devedor". A autoadministração também é confiada ao devedor se ele tiver requerido e assim deliberarem os credores em assembleia, independentemente de verificação dos pressupostos das alíneas c) e d) aqui apresentadas[154].

Mesmo na autoadministração, os poderes do devedor serão restringidos. Será nomeado um administrador da insolvência para fiscalizar a condução de sua atividade. Ao administrador serão submetidos os atos de gestão extraordinária e outros indicados pelo juiz para a eficácia dos atos (art. 226 do CIRE)[155].

---

[151] CIRE, art. 36: "1 – Na sentença que declarar a insolvência, o juiz: e) Determina que a administração da massa insolvente será assegurada pelo devedor, quando se verifiquem os pressupostos exigidos pelo n. 2 do art. 224º". O art. 224, por sua vez, possui a seguinte redação: "1 – Na sentença declaratória da insolvência o juiz pode determinar que a administração da massa insolvente seja assegurada pelo devedor. 2 – São pressupostos da decisão referida no número anterior que: a) O devedor a tenha requerido; b) O devedor tenha já apresentado, ou se comprometa a fazê-lo no prazo de 30 dias após a sentença de declaração de insolvência, um plano de insolvência que preveja a continuidade da exploração da empresa por si próprio; c) Não haja razões para recear atrasos na marcha do processo ou outras desvantagens para os credores; d) O requerente da insolvência dê o seu acordo, caso não seja o devedor. 3 – A administração é também confiada ao devedor se este o tiver requerido e assim o deliberarem os credores na assembleia de apreciação de relatório ou em assembleia que a preceda, independentemente da verificação dos pressupostos previstos nas alíneas c) e d) do número anterior, contando-se o prazo previsto na alínea b) do mesmo número a partir da deliberação dos credores".

[152] MARTINS, Alexandre de Soveral. *Um Curso de Direito da Insolvência*. 2 ed. rev. e atual. Coimbra: Almedina, 2017. p. 345.

[153] MARTINS, Alexandre de Soveral. *Um Curso de Direito da Insolvência*. 2 ed. rev. e atual. Coimbra: Almedina, 2017. p. 348.

[154] CIRE. art. 224, n. 3. A administração é também confiada ao devedor se este o tiver requerido e assim o deliberarem os credores na assembleia de apreciação de relatório ou em assembleia que a preceda, independentemente da verificação dos pressupostos previstos nas alíneas c) e d) do número anterior, contando-se o prazo previsto na alínea b) do mesmo número a partir da deliberação dos credores.

[155] CIRE. art. 226º 1 – O administrador da insolvência fiscaliza a administração da massa insolvente pelo devedor e comunica imediatamente ao juiz e à comissão de credores quaisquer circunstâncias que desaconselhem a subsistência da situação; não havendo comissão de credores, a comunicação é feita a todos os credores que tiverem reclamado os seus créditos. 2 - Sem prejuízo da eficácia do acto, o devedor não deve contrair obrigações: a) Se o administrador da insolvência se opuser, tratando-se de actos de gestão corrente; b) Sem o consentimento do administrador da insolvência, tratando-se de actos de administração extraordinária. 3 – O administrador da insolvência pode exigir que fiquem a seu cargo todos os recebimentos em dinheiro e todos os pagamentos. 4 – Oficiosamente ou a pedido da assembleia de credores, pode o juiz proibir a prática de determinados actos pelo devedor sem a aprovação do administrador da insolvência, aplicando-se, com as devidas adaptações, o disposto no n. 6 do art. 81º.

CAPÍTULO 4 • FASE DE NEGOCIAÇÃO

Dessa forma, o administrador ainda interfere no processo, mas com a tarefa de fiscalizar a administração da massa e de comunicar ao juiz e aos credores quaisquer atividades que desaconselhem a manutenção da administração nas mãos do devedor. Cabe, ainda, ao administrador, consentir e aprovar alguns atos do devedor, o que pode acarretar restrições consideráveis aos poderes do devedor[156]. A atribuição ao devedor da administração da massa insolvente não prejudica o exercício pelo administrador da insolvência de todas as demais competências e poderes oferecidos legalmente ao administrador, designadamente o de examinar todos os elementos da contabilidade do devedor, nos termos do n. 7 do art. 226[157].

Nessa situação, nos termos do art. 226, 2, do CIRE, o devedor poderá, na administração de seus bens, praticar atos de gestão ordinária e extraordinária. Para tanto, não poderá contrair obrigações decorrentes de atos de gestão ordinária se houver oposição do administrador da insolvência. Nem poderá contrair obrigações decorrentes de atos de administração extraordinária se não houver consentimento do administrador da insolvência. Não tem poderes de liquidação, contudo, como resulta do art. 225º[158].

Sua destituição poderá ocorrer a qualquer tempo pela deliberação da assembleia de credores ou pelo reconhecimento de que a insolvência foi culposa. Poderá também ser destituído a pedido do credor em virtude de atrasos no andamento do feito, desvantagem aos credores ou falta de apresentação do plano. Tamanha amplitude para a sua destituição permitiu à doutrina caracterizar a autoadministração como transitória e excepcional[159].

A despeito da possibilidade legal de conservação do devedor à frente dos seus negócios, a medida tem sido vista com receio pela jurisprudência e pelos credores e é de pouca aplicação prática. Os critérios referentes aos receios de que o processo não se desenvolva de forma regular ou referente à imposição de desvantagens aos credores seriam avaliados pelo juiz de forma discricionária, o que evitaria sua utilização diante do risco de impor maiores prejuízos aos credores.

Os devedores ficam, em princípio, privados dos poderes de administração dos bens do insolvente a partir da declaração de insolvência. Se a insolvência for considerada culposa, os administradores ficam inibidos para o exercício do comércio, bem como para a ocupação de qualquer cargo de titular de órgão de sociedade comercial ou civil, associação ou fundação privada de atividade econômica, empresa pública ou cooperativa, o que significa que ficam impossibilitados de administrar os bens de pessoas coletivas em geral[160].

Catarina Serra aponta que a privação dos poderes de administração e de disposição dos bens prevista no n. 1 do art. 81 tem um alcance bem mais limitado do que inicialmente se pensa: "Em primeiro lugar, não é – nunca foi – um efeito absoluto, uma vez que há bens que permanecem na disponibilidade do devedor. Além disso, não é um efeito exclusivo da declaração de insolvência, já que pode ter lugar antes da declaração de insolvência, antes da citação do devedor e mesmo antes da distribuição da petição inicial"[161].

---

[156] SERRA, Catarina. Os efeitos patrimoniais da declaração de insolvência após a alteração da Lei n. 16/2012 ao Código da Insolvência. *Julgar*, n. 18, Coimbra: Coimbra Editora, 2012, p. 178.

[157] CIRE. art. 7 – A atribuição ao devedor da administração da massa insolvente não prejudica o exercício pelo administrador da insolvência de todas as competências que legalmente lhe cabem e dos poderes necessários para o efeito, designadamente o de examinar todos os elementos da contabilidade do devedor.

[158] MARTINS, Alexandre de Soveral. *Um Curso de Direito da Insolvência*. 2. ed. rev. e atual. Coimbra: Almedina, 2017. p. 347.

[159] LEITÃO, Luís Manuel Teles de Menezes. *Código da Insolvência e da Recuperação de Empresas*. 12. ed. Coimbra: Almedina, 2022.

[160] SERRA, Catarina. Os efeitos patrimoniais da declaração de insolvência após a alteração da Lei n. 16/2012 ao Código da Insolvência. *Julgar*, n. 18. Coimbra: Coimbra Editora, 2012, p. 182.

[161] SERRA, Catarina. Os efeitos patrimoniais da declaração de insolvência após a alteração da Lei n. 16/2012 ao Código da Insolvência. *Julgar*, n. 18. Coimbra: Coimbra Editora, 2012, p. 177.

180   *RECUPERAÇÃO JUDICIAL: DOS OBJETIVOS AO PROCEDIMENTO*

Anteriormente, era possível dizer que a privação da administração e disposição dos bens pelo devedor era efeito essencial do processo de insolvência. Todavia, com as recentes modificações do Código que introduziram a finalidade de recuperação da empresa, já não se fala mais assim. A inabilitação do devedor, portanto, tem resultado restrito[162].

No âmbito das alterações legais e como forma de se incentivar a reorganização do devedor, a inserção do Processo Especial de Revitalização (PER) como alternativa ao processo de insolvência propriamente dito assegurou o sistema do *debtor in possession*. Mediante requerimento, conserva-se o devedor na condução da atividade, mas o juízo nomeia imediatamente ao recebimento do requerimento um administrador judicial provisório (art. 17-C, n. 4, do CIRE). Os atos de disposição são restritos ao devedor, a menos que obtenha autorização pelo administrador judicial provisório (art. 17-E, n. 2, do CIRE).

3.3 Itália

Até 2005, a legislação italiana persistia na ideia de que comerciantes insolventes deveriam ser liquidados e retirados do sistema econômico, o que ocasionou diversos efeitos negativos nos procedimentos falimentares[163]. Na tentativa de contornar tais efeitos, a *legge fallimentare* sofreu diversas alterações pela Lei n. 80, de 14 de maio de 2005, além de outras emendas em 2006, 2007, 2009, 2012, 2015 e 2016[164]. A principal alteração se deu em 2015, pela inclusão da concordata preventiva como meio de reorganização da empresa.

Na concordata preventiva, procurava-se assegurar a preservação da empresa em benefício dos interesses de todos os envolvidos e, inclusive, da maximização da satisfação dos próprios credores.

Requerida a concordata preventiva pelo devedor, este apresentará a documentação necessária para a identificação de sua crise e proporá um plano para a sua superação, o qual será objeto de deliberação pelos credores. A partir da reforma de 2012, conferiu-se ao devedor a possibilidade de apresentação apenas das demonstrações contábeis dos três últimos anos e da relação de credores. Os demais documentos, inclusive o plano da concordata, poderão ser apresentados no prazo de 60 a 120 dias.

Diante da documentação apresentada e que permita aos credores a verificação da crise do devedor, o juiz deferirá o início do procedimento. Para tanto, conservará o devedor na administração da sua atividade pelos administradores preexistentes à sociedade, mas nomeará um *commissario giudiziale* para fiscalizar o devedor na sua condução e prestar informações aos credores acerca do procedimento.

---

[162] Sobre o assunto, Serra aponta que "É um dado pacífico que a inabilitação prevista na al. b) do n. 1 do art. 189º do CIRE é uma concretização do instituto geral da inabilitação regulado nos arts. 152º a 156º do Código Civil português (CC). Se alguma dúvida restasse, ela seria afastada pelo disposto no n. 1 do art. 190º do CIRE. À imagem do n. 1 do art. 153º do CC, a norma prevê o suprimento da inabilitação através da nomeação de um curador, a cuja autorização pode ficar subordinada a prática de determinados Actos patrimoniais (cfr. art. 153º, n. 1, do CC) – suprimento por assistência – ou a quem pode mesmo ser entregue a administração do patrimônio do inabilitado (cfr. art. 154º, n. 1, do CC) – suprimento por representação. Atendendo a este enquadramento – à configuração da inabilitação regulada na al. b) do n. 2 do art. 189º do CIRE como uma incapacidade que afecta os poderes do incapaz sobre o seu patrimônio –, ela tem, na verdade, uma utilidade restrita (SERRA, Catarina. Os efeitos patrimoniais da declaração de insolvência após a alteração da Lei n. 16/2012 ao Código da Insolvência. *Julgar*, n. 18. Coimbra: Coimbra Editora, 2012, p. 182).

[163] "As a result, the usual outcome of Italian insolvency proceedings was the liquidation of the debtor's assets, with pre-insolvency restructurings kept out of court and, therefore, outside a clear framework of legal protection. As a consequence, both the debtor and creditors were exposed to claw back actions and criminal liability risks in the event of the debtor's subsequent bankruptcy" (GREENBERG TRAURIG, L. L. P. A view from Italy: Italian bankruptcy law reforms – opportunities for investments. *The GT M&A Report*, v. 3, ed. 2, 2011, p. 19).

[164] GARRIDO, José. Insolvency and enforcement reforms in Italy. *IMF Working Paper*, n. 16/134, July 2016, p. 7.

CAPÍTULO 4 • FASE DE NEGOCIAÇÃO 181

Basicamente, o poder do devedor para a condução de sua atividade deve ser compreendido em três períodos: até o deferimento do processamento da concordata, durante todo o processo até a sua aprovação, e após a sua aprovação.

Como dispunha o art. 161, 7[165], da revogada *legge fallimentare,* até que o juiz proferisse a decisão de abertura do procedimento de concordata, o devedor ficava no controle da gestão, mas com algumas limitações. O devedor podia praticar os atos da administração ordinária, contudo, quanto à administração extraordinária, podia praticar apenas atos urgentes mediante autorização do tribunal e parecer do *commissario.* Como nessa fase ainda não havia plano, a análise para a autorização do tribunal para a prática do ato era severa, visto que a realização do ato podia resultar em efeitos irreversíveis[166].

Após o processamento e durante todo o processo, o devedor podia praticar todos os atos, desde que de administração ordinária. Atos extraordinários exigiam autorização judicial, após a oitiva do comissário.

Após a aprovação do plano, a limitação da administração do devedor era condicionada ao que o próprio plano dispusesse sobre: "se il piano prevede la cessione dei beni e la nomina di un liquidatore giudiziale, la gestione del patrimonio del debitore è affidata al liquidatore; se il piano prevede la continuità dell'impresa, quei vincoli di cui all'art. 167 I. Fall. vengono meno con riferimento all'esercizio dell'attività d'impresa mentre per ciò che attiene ad una eventuale fase liquidatoria, i vincoli sono quelli che sono impressi nella proposta, fermo restando che in linea di massima la gestione viene riconquistata dal debitore"[167].

Referido poder de conservar consigo a administração da empresa foi corroborado pela alteração legal de 2022 nos exatos termos disciplinados até então. Nos termos dos arts. 46 e 94, após a apresentação do pedido da concordata preventiva, o devedor conserva a administração de seus bens e do exercício da empresa, sob a supervisão do *commissario giudiziale*[168], em continuidade com o que a legislação revogada determinava quanto à condução da empresa[169].

3.4 França

Nas empresas individuais, a condução é feita pelo proprietário ou pelo gerente, ou seja, pelo próprio devedor. Nas empresas (*société-personne morale*), a condução é feita pelos administradores preexistentes (*dirigeants sociaux*)[170].

---

[165] Art. 161, 7. Dopo il deposito del ricorso e fino al decreto di cui all'articolo 163 il debitore può compiere gli atti urgenti di straordinaria amministrazione previa autorizzazione del tribunale, il quale può assumere sommarie informazioni e deve acquisire il parere del commissario giudiziale, se nominato. Nello stesso periodo e a decorrere dallo stesso termine il debitore può altresì compiere gli atti di ordinaria amministrazione. I crediti di terzi eventualmente sorti per effetto degli atti legalmente compiuti dal debitore sono prededucibili ai sensi dell'articolo 111.

[166] "La gestione durante la fase interinale, prima dell'ammissione, trova la sua sua regolamentazione nel corpo dell'art. 161, 7° comma, l. Fall., a proposito degli effetti che conseguono alla domanda con riserva. In questa fase l'atto di 'straordinaria amministrazione' può essere autorizzato solo se urgente; poiché in questa fase un piano ancora non c'è, è evidente che il sindacato del tribunale dev'essere più severo in quanto dal compimento dell'atto conseguiranno effetti tendenzialmente irreversibili" (FABIANI, Massimo. *Il diritto della crisi e dell'insolvenza*. Bologna: Zanichelli, 2017. p. 507).

[167] FABIANI, Massimo. *Il diritto della crisi e dell'insolvenza*. Bologna: Zanichelli, 2017. p. 507.

[168] Art. 46 1. Dopo il deposito della domanda di accesso al concordato preventivo, anche ai sensi dell'articolo 44, (4) e fino al decreto di apertura di cui all'articolo 47, il debitore può compiere gli atti urgenti di straordinaria amministrazione previa autorizzazione del tribunale. In difetto di autorizzazione gli atti sono inefficaci e il tribunale dispone la revoca del decreto di cui all'articolo 44, comma 1. Art. 94. Dalla data di presentazione della domanda di accesso al concordato preventivo e fino all'omologazione, il debitore conserva l'amministrazione dei suoi beni e l'esercizio dell'impresa, sotto la vigilanza del commissario giudiziale.

[169] Art. 167 – Amministrazione dei beni durante la procedura 1. Durante la procedura di concordato, il debitore conserva l'amministrazione dei suoi beni e l'esercizio dell'impresa, sotto la vigilanza del commissario giudiziale.

[170] "Le pouvoir de gestion dans une entreprise individuelle in bonis appartient au propriétaire ou au locataire-gérant, donc au débiteur lui-même. Il est attribué aux dirigeants sociaux nomes à cet effet dans une société-personne morale" (JACQUEMONT, André;

O devedor é mantido na administração da empresa tanto na salvaguarda[171], em que não ocorreu ainda a cessão de pagamentos, quanto na recuperação judicial, *procédure de redressement judiciaire*.

Como já destacado, há, na França, o chamado "período de observação", que tem como função a proteção do devedor e a manutenção da atividade da empresa. O princípio da continuidade da atividade da empresa durante o período de observação presume a reorganização de sua administração, que tem os seus dirigentes mantidos durante o referido período. Dessa forma, o art. L.622-1 do *Code de Commerce* apresenta que "I.-L'administration de l'entreprise est assurée par son dirigeant".

Na salvaguarda, justifica-se a preservação do devedor na condução de sua atividade como incentivo ao procedimento. Como a iniciativa da abertura do procedimento da salvaguarda é do devedor e ele não deve ser dissuadido de buscar a resolução do estresse financeiro de sua empresa, sua preservação na condução da atividade não lhe afugentaria da procura das medidas necessárias para o saneamento da crise[172]. Além disso, como não está em cessação de pagamentos, não se justificaria qualquer medida mais gravosa[173].

Via de regra, não há uma ruptura com a gestão do devedor, visto que a empresa está destinada a se recuperar e as dificuldades podem ter outras causas que não a qualidade de gestão. Foi abandonada no sistema francês a presunção de culpa ou incompetência do devedor na administração da empresa para tanto[174].

Contudo, mesmo na salvaguarda, a lei francesa prevê a nomeação de um ou mais administradores judiciais[175].

A figura do administrador judicial é definida pelo art. L811-1 do *Code de Commerce*. "Les administrateurs judiciaires sont les mandataires, personnes physiques ou morales, chargés par décision de justice d'administrer les biens d'autrui ou d'exercer des fonctions d'assistance ou de surveillance dans la gestion de ces biens." O Ministério Público pode sugerir nomes para a administração e a recusa da recomendação deverá ser motivada, nos termos do art. L621-4[176].

VABRES, Régis. *Droit des entreprises en difficulté*. 9. ed. Paris: LexisNexis, 2015. p. 235).

[171] ANTONINI-COCHIN, Laetitia; LAURENCE-CAROLINE, Henry. *Droit des entreprises en difficulté*. Paris: Gualino, 2022. p. 118.

[172] ANTONINI-COCHIN, Laetitia; LAURENCE-CAROLINE, Henry. *Droit des entreprises en difficulté*. Paris: Gualino, 2022. p. 118.

No mesmo sentido, "Au-delà de la simples justification qu'il est le mieux à même de piloter la réorganisation de son entreprise, cette absence de dessaisissement du débiteur est la condition évidente d'une saisine volontaire par lui du tribunal. A fortiori conserve-t-il le pouvoir d'exercer les actes de disposition et d'administration sur les éléments de son patrimoine non affectés à l'entreprise (maison d'habitation etc.)" (JACQUEMONT, André; VABRES, Régis. *Droit des entreprises en difficulté*. 9. ed. Paris: LexisNexis, 2015. p. 236).

[173] "Le débiteur a l'initiative de l'ouverture de la sauvegarde, par conséquent, il ne faut pas le dissuader d'y recourir en le dépossédant de ses droits après le jugement d'ouverture. En outre, par définition, il n'est pas en cessation des paiements, il doit donc rester le principal acteur de sa procédure, partageant cette responsabilité avez les partenaires de l'entreprise et de son rebond" (ANTONINI-COCHIN, Laetitia; LAURENCE-CAROLINE, Henry. *Droit des entreprises en difficulté*. Paris: Gualino, 2022. p. 118).

[174] "Il n'y a pas à proprement parler de rupture avec le système de gestion antérieur dans la mesure où l'entreprise a vocation à se redresser et où la défaillance peut avoir d'autres causes que la qualité de la gestion des dirigeants. Depuis la loi de 1985, confirmée sur ce point par la loi du 26 juillet 2005, est abandonnée l'ancienne présomption de faute ou d'incompétence qui pesait sur les dirigeants d'une entreprise en cessation des paiements" (JACQUEMONT, André; VABRES, Régis. *Droit des entreprises en difficulté*. 9. ed. Paris: LexisNexis, 2015. p. 235).

[175] "L'article L.622-1 du Code de commerce prévoit son maintien comme gestionnaire. Toutefois, la nomination d'un administrateur reste prévue par la loi" (ANTONINI-COCHIN, Laetitia; LAURENCE-CAROLINE, Henry. *Droit des entreprises en difficulté*. Paris: Gualino, 2022. p. 118).

[176] Article L621-4 Le ministère public peut soumettre à la désignation du tribunal le nom d'un ou de plusieurs administrateurs et mandataires judiciaires, sur lequel le tribunal sollicite les observations du débiteur. Le rejet de la proposition du ministère public est spécialement motivé. Le débiteur peut proposer le nom d'un ou plusieurs administrateurs. Lorsque la procédure est ouverte à l'égard d'un débiteur qui bénéficie ou a bénéficié d'un mandat ad hoc ou d'une procédure de conciliation dans les dix-huit mois

CAPÍTULO 4 • FASE DE NEGOCIAÇÃO

Trata-se de um exercício de uma função de fiscalização da condução do devedor ou auxílio a esse, nesse caso[177]. Ao administrador judicial cabe, ainda, o ônus de informar o *juge-commissaire* e o Ministério Público sobre o andamento do processo[178].

Na prática, com a presença de um administrador, o devedor partilha seus poderes. Embora o art. L622-1 aponte que a função do administrador é auxiliar, o art. L623-3 determina que "o devedor continua a exercer sobre os seus bens os atos de alienação e administração, bem como os direitos e atos que não se enquadrem na missão do administrador"[179]. Dessa forma, a atuação do administrador confisca parte dos poderes do devedor[180]. Suas funções específicas são determinadas pelo tribunal, o qual poderá alterá-las no curso do processo[181].

De modo a não onerar o pequeno empresário, a nomeação de um administrador não é obrigatória nos casos de sociedades pequenas. A nomeação de um administrador apenas é obrigatória nos processos de salvaguarda nos quais o devedor seja pessoa jurídica com pelo menos 20 trabalhadores ou que o volume da receita, salvo impostos, seja pelo menos igual a € 3.000.000[182]. Em todos os outros, a nomeação do administrador judicial fica a cargo de eventual consideração pelo tribunal, de requerimento do devedor ou do Ministério Público[183].

Na recuperação judicial, as condições para a nomeação de um administrador judicial são iguais às da salvaguarda[184]. Depois de 1985, o administrador passou a ter papel fundamental na reorganização de grandes empresas. Sua principal função no âmbito do *redressement judiciaire* consiste na elaboração

---

qui précèdent, le ministère public peut en outre s'opposer à ce que le mandataire ad hoc ou le conciliateur soit désigné en qualité d'administrateur ou de mandataire judiciaire. Lorsque la procédure est ouverte à l'égard d'un débiteur dont le nombre de salariés est au moins égal à un seuil fixé par décret en Conseil d'Etat, le tribunal sollicite les observations des institutions mentionnées à l'article L. 3253-14 du code du travail sur la désignation du mandataire judiciaire et de l'administrateur judiciaire.

[177] Article L622-1 II. – Lorsque le tribunal, en application des dispositions de l'article L. 621-4, désigne un ou plusieurs administrateurs, il les charge ensemble ou séparément de surveiller le débiteur dans sa gestion ou de l'assister pour tous les actes de gestion ou pour certains d'entre eux.

"Pour préserver l'autonomie du débiteur, le principe est celui d'une mission de surveillance de l'administrateur, mais une mission de l'assistance est toujours possible, or elle entraîne une large implication de l'administrateur dans la gestion de l'entreprise au détriment du débiteur. La présence d'un administrateur ne s'impose que pour les entreprises de grande taille" (ANTONINI-COCHIN, Laetitia; LAURENCE-CAROLINE, Henry. *Droit des entreprises en difficulté*. Paris: Gualino, 2022. p. 118).

[178] Article L621-8 L'administrateur et le mandataire judiciaire tiennent informés le juge-commissaire et le ministère public du déroulement de la procédure. Ceux-ci peuvent à toute époque requérir communication de tous actes ou documents relatifs à la procédure.

[179] Article L622-3 Le débiteur continue à exercer sur son patrimoine les actes de disposition et d'administration, ainsi que les droits et actions qui ne sont pas compris dans la mission de l'administrateur. En outre, sous réserve des dispositions des articles L. 622-7 et L. 622-13, les actes de gestion courante qu'accomplit seul le débiteur sont réputés valables à l'égard des tiers de bonne foi.

[180] ANTONINI-COCHIN, Laetitia; LAURENCE-CAROLINE, Henry. *Droit des entreprises en difficulté*. Paris: Gualino, 2022. p. 119.

[181] Article L622-1 II. – Lorsque le tribunal, en application des dispositions de l'article L. 621-4, désigne un ou plusieurs administrateurs, il les charge ensemble ou séparément de surveiller le débiteur dans sa gestion ou de l'assister pour tous les actes de gestion ou pour certains d'entre eux. IV. – À tout moment, le tribunal peut modifier la mission de l'administrateur sur la demande de celui-ci, du mandataire judiciaire ou du ministère public.

[182] "La désignation d'un administrateur judiciaire n'est obligatoire que dans les procédures de sauvegarde ou de redressement judiciaire ouvertes à l'égard des personnes dont le nombre de salariés est au moins égal à 20 ou dont le chiffre d'affaires hors taxes est au moins égal à 3.000.000 €" (C. Com., art. L. 621-4, al. 3 et 4 et L. 631-9, I; C.Com., art; R. 62 1-11)" (JACQUEMONT, André; VABRES, Régis. *Droit des entreprises en difficulté*. 9. ed. Paris: LexisNexis, 2015. p. 200).

[183] Article L621-4 Toutefois, le tribunal n'est pas tenu de désigner un administrateur judiciaire lorsque la procédure est ouverte au bénéfice d'un débiteur dont le nombre de salariés et le chiffre d'affaires hors taxes sont inférieurs à des seuils fixés par décret en Conseil d'Etat. Dans ces cas, les dispositions du chapitre VII du présent titre sont applicables. Jusqu'au jugement arrêtant le plan, le tribunal peut, à la demande du débiteur, du mandataire judiciaire ou du ministère public, décider de nommer un administrateur judiciaire.

[184] O art. L631-9 dispõe que o art. L621-4 é aplicável também à reorganização judicial: Article L631-9: L'article L. 621-4, à l'exception de la première phrase du sixième alinéa, ainsi que les articles L. 621-4-1 à L. 621-11 sont applicables à la procédure de

de balanços econômicos e sociais da empresa junto do devedor e na elaboração de um projeto de plano de recuperação[185]. Nesse sentido, além dos poderes atribuídos por lei ao administrador judicial, sua função também é definida caso a caso pelo tribunal, que pode modificá-las no curso do processo[186].

Na recuperação, contudo, diante da cessação de pagamentos, a interferência do administrador no gerenciamento pode ser maior do que no contexto da salvaguarda[187], motivo pelo qual a representação do devedor é relacionada exclusivamente à recuperação[188]. O tribunal deve esclarecer se o administrador recebe ajuda em alguns ou todos os atos pelo devedor ou se ocorre a total administração pelo(s) representante(s) escolhido(s)[189].

Na hipótese de representação ao Juízo, o devedor poderá ser completamente privado das funções de gestão da empresa[190].

Além do administrador judicial, há na salvaguarda e na recuperação as figuras do *mandataire judiciaire* e do *commissaire à l'exécution du plan*.

O *mandataire judiciare* consiste em um representante dos credores, o qual obrigatoriamente deve ser designado pelo tribunal na abertura do procedimento – tanto na salvaguarda, quanto na reorganização. Pelo art. L622-20, "le mandataire judiciaire désigné par le tribunal a seule qualité pour agir au nom et dans l'intérêt collectif des créanciers. Toutefois, en cas de carence du mandataire judiciaire, tout créancier nommé contrôleur peut agir dans cet intérêt dans des conditions fixées par décret en Conseil d'Etat". Nesse sentido, não pode agir no interesse de somente um credor ou de um único grupo de credores[191]. Deve, ainda, manter o *juge-commissaire* e o Ministério Público informados sobre o andamento do processo[192].

O *commissaire à l'exécution du plan* consiste em pessoa que irá dar continuidade as ações dos representantes dos credores após a elaboração do plano.

Destaca-se, ainda, que o tribunal poderá, de ofício ou sob a tutela do *juge-comissaire* ou a pedido do Ministério Público, realizar a substituição do administrador judicial ou do representante dos credores, assim como determina a nomeação de mais deles. O devedor, assim como qualquer credor,

---

redressement judiciaire. Le tribunal peut se saisir d'office ou à la demande du créancier poursuivant aux fins mentionnées au troisième alinéa de l'article L. 621-4. Il peut se saisir d'office aux fins mentionnées au quatrième alinéa du même article L. 621-4.

Le tribunal sollicite les observations du créancier poursuivant sur la désignation du mandataire judiciaire et celles du débiteur sur la désignation de l'administrateur judiciaire.

[185] "Sa mission principale est en effet, avec le concours du débiteur, de dresser le bilan économique, social et environnemental, le cas échéant avec l'assistance d'un ou plusieurs experts, et d'élaborer un projet de plan redressement de l'entreprise par le débiteur" (PÉROCHON, Françoise. *Bonhomme, Régine.* 8. ed. Paris: Lextenso Éditions, 2009. p. 195).

[186] "Outre les pouvoirs spécifiques qui lui sont attribués par la loi dans toute procedure de redressement judiciaire (tels que prononcer les licenciements économiques, mais seulement avec l'autorisation du juge-commissaire, ou demander la continuation des contrats en cours), l'administrateur voit sa mission définie au cas par cas par le tribunal, qui peut ultérieurement la modifier" (JACQUEMONT, André; VABRES, Régis. *Droit des entreprises en difficulté.* 9. ed. Paris: LexisNexis, 2015. p. 238).

[187] "Mais son implication dans la gestion peut être beaucoup plus importante que dans le cadre d'une procédure de sauvegarde. En effet le tribunal n'a le choix qu'entre une mission d'assistance du débiteur ou de représentation de ce dernier" (JACQUEMONT, André; VABRES, Régis. *Droit des entreprises en difficulté.* 9. ed. Paris: LexisNexis, 2015. p. 238).

[188] MENJUCQ, Michel; SAINTOURENS, Bernard; SOINNE, Bernard. *Traité des procédures collectives.* 3. ed. Paris: LexisNexis, 2021. p. 1959.

[189] Article L631-12 Outre les pouvoirs qui leur sont conférés par le présent titre, la mission du ou des administrateurs est fixée par le tribunal. Ce dernier les charge ensemble ou séparément d'assister le débiteur pour tous les actes relatifs à la gestion ou certains d'entre eux, ou d'assurer seuls, entièrement ou en partie, l'administration de l'entreprise. [...].

[190] JACQUEMONT, André; VABRES, Régis. *Droit des entreprises en difficulté.* 9. ed. Paris: LexisNexis, 2015. p. 238.

[191] JACQUEMONT, André; VABRES, Régis. *Droit des entreprises en difficulté.* 9. ed. Paris: LexisNexis, 2015. p. 197.

[192] Article L621-8. L'administrateur et le mandataire judiciaire tiennent informés le juge-commissaire et le ministère public du déroulement de la procédure. Ceux-ci peuvent à toute époque requérir communication de tous actes ou documents relatifs à la procédure.

CAPÍTULO 4 • FASE DE NEGOCIAÇÃO

poderá também pedir ao *juge-commissaire* e interpor recurso ao tribunal para a substituição do administrador ou do representante[193].

3.5 EUA

O direito norte-americano optou pelo sistema do *debtor in possession*. Ele preconiza a manutenção da administração preexistente na condução da atividade empresarial durante o processo de insolvência. Sua ampla autonomia atribuída aos administradores preexistentes da empresa em crise não exige sequer a supervisão direta de um terceiro imparcial e nomeado pelo juiz.

Referido sistema de condução seria consequência da evolução histórica do procedimento de reorganização americano e que valorizaria o crédito, incentivaria o empreendedorismo e a manutenção da política de consumo[194].

Historicamente baseada no *equity receivership*, a reorganização judicial foi aplicada pelas cortes americanas no final do século XIX para superar a crise do setor ferroviário americano e permitir que as companhias de ferro continuassem a operar enquanto as partes negociavam uma solução para a superação da crise econômico-financeira que afetava as devedoras[195].

Essa alteração refletiu uma mudança nas visões éticas que a sociedade possuía em relação à insolvência. "For commercial bankruptcies the shift from the debtor to his assets had in any event become inevitable because of the fact that the business world became increasingly dominated by incorporated debtors who, besides liquidation of their assets, were not amenable to punishment."[196]

A liquidação como único propósito da lei falimentar americana foi questionada. Quando uma grande empresa do ramo ferroviário falia, encontravam-se ameaçados não apenas os interesses da empresa e de seus sócios, mas também os interesses públicos quanto à efetividade do sistema de transporte americano. Priorizar a reorganização das empresas parecia ser a medida plausível para ambos os interessados, contudo, os legislativos federal e estadual estavam contidos por limitações constitucionais. Como o legislativo conseguia editar poucas normas no âmbito das reorganizações, os tribunais criaram a *equity receiverhsip*[197].

---

[193] Article L621-7 Le tribunal peut, soit d'office, soit sur proposition du juge-commissaire ou à la demande du ministère public, procéder au remplacement de l'administrateur, de l'expert ou du mandataire judiciaire ou encore adjoindre un ou plusieurs administrateurs ou mandataires judiciaires à ceux déjà nommés. [...] Le débiteur peut demander au juge-commissaire de saisir le tribunal aux fins de remplacer l'administrateur, le mandataire judiciaire ou l'expert. Dans les mêmes conditions, tout créancier peut demander le remplacement de l'administrateur ou du mandataire judiciaire.

[194] MARTIN, Nathalie. The role of history & culture in bankruptcy & insolvency systems: the perils of legal transplantation. *Boston College International & Comparative Law Review*, v. 28, n. 2, 2005, p.1-4.

[195] O *equity receivership* representou técnica de reorganização desenvolvida e se tornou a base para o sistema moderno de recuperação judicial americana. "During the course of the nineteenth century, the railroads emerged as the nation's first large-scale corporations. The early growth of the railroads was fraught with problems. Due both to overexpansion and to a series of devastating depressions, or panics, numerous railroads defaulted on their obligations – at times, as much as 20 percent of the nation's track was held by insolvent railroads. Rather than look to Congress, the railroads and their creditors invoked the state and federal courts. By the final decades of the nineteenth century the courts had developed a judicial reorganization technique known as the equity receivership. It was this technique, rather than the Bankruptcy Act of 1898, that became the basis for modern corporate reorganization" (SKEEL JR., David A. *Debt's dominion* – a history of bankruptcy law in America. Princeton: Princeton University Press, 2004. p. 4).

[196] FLESSNER, Axel. Philosophies of business bankruptcy law: an international overview. In: ZIEGEL, Jacob S. (ed.). *Current developments in International and comparative corporate insolvency law*. Oxford: Clarendon Press; New York: Oxford University Press, 1994. p. 20.

[197] "Although the most obvious response might have been for legislators to rescue the railroads, both federal and state lawmakers were constrained by significant constitutional limitations. Rather than a legislative solution, railroad rescue took place in the courts. In a remarkable display of common-law ingenuity, the courts created a reorganization device called equity receivership out

186   RECUPERAÇÃO JUDICIAL: DOS OBJETIVOS AO PROCEDIMENTO

Através da *common-law*, provou-se que a insolvência poderia ser tratada de outras formas que não a transformação de ativos em dinheiro, mas também pela redução das reivindicações legais dos credores a um nível compatível com as capacidades econômicas do devedor[198].

Tradicionalmente, as *receiverships* eram vistas como remédios extremos, as quais retiravam de maneira absoluta a propriedade das mãos do devedor. Com a crise ferroviária, contudo, esse entendimento foi alterado[199].

Para se preservar a operação das estradas de ferro, as Cortes designaram os *receivers*, depositários que assumiam o controle dos ativos do devedor inadimplente e permitiam que os devedores e credores negociassem uma reorganização, embora a participação ativa na condução da atividade pelos preexistentes administradores tenha se revelado imprescindível[200].

Em geral, isso resultava numa recapitalização das ferrovias com a atribuição de novas obrigações perante os credores e a conservação dos mesmos administradores na condução das operações[201]. Os credores e as Cortes adotaram o conceito de que o conhecimento, a experiência e a familiaridade do devedor na atuação dos negócios eram importantes aspectos para uma reestruturação, motivo pelo qual sua participação nas *equity receiverships* tornou-se indispensável[202].

Em momento imediatamente posterior, os próprios administradores obtiveram autorização judicial para serem apontados como *receivers* da ferrovia, cuja operação era mantida sob a sua condução, e início das negociações. Trata-se do precedente Wabash, de 1884, uma das primeiras *receiverships* requeridas pelo devedor e controlada por ele[203].

---

of traditional receivership and foreclosure law" (SKEEL JR., David A. *Debt's dominion* – a history of bankruptcy law in America. Princeton: Princeton University Press, 2004. p. 17).

[198] "They proved that insolvency could be dealt with not only by converting assets into distributable cash but, as well, by reducing the legal claims of creditors to a level compatible with the economic capacities of the debtor, that is, ultimately, by eliminating the debt or by converting it into equity" (FLESSNER, Axel. Philosophies of business bankruptcy law: an international overview. In: ZIEGEL, Jacob S. (ed.). *Current developments in international and comparative corporate insolvency law.* Oxford: Clarendon Press; New York: Oxford University Press, 1994. p. 20).

[199] MILLER, Harvey R.; WAISMAN, Shai Y. Is Chapter 11 Bankrupt? *Boston College Law Review*, v. 47, n. 1, p. 129-182, dec. 2005, p. 136.

[200] "Bringing about a successful reorganization was hard. The value of the railroad had to be estimated against a background of rapid technological and regulatory change. The claim of the many different kinds of bondholders turned on how much their collateral contributed to the earnings of the railroad as a whole. Moreover, many of the investors lived abroad and could not actively participate in the reorganization. They had to rely on their investment bankers and their lawyers to represent them. Although Congress had the power to enact federal bankruptcy law, none was in place during this period. Faced with dispersed interests with uncertain value and no statutory guidance, the lawyers used the equity receivership to reorganize the railroads" (BAIRD, Douglas G. *Elements of bankruptcy*. 6. ed. New York: Foundation Press, 2001. p. 61).

[201] SKEEL JR., David A. *Debt's dominion* – a history of bankruptcy law in America. Princeton: Princeton University Press, 2004. p. 56-60.

[202] "Prior to the railroad failures, receiverships were traditionally viewed as an extreme remedy that contemplated the absolute wresting away from the hands of its owners of property of such peculiar character, and often of such enormous value. Instead of adopting this traditional view, federal courts in the railroad receivership era reacted to the necessity of preserving value and serving the public interest and crafted novel ideas that served as the paradigm for modern reorganizations. Creditors and courts embraced the concept that the debtor's (i.e., existing management's) knowledge, expertise, and familiarity with its business were inherently valuable in large, complex, corporate restructurings. The participation of the debtor in the railroad equity receiverships became nearly indispensable" (MILLER, Harvey R.; WAISMAN, Shai Y. Is Chapter 11 Bankrupt? *Boston College Law Review*, v. 47, n. 1, p. 129-182, dec. 2005, p. 136).

[203] "This debtor-in-possession concept was memorialized in 1884 with Wabash, St. Louis, and Pacific Railway ('Wabash'), which was one of the first voluntary equity receiverships and one of the most celebrated. Until Wabash, receivership had been purely a creditors' remedy, initiated only after a creditor's request and a foreclosure action against collateral security by one or more classes of creditors. In the case of Wabash, representatives of the railroad (Wall Street investors) themselves sought and obtained judicial authority to commence a receivership and to be appointed as the receivers, in an effort to continue to operate and manage the

CAPÍTULO 4 • FASE DE NEGOCIAÇÃO

A ferrovia Wabash, St. Louis and Pacific Railway era de grande importância para seu controlador Jay Gould, o qual pretendia criar uma única ferrovia dominante do Centro-Oeste à Costa Oeste americana. Contudo, ante uma concorrência acirrada e tensão pela superexpanção, estava prestes a falir. Diante desse cenário, representantes de Gould foram ao tribunal para iniciar um processo de *receivership*.

A *receivership*, contudo, consistia em verdadeiro remédio dos credores e, portanto, seu requerimento era feito por eles. Essa modalidade tradicional de pedido foi dispensada pelos representantes de Gould. Dessa forma, antes mesmo de a empresa se tornar insolvente, a *receivership* de Wabash foi requerida de forma preventiva, o que foi acatado pelo judiciário: "what they were asking for was a wholly voluntary corporate reorganization, a proceeding initiated not by creditors but by the railroad itself. To the astonishment of many, and the dismay of most commentators, Judge Treat signed the necessary orders"[204].

Por meio do *equity receivership*, assegurou-se a necessidade de preservação do aviamento, com a manutenção da continuidade da atividade e a conservação da administração preexistente na condução do negócio. Delimitou-se o sistema do *debtor in possession* tal como seria adotado pelo Chandler Act para os pequenos devedores, sem a necessidade de indicação de um *receiver* ou *trustee* para a condução da atividade, como ocorria de forma criticável nas companhias abertas do Chapter X.

No Chapter X do Chandler Act, para as grandes companhias abertas, a nomeação de *trustee*, com o afastamento da administração, era exigida e era controlada rigidamente pela SEC, embora houvesse historicamente a crítica em relação à nomeação de profissionais incompetentes ou não imparciais, que faziam com que os casos de reorganização perdurassem por longuíssimos períodos. Isso porque os juízes do ramo falimentar possuíam relações muito próximas com os *trustee* escolhidos e, em muitas áreas, um pequeno grupo de advogados dominava o processo de nomeação[205]. Os credores e interessados poderiam fazer sugestões ao *trustee*, mas, no final, era ele sozinho que desenvolvia os termos da reorganização[206].

Mesmo nesse caso, entretanto, a nomeação de um *trustee* não representava necessariamente o afastamento da administração. O *trustee* podia estar no controle nominal do negócio, mas a empresa ainda precisava de alguém com visão de negócios e familiaridade com as operações da companhia.

---

railroad prior to the railroad defaulting in the payment of interest" (MILLER, Harvey R.; WAISMAN, Shai Y. Is Chapter 11 Bankrupt? *Boston College Law Review*, v. 47, n. 1, p. 129-182, dec. 2005, p. 136).

[204] "The most famous development in receivership practice is often traced to the Wabash, St. Louis and Pacific Railway receivership in 1884. On May 28 of that year, representatives of Jay Gould, who controlled the Wabash, made their way to the federal district court to start a receivership proceeding. The Wabash, a crucial piece in Gould's strategy to create a single dominant railroad from the Midwest to the West Coast, had been battered by cutthroat rate competition and the strain of overexpansion and was about to fail. The collapse of the Wabash boded ill for the 1880s railroad industry, to be sure, but the fact that the Wabash had landed in receivership was not so remarkable as the way it got there. Because receivership was a creditors' remedy, triggered by creditors' request for a receiver and a foreclosure by one or more classes of creditors, railroad creditors had been the ones who initiated a receivership proceeding. But Gould's men simply dispensed with this nicety of the traditional form. Rather than wait until the Wabash actually defaulted, and risk losing control of th' process to the railroad's bondholders, Gould decided to make a preemptive strike. Before the first interest payment had been missed, his men marched into the district court and asked Judge Treat to appoint a receiver for their benefit. What they were asking for was a wholly voluntary corporate reorganization, a proceeding initiated not by creditors but by the railroad itself" (SKEEL JR., David A. *Debt's dominion* – a history of bankruptcy law in America. Princeton: Princeton University Press, 2004. p. 64.)

[205] "The bankruptcy judges had far too cozy a relationship with the trustees they appointed, and in many metropolitan areas, a small group of bankruptcy lawyer seemed to dominate the appointment process – the dreaded 'bankruptcy ring'" (SKEEL JR., David A. *Debt's dominion* – a history of bankruptcy law in America. Princeton: Princeton University Press, 2004. p. 142).

[206] "Creditors and other parties could, in theory, make suggestions to the trustee; but the trustee, and the trustee alone, was the one who would develop the terms of any reorganization" (SKEEL JR., David A. *Debt's dominion* – a history of bankruptcy law in America. Princeton: Princeton University Press, 2004. p. 120).

Era usual que os próprios *trustees* contratassem a antiga administração para manter a gerência após um pedido de falência, visto a necessidade do conhecimento do negócio da empresa[207]. Isso não queria dizer, contudo, que todos os administradores fossem indiferentes à nomeação de um *trustee*: "[m] any hated the loss of control and the imposition of more stringent reporting requirements that would likely accompany such an appointment. They also feared, like their post-Code counterparts, that they would be replaced"[208].

A substituição da administração fez com que os pedidos de reorganização fossem retardados no âmbito do Chapter X[209]. Os devedores, ao invés de optarem pelo Chapter X do Chandler Act, passaram a adotar o procedimento do Chapter XI, que não exigia a substituição da administração, a nomeação do *trustee* e a fiscalização da SEC, mas não permitia a reorganização dos créditos garantidos, o que foi permitido pela Suprema Corte Americana[210].

O procedimento do *debtor in possession*, consagrado pelo Chandler Act às pequenas sociedades, foi o adotado de modo geral pelo Bankruptcy Code de 1978. O pedido de reorganização não exige a nomeação do *trustee* e assegura que o administrador preexistente continue a conduzir a atividade empresarial durante a negociação com os credores.

Esse *debtor in possession* é a principal característica do procedimento de reorganização americano, conforme previsto no § 1.101(1). "[P]erhaps the most appealing feature of reorganization under Chapter 11 to a debtor firm is that the incumbent management remains in office and continues to control the firm during its attempt to reorganize."[211]

A nomeação do *trustee* apenas ocorreria de forma excepcional. Caso constatada a fraude ou a má gestão na condução da atividade empresarial, o administrador seria substituído[212].

O devedor deixa de conduzir a atividade apenas no evento de um *trustee* independente ser escolhido, assim como dispõe o § 1.104 do 11 U.S. Code. As causas para que essa substituição ocorra consistem na fraude, incompetência, desonestidade, falta de diligência, ou se houver nomeação do *trustee* por credores ou pelos acionistas[213].

---

[207] "According to those familiar with pre-Code practices, the appointment of a trustee in the large, pre-Code cases did not necessarily mean the replacement of current management. The trustee might have been in nominal control of the business, but the business would still have needed someone with business acumen and familiarity with current operations to run it. According to Mr. Treister, trustees frequently hired old management to run the business after a bankruptcy filing business or the shoe business to run the operation. That upwards of 70% of managers remained in control of their businesses under the pre-Code system was no surprise to those who participated in that system" (WARREN, Elizabeth. The Untenable Case for Repeal of Chapter 11. The *Yale Law Journal*, v. 102, n. 2 1992, p. 455-456).

[208] WARREN, Elizabeth. The Untenable Case for Repeal of Chapter 11. The *Yale Law Journal*, v. 102, n. 2 1992. p. 454.

[209] "By any plausible yardstick, the Chandler Act reforms had a remarkable and immediate impact. The independent trustee requirement discourages the managers of large firms from filing for bankruptcy if there was any way to avoid it. Due both to the Chandler Act and the winnowing out that had already occurred as a result of the depression, fewer and fewer large firms filed for bankruptcy. Whereas more than five hundred corporations filed for Chapter X in 1938, the number dropped to sixty-eight in 1944 and fluctuated around one hundred per year for much of the 1950s and 1960s" (SKEEL JR., David A. *Debt's dominion* — a history of bankruptcy law in America. Princeton: Princeton University Press, 2004. p. 125).

[210] SEC *v.* United States Realty & Improvement Co., 310 U.S. 434 (1940), General Stores Corp. *v.* Shlensky, 350 U.S. 462 (1956), SEC *v.* Canandaigua Enterprises, Consolidated Rock Products Co. *v.* Du Bois, 312 U.S. 510 (1941).

[211] HAHN, David. Concentrated ownership and control of corporate reorganizations. *Bar-Ilan University Faculty of Law*, Working Paper n. 6-03, oct. 2003. p. 4.

[212] "Under the 1978 Act, trustees may be appointed only for cause, reflecting Congress' view that, absent fraud or incompetence, reorganization would be best effectuated by allowing the debtor to continue to operate its business as debtor-in-possession. Even if a trustee is appointed, the court may, at any point before confirmation, terminate the trustee's appointment and restore the debtor-in-possession to management and operation of the business" (MILLER, Harvey R.; WAISMAN, Shai Y. Is Chapter 11 Bankrupt? *Boston College Law Review*, v. 47, n. 1, p. 129-182, dec. 2005, p. 143).

[213] 11 U.S. Code. § 1104.

CAPÍTULO 4 • FASE DE NEGOCIAÇÃO 189

A despeito da possibilidade de substituição pelos credores, estes dificilmente removem os administradores, mesmo que haja alta probabilidade de falhas na administração preexistente[214].

Caso não ocorram essas situações excepcionais e que motivariam a destituição, os administradores preexistentes continuariam a administrar a atividade. Referida condução, entretanto, deve atentar para novos deveres fiduciários, de modo que os administradores não mais deveriam tutelar apenas os interesses dos sócios enquanto sócios de maximizar o recebimento de seus dividendos.

Nos termos do § 1.107 do Bankruptcy Code, "a debtor-in-possession shall have all the rights [...] and powers, and shall perform all the functions and duties [...] of a trustee serving in a case under this chapter". Para a Suprema Corte Americana, a premissa do *debtor-in-possession* é a "assurance that the officers and managing employees can be depended upon to carry out the fiduciary responsibilities of a trustee"[215].

Durante o processo de reorganização, e mesmo antes dele para alguns julgados, há uma mudança de paradigma nos deveres fiduciários pelos administradores. Estes deverão conduzir a atividade em atenção à proteção dos interesses de todos os demais envolvidos com o desenvolvimento da atividade empresarial, como se fossem um *trustee*. Sua permanência à frente da condução da companhia é forma de se assegurar a maximização dos ativos e a redução dos custos[216].

Nesse sentido, reconhece a Corte de Delaware, que na

"vicinity of insolvency" a board of directors has "an obligation to the community of interests that sustained the corporation, to exercise judgment in an informed, good faith effort to maximize the corporation's long term wealth creating capacity" – not to serve solely the interests of shareholders. As a result, the directors are no more vulnerable to shareholder control during bankruptcy than they were before bankruptcy[217].

Por essa razão, inclusive, aponta-se distinção entre a figura do devedor e a figura do *debtor-in-possession*. Ao se fazer essa discriminação, observa-se que algumas seções do Chapter 11 do Bankruptcy Code reservam direitos específicos ao devedor, diferentes dos oferecidos ao *debtor-in-possession*[218], o

---

[214] KERKMAN, Jerome R. Debtor in full control: a case for adoption of the trustee system. *Marquette Law Review*, v. 70, n. 2, article 1, p. 159-209, Winter 1987, p. 173.

[215] Commodity Futures Trade Commission *v.* Weintraub 471 U.S. 343, 355 (1985).

[216] "[T]he DIP acts not only as a manager of the business, but it also influences, and often controls the allocation of loss that occurs in Chapter 11" (NIMMER, Raymont T.; FEINBERG, Richard B. Chapter 11 Business Governance: fiduciary duties, business judgment, trustees and exclusivity. *Bankruptcy Developments Journals*, v. 6, n. 1, p. 1-72, 1989, p. 20).

No mesmo sentido: "To the extent that the DIP has exclusive information about the assets and operation of the business, the DIP can value the business better than anyone else. Additionally, the DIP enjoys advantages based on the control it exercises. Profitable business deals can be delayed, business activities can be curtailed, and new opportunities can be pushed into the future - all resulting in an undervaluation of the business. Whenever the DIP manages a business which it plans to buy, the opportunity to keep the price of the business low through management activities is always present" (WARREN, Elizabeth. A theory of absolute priority. *Annual Survey of American Law*, v. 1991, p. 9-48, 1991. p. 34).

[217] LoPUCKI, Lynn. A Team Production Theory of Bankruptcy Reorganization. *Research Paper* n. 3-12. University of California. Los Angeles: School of Law – Law & Economics Research Paper Series, 2003. p. 20.

[218] "Certain sections of Chapter 11 of the Bankruptcy Code reserve particular rights and duties to the debtor, as distinguished from the debtor in possession. The debtor files schedules, has the benefit of the automatic stay, and retains the power to propose a plan of reorganization under section 1121(a). 29 In fact, the debtor has an exclusive right to propose a plan for the first 120 days of the Chapter 11 case, or longer as the court may order.3 0 -Moreover, at the time of confirmation of a plan of reorganization, the debtor is fully resurrected and discharged from debts, except as provided by the plan. At this point, the debtor in possession ceases to exist and the debtor reasserts control over its assets" (KELCH, Thomas G. The Phantom Fiduciary: The debtor in possession in Chapter 11. *The Wayne Law Review*, v. 38, n. 3, p. 1.323-1.378, Spring 1992, p. 1.330).

que abre espaço para o desenvolvimento da controversa "*new entity theory*", na qual se considera a figura do *debtor-in-possession* como figura totalmente à parte do devedor[219].

Por essa razão, a administração feita pelo devedor possui duas vertentes nas quais pode ser classificada: as decisões quanto à administração da empresa, as quais consistem em decisões do dia a dia do negócio; e decisões fundamentais para o processo de insolvência, as quais consistem em decisões que se referem à viabilidade da reorganização[220].

Desta forma, o devedor age como tal na condução de seus negócios, mas também assume as funções como *trustee* durante o curso da reorganização, de modo a incidirem sobre si todos os direitos e obrigações[221].

O pressuposto desse *debtor-in-possession* americano, entretanto, é que os administradores conseguiriam atuar em conformidade com os seus deveres fiduciários em face dos credores[222], notadamente diante da pulverização do capital e do controle disperso. Esse distanciamento dos interesses dos acionistas dificilmente seria realizado se houvesse um controle concentrado ou com a coincidência da participação societária com os próprios administradores.

No direito norte-americano, a administração está incumbida de deveres fiduciários para acionistas e credores, os quais nem sempre possuem interesses alinhados[223].

Nesse aspecto, diante do controle diluído existente, notadamente nas companhias abertas americanas, os acionistas teriam seus direitos restringidos. Na recuperação, os acionistas poderiam manifestar-se quanto às matérias de interesse, constituir comitê para representar seus interesses no processo e deveriam ter seu interesse também tutelado pelos administradores, juntamente com o de todos os demais credores, sob pena de poderem também requerer a nomeação de um *trustee*.

Os credores, por seu turno, poderiam também instituir comitês para proteger seus interesses e tutelar a regularidade do processo. Entretanto, na prática, essa constituição é rara. "Creditors'

---

[219] "The coexistence of the debtor and the debtor in possession has caused considerable conceptual confusion in the courts, sometimes resulting in argument resembling metaphysics and mysticism. This confusion can be traced to the courts' unfortunate description of the debtor in possession as a "new entity," distinct from the debtor, created upon the filing of a reorganization case" (KELCH, Thomas G. The phantom fiduciary: the debtor in possession in Chapter 11. *The Wayne Law Review*, v. 38, n. 3, p. 1.323-1.378, Spring 1992, p. 1.330).

[220] "Chapter 11 places the management of the enterprise seeking bankruptcy relief in charge of the debtor business, functioning as the debtor in possession. In this role, management must make two principal types of decisions: Business Activity Decisions and Fundamental Bankruptcy Decisions. Business Activity Decisions involve choices about the day-to-day affairs of the business. Fundamental Bankruptcy Decisions, in contrast, are choices regarding the viability of the entity's reorganization" (ADAMS, Edward S. Governance in Chapter 11 reorganizations: reducing costs, improving results. *Boston University Law Review*, v. 73, p. 581-636, 1993, p. 634).

[221] "[T]he DIP is the Chapter 11 debtor (and vice versa), but also must perform the duties of the bankruptcy trustee. Upon the filing of a Chapter 11 case, the debtor schizophrenically assumes two roles. The first is as debtor-*qua*-debtor; the second is a debtor-*qua*-trustee. The debtor is itself, obviously, and is also the fiduciary representative of the bankruptcy estate. All duties, rights and powers are to be exercised by the debtor as the DIP. §1107(a). The debtor ceases to be DIP only in the relatively rare event that an independent trustee is appointed under (TABB, Jordan. *Law of bankruptcy*. 4. ed. St. Paul: West Academic, 2016. p. 1.049).

[222] HAHN, David. Concentrated ownership and control of corporate reorganizations. *Bar-Ilan University Faculty of Law*, Working Paper n. 6-03, oct. 2003, p. 19.

NIMMER, Raymont T.; FEINBERG, Richard B. Chapter 11 business governance: fiduciary duties, business judgment, trustees and exclusivity. *Bankruptcy Developments Journals*, v. 6, n. 1, 1989. "The owner who files bankruptcy for his closely held company must carefully and conscientiously recognize the separation of ownership rights and business obligations. As operator of the business, part of the owner's role now entails functioning as a fiduciary to the estate. The company is no longer a personal preserve responding only to the interests of the owner. To the extent that she develops a pattern of elevating personal interest over fiduciary obligations, the owner breaches the duties that bankruptcy law imposes. In such cases, the court must carefully monitor it to respond to the threat of such breach."

[223] BHARATH T., Sreedhar; PANCHAPEGESAN, Venky; WERNER, Ingrid. *The changing nature of Chapter 11*. Working paper n. 461. Indian Institute of Management Bangalore, 2013. p 16.

CAPÍTULO 4 • FASE DE NEGOCIAÇÃO

committees were appointed in only 40% of cases, fewer than half of those committees employed counsel, and in general the committees were ineffective."[224]

O administrador durante o procedimento de reorganização judicial, no *debtor in possession*, poderá praticar todos os atos de administração ordinária[225]. Contudo, ele não poderá alienar ou onerar ativos, fora do curso normal dos negócios, a menos que haja autorização judicial após oitiva dos interessados[226].

De acordo com Jordan Tabb, isso não significa que uma audiência sobre o assunto será realizada, mas que a alienação ou oneração fora do curso ordinário dos negócios será noticiada para os interessados, os quais terão a chance de se opor. Se nenhuma parte se opuser, o tribunal aprova o ato solicitado[227].

A possibilidade da prática de atos extraordinários é importante para o devedor, visto que ele poderá modificar suas obrigações legais, como poderá reestruturar suas operações comerciais:

> All of the debt revision in the world will not save the debtor if the underlying business is not made healthy. Perhaps an unprofitable division needs to be sold, or a product line refocused, or a labor agreement renegotiated, or layoffs made. Whatever needs to be done to the business can be done while under court supervision in Chapter 11[228].

Na prática, mesmo diante da difusão acionária, o sistema do *debtor in possession* americano não permitiu um equilíbrio entre os devedores e os credores, inicialmente. Os devedores conservavam-se na condução dos respectivos negócios através de administradores que tutelavam os respectivos interesses, mesmo que tivessem atuado de forma ineficiente. Apenas em raríssimos casos a administração era afastada, mesmo quando necessária.

Segundo Skeel, em 1978, com a promulgação do Bankruptcy Code, "Chapter 11 seemed to give too much control to the debtor's managers, enabling them to stiff arm creditors and drag out the case for inordinate periods of time. Managers were playing with creditors' money, and large cases often lasted several years or more"[229].

Com a utilização histórica da Lei, entretanto, verificou-se a alteração do controle e a alteração da administração das empresas em reorganização. Por meio do *debtor in possession financing* (DIP), os

---

[224] LOPUCKI, Lynn. A team production theory of bankruptcy reorganization. *Research Paper* n. 3-12. University of California. Los Angeles: School of Law – Law & Economics Research Paper Series, 2003. p. 100.

[225] "In Chapter 11, continued operation of the debtor's business is the norm. §1108. No court order is needed to authorize business operation; if a party in interest wants to curtail the debtor's power to continue the business, that party bears the burden of going into court and requesting the court to impose limits. § 1108. Nor will the debtor in its capacity as business operator need court authority to engage in transactions in the ordinary course of business" (TABB, Jordan. *Law of Bankruptcy*. 4. ed. St. Paul: West Academic, 2016. p. 1.050).

[226] 11 U.S. Code § 363 – Use, sale, or lease of property (2) The trustee may not use, sell, or lease cash collateral under paragraph (1) of this subsection unless – (A) each entity that has an interest in such cash collateral consents; or (B)the court, after notice and a hearing, authorizes such use, sale, or lease in accordance with the provisions of this section.

[227] "The debtor also may enter into transactions out of the ordinary course, but only after notice and hearing. §363(b). This does not necessarily mean that an actual hearing will be held, but only that notice of the proposed action will be sent to interested parties, who then will have an opportunity to object. If no objection is timely filed, the court may go ahead and approve the requested action without holding a formal evidentiary hearing. §102(1)" (TABB, Jordan. *Law of bankruptcy*. 4. ed. St. Paul: West Academic, 2016. p. 1.050).

[228] TABB, Jordan. *Law of bankruptcy*. 4. ed. St. Paul: West Academic, 2016. p. 1.050.

[229] SKEEL JR., David A. Creditors' Ball: The "New" New Corporate Governance in Chapter 11 (2003). Faculty Scholarship. *University of Pennsylvania Law Review*, v. 152, paper 29, p. 5. Disponível em: http://scholarship.law.upenn.edu/faculty_scholarship/29. Acesso em: 6 jul. 2023.

financiadores passaram a influenciar na governança das empresas em crise. "The terms of the debtor's post-petition financing force it to sell assets that are worth more in a buyer's hands. And performance-based executive compensation arrangements encourage managers to move more briskly through the Chapter 11 process."[230]

O sistema americano, quanto à manutenção do devedor na administração da empresa, é alvo de algumas objeções. A principal crítica diz respeito à possível incongruência da administração causadora da crise continuar no controle. Aponta Donald R. Korobkin: "after all, the former managers may themselves be the main cause for the financial distress of the corporation. Their continued reign may only reinforce accustomed ways of thinking and old antagonisms, making ultimate liquidation inevitable"[231].

3.6 Brasil

A adequação do sistema de insolvência brasileiro quanto à condução da atividade durante a recuperação judicial pressupõe a compreensão da realidade societária existente, dos limites impostos aos administradores, seus deveres fiduciários e o papel desempenhado pelo administrador judicial.

3.6.1 A condução da atividade durante a recuperação judicial

A adequação do sistema de administração regulado pela lei de insolvência para a persecução dos propósitos exige análise da própria realidade societária brasileira existente.

Em sistemas com controle concentrado, o custo de agência decorre da possibilidade de benefícios particulares gerados pela administração da sociedade ao controlador e em detrimento dos interesses dos demais sócios. Ao contrário de um controle disperso, em que os conflitos de agência ocorreriam entre os administradores e os acionistas representados, no controle concentrado a dinâmica reflete-se na tentativa de o controlador expropriar benefícios dos demais sócios.

No Brasil, a doutrina é pouco aprofundada quanto às diferenças entre as estruturas de controle das companhias norte-americana e da brasileira, as quais compreendem estruturas de um controle disperso e concentrado, respectivamente. Sobre a diferença, Munhoz aponta que

> no sistema norte-americano, a separação entre propriedade e controle decorre da diluição do capital e de o poder de comando empresarial ser exercido pelos administradores. Assim, o foco central do direito societário norte-americano são os problemas que decorrem do conflito entre coletividade acionária e administradores. No Brasil, pelo contrário, o sistema é de um controle fortemente concentrado, de modo que o conflito central a ser regulado é o que se estabelece entre controlador e não-controladores[232].

Nesse sentido, é possível afirmar que nos sistemas de controle concentrado, tal qual o Brasil, os problemas dizem respeito aos privilégios que o controlador possa ter em detrimento dos demais acionistas, ao passo que nos sistemas diluídos a questão toca ao monitoramento dos administradores

---

[230] Skeel Jr., David A. Creditors' Ball: The "New" New Corporate Governance in Chapter 11 (2003). Faculty Scholarship. *University of Pennsylvania Law Review*, v. 152, paper 29, p. 23. Disponível em: http://scholarship.law.upenn.edu/faculty_scholarship/29. Acesso em: 6 jul. 2023.

[231] "To perpetuate the control of current management in these kinds of corporations may only frustrate the aims of employees, interested members of the community, and unsecured creditors-persons who typically occupy the most vulnerable positions. A rule that would favor management control would be, to this extent, normatively unjustified" (Korobkin, Donald R. Contractarianism and the Normative Foundations of Bankruptcy Law. *Texas Law Review*, v. 71, n. 3, February 1993, p. 617-618).

[232] Munhoz, Eduardo Secchi. Desafios do direito societário brasileiro na disciplina da companhia aberta: avaliação dos sistemas de controle diluído e concentrado. In: Castro, Rodrigo R. Monteiro de; Aragão, Leandro Santos de (coord.). *Direito societário*: desafios atuais. São Paulo: Quartier Latin, 2009. p. 124.

CAPÍTULO 4 • FASE DE NEGOCIAÇÃO

pela coletividade de acionistas – o chamado *agency problems*. Essa distinção, todavia, não é observada em muitos casos.

A importação de regras de outros sistemas, sem a consideração da distinção fundamental entre as estruturas acionárias do Brasil e dos demais países, pode gerar a inadequação das regras aos objetivos pretendidos[233].

No Brasil, o controle das sociedades é titularizado por poucos sócios, os quais concentram quase toda a participação societária. As sociedades limitadas, tipo societário de maior adoção no Brasil, em regra, são compostas por 2 sócios. Pesquisa elaborada por Renato Vilela *et al.* constatou que 85,70% das sociedades limitadas seguem essa regra, 6,20% das sociedades limitadas possuem 3 sócios, 1,70% possuem 5 e 6 sócios e apenas 0,20% possuem mais de 6 sócios[234].

Com este critério em vista, a pesquisa de Renato Vilela *et al.* constatou que em 46,80% das sociedades limitadas o sócio controlador possui mais de 75% do capital social. Dessas, 22,45% representam sociedades em que o controlador é titular de mais de 99% do capital e em 24,32% o controlador possui entre 75 e 98,99% do capital[235].

Mesmo nas companhias abertas brasileiras, a concentração do controle reflete-se na presença de um controlador majoritário em 90%, controlador minoritário em 9% e 1% sem controlador[236]. Como destaca Munhoz,

> a realidade da grande companhia brasileira é indubitavelmente a de estruturar-se sob um controle concentrado. Com isso se quer dizer que a grande maioria das companhias brasileiras tem o seu controle sob a titularidade de uma família ou de um pequeno grupo de investidores. O significativo desenvolvimento do mercado de capitais nos anos recentes, com dezenas de aberturas de capital ocorridas no âmbito do Novo Mercado da BOVESPA, não modificou essa realidade. Ao analisar-se a estrutura de controle das sociedades listadas no Novo Mercado, chega-se facilmente à conclusão de que, na quase totalidade delas, há a presença clara de um controlador, titular de uma parcela relevante do capital[237].

Como o controle é concentrado, o administrador se confunde diretamente com o próprio sócio controlador, na maioria dos casos, ou é por este nomeado e destituído.

A concentração de poder implica que o administrador possui incentivos para se conservar no cargo e proteger os benefícios particulares do referido sócio, ainda que em detrimento dos interesses de todos os demais envolvidos. O administrador, sendo o controlador, tende a participar dos órgãos de administração, o que pode facilitar também quadros de conflito de interesses e expropriação dos acionistas minoritários[238].

---

[233] MUNHOZ, Eduardo Secchi. Desafios do direito societário brasileiro na disciplina da companhia aberta: avaliação dos sistemas de controle diluído e concentrado. In: CASTRO, Rodrigo R. Monteiro de; ARAGÃO, Leandro Santos de (coord.). *Direito societário*: desafios atuais. São Paulo: Quartier Latin, 2009. p. 124.

[234] MATTOS FILHO, Ary Oswaldo *et al.* Radiografia das sociedades limitadas. *Núcleo de Estudos em Mercados e Investimentos* – FGV Direito SP, 2014, p. 3.

[235] MATTOS FILHO, Ary Oswaldo *et al.* Radiografia das sociedades limitadas. *Núcleo de Estudos em Mercados e Investimentos* – FGV Direito SP, 2014, p. 5.

[236] SILVEIRA, Alexander. *A governança corporativa no Brasil e no mundo*. Rio de Janeiro: Elsevier, 2010. p. 183.

[237] MUNHOZ, Eduardo Secchi. Desafios do direito societário brasileiro na disciplina da companhia aberta: avaliação dos sistemas de controle diluído e concentrado. In: CASTRO, Rodrigo R. Monteiro de; ARAGÃO, Leandro Santos de (coord.). *Direito societário*: desafios atuais. São Paulo: Quartier Latin, 2009. p. 135.

[238] "Pesquisa realizada com companhias brasileiras de capital aberto indicou a elevada concentração do controle acionário e constatou que a participação proporcional de administradores independentes é menor em companhias com controle concentrado que naquelas que contam com estrutura de capital dispersa. Isso significa que a taxa de independência dos membros é inversamente proporcional à concentração do controle. Apurou-se, ainda, que os acionistas controladores de companhias brasileiras tendem a

Diante desse cenário de controle concentrado, os administradores estarão propensos a proteger os acionistas caso mantidos pela legislação de insolvência à frente da condução de sua empresa. Dessa forma, a corrente que postula uma maior eficiência do sistema com a manutenção do devedor à frente da empresa em crise, como nos Estados Unidos da América, não é absolutamente adequada para esse contexto societário.

Por seu turno, a imposição pela legislação da insolvência de uma necessária substituição do administrador, como originalmente na Alemanha e em Portugal, fará com que esse devedor postergue o pedido de recuperação, de modo a permitir a deterioração do cenário da crise[239]. Pior, a substituição do administrador poderá afetar diretamente o aviamento da empresa, notadamente por envolver as relações de confiança criadas pelo próprio administrador controlador[240].

Diante desse contexto societário, o Brasil filiou-se à corrente intermediária pela Lei n. 11.101/2005, como Itália e França. Assegurou a condução da atividade econômica pelos administradores preexistentes da sociedade em recuperação ou pelo próprio devedor pessoa física, mas sob a fiscalização de um administrador judicial.

De acordo com o art. 64 da Lei n. 11.101 de 2005, o empresário permanece na condução de sua atividade empresarial durante a recuperação judicial, sob fiscalização do Comitê de Credores, se houver, e do administrador judicial.

A solução legislativa prevaleceu ao projeto de Lei n. 4.376/93, que previa, inicialmente, o afastamento do devedor como consequência do deferimento da recuperação judicial[241]. O art. 16 do projeto apontava que "deferindo o pedido da recuperação, cabe ao juiz: I – sortear, desde logo, o administrador judicial da empresa".

Em comentários sobre a alteração do projeto pelo substitutivo apresentado pelo Deputado Osvaldo Biolchi e aprovado pela Comissão Especial em 1996, R. Mange sustentou que a ideia do afastamento, nos termos da Lei n. 6.024/74,

> foi abandonada por ter a prática indicado que tal caminho não asseguraria o sucesso da medida e até ensejaria mais problemas, escolhendo-se então a manutenção dos dirigentes, os quais conheceriam, em tese, as dificuldades da empresa e, por vezes sendo os próprios controladores, não poderiam alegar, depois, que a gestão foi prejudicial ao interesse social[242].

---

participar dos órgãos de administração, situação que facilita quadros de conflito de interesses e expropriação dos acionistas minoritários" (CEREZETTI, Sheila Christina Neder. Administradores independentes e independência dos administradores (regras societárias fundamentais ao estímulo do mercado de capitais brasileiro). In: ADAMEK, Marcelo Vieira von (coord.). *Temas de direito societário e empresarial contemporâneos*. São Paulo: Malheiros Editores, 2011. p. 583.

[239] HAHN, David. Concentrated ownership and control of corporate reorganizations. *Bar-Ilan University Faculty of Law*, Working Paper n. 6-03, oct. 2003, p. 43.

[240] "In jurisdictions where corporate law is influenced by the Berle-Means corporate model, that is, where the control by management is separated from the equityholders' ownership of the firm, management can be relied on to continue controlling the debtor firm through the bankruptcy case and co-operate with the creditors. On the other hand, in jurisdictions where the equityholders closely control the firm, allowing management to keep control of the debtor firm jeopardises the creditors and leaves them vulnerable to equityholders' manipulation" (HAHN, David. Concentrated Ownership and Control of Corporate Reorganizations. *Journal of Corporate Law Studies*, v. 4, no. Part 1, p. 117-154, April 2004, p. 120).

[241] "A redação original do Projeto de Lei n. 4.376, de 1993 (Projeto de Lei de Falências), enviada ao Congresso Nacional pelo Poder Executivo, previa o afastamento automático do devedor ou de seus administradores, ao arrolar, no inc. I de seu art. 16, como requisito da sentença que deferisse a recuperação judicial, o *sorteio do administrador judicial da empresa*. Somente poderiam permanecer nos cargos sociais os diretores e administradores de empresas de pequeno ou médio porte cuja receita não permitisse o pagamento da remuneração do administrador judicial (§ 6º do art. 16) ou o devedor individual em recuperação judicial (§ 7º do art. 16)" (FONSECA, Humberto Lucena Pereira. Arts. 64 a 69. In: CORRÊA-LIMA, Osmar Brina; CORRÊA-LIMA, Sérgio Mourão (coord.). *Comentários à Nova Lei de Falência e Recuperação de Empresas*. Rio de Janeiro: Forense, 2009. p. 428).

[242] MANGE, Renato. O administrador judicial, o gestor judicial e o comitê de credores na Lei n. 11.101/2005. In: SANTOS, Paulo Penalva (coord.). *A nova Lei de Falências e de Recuperação de Empresas Lei n. 11.101/2005*. Rio de Janeiro: Forense, 2006. p. 70.

CAPÍTULO 4 • FASE DE NEGOCIAÇÃO

A solução atual era já a que prevalecia até então no Decreto-Lei n. 7.661/45. Em seu art. 167, determinava-se que "[d]urante o processo da concordata preventiva, o devedor conservará a administração dos seus bens e continuará o seu negócio, sob fiscalização do comissário".

Os órgãos sociais da pessoa jurídica continuam a funcionar de acordo com a disciplina do contrato social e do estatuto social, assim como o empresário individual de responsabilidade ilimitada continua a exercer pessoalmente a produção ou a circulação organizada e profissional de bens ou serviços. Essa regra decorre da premissa de que, embora esteja em crise econômico-financeira, o devedor é o proprietário dos ativos e não poderia ser, nem pelos próprios credores, expropriado.

Como visto anteriormente, a crise econômico-financeira que acomete a sua atividade empresarial não necessariamente é decorrente de um comportamento desidioso do devedor. São também considerados causas para a situação de iliquidez transitória fatores externos às atividades do empresário. Desta forma, não necessariamente há um administrador ineficiente na condução da atividade e que poderia prejudicar os credores[243].

A permanência do devedor na condução de sua atividade incentiva-o a requerer a recuperação judicial por ocasião de sua crise, na medida em que não haveria risco de perda do controle de seus bens.

Ademais, a manutenção do devedor na condução da empresa pode ser economicamente mais eficiente. "Keeping existing management in place is efficient, as it would take time and money to educate someone else about the debtor's business."[244] É o administrador preexistente que conhece todos os pormenores da atividade e tem a informação necessária para continuar a conduzir a atividade.

Sua substituição poderá gerar maiores ônus ao devedor no momento em que sua situação econômico-financeira é mais frágil.

Diante disso, o devedor permanecerá na condução das atividades e será destituído apenas excepcionalmente. Sua destituição ocorre caso incida em alguma das hipóteses das infrações previstas em lei.

Nos termos do art. 64 da Lei n. 11.101/2005, o devedor ou seus administradores serão afastados da condução da atividade apenas se for demonstrada alguma má condução da administração, prejuízo ao direito dos credores ou condutas que possam colocar a satisfação do referido crédito em maior risco[245]. Quanto ao dispositivo legal, há intensa controvérsia sobre a referência ao termo "devedor" e aos seus efeitos. Controverte a doutrina e a jurisprudência sobre se o termo

---

[243] "Patently, there are reorganization cases caused by inept, inefficient, and poor management. However, this is not a universal situation. Financial distress and operational difficulties have many root causes. Many financial crises are the consequences of circumstances and conditions outside the control of management" (MILLER, Harvey R. The changing face of Chapter 11: a reemergence of the bankruptcy as producer, director, and sometimes star of the reorganization passion play. *American Bankruptcy Law Journal*, v. 69, n. 4, p. 431-466, Fall 1995, p. 445).

[244] GROSS, Karen. *Failure and forgiveness* – rebalancing the bankruptcy system. New Haven and London: Yale University Press, 1997. p. 32.

[245] São condutas dos administradores previstas no art. 64 e que permitirão sua destituição: I – houver sido condenado em sentença penal transitada em julgado por crime cometido em recuperação judicial ou falência anteriores ou por crime contra o patrimônio, a economia popular ou a ordem econômica previstos na legislação vigente; II – houver indícios veementes de ter cometido crime previsto nesta Lei; III – houver agido com dolo, simulação ou fraude contra os interesses de seus credores; IV – houver praticado qualquer das seguintes condutas: a) efetuar gastos pessoais manifestamente excessivos em relação a sua situação patrimonial; b) efetuar despesas injustificáveis por sua natureza ou vulto, em relação ao capital ou gênero do negócio, ao movimento das operações e a outras circunstâncias análogas; c) descapitalizar injustificadamente a empresa ou realizar operações prejudiciais ao seu funcionamento regular; d) simular ou omitir créditos ao apresentar a relação de que trata o inciso III do *caput* do art. 51

devedor envolveria apenas os administradores da pessoa jurídica ou ela própria ou também os seus controladores[246].

A concepção do devedor como empresário, seja pessoa física ou jurídica, na interpretação literal do dispositivo legal, permitiria que fosse afastada a pessoa jurídica da condução de sua atividade, a qual passaria a ser conduzida por um gestor judicial. Referida interpretação, na hipótese de pessoa jurídica, poderia prejudicar os interesses de sócios minoritários, em detrimento de eventual abuso do controlador.

Nesse aspecto, desponta como aparente melhor interpretação do dispositivo legal aquela que garanta efetiva proteção aos credores diante de um abuso na condução da atividade empresarial, mas que não prejudique os interesses dos demais envolvidos e que não participaram de quaisquer atos indevidos.

Dessa forma, na hipótese de pessoa jurídica, a irregularidade deve motivar a destituição dos administradores envolvidos, os quais serão substituídos nos termos do contrato ou estatuto social ou o afastamento do próprio empresário individual e que conduz sua própria atividade.

Se a irregularidade transbordar a ingerência do administrador, o art. 65 determina que o juiz afaste o devedor e convoque a assembleia geral para deliberar sobre o nome do gestor que assumirá a administração das atividades do devedor.

Nesse caso, o termo devedor deve possuir interpretação diversa, até porque sofrerá consequência legal diversa da referida no art. 64.

Se o ato irregular tiver sido praticado pelo controlador ou por sua interferência, a destituição do administrador não será suficiente para permitir a regularidade da condução da atividade empresarial, pois o administrador seria substituído nos termos do contrato social ou seja, por outro nomeado pelo controlador com as mesmas características e orientações.

Diante desse cenário excepcional, a interpretação do art. 65 exige que o termo devedor considere a figura do controlador, notadamente na hipótese de sociedade de controle concentrado. Nessa hipótese, o ato irregular permitiria o afastamento temporário dos poderes do sócio controlador, os quais passariam a ser desempenhados pelo gestor judicial até que a Assembleia Geral de Credores deliberasse pela nomeação de um gestor.

De todo modo, ainda que o Brasil se filie à corrente intermediária, que preserva o devedor na frente de sua atividade empresarial durante a recuperação judicial, embora exija a nomeação de um terceiro fiscal dessa atividade, e preveja hipóteses de destituição desse administrador por prática de malversação, a prática demonstra que esse controle tem sido pouco efetivo.

Ainda que as hipóteses estejam presentes e motivem a destituição dos administradores em virtude do controle, a irrelevância de sua constatação para a destituição do devedor para a condução da atividade é demonstrada, na prática, pelos reduzidos casos em que a destituição foi realizada e,

---

desta Lei, sem relevante razão de direito ou amparo de decisão judicial; V – negar-se a prestar informações solicitadas pelo administrador judicial ou pelos demais membros do Comitê; VI – tiver seu afastamento previsto no plano de recuperação judicial.

[246] Nesse sentido, Eduardo Secchi Munhoz, para quem "a melhor interpretação dos arts. 64 e 65 é que, em vez do devedor, deve-se ler sócio controlador" (MUNHOZ, Eduardo Secchi. Comentários ao art. 64. In: SOUZA JUNIOR, Francisco Satiro de; PITOMBO, Antônio Sérgio A. de Moraes. *Comentários à Lei de Recuperação de Empresas e Falência*. 2. ed. São Paulo: Revista dos Tribunais, 2007. p. 308).

Corrente oposta é defendida por outros, como João Pedro Scalzilli, Luis Felipe Spinelli e Rodrigo Tellechea. Para os autores, o acionista controlador apenas excepcionalmente poderia ter o seu exercício de voto suspenso (SCALZILLI, João Pedro; SPINELLI, Luis Felipe; TELLECHEA, Rodrigo. *Recuperação de empresas e falência*. 2. ed. São Paulo: Almedina, 2017. p. 342). Ainda: ROCHA, Marcelo. *Anotações sobre o gestor judicial na recuperação de empresas*. Dissertação (Mestrado em Direito) – Faculdade de Direito da Universidade de São Paulo, São Paulo, 2014. p. 118.; FRANCO, Gustavo Lacerda. *A administração da empresa em recuperação judicial*: entre a manutenção e o afastamento do devedor. São Paulo: Almedina, 2021. p. 253.

CAPÍTULO 4 • FASE DE NEGOCIAÇÃO

ainda, pelas consequências negativas que referida destituição gerou para o desfecho do procedimento recuperacional.

Em pesquisa jurimétrica realizada nos processos do estado de São Paulo, verificaram-se apenas 17 processos em que houve discussão sobre a aplicação dos art. 64 e 65 da LREF entre 2014 e 2019. Desses, houve a substituição dos administradores ou a determinação de medidas de cogestão em 10 deles apenas. Somados aos 3 processos anteriores a 2014 e em que houve a substituição dos administradores, verifica-se que 56% desses processos de recuperação judicial ainda estão em curso, 33% tiveram a falência decretada, enquanto apenas 11% foram encerrados sem descumprimento[247].

Pela mesma razão, há pouca previsão de alteração do controle societário nos planos de recuperação judicial aprovados. Dados jurimétricos sobre os planos de recuperação judicial aprovados no Brasil demonstram essa dependência dos controladores para a condução da atividade empresarial. "Apenas em 21,90% dos planos de recuperação judicial houve previsão de alteração no controle dos negócios da empresa em recuperação. Outrossim, em somente 14,6% há previsão de alteração dos administradores."[248]

Essa ausência de alteração da condução da atividade no plano de recuperação judicial evidencia que os credores não conseguem se impor em face do devedor, mesmo que demonstrada a prática de desvios ou de má gestão desse durante toda a sua condução.

3.6.2 Limites da administração

Na condução da atividade, a administração da sociedade encontra os mesmos limites expressos impostos pela Lei para a atuação durante o período que antecede o pedido de recuperação judicial, exceto quanto à alienação ou oneração de bens de seu ativo não circulante ou o pagamento dos créditos sujeitos à recuperação judicial.

Para a condução da sua atividade, não há qualquer ingerência dos credores ou do administrador judicial. As decisões administrativas não precisarão ser aprovadas pelos credores ou pelo administrador judicial, exceto na hipótese de alienação de ativos não circulantes (art. 66). Nesse aspecto, destaca-se, não há limitação a atos de administração ordinária ou autorização para os atos de administração extraordinária[249].

---

[247] VIDAL, Marina Coelho Reverendo. A impunidade impera na esfera empresarial? Uma análise casuística da aplicação dos arts. 64 e 65 da lei de recuperação e falência. *Revista da Faculdade de Direito da Universidade São Judas Tadeu*, São Paulo, n. 9, 2020, p. 132 s.

[248] MENDES, Max Magno Ferreira.; SACRAMONE, Marcelo Barbosa. Meios de soerguimento da empresa em crise na recuperação judicial. In: PEREIRA, Guilherme Setoguti Julio; YARSHELL, Flávio Luiz (org.). *Processo societário IV*. São Paulo: Quartier Latin, 2021. v. 1.

[249] No contexto societário, o verbo "administrar" caracteriza a tomada de decisões dos rumos de uma empresa, seja de maneira interna, com a direção da atividade econômica, seja de maneira externa, com a representação, que consiste na manifestação das decisões a terceiros. Em sentido estrito, a administração compreende os atos de gestão: a direção e organização de todos os recursos necessários ao desenvolvimento da atividade corporativa. A representação, por sua vez, é quando os atos administrativos são dirigidos a terceiros. SACRAMONE, Marcelo Barbosa. *Exercício do poder de administração na sociedade anônima*. Dissertação (Mestrado em Direito Comercial) – Faculdade de Direito, Universidade de São Paulo, São Paulo, 2007. p. 47.

BARRETO FILHO classifica a administração em formal e material. Segundo o autor, "em sentido formal, a administração da sociedade anônima compreende o conjunto dos órgãos instituídos para a consecução do objeto social; em sentido material, é o conjunto das funções necessárias ao desempenho, pela sociedade anônima, de sua peculiar atividade empresarial" (BARRETO FILHO, Oscar. Medidas judiciais da companhia contra os administradores. *Revista de Direito Mercantil, Industrial, Econômico e Financeiro*, São Paulo, v. 19, n. 40, p. 9-18, 1980, p. 65).

"[S]ão atos de gestão ordinária os negócios jurídicos que podem ser celebrados pelos diretores independentemente de qualquer deliberação do conselho de administração ou da assembleia geral; contrapondo-se ao conceito de administração extraordinária a necessidade de autorização ou aprovação destes órgãos para que possam ser praticados pelos diretores" (CARVALHOSA, Modesto. *Comentários à Lei das Sociedades Anônimas*. 3. ed. São Paulo: Saraiva, 2002. v. 3. p. 154).

Nos termos do art. 66 da Lei n. 11.101/2005, após a distribuição do pedido de recuperação judicial, o devedor não poderá alienar ou onerar bens ou direitos de seu ativo não circulante. A venda e oneração exigirão autorização judicial, a menos que previstas no plano de recuperação judicial.

Nos termos do art. 27 da Lei n. 11.101/2005, foi determinada a necessidade de submissão dos atos de endividamento necessários à continuação da atividade empresarial pelo Comitê de Credores à autorização judicial apenas se houver a condução por um gestor judicial nas hipóteses de afastamento do devedor.

Referida falta de limitação expressa para os atos de administração extraordinários, com exceção dos mencionados, não significa falta de alteração do dever fiduciário necessário para a condução da atividade.

Nesse aspecto, a Lei n. 6.404/76 estabelece, em seu art. 153, que o administrador da companhia deve empregar, no exercício de suas funções, o cuidado e diligência que todo homem ativo e probo costuma empregar na administração de seus próprios negócios[250].

A diligência apresenta-se, nesse contexto, como o adequado comportamento para a formação do juízo sobre o emprego dos fatores de produção para a persecução do interesse social. Trata-se de padrão de conduta exigido dos administradores para a adequada avaliação dos riscos imanentes à conduta necessária para o desenvolvimento da atividade da companhia e a maximização de seus resultados.

O dever de diligência pode ser apreendido em duas perspectivas: "no sentido subjetivo, o dever de diligência pode ser tido como esforço, dedicação, cuidado, interesse, atenção e zelo na execução de uma tarefa, independente do resultado final. E numa concepção objetiva, o padrão de conduta exigido no exercício de uma atividade"[251].

Cria-se um *standard* de conduta a ser observada pelo administrador e que remete a doutrina e a jurisprudência "à configuração das práticas que se inserem nos conceitos legais enunciativos dos abusos, por omissão ou ação, praticados pelos administradores na condução dos negócios sociais"[252].

Esse padrão de conduta, na condução da sociedade anônima, difere-se do padrão de diligência do bom pai de família ou padrão do homem médio, conforme utilizado em outros ramos do direito. O padrão do *vir probus*, do *bonus pater familias*[253], de origem romana, conforme esclarece sentença da Corte Italiana, "é a figura do modelo de cidadão existente, que vive em um determinado ambiente social, segundo o tempo, os hábitos, e as relações econômicas e o clima histórico político e que responde por isso a um conceito deontológico, derivado da consciência geral"[254].

Esse modelo do *bonus paterfamilias*, que toma como parâmetro um cidadão qualquer, não se coaduna com a nova realidade empresarial, em que dos administradores é exigido um comportamento cada vez mais profissional e especializado, compatível com a maior complexidade da atividade corporativa e com a celeridade e dinâmica do mercado[255].

---

[250] Esse dever de diligência apresenta-se como um limite legal de grande amplitude, sendo que os demais deveres legais são meros desdobramentos do padrão de comportamento dos administradores imposto pela lei (TEIXEIRA, Egberto Lacerda; GUERREIRO, José A. Tavares. *Das sociedades anônimas no direito brasileiro*. São Paulo: José Bushatsy, 1979. v. 2. p. 471).

[251] RIBEIRO, Renato Ventura. *Dever de diligência dos administradores de sociedades*. São Paulo: Quartier Latin, 2006. p. 208.

[252] CARVALHOSA, Modesto. *Comentários à Lei de Sociedades Anônimas*. 2. ed. São Paulo: Saraiva, 1998. v. 3. p. 228.

[253] RIBEIRO, Renato Ventura. *Dever de diligência dos administradores de sociedades*. São Paulo: Quartier Latin, 2006. p. 57.

[254] Sentença de 2 de janeiro de 1951, citada por COTTINO, Gastone. *Diritto commerciale*. Padova: Cedam, 1976, v. 1. p. 48, nota 40.

[255] TOLEDO, Paulo F. C. Salles de. *O conselho de administração na sociedade anônima*. São Paulo: Atlas, 1997. v. 1. p. 54. Nesse sentido, MARTINS determina que "a simples honestidade, boa vontade ou diligência de um homem ativo e probo não são bastantes para fazer com que ele exerça funções de administrador da sociedade; necessário é que haja conhecimentos técnicos e que o administrador atue profissionalmente [...]" (MARTINS, Fran. *Comentários à lei das sociedades anônimas*. Rio de Janeiro: Forense, 1978. v. 2. p. 362).

CAPÍTULO 4 • FASE DE NEGOCIAÇÃO

A exigência pela sociedade anônima do exercício profissional de atividade econômica organizada para a produção ou a circulação de bens ou de serviços pressupõe de seu administrador capacidade profissional diferenciada[256]. De fato, enquanto a natureza da relação entre os administradores e a sociedade era tida como de um contrato de mandato, não se exigia qualquer capacidade profissional do mandatário, mormente em virtude de sua concepção, em regra, como mero executor das obrigações atribuídas pelo mandante. Sob esta perspectiva, a referência a um padrão de comportamento do homem médio atendia perfeitamente ao esperado de sua atuação.

Ao se caracterizar o administrador como órgão da companhia, conforme art. 138, § 1°, da Lei n. 6.404/76, por outro lado, reconheceu-se o seu relevante papel no desenvolvimento da atividade corporativa e que não poderia ser suprido por pessoa sem capacidade técnica ou conhecimentos especializados. Determinou a Lei, em seu art. 152, como corolário dessa necessidade técnica, que os critérios para a fixação da remuneração dos administradores seriam sua competência, reputação profissional e o valor dos seus serviços no mercado.

Como pressupôs expressamente capacidade profissional, exige-se, assim, um padrão de conduta adequado e que não se coaduna com o parâmetro de um simples homem médio[257]. Não seria lógico exigir o profissionalismo no desempenho da atividade empresarial se não precisasse o administrador desempenhar suas funções conforme um padrão de conduta que envolvesse a consideração dos diversos riscos implicados na atividade e que deveriam ser conscientemente sopesados por um administrador competente[258].

Essa diligência especial requerida dos administradores e mais de acordo com a complexidade da atuação corporativa hodierna é a tendência que vem sendo consagrada pelos ordenamentos jurídicos, com o abandono do padrão do *bonus paterfamilias*[259].

Para CARVALHOSA, "trata-se, com efeito, de regra típica do mandato que foi transposta para o âmbito da administração das companhias. E por essa razão, entende-se que não se coaduna o padrão com o sistema organicista que caracteriza a moderna administração societária" (CARVALHOSA, Modesto. *Comentários à Lei das Sociedades Anônimas*. 3. ed. São Paulo: Saraiva, 2002. v. 3. p. 230). Segundo RIBEIRO, "a transposição do modelo romano do direito civil antigo para o direito empresarial moderno apresenta alguns problemas. O primeiro, a aplicação de um instituto de base civilística para disciplina de relações empresariais. O outro é a tendência à profissionalização da gestão das empresas modernas, pelo que alguns autores relegam a responsabilidade com base na ideia do bom pai de família, considerando o padrão insuficiente, inadaptado e inadaptável" (RIBEIRO, Renato Ventura. *Dever de diligência dos administradores de sociedades*. São Paulo: Quartier Latin, 2006. p. 213-214).

[256] Segundo BULGARELLI, "se a companhia deve alcançar os seus fins (escopo-fim) através do exercício da empresa (escopo-meio) o conteúdo das atribuições dos administradores é integrado pela gestão social genérica, que abrange não só o cumprimento da lei e do contrato societário, mas também o exercício da empresa, e nesse sentido, a exigência de um padrão gerencial baseado na capacidade profissional é um imperativo da realidade" (BULGARELLI, Waldírio. Apontamentos sobre a responsabilidade do administrador das companhias. *Revista de Direito Mercantil, Industrial, Econômico e Financeiro*, São Paulo, Malheiros, n. 50, p. 75-105, 1983, p. 77).

[257] Segundo CARVALHOSA, "não basta, em nosso direito, por sua inquestionável feição institucional, que o administrador atue como homem ativo e probo na condução de seus próprios negócios. São insuficientes os atributos de diligência, honestidade e boa vontade para qualificar as pessoas como administradores. É necessário que se acrescente a competência profissional específica, traduzida por escolaridade ou experiência e, se possível, ambas. O próprio art. 152 expressamente estabelece esses requisitos, ao falar em competência, reputação profissional e tempo de dedicação às suas funções" (CARVALHOSA, Modesto. *Comentários à Lei de Sociedades Anônimas*. 2. ed. São Paulo: Saraiva, 1998. v. 3. p. 228).

[258] Para COSTA, "é a elasticidade da formulação do dever de diligência na lei que permite que se estipule um grau de exigência maior, ligado ao requisito de profissionalismo, para os administradores de companhia aberta. Uma interpretação sistemática da lei de sociedades por ações, em substituição a uma leitura isolada e apressada do art. 153, não leva a outra conclusão" (COSTA, Luiz Felipe Duarte Martins. *Contribuição ao estudo da responsabilidade civil dos administradores de companhias abertas*. Dissertação de Mestrado – Faculdade de Direito, Universidade de São Paulo, São Paulo, 2006. p. 68).

[259] Nesse sentido, a *Aktiengesetz* alemã, de 1937, no parágrafo 84, reiterada pela Lei societária de 1965, § 93.1, estabelece como critério o cuidado de um homem de negócios diligente e consciencioso. Nos Estados Unidos, o Model Business Corporation Act de 1984, adotado integralmente por parcela substancial de Estados e parcialmente por outros 25 Estados Membros, estipula o dever de o administrador agir "with the care that a person in a like position would reasonably believe appropriate under circumstances"

Ao determinar um padrão de diligência a ser seguido pelos administradores, a lei societária indica que a obrigação dos administradores é uma obrigação de meio, e não uma obrigação de resultado[260]. Ao administrador incumbe desempenhar apropriadamente suas funções visando à persecução do interesse social, ainda que não consiga obtê-lo.

Nesse sentido, o lucro ou o prejuízo auferidos pela companhia não são suficientes para indicar o cumprimento ou não do dever de diligência pelos administradores. Diferentes variáveis, tanto internas quanto externas à companhia, interferem diretamente no resultado alcançado pelos atos corporativos. E, ainda que assim não fosse, não se poderia imputar pelo prejuízo social uma conduta necessariamente negligente dos administradores caso estes tenham agido conforme o padrão esperado. Os administradores não respondem pelo risco da atividade da companhia, mas sim pela conduta apropriada de mensuração dos riscos para obter o resultado lucrativo[261].

Independentemente do resultado, assim, a diligência dos administradores pauta-se na conduta apropriada ao desempenho das respectivas funções. Nestes termos, o dever geral de diligência pode ser desdobrado em diversos outros deveres, que demandam uma postura ativa do administrador[262].

O primeiro desses deveres propugnado pela doutrina é o de adquirir informação. A obrigação de informar-se compreende a obtenção de informações sobre o ramo de atuação da sociedade, de

---

(GHEZZI, Federico. I 'doveri fiduciari' degli amministratori nei 'principles of corporate governance'. *Rivista delle Società Aberta*, p. 2-3, Milano: Giuffrè, 1996, p. 466). Essa posição é claramente expressa por BALLANTINE, LATTIN e JENNINGS. Para os autores, a Corte de Nova York e a de alguns outros estados imputa ao administrador sustentar o grau de diligência que um ordinário prudente homem exerceria na administração de seus próprios negócios. Todavia, "the more usual rule is expressed to require that degree of care which an ordinarily prudent director would exercise in a similar position under similar circumstances" (BALLANTINE, Henry W.; JENNINGS, Richard W.; LATTIN, Norman D. *Cases and materials on corporations*. 2. ed. Chicago: Callaghan & Company, p. 279, 1953). No mesmo sentido, o Código de Sociedades Comerciais Português estipula, em seu art. 64, que "os gerentes, administradores ou diretores de uma sociedade devem actuar com a diligência de um gestor criterioso e ordenado, no interesse da sociedade, tendo em conta os interesses dos sócios e dos trabalhadores". Sensível a essa nova tendência de se exigir uma diligência especial dos administradores de companhias, o ordenamento jurídico italiano reformou o padrão de comportamento do *bonus paterfamilias* que até então vigorava. A nova redação do art. 2.392 refere-se "à diligência requerida pela natureza de sua função e de sua específica competência".

[260] RIBEIRO, Renato Ventura. *Dever de diligência dos administradores de sociedades*. São Paulo: Quartier Latin, 2006. p. 210. Segundo CARVALHOSA, "o administrador não se obriga pelo resultado de sua gestão, nem por ela se responsabiliza quando regularmente exercida. A atividade leal e diligente no interesse da companhia visa a lograr os seus fins. O resultado almejado, no entanto, não cria para o administrador vínculo obrigacional. Suas obrigações são de meio" (CARVALHOSA, Modesto. *Comentários à Lei de Sociedades Anônimas*. 2. ed. São Paulo: Saraiva, 1998. p. 235. v. 3).

[261] É o que pode apreender da lição de José Xavier CARVALHO DE MENDONÇA, para quem "a lei não atribuiu aos administradores o caráter de garantes ou abonadores das operações sociais relativamente aos acionistas ou à sociedade, nem lhes impôs responsabilidades tão pesadas que dificultassem o preenchimento do cargo por pessoas ciosas da sua reputação e amigas da sua tranquilidade. Os riscos inerentes a todas as empresas comerciais não ficam a cargo dos administradores. Eles respondem pelos prejuízos ou danos (sem prejuízo não há responsabilidade) decorrentes da sua culpa ou dolo" (CARVALHO DE MENDONÇA, José Xavier. *Tratado de direito comercial brasileiro*. 6. ed. São Paulo: Freitas Bastos, 1959. v. IV. p. 77-78). No mesmo sentido VALVERDE: "se bem que a responsabilidade civil dos administradores pressuponha sempre a existência de prejuízos causados à sociedade, não é de aferir-se a conduta por eles seguida na gestão dos negócios sociais pelos resultados obtidos, e, sim, pela normalidade das operações, que empreenderam e executaram. Assim, o fato de terem os administradores conseguido grandes lucros em negócios arriscados, ou estranhos ao objeto da sociedade, não serve para caracterizar uma boa e prudente administração" (VALVERDE, Trajano de Miranda. *Sociedade por Ações*. 2. ed. Rio de Janeiro, Forense, 1953. v. 2. p. 331).

[262] LATTIN expõe sumariamente esses desdobramentos do dever de diligência ao indicar as três hipóteses mais correntes no direito americano de negligência dos administradores na condução dos negócios sociais: "(1) the director has not attended board meetings as he should and has had no valid excuse for being absent; or (2) he has not taken the time to acquaint himself with the general aspects of the business so that he is qualified to act upon propositions when they are discussed at board meetings; or (3) he has sat quietly at board meetings when there were indications of bad management by the officers, or perhaps downright crookedness, and has been so unconcerned or perhaps unaware of what was in the offing that he did not object or did not suggest an investigation or did not do something else that a director reasonably capable, under similar circumstances, would have done" (LATTIN, Norman D. *The law of corporations*. 2. ed. New York: Foundation Press, 1971. p. 275).

CAPÍTULO 4 • FASE DE NEGOCIAÇÃO

modo que o administrador possa qualificar-se para ponderar sobre a melhor decisão a ser tomada na hipótese fática[263], sobre o desenvolvimento do objeto social desta, que incluiria a política empresarial definida e sua situação econômico-financeira, e sobre as decisões assembleares e dos demais órgãos sociais.

Correlato ao dever de adquirir informação, o dever de investigar exige que as informações obtidas pelos administradores sejam analisadas para verificar a suficiência e veracidade para embasar uma determinada decisão. Exige-se dos administradores, assim, uma postura crítica, não somente informando-se, mas analisando e valorando as informações obtidas.

Desses deveres de informar-se e de investigar decorre a obrigação de tomar a decisão razoável conforme o risco mensurado e em consideração às circunstâncias apresentadas. Como o dever geral de diligência caracteriza-se por ser obrigação de meio, o administrador não será responsável pela decisão respaldada na quantidade suficiente de informações, mas que, todavia, não proporcionou o resultado esperado, desde que a decisão seja orientada à persecução do interesse social e compatível ao risco avaliado.

Na atual realidade empresarial, assim, o dever de diligência imposto aos administradores de companhias é atendido, em síntese, mediante o exercício das suas funções conforme um padrão de administrador profissional, competente e consciencioso. E, tratando-se de obrigação de meio, tem-se que compete aos membros da administração desempenhar adequadamente seu encargo visando à observância do interesse social, conquanto não logrem êxito em seu propósito. Estando a sociedade anônima em situação econômico-financeira saudável, portanto, é esse o *standard* que deve pautar a atuação diligente dos seus administradores, sujeitos ao regramento societário.

Se a empresa estiver em cenário de insolvência, entretanto, controverte-se sobre eventual alteração do padrão de diligência imposto aos administradores, em termos do risco razoável que podem assumir no exercício da função, bem como que o seu atendimento deva perseguir finalidade diversa.

Decerto, ao longo do processo recuperacional, as normas que estruturam a governança da sociedade devedora continuam em pleno vigor, inclusive aquelas que versam sobre direitos e deveres dos administradores[264]. O próprio art. 50, II, da LRF, aliás, sugere que a incidência do regramento societário persiste durante a recuperação judicial, ao destacar a necessidade de respeito aos direitos dos sócios e de observância da legislação vigente na utilização de operações societárias como meios para a reorganização almejada. Dessa maneira, a disciplina dos deveres fiduciários, tão cara ao direito societário[265], estende-se à recuperação judicial.

Se os deveres fiduciários continuam a ser exigidos, nas sociedades em crise, referidos deveres fiduciários não permanecem sem alteração. O dever de diligência imposto aos administradores é alterado após o início do processo recuperacional, em pelo menos dois aspectos: o escopo do exercício da administração e o risco tolerado nessa atuação.

---

[263] Para RIBEIRO, "somente a análise de cada situação concreta irá demonstrar qual a quantidade suficiente de informações, considerando-se o conhecimento anterior da matéria, tempo para tomada de decisão, sua importância para a empresa, possibilidade ou não de perda de oportunidade de negócios, custos para obtenção de informações, vantagens e desvantagens da medida proposta, entre outras" (RIBEIRO, Renato Ventura. *Dever de diligência dos administradores de sociedades*. São Paulo: Quartier Latin, 2006. p. 228).

[264] NEDER CEREZETTI, Sheila Christina. *A recuperação judicial de sociedade por ações*: o princípio da preservação da empresa na Lei de Recuperação e Falência. São Paulo: Malheiros, 2012. p. 223.

[265] A doutrina ressalta ser esse regramento amplo, tanto para administradores como para controladores. Quanto aos primeiros, a disciplina exige que se orientem no exercício da função pelos interesses da companhia, não pelos seus próprios, em conformidade com o art. 154 da Lei das S.A., desdobrando-se em obrigações de diligência e de evitarem qualquer forma de conflito de interesses (SALOMÃO FILHO, Calixto. *O novo direito societário*. 4. ed. São Paulo, Malheiros, 2011. p. 83-84).

No panorama da recuperação judicial, a consideração exclusiva dos interesses dos sócios ou acionistas – preconizada pela teoria societária contratualista do interesse social – não poderia ser aceita em absoluto diante da função do instituto da recuperação e dos demais interesses a serem prestigiados em seu bojo.

De fato, no direito das empresas em crise, a fidúcia na condução da atividade é depositada não apenas pelos detentores de participação no capital social, mas pelos demais beneficiários da atividade, como os credores, consumidores, trabalhadores e os demais agentes envolvidos no processo reorganizacional[266]. Nessa esteira, os deveres fiduciários impostos ao devedor na reorganização não se referem somente aos sócios ou são ampliados meramente a fim de envolver os credores, relacionando-se também aos demais membros da comunidade, em conformidade com a política de reabilitação presente na LRF, nisso incluídos os propósitos de salvar empregos e recursos comunitários. Compete ao devedor, então, conduzir a empresa e exercer suas funções no processo recuperacional levando em consideração o desenvolvimento de sua atividade[267].

Nesse aspecto, conforme a própria exposição dos objetivos pretendidos pelo legislador, o sistema atual de insolvência procuraria assegurar a proteção imediata aos credores e, de forma mediata, aos demais interessados, como consequência da maximização do valor dos ativos e maior satisfação dos créditos. Referida consideração seria apreendida do art. 47 da Lei n. 11.101/2005, mas também transpareceria do objetivo da preservação da empresa no procedimento falimentar, nos termos do art. 75 da Lei n. 11.101/2005.

Por seu turno, a relevância da consideração dos interesses dos sócios pelos administradores, a despeito de ainda necessária, tornou-se expressamente não exclusiva. Alterada pela Lei n. 14.112/2020, a Lei n. 11.101/2005 passou a prever, em seu art. 6º-A, que ao devedor é vedada, até a aprovação do plano de recuperação judicial, a distribuição de lucros ou dividendos a sócios e acionistas, sob pena de prática de infração penal.

Trata-se, por expressa determinação legal, da orientação do interesse social mais ao escopo-meio, como desenvolvimento do objeto social, que ao escopo-fim, de distribuição dos dividendos produzidos pela atividade. Assim, o dever de diligência imposto aos administradores da recuperanda exige que exerçam seu encargo adequadamente, visando ao atendimento de interesses que, indubitavelmente, não se limitam àqueles ostentados pelos sócios. Essa é uma primeira modificação importante em sua configuração.

O dever de diligência é limitado pela *business judgment rule*. Estabelece-se que o administrador deve adotar conduta diligente e cuidadosa, mas que as suas decisões negociais e administrativas não estão sujeitas a controle judicial, ainda que se mostrem equivocadas e resultem em prejuízos à sociedade[268]. Porém, certos riscos que, nesse contexto, poderiam ser assumidos pela administração da companhia, normalmente, podem não ser admitidos na recuperação judicial[269].

---

[266] MILLER, Harvey R. The changing face of Chapter 11: a reemergence of the bankruptcy as producer, director, and sometimes star of the reorganization passion play. *American Bankruptcy Law Journal*, v. 69, n. 4, p. 431-466, Fall 1995, P. 442. Também nessa direção, parcela da doutrina americana delineia modelo conceitual do *debtor in possession* que reconhece a diferença entre tal mecanismo e o devedor, vislumbrando dois papéis: aquele do devedor anterior ao processo, sem qualquer dever fiduciário especial aos seus credores, e aquele do *debtor in possession*, com seus deveres fiduciários especiais que devem exercidos em benefício dos novos interessados (KELCH, Thomas G. The Phantom Fiduciary: the debtor in possession in Chapter 11. *The Wayne Law Review*, v. 38, n. 3, p. 1.323-1.378, Spring 1992, P. 1.333-1.334).

[267] NEDER CEREZETTI, Sheila Christina. *A recuperação judicial de sociedade por ações*: o princípio da preservação da empresa na Lei de Recuperação e Falência. São Paulo: Malheiros, 2012. p. 394.

[268] SALOMÃO FILHO, Calixto. *O novo direito societário*. 4. ed. São Paulo, Malheiros, 2011. p. 84.

[269] A preocupação com os riscos assumidos pela administração da empresa em crise diz respeito, inclusive, ao período imediatamente anterior ao início do processo recuperacional, receando parte da doutrina a adoção de condutas arriscadas pela gestão ainda que tais medidas não possam proporcionar a efetiva maximização dos ativos, pois os sócios teriam pouco a perder com o

CAPÍTULO 4 • FASE DE NEGOCIAÇÃO

A alteração do risco admissível é relevante diante do estado de possível insolvência patrimonial da sociedade. Nesse cenário, os sócios ou acionistas da sociedade apenas receberiam eventual valor remanescente após a satisfação de todos os credores em eventual dissolução e liquidação. Desta forma, caso os administradores devessem tutelar exclusivamente os interesses societários desses, estariam mais sujeitos a desenvolverem operações arriscadas, porque o eventual insucesso não afetaria negativamente os sócios, que nada receberiam, enquanto o sucesso faria com que pudessem majorar os seus recebimentos.

A alteração do risco admissível, porém, não decorre somente dos novos interesses a serem considerados no exercício da administração, em uma perspectiva de preservação e valorização dos ativos. A própria LRF estabelece algumas balizas para a gestão da recuperanda.

O art. 64, IV, do diploma, por exemplo, enumera como causa para a destituição dos administradores ou o afastamento do devedor a verificação das condutas de "efetuar despesas injustificáveis por sua natureza ou vulto, em relação ao capital ou gênero do negócio, ao movimento das operações e a outras circunstâncias análogas" (alínea *b*), o que revela expressamente a limitação à assunção dos riscos pelos administradores. Outrossim, são causas de destituição a atitude de "descapitalizar injustificadamente a empresa ou realizar operações prejudiciais ao seu funcionamento regular" (alínea *c*) ou mesmo de "efetuar gastos pessoais manifestamente excessivos em relação a sua situação patrimonial" (alínea *a*)[270].

Claramente, inúmeras situações que se enquadram nessas hipóteses legais, fora do ambiente da recuperação judicial, não necessariamente acarretariam a responsabilização dos administradores. Na esfera do processo recuperacional, todavia, estabelecem-se tais limites, impondo-se severa sanção aos administradores no caso da sua inobservância.

O art. 66 da LRF, por sua vez, ao restringir a alienação e a oneração de bens ou direitos do ativo permanente da devedora após a distribuição do pedido de recuperação, reduz sobremaneira o poder dos administradores em relação ao cenário anterior à crise. Obrigações estabelecidas à devedora na LRF, a exemplo daquela constante do art. 52, IV, também devem ser cumpridas pela administração. Todos esses novos fatores balizam a atuação do administrador diligente.

Para além disso, tais disposições constituem parâmetros mínimos para a gestão da sociedade que recorre à recuperação, sinalizando contrariamente à assunção de riscos não razoáveis em seu exercício. Em última análise, o administrador da recuperanda deve passar a atuar conforme um padrão de administrador profissional, competente, consciencioso e razoável com relação ao risco assumido em atenção aos interesses de todos os envolvidos. Trata-se de um acréscimo importante na configuração da conduta diligente, atenuando os limites que a *business judgment rule* representa ao dever de diligência[271].

Desse entendimento decorrem consequências relevantes no tocante às possibilidades de responsabilização dos administradores da companhia em recuperação. E, seguramente, pode-se afirmar que ocasiona mudanças concernentes ao nível de risco tolerado na condução da sociedade.

---

eventual fracasso da iniciativa. Essa consideração, claramente, baseia-se na noção de que a administração preexistente representa o interesse dos sócios (NEDER CEREZETTI, Sheila Christina. *A recuperação judicial de sociedade por ações*: o princípio da preservação da empresa na Lei de Recuperação e Falência. São Paulo: Malheiros, 2012. p. 393).

[270] Dispositivo cuja aplicação pode ensejar a destituição dos administradores de sociedades de responsabilidade limitada como efeito do reconhecimento da sua responsabilidade pelo dispêndio manifestamente excessivo da recuperanda em relação à sua situação patrimonial, mas não como consequência da identificação de gastos próprios relativos aos seus patrimônios pessoais. Para análise detida sobre essa possibilidade, a despeito da redação pouco harmônica do texto legal, FRANCO, Gustavo Lacerda. *A administração da empresa em recuperação judicial*: entre a manutenção e o afastamento do devedor. *São Paulo: Almedina, 2021*. p. 181.

[271] Destaque-se que o tema do risco na administração de empresas em crise, inclusive tendo em vista a *business judgment rule*, tem sido objeto de preocupação na doutrina de outros ordenamentos jurídicos. Nesse sentido, por exemplo, GRAÑA, Eva Recamán. *Los deberes y la responsabilidad de los administradores de sociedades de capital en crisis*. Cizur Menor: Aranzadi, 2016. p. 176-178.

Não se sustenta, portanto, a afirmação de que o dever de diligência imposto aos administradores da companhia permanece o mesmo após o início do processo de recuperação judicial. Pode-se resumir a sua nova formulação, nesse contexto, ao acréscimo de outros interesses a serem observados no exercício da sua função, em especial dos credores, e à redução da tolerância quanto à assunção de riscos não razoáveis na análise do seu atendimento pelos membros da administração.

3.6.3 Papel do administrador judicial e do comitê de credores

Se a condução da empresa é conservada ao devedor, sua atuação não é feita livremente. Além das restrições aos poderes decorrentes do pedido de recuperação judicial, o devedor terá seus atos fiscalizados pelo administrador judicial e pelo comitê de credores, caso constituído.

Na falência, em consideração à necessária liquidação dos ativos e pagamento dos credores, ao administrador judicial foi conferido verdadeiro papel de gestão. A ele cabe a arrecadação dos ativos, liquidação dos bens e satisfação dos credores.

A justificativa para o afastamento total do devedor e assunção por um administrador judicial na falência decorre de um maior risco de comportamentos oportunistas por este, que poderia tentar desviar ativos ou satisfazer determinados credores em detrimento de outros. Ademais, diante da inviabilidade econômica, faz-se presente, de modo mais frequente, a análise sobre a conduta do devedor e que pode ter motivado indevidamente a crise insuperável ou, ainda, eventuais comportamentos fraudulentos por ocasião de sua iminência (arts. 129 e 130).

Na recuperação judicial, a função precípua do administrador judicial, por seu turno, é a de fiscalizar as atividades do devedor, fornecer as informações pedidas pelos credores interessados e controlar o cumprimento do plano de recuperação judicial, nos termos do art. 22 da Lei n. 11.101/2005. Nessa fiscalização, deverão o administrador judicial e o comitê verificar se os deveres fiduciários do devedor estão sendo cumpridos e se o plano de recuperação judicial proposto não afronta a lei.

Como suscitado, a existência do comitê de credores é facultativa e sua função exclusivamente fiscalizatória. O administrador judicial, por sua vez, tem a natureza de agente auxiliar da justiça[272]. Suas atividades devem ser desenvolvidas não para a proteção do exclusivo interesse dos credores, ou dos devedores, mas para a persecução do interesse público decorrente da regularidade do procedimento falimentar e recuperacional.

Excepcionalmente apenas, o administrador judicial poderá exercer as atividades de administração do devedor. A situação excepcional ocorrerá apenas na hipótese de afastamento do devedor de suas funções até a eleição do gestor judicial (art. 65, § 1º), cuja função precípua é a administração do devedor.

Dessa função de fiscalização, a LREF enumera uma série de atribuições e deveres impostos ao administrador judicial no art. 22 da Lei. O rol apresentado, contudo, não é taxativo, sendo possível que outros deveres sejam também determinados ao administrador. É possível a divisão em três grupos das competências do administrador judicial: (i) deveres que se referem ao direito à informação dos credores e do administrador; (ii) deveres quanto à verificação e organização dos créditos; e (iii) deveres quanto ao zelo pela regularidade do processo e de adoção de medidas necessárias para que suas funções sejam exercidas da forma mais eficiente possível[273].

Nesse cenário, o administrador judicial não tem poder para interferir na relação entre devedores e credores. Como inserido pela Lei n. 14.112/2020, cumpre a este apenas fiscalizar o decurso

---

[272] VALVERDE, Trajano de Miranda. *Comentários à Lei de Falência*. Rio de Janeiro: Forense, 1999. v. 1. p. 445.

[273] BERNIER, Joice Ruiz. *Administrador judicial*. São Paulo: Quartier Latin, 2016. p. 88.

CAPÍTULO 4 • FASE DE NEGOCIAÇÃO

das tratativas e a regularidade das negociações entre devedor e credor. Durante a fase de negociação, deve o administrador judicial apenas assegurar a redução da assimetria informacional, ou seja, que as informações corretas tenham sido fornecidas tempestivamente aos credores para que estes possam decidir a respeito do plano de recuperação judicial que lhes fora proposto.

Nesse aspecto, sua atuação é primordial para assegurar a regularidade do processo de negociação, bem como garantir que os credores possam efetivamente conhecer a situação do devedor e avaliar a sua viabilidade econômica diante do plano proposto.

> Na falta de um administrador judicial diligente e técnico, certas provas podem acabar deixando de ser realizadas para que o magistrado possa, efetivamente, ter conhecimento dos atos praticados pela empresa recuperanda durante o procedimento, inclusive de atos fraudulentos que importariam na sua intervenção.[274]

A atuação do administrador judicial, entretanto, tem revelado reduzido controle do desenvolvimento regular do processo e da fiscalização quanto às informações imprescindíveis à negociação com os credores.

Segundo os dados da segunda fase do Observatório de Insolvência, o administrador judicial sequer apresentou a lista de credores com a verificação dos créditos em 8,9% dos casos[275].

Quanto à verificação dos créditos, verifica-se que a falta de controle realizada a respeito dos créditos não sujeitos à recuperação judicial do devedor exigiu que o legislador, na Lei n. 14.112/2020, incluísse expressamente no art. 51 a obrigação de o devedor relacionar todos os créditos não sujeitos à recuperação judicial, inclusive obrigações tributárias. Referida inovação, entretanto, era exigência para o conhecimento básico da referida situação do devedor, na medida em que comprometia o fluxo de caixa projetado e que deveria ser apresentado desde a distribuição do pedido de recuperação judicial.

A falta de controle sobre as informações a respeito do passivo é somada à falta de fiscalização quanto ao desenvolvimento da atividade. A despeito da necessidade de apresentação dos relatórios mensais acerca da atividade do devedor pelo administrador judicial (art. 22, II, *H*, da Lei n. 11.101/2005), a resistência do devedor na apresentação das informações alia-se à falta de diligência direta dos administradores judiciais, de modo a reduzir os relatórios apresentados e a tornar raros os apresentados tempestivamente.

A apresentação dos relatórios, ademais, carece de qualquer diligência quanto à veracidade das informações transmitidas pelo devedor ou qualquer controle *in loco* das atividades do devedor. A falta de previsão expressa na Lei poderia tornar a obrigação do administrador judicial sobre a informação como controversa. Entretanto, por ser atribuído a esse obrigação de meio, de modo a empreender os melhores esforços para que as informações a respeito da atuação do devedor sejam não apenas transmitidas ao devedor, como que sejam transmitidas com correção, a obrigação seria decorrente de seu dever de diligência, como o normalmente esperado de profissional apto ao desempenho do encargo e que auferirá remuneração com essa função correspondente.

A total ausência de diligência dos administradores na fiscalização do devedor e acompanhamento do desenvolvimento de suas atividades obrigou, para acompanhamento judicial, que fosse determinado por alguns magistrados que os administradores retirassem fotos próprias nos estabelecimentos empresariais dos devedores para demonstrar, nos específicos relatórios, que efetivamente compareceram no local para averiguar suas condições.

---

[274] ORLEANS E BRAGANÇA, Gabriel José. *Administrador judicial*: transparência no processo de recuperação judicial. São Paulo: Quartier Latin, 2017. p. 140.

[275] NUNES, Marcelo Guedes; WAISBERG, Ivo; SACRAMONE, Marcelo. *Associação Brasileira de Jurimetria, Observatório da Insolvência, Segunda Fase*, p. 21. Disponível em: https://abjur.github.io/obsFase2/relatorio/obs_recuperacoes_abj.pdf. Acesso em: 4 jul. 2023.

Se as informações não têm sido controladas, a regularidade do processo também não tem sido exigida. Quanto ao prazo de negociação, verifica-se que o prazo estabelecido de 150 dias para a convocação da Assembleia Geral de Credores não encontrava fiscalização, como regra. O tempo de deferimento da recuperação judicial até a primeira sessão da AGC foi de 327 dias nas varas especializadas e de 456 nas varas comuns[276].

Por seu turno, o prazo de deliberação pelos credores sobre o plano do devedor, o qual deveria pautar o *stay period* e que deveria ser restrito a 180 dias, improrrogável, era na prática de 506 dias, na mediana do estado de São Paulo[277].

Após eventual aprovação do plano de recuperação judicial, verifica-se que o período de 2 anos para a fiscalização do cumprimento do plano de recuperação judicial também não tem sido observado. Dos 332 planos aprovados com período de acompanhamento superior a 2 anos, apenas 44,9% tiveram a recuperação judicial encerrada ou a falência decretada. 55,1% dos casos encontram-se com o decurso do prazo já ultrapassado e sem decisão[278].

Dos referidos processos ainda ativos, após o decurso do período de 2 anos de fiscalização, verificou-se que 56% tinham condições para o encerramento. Segundo pesquisa jurimétrica, nesse montante, teria decorrido o prazo, mas "não houve denúncia de descumprimento ou houve a denúncia de descumprimento, sem comprovação contrária pela devedora (caso de falência)". O processo não teria sido encerrado ou convolado em falência, indevidamente ou sem qualquer justificativa[279].

Nesse aspecto, releva-se ainda que o tempo até o encerramento da recuperação judicial sem a falência de nenhuma das recuperandas é de aproximadamente 2 anos e 11 meses[280].

3.6.4   A nomeação do administrador judicial

O administrador judicial é nomeado pelo Juiz, por ocasião da decisão de processamento da recuperação judicial, nos termos do art. 21 da Lei n. 11.101/2005.

Na redação original do projeto de lei, a Assembleia Geral de Credores tinha a possibilidade de nomeação do administrador judicial, mas o dispositivo legal aprovado pelo Congresso Nacional foi vetado pelo Presidente da República.

Ainda que os credores tivessem o interesse econômico mais condizente para escolher o profissional mais adequado para o desempenho do múnus público, a escolha pelos credores poderá assegurar que um deles preponderar sobre os demais e, por conta dessa preponderância, o administrador judicial nomeado poderá não atuar para a satisfação dos interesses de toda a coletividade. Também poderá ocorrer a nomeação por alguns credores para beneficiar determinado nomeado em função de proximidade ou amizade, ainda que possa não ser o melhor para a função.

A nomeação pelo Juiz possui vantagens, mas também pode ser objeto de críticas. A nomeação discricionária do administrador judicial poderá permitir que a nomeação ocorra em função de critérios meritórios, de modo a se escolher o melhor profissional ao desempenho do encargo. Como já

---

[276] NUNES, Marcelo Guedes; WAISBERG, Ivo; SACRAMONE, Marcelo. *Associação Brasileira de Jurimetria, Observatório da Insolvência, Segunda Fase*, p. 27. Disponível em: https://abjur.github.io/obsFase2/relatorio/obs_recuperacoes_abj.pdf. Acesso em: 4 jul. 2023.

[277] NUNES, Marcelo Guedes; WAISBERG, Ivo; SACRAMONE, Marcelo. *Associação Brasileira de Jurimetria, Observatório da Insolvência, Segunda Fase*, p. 28. Disponível em: https://abjur.github.io/obsFase2/relatorio/obs_recuperacoes_abj.pdf. Acesso em: 4 jul. 2023.

[278] NUNES, Marcelo Guedes; WAISBERG, Ivo; SACRAMONE, Marcelo. *Associação Brasileira de Jurimetria, Observatório da Insolvência, Segunda Fase*, p. 46. Disponível em: https://abjur.github.io/obsFase2/relatorio/obs_recuperacoes_abj.pdf. Acesso em: 4 jul. 2023.

[279] CAVALHEIRO, Frederico Augusto; NUNES, Carmelo. A satisfação de créditos por empresas em recuperação judicial e o período de fiscalização judicial. *Revista da Faculdade de Direito da Universidade São Judas Tadeu*, São Paulo, n. 9, 2020, p. 82.

[280] NUNES, Marcelo Guedes; WAISBERG, Ivo; SACRAMONE, Marcelo. *Associação Brasileira de Jurimetria, Observatório da Insolvência, Segunda Fase*, p. 48. Disponível em: https://abjur.github.io/obsFase2/relatorio/obs_recuperacoes_abj.pdf. Acesso em: 4 jul. 2023.

CAPÍTULO 4 • FASE DE NEGOCIAÇÃO

anteriormente foi exposto, "a nomeação de administrador judicial pelo juiz permite o desempenho de função de modo imparcial, sem que haja, no desempenho das funções, qualquer tutela preferencial dos interesses dos credores ou do devedor em detrimento de outros"[281].

A escolha discricionária pelo Juiz, entretanto, poderá permitir ineficiências. A escolha judicial poderá ocorrer, se não controlada, não por critérios técnicos do profissional, mas em função da proximidade com o magistrado ou, ainda, de eventual benefício particular, notadamente diante dos valores envolvidos em alguns casos.

Como controle, exige-se que a nomeação seja baseada na idoneidade do profissional e com base em conhecimentos para desempenhar o encargo, de modo que a norma legal indica como preferência advogados, economistas, administradores de empresas, contadores ou pessoas jurídicas especializadas.

Em complemento, no direito brasileiro, a destituição do administrador judicial poderá ocorrer pelo juiz, de ofício ou a requerimento de qualquer interessado (art. 31). Suas hipóteses, entretanto, são restritas à desobediência aos preceitos da Lei, descumprimento de devedores, omissão, negligência ou prática de ato lesivo às atividades do devedor ou a terceiros. Trata-se de medida punitiva grave, que exige a demonstração exauriente dos descumprimentos, o que se revela de difícil aplicação.

A substituição, entretanto, apenas poderia ocorrer nas hipóteses de quebra de confiança pelo Magistrado, de violação aos impedimentos à nomeação ou de eventual renúncia por motivo relevante (arts. 24 e 30).

Não se confere pela Lei a substituição por mera quebra de confiança dos credores ou demais interessados.

Referidas medidas de controle não evitam, desse modo, as críticas realizadas e a nomeação de administradores inadequados. Nesse aspecto, medidas de maior controle deverão ser impostas para se conseguir reduzir referidos riscos.

Além de um maior controle administrativo sobre os Juízes por ocasião da nomeação dos administradores judiciais, com a devida publicidade sobre as nomeações realizadas, remunerações, atividades desempenhadas, experiência dos referidos profissionais habilitados como administradores, deverá ser possível o controle pelos credores de sua nomeação, atividade e substituição.

Aos credores, coletivamente por Assembleia Geral de Credores, deverá ser conferida a possibilidade de substituição dos referidos profissionais nomeados pelo Juízo e como uma maior forma de controle.

Como principais interessados, a possibilidade de substituição do administrador judicial, por decisão da maioria e sem justificativa, poderá permitir maior acompanhamento pelos credores sobre as nomeações e fiscalizações realizadas pelos Magistrados e evitar qualquer situação em que o profissional nomeado possa não corresponder ao efetivamente esperado.

3.6.5 A correção dos incentivos legais

A adoção de uma teoria intermediária pelo direito brasileiro é condizente com a sua estrutura societária.

Num sistema de controle concentrado, como ocorre no direito brasileiro, o administrador se confunde diretamente com o próprio sócio controlador ou sofre direta influência desse. A pessoa jurídica, apesar de autônoma em relação aos seus integrantes, acaba se tornando uma expansão das próprias relações de confiança do próprio controlador.

---

[281] SACRAMONE, Marcelo Barbosa. *Comentários à Lei de Recuperação de Empresas e Falência*. 4. ed. São Paulo: Saraiva, 2023. p. 121-122.

Nesse aspecto, a preservação da administração preexistente na condução da atividade empresarial preservaria as relações de confiança celebradas com os diversos contratantes, o que evitaria a deterioração do cenário de crise do devedor. Ademais, impede que o devedor, por meio de seus administradores, evite ou retarde o pedido de recuperação judicial diante do receio de substituição na condução de sua atividade.

Se a manutenção da administração preexistente é compatível com o sistema societário brasileiro, a tendência dos administradores em protegerem os interesses dos acionistas é incompatível com a atuação do devedor sem sofrer qualquer fiscalização. Imprescindível o controle da regularidade do processo e da condução da atividade do devedor como uma forma de se assegurar o controle durante o período de negociação.

Apesar da adoção pelo sistema de insolvência brasileiro da teoria intermediária, em que o empresário devedor é mantido na condução de sua atividade, mas sob a fiscalização de um terceiro imparcial ou dos próprios credores, verificou-se que esse controle não tem sido exercido de modo eficiente, nem pelo administrador judicial, nem pelo Comitê de Credores. Na ausência desse controle, não há informações suficientes para a decisão consciente sobre o plano proposto, não há compreensão sobre o verdadeiro estado econômico-financeiro do devedor, sobre a adequação da condução de sua atividade empresarial.

Desta forma, não apenas os parâmetros para a condução da atividade pelo devedor e em atenção aos interesses dos demais envolvidos com a atividade devem ser tornados claros pela Lei, como os mecanismos de fiscalização devem ser fortalecidos.

Ao administrador da empresa deverá ser imputado o dever de diligência condizente com as circunstâncias da crise apresentada e a proteção ao patrimônio social e com os interesses de todos os demais envolvidos com o desenvolvimento da atividade empresarial. Como decorrência desse, riscos não razoáveis ao exercício da atividade, diante da crise que a afeta, devem ser condicionados à prévia aprovação dos credores, como principais interessados no saneamento do devedor.

O controle concentrado exige, ainda, que o exercício regular da atividade, o desenvolvimento normal do processo, a apresentação tempestiva das informações aos credores e a segurança de sua veracidade devem ser fiscalizados de forma adequada pelo administrador judicial. Ainda que não se chegue ao ponto de exigir a atribuição ao administrador judicial do poder de veto na condução da atividade pelo devedor, como alhures sustentado[282], a imposição de maior controle pelo administrador judicial a respeito da veracidade das informações prestadas, sua tempestividade, além da regularidade de prática dos atos processuais, é condição imprescindível para que a negociação possa ser efetiva.

Para que isso ocorra, maior controle administrativo deverá ser imposto aos magistrados quanto à nomeação dos referidos administradores judiciais, com a exigência de publicidade sobre as nomeações realizadas, remunerações, atividades desempenhadas, experiência dos referidos profissionais habilitados como administradores.

Ademais, esse controle também deverá ser possível pelos próprios credores. A substituição do administrador judicial nomeado pelo juiz, restrita à demonstração de quebra de confiança do magistrado, violação dos impedimentos para a nomeação ou renúncia justificada, deverá ser ampliada

---

[282] "Keeping management in office is the tax I am willing to pay in order to ensure timely filing for reorganization by viable entities. Thus, I call for a co-determination model of control in bankruptcy. Under my proposal, in markets characterized by the close control of corporate groups dominated by majority equityholders, an insolvent firm attempting to reorganize shall be managed by the prebankruptcy management team in conjunction with an appointed trustee. The trustee shall join the board and have a veto voice thereon. This co-determination model of control may achieve a better representation of the interests of the various". HAHN, David. Concentrated ownership and control of corporate reorganizations. *Bar-Ilan University Faculty of Law*, Working Paper n. 6-03, oct. 2003, p. 6.

CAPÍTULO 4 • FASE DE NEGOCIAÇÃO

para conferir aos credores, coletivamente por Assembleia Geral de Credores, a possibilidade de substituírem o administrador judicial nomeado pelo Juízo e como uma forma de se garantir a maior satisfação coletiva dos referidos créditos pelo maior controle da atividade do devedor.

4. APRESENTAÇÃO DO PLANO DE REORGANIZAÇÃO

Durante a fase de negociação, importante incentivo é a apresentação da proposta e de eventual admissibilidade de contraproposta: o plano de recuperação judicial.

O plano de recuperação judicial consiste na proposta realizada para superar a crise econômico-financeira, a fim de que o empresário continue a desenvolver suas atividades. É considerado a peça-chave da recuperação judicial[283].

O plano consiste, em seu aspecto central, na explicitação das formas e meios pelas quais o proponente pretende a superação da crise econômico-financeira para que a empresa continue a se desenvolver regularmente.

A atribuição dos poderes para propor o plano é realizada de forma diferente em cada uma das legislações, o que afeta diretamente a negociação e obtenção da melhor solução.

4.1 Alemanha

Na Alemanha, pelo § 218 do InsO[284], possuem legitimidade para apresentar o plano de insolvência tanto o devedor quanto o administrador da insolvência[285].

Os credores não podem apresentar plano alternativo para a insolvência. Eles apenas poderão instruir o administrador de insolvência para que o apresente, esclarecer o seu melhor interesse e informar sobre as melhores medidas para o saneamento da crise[286].

No cenário do sistema único de insolvência alemão, o plano de insolvência consiste em instrumento alternativo à liquidação regular. Ele pode regular diversa disposição do ativo, pode versar sobre a satisfação dos credores e sobre a responsabilidade do devedor para o período posterior ao encerramento do processo[287], sempre com vistas à melhor realização dos ativos em razão do propósito legislativo de garantir a máxima satisfação dos credores[288].

---

[283] SCALZILLI, João Pedro; SPINELLI, Luis Felipe; TELLECHEA, Rodrigo. *Recuperação de empresas e falência*. 2. ed. São Paulo: Almedina, 2017. p. 377.

[284] InsO. (1) Zur Vorlage eines Insolvenzplans an das Insolvenzgericht sind der Insolvenzverwalter und der Schuldner berechtigt. Die Vorlage durch den Schuldner kann mit dem Antrag auf Eröffnung des Insolvenzverfahrens verbunden werden. Ein Plan, der erst nach dem Schlußtermin beim Gericht eingeht, wird nicht berücksichtigt. (2) Hat die Gläubigerversammlung den Verwalter beauftragt, einen Insolvenzplan auszuarbeiten, so hat der Verwalter den Plan binnen angemessener Frist dem Gericht vorzulegen. (3) Bei der Aufstellung des Plans durch den Verwalter wirken der Gläubigerausschuß, wenn ein solcher bestellt ist, der Betriebsrat, der Sprecherausschuß der leitenden Angestellten und der Schuldner beratend mit.

[285] "Apenas o administrador da insolvência e o devedor estão autorizados a apresentar o plano de insolvência. De acordo com o Tribunal Regional Superior de Stuttgart (BeckRS 2016, 111325), o direito do devedor de apresentar um plano de insolvência não confere autoridade para convocar uma assembleia de obrigacionistas nos termos do SchVG. Na opinião do Tribunal Regional Superior de Stuttgart, uma competência anexa a esse respeito não pode ser derivada da Seção 218. O desenvolvimento de um plano de insolvência e a publicidade de tal plano devem ocorrer fora de uma assembleia formal de obrigacionistas e não no processo judicial de insolvência" (FRIDGEN, Alexander; GEIWITZ, Arndt; GÖPFERT, Burkard. *BeckOK Insolvenzrecht*. 26. ed. München: C.H. Beck, 2022).

[286] "The creditors can instruct the administrator through the creditor's assembly (*Glaubigerversammlkung*) to work out an insolvency plan. They can even give him directions with regard to the objective of the plan" (EHLERS, Eckart. *German Statutory Corporate Rescue proceedings*: The Insolvenzplan Procedure. In: PARRY, Rebecca; BROC, Katarzyna Gromek (ed.). *Corporate Rescue*: an overview of recent developments. 2. ed. The Netherlands: Kluwer Law International, 2006.

[287] COROTTO, Susana, *Modelos de reorganização empresarial brasileiro e alemão*: comparação entre a Lei de Recuperação e Falências de Empresas (LRFE) e a *Insolvenzordung* (InsO) sob a ótica da viabilidade prática. Porto Alegre: Sergio Antonio Fabris Editor, 2009. p. 96.

[288] FREGE, Michael C.; KELLER, Ulrich; RIEDEL, Ernst. *Handbuch der Rechtpraxis, band 3*: Insolvenzrecht, 8. ed. München: C.H. Beck, 2015. p. 846.

Os dados indicam que, até 2013, em 2/3 (dois terços) dos processos de insolvência que seguiram o procedimento no qual há negociação de plano de insolvência, a devedora se manteve economicamente ativa[289], o que evidenciaria a eficiência do modelo.

Pelo devedor, o plano poderá ser apresentado logo no pedido de abertura do processo de insolvência e como uma forma de tentar conduzir o procedimento e evitar a liquidação de seus ativos[290].

Caso a assembleia de credores encarregue o administrador com a elaboração do plano de reorganização, ele deverá apresentá-lo ao tribunal dentro de um prazo razoável. Nessa hipótese de elaboração do plano pelo administrador da insolvência, os credores participarão apenas a título consultivo, por meio de uma comissão, em conjunto com comissão de empregados e do próprio devedor.

Historicamente, apenas 1% dos procedimentos de insolvência alemão tinham planos de reorganização propostos e aprovados[291]. Isso porque não se assegurava período de suspensão em face dos créditos com garantias reais, os quais precisavam concordar individualmente com cada redução nos valores de seus créditos ou para evitar qualquer constrição sobre a garantia.

De modo a estimular a preservação da empresa pela reorganização, a lei alemã foi alterada para conferir suspensão das execuções em face dos credores com garantia e sem garantia. Assegurou-se também a extinção do débito sujeito ao plano de reorganização após sete anos e retirou-se um mínimo exigido de pagamento para os créditos sem garantias[292].

O plano de insolvência será dividido em duas partes, denominadas pelo InsO como declaratórias e construtivas (§ 219 InsO)[293], cujo conteúdo e efeitos, tal como os limites, constam das seções seguintes do InsO.

O conteúdo da parte declaratória consta do § 220 do InsO. Segundo o dispositivo legal, ela deverá descrever as medidas tomadas ou a serem tomadas após a abertura do procedimento de insolvência em ordem a criar a base de direitos titularizados pelas partes no procedimento. Conterá, ainda, todas as informações sobre as bases e os efeitos do plano, relevantes para a decisão das partes e da Corte quanto à sua aprovação. Em particular, a comparação de cálculo quanto ao impacto na satisfação esperada dos créditos.

A exigência de demonstração, a partir de critérios aritméticos, de que a aprovação do plano proposto é a hipótese mais benéfica aos credores evidencia a intenção do legislador germânico de prestigiar a satisfação do interesse dos credores.

---

[289] KRAMER, Ralph; PETER, Frank K. *Insolvenzrecht*: Gründkurs für Wirtschaftswissenschaftler. 3. ed. Worms (Deustchland): Springer Gabler, 2013. p. 186.

[290] Eckart Ehlers discorre que "[t]his right of early filing is advantageous for the debtor in that he can already exert influence over the final insolvency plan at the beginning of the insolvency proceedings by putting forward his own ideas of the plan's structure and content. Thus, the debtor can show the creditors immediately that, although not being able to honor all his liabilities, he nevertheless sees a way to resolve his insolvency amicably" (EHLERS, Eckart. German statutory corporate rescue proceedings: The Insolvenzplan Procedure. In: BROC, Katarzyna Gromek; PARRY, Rebecca (ed.). *Corporate Rescue*: an overview of recent developments. 2. ed. The Netherlands: Kluwer Law International, 2006).

[291] WHITE, Michelle J. The costs of corporate bankruptcy: A U.S.-European comparison. In: BHANDARI, Jagdeep S.; WEISS, Lawrence A. (ed.). *Corporate bankruptcy*: economic and legal perspectives. Cambridge: Cambridge University Press, 1996. p. 477.

[292] WHITE, Michelle J. The costs of corporate bankruptcy: A U.S.-European comparison. In: BHANDARI, Jagdeep S.; WEISS, Lawrence A. (ed.). *Corporate bankruptcy*: economic and legal perspectives. Cambridge: Cambridge University Press, 1996. p. 477.

[293] Section 219. Breakdown of plan. The insolvency plan comprises a declaratory and a constructive part. It is to be accompanied by the attachments referred to in sections 229 and 230.

CAPÍTULO 4 • FASE DE NEGOCIAÇÃO

O plano de insolvência poderá interferir nos créditos concursais que decorram de garantias prestadas entre sociedades participantes do mesmo grupo econômico do(s) devedor(es). Quando assim o fizer, deverá tratar da situação da afiliada, coligada, controlada etc. e a forma como poderá vir a ser afetada pelo plano proposto (§ 220 (3)).

Por seu turno, a parte construtiva "determines how the insolvency plan is to transform the legal position of the parties to the proceedings" (§ 221) e poderá autorizar o administrador judicial a adotar todas as medidas necessárias à implementação do plano proposto e a ajustar eventuais erros evidentes que o plano possa conter (§ 221, frase 2).

Como regra, o plano de insolvência não afetará os credores que têm direito a perseguir a satisfação dos seus créditos separadamente. Caso se estabeleça a reestruturação de créditos dessa natureza, o plano de insolvência deverá detalhar o percentual de redução dos direitos creditórios, o período de pagamento e todas eventuais outras condições aplicáveis a tais credores (§ 223 (2)).

Estabelece a lei de insolvência alemã que, em relação a tais credores, considerar-se-ão excluídas quaisquer previsões do plano de insolvência que tratem de garantias financeiras, conforme definição do *Gesetz über das Kreditwesen* (*Banking Act*), bem como aquelas garantias que tenham sido prestadas a operadores do sistema financeiro ou ao banco central de qualquer Estado-membro da União Europeia ou ao Banco Central Europeu (§ 223 (1), 1 e 2, do InsO).

O § 223a do InsO visa a proteger os direitos de credores titulares de garantias prestadas por terceiros, estabelecendo que

> unless otherwise provided in the insolvency plan, the right of an insolvency creditor resulting from an intra-group third-party guarantee (section 217 (2)) remains unaffected by the insolvency plan. If provision is made therefor, appropriate compensation is to be provided for the interference. Section 223 (1) sentence 2 and (2) applies accordingly.

De acordo com o § 225(3) do InsO, é vedada a limitação ou exclusão de responsabilidade do devedor pelo pagamento das penalidades pecuniárias aplicadas ao devedor pelos credores e do reembolso, aos credores, pelos custos decorrentes da participação no processo de insolvência, conforme estabelece o § 39(1), 3 do InsO.

O § 225a do InsO estabelece o tratamento e os direitos dos acionistas e quotistas diante do plano de insolvência. Em essência, garante-se que o plano estabeleça a adoção de quaisquer medidas admitidas pela lei societária, inclusive, redução e aumento de capital, conversão dos créditos concursais em *equity* desde que assim expressamente concordem os credores, dentre outras medidas. Como as alterações societárias independeriam do consentimento dos acionistas ou quotistas[294], o InsO, com o intuito de proteger tais pessoas, estabeleceu que a adoção de tais medidas constitui razão para dissidência, o que deverá se dar mediante devida compensação, inclusive com o pagamento de juros respectivos. Para equilibrar o momento da crise com os direitos do(s) sócio(s) dissidente(s), autoriza-se que esse pagamento seja postergado para, no máximo, três anos.

Apresentado o plano, este deve ser submetido ao exame de admissibilidade pelo Juiz da insolvência. Este poderá rejeitar liminarmente e de ofício o plano de reorganização, desde que "provisions governing the right to submit a plan and its contents, in particular regarding the forming of groups, are not complied with, and the submitting party is unable to remedy such deficiency or does not remedy it within a reasonable period determined by the court" (§ 231(1), 1, InsO).

---

[294] Frege, Michael C.; Keller, Ulrich; Riedel, Ernst. *Handbuch der Rechtpraxis, band 3*: Insolvenzrecht, 8. ed. München: C.H. Beck, 2015. p. 849.

Essa análise preliminar estará limitada à verificação de defeitos óbvios, como é o caso de previsões ilegais[295], o que decorre da intenção legislativa de acelerar o processo de insolvência e de impedir que planos escancaradamente inaptos sejam levados à votação[296].

A rejeição liminar do plano de insolvência também se admite na hipótese de se verificar, no plano proposto pelo devedor, a óbvia inexistência de qualquer perspectiva de aprovação pelos credores, de atendimento das suas pretensões e de aprovação pelo Poder Judiciário. A interpretação é de que a exigência de que a inadequação seja "óbvia" implica que seja verificável pela simples análise dos autos. Cita-se, como exemplo, a alteração do cenário (fático ou jurídico) que implique a impossibilidade de implementação do plano[297].

Essa previsão legal, contida no § 231 (1), 2, do InsO, é aplicável exclusivamente aos planos propostos pelo devedor. Presume a Lei que o plano proposto pelo administrador da insolvência não será manifestamente irrealizável[298].

Ainda, rejeita-se liminarmente o plano de insolvência se os direitos das partes envolvidas, conforme previsto na parte construtiva do plano, claramente não puderem ser cumpridos pelo devedor, o que impõe ao juiz da insolvência a obrigação de averiguar a situação econômica do devedor e a adequação das propostas de pagamento com a realidade verificada[299].

De acordo com § 231(2) do InsO, caso o devedor já tenha apresentado um plano de insolvência, anteriormente rejeitado pelas partes ou pelo Poder Judiciário ou que tenha sido retirado das discussões pelo devedor após a publicação da data da reunião de credores, o tribunal deve recusar eventual novo plano apresentado pelo devedor se tal recusa for solicitada pelo administrador da insolvência com o consentimento da comissão de credores, se nomeada.

Caso não seja liminarmente rejeitado, o plano apresentado será encaminhado ao comitê de credores, se houver, ao conselho de trabalhadores e ao representante do corpo executivo, bem como ao devedor, se tiver sido proposto pelo administrador judicial ou ao administrador judicial, se proposto pelo devedor (§ 232(1), InsO). O prazo para apresentação dos comentários não poderá extrapolar duas semanas (§ 232(3), InsO). Caso entenda pertinente, o juiz da insolvência poderá conceder prazo ao grupo de representantes do setor em que o devedor está inserido para manifestação (§ 232(2), InsO).

Após ou concomitantemente ao prazo para envio de comentários ao plano de insolvência, será convocada pelo juiz da insolvência uma reunião para discussão dos termos do plano e dos direitos de voto dos credores (§ 235, InsO), oportunidade em que aquele que submeteu o plano de insolvência poderá alterá-lo para refletir as discussões carreadas durante a reunião respectiva (§ 240, InsO).

4.2 Portugal

Em Portugal, por seu sistema único de insolvência, o plano de insolvência é alternativa aos interessados que poderão acordar sobre seus termos para se evitar a liquidação falimentar da empresa.

---

[295] BAUER, Peter. *Der Insolvenzplan*. Untersuchungen zur Rechtsnatur anhand der geschichtlichen Entwicklung, Deutschland: Lit, 2009. p. 314.

[296] SMID, Stefan; RATTUNDE, Rolf; MARTINI, Torsten. *Der Insolvenzplan, Handbüch für das Sanierungsverfahren gemäß §§217 bis 269 InsO mit pratikschen Beispielen und Musterverfügungen*. 4. ed. Stuttgart: W. Kohlhammer GmbH, 2015 p. 109.

[297] SMID, Stefan; RATTUNDE, Rolf; MARTINI, Torsten. *Der Insolvenzplan, Handbüch für das Sanierungsverfahren gemäß §§217 bis 269 InsO mit pratikschen Beispielen und Musterverfügungen*. 4. ed. Stuttgart: W. Kohlhammer GmbH, 2015. p. 112.

[298] SMID, Stefan; RATTUNDE, Rolf; MARTINI, Torsten. *Der Insolvenzplan, Handbüch für das Sanierungsverfahren gemäß §§217 bis 269 InsO mit pratikschen Beispielen und Musterverfügungen*. 4. ed. Stuttgart: W. Kohlhammer GmbH, 2015. p. 112.

[299] SMID, Stefan; RATTUNDE, Rolf; MARTINI, Torsten. *Der Insolvenzplan, Handbüch für das Sanierungsverfahren gemäß §§217 bis 269 InsO mit pratikschen Beispielen und Musterverfügungen*. 4. ed. Stuttgart: W. Kohlhammer GmbH, 2015. p. 112.

CAPÍTULO 4 • FASE DE NEGOCIAÇÃO

Nesses termos, Catarina Serra dispõe que "o plano corresponde ao *Insolvenzplan* da lei alemã (cfr. §§ 217 a 279 do InsO). Através dele é possível afastar parte do disposto no Código da Insolvência e da Recuperação da Empresa, perseguindo-se ainda finalidades liquidatórias ou não"[300].

O plano de insolvência não necessariamente será um plano de recuperação. Ele pode ter a finalidade de recuperar a empresa (art. 192°, n. 3), sendo chamado de plano de recuperação, mas também poderá ter apenas finalidades liquidatórias e ser forma de satisfazer os credores na insolvência ou versar sobre a responsabilidade do devedor após o fim do processo de insolvência (art. 192, n. 1).

Ainda, há no regime português a possibilidade de apresentação de um Plano Especial de Revitalização (PER), disciplinado no capítulo II do CIRE. O art. 17°-A, 1, disciplina que o PER se destina a permitir à empresa que, comprovadamente, se encontre em situação econômica difícil[301] ou em situação de insolvência meramente iminente, mas que ainda seja suscetível de recuperação, estabelecer negociações prévias com os seus credores de modo a concluir com estes acordos conducentes à sua revitalização.

Na utilização do PER, o processo não se inicia com o reconhecimento da insolvência do devedor. Pelo contrário, a ele caberá a demonstração de que não se encontra em estado de insolvência que o conduziria ao processo de insolvência comum[302]. Tendo em vista que precede o processo do reconhecimento da insolvência do devedor, não deixa o PER de se compreender dentre os considerados meios de busca de solução para as crises na instância ainda pré-insolvência.

A apresentação do plano de insolvência, por outro lado, pressupõe sempre a declaração de insolvência do devedor. A assembleia de credores para discutir e votar a proposta de plano de insolvência não pode se reunir antes de transitada em julgado a sentença de declaração de insolvência, antes de esgotado o prazo para a impugnação da lista de credores reconhecidos e antes da realização da assembleia de apreciação do relatório ou, caso não seja designado dia para sua realização, nos termos da al. n) do n. 1 do art. 36°, depois de decorridos quarenta e cinco dias da prolação da sentença de declaração de insolvência (cfr. arts. 209, n. 2, e 36°, n. 4)[303].

O rol de legitimados para a apresentação do plano é amplo.

Nos termos do art. 193 do CIRE, são legitimados o administrador da insolvência, o devedor, qualquer pessoa que responda legalmente pelas dívidas e qualquer credor ou grupo de credores cujos créditos representem pelo menos um quinto do total dos créditos não subordinados reconhecidos na sentença de verificação e graduação de créditos, ou na estimativa do juiz, se tal sentença ainda não tiver sido proferida.

A assembleia de credores pode encarregar o administrador da elaboração do plano, o que deve ser feito em prazo razoável[304]. O administrador elabora a proposta de plano de insolvência em colaboração com a comissão de credores, se existir, com a comissão ou representantes dos trabalhadores

---

[300] SERRA, Catarina. *Lições de direito da insolvência*. Coimbra: Almedina, 2019. p. 315.

[301] O art. 17°-B do CIRE aponta que: "Para efeitos do presente Código, encontra-se em situação económica difícil a empresa que enfrentar dificuldade séria para cumprir pontualmente as suas obrigações, designadamente por ter falta de liquidez ou por não conseguir obter crédito".

[302] SILVA, José. *A posição dos credores e a recuperação da empresa*: no protagonismo dos credores a ideia de insolvência residual. São Paulo: Quartier Latin, 2023. p. 327.

[303] SERRA, Catarina. *Lições de direito da insolvência*. Coimbra: Almedina, 2019. p. 319.

[304] "A lei não define o que se deve entender por prazo razoável, sendo este um conceito vago e indeterminado, a necessitar de ser concretizado em relação a cada insolvência em particular. Parece, no entanto, que esse prazo não deverá exceder os 60 dias, atenta a circunstância de a liquidação e partilha da massa insolvente não se poder prolongar para além dessa data" (LEITÃO, Luís M. *A recuperação económica dos devedores*. Coimbra: Almedina, 2019. p. 89).

e com o devedor, devendo conformar-se com as diretrizes que tenham sido aprovadas em assembleia de credores, quando a proposta não seja de sua iniciativa.

4.3 Itália

A legislação italiana sofreu diversas alterações ao longo dos últimos anos. Em 2005, a concordata preventiva se tornou de fato um procedimento de reorganização, por meio do qual se tornou possível um acordo de reestruturação entre todos os envolvidos. Em 2007, foram introduzidos novos institutos quanto à coordenação do plano de recuperação e do plano de liquidação, bem como o registro de profissionais para avaliação dos planos de insolvência e limitação da responsabilidade do comitê de credores. E, mais importante, entre 2019 e 2022, foi reelaborada toda a legislação, com a entrada em vigor, em meados de 2022, do *Codice della crisi d'impresa e dell'insolvenza* e revogação da *Legge Falimentare*.

Nesse diapasão, no procedimento italiano de concordata atual, apenas o devedor pode apresentar o plano. Isso decorre da previsão legal de que a concordata pode ser apenas requerida pelo devedor. Apenas a ele cabe a apresentação do plano, por se tratar de documento decorrente do próprio pedido[305].

Há dois tipos de requerimentos de *concordato*: o *padrão* e o *"con riserva"*. Enquanto o primeiro o plano é apresentado pelo devedor no momento do requerimento, a apresentação do plano no segundo é diferido.

Essa segunda modalidade permite o requerimento de concordata com a declaração do devedor de se reservar o direito de fornecer posteriormente a documentação – em especial, o plano de recuperação e a declaração de um profissional sobre a autenticidade dos dados societários e a exequibilidade do plano. A grande vantagem dele é justamente o fato de o simples requerimento impedir a instauração ou o prosseguimento de ações judiciais contra a empresa por parte dos credores individuais[306].

Visando a evitar o abuso de tal instituto, há possibilidade de nomeação de um comissário pelo Tribunal para o monitoramento da conduta do devedor na fase do pedido de concordata até a apresentação do plano[307].

Nessa concordata "con riserva", ou vulgarmente "in bianco", o plano de recuperação deverá ser apresentado entre 30 e 70 dias, prorrogáveis por até mais 60 dias, de acordo com determinação judicial, art. 44, 1 (a) da apresentação do pedido; (ii) nos demais casos, concomitantemente ao pedido.

Sem prejuízo, em momento posterior, há a possibilidade de apresentação de planos concorrentes por parte dos credores. Os credores que representarem ao menos 10% dos créditos sujeitos poderão apresentar uma proposta concorrente de plano em 30 dias da data inicial prevista para a votação dos credores[308].

Sobre o conteúdo, o plano deve conter a maneira como a reestruturação de dívidas e a satisfação de créditos será feita. O plano pode permitir a atribuição a credores ou classes de credores de ações/

---

[305] Fabiani, Massimo. *Il diritto della crisi e dell'insolvenza*. Bologna: Zanichelli, 2017. p. 479.

[306] Accettella, Francesco. The crisis of companies from an Italian perspective: reorganization and fresh money. INSOL International and John Wiley & Sons, *Int. Insolv. Rev.*, v. 25, p. 179-194, oct. 2016, p. 183-184.

[307] Castelli, Claudio *et al*. Il concordato preventivo in Italia: una valutazione delle riforme e del suo utilizzo. *Questioni di Economia e Finanza. Banca d'Italia, Eurosistema*, n. 319, mar. 2016, p. 19.

[308] Art. 90, comma 1: Colui o coloro che, anche per effetto di acquisti successivi alla domanda di concordato, rappresentano almeno il dieci per cento dei crediti risultanti dalla situazione patrimoniale depositata dal debitore, possono presentare una proposta concorrente di concordato preventivo e il relativo piano non oltre trenta giorni prima della data iniziale stabilita per la votazione dei creditori.

CAPÍTULO 4 • FASE DE NEGOCIAÇÃO

participações, cotas ou títulos, inclusive conversíveis em ações, ou outros instrumentos financeiros e instrumentos de dívida[309].

Quanto à duração da execução do plano de *concordato*, não existe na lei fixação clara sobre o limite temporal. Porém, na via jurisprudencial, encontram-se julgados que estabelecem que não é possível um plano com duração superior a seis anos[310]. A questão é resolvida a partir da aplicação analógica da Legge Pinto (L. 24-3-2001, n. 89), art. 2, *comma* 2-bis, que versa sobre prazos razoáveis para a reparação por vias judiciais[311].

4.4 França

No caso da salvaguarda, o devedor, com a assessoria do administrador, deve apresentar um plano, nos termos do art. L. 626-2 do *Code de Commerce*.

No *redressement judiciaire*, o devedor, por sua vez, não tem poder para apresentar o plano. Pode apenas auxiliar o administrador na elaboração do plano[312]. Nos casos de *redressement judiciaire*, a apresentação do plano cabe ao administrador judicial. O art. L631-19[313] do *Code de Commerce*, modificado dia 15 de setembro de 2021, dispõe que incumbe ao administrador, com a ajuda do devedor, elaborar um projeto de plano e, se for o caso, apresentar às classes de partes afetadas as propostas previstas no primeiro parágrafo do art. 626-30-2.

Membros de uma classe de credores podem, também, em momento concorrente e concomitante ao do administrador[314], apresentar um projeto de plano independente do apresentado pelo administrador. A prerrogativa se estenderia somente à parte do plano que afetasse a classe respectiva do credor[315], o que não prejudicaria a possibilidade de o administrador elaborar um plano que reflita entendimentos com e/ou propostas de acionistas, especialmente quando se pretender a realização de alteração de controle e administração na forma da lei[316].

A inversão da legitimidade para apresentação do plano na salvaguarda e na recuperação não representaria efetiva distinção de responsabilidade do ponto de vista prático, na medida em que, conforme registro doutrinário, a participação do devedor costuma ser de destaque na elaboração do plano em ambos os casos. Essa relevância da participação do devedor é excetuada apenas nas hipóteses de modificação do controle interno da companhia ou de cessão total ou parcial das atividades exercidas pelo devedor, quando o devedor se mostre incapaz de reorganizar por conta própria[317].

O projeto de plano determina as perspectivas de recuperação de acordo com as possibilidades e métodos das atividades, a situação do mercado e os meios de financiamento disponíveis[318]. Deverá, assim, mencionar todos os aportes econômicos para a execução do plano.

As classes de credores, se fixadas, decidirão sobre cada uma das propostas apresentadas.

---

[309] ANGELONI, Alberto. *Italy restructuring update*. The new concordato preventivo: the Italian Chapter 11? DLA Piper, 2012. p. 1.

[310] Cassazione SS.UU. n. 1521/2013 e Tribunale di Santa Maria Capua Vetere (III Sez. Civile, rel. A.S. Rabuano), con decreto del 15 maggio 2014.

[311] 1. È inammissibile la domanda di equa riparazione proposta dal soggetto che non ha esperito i rimedi preventivi all'irragionevole durata del processo di cui all'articolo 1- ter.

[312] ANTONINI-COCHIN, Laetitia; LAURENCE-CAROLINE, Henry. *Droit des entreprises en difficulté*. Paris: Gualino, 2022. p. 174.

[313] Article L631-19, Code de Commerce.

[314] PEROCHON, Françoise *et al*. *Entreprise en difficulté*. 11ᵉ édition. Paris: LGDJ, Lextenso, 2022. p. 789.

[315] PEROCHON, Françoise *et al*. *Entreprise en difficulté*. 11ᵉ édition. Paris: LGDJ, Lextenso, 2022. p. 790.

[316] PEROCHON, Françoise *et al*. *Entreprise en difficulté*. 11ᵉ édition. Paris: LGDJ, Lextenso, 2022. p. 790.

[317] PEROCHON, Françoise *et al*. *Entreprise en difficulté*. 11ᵉ édition. Paris: LGDJ, Lextenso, 2022. p. 788.

[318] Article L626-2, Code de Commerce.

4.5 EUA

Nos Estados Unidos, o Bankruptcy Act de 1978 alterou o Chandler Act anterior, que conferia apenas ao devedor, em seu capítulo 11, o direito de apresentar o plano de reorganização. Pela anterior legislação, o devedor tinha um direito exclusivo e ilimitado de propositura, o que era utilizado pelos devedores para forçar um *cram down* de fato contra os credores, os quais apenas poderiam optar por uma liquidação forçada dos ativos potencialmente ainda mais gravosa[319].

A conferência de poderes aos credores para apresentarem planos de recuperação, ainda que pudesse evitar a expropriação dos credores por um plano de recuperação pelo devedor apenas para evitar a liquidação forçada falimentar, poderia também gerar efeitos negativos.

Embora a concessão de poder exclusivo ao devedor para apresentar o plano de reorganização forçasse os credores a terem que aceitar qualquer proposta em detrimento da liquidação, o compartilhamento do poder de apresentação do plano de reorganização poderia tardar o pedido de reorganização pelo devedor. Sob o risco de que poderiam lhe ser impostos planos de reorganização contrários aos seus interesses, ou que expropriassem seus ativos, o devedor poderia retardar o pedido de reorganização até o momento em que não houvesse mais possibilidade de superar a crise econômico-financeira que acometia a sua atividade.

Ademais, a possibilidade de os credores apresentarem plano de reorganização poderia inviabilizar a negociação com os credores. Diante da faculdade de apresentarem a proposta, os credores poderiam se recusar a negociar com o devedor.

Na tentativa de equilibrar os interesses de ambas as partes, o Congresso americano elaborou uma solução intermediária. O devedor terá, pela legislação americana, o direito de, por 120 dias, propor exclusivamente o plano de recuperação e mais 60 dias para ter o plano aceito pelos credores[320]. Assim como o período de exclusividade para o devedor apresentar o plano, de 120 dias, poderá ser prorrogado pelo magistrado por até 18 meses, o período de aprovação, de 180 dias, poderá ser também prorrogável por 20 meses[321].

O período de exclusividade asseguraria ao devedor a possibilidade de convencer os credores sobre as suas propostas, além de garantir também que o devedor tenha estímulo para que possa pedir sua reorganização e conseguir se estruturar. De acordo com o U.S. Code, "the debtor may file a plan with a petition commencing a voluntary case, or at any time in a voluntary case or an involuntary case"[322].

Durante os 120 dias seguintes ao *automatic stay*, o devedor tem direito exclusivo de apresentar o plano de reorganização. Se o devedor perder o prazo, ou se um administrador judicial tiver sido

---

[319] MILLER, Harvey R.; WAISMAN, Shai Y. Is Chapter 11 Bankrupt? *Boston College Law Review*, v. 47, n. 1, p. 129-182, dec. 2005, p. 140.

[320] § 1121 (b), (c), U.S. Bankruptcy Code.

[321] Na lição de JORDAN TABB: "Congress compromised, and sought to capture the best of both worlds. The solution was to give the debtor limited exclusivity. The balance struck in § 1121 is to give the debtor an initial exclusive period of 120 days to file a plan (and 180 days to obtain acceptances of that plan, § 1121(c)(3), but thereafter to permit any party in interest to file a plan. §1121(b), (c)(2). In the interests of flexibility, the court is given the power, on a showing of cause, to extend (or contract) the debtor's exclusivity. Under this compromise, which gives the debtor the first chance to put an acceptable plan together, the debtor hopefully will not be deterred from filing for needed Chapter 11 relief, and at the outset all parties will be forced to sit down together at the bargaining table. However, the debtor is not given the power to stall creditors into submission. [...] The congressional compromise has been honored in the breach. Courts routinely grant debtors multiple extensions of the exclusive period. Thus, in many cases a practice of de facto permanent debtor exclusivity had developed. This is not what Congress intended. [...] Many commentators have pointed out that indefinite exclusivity has been one of the biggest problems in Chapter 11 practice under de Code, causing delay, driving up costs, and pressuring creditors into capitulating to unfavorable plans" (TABB, Jordan. *The law of bankruptcy*. New York: Foundation Press, 1997. p. 808-809).

[322] 11 U.S. § 1121.

CAPÍTULO 4 • FASE DE NEGOCIAÇÃO

nomeado, no entanto, qualquer parte interessada poderá apresentar um plano, incluindo o administrador judicial, o devedor, um credor ou o comitê de credores.

Essa ampla legitimidade de apresentação do plano poderá ainda ser conferida se o plano do devedor não tiver sido aceito em até 180 dias.

Em suma, nos termos do § 1.121 (c),

> any party in interest, including the debtor, the trustee, a creditors' committee, an equity security holders' committee, a creditor, an equity security holder, or any indenture trustee, may file a plan if and only if — (1) a trustee has been appointed under this chapter; (2) the debtor has not filed a plan before 120 days after the date of the order for relief under this chapter; or (3) the debtor has not filed a plan that has been accepted, before 180 days after the date of the order for relief under this chapter, by each class of claims or interests that is impaired under the plan.

Referidos prazos, contudo, têm sido prorrogados pelo Judiciário e, excepcionalmente, reduzidos. A prorrogação ou redução é feita mediante a análise de cada caso, e pela consideração de sua complexidade, falta de tempo hábil para a negociação ou progresso verificado, perspectiva de apresentação de plano viável, ou poderá reduzi-lo na verificação de que a administração está sendo negligente ou de que o período de suspensão tem apenas forçado os credores a se submeterem a um plano que não os beneficie.

A despeito de que a introdução pela Lei da possibilidade de os credores apresentarem plano poderia aprimorar as negociações entre as partes envolvidas, nos EUA, pesquisa jurimétrica revelou que a possibilidade de propositura de plano de reorganização pelos credores em pouco alterou o equilíbrio entre devedores e credores. Pelos dados constatados, não houve alteração do controle e os devedores não foram afastados da administração. O devedor continuou a conduzir a atividade empresarial[323].

Ao estudar requerimentos pelo Chapter 11 em Kansas City e Milwaukee, verificou-se que a redução das apresentações dos planos pelos credores ocorreria pela dificuldade de obtenção de informações necessárias à condução do negócio. Como ressaltado pela análise de pesquisa,

> the Kansas City study concluded that it was unrealistic to believe that creditors would propose operating plans' since creditors usually lacked information and the businesses generally could not survive without the involvement of the owner manager. The findings in Milwaukee support these rationales. Creditors received detailed information from a court appointed examiner in only one case and then promptly imposed a trustee. All the businesses studied in Milwaukee were closely held, and many could not have operated without the principal owner[324].

A mera possibilidade de os credores apresentarem plano, nesse aspecto, não é suficiente para compelir os devedores a uma melhor proposta, se não vier acompanhada de medidas acessórias que garantam aos credores condições reais para realizar essa apresentação.

4.6 A apresentação do plano na recuperação judicial no Brasil

No ordenamento brasileiro, assim como cabia somente ao devedor o pedido de recuperação judicial, apenas ao devedor competia também a apresentação do plano de recuperação judicial[325].

---

[323] WHITE, Michelle J. *The costs of corporate bankruptcy*: A U.S.-European comparison. In: BHANDARI, Jagdeep S.; WEISS, Lawrence A. (ed.). *Corporate bankruptcy*: economic and legal perspectives. Cambridge: Cambridge University Press, 1996. p. 470-471.

[324] KERKMAN, Jerome R. the debtor in full control: a case for adoption of the trustee system. *Marquette Law Review*, v. 70, n. 2, article 1, p. 159-209, Winter 1987, p. 193.

[325] Art. 53 da lei 11.101/2005.

Antes da alteração legislativa, não se admitia que os credores propusessem plano alternativo, ainda que demonstrassem que seria mais eficiente do que o apresentado pelo devedor e mesmo que o plano alternativo contasse com amplo apoio de todos os demais interessados com o desenvolvimento da atividade empresarial, como credores e trabalhadores.

O prazo de apresentação do plano pelo devedor é de 60 dias, preclusivo e improrrogável. Decorrido o prazo sem a apresentação do plano pelo devedor, a recuperação judicial será obrigatoriamente convolada em falência nos termos do art. 73 da Lei n. 11.101/2005.

Ainda que não seja imprescindível, o lapso temporal curto para a apresentação do plano obriga o devedor a se preparar com antecedência para a recuperação judicial. Ademais, de todo conveniente que referido plano já esteja alinhado com parcela substancial dos seus credores para se conseguir, dentro do prazo compatível, sua aprovação por esses[326].

Apesar da aparência inicial quanto à legitimidade, pretendia-se que essa legitimidade exclusiva ao devedor fosse adequada aos objetivos do sistema de insolvência de proteção dos interesses de todos os envolvidos e não exclusivamente dos interesses do devedor[327]. Para tanto, pressupunha a Lei que a recuperação judicial, como manutenção da condução da atividade pelo devedor, exigia sua diligência na tomada das decisões para a superação da crise econômica que acometia sua atividade. Como somente o devedor poderia requerer sua recuperação judicial e apresentar o plano, ele tomaria essa medida no primeiro indicativo de crise e como forma de se antecipar para sanear sua atividade.

Aos credores, para a preservação da empresa e dos interesses de todos os demais envolvidos, em detrimento da vontade do devedor, se permitiria requerer a falência do devedor ou, diante de um plano de recuperação que não atendesse aos seus melhores interesses, pela sua rejeição com a convolação da recuperação em falência.

Se não podiam apresentar o plano, os credores poderiam negociá-lo. Para a aprovação do plano, os credores poderiam sugerir alterações[328]. Condicionam-se as modificações, entretanto, ao consentimento expresso do devedor, que deve concordar necessariamente com a proposta, e à inexistência de diminuição dos direitos exclusivamente dos credores ausentes, caso ocorresse em assembleia essa proposta de alteração.

Entretanto, a exclusividade na apresentação dos planos de recuperação judicial pelos devedores não permitiu o balanceamento dos poderes entre todos os interessados.

Como a alternativa aos credores era apenas rejeitar o plano de recuperação judicial apresentado pelo devedor, a exclusividade de apresentação do plano pelo devedor lhe conferia a alternativa de não apresentar o melhor plano possível como solução para superar a crise econômico-financeira que acometia a atividade, mas apenas um plano melhor do que a liquidação falimentar[329].

---

[326] SCALZILLI, João Pedro; SPINELLI, Luis Felipe; TELLECHEA, Rodrigo. *Recuperação de empresas e falência*. 2. ed. São Paulo: Almedina, 2017. p. 378.

[327] Em sentido contrário, com a argumentação de que "ao vedar essa possibilidade de forma absoluta, exigindo que o plano eventualmente modificado pela assembleia geral conte necessariamente com a anuência do devedor, a lei brasileira pode levar a soluções incompatíveis com a função social da empresa. Assim, entre proteger o interesse pessoal do empresário (sócios ou administradores do devedor) e salvar a empresa (havida como centro de múltiplos interesses), a lei brasileira preferiu a primeira solução" (MUNHOZ, Eduardo Secchi. Comentários ao art. 56. In: PITOMBO, Antônio Sérgio de Moraes; SOUZA JUNIOR, Francisco Satiro (coord.). *Comentários à Lei de Recuperação de Empresas e Falências*. São Paulo: Revista dos Tribunais, 2005, p. 276-277).

[328] Arts. 35, I, *a*, e 56, § 3º da Lei n. 11.101/2005.

[329] Nesse sentido, "Sem enfrentar os verdadeiros fundamentos da crise empresarial ou refletir sobre a correção dos incentivos legais para essa negociação estruturada entre devedores e credores, continuará a ser reduzido o percentual de recuperandas que consegue cumprir ao menos as obrigações previstas nos primeiros anos do plano de recuperação, em detrimento da melhor alocação dos ativos do devedor, da redução dos custos, da tutela da higidez de mercado e da proteção de todos os demais interessados à preservação da atividade, fundamentos e objetivos do próprio instituto da recuperação judicial" (MENDES, Max Magno Ferreira; SACRAMONE,

CAPÍTULO 4 • FASE DE NEGOCIAÇÃO

Nesse aspecto, ressalta-se, como a liquidação falimentar apresentava resultados drásticos à satisfação dos credores, com a eternização do procedimento e sem que houvesse qualquer pagamento, qualquer plano de recuperação judicial apresentado pelo devedor seria em regra melhor do que essa alternativa falimentar para a sua rejeição[330].

Por essa razão, destaca-se que os planos de recuperação judicial aprovados não enfrentam a real causa da crise da devedora e, a despeito da ampla possibilidade de previsão dos meios de recuperação judicial, são adstritos à previsão de dilação de pagamento e ao deságio.

O devedor dificilmente reconhece a falta de diligência de seus administradores como causa da crise econômico-financeira. Conforme dados levantados por Mattos e Proença, são apontados como motivos da crise econômico-financeira fatores externos e macroeconômicos em 87,93% dos processos, enquanto as causas internas foram apontadas em apenas 12,64% deles[331]. Ainda que eventos externos possam deteriorar a situação econômico-financeira do devedor, a falta de preparação prévia do empresário para referidos eventos, esperados, pode indicar que a administração da sociedade não tem conhecimento ou informações suficientes para o desenvolvimento longevo da atividade.

Se há dificuldade na identificação da real causa ensejadora da crise, dificilmente os meios de recuperação judicial previstos no plano poderiam corresponder à efetiva necessidade do devedor. A despeito da ampla possibilidade conferida pela Lei, os planos de recuperação judicial aprovados possuem previsão apenas de dilação temporal das obrigações e de deságio em 67,82%[332], de modo que se imputa toda a superação da crise às concessões apenas dos credores. Para Proença e Mattos, a alteração constatada da gestão somente foi proposta e cumprida em 0,57% dos casos[333].

Com conclusão semelhante, em estudo jurimétrico realizado em 2021, que utilizou como base 82 processos de recuperação judicial, distribuídos entre janeiro de 2010 e julho de 2017 nas duas Varas Especializadas da capital do estado de São Paulo, identificou-se que os meios de recuperação de empresas recaem quase exclusivamente sobre os credores[334].

Sobre os referidos processos, alcançou-se o número de 21,90% dos planos de recuperação judicial em que houve previsão de alteração no controle dos negócios da empresa em recuperação. Em somente 14,60% houve previsão de alteração dos administradores[335]. Para Proença e Mattos, em

---

Marcelo B. Meios de soerguimento da empresa em crise na recuperação judicial. In: YARSHELL, Flávio Luiz; PEREIRA, Guilherme Setoguti Julio (org.). *Processo societário IV*. São Paulo: Quartier Latin, 2021. v. 1. p. 865).

[330] NUNES, Marcelo Guedes; WAISBERG, Ivo; SACRAMONE, Marcelo. *Associação Brasileira de Jurimetria, Observatório da Insolvência: Fase 3: Falências no Estado de São Paulo*. Disponível em: https://abjur.github.io/obsFase3/relatorio/obs_fase3_abj.pdf. Acesso em: 7 jul. 2023.

[331] MATTOS, Eduardo da Silva; PROENÇA, José Marcelo Martins. O inferno são os outros II: análise empírica das causas de pedir e dos remédios propostos em recuperações judiciais. *Revista de Direito Empresarial – RDEmp*, ano 18, n. 2, Belo Horizonte: Fórum, maio/ago. 2021, p. 34.

[332] MATTOS, Eduardo da Silva; PROENÇA, José Marcelo Martins. O inferno são os outros II: análise empírica das causas de pedir e dos remédios propostos em recuperações judiciais. *Revista de Direito Empresarial – RDEmp*, ano 18, n. 2, Belo Horizonte: Fórum, maio/ago. 2021, p. 36.

[333] MATTOS, Eduardo da Silva; PROENÇA, José Marcelo Martins. O inferno são os outros II: análise empírica das causas de pedir e dos remédios propostos em recuperações judiciais. *Revista de Direito Empresarial – RDEmp*, ano 18, n. 2, Belo Horizonte: Fórum, maio/ago. 2021, p. 37.

[334] "Total de 82 processos: 81 – inciso I; 33 – inciso II: 25 – inciso III; 17 – inciso IV; 06 – inciso V; 20 – inciso VI; 25 – inciso VII; 07 – inciso VIII; 33 – inciso IX; 09 –inciso X; 30 – inciso XI; 21 – inciso XII; 06 – inciso XIII; 06 – inciso XIV; 10 – inciso XV; 14 – inciso XVI; 10 – parágrafo 1; 03 – parágrafo 2; 08 – financiamento – outros; 44 – reestruturação – outros; 16 – alienação de ativos circulantes – outros; 02 – arrendamento de móveis – outros; 02 – arrendamento de imóveis – outros; 09 – leilão reverso – inciso l; 08 – credores aderentes – inciso" (MENDES, Max; SACRAMONE, Marcelo. Meios de soerguimento da empresa em crise na recuperação judicial. In: YARSHELL, Flávio Luis; PEREIRA, Guilherme Setoguti (coord.).. *Processo societário IV*. São Paulo: Quartier Latin. 2021. p. 862) .

[335] MENDES, Max; SACRAMONE, Marcelo. Meios de soerguimento da empresa em crise na recuperação judicial. In: YARSHELL, Flávio Luis; PEREIRA, Guilherme Setoguti (coord.). *Processo societário IV*. São Paulo: Quartier Latin, 2021. p. 863.

estudo realizado em 2021, a alteração da gestão somente foi proposta e cumprida em 0,57% dos casos[336]. Em recorte diverso, de processos de recuperação judicial distribuídos entre janeiro de 2010 a julho de 2017 nas duas Varas Especializadas da capital do estado de São Paulo, alcançou-se o número 21,90% dos planos de recuperação judicial em que houve previsão de alteração no controle dos negócios da empresa em recuperação. Ademais, em somente 14,60% há previsão de alteração dos administradores[337]. Diante desse cenário, a Lei n. 14.112/2020 alterou a Lei n. 11.101/2005 e introduziu o disposto no art. 6º, § 4º-A e deu nova redação ao § 4º do art. 56 para prever a possibilidade de os credores apresentarem plano alternativo de recuperação judicial.

O plano de reorganização dos credores pode ser apresentado em duas situações: se o devedor, durante o *stay period* de 180 dias, prorrogável uma única vez, não conseguir submeter seu plano à deliberação dos credores (LRE, art. 6º, § 4º-A)[338], ou se o plano formulado pela recuperanda for rejeitado em Assembleia Geral de Credores (LRE, art. 56, § 4º)[339].

Conferiu a Lei n. 14.112/2020, assim, a possibilidade aos credores de uma alternativa à falência quando o plano elaborado pelo devedor não for satisfatório[340]. Sua previsão procurou incentivar comportamentos para assim se extrair a melhor decisão de todos os agentes envolvidos no processo de recuperação judicial.

Como esclarece o parecer apresentado pelo Deputado Hugo Leal ao Projeto de Lei n. 6.229/2005, que se converteu na Lei n. 14.112/2020, a apresentação do plano alternativo pelos credores "trará forte aumento do poder de barganha (fortalecimento) dos credores e induzirá credores e devedores a se empenharem ainda mais na obtenção de um acordo sempre que este se mostrar viável, no sentido de se evitar o mal maior da falência"[341].

Entretanto, o § 6º do art. 56 da LRE impõe requisitos sem os quais o plano não pode ser votado pela AGC[342]. Além dos requisitos gerais impostos a todos os planos de recuperação judicial apresentados, há requisitos formais e materiais específicos ao plano alternativo apresentado pelos credores e

---

[336] MATTOS, Eduardo da Silva; PROENÇA, José Marcelo Martins. O inferno são os outros II: análise empírica das causas de pedir e dos remédios propostos em recuperações judiciais. *Revista de Direito Empresarial -- RDEmp*, ano 18, n. 2, Belo Horizonte: Fórum, maio/ago. 2021, p. 37.

[337] MENDES, Max; SACRAMONE, Marcelo. Meios de soerguimento da empresa em crise na recuperação judicial. In: YARSHELL, Flávio Luis; PEREIRA, Guilherme Setoguti (coord.). *Processo societário IV*. São Paulo: Quartier Latin, 2021. p. 863.

[338] "§ 4º-A. O decurso do prazo previsto no § 4º deste artigo sem a deliberação a respeito do plano de recuperação judicial proposto pelo devedor faculta aos credores a propositura de plano alternativo, na forma dos §§ 4º, 5º, 6º e 7º do art. 56 desta Lei, observado o seguinte [...]."

[339] "§ 4º Rejeitado o plano de recuperação judicial, o administrador judicial submeterá, no ato, à votação da assembleia-geral de credores a concessão de prazo de 30 (trinta) dias para que seja apresentado plano de recuperação judicial pelos credores."

[340] Na mesma linha: (i) MARQUES, André Moraes; ZENEDIN, Rafael Nicoletti. Uma análise comparativa do direito de propor o plano de recuperação judicial à luz das legislações americana e brasileira. In: MARTINS, André Chateaubriand; YAGUI, Márcia (coord.). *Recuperação judicial*: análise comparada Brasil-Estados Unidos. São Paulo: Almedina, 2020. p. 182; (ii) MELO, Cinira Gomes Lima. *Plano de recuperação judicial*. 2. ed. São Paulo: Almedina, 2021. *E-book*. item 3.5.; (iii) BUMACHAR, Juliana. O plano de recuperação judicial apresentado pelos credores -- consequências e controvérsias. In: COSTA, Daniel Carnio; SALOMÃO, Luis Felipe; TARTUCE, Flávio (coord.).. *Recuperação de empresas e falência*: diálogos entre a doutrina e a jurisprudência. Barueri, SP: Atlas, 2021. p. 417.

[341] Parecer oferecido em Plenário pelo Deputado Federal Hugo Leal ao Projeto de Lei n. 6.229/2005.

[342] "[...] § 6º O plano de recuperação judicial proposto pelos credores somente será posto em votação caso satisfeitas, cumulativamente, as seguintes condições: I – **não preenchimento dos requisitos previstos no § 1º do art. 58 desta Lei; II** – preenchimento dos requisitos previstos nos incisos I, II e III do *caput* do art. 53 desta Lei; III – apoio por escrito de credores que representem, alternativamente: a) mais de 25% (vinte e cinco por cento) dos créditos totais sujeitos à recuperação judicial; b) mais de 35% (trinta e cinco por cento) dos créditos dos credores presentes à assembleia-geral a que se refere o § 4º deste artigo; IV – **não imputação de obrigações novas, não previstas em lei ou em contratos anteriores celebrados, aos sócios do devedor; V** – previsão de isenção das garantias pessoais prestadas por pessoas naturais em relação aos créditos a serem novados e que sejam de titularidade dos credores mencionados no inciso III deste parágrafo ou daqueles que votarem favoravelmente ao

CAPÍTULO 4 • FASE DE NEGOCIAÇÃO

que precisam ser respeitados para que se permita sua submissão à votação dos credores. Sem que todas as exigências do art. 56, § 6º, da LRE seja atendida, e o rol apresentado em seus incisos é taxativo e cumulativo, o plano alternativo não poderá ser deliberado em AGC.

Com efeito, o art. 56, § 6º, da LRE exige, para a apresentação do plano alternativo, o preenchimento dos requisitos previstos nos incisos I, II e III do *caput* do art. 53. Este último dispositivo legal determina, em consonância com o direito constitucional de propriedade dos acionistas/cotistas, que o plano de recuperação judicial contenha discriminação pormenorizada dos meios de recuperação que serão empregados, em atenção ao art. 50 da lei, que estabelece que os meios de recuperação judicial deverão observar a legislação pertinente a cada caso. Dessa forma, a lei de recuperação expressamente não se sobrepõe à legislação societária ou qualquer outra, de modo que as normas do Código Civil e da Lei das S/A relativas às deliberações sociais devem ser observadas no ambiente recuperacional[343].

Nesses termos, se os credores proponentes do plano alternativo pretendem se valer de meios de recuperação que encerram alterações na dinâmica societárias, como os indicados nos incisos II, III, IV, VI, XV, XVII do art. 50 da LRE[344], deverão necessariamente obter a aprovação dos sócios da recuperanda, em atenção aos quóruns estabelecidos na legislação societária de regência.

A imposição dessa exigência, além dos demais requisitos formais e materiais específicos, decorre da possibilidade de o plano de recuperação produzir efeitos sobre o patrimônio dos sócios. Os credores são, em regra, pessoas alheias ao quadro societário e foi-lhes atribuído o poder de elaborar o plano alternativo, com a estipulação das condições de pagamento dos débitos da recuperanda. Ocorre que os impactos do cumprimento e/ou descumprimento do plano alternativo recairão não apenas sobre os credores que o elaboraram ou sobre ele deliberaram, mas também sobre os sócios.

Por isso, o legislador foi cauteloso ao criar a sistemática do plano alternativo. Como requisito formal, exigiu o art. 56 que, diante da rejeição do plano de recuperação judicial apresentado pelo devedor, a Assembleia Geral de Credores vote a apresentação do plano alternativo de credores. Para sua apresentação, os credores presentes na assembleia deverão aprovar a possibilidade, por votos favoráveis de credores que representem mais da metade do valor total dos créditos presentes à Assembleia Geral, independentemente das classes.

---

plano de recuperação judicial apresentado pelos credores, não permitidas ressalvas de voto; e VI – **não imposição ao devedor ou aos seus sócios de sacrifício maior do que aquele que decorreria da liquidação na falência."**

[343] O STJ já se posicionou nesse sentido. Na ocasião, a 2ª Seção esclareceu que a LRE não se sobrepõe à Lei das S/A e citou o inciso II do art. 50 da LRE para ilustrar que, de fato, a própria lei de recuperação ressalva a necessidade de observância à legislação societária: "[...] 6. Ainda que a jurisprudência do STJ venha entendendo, consistentemente, que a competência para decidir acerca do destino do acervo patrimonial de sociedades em recuperação judicial é do juízo do soerguimento, a presente hipótese versa sobre situação diversa. 7. A questão submetida ao juízo arbitral diz respeito à análise da higidez da formação da vontade da devedora quanto a disposições expressas no plano de soerguimento. As deliberações da assembleia de credores – apesar de sua soberania – estão sujeitas aos requisitos de validade dos atos jurídicos em geral. Precedente. 8. O art. 50, *caput*, da Lei n. 11.101/2005, ao elencar os meios de recuperação judicial passíveis de integrar o plano de soerguimento, dispõe expressamente que tais meios devem observar a legislação pertinente a cada caso. Seu inciso II é ainda mais enfático ao prever que, em operações societárias, devem ser "respeitados os direitos dos sócios, nos termos da legislação vigente". E, no particular, o objetivo da instauração do procedimento arbitral é justamente garantir o direito dos acionistas de deliberar em assembleia geral sobre questões que, supostamente, competem privativamente a eles, mas que passaram a integrar o plano de recuperação judicial sem sua anuência" (STJ, 2ª Seção, Conflito de Competência n. 157.099/RJ, Rel. Min. Marco Buzzi, j. 30-10-2018).

[344] "Art. 50. Constituem meios de recuperação judicial, observada a legislação pertinente a cada caso, dentre outros: [...] II – cisão, incorporação, fusão ou transformação de sociedade, constituição de subsidiária integral, ou cessão de cotas ou ações, respeitados os direitos dos sócios, nos termos da legislação vigente; III – alteração do controle societário; VI – aumento de capital social; XV – emissão de valores mobiliários; XVII – conversão de dívida em capital social."

O plano alternativo deverá ser apresentado em 30 dias da rejeição pela Assembleia Geral de Credores ou do decurso do prazo do *stay period*, nos termos do art. 6º, § 4-A, II.

Ele deverá ser composto pelos meios de recuperação pretendidos pelos credores e, ainda, pela apresentação do laudo econômico-financeiro e de avaliação dos bens e ativos do devedor.

Referidos documentos não se justificam. Diante da dificuldade de obtenção das referidas informações pelos credores e do reduzido lapso temporal para sua produção, a exigência de sua apresentação apenas dificulta a apresentação pelos credores da referida proposta.

Outrossim, o requisito não se justifica. Referidos laudos já constam no processo diante de sua apresentação obrigatória pelo próprio devedor e não sofreram qualquer alteração no decurso do processo.

Como requisitos formais, ainda, o plano alternativo de recuperação judicial deverá contar com o apoio de parcela substancial dos credores. O plano alternativo deverá ser apoiado, por escrito, por credores que representem mais de 25% dos créditos totais sujeitos à recuperação judicial ou mais de 35% dos créditos dos credores presentes à Assembleia Geral de Credores que rejeitou o plano de recuperação originário.

Referido quórum de apresentação do plano, a ser demonstrado por ocasião de sua apresentação, dificulta novamente sua apresentação. Além de os credores não se conhecerem e terem reduzido tempo para a elaboração de uma proposta comum, o quórum dificulta planos concorrentes de credores e que poderiam propiciar eventual melhor solução.

Ainda quanto aos requisitos formais, o art. 56, § 6º, V, impõe, como consequência do plano alternativo, a renúncia, pelos credores que apoiarem o plano ou que concordarem com a sua apresentação, de todas as garantias pessoais prestadas por pessoas naturais em relação aos créditos a serem novados.

Embora a justificativa para a referida consequência seja a preservação do risco econômico dos garantidores, os quais não poderiam ser prejudicados por uma deterioração das condições da recuperanda em virtude do plano alternativo, sua imposição contradiz os fins pretendidos e não encontra racionalidade, sequer na justificativa apresentada. É condição para o plano alternativo de recuperação judicial que os meios de recuperação não gerem situação mais gravosa do que na falência, de modo que a situação do garantidor não seria agravada, na medida em que ele asseguraria o cumprimento da obrigação pelo devedor principal.

Referida imposição também contraria a sistemática da lei prevista para o plano de recuperação judicial do devedor, pois se determina expressamente quanto a esses no art. 49, § 1º, que o plano não altera os direitos e privilégios contra os coobrigados, fiadores e obrigados em regresso, nem, nos termos do art. 59, implica a novação das garantias.

Esses requisitos formais, contudo, comprometem o próprio objetivo pretendido pelo legislador de se conferir solução mais adequada do que a falência e compelir o devedor a apresentar o melhor plano de recuperação possível. O prazo diminuto, o percentual abrangente, os documentos de informação não disponível, além da renúncia às garantias pessoais, impossibilitam a efetiva apresentação do plano alternativo pelos credores, na maioria dos casos, ou, ainda, criam situação ainda mais vantajosa ao devedor ao propor seu respectivo plano.

Além desses requisitos formais, incluiu-se na LRE requisitos materiais. A Lei n. 14.112/2020 impôs disposição expressa de que o plano elaborado pelos credores não poderá, em hipótese alguma, estabelecer obrigações novas aos sócios da recuperanda (art. 56, § 6º, IV) ou condições que onerem mais os sócios do que uma liquidação falimentar faria (art. 56, § 6º, VI).

Esse direito constitucional que os sócios possuem sobre suas participações assume absoluta relevância no contexto da formulação do plano alternativo de recuperação judicial. Nesse, não há, com

CAPÍTULO 4 • FASE DE NEGOCIAÇÃO

exceção das alterações da dinâmica societária e que exigem prévia autorização, anterior conhecimento dos sócios da devedora sobre as condições da reestruturação.

Por essa razão, determinou a Lei n. 11.101/2005 que apenas mediante autorização expressa dos titulares do direito de propriedade sobre as ações/quotas da recuperanda é que se poderá cogitar da criação de novas obrigações a eles relacionadas. Caso contrário, admitir-se-á que terceiros *disponham* sobre a propriedade dos sócios, em franca violação ao art. 5º, XXII, da Constituição Federal. O inciso IV do § 6º do art. 56 da LRE, portanto, é providencial para a constitucionalidade do instituto do plano alternativo.

Pelo mesmo raciocínio, não se pode utilizar o plano alternativo de credores para impor ao devedor ou aos seus sócios sacrifício maior do que aquele que decorreria da liquidação falimentar.

O plano de recuperação judicial alternativo não pode ser uma via para expropriação da propriedade de terceiros. Se a recuperação judicial foi concebida para assegurar uma melhor relação negocial entre devedor e credor para que ambos, juntos, possam obter a melhor solução para a superação da crise que acomete a atividade, os credores não poderão penalizar o devedor ou seus acionistas por terem requerido a recuperação judicial, imputando-lhes novas obrigações contrariamente à vontade.

Os requisitos impostos, entretanto, não poderão impedir o plano de ser efetivamente apresentado e como forma de balancear os interesses de devedores e credores.

4.6.1 A correção dos incentivos legais

Diante de uma falência que permite reduzida satisfação dos créditos dos seus titulares e apenas após longos anos, os sistemas dúplices de insolvência não podem contar apenas com a atribuição aos credores do poder de requerer sua decretação.

Atribuída a legitimidade exclusiva aos devedores para a apresentação do plano de recuperação judicial como alternativa à falência a ser decretada, os planos de recuperação judicial sempre serão a opção menos ruim aos credores e não a mais satisfatória a superar, em conjunto com o devedor, a crise que acomete a sua atividade e impede a regular satisfação de todos os créditos e o desenvolvimento eficiente da atividade. Por isso as legislações estrangeiras têm conferido a possibilidade aos credores de apresentaram planos de recuperação.

Nesse aspecto, a Lei n. 14.112/2020 supre uma carência existente da lei brasileira de conferir legitimidade exclusiva ao devedor, na contramão das demais legislações. Ao conferir legitimidade sucessiva, e não concorrente, aos credores para a apresentação do plano alternativo, permite que estes não mais se atenham a ter que aceitar plano de recuperação do devedor absolutamente inviável, aquém do necessário, apenas como última alternativa para evitar a decretação da falência e a não satisfação em absoluto dos referidos créditos.

Todavia, os sistemas que conferiram aos credores a legitimidade para a apresentação de planos de recuperação judicial alternativos sofrem críticas em função da baixa utilização do instituto. A assimetria informacional, o acesso aos documentos, a falta de conhecimento a respeito da condução do negócio decerto dificultam a apresentação de um plano pelos credores.

Quanto a esse ponto, a assimetria informacional entre os agentes interessados deve ser suprida para não impedir a efetiva possibilidade de utilização do instituto. Normas legais que exigem dos credores informações de controle do devedor, como a inserida no art. 56, § 6º, II, da Lei n. 11.101/2005, que exige a apresentação de laudo econômico-financeiro e de avaliação dos bens e ativos do devedor, subscrito por profissional legalmente habilitado ou empresa especializada, documento já inserido no próprio processo pelo devedor, apenas reduzem a possibilidade efetiva de sua apresentação.

A baixa apresentação dos planos de recuperação judicial, entretanto, não evidencia a falta de eficácia do instituto por si só. A mera possibilidade de apresentação pelos credores, diante da recusa do plano apresentado pelo devedor, incentiva este a providenciar o plano de recuperação mais viável possível para satisfazer os interesses dos credores e para esclarecer de maneira pormenorizada os meios de recuperação propostos para isso.

A melhor solução para a superação da crise, que tanto impede o regular desenvolvimento da atividade como a satisfação dos créditos, exige procedimento de negociação em que ambas as partes podem confrontar as alternativas apresentadas pela parte adversa e recusá-las. Para tanto, a contra-proposta pelos credores somente poderá ser realizada se a esses não for imposto ônus desmedido.

Pode-se sustentar que a exigência de alguns requisitos materiais para a atribuição da legitimidade para a apresentação do plano alternativo dos credores, como as obrigações novas aos sócios da recuperanda (art. 56, § 6º, IV) ou condições que onerem mais os sócios do que uma liquidação falimentar faria (art. 56, § 6º, VI), é coerente com o sistema nacional, haja vista que, no Brasil, os sócios não deliberarão, enquanto tais, referido plano e, portanto, não poderiam ser prejudicados.

Entretanto, os ônus impostos devem ser cuidadosamente medidos, sob pena de se comprometer a própria eficiência do instituto e desbalancear o equilíbrio pretendido. Nesse aspecto, a imposição de renúncia, pelos credores que apoiarem o plano ou que concordarem com a sua apresentação, de todas as garantias pessoais prestadas por pessoas naturais em relação aos créditos a serem novados não apenas não encontra similar em outros sistemas analisados, como não possui qualquer lógica legal.

Referida renúncia afronta o art. 49, § 1º, e o art. 59, da própria Lei n. 11.101/2005, os quais determinam que, para o devedor, o plano de recuperação não poderá alterar os direitos e privilégios dos coobrigados, fiadores e obrigações em regresso, nem implica a novação das garantias, a menos que haja expressa concordância dos garantidores.

Ademais, versa sobre direitos em face de terceiros, os garantidores pessoas físicas, cujos débitos podem não estar submetidos à negociação coletiva na recuperação judicial.

A consequência imposta pela Lei n. 14.112/20 não apenas, assim, contraria a lógica do sistema de insolvência brasileiro, como fulmina de ineficácia o próprio instituto do plano alternativo de credores cuja lei procurava estimular de modo a permitir que ambos negociassem a melhor alternativa para a superação da crise que afeta a todos.

CAPÍTULO 5
FASE DE DELIBERAÇÃO

1. A ASSEMBLEIA GERAL DE CREDORES

A Lei n. 11.101/2005 revogou o Decreto-Lei n. 7.661/45, que atribuía o poder ao Judiciário para a concessão da concordata, preventiva ou suspensiva[1].

Na concordata preventiva, a qual era regida pelo art. 156 do Decreto revogado, o comerciante em crise, desde que fosse de boa-fé, poderia obter judicialmente remissão de valores ou prazo para o pagamento de seus credores, prevenindo estes de promoverem sua execução coletiva falimentar.

Na concordata suspensiva, por seu turno, disciplinada pelos arts. 177 e seguintes do Decreto-Lei n. 7.661/45, o comerciante poderia retomar a administração de sua atividade, ainda que sua falência já tivesse sido decretada. Após a quebra, mas antes da liquidação dos ativos, o comerciante poderia pretender suspender a execução coletiva e reerguer a empresa. Para tanto, o pedido de concordata suspensiva deveria ser realizado dentro de cinco dias seguintes ao do vencimento do prazo para a entrega do relatório do síndico, após a publicação do quadro geral de credores e com a apresentação de todo o valor do ativo arrecadado (art. 177 do Decreto-Lei n. 7.661/45).

Em ambas as formas, sua concessão independia da vontade dos credores no Decreto-Lei n. 7.661/45. Como favor legal, a concordata era concedida por sentença judicial desde que preenchidos os requisitos legais[2].

Na concordata preventiva, os requisitos consistiam na exigência de ser comerciante, não haver pedido de declaração de falência, exercer regularmente comércio há mais de dois anos, possuir ativo cujo valor correspondesse a mais de 50% do seu passivo quirografário, não ser falido ou ter título protestado por falta de pagamento (art. 158 do Decreto-Lei n. 7.661/45). Na concordata suspensiva, o devedor não poderia ter denúncia ou queixa recebida contra si ou diretores ou administradores da sociedade falida (art. 177 do Decreto-Lei n. 7.661/45).

Na concordata preventiva, os credores poderiam, apenas, antes de sua concessão e no prazo de cinco dias contados da data da publicação do aviso da impetração da concordata preventiva (art. 174, II, do Decreto-Lei revogado) ou do edital de ciência da impetração da concordata (art. 181 do Decreto-Lei n. 7.661/45), opor embargos à concordata. A matéria submetida aos embargos, contudo, era restrita. Somente poderia ser alegado pelos credores prejuízo maior para

---

[1] Art. 139 do Decrto-Lei n. 7.661/45.

[2] Rubens Requião defendia que a atribuição desse poder ao juiz seria "o erro fundamental" do sistema, especialmente, porque a decisão pela concessão da concordata não era precedida de uma verificação acerca da viabilidade econômica do devedor. Nas palavras do autor: "o erro fundamental do sistema da concordata preventiva, e mesmo da concordata suspensiva, em nossa Lei de Falências, é permitir sua concessão atendidos, apenas, alguns pressupostos formais. Não se cogita de saber as verdadeiras causas da insolvência do devedor não se cogita sequer de indagar se ele tem um plano viável para a reorganização de sua empresa; não se indaga se foi ele inepto ou incompetente. Atendido os pressupostos legais e formais, os juízes geralmente complacentes estão dispostos a fazer vista grossa sobre os desmandos econômicos e financeiros evidentes, para conceder logo a concordata. A falência constitui uma solução tão ruinosa para os credores, que nas mais das vezes esses optam pela esperança, raramente realizada, de receber migalhas de seu crédito" (REQUIÃO, Rubens. A crise do direito falimentar brasileiro. *Revista de Direito Mercantil, Industrial, Econômico e Financeiro*, São Paulo, ano XIII, n. 14, p. 23-33, 1974, p. 99).

os credores na concordata do que na liquidação na falência, ou impossibilidade evidente de ser cumprida a concordata; inexatidão das informações prestadas; ou qualquer ato de fraude ou má-fé do devedor[3].

A concessão ou rejeição da concordata cabia ao Magistrado exclusivamente e não dependia de qualquer consentimento dos credores. Quanto à viabilidade econômica da empresa, os embargos à concordata seriam acolhidos apenas se evidente a impossibilidade de cumprimento.

Concebida como um favor legal[4], e independente da aprovação da coletividade de credores, a concordata tornou-se instrumento inadequado para promover a superação da crise do comerciante devedor. Diante de uma crise econômico-financeira, ao comerciante que a tivesse requerido foi concedida a concordata de forma que este pudesse pagar os seus credores quirografários à vista em 50% do valor que lhes era devido ou de forma escalonada, com o montante integral devido devendo ser satisfeito em até dois anos[5].

Muitas concordatas, desse modo, foram concedidas para empresários sem condições efetivas de se reestruturarem e em detrimento da vontade da maioria dos credores, o que permitiu apenas uma maior dilação de prazo para a liquidação dos ativos e um maior risco de desvio de bens.

A Lei n. 11.101/2005, ao revogar o Decreto-Lei n. 7.661/45, procurou aumentar a eficiência do instituto da falência e da recuperação judicial. Para tanto, atribuiu àqueles que sofreriam as principais consequências o direito de decidir sobre as mais importantes questões, pois eles teriam o estímulo para investir recursos e para buscar maiores informações para melhor decidirem. Os principais interessados na superação da crise econômico-financeira do devedor ou na preservação e otimização da utilidade produtiva dos bens são os credores, de modo que as decisões mais relevantes na condução do procedimento recuperacional ou falimentar foram a eles atribuídas.

Aos credores foi transferido o poder de decidir sobre a viabilidade econômica da empresa e sobre a aceitação da proposta de novação apresentada, pois são os credores os maiores detentores das informações necessárias para se aferir a viabilidade econômica[6] da empresa, o ganho na permanência do devedor à frente da atividade ou os que terão maior incentivo econômico para tomarem a decisão correta[7].

---

[3] Batalha, Wilson de Souza Campos; Batalha, Silvia Marina Labate. *Falências e concordatas*: comentários à Lei de Falências. São Paulo: LTr, 1991. p. 504.

[4] Valverde, Trajano. *Comentários à Lei de Falência*s. 4. ed. Rio de Janeiro: Forense, 1999. p. 288.

[5] Art. 156 do Decreto-Lei n. 7.661/45: o devedor pode evitar a declaração da falência, requerendo ao juiz que seria competente para decretá-la, lhe seja concedida concordata preventiva.

§ 1º O devedor, no seu pedido, deve oferecer aos credores quirografários, por saldo de seus créditos, o pagamento mínimo de:

I – 50%, se fôr à vista; (Redação dada pela Lei n. 4.983, de 18-5-45).

II – 60%, 75%, 90% ou 100%, se a prazo, respectivamente, de 6 (seis), 12 (doze), 18 (dezoito), ou 24 (vinte e quatro) meses, devendo ser pagos, pelo menos, 2/5 (dois quintos) no primeiro ano, nas duas últimas hipóteses. (Redação dada pela Lei n. 4.983, de 18-5-45).

§ 2º O pedido de concordata preventiva da sociedade não produz quaisquer alterações nas relações dos sócios, ainda que solidários, com os seus credores particulares.

[6] Para Fazzio Júnior, é princípio do regime concursal empresarial a viabilidade da empresa em crise, em que "A aferição dessa viabilidade está ligada a fatores endógenos (ativo e passivo, faturamento anual, nível de endividamento, tempo de constituição e outras características da empresa) e exógenos (relevância socioeconômica da atividade etc.)" (Fazzio, Waldo. *Manual de direito comercial*. 17. ed. São Paulo: Atlas, 2016. p. 560).

[7] Nesse ponto, o Relatório apresentado pelo Senador Ramez Tebet sobre o PLC 71/2013 e que se converteu na Lei n. 11.101/2005 ressaltou esse papel ativo dos credores para a proteção dos interesses de todos os envolvidos. Segundo o senador, "é desejável que os credores participem ativamente dos processos de falência e de recuperação, a fim de que, diligenciando para a defesa de seus interesses, em especial o recebimento de seu crédito, otimizem os resultados obtidos com o processo, com redução da possibilidade de fraude ou malversação dos recursos da empresa ou da massa falida".

CAPÍTULO 5 • FASE DE DELIBERAÇÃO

Sobre isso reafirma Eduardo Mattos:

a manutenção, na figura dos credores, do poder de decisão acerca da viabilidade, ou não, do plano de recuperação faz com que os reais interessados sejam, de fato, os julgadores da adequação da proposta do devedor, e não um terceiro alheio à questão (juiz)[8].

A mensuração pelo credor dessa viabilidade econômica da empresa e da recuperabilidade do devedor, todavia, pode não ser tarefa simples. A avaliação do ganho da preservação da atividade empresarial viável sob a condução do devedor em comparação ao valor dos ativos em conjunto ou fracionados na liquidação falimentar envolve apreciação subjetiva dos agentes e discussão sobre o melhor método a ser empregado, o que exige tempo e permite variação[9].

Deverá o credor avaliar a condução do empresário devedor e ponderar se, conforme o plano de recuperação judicial proposto, a manutenção do empresário na condução da atividade empresarial será economicamente melhor para a satisfação de seus interesses enquanto credor. Essa ponderação é realizada com a alternativa de liquidação dos ativos através da decretação da falência, em que o credor avaliaria quanto resultaria da liquidação dos ativos, deduzidos os custos e despesas processuais, e se o seu pagamento conforme a ordem de preferência resultaria em maior satisfação de seu crédito.

Para que os credores possam deliberar sobre a viabilidade econômica do devedor para conduzir sua atividade ou se a falência é a melhor alternativa, a proposta realizada deve ser clara. O plano deverá conter discriminação pormenorizada dos meios de recuperação a serem empregados, demonstração de sua viabilidade econômica a partir da análise da submissão de todas as despesas previstas em face do fluxo de caixa projetado. Como comparação em relação ao cenário falimentar, devem ser apresentados, ainda, laudo econômico-financeiro e de avaliação dos bens e ativos do devedor, subscrito por profissional legalmente habilitado ou empresa especializada, e como forma de tornar evidente, aos credores, o quanto é o valor operacional dos ativos (*going concern*) e o valor patrimonial dos bens para a hipótese de preferirem a liquidação falimentar dos bens (art. 53 da Lei n. 11.101/2005).

Para se permitir identificar a vontade da maioria dos credores, estes são reunidos em um órgão deliberativo, a Assembleia Geral de Credores. Esta poderá ser substituída por um termo de adesão com a assinatura de credores suficientes para o preenchimento do quórum legal à aprovação do plano de recuperação.

Diante do plano de recuperação judicial apresentado, a Assembleia Geral de Credores deliberará sobre o plano, caso haja objeção tempestivamente oposta. Se não forem opostas objeções, o plano de recuperação judicial do devedor é considerado tacitamente aprovado.

A oposição de objeções, a exigir a convocação da Assembleia Geral de Credores, entretanto, ocorre na grande maioria dos casos. Nos processos que tramitam nas varas comuns do estado de São Paulo, em 95,9% dos casos e, naqueles que tramitam em varas especializadas, em 94,2% dos processos[10].

Em assembleia, pressupõe a Lei que a maioria dos credores, ao pretenderem maximizar a satisfação dos respectivos créditos, avaliarão a eficiência do devedor para continuar a conduzir a empresa

---

[8] MATTOS, Eduardo. *Fundamentos falimentares em risco de crédito*. Tese (Programa de pós-graduação em Administração de Empresas) – Centro de Ciências Sociais Aplicadas, Universidade Presbiteriana Mackenzie. São Paulo, 2015. p. 74.

[9] CEREZETTI, Sheila Cristina Neder. *A recuperação judicial de sociedade por ações*: o princípio da preservação da empresa na Lei de Recuperação e Falência. São Paulo: Malheiros, 2012. p. 382.

[10] NUNES, Marcelo Guedes; WAISBERG, Ivo; SACRAMONE, Marcelo; CÔRREA, Fernando. *Associação Brasileira de Jurimetria, Observatório da Insolvência, Segunda Fase*, p. 35. Disponível em: https://abj.org.br/pesquisas/2a-fase-observatorio-da-insolvencia/. Acesso em: 5 jun. 2023..

nos termos do plano de recuperação judicial proposto e, diante disso, a maioria dos interesses apontaria para o melhor aproveitamento dos ativos, em benefício de toda a coletividade afetada, seja por meio da aprovação do plano de recuperação judicial e concessão da recuperação judicial, seja por meio da sua rejeição e decretação da falência do devedor[11].

Entretanto, os resultados apresentados pelas recuperações judiciais mostram que, apesar de 88,4%[12] dos planos de recuperação judicial propostos serem aprovados, apenas 24,4% (36,4% nas varas especializadas e 17,5% nas comuns)[13] dos referidos planos conseguem ser cumpridos em relação às obrigações que se venceram nos dois primeiros anos.

Referidos dados podem indicar que os credores avaliaram a concessão da recuperação judicial como decisão que gerava maior eficiência, mas que se equivocaram em sua avaliação em 75,6%[14] dos casos, na medida em que o plano não conseguiu ser cumprido sequer nos dois primeiros anos, de modo a gerar a convolação em falência[15].

Para justificar a hipótese, poder-se-ia sustentar a absoluta dificuldade para se mensurar a viabilidade econômica do devedor. Decerto, a tarefa não é simples ou clara, notadamente diante da dificuldade de informação correta. Dados coletados por Mattos e Proença revelam que são aprovados planos de recuperação judicial de empresas que mantêm altos prejuízos[16].

Ao analisar as projeções de lucro líquido apresentadas aos credores para demonstrar a viabilidade econômico-financeira das empresas e a possibilidade de cumprimento do plano de recuperação judicial, Machado demonstrou a elevada ausência de acurácia nas informações apresentadas aos credores para a avaliação. Das 25 empresas analisadas, apenas duas apresentaram variação positiva. As outras 23 apresentaram grandes discrepâncias dos valores projetados do lucro líquido para os que foram efetivamente realizados, conforme tabela abaixo extraída de Machado[17].

Além da dificuldade na análise dos dados e na obtenção de informações fidedignas das condições da empresa, presume a lei que os credores, como agentes econômicos, agirão racionalmente sem ser levados pela emoção. Diante de situações econômicas mais complexas, entretanto, vieses e heurísticas no julgamento podem ser apresentados a ponto de revelar decisões equivocadas.

Apesar de distorções ocorrerem, contudo, o quórum da maioria da deliberação pela Assembleia Geral de Credores pretenderia reduzir as distorções ou a pretensão por interesses não econômicos

---

[11] CAMILO JUNIOR, Ruy Pereira. Comentários ao art. 1º da Lei n. 11.101/2005. In: TOLEDO, Paulo Fernando Campos Salles de (coord.). *Comentários à Lei de Recuperação de Empresas*. São Paulo: Thomson Reuters, 2021.

[12] NUNES, Marcelo Guedes; WAISBERG, Ivo; SACRAMONE, Marcelo; CÔRREA, Fernando. *Associação Brasileira de Jurimetria, Observatório da Insolvência, Segunda Fase*, p. 35. Disponível em: https://abj.org.br/pesquisas/2a-fase-observatorio-da-insolvencia/. Acesso em: 5 jun. 2023.

[13] NUNES, Marcelo Guedes; WAISBERG, Ivo; SACRAMONE, Marcelo; CÔRREA, Fernando. *Associação Brasileira de Jurimetria, Observatório da Insolvência, Segunda Fase*, p. 47. Disponível em: https://abj.org.br/pesquisas/2a-fase-observatorio-da-insolvencia/. Acesso em: 5 jun. 2023.

[14] NUNES, Marcelo Guedes; WAISBERG, Ivo; SACRAMONE, Marcelo; CÔRREA, Fernando. *Associação Brasileira de Jurimetria, Observatório da Insolvência, Segunda Fase*, p. 47. Disponível em: https://abj.org.br/pesquisas/2a-fase-observatorio-da-insolvencia/. Acesso em: 3 jun. 2023.

[15] Em maior precisão: CAVALHEIRO, Frederico Augusto; NUNES, Carmelo. A satisfação de créditos por empresas em recuperação judicial e o período de fiscalização judicial. *Revista da Faculdade de Direito da Universidade São Judas Tadeu*, São Paulo, n. 9, 2020. Disponível em: https://revistadireito.emnuvens.com.br/revistadireito/article/download/136/104. Acesso em: 3 jun. 2023.

[16] MATTOS, Eduardo da Silva; PROENÇA, José Marcelo Martins. *Recuperação de empresas*: (in)utilidade de métricas e estratégias jurídicas. Rio de Janeiro: Lumen Juris, 2019. p. 144.

[17] MACHADO, Patrícia da Silva Oliveira. *A efetividade do princípio da viabilidade no sistema de insolvência*. Tese (Mestrado em Gestão para Competitividade, linha de pesquisa Finanças e Controladoria) – Fundação Getúlio Vargas, São Paulo, 2022. p. 36.

CAPÍTULO 5 • FASE DE DELIBERAÇÃO

dos credores, na medida em que o erro não deveria ser reproduzido em parcela substancial desses ou pelo menos da mesma forma. O quórum de maioria eliminaria os votos que destoassem do interesse mais frequente dos credores, de modo a revelar decisão mais adequada para a satisfação de toda a coletividade de credores afetada.

		Ano (1) $	Ano (1) %	Ano (2) $	Ano (2) %	Ano (3) $	Ano (3) %
Mínimo	-	36.132.705	-4076%	-53.984.383	-19758%	-27.207.725	-996%
1 Quartil	-	6.327.896	-449%	- 4.871.971	-473%	- 5.870.401	-307%
2 Quartil	-	1.941.159	-254%	- 2.368.402	-311%	- 3.049.012	-170%
3 Quartil	-	502.113	-75%	- 1.163.658	-127%	- 818.036	-113%
Máximo		13.153.855	3581%	10.681.118	1653%	5.955.357	864%
Desvio-Padrão		8.989.528	1464%	11.708.385	4479%	5.809.266	346%

Figura 14 - Diferença entre o lucro líquido projetado no plano de recuperação judicial e o realizado

Se algum ruído no julgamento é inevitável[18], pois cada credor possui particularidades no seu crédito, que exigem considerações subjetivas e pessoais em relação aos outros que compõem o quadro de votantes, o quórum de maioria pretende eliminar os votos discrepantes.

A despeito da dificuldade de mensuração da viabilidade econômico-financeira da empresa, da dificuldade de obtenção dos dados para sua análise e dos vieses incorridos pelos credores, a elevada aprovação dos planos de recuperação judicial e o reduzido cumprimento das obrigações vencidas nos dois primeiros anos de fiscalização pela devedora indicam hipótese diversa.

A segunda hipótese é a de que não ocorreria erro dos credores por ocasião de sua decisão na Assembleia Geral de Credores. Pelo contrário, os credores podem estar se comportando de forma absolutamente racional e com o intuito de maximizar os interesses individuais no caso concreto, em detrimento da vontade da própria maioria dos credores[19].

A hipótese é que os credores podem estar aprovando planos de recuperação judicial sabidamente inviáveis ou concedendo a recuperação judicial para empresários absolutamente irrecuperáveis. Em virtude de incentivos legais inadequados e que lhes permita extrair riquezas para si em detrimento da maioria, os credores podem estar aprovando planos não com o intuito de assegurar a atribuição mais eficiente dos recursos, mas como forma de ter o crédito individual mais bem satisfeito, ainda que em detrimento dos créditos dos demais titulares.

2. O INTERESSE DOS CREDORES NA DELIBERAÇÃO SOBRE O PLANO (CRÉDITOS SUJEITOS E NÃO SUJEITOS À RECUPERAÇÃO JUDICIAL)

Se o pressuposto do procedimento é que a atribuição de poder aos credores, como principais interessados, permitiria a melhor avaliação da viabilidade econômica ou não do devedor e, por consequência, refletiria na proteção mais adequada dos interesses de todos os demais envolvidos com o desenvolvimento da atividade empresarial ao controlar a utilização pelo devedor dos recursos escassos, imprescindível que referidos credores possam espelhar, no exercício do seu direito de voto sobre o plano de recuperação judicial, o melhor interesse da coletividade de credores.

---

[18] KAHNEMAN, Daniel. *Ruído*: uma falha no julgamento humano. Tradução: Cássio de Arantes Leite. Rio de Janeiro: Objetiva, 2021. p. 28.

[19] BAROSSI-FILHO, Milton. As assembleias de credores e plano de recuperação de empresas: uma visão em teoria dos jogos. *Revista de Direito Mercantil, Industrial, Econômico e Financeiro*, São Paulo, v. 54, n. 137, 2005.

Entretanto, os credores não têm qualquer vínculo prévio contratual entre si. Nenhum deles se obrigou contratualmente para com o devedor ou para com os outros a renunciarem aos seus interesses particulares em benefício de um interesse comum dos credores.

Não há um interesse comum da coletividade dos credores e que orientaria o voto dos credores. Diferentemente das deliberações assembleares das sociedades, em que a existência do contrato plurilateral entre os sócios obriga a que estes renunciem à satisfação dos respectivos interesses particulares em prol de um interesse coletivo[20], não há uma comunhão de interesses dos credores.

A reunião em Assembleia Geral de Credores ou a manifestação por termo de adesão não forma uma comunhão de interesses, pois não há um interesse comum dos credores. Cada qual possui a necessidade particular e interesse específico na satisfação do respectivo crédito.

Os credores são reunidos em uma Assembleia Geral de Credores ou declaram sua vontade em termos de adesão nos procedimentos de insolvência para que possam se manifestar quanto à pessoal consideração sobre a adequação dos meios propostos de recuperação para a satisfação do respectivo crédito[21]. Não se extrai dela um interesse comum na medida em que não há comunhão.

Enquanto credor, cada um deve analisar a viabilidade econômica da empresa e a continuidade da condução da atividade pelo devedor e considerar se os meios de recuperação propostos são suficientes para a satisfação de seus respectivos interesses e necessidades enquanto credor.

A reunião na Assembleia Geral de Credores ou a manifestação da vontade por termo de adesão cria apenas procedimentos para que se possa avaliar a vontade individual da maioria dos credores. Pelo quórum, assegura-se que nenhum credor discordante, em virtude de comportamento estratégico para a maximização da satisfação de seus interesses individuais, possa comprometer a satisfação da maioria dos interesses dos demais credores.

Para que essa deliberação pela maioria dos credores, dessa forma, reflita que a recuperação judicial é a melhor alternativa ao interesse da coletividade de credores e não de apenas alguns grupos em detrimento de outros e, por consequência, promova análise da eficiência do devedor na condução da empresa, importante que a norma legal evite os comportamentos estratégicos dos credores e dos devedores na própria adoção do procedimento de insolvência.

O sistema deve se estruturar de modo a que os credores reflitam, ao tutelarem as respectivas posições individuais, os interesses de todos os credores. "Bankruptcy provides a way to override the creditor' pursuit of their own remedies and to make them work together."[22] Para tanto, os incentivos legais devem ser adequados.

2.1 Alemanha

Na Alemanha, em seu procedimento único de insolvência, todos os créditos submetem-se à satisfação pelo procedimento. A distinção entre os credores que participam no processo de insolvência alemão baseia-se, principalmente, na natureza dos créditos e no momento de sua constituição[23].

---

[20] Ascarelli, Tulio. *Panorama do direito comercial*. 2. ed. Sorocaba: Minelli, 2007. p. 103-104.

[21] Satiro, Francisco. Autonomia dos credores na aprovação do plano de recuperação judicial. In: Castro, Rodrigo Monteiro de; Guerreiro, Carolina Dias Tavares; Warde Júnior, Walfrido Jorge (org.). *Direito empresarial e outros estudos de direito em homenagem ao professor José Alexandre Tavares Guerreiro*. São Paulo: Quartier Latin, 2013. p. 110.

[22] Jackson, Thomas H. *The logic and limits of Bankruptcy Law*. Washington D.C.: Beard Books, 2001. p. 16-17.

[23] Frege, Michael; Keller, Ulrich; Riedel, Ernst. *Insolvenzrecht*. Handbuch der Rechtspraxis. 8. ed. München: C.H. Beck, 2015. v. 3. p. 392.

CAPÍTULO 5 • FASE DE DELIBERAÇÃO

Pela § 217 do InsO, estão sujeitos ao processo de insolvência os credores com garantia (§ 49 e ss.) e os credores da insolvência (§§ 38 e 217)[24]. Além desses, é preciso considerar também os credores da massa (§ 53)[25] e os terceiros afetados pelo processo (§ 47 e 48)[26].

Os terceiros afetados não possuem crédito contra a massa propriamente. Eles precisam demonstrar, com base em direito real ou pessoal, que determinado bem não integra a massa[27].

Com isso, não serão considerados credores da insolvência e terão direito de pedir a restituição do bem de acordo com as regras do Direito Comum (§ 47)[28]. Ocorre o que se chama de "separação", visto que não buscam a satisfação de seu crédito pela via do processo de insolvência[29].

Por seu turno, os credores da massa são previstos no § 53 do InsO. Assim como no Brasil, alguns gastos são necessários para que o processo se desenvolva e são imprescindíveis para manter a empresa

---

[24] InsO § 49 Abgesonderte Befriedigung aus unbeweglichen Gegenständen Gläubiger, denen ein Recht auf Befriedigung aus Gegenständen zusteht, die der Zwangsvollstreckung in das unbewegliche Vermögen unterliegen (unbewegliche Gegenstände), sind nach Maßgabe des Gesetzes über die Zwangsversteigerung und die Zwangsverwaltung zur abgesonderten Befriedigung berechtigt.

InsO § 217 Grundsatz (1) Die Befriedigung der absonderungsberechtigten Gläubiger und der Insolvenzgläubiger, die Verwertung der Insolvenzmasse und deren Verteilung an die Beteiligten sowie die Verfahrensabwicklung und die Haftung des Schuldners nach der Beendigung des Insolvenzverfahrens können in einem Insolvenzplan abweichend von den Vorschriften dieses Gesetzes geregelt werden. Ist der Schuldner keine natürliche Person, so können auch die Anteils- oder Mitgliedschaftsrechte der am Schuldner beteiligten Personen in den Plan einbezogen werden. (2) Der Insolvenzplan kann ferner die Rechte der Inhaber von Insolvenzforderungen gestalten, die diesen aus einer von einem verbundenen Unternehmen im Sinne des § 15 des Aktiengesetzes als Bürge, Mitschuldner oder aufgrund einer anderweitig übernommenen Haftung oder an Gegenständen des Vermögens dieses Unternehmens (gruppeninterne Drittsicherheit) zustehen.

[25] InsO § 53 Massegläubiger Aus der Insolvenzmasse sind die Kosten des Insolvenzverfahrens und die sonstigen Masseverbindlichkeiten vorweg zu berichtigen.

[26] InsO § 47 Aussonderung Wer auf Grund eines dinglichen oder persönlichen Rechts geltend machen kann, daß ein Gegenstand nicht zur Insolvenzmasse gehört, ist kein Insolvenzgläubiger. Sein Anspruch auf Aussonderung des Gegenstands bestimmt sich nach den Gesetzen, die außerhalb des Insolvenzverfahrens gelten.

InsO § 48 Ersatzaussonderung Ist ein Gegenstand, dessen Aussonderung hätte verlangt werden können, vor der Eröffnung des Insolvenzverfahrens vom Schuldner oder nach der Eröffnung vom Insolvenzverwalter unberechtigt veräußert worden, so kann der Aussonderungsberechtigte die Abtretung des Rechts auf die Gegenleistung verlangen, soweit diese noch aussteht. Er kann die Gegenleistung aus der Insolvenzmasse verlangen, soweit sie in der Masse unterscheidbar vorhanden ist.

[27] "Aussonderungsberechtigtqae Insolvenzglaubiger sin solche, die aufgrund eines dinglichen oder personlichen Rechtes geltend machen konnen, dass ein Gegenstand nicht zur Insolvenzmasse gehort (§47 InsO). Die Aussonderungsberechtigung ergibt sich dabei nach den sonstigen Gesetzen, d.h. Gesetzen auberhalb der InsO" (KRAMER, Ralph; PETER, Frank. *Insolvenzrecht*. Grundkurs fur Wirtschafts wissenschaftler. Springer Gabler, 2014. p. 73).

No mesmo sentido, "Section 47 of the InsO stipulates that a creditor who, based on a real or personal law, may claim that an object is not part of the insolvency estate, is not an insolvency creditor, and is able to assert his claim for separation from the estate in accordance with the general laws outside the insolvency statute" (LOBO, Otto Eduardo Fonseca. *World Insolvency Systems*: A Comparative Study. Toronto: Thomson Reuters, 2009. p. 297).

[28] InsO § 47 Aussonderung Wer auf Grund eines dinglichen oder persönlichen Rechts geltend machen kann, daß ein Gegenstand nicht zur Insolvenzmasse gehört, ist kein Insolvenzgläubiger. Sein Anspruch auf Aussonderung des Gegenstands bestimmt sich nach den Gesetzen, die außerhalb des Insolvenzverfahrens gelten.

[29] "Especially for those creditors who are entitled to rights in assets that are contained in the insolvency estate, the commencement of insolvency proceedings is of decisive importance and becomes the test case for the quality of their rights. First, all the assets, which are in possession of the debtor upon the commencement of insolvency proceedings, will be placed in the custody of the insolvency administrator. Due to the variety of economic and private relations of the insolvency debtor with his creditors, the assets in possession of the insolvency administrator frequently do not tally with the assets the administrator actually has at its disposal and which form the insolvency estate according to § 35 of the InsO. The Insolvency Statute thus provides that third parties affected by the insolvency seizure initially have no possibility of demanding their assets from the insolvency estate (so-called separation)" (LOBO, Otto Eduardo Fonseca. *World insolvency systems*: a comparative study. Toronto: Thomson Reuters, 2009. p. 296-297).

em funcionamento[30]. A origem do crédito da massa decorre de obrigações firmadas posteriormente à abertura do processo.

Esses credores devem ser satisfeitos integralmente, salvo nos casos de arquivamento por insuficiência da massa. Nesse sentido, justifica-se o que prevê o § 209, I, quanto à satisfação preferencial desses créditos[31]. Ela ocorre independentemente da ordem de pagamento do processo[32].

Os credores com garantia são aqueles nos quais o crédito pecuniário possui uma garantia, a qual foi constituída antes da abertura do processo. Referidos credores possuem direito à satisfação avulsa. Representam aqueles que têm de ser pagos prioritariamente com o produto da realização de uma coisa pertencente à massa insolvente. Estão listados no § 49 e seguintes do InsO[33].

Os credores com garantia não são credores da insolvência propriamente dita, de modo a ter crédito em face do conjunto geral de ativos e não só do bem que lhes foi dado em garantia. Mas o credor com garantia pode sê-lo em duas situações: se o devedor também lhe responder pessoalmente pela obrigação ou se tiver desistido da satisfação separada ou, ainda, se esta não for suficiente para o pagamento do crédito[34].

Por fim, os credores da insolvência são definidos pelo § 38 do InsO como aqueles que possuem crédito pecuniário justificado contra o devedor no momento da abertura do processo de insolvência[35].

A distinção entre a natureza dos referidos créditos pré-insolvência foi abolida para fins de prioridade no pagamento, exceto quanto aos créditos subordinados[36]. Trata-se de categoria composta por todos os titulares de direitos em face do devedor e que devem ser satisfeitos com os recursos da massa[37]. Dentre os referidos créditos estão os créditos tributários e mesmo os créditos trabalhistas.

---

[30] "As obrigações da massa são necessárias para o desenrolar do processo de insolvência e, no caso da reorganização, imprescindíveis para manter a empresa em funcionamento" (COROTTO, Susana. *Modelos de reorganização empresarial brasileiro e alemão*: comparação entre a Lei de Recuperação e Falências de Empresas (LRFE) e a *Insolvenzordung* (InsO) sob a ótica da viabilidade prática. Porto Alegre: Sergio Antonio Fabris Editor, 2009. p. 73).

[31] InsO § 209 Befriedigung der Massegläubiger (1) Der Insolvenzverwalter hat die Masseverbindlichkeiten nach folgender Rangordnung zu berichtigen, bei gleichem Rang nach dem Verhältnis ihrer Beträge: 1. die Kosten des Insolvenzverfahrens; 2. die Masseverbindlichkeiten, die nach der Anzeige der Masseunzulänglichkeit begründet worden sind, ohne zu den Kosten des Verfahrens zu gehören; 3. die übrigen Masseverbindlichkeiten, unter diesen zuletzt der nach den §§ 100, 101 Abs. 1 Satz 3 bewilligte Unterhalt.

[32] "Masseglaubigetr sind solche Insolvenzglaubiger, deren Anspruche erst nach Verfahrenseroffnung entshen, bzw. Durch die Verfahrenseroffnung begrundet werden. Aus der insolvenzamasse sind vorweg die Kosten des Verfahrens nach § 54 InsO und die sonstigen Masseverbindlichkeiten nach § 55 InsO zu befriedigen, vgl. § 53 InsO. Die Befriedigung der Masseglaubiger vollzieht sich unabhangig vom Rang des Insolvenzverfahrens" (KRAMER, Ralph; PETER, Frank. *Insolvenzrecht*. Grundkurs fur Wirtschafts wissenschaftler. Springer Gabler, 2014. p. 73-74).

[33] KRAMER, Ralph; PETER, Frank. *Insolvenzrecht*. Grundkurs fur Wirtschafts wissenschaftler. Springer Gabler, 2014. p. 73.

[34] COROTTO, Susana. *Modelos de reorganização empresarial brasileiro e alemão:* comparação entre a Lei de Recuperação e Falências de Empresas (LRFE) e a *Insolvenzordung* (InsO) sob a ótica da viabilidade prática. Porto Alegre: Sergio Antonio Fabris Editor, 2009. p. 71.

Pelo § 52 do InsO: "Gläubiger, die abgesonderte Befriedigung beanspruchen können, sind Insolvenzgläubiger, soweit ihnen der Schuldner auch persönlich haftet. Sie sind zur anteilsmäßigen Befriedigung aus der Insolvenzmasse jedoch nur berechtigt, soweit sie auf eine abgesonderte Befriedigung verzichten oder bei ihr ausgefallen sind".

[35] InsO § 38 Begriff der Insolvenzgläubiger Die Insolvenzmasse dient zur Befriedigung der persönlichen Gläubiger, die einen zur Zeit der Eröffnung des Insolvenzverfahrens begründeten Vermögensanspruch gegen den Schuldner haben (Insolvenzgläubiger).

[36] BALZ, Manfred. Market CONFORMITY OF INSOLVENCY PROCEEDINGS: POLICY ISSUES of the German Insolvency Law. *Symposium Commentary: Bankruptcy in the Global Village*, v. 23, n. 1, article 8, 1997, p. 174.

[37] COROTTO, Susana. *Modelos de reorganização empresarial brasileiro e alemão*: comparação entre a Lei de Recuperação e Falências de Empresas (LRFE) e a *Insolvenzordung* (InsO) sob a ótica da viabilidade prática. Porto Alegre: Sergio Antonio Fabris Editor, 2009. p. 71.

CAPÍTULO 5 • FASE DE DELIBERAÇÃO

Quanto aos créditos tributários e trabalhistas, Corotto destaca que

em decorrência dos esforços de aumentar o patrimônio do devedor foi necessário eliminar privilégios, o que culminou com a reclassificação dos créditos tributários, anteriores à abertura da insolvência, à condição de créditos da insolvência. Com isso, procurou-se antecipar o ajuizamento do pedido de insolvência por parte do fisco em relação ao seu devedor tributário. Já os credores trabalhistas, cujos créditos correspondentes a até três meses de salário são assumidos pelo Departamento Federal do Trabalho (SGB III, §§ 183 ss.) de acordo com o valor líquido dos rendimentos do credor (SGB III, § 185 I), são credores da insolvência para os créditos relativos ao período que ultrapassar os três meses[38].

Como exceção à regra do tratamento único da classe, os credores da insolvência se subdividem entre credores subordinados, os quais possuem rol taxativo para caracterização (*nachrangige Glaubiger*, § 39, I)[39], e não subordinados (*nicht nachrangige Glaubiger*, § 38)[40]. Ambas as espécies, contudo, são combinadas numa categoria uniforme de crédito.

Os credores não subordinados (§ 38, InsO)[41] são os que têm crédito pecuniário pessoal contra o devedor no momento da abertura do processo de insolvência. Os créditos são liquidados proporcionalmente pela massa insolvente. Incluem-se nesse âmbito também os créditos da repartição de finanças ou da segurança social.

A distinção entre os créditos subordinados e não subordinados consiste principalmente nas chamadas "*challenge rules*". Os credores subordinados são

creditors, who, because of their special position to the debtor company, received allowances when filing for insolvency, now must surrender these to the insolvency administrator, so that these asset items also contribute to achieving even satisfaction for all creditors[42].

Os credores subordinados somente são satisfeitos se restar patrimônio residual após a satisfação de todos os outros credores, seguindo a ordem de preferência da § 39, I[43].

Os recursos da massa consistem em todos os bens de propriedade do devedor e qualquer bem adquirido por ele durante o processo. Os bens que não são sujeitos a execução pelo Código de Processo Civil alemão são excepcionados ("The assets consist of all present property of the debtor, wherever located, and any acquired by the debtor during the proceedings. Goods which are not subject to execution according to the Civil Procedure Code are exempted.") PAULUS, Christoph G. The New German Insolvency Code. *Texas International Law Journal*, 1998, p. 147.

[38] COROTTO, Susana. *Modelos de reorganização empresarial brasileiro e alemão*: comparação entre a Lei de Recuperação e Falências de Empresas (LRFE) e a *Insolvenzordung* (InsO) sob a ótica da viabilidade prática. Porto Alegre: Sergio Antonio Fabris Editor, 2009. p. 68-69.

[39] InsO § 39 (1) Im Rang nach den übrigen Forderungen der Insolvenzgläubiger werden in folgender Rangfolge, bei gleichem Rang nach dem Verhältnis ihrer Beträge, berichtigt: 1. die seit der Eröffnung des Insolvenzverfahrens laufenden Zinsen und Säumniszuschläge auf Forderungen der Insolvenzgläubiger; 2. die Kosten, die den einzelnen Insolvenzgläubigern durch ihre Teilnahme am Verfahren erwachsen; 3. Geldstrafen, Geldbußen, Ordnungsgelder und Zwangsgelder sowie solche Nebenfolgen einer Straftat oder Ordnungswidrigkeit, die zu einer Geldzahlung verpflichten; 4. Forderungen auf eine unentgeltliche Leistung des Schuldners; 5. nach Maßgabe der Absätze 4 und 5 Forderungen auf Rückgewähr eines Gesellschafterdarlehens oder Forderungen aus Rechtshandlungen, die einem solchen Darlehen wirtschaftlich entsprechen.

[40] São eles: personlicher Vermogensanspruch, Begrundung des Vermogensanspruches, Begrundeter Vermogensanspruch zur Zeit der Erofnung.

[41] InsO § 38 Begriff der Insolvenzgläubiger. Die Insolvenzmasse dient zur Befriedigung der persönlichen Gläubiger, die einen zur Zeit der Eröffnung des Insolvenzverfahrens begründeten Vermögensanspruch gegen den Schuldner haben (Insolvenzgläubiger).

[42] LOBO, Otto Eduardo Fonseca. *World insolvency systems*: a comparative study. Toronto: Thomson Reuters, 2009. p. 282.

[43] Conforme Section 39 – Lower-ranking insolvency creditors: (I) The following claims are satisfied ranking below the other claims of insolvency creditors in the order given below and according to the proportion of their amounts if ranking with equal status: 1. the interest and penalties for late payment accruing on the claims of the insolvency creditors from the opening of the insolvency proceedings; 2. the costs incurred by individual insolvency creditors due to their participation in the proceedings;

Enquanto a satisfação dos não subordinados fica entre 1% e 4% de sua demanda[44], os credores subordinados dificilmente recebem algum valor no sistema tradicional de insolvência.

Esse valor seria bastante inferior às taxas de retorno bruto nos casos de execução individual dos créditos, verificadas pelo *European Bank Authority* em pesquisa empírica divulgada em novembro de 2020. De acordo com as informações verificadas pelo instituto, a taxa média de retorno nas execuções individuais, ao menos daquelas movidas por credores financeiros, cujos créditos também são abarcados pela reestruturação do processo de insolvência, seria, nos 898 (oitocentos e noventa e oito) casos analisados, de 43,3%[45].

Quanto a esse ponto, relembre-se que, em caráter alternativo, admite-se a submissão de plano de insolvência, no qual os créditos detidos por credores subordinados serão remidos, a menos que o plano de insolvência preveja de maneira diversa (§ 225 (1), InsO), o que poderia prevenir o *forum shopping*, mas, por outro lado, desestimularia o pedido de insolvência pelos credores subordinados, a despeito de sua legitimidade a tanto.

2.2 Portugal

No sistema único português de insolvência, todos os créditos naturalmente são sujeitos ao procedimento concursal de liquidação.

Os créditos podem ser divididos em créditos sobre a insolvência e créditos sobre a massa.

Os créditos de natureza patrimonial contra o devedor, ou que sejam garantidos por bens da massa insolvente, cujos fatos geradores sejam anteriores à declaração de insolvência, estão sujeitos ao concurso (art. 47°, 1, CIRE). São denominados "créditos sobre a insolvência" ou "dívidas da insolvência" (art. 47°, I, CIRE).

São equiparados a tais créditos sobre a insolvência os créditos adquiridos durante o processo de insolvência, desde que anteriormente à declaração (art. 47°, 3)[46].

Por sua vez, são legalmente nomeados "créditos sobre a massa" (art. 51°, 1) aqueles constituídos no curso do processo de insolvência, após sua declaração e em sua própria decorrência; dívidas relativas à remuneração dos administradores da insolvência, de negócios celebrados pelos referidos administradores no curso do mesmo, além de outros contidos no rol exemplificado do art. 51°, 1, do CIRE[47].

---

[3]. fines, regulatory fines, coercive fines and coercive penalty payments, as well as such incidental legal consequences of a criminal or regulatory offence binding the debtor to pay money; 4. claims to the debtor's gratuitous performance of a consideration; 5. in accordance with subsections (4) and (5), claims for restitution of a loan replacing equity capital or claims resulting from legal transactions corresponding in economic terms to such a loan.

[44] "Nicht nachrangige Insolvenzglauber sind solche, die zur Zeit der Erofnung einen personlichen Vermogensanspruch gegen den Schuldner haben (vgl. § 38 InsO). Die Forderungen der Insolvenzglaubiger werden quotenmabig aus der Insolvenzmasse reguliert. Statistisch erhalten sie zwischen 1 und 4 % von deren Forderung. Auch Anspruche des Finanzambts bzw. Der Sozialversicherungstrager fallen grundsatzlich hierunter" (KRAMER, Ralph; PETER, Frank. *Insolvenzrecht*. Grundkurs fur Wirtschafts wissenschaftler. Springer Gabler, 2014. p. 74).

[45] EUROPEAN BANKING AUTHORITY. *Report on the benchmarking of national loan enforcement frameworks response to the European Commission's call for advice on benchmarking of national loan enforcement frameworks (including insolvency frameworks) from a bank creditor perspective*. EBA/Rep/2020/29. Disponível em: https://www.eba.europa.eu/sites/default/documents/files/document_library/About%20Us/Missions%20and%20tasks/Call%20for%20Advice/2020/Report%20on%20the%20benchmarking%20of%20national%20loan%20enforcement%20frameworks/962022/Report%20on%20the%20benchmarking%20of%20national%20loan%20enforcement%20frameworks.pdf. Acesso em: 6 jul. 2023.

[46] MARTINS, Alexandre de Soveral. *Um curso de direito da insolvência*. 2. ed. Coimbra: Almedina, 2017. p. 272.

[47] São considerados créditos sobre a massa, nos termos do art. 51, 1, "a) as custas do processo de insolvência; b) as remunerações do administrador da insolvência e as despesas deste e dos membros da comissão de credores; c) as dívidas emergentes dos actos de administração, liquidação e partilha da massa insolvente; d) as dívidas resultantes da actuação do administrador da insolvência no

CAPÍTULO 5 • FASE DE DELIBERAÇÃO

Os créditos sobre a massa são pagos preferencialmente aos créditos sobre a insolvência. O art. 46 do CIRE estabelece que "a massa insolvente se destina à satisfação dos credores da insolvência, depois de pagas as suas próprias dívidas", o que é confirmado pelo art. 172°, 1, do CIRE[48]. Além disso, as dívidas sobre a massa recebem tratamento diversificado, de modo que os respetivos titulares não têm que reclamar os créditos no apenso de verificação (art. 128°, 1) e serão pagos nas datas dos seus respectivos vencimentos (art. 172°, 3, CIRE).

As dívidas da massa serão imputadas aos rendimentos da massa. Quanto ao que excede, este será imputado a cada bem, seja móvel ou imóvel. Apenas se esses bens forem objeto de garantia real deverão ser analisadas as particularidades de cada contrato, o que decorre do fato de que os créditos com garantia, que são créditos sobre a insolvência e, portanto, pagos posteriormente ao pagamento das dívidas da massa, serão pagos com o produto da alienação dos bens sobre os quais recai a garantia. Desse modo, a legislação estabelece uma espécie de proteção ao uso do saldo da alienação dos bens objeto de garantia, limitando a 10% o percentual de imputação de tais bens ao pagamento das dívidas da massa, exceto em hipóteses excepcionais.

Sobre o tema, Catarina Serra indica que

antes do pagamento dos créditos sobre a insolvência, deduz-se da massa insolvente os bens necessários, efectiva ou previsivelmente, ao pagamento dos créditos sobre a massa (cfr. art. 172°, n. 1). Estes são imputados aos rendimentos da massa e, quanto ao excedente, na devida proporção, ao produto de cada bem móvel ou imóvel, mas a imputação não pode exceder dez por cento do produto de bens objeto de garantias reais, salvo na medida do indispensável à satisfação integral dos créditos sobre a massa ou do que não prejudica a satisfação integral dos créditos garantidos (cfr. art. 172°, n. 2)[49].

Alexandre Martins, por sua vez, esclarece que,

se o produto dos bens objeto de garantias reais é indispensável à satisfação integral das dívidas da massa insolvente, a imputação não tem limite. Se esse requisito não se verifica, então a imputação não pode exceder 10% do produto dos bens objeto das garantias reais, salvo na medida do que não prejudicar a satisfação integral dos créditos garantidos. É o que resulta do art. 172°, 2[50] [51].

Pagas as diversas dívidas da massa, nas datas dos respectivos vencimentos e independentemente do estado do processo de insolvência, parte-se para o pagamento dos créditos sobre a insolvência.

---

exercício das suas funções; e) qualquer dívida resultante de contrato bilateral cujo cumprimento não possa ser recusado pelo administrador da insolvência, salvo na medida em que se reporte a período anterior à declaração de insolvência; f) qualquer dívida resultante de contrato bilateral cujo cumprimento não seja recusado pelo administrador da insolvência, salvo na medida correspondente à contraprestação já realizada pela outra parte anteriormente à declaração de insolvência ou em que se reporte a período anterior a essa declaração; g) qualquer dívida resultante de contrato que tenha por objecto uma prestação duradoura, na medida correspondente à contraprestação já realizada pela outra parte e cujo cumprimento tenha sido exigido pelo administrador judicial provisório; h) as dívidas constituídas por actos praticados pelo administrador judicial provisório no exercício dos seus poderes; i) as dívidas que tenham por fonte o enriquecimento sem causa da massa insolvente; j) a obrigação de prestar alimentos relativa a período posterior à data da declaração de insolvência, nas condições do art. 93°".

[48] Art. 172°. Pagamento das dívidas da massa. 1 – Antes de proceder ao pagamento dos créditos sobre a insolvência, o administrador da insolvência deduz da massa insolvente os bens ou direitos necessários à satisfação das dívidas desta, incluindo as que previsivelmente se constituirão até ao encerramento do processo.

[49] SERRA, Catarina. *Lições de Direito da Insolvência*. Coimbra: Almedina, 2019. p. 68.

[50] MARTINS, Alexandre de Soveral. *Um curso de Direito da Insolvência*. 2. ed. Coimbra: Almedina, 2017. p. 273.

[51] Art. 172°. Pagamento das dívidas da massa. [...] 2 – As dívidas da massa insolvente são imputadas aos rendimentos da massa, e, quanto ao excedente, na devida proporção, ao produto de cada bem, móvel ou imóvel; porém, a imputação não excederá 10% do produto de bens objeto de garantias reais, salvo na medida do indispensável à satisfação integral das dívidas da massa insolvente ou do que não prejudique a satisfação integral dos créditos garantidos.

236   *RECUPERAÇÃO JUDICIAL: DOS OBJETIVOS AO PROCEDIMENTO*

De acordo com o n. 4 do art. 47°, os créditos sobre a insolvência são divididos em quatro categorias. Credores garantidos, credores privilegiados, credores comuns e credores subordinados.

Os créditos garantidos são, pela definição legal (art. 47°, 4, *a*, CIRE), os créditos que se beneficiem de garantias reais até o respectivo valor do bem. Eles têm prioridade no pagamento dos seus créditos após a liquidação dos bens onerados em seu favor (art. 174°), desde que seus créditos tenham sido reconhecidos por sentença transitada em julgado (art. 173°)[52].

Há também os créditos privilegiados. São créditos privilegiados aqueles que se beneficiam de privilégios creditórios sobre bens integrantes da massa insolvente não afetos a garantias reais prevalecentes. É o caso dos créditos das instituições de segurança social (art. 2° do DL n. 512/76 e art. 11° do DL n. 103/80), daqueles titularizados pelo Estado, relativos aos impostos sobre o rendimento de pessoas singulares e de pessoas coletivas (art. 108° do CIRE) e dos créditos laborais que gozam de privilégios mobiliários e imobiliários gerais (Lei n. 17/86 e Lei n. 96/2001).

Ainda, pelo art. 98°, 1, são privilegiados os créditos do titular do requerimento de insolvência e como uma forma de incentivar os pedidos.

> Os créditos não subordinados do credor a requerimento de quem a situação de insolvência tenha sido declarada passam a beneficiar de privilégio creditório geral, graduado em último lugar, sobre todos os bens móveis integrantes da massa insolvente, relativamente a um quarto do seu montante, num máximo correspondente a 500 UC.

A declaração de insolvência não implica a cessação imediata dos contratos de trabalho (art. 347, 1, CT), ainda que o administrador da insolvência possa, antes do encerramento definitivo do estabelecimento, fazer cessar o contrato cuja colaboração não seja indispensável ao funcionamento da empresa (art. 347, 2, CT). Cessado o contrato, o empregador tem a obrigação de compensar os trabalhadores despedidos.

Os créditos remuneratórios, decorrentes de salários ou valores fornecidos a título de bonificação, que já estavam constituídos antes da declaração de insolvência, são colocados na classe dos créditos sobre a insolvência, como garantidos ou privilegiados a depender do seu privilégio, nos ditames do art. 333, 2, *a* e *b*, CT[53]. São pagos com respeito da prioridade que lhes caiba, e na proporção dos seus montantes, quanto aos que sejam igualmente privilegiados. Os que foram constituídos após a declaração de insolvência são precisamente colocados como créditos sobre a massa.

Ainda há os créditos "comuns" e os subordinados, assim denominados para os distinguir dos garantidos e privilegiados. Os créditos comuns e subordinados caracterizam-se por não estarem lastreados em garantias reais ou privilégios creditórios gerais sobre os bens da massa[54].

Os créditos "comuns" são aqueles que não se inserem em nenhuma outra categoria, nos termos do art. 47°, 4, *c*. Sua caracterização é subsidiária em relação a todos os demais.

---

[52] A intenção do legislador seria "compensar os respectivos titulares pelo atraso na venda dos bens onerados [que só pode ter lugar após a realização da assembleia de apreciação do relatório ou, caso não seja designado dia para a sua realização, nos termos da al. N) do n. 1 do art. 36°, depois de decorridos quarenta e cinco dias sobre a prolação da sentença de declaração de insolvência (cfr. Art. 36°, n. 4°)] e pela eventual desvalorização dos bens onerados decorrente desse atraso ou da sua utilização em proveito da massa insolvente" (SERRA, Catarina. *Lições de Direito da Insolvência*. Coimbra: Almedina, 2019. p. 69).

[53] 2 – A graduação dos créditos faz-se pela ordem seguinte: a) O crédito com privilégio mobiliário geral é graduado antes de crédito referido no n. 1 do art. 747° do Código Civil; b) O crédito com privilégio imobiliário especial é graduado antes de crédito referido no art. 748° do Código Civil e de crédito relativo a contribuição para a segurança social.

[54] SERRA, Catarina. *O regime português da insolvência*. 5. ed. revista e actualizada à luz da Lei n. 16/2012, de 20 de abril, e do DL n. 178/2012, de 3 de Agosto. Coimbra: Almedina, 2012. p. 45.

CAPÍTULO 5 • FASE DE DELIBERAÇÃO

Os créditos subordinados, por seu turno, conforme definição do art. 48º do CIRE, são "(a) os créditos detidos por pessoas especialmente relacionadas com o devedor, desde que a relação especial existisse já quando da respetiva constituição, e por aqueles a quem eles tenham sido transmitidos nos dois anos anteriores ao início do processo de insolvência; (b) os juros de créditos não subordinados constituídos após a declaração da insolvência, com excepção dos abrangidos por garantia real e por privilégios creditórios gerais, até ao valor dos bens respectivos; (c) os créditos cuja subordinação tenha sido convencionada pelas partes; (d) os créditos que tenham por objecto prestações do devedor a título gratuito; (e) os créditos sobre a insolvência que, como consequência da resolução em benefício da massa insolvente, resultem para o terceiro de má fé; (f) os juros de créditos subordinados constituídos após a declaração da insolvência; (g) os créditos por suprimentos, excepto quando beneficiem de privilégios creditórios, gerais ou especiais, ou de hipotecas legais, que não se extingam por efeito da declaração de insolvência, nos termos do art. 47º, 4, *b*".

A definição de "pessoas especialmente relacionadas com o devedor" consta do art. 49º do CIRE[55] e, em relação às pessoas jurídicas (ou "pessoas coletivas", na acepção da norma portuguesa), incluem não apenas o sócios, associados ou membros que respondam legalmente pelas dívidas do ente coletivo (art. 49º, 2, *a*), mas também os administradores, de direito ou de fato do devedor, na data do início do processo de insolvência, tal como aqueles que tenham atuado nessa função nos dois anos anteriores ao início do processo de insolvência (art. 49º, 2, *c*), assim como pessoas a esses relacionadas (art. 49º, 2, *d*). A lista é taxativa[56][57].

Como se nota, a subordinação dos créditos listados no art. 48º está relacionada, essencialmente, à identificação pessoal dos seus titulares e visa a evitar a atuação de tais credores em prejuízo dos demais[58], restringindo a participação daqueles "que estejam em condições de conhecer a situação em

---

[55] art. 49º, CIRE: "Pessoas especialmente relacionadas com o devedor: 1 – São exclusivamente consideradas especialmente relacionados com o devedor pessoa singular: a) O seu cônjuge e as pessoas de quem se tenha divorciado nos dois anos anteriores ao início do processo de insolvência; b) Os ascendentes, descendentes ou irmãos do devedor ou de qualquer das pessoas referidas na alínea anterior; c) Os cônjuges dos ascendentes, descendentes ou irmãos do devedor; d) As pessoas que tenham vivido habitualmente com o devedor em economia comum em período situado dentro dos dois anos anteriores ao início do processo de insolvência. 2 – São exclusivamente consideradas especialmente relacionados com o devedor pessoa coletiva: a) Os sócios, associados ou membros que respondam legalmente pelas suas dívidas, e as pessoas que tenham tido esse estatuto nos dois anos anteriores ao início do processo de insolvência; b) As pessoas que, se for o caso, tenham estado com a sociedade insolvente em relação de domínio ou de grupo, nos termos do art. 21º do Código dos Valores Mobiliários, em período situado dentro dos dois anos anteriores ao início do processo de insolvência; c) Os administradores, de direito ou de facto, do devedor e aqueles que o tenham sido em algum momento nos dois anos anteriores ao início do processo de insolvência; d) As Pessoas relacionadas com alguma das mencionadas nas alíneas anteriores por qualquer das formas referidas no n. 1. 3 – Nos casos em que a insolvência respeite apenas a um património autónomo são consideradas pessoas especialmente relacionadas os respectivos titulares e administradores, bem como as que estejam ligadas a estes por alguma das formas previstas nos números anteriores, e ainda, tratando-se de herança jacente, as ligadas ao autor da sucessão por alguma das formas previstas no n. 1, na data da abertura da sucessão ou nos dois anos anteriores. 4 – Para os efeitos do presente artigo, não se considera administrador de facto o credor privilegiado ou garantido que indique para a administração do devedor uma pessoa singular, desde que esta não disponha de poderes especiais para dispor, por si só, de elementos do património do devedor".

[56] SERRA, Catarina. *Lições de Direito da Insolvência*. Coimbra: Almedina, 2019. p. 70

[57] "37. Considera-se que a enumeração do art. 49º tem natureza taxativa e não meramente exemplificativa pois, se assim não fosse, nenhum impedimento se vislumbraria quanto à interpretação analógica. [...]"

PORTUGAL. Supremo Tribunal de Justiça, 6ª Secção, Rel. Salazar Casanova, Acórdão (Uniformização de Jurisprudência) n. 15/2017, de 13 de novembro de 2014, processo n. 1936/10, votação por unanimidade, Diário de Justiça Eletrônico DR, I Série, 246, 22 de dezembro de 2014, p. 6186/6194. Disponível em: http://www.dgsi.pt/jstj.nsf/954f0ce6ad9dd8b980256b5f003fa814/bef293eb0fbd3ae280257d9c00529e00?OpenDocument. Acesso em: 27 mar. 2023.

[58] MARTINS, Alexandre de Soveral. *Um Curso de Direito da Insolvência*. 2. ed. Coimbra: Almedina, 2017. p. 281.

que se encontrava o devedor e possam ter participado em actos conjuntos ou influenciado de alguma forma o comportamento deste"[59].

A lei impõe restrições à participação de tais credores no processo de insolvência, como é o caso da restrição de legitimidade para propositura de plano de insolvência (art. 193º, n. 1) e a restrição ao direito de voto (art. 212º, n. 2, *b*), assim como condições mais gravosas para eles no plano de insolvência, na medida em que, pelo art. 197º, *b*, do CIRE, são tidos como objeto de perdão total, a menos que o plano de insolvência expressamente contenha previsão diversa.

Quanto aos créditos tributários, entende-se por sua sujeição ao processo de insolvência. Nesse caso, sua classificação variará, podendo ser enquadrados em quaisquer das três classes de créditos, garantidos, privilegiados e comuns (não se incluem os subordinados, pois os créditos tributários não constam no rol taxativo da classe), a depender das características do direito creditório titularizado pelo ente público[60], ressalvado que, pelo art. 97º do CIRE, alguns créditos tributários perdem automaticamente os seus privilégios creditórios[61].

Os créditos cujos fatos geradores sejam anteriores ao início de insolvência, ainda que não vencidos, serão considerados créditos da insolvência[62]; aqueles cujos fatos geradores sejam posteriores ao início do processo de insolvência serão considerados créditos sobre a massa[63].

Há, porém, uma ressalva quanto aos créditos da insolvência. Em razão da indisponibilidade dos créditos tributários (art. 30º, 2, da Lei Geral Tributária portuguesa), que estabelece que "os elementos essenciais da relação jurídica tributária não podem ser alterados por vontade das partes" (art. 36º, 2, da Lei Geral Tributária de Portugal) e "que a administração tributária não pode conceder moratórias no pagamento das obrigações tributárias, salvo nos casos expressamente previstos na lei" e da prevalência da Lei Geral Tributária ("LGT") sobre as legislações especiais (art. 30º, 3 da LGT), parcela da doutrina e da jurisprudência entende pela impossibilidade de homologação de plano de reorganização que estabeleça o perdão da dívida fiscal.

Nesse sentido, Suzana Tavares e Marta Costa defendem que

> um plano de insolvência que preveja perdões de dívida fiscal não poderá ser homologado pelo Tribunal, mesmo que o Ministério Público, em representação da Fazenda Pública, dê a sua anuência a tal plano. E isto porque a disponibilidade dos créditos tributários não se encontra, como temos vindo a reiterar no texto, nem no domínio das matérias que possam ser reconduzidas a espaços de valoração próprios da Administração, nem mesmo no espaço de livre conformação do legislador, que nesta sede deve igualmente garantir, primeiramente, o respeito pelos princípios fundamentais do Estado Fiscal e pelo princípio da igualdade na contribuição para os encargos públicos, e ainda a conformidade da solução

---

[59] SERRA, Catarina. *Lições de Direito da Insolvência*. Coimbra: Almedina, 2019. p. 75.

[60] MORAIS, Rui Duarte. Os créditos tributários no processo de insolvência. *Direito e Justiça*, 19(2), 205-229, 2005, p. 212. Disponível em: https://doi.org/10.34632/direitoejustica.2005.11364. Acesso em: 6 jul. 2023.

[61] Art. 97º, CIRE: Extinção de privilégios creditórios e garantias reais 1 – Extinguem-se, com a declaração de insolvência: a) Os privilégios creditórios gerais que forem acessórios de créditos sobre a insolvência de que forem titulares o Estado, as autarquias locais e as instituições de segurança social constituídos mais de 12 meses antes da data do início do processo de insolvência; b) Os privilégios creditórios especiais que forem acessórios de créditos sobre a insolvência de que forem titulares o Estado, as autarquias locais e as instituições de segurança social vencidos mais de 12 meses antes da data do início do processo de insolvência; c) As hipotecas legais cujo registo haja sido requerido dentro dos dois meses anteriores à data do início do processo de insolvência, e que forem acessórias de créditos sobre a insolvência do Estado, das autarquias locais e das instituições de segurança social [...].

[62] MORAIS, Rui Duarte. Os créditos tributários no processo de insolvência. *Direito e Justiça*, 19(2), 205-229, 2005, p. 213. Disponível em: https://doi.org/10.34632/direitoejustica.2005.11364. Acesso em: 6 jul. 2023.

[63] MORAIS, Rui Duarte. Os créditos tributários no processo de insolvência. *Direito e Justiça*, 19(2), 205-229, 2005, p. 218. Disponível em: https://doi.org/10.34632/direitoejustica.2005.11364. Acesso em: 6 jul. 2023.

CAPÍTULO 5 • FASE DE DELIBERAÇÃO

legislativa nacional com as condicionantes do direito europeu em matéria de direito da concorrência e de auxílios de Estado[64].

Em sentido similar, o Supremo Tribunal de Justiça de Portugal, julgando recurso interposto pelo Instituto da Segurança Social, cujos créditos são equiparados aos créditos tributários, contra acórdão que homologara plano de recuperação que previa deságio de 90% dos créditos comuns (no que se inseriam os créditos da entidade recorrente), entendeu que seria o caso de recusa oficiosa do plano por desrespeito à regra da indisponibilidade do crédito tributário, elencada nos artigos da LGT alhures mencionados[65].

Tem-se, portanto, que o plano de recuperação judicial não poderá implicar a reestruturação dos créditos tributários, os quais deverão ser pagos — e, inclusive, se o caso, renegociados — nos termos da legislação tributária.

A esse respeito, Maria João Ferreira de Menezes destaca que a administração pública "deverá prosseguir com a cobrança coerciva dos créditos tributários junto do devedor, que seja pessoa singular, e dos demais responsáveis legais, solidários e subsidiários, pelo cumprimento da obrigação de pagamento do imposto"[66], uma vez que

> o legislador tributário demonstrou, a nosso ver, de uma forma inequívoca que, em qualquer caso, deverão prevalecer as disposições legais tributárias, no que respeita às eventuais moratórias a conceder ao devedor em recuperação. Tal regime encontra-se expressamente regulado nos arts. 196º e 199º do CPPT, não podendo ser objeto de derrogação pelos termos do plano de recuperação, ainda que, do ponto de vista socioeconómico, se imponha ao Estado uma intervenção ativa na tentativa de não introduzir obstáculos à recuperação do insolvente, quando a sua viabilidade ainda seja possível[67].

O regime especial de pagamento em prestações das obrigações tributárias para aqueles em cumprimento de plano de recuperação aprovado em processo de insolvência está previsto no art. 196º do CPPT. O item *a* do n. 3 admite o parcelamento das dívidas resultantes da falta de entrega, dentro dos respectivos prazos legais, de imposto retido na fonte ou legalmente repercutido a terceiros, mediante acordo e desde que demonstrada a indispensabilidade da medida. Além disso, no art. 196º, n. 7, garante-se a possibilidade de a Administração Pública, a partir da verificação dos riscos à recuperação dos créditos não excluídos do plano ainda que anteriores à aprovação do plano, admitir o prolongamento do pagamento das dívidas tributárias em até 150 parcelas para aqueles que, durante a fase de cumprimento do plano de recuperação, demonstrarem a indispensabilidade do alongamento do pagamento das obrigações tributárias[68]. Em todo caso, será necessária a prestação de garantia idônea (art. 199º, CPPT).

---

[64] SILVA, Suzana Tavares; SANTOS, Marta Costa. *Os créditos fiscais no processo de insolvência*: reflexões críticas e revisão da jurisprudência. UCILER (University of Coimbra Institute for Legal Research), FDUC: Artigos em Revistas Nacionais 85, 2013. p. 13.

[65] PORTUGAL. Supremo Tribunal de Justiça, 2ª Secção, processo n. 368/10.0TBPVL-D.G1.S1, Rel. Álvaro Rodrigues, votação por unanimidade, j. 10-5-2012. Disponível em: https://jurisprudencia.csm.org.pt/ecli/ECLI:PT:STJ:2012:368.10.0TBPVL.D.G1.S1.46/. Acesso em: 6 jul. 2023.

[66] MENEZES, Maria João Ferreira de. *O crédito tributário no contexto do direito da insolvência*. Dissertação (Mestrado em Direito e Economia) — Universidade de Lisboa, 2018. p. 101.

[67] MENEZES, Maria João Ferreira de. *O crédito tributário no contexto do direito da insolvência*. Dissertação (Mestrado em Direito e Economia) — Universidade de Lisboa, 2018. p. 101.

[68] 7 – Quando o executado esteja a cumprir plano de recuperação aprovado no âmbito de processo de insolvência ou de processo especial de revitalização, ou acordo sujeito ao regime extrajudicial de recuperação de empresas, e demonstre a indispensabilidade de acordar um plano prestacional relativo a dívida exigível em processo executivo não incluída no plano ou acordo em execução, mas respeitante a facto tributário anterior à data de aprovação do plano ou de celebração do acordo, e ainda quando os riscos

2.3 Itália

No sistema dúplice italiano, o procedimento da concordata preventiva permite a submissão de todos os créditos à recuperação judicial.

Pelo art. 84 do *Codice della crisi d'impresa e dell'insolvenza,* pode-se propor aos credores um acordo com base em um plano. O plano da concordata preventiva deve conter a separação dos credores em classes, de acordo com a posição legal e a uniformidade de interesses econômicos, nos termos do art. 85.

Mesmo os créditos tributários são sujeitos ao plano. O art. 88 disciplina o tratamento dos créditos tributários. Quanto a esses créditos, deve ser apresentada ao agente de cobrança competente e à repartição competente, com base no último domicílio fiscal, cópia do requerimento e da respectiva documentação, juntamente com a respectiva apresentação ao tribunal do devedor, cópia das declarações fiscais cujo resultado das verificações automáticas não tenha sido recebido, bem como das declarações complementares relativas ao período até à data da apresentação do pedido. O agente responsável remeterá ao devedor certidão comprobatória do montante da dívida inscrita.

Com o plano do art. 84, pode-se propor o pagamento parcial ou mesmo diferido dos impostos administrados pelos órgãos fiscais, bem como as contribuições administradas pelas entidades gestoras da segurança e assistência social. Se o crédito tributário ou contributivo for assistido por privilégio, a percentagem, os prazos de pagamento e eventuais garantias não podem ser inferiores ou menos vantajosos do que os oferecidos a credores de menor grau de privilégio ou a quem tenha situação jurídica e interesses econômicos semelhantes aos dos órgãos gestores das formas obrigatórias de previdência e assistência social; se o crédito tributário ou contributivo for quirografário, o tratamento não poderá ser diferenciado dos demais credores quirografários ou, no caso de subdivisão em classes, dos credores para os quais se preveja tratamento mais favorável[69] [70].

Quanto aos demais créditos, o art. 221 aponta a seguinte ordem: (i) os créditos pré-dedutíveis[71], (ii) os créditos com preferência sobre coisas vendidas pela ordem que a lei lhes der, (iii) os créditos

---

inerentes à recuperação dos créditos o tornem recomendável, a administração tributária pode estabelecer que o regime prestacional seja alargado, até ao limite máximo de 150 prestações, com a observância das condições previstas na parte final do n. 5.

[69] Quanto aos créditos tributários, a nova lei aponta: "Fermo restando quanto previsto, per il concordato in continuità aziendale, dall'articolo 112, comma 2, con il piano di concordato il debitore, esclusivamente mediante proposta presentata ai sensi del presente articolo, può proporre il pagamento, parziale o anche dilazionato, dei tributi e dei relativi accessori amministrati dalle agenzie fiscali, nonché dei contributi amministrati dagli enti gestori di forme di previdenza, assistenza e assicurazione per l'invalidità, la vecchiaia e i superstiti obbligatorie e dei relativi accessori, se il piano ne prevede la soddisfazione in misura non inferiore a quella realizzabile, in ragione della collocazione preferenziale, sul ricavato in caso di liquidazione, avuto riguardo al valore di mercato attribuibile ai beni o ai diritti sui quali sussiste la causa di prelazione, indicato nella relazione di un professionista indipendente. Se il credito tributario e contributivo è assistito da privilegio, la percentuale, i tempi di pagamento e le eventuali garanzie non possono essere inferiori o meno vantaggiosi rispetto a quelli offerti ai creditori che hanno un grado di privilegio inferiore o a quelli che hanno una posizione giuridica e interessi economici omogenei a quelli delle agenzie e degli enti gestori di forme di previdenza e assistenza obbligatorie. Se il credito tributario o contributivo ha natura chirografaria, anche a seguito di degradazione per incapienza, il trattamento non può essere differenziato rispetto a quello degli altri crediti chirografari ovvero, nel caso di suddivisione in classi, dei crediti rispetto ai quali è previsto un trattamento più favorevole".

[70] PACCHI, Stefania; AMBROSINI, Stefano. *Diritto della crisi e dell'insolvenza.* 2. ed. Torino: Zanichelli, 2022. p. 181.

[71] Os "crediti prededucibili" são "quelli così qualificati da una specifica disposizione di legge, e quelli sorti in occasione o in funzione delle procedure concorsuali di cui alla presente legge; tali debiti sono soddisfatti con preferenza ai sensi del primo comma n. 1.

Art. 111 – Ordine di distribuzione delle somme 1. Le somme ricavate dalla liquidazione dell'attivo sono erogate nel seguente ordine: 1) per il pagamento dei crediti prededucibili; 2) per il pagamento dei crediti ammessi con prelazione sulle cose vendute secondo l'ordine assegnato dalla legge; 3) per il pagamento dei creditori chirografari, in proporzione dell'ammontare del credito per cui ciascuno di essi fu ammesso, compresi i creditori indicati al n. 2, qualora non sia stata ancora realizzata la garanzia, ovvero

CAPÍTULO 5 • FASE DE DELIBERAÇÃO

quirografários, na proporção do valor do crédito para o qual cada um deles foi admitido, incluindo os credores indicados se a garantia ainda não tiver sido executada, ou pela parte em que ficaram insatisfeitos com esta; e (iv), por fim, os subordinados[72].

2.4 França

Na França, tanto na salvaguarda quanto na reorganização, a totalidade do patrimônio é afetada, sendo um dos objetivos dos procedimentos a apuração do passivo total do devedor para sua posterior satisfação[73].

O *Code de Commerce* estabelece que os credores trabalhistas, titulares de direitos de pensão e créditos alimentares não poderão ser afetados pelo plano (L626-30, IV). Apenas os demais credores afetados pelo plano terão direito a voto, que será calculado de acordo com o seu crédito ou direitos atingidos pelo plano (L626-30, V).

A sentença que recebe o pedido de reorganização impede o prosseguimento e/ou a instauração de quaisquer medidas judiciais para a satisfação dos créditos existentes ao tempo da abertura do procedimento, bem como o pagamento, pelo devedor, de quaisquer valores devidos aos seus credores, sejam eles anteriores ou posteriores ao início do procedimento, conforme art. L622-7 do *Code de Commerce*[74].

A vedação ao pagamento, que está relacionada ao princípio da igualdade entre credores, é ampla e irrestrita, afetando todos os credores anteriores e posteriores ao início do procedimento, inclusive os que possuem garantias[75]. Qualquer pagamento poderá ser anulado pelo Poder Judiciário (L622-7, III)[76], sendo irrelevante o valor do crédito pago e até mesmo se o devedor estaria agindo de boa-fé ao tempo do pagamento em razão de desconhecimento da decisão que determinou o início do processo[77].

Pela lei, são sujeitos ao processo todos os créditos anteriores à sentença de abertura do processo. São enquadrados nessa modalidade de crédito todos os credores sujeitos a um processo individual

---

per la parte per cui rimasero non soddisfatti da questa. 2. Sono considerati crediti prededucibili quelli così qualificati da una specifica disposizione di legge, e quelli sorti in occasione o in funzione delle procedure concorsuali di cui alla presente legge; tali debiti sono soddisfatti con preferenza ai sensi del primo comma n. 1".

[72] Quanto aos créditos pré-dedutíveis, a legislação aponta em seu art. 6º que são considerados como tais "oltre ai crediti così espressamente qualificati dalla legge, sono prededucibili: a) i crediti relativi a spese e compensi per le prestazioni rese dall'organismo di composizione della crisi da sovraindebitamento; b) i crediti professionali sorti in funzione della domanda di omologazione degli accordi di ristrutturazione dei debiti o del piano di ristrutturazione soggetto a omologazione e per la richiesta delle misure protettive, nei limiti del 75% del credito accertato e a condizione che gli accordi o il piano siano omologati; c) i crediti professionali sorti in funzione della presentazione della domanda di concordato preventivo nonché del deposito della relativa proposta e del piano che la correda, nei limiti del 75% del credito accertato e a condizione che la procedura sia aperta ai sensi dell'articolo 47; d) i crediti legalmente sorti durante le procedure concorsuali per la gestione del patrimonio del debitore e la continuazione dell'esercizio dell'impresa, il compenso degli organi preposti e le prestazioni professionali richieste dagli organi medesimi".

[73] PEROCHON, Françoise. *Entreprise en difficulté*. 11. ed. Paris: LGDJ, Lextenso, 2022. p. 1.089.

[74] Code de Commerce. Art. L622-7 I. – Le jugement ouvrant la procédure emporte, de plein droit, interdiction de payer toute créance née antérieurement au jugement d'ouverture, à l'exception du paiement par compensation de créances connexes. 622 Il emporte également, de plein droit, interdiction de payer toute créance née après le jugement d'ouverture, non mentionnée au I de l'article L. 622-17. Ces interdictions ne sont pas applicables au paiement des créances alimentaires. [...].

[75] PEROCHON, Françoise. *Entreprise en difficulté*. 11. ed. Paris: LGDJ, Lextenso, 2022. p. 429.

[76] Code de Commerce, Art. L622-7. III. – Tout acte ou tout paiement passé en violation des dispositions du présent article est annulé à la demande de tout intéressé ou du ministère public, présentée dans un délai de trois ans à compter de la conclusion de l'acte ou du paiement de la créance. Lorsque l'acte est soumis à publicité, le délai court à compter de celle-ci.

[77] PEROCHON, Françoise. *Entreprise en difficulté*. 11. ed. Paris: LGDJ, Lextenso, 2022. p. 429.

para o pagamento de uma quantia[78]. A noção de crédito anterior, por seu turno, abrange a dívida cujo fato gerador tenha ocorrido antes da abertura do procedimento coletivo, sendo indiferente a data em que se tornou exigível.

Em razão da ampla submissão dos credores ao processo, não há necessidade de distinguir os créditos pela sua natureza ou modalidade. Os credores detentores de um crédito geral ou crédito com garantia especial são afetados, como regra, da mesma forma que os credores quirografários. Na hipótese de adoção de plano de reorganização, a distinção de tratamento constará do plano[79].

Não se submetem ao procedimento os créditos posteriores à abertura. O Código Comercial Francês estabelece, no art. L622-17, o pagamento preferencial de determinados credores posteriores à sentença de abertura, ao período de observação ou que decorram de serviços fornecidos ao devedor durante tais fases, porque tais credores deverão ser pagos na data de vencimento[80] (L622-17, I). Caso não pagos voluntariamente, serão pagos com prioridade (L622-17, II), de acordo com a ordem estabelecida no L622-17, III, desde que tenham sido levados a conhecimento do administrador ou do *mandataire judiciaire* ou do *commissaire à l'exécution du plan* ou do *liquidateur*, conforme o caso, no prazo de um ano a contar do encerramento do período de observação (L622-17, IV).

Também não se inserem no L622-17 do *Code de Commerce* as custas judiciais incorridas após a abertura do procedimento e os créditos indicados no art. L611-11 do *Code de Commerce*, que são aqueles que, no contexto do procedimento de conciliação que tenha resultado na homologação de acordo, tenham fornecido dinheiro novo ao devedor ou prestado serviços e/ou produtos ao devedor com vista à continuidade da atividade empresarial[81].

Dentre os créditos anteriores à distribuição do pedido, excetuam-se da regra também os créditos trabalhistas considerados como privilegiados pelo *Code du Travail*, indicados nos L3253-2, L3253-4 e L7313-8 da referida norma. Essas disposições trabalhistas preveem que, no momento em que for iniciado

---

[78] Code de Commerce, Art. L622-21 I. – Le jugement d'ouverture interrompt ou interdit toute action en justice de la part de tous les créanciers dont la créance n'est pas mentionnée au I de l'article L. 622-17 et tendant : 1° A la condamnation du débiteur au paiement d'une somme d'argent; 2° A la résolution d'un contrat pour défaut de paiement d'une somme d'argent. II. – Sans préjudice des droits des créanciers dont la créance est mentionnée au I de l'article L. 622-17, le jugement d'ouverture arrête ou interdit toute procédure d'exécution tant sur les meubles que sur les immeubles ainsi que toute procédure de distribution n'ayant pas produit un effet attributif avant le jugement d'ouverture. III. – Les délais impartis à peine de déchéance ou de résolution des droits sont en conséquence interrompus.

[79] "Il faut et il suffit que ces créances soient certaines, et non pas affectées d'une condition suspensive. Il n'y a alors pas lieu de distinguer selon la nature ou les modalités de la créance. Les créanciers titulaires d'un privilège général ou d'une sûreté spéciale (dont les créanciers garantis par une fiducie) sont concernés au même titre que les créanciers chirographaires. Peu importe également que la créance résulte d'un jugement passé en force de chose jugée dès lors qu'elle n'a pas encore été payée. Enfin peu importe que le créancier demande à être payé ou invoque la compensation avec sa propre dette, ce qui inclut le banquier qui entend faire une contre-passation en compte après l'ouverture d'une procédure collective" (Jacquemont, André; Vabres, Régis. *Droit des entreprises en difficulté*. 9. ed. Paris: LexisNexis, 2015. p. 326).

[80] Perochon, Françoise. *Entreprise en difficulté*. 11. ed. Paris: LGDJ, Lextenso, 2022. p. 1.089. No mesmo sentido: Direction de l'information légale et administrative (Premier ministre), Ministère chargé de la justice. Redressement judiciaire. Effets de l'ouverture de la procédure de redressement judiciaire à l'égard des créanciers et des cautions et autres garants. Disponível em: https://entreprendre.service-public.fr/vosdroits/F22314#:~:text=Les%20cr%C3%A9anciers%20qui%20ont%20exig%C3%A9,les%20int%C3%A9r%C3%AAts%20sont%20%C3%A9galement%20suspendus. Acesso em: 22 mar. 2023.

[81] Code de Commerce. Article L611-11. En cas d'ouverture d'une procédure de sauvegarde, de redressement judiciaire ou de liquidation judiciaire, les personnes qui avaient consenti, dans le cadre d'une procédure de conciliation ayant donné lieu à l'accord homologué mentionné au II de l'article L. 611-8, un nouvel apport en trésorerie au débiteur en vue d'assurer la poursuite d'activité de l'entreprise et sa pérennité, sont payées, pour le montant de cet apport, par privilège avant toutes les autres créances, selon le rang prévu au II de l'article L. 622-17 et au I de l'article L. 643-8. Les personnes qui fournissent, dans le même cadre, un nouveau bien ou service en vue d'assurer la poursuite d'activité de l'entreprise et sa pérennité bénéficient du même privilège pour le prix de ce bien ou de ce service.

CAPÍTULO 5 • FASE DE DELIBERAÇÃO

o procedimento de recuperação ou liquidação judicial, devem ser pagos de imediato (i) a remuneração devida aos trabalhadores pelos serviços prestados nos sessenta dias anteriores ao início do processo, deduzidas as prestações já cobradas em momento anterior[82], (ii) os valores referentes a férias remuneradas, pagos até o limite máximo fixado para um período de trinta dias de remuneração[83], e (iii) os valores devidos a *voyageurs*, *representánts* e *placiers*[84].

A legislação francesa estabelece um procedimento para admissão e verificação dos créditos sujeitos ao procedimento, isto é, aqueles cujos fatos geradores sejam anteriores à sentença de abertura. Pelo L622-24 do *Code de Commerce*, com exceção dos credores trabalhistas e dos créditos de natureza alimentar, todos os credores cujos créditos sejam anteriores à abertura do processo de insolvência devem encaminhar ao *mandataire judiciaire* uma declaração de créditos[85]. Até mesmo os créditos ilíquidos[86] ou surgidos após a abertura do procedimento, à exceção daqueles listados no L622-17[87], devem ser declarados.

Após o prazo de envio das declarações dos credores, o *mandataire judiciaire* elabora uma lista com os créditos declarados e as propostas para admissão ou rejeição do crédito (L624-1)[88]. Caso o

---

[82] Code du travail. Article L3253-2. Lorsqu'une procédure de sauvegarde, de redressement ou de liquidation judiciaire est ouverte, les rémunérations de toute nature dues aux salariés pour les soixante derniers jours de travail sont, déduction faite des acomptes déjà perçus, payées, nonobstant l'existence de toute autre créance privilégiée, jusqu'à concurrence d'un plafond mensuel identique pour toutes les catégories de bénéficiaires.

[83] Code du travail. Article L3253-4. Les indemnités de congés payés sont, nonobstant l'existence de toute créance privilégiée, payées jusqu'à concurrence d'un plafond identique à celui établi pour une période de trente jours de rémunération par l'article L. 3253-1.

[84] Code du travail. Article L3253-4. Les dispositions des articles L. 3253-2 et L. 3253-3, relatives aux garanties des rémunérations dans le cadre d'une procédure de sauvegarde, de redressement ou de liquidation judiciaire, s'appliquent aux voyageurs, représentants ou placiers pour les rémunérations de toute nature dues au titre des quatre-vingt-dix derniers jours de travail.

[85] Code de Commerce. Article L622-24. A partir de la publication du jugement, tous les créanciers dont la créance est née antérieurement au jugement d'ouverture, à l'exception des salariés, adressent la déclaration de leurs créances au mandataire judiciaire dans des délais fixés par décret en Conseil d'Etat. Lorsque le créancier a été relevé de forclusion conformément à l'article L. 622-26, les délais ne courent qu'à compter de la notification de cette décision; ils sont alors réduits de moitié. Les créanciers titulaires d'une sûreté publiée ou liés au débiteur par un contrat publié sont avertis personnellement ou, s'il y a lieu, à domicile élu. Le délai de déclaration court à l'égard de ceux-ci à compter de la notification de cet avertissement.

[86] Code de Commerce. Article L622-24. La déclaration des créances doit être faite alors même qu'elles ne sont pas établies par un titre. Celles dont le montant n'est pas encore définitivement fixé sont déclarées sur la base d'une évaluation. Les créances du Trésor public et des organismes de prévoyance et de sécurité sociale ainsi que les créances recouvrées par les organismes visés à l'article L. 5427-1 à L. 5427-6 du code du travail qui n'ont pas fait l'objet d'un titre exécutoire au moment de leur déclaration sont admises à titre provisionnel pour leur montant déclaré. En tout état de cause, les déclarations du Trésor et de la sécurité sociale sont toujours faites sous réserve des impôts et autres créances non établis à la date de la déclaration. Sous réserve des procédures judiciaires ou administratives en cours, leur établissement définitif doit, à peine de forclusion, être effectué dans le délai prévu à l'article L. 624-1. Si la détermination de l'assiette et du calcul de l'impôt est en cours, l'établissement définitif des créances admises à titre provisionnel doit être effectué par l'émission du titre exécutoire dans un délai de douze mois à compter de la publication du jugement d'ouverture. Toutefois, si une procédure de contrôle ou de rectification de l'impôt a été engagée, l'établissement définitif des créances qui en font l'objet doit être réalisé avant le dépôt au greffe du compte rendu de fin de mission par le mandataire judiciaire. Le délai de cet établissement définitif est suspendu par la saisine de l'une des commissions mentionnées à l'article L. 59 du livre des procédures fiscales jusqu'à la date de réception par le contribuable ou son représentant de l'avis de cette commission ou celle d'un désistement.

[87] Code de Commerce. Article L622-24. Les créances nées régulièrement après le jugement d'ouverture, autres que celles mentionnées au I de l'article L. 622-17 sont soumises aux dispositions du présent article. Les délais courent à compter de la date d'exigibilité de la créance. Toutefois, les créanciers dont les créances résultent d'un contrat à exécution successive déclarent l'intégralité des sommes qui leur sont dues dans des conditions prévues par décret en Conseil d'Etat.

[88] Code de Commerce. Article L624-1. Dans le délai fixé par le tribunal, le mandataire judiciaire établit, après avoir sollicité les observations du débiteur, la liste des créances déclarées avec ses propositions d'admission, de rejet ou de renvoi devant la juridiction compétente. Il transmet cette liste au juge-commissaire.

244 RECUPERAÇÃO JUDICIAL: DOS OBJETIVOS AO PROCEDIMENTO

crédito seja, total ou parcialmente, contestado, o credor será intimado a prestar esclarecimentos (L622-17). Posteriormente, a lista é encaminhada ao *juge-commissaire*, que decide sobre a admissibilidade das declarações de crédito e a respeito da inclusão ou não de tais créditos na lista definitiva (L624-2), caso a matéria controversa esteja inserida no escopo de sua competência[89].

2.5 EUA

Nos EUA, todos os credores estão sujeitos à reorganização.

Nos termos da Seção 1126(a), "any holder of a claim or interest allowed under section 502 of this title [...] may accept or reject a plan". A Corte pode desabilitar um crédito dos efeitos da recuperação, desde que por decisão fundamentada nas hipóteses especificadas no BC § 502(b). Também pertinentes as disposições contidas nas alíneas (d), (e), e (k), ainda do art. BC § 502(b). Sobre as hipóteses, podem ser classificados os créditos em três grandes grupos: (i) as que se referem ao tempo do crédito; (ii) a forma com que ele é cobrado fora do processo de insolvência; e (iii) sobre políticas específicas da reorganização.

A primeira categoria dispõe que não serão permitidos créditos que surjam após o processamento da reorganização. Entretanto, como demonstra Jordan Tabb, "[...] this does not mean that a claim will be disallowed just because it is unmatured, unliquidated, contingent, or disputed at the time of filing, as long as the creditor had a 'right to payment' at the time"[90].

Ademais, não será submetido o direito que não possa ser exequível em face do devedor. Nos termos do BC § 502(b)(1):

(b)Except as provided in subsections I(2), (f), (g), (h) and (i) of this section, if such objection to a claim is made, the court, after notice and a hearing, shall determine the amount of such claim in lawful currency of the United States as of the date of the filing of the petition, and shall allow such claim in such amount, except to the extent that— (1)such claim is unenforceable against the debtor and property of the debtor, under any agreement or applicable law for a reason other than because such claim is contingent or unmatured.

Por fim, deverá ser inadmitido eventual crédito que se enquadre em quaisquer das hipóteses previstas nos itens 2 a 9 do § 502(b) do U.S. Bankruptcy Code, como juros não vencidos, créditos de advogado do devedor que exceda valor razoável, dívida não exigível etc.

Todos os outros créditos, dessa forma, submetem-se à reorganização.

Seus interesses, contudo, são diversos. Os credores garantidos, inclusive aqueles fundados na confiança (*trust beneficiaries*), entendidos como *secured creditors*, deverão receber a propriedade objeto da garantia ou mesmo o seu valor. A despeito de se submeterem ao procedimento coletivo, referidos credores poderão retirar o ativo se o credor não estiver adequadamente protegido ou se o ativo não for necessário à reorganização, conforme BC § 362(d).

A sobra de eventual produto da propriedade será distribuída para a classe de credores paga após – os *unsecured creditors* –, aqueles que não possuem quaisquer reivindicações executórias contra bens patrimoniais. O princípio que regerá o pagamento dessa classe é, dentre outros, da *equality of distribution*[91].

---

[89] Code de Commerce. Art. L624-2. Au vu des propositions du mandataire judiciaire, le juge-commissaire, si la demande d'admission est recevable, décide de l'admission ou du rejet des créances ou constate soit qu'une instance est en cours, soit que la contestation ne relève pas de sa compétence. En l'absence de contestation sérieuse, le juge-commissaire a également compétence, dans les limites de la compétence matérielle de la juridiction qui l'a désigné, pour statuer sur tout moyen opposé à la demande d'admission.

[90] Tabb, Charles Jordan. *Law of bankruptcy*. 4. ed. St. Paul: West Academic, 2016. p. 659.

[91] Howard Delivery Serv., Inc. *v.* Zurich Am. Ins. Co., 547 U.S. 651, 655, 667 (2006): Nathanson *v.* N.L.R.B., 344 U.S. 25, 29 (1952).

CAPÍTULO 5 • FASE DE DELIBERAÇÃO

Porém, o mandamento não é absoluto. Existem previsões legais que trazem prioridade de alguns créditos *unsecured* perante outros da mesma classe. Como dispõe Jordan Tabb, "the Code's distributional scheme contains many expectations to the baseline premise of equality. Ten different types of unsecured claims are afforded priority over other unsecured claim"[92].

Sobre os credores tributários, estes se submetem ao procedimento de insolvência. Nesses termos,

the government's claim for unpaid prepetition taxes may be afforded priority status in the bankruptcy distribution. Indeed, perhaps the surprise is that the priority for taxes is as low as it is; taxes rank eighth in the priority line. § 507(a)(8). Indeed, claims of the United States government rank lower in priority in bankruptcy cases than they would in a non-bankruptcy collective proceeding involving an insolvent debtor, where they must be paid first[93].

2.6 Créditos sujeitos e não sujeitos à recuperação no Brasil

A Lei de Recuperação de Empresas e Falência determina que todos os créditos existentes à data do pedido, nos termos do seu art. 49[94], estão sujeitos à recuperação judicial[95].

A submissão ao procedimento recuperacional não depende da data de vencimento dos créditos. Tanto os créditos vencidos quanto os vincendos se submetem ao procedimento de negociação coletiva e serão afetados pelo plano de recuperação judicial.

Para os créditos que passarem a existir apenas posteriormente à distribuição do pedido de recuperação judicial, a negociação não poderá ser coletiva, mas apenas individual. Referidos credores apenas poderão ter as condições creditícias alteradas se acordarem individualmente com os devedores, conforme as regras gerais do Código Civil.

A disposição legal do art. 49 alterou a dinâmica existente no revogado Decreto-Lei n. 7.661/45, que submetia apenas os créditos quirografários à concordata (art. 147)[96]. A restrição dos referidos créditos para a concordata não permitia a efetiva recuperação do devedor em crise financeira.

A despeito da regra geral do art. 49 da Lei n. 11.101/2005, nem todos os créditos existentes do devedor se sujeitam ao procedimento de negociação coletiva da recuperação judicial.

Não se submetem aos efeitos da recuperação judicial créditos oriundos de credor titular da posição de proprietário fiduciário de bens móveis ou imóveis, de arrendador mercantil, de proprietário ou promitente vendedor de imóvel cujos respectivos contratos contenham cláusula de irrevogabilidade ou irretratabilidade, inclusive em incorporações imobiliárias, ou de proprietário em contrato de venda com reserva de domínio. Nem o credor de adiantamento de contrato de câmbio para exportação.

Tampouco se submeterão à recuperação judicial os créditos fiscais, as despesas que os credores fizerem para tomar parte na recuperação judicial, salvo as custas judiciais decorrentes de litígio com o devedor, e as obrigações a título gratuito.

---

[92] TABB, Charles Jordan. *Law of bankruptcy*. 4. ed. St. Paul: West Academic, 2016. p. 667.

[93] TABB, Charles Jordan. *Law of bankruptcy*. 4. ed. St. Paul: West Academic, 2016. p. 706-707.

[94] Art. 49 Estão sujeitos à recuperação judicial todos os créditos existentes na data do pedido, ainda que não vencidos.

[95] Pelos dados coletados em 1.194 processos de recuperações judiciais distribuídas nas Comarcas do Estado de São Paulo na Segunda Fase do Observatório da Insolvência da ABJ: "o passivo das recuperandas era de até R$ 1 milhão em 88 casos (7,4%), entre R$ 1 milhão e R$ 5 milhões em 124 (10,4%), entre R$ 5 milhões e R$ 10 milhões em 79 (6,6%), entre R$ 10 milhões e R$ 50 milhões em 190 (15,9%), entre R$ 50 milhões e R$ 100 milhões em 48 (4,0%) e acima de R$ 100 milhões em 113 (9,5%)". CÔRREA, Fernando; NUNES, Marcelo Guedes; SACRAMONE, Marcelo Barbosa; WAISBERG, Ivo. *Observatório da Insolvência*. Processos de Recuperação Judicial em São Paulo. Associação Brasileira de Jurimetria – ABJ, 2022, p. 8.

[96] Art. 147. A concordata concedida obriga a todos os credores quirografários, comerciais ou civis, admitidos ou não ao passivo, residentes no país ou fora dêle, ausentes ou embargantes.

A ausência de submissão de todos os créditos à recuperação judicial dificulta a obtenção de uma solução coletiva para superar a crise econômica que afeta a atividade do devedor e que impacta na satisfação dos direitos creditícios[97]. A não submissão permitirá a excussão dos ativos pelo credor não sujeito, ainda que integralmente protegido, em detrimento da maximização dos ativos e da coletividade dos credores.

Por outro lado, a sujeição apenas parcial dos créditos poderá incentivar os credores sujeitos a pretenderem a satisfação individual dos respectivos créditos em detrimento dos demais credores não sujeitos.

Ao deliberar sobre o plano de recuperação judicial e avaliar a viabilidade econômica da empresa e a recuperabilidade do devedor, os credores considerarão os respectivos interesses creditícios. Para que a melhor utilização dos recursos escassos ocorra, os credores aferirão se haverá maximização dos ativos para a satisfação dos seus créditos pela conservação do devedor à frente de sua empresa ou se os ativos deverão ser liquidados por meio da decretação da falência.

Ao compararem os dois cenários para fins de maximização da satisfação do respectivo crédito, optariam, racionalmente, pela solução mais eficiente e que resultaria no seu maior pagamento. Essa conclusão pressupõe, entretanto, que todos os credores tenham a mesma ordem de pagamento na recuperação judicial e na falência ou a mesma sujeição em ambos os procedimentos.

Na hipótese de credores não sujeitos à recuperação judicial, os credores sujeitos poderão deliberar por plano de recuperação judicial sabidamente inviável economicamente como uma forma de satisfazerem os respectivos créditos com prioridade em face dos demais credores, que seriam priorizados num procedimento falimentar. Opta-se, assim, deliberadamente por uma solução menos eficiente como forma de se satisfazer em detrimento da maximização do valor total dos ativos[98].

2.6.1 Os credores proprietários

Dentre os créditos não sujeitos à recuperação judicial, o crédito garantido por alienação fiduciária, o crédito decorrente de compromisso de compra e venda irretratável, compra e venda com reserva de domínio, arrendamento mercantil e o adiantamento do contrato de câmbio para exportação, nos termos do art. 49, §§ 3 e 4º da Lei, não se sujeitam à recuperação.

Referidos créditos não foram incluídos na recuperação judicial sob a justificativa de que se pretendia permitir a obtenção de recursos financeiros menos onerosos e se facilitar a contratação de determinados contratos, o que efetivamente ocorreu[99].

---

[97] Sobre o tema, Ivo Waisberg pondera que "o grande número de hipóteses de não sujeição previstas na Lei n. 11.101/2005 é uma patologia grave que retira a eficiência do instituto recuperacional e dos seus benefícios sistêmicos". Propõe, então, uma sugestão inicial de reforma legislativa, que corresponderia ao "fim dos créditos eventualmente não sujeitos à recuperação judicial ou extrajudicial com a criação de uma nova sistemática de classe e votação/adesão". WAISBERG, Ivo. O necessário fim dos credores não sujeitos à recuperação judicial. In: ELIAS, Luiz Vasco. (coord.). *10 anos da Lei de Recuperação de Empresas e Falências*: reflexões sobre a reestruturação empresarial no Brasil. São Paulo: Quartier Latin, 2015. p. 200 e 208.

[98] Ao afastar a sujeição de diversos créditos dos efeitos da recuperação judicial, Ivo Waisberg sustenta que, "ao deixar uma gama enorme de credores fora do sistema de votação, a lei criou dois desvios que afetam frontalmente a efetividade do sistema: (i) ao contrário de todo o espírito legal de fazer surgir a vontade razoável da maioria, em regra dá ensejo a toda sorte de comportamento individual contrário à solução equilibrada e, (ii) do ponto de vista econômico, a lei impede, por meio do plano de recuperação, que se possam controlar efetivamente os fluxos a que se ligue a capacidade de geração de caixa ao modo de pagamento" (WAISBERG, Ivo. O necessário fim dos credores não sujeitos à recuperação judicial. In: ELIAS, Luiz Vasco. (coord.). *10 anos da Lei de Recuperação de Empresas e Falências*: reflexões sobre a reestruturação empresarial no Brasil. São Paulo: Quartier Latin, 2015. p. 201).

[99] "In fact, point estimates indicate an increase of 17.8% in total debt and of 74% in long-term debt. There is no evidence of changes in short-term debt (regression 2), and a significant fall in trade credit. We did not expect a big increase in this type of credit, since its holders were not benefitted by the new law as were secured creditors. In fact, the need for trade credit falls as the availability of debt financing increases. Finally, regression 5 suggests a reduction of approximately 16% in the cost of debt financing. These results are

CAPÍTULO 5 • FASE DE DELIBERAÇÃO

À época, o legislador brasileiro apoiou-se em estudo realizado pelo Banco Mundial. De acordo com o World Bank, através dos *Principles and guidelines for effective insolvency and creditor rights systems* publicados em 2001, "secured credit plays an important role in industrial countries". Entende-se, nesse sentido, que "the security interest priority [...] is directly linked to economic growth and is widely believed to contribute to growth" e, portanto, "an enforceable system of secured credit in an effective insolvency system seeks to maximize the benefits and minimize the costs"[100], razão pela qual "a developed regime for security interests should include rules on the priority of competing interests in collateral"[101].

A não sujeição, todavia, pode implicar dois tipos de desincentivos a impedir a obtenção dos objetivos pretendidos pela lei de insolvência: a impossibilidade de obtenção de solução comum para a superação da crise e o estímulo a comportamentos individuais estratégicos em detrimento da coletividade de credores.

A exclusão dos créditos do procedimento coletivo impede uma negociação coletiva entre as partes para se permitir a maximização do valor dos ativos em benefício de todos e, por consequência, reduz a possibilidade de o devedor superar sua crise econômico-financeira[102]. Isso porque referidos credores poderão prosseguir com a execução individual e retomar ativos considerados indispensáveis ao plano de recuperação judicial, mesmo durante o período de negociação coletiva, se não consistirem em bens de capitais e desde que essenciais.

A exclusão de determinados créditos da recuperação judicial não é exclusiva da legislação brasileira, que, no entanto, o faz de maneira bem mais ampliada do que nos demais países analisados. Nas legislações americana, francesa, portuguesa e alemã, como adiantado, todos os créditos, inclusive os de natureza tributária e os assegurados por todos os tipos de garantias, estão, como regra, sujeitos ao processo de recuperação judicial, conforme estabelecem, respectivamente, os arts. 502(a) do *U.S. Bankruptcy Code*, L622-17 do *Code de Commerce*, o art. 47º do CIRE e o § 38 do InsO. Garante-se, a fim de proteger tais credores, tão somente eventual prioridade nos pagamentos e/ou o direito à retomada dos bens objeto da garantia.

---

in line with the theoretical literature on credit (Aghion and Bolton, 1992; Hart and Moore, 1994, 1998; Scott, 1977; Townsend, 1979). Creditors now have a higher chance of recovering a larger portion of their loans. And the more they expect to receive when their debtors become insolvent, the less they will require firms to pay while still solvent, and the more they will be willing to lend. Thus, these are signs that the Brazilian bankruptcy reform had a positive effect on the supply of credit. We also have results on debt maturity. Notice that long-term debt increases while short-term debt remains stable, leading to a higher proportion of long-term debt in the average firm's capital structure. This result is somewhat similar to what both Qian and Strahan (2007) and Bae and Goyal (2009) found. The new bankruptcy law design encourages lenders to participate in bankruptcy procedures more actively, eliminating the need to extend only short-term debt as a discipline mechanism and leading, after the reform, to a debt structure with longer maturity (see Diamond, 2004)" (ARAÚJO, Aloísio Pessoa de; FERREIRA, Rafael de Vasconcelos Xavier; FUNCHAL, Bruno. The Brazilian bankruptcy law experience. *Journal of Corporate Finance*, v. 18, n. 4, 2012, p. 1.002. Disponível em: https://doi.org/10.1016/j.jcorpfin.2012.03.001. Acesso em: 6 jul. 2023).

[100] WORLD BANK. *Principles and guidelines for effective insolvency and creditors rights systems*. Abril de 2001, p. 15. Disponível em: https://documents1.worldbank.org/curated/en/936851468152703005/pdf/481650WP02001110Box338887B01PUBLIC1.pdf. Acesso em: 6 jun. 2023.

[101] WORLD BANK. *Principles and guidelines for effective insolvency and creditors rights systems*. Abril de 2001, p. 21. Disponível em: https://documents1.worldbank.org/curated/en/936851468152703005/pdf/481650WP02001110Box338887B01PUBLIC1.pdf. Acesso em: 6 jun. 2023.

[102] Écio Perin Júnior é um dos autores que sustenta a inconstitucionalidade do instituto ao criar tratamento desigual entre os credores: "a polêmica reside no fato de que, ao outorgar esse verdadeiro (*fast track*) privilégio às instituições financeiras, elas poderão imediatamente expropriar do patrimônio da devedora-recuperanda, por exemplo, fluxo de caixa presente, e inclusive futuro, uma vez que não estariam sujeitos ao plano recuperação, o que agrava a situação da empresa" (PERIN JÚNIOR, Écio. A polêmica da chamada 'trava bancária': efeitos da alegação e cessão fiduciária de recebíveis em garantia na recuperação judicial. In: BRUSCHI, G. G. (coord.). *Direito Processual Empresarial*: estudos em homenagem ao professor Manoel de Queiroz Pereira Calças. Rio de Janeiro: Elsevier, 2012. p. 206).

Por seu turno, sua inclusão no procedimento de recuperação judicial não necessariamente implicaria a deterioração da garantia ou afetaria o risco de satisfação dos respectivos credores. A imposição legal de que o credor poderia retomar imediatamente a garantia caso o devedor não estivesse conservando o bem, assim como que o plano de recuperação judicial deveria assegurar que o referido credor fosse satisfeito no mínimo pelo valor do respectivo bem, além do tempo que não pode contar com a coisa sob a sua posse, preservariam o risco do credor sem, por seu turno, afetar necessariamente a busca por uma solução coletiva.

O segundo desincentivo seria decorrente dos comportamentos estratégicos dos credores sujeitos e em detrimento do próprio credor garantido.

A despeito de não se submeterem à recuperação judicial e, portanto, diante de um inadimplemento da obrigação, referidos credores não sujeitos deveriam poder fazer a constrição sobre os ativos de sua propriedade. Entretanto, a Lei n. 11.101/2005 impediu que os bens não circulantes fossem retomados se fossem essenciais ao devedor durante determinado período.

Conforme o art. 6º, § 7º-A, durante o período de negociação do plano de recuperação judicial, o juiz da recuperação judicial poderá suspender as constrições sobre os bens não circulantes essenciais à preservação da atividade do devedor.

A redação, embora aperfeiçoada pela Lei n. 14.112/2020, mantém a interpretação original do art. 49, § 3º, final. No substitutivo ao PLC n. 71/2003, que se converteu na Lei n. 11.101/2005, esclarece o legislador que o intuito foi conciliar os interesses dos credores proprietários com os princípios da preservação da empresa sob a condução do devedor. Nesse sentido, propôs

> solução de equilíbrio: não se suspendem as ações relativas aos direitos dos credores proprietários, mas elimina-se a possibilidade de venda ou retirada dos bens durante os 180 dias de suspensão, para que haja tempo hábil para a formulação e a aprovação do plano de recuperação judicial. Encerrado o período de suspensão, todos os direitos relativos à propriedade são devolvidos ao seu titular. Como essas obrigações não se sujeitam à recuperação judicial, naturalmente o plano aprovado deverá prever o pagamento desses credores em condições satisfatórias, sob pena de estes exercerem o direito de retirada dos bens e inviabilizarem a empresa. A inspiração para essa solução decorre do disposto no art. 170 da Constituição, que tutela, como princípios da ordem econômica, o direito de propriedade e a sua função social[103].

Pela redação aprimorada pela Lei n. 14.112/2020, a suspensão da medida de constrição ou retomada do bem fica restrita à natureza essencial do bem de capital e ao prazo do período de negociação do plano de recuperação[104].

Embora referida suspensão somente possa ocorrer durante o período de negociação e concessão da recuperação judicial, não raras vezes a suspensão é estendida sob o argumento do comprometimento do plano de recuperação judicial e da satisfação dos demais credores. Da mesma forma, a limitação da proteção aos bens de capital tem sido frequentemente estendida a todos os demais ativos essenciais da empresa, circulantes ou não.

Referida impossibilidade de retomada dos ativos não é, contudo, acompanhada de nenhuma remuneração pela utilização do referido ativo alienado fiduciariamente. Ainda que se possa sustentar a remuneração pela utilização da propriedade após a consolidação da propriedade pelo credor e até a sua efetiva retomada[105], não há jurisprudência consolidada que assegure referida hipótese.

---

[103] TEBET, Ramez. *Lei de Recuperação de Empresas*: Lei n. 11.101, de 2005. Parecer n. 534. Senado Federal, Brasília, 2004. p. 36-37.

[104] COELHO, Fábio Ulhoa. *Comentários à Lei de Falências e de Recuperação de Empresas*. 11. ed. São Paulo: Revista dos Tribunais, 2016. p. 66.

[105] SACRAMONE, Marcelo Barbosa; AMARAL, Fernando Lima. Alienação fiduciária e taxa de ocupação na recuperação judicial. *Revista de Direito Empresarial – RDEmp*, Belo Horizonte, ano 19, n. 1, p. 13-27, jan./abr. 2022, p. 26.

CAPÍTULO 5 • FASE DE DELIBERAÇÃO

Essa dinâmica de restrição da retirada dos bens, agravada pela extensão de seus efeitos para além do período disciplinado pela lei e pela não imputação aos devedores de quaisquer ônus em virtude dessa retirada, cria conflito de interesses entre os credores submetidos e os credores não sujeitos à recuperação judicial.

A recuperação judicial, nesses termos, ainda que o devedor seja absolutamente irrecuperável ou desenvolva atividade inviável economicamente, pode ter a aprovação por conta dos interesses de alguns credores concursais, justamente para tentar garantir que os ativos fiduciariamente alienados possam ser explorados pelo devedor e ter o fluxo de recebíveis utilizados para a satisfação dos demais credores. Por seu turno, os credores não sujeitos, pelos créditos sujeitos de sua titularidade, podem votar pela decretação de falência do devedor justamente para acelerar a retomada dos ativos fiduciariamente a eles alienados e que teriam a constrição dificultada durante a recuperação judicial.

2.6.2 Créditos fiscais

O conflito de interesse entre os credores sujeitos e os credores proprietários não sujeitos à recuperação judicial também é produzido em relação aos créditos fiscais.

Os créditos fiscais são especificados pela legislação. Pela Lei n. 11.101/2005, os créditos são excluídos da recuperação judicial nos termos do art. 6º, § 7º-B. Segundo o dispositivo legal, as suspensões das execuções e das medidas constritivas não serão aplicáveis às execuções fiscais.

Sua não sujeição ocorre por diversos motivos. O primeiro argumento da exclusão ocorre pela impossibilidade de os credores negociarem *ex ante* o referido crédito diante da crise do devedor. Referidos credores públicos não poderão, na maioria das vezes, requerer garantias para a redução do risco para a concessão do crédito ou mesmo recursar-se a contratar.

Sua não sujeição também se justificaria pela impossibilidade de negociação do referido crédito. A renúncia ao crédito pressupõe lei autorizativa, de modo que não se permitiria a negociação fora dos parâmetros legais e muito menos a submissão da vontade da maioria em detrimento da vontade do ente público.

Há diversas críticas a esse tratamento diferenciado. Para Gurrea-Martínez e Rouillon, diversos argumentos exigiriam que o crédito público não fosse tratado de forma diferenciada. O privilégio prejudicaria o interesse geral ao reduzir a satisfação de todos os demais credores, os quais também poderiam se tornar insolventes. Os credores públicos teriam maiores recursos, melhor assessoramento e melhor informação que muitos dos credores privados. O poder público possui condições diferenciadas para impor as características do referido crédito, melhor capacidade arrecadatória e maiores condições para se autofinanciar[106].

A despeito das críticas, a questão ultrapassa a análise do direito da insolvência. O crédito tributário é destacado pela legislação própria nas hipóteses de execução individual em face dos devedores solventes. Nos termos do art. 186 do Código Tributário Nacional, o crédito tributário preferiria a qualquer outro, independentemente da natureza ou tempo de constituição, exceto legislação trabalhista e de acidente de trabalho ou créditos com garantia real.

Logo, a não diferenciação dos referidos créditos na legislação de recuperação promoveria o *forum shopping*, com comportamentos estratégicos dos demais credores para serem satisfeitos em detrimento do crédito tributário ou pelo próprio comportamento do credor tributário de obstar qualquer aprovação do plano.

---

[106] Gurrea-Martínez, Aurelio; Rouillon, Adolfo (org.). *Derecho de la insolvencia*: un enfoque comparado y funcional. Madrid: Bosch, 2022. p. 118-124.

Se o destaque é imprescindível, a lei brasileira vai além e não os sujeita à recuperação judicial, de modo que poderiam ter as execuções do referido crédito tramitando regularmente durante o período de negociação. Todavia, ainda que prossigam normalmente durante o período de negociação, após a negociação do plano de recuperação judicial, pela LREF, os créditos tributários deveriam receber um tratamento privilegiado e serem equalizados.

A recuperação judicial somente poderia ser concedida se houvesse a demonstração do pagamento de todos os créditos tributários, por meio da apresentação obrigatória da Certidão Negativa de Débito (art. 57)[107]. Alternativamente, poderia ser concedida a recuperação judicial se fosse demonstrada a equalização do passivo tributário por meio de um parcelamento especial ou de uma transação para fins de recuperação judicial (art. 68)[108], conforme lei específica, o que asseguraria a obtenção de uma Certidão Positiva de Débito Tributário, com efeito de negativa.

A exclusão do crédito fiscal da recuperação judicial, porém, embora pudesse significar tratamento privilegiado e recebimento prioritário dos referidos credores, tem permitido esvaziamento patrimonial do devedor e satisfação prioritária dos demais credores.

Em detrimento da exigência legal desde 2005, a jurisprudência até 2020 determinava a dispensa da equalização do passivo tributário para a concessão da recuperação judicial. A justificativa inicial para a não exigência da equalização tributária fundamentava-se na falta de legislação específica[109]. Entretanto, havia dispositivo legal expresso regulando essa hipótese.

Enquanto a lei específica do parcelamento não fosse editada, o art. 155-A, § 4º, do Código Tributário Nacional determinava que fossem aplicadas as leis gerais de parcelamento para o devedor que requeresse recuperação judicial, e que o parcelamento dos entes federativos estatuais e municipais não poderia ser inferior ao concedido na lei federal específica.

Com a promulgação da Lei federal n. 13.043/2014, que disciplinou o parcelamento especial dos débitos federais, a jurisprudência passou a considerar a inconstitucionalidade da legislação de modo a manter a dispensa do requisito da equalização para fins de concessão da recuperação judicial.

---

[107] Art. 57. Após a juntada aos autos do plano aprovado pela assembleia-geral de credores ou decorrido o prazo previsto no art. 55 desta Lei sem objeção de credores, o devedor apresentará certidões negativas de débitos tributários nos termos dos arts. 151, 205, 206 da Lei n. 5.172, de 25 de outubro de 1966 – Código Tributário Nacional.

[108] Art. 68. As Fazendas Públicas e o Instituto Nacional do Seguro Social – INSS poderão deferir, nos termos da legislação específica, parcelamento de seus créditos, em sede de recuperação judicial, de acordo com os parâmetros estabelecidos na Lei n. 5.172, de 25 de outubro de 1966 – Código Tributário Nacional. Parágrafo único. As microempresas e empresas de pequeno porte farão jus a prazos 20% (vinte por cento) superiores àqueles regularmente concedidos às demais empresas.

[109] Nesse sentido, decidiu a Corte Especial do Superior Tribunal de Justiça em 2013:

"DIREITO EMPRESARIAL E TRIBUTÁRIO. RECURSO ESPECIAL. RECUPERAÇÃO JUDICIAL. EXIGÊNCIA DE QUE A EMPRESA RECUPERANDA COMPROVE SUA REGULARIDADE TRIBUTÁRIA. ART. 57 DA LEI N. 11.101/2005 (LRF) E ART. 191-A DO CÓDIGO TRIBUTÁRIO NACIONAL (CTN). INOPERÂNCIA DOS MENCIONADOS DISPOSITIVOS. INEXISTÊNCIA DE LEI ESPECÍFICA A DISCIPLINAR O PARCELAMENTO DA DÍVIDA FISCAL E PREVIDENCIÁRIA DE EMPRESAS EM RECUPERAÇÃO JUDICIAL. 1. O art. 47 serve como um norte a guiar a operacionalidade da recuperação judicial, sempre com vistas ao desígnio do instituto, que é 'viabilizar a superação da situação de crise econômico-financeira do devedor, a fim de permitir a manutenção da fonte produtora, do emprego dos trabalhadores e dos interesses dos credores, promovendo, assim, a preservação da empresa, sua função social e o estímulo à atividade econômica'. 2. O art. 57 da Lei n. 11.101/2005 e o art. 191-A do CTN devem ser interpretados à luz das novas diretrizes traçadas pelo legislador para as dívidas tributárias, com vistas, notadamente, à previsão legal de parcelamento do crédito tributário em benefício da empresa em recuperação, que é causa de suspensão da exigibilidade do tributo, nos termos do art. 151, inciso VI, do CTN. 3. O parcelamento tributário é direito da empresa em recuperação judicial que conduz a situação de regularidade fiscal, de modo que eventual descumprimento do que dispõe o art. 57 da LRF só pode ser atribuído, ao menos imediatamente e por ora, à ausência de legislação específica que discipline o parcelamento em sede de recuperação judicial, não constituindo ônus do contribuinte, enquanto se fizer inerte o legislador, a apresentação de certidões de regularidade fiscal para que lhe seja concedida a recuperação. 4. Recurso especial não provido" (STJ, Corte Especial, Resp. n. 1.187.404/MT (2010/0054048-4), Rel. Min. Luis Felipe Salomão, j. 19-6-2013).

CAPÍTULO 5 • FASE DE DELIBERAÇÃO

Com o fundamento de que a legislação, ao privilegiar o crédito fiscal, gerou tratamento desigual entre os credores e não preservaria a atividade empresarial, a jurisprudência manteve a concessão da recuperação judicial sem a apresentação das certidões negativas de débito fiscal ou de parcelamento tributário[110].

Nesse sentido é o entendimento majoritário do STJ, de que a edição da então Lei federal n. 13.304/2014, que instituiu o parcelamento especial em favor das empresas em recuperação judicial não alterou o que já restava pacificado sobre o tema[111]. O posicionamento continua firme no STJ[112 113].

A pacificação desta corrente resta tão cristalina que inclusive foi fundamento para a aplicação da Súmula 83/STJ[114], nos termos de voto do então ministro relator Raul Araújo:

---

[110] Na jurisprudência: TJSP, AI 2109677-09.2015, Rel. Des. Ricardo Negrão, DJ 09-9-2015; TJSP, 1ª Câmara Reservada de Direito Empresarial, AI 20001458-62.2016, Rel. Des. Fortes Barbosa, j. 16-3-2016; TJSP, 2ª Câmara Reservada de Direito Empresarial, AI 2109677-09.2015, Rel. Des. Ricardo Negrão, j. 9-9-2015; TJSP, 1ª Câmara Reservada de Direito Empresarial, AI 2167082-32.2017, Rel. Des. Hamid Bdine, j. 27-11-2017.

[111] STJ. AgRg n. 136.130-SP. Min. Rel. Ministro Raul Araújo, j. 13-5-2015.

[112] "AGRAVO INTERNO NO AGRAVO EM RECURSO ESPECIAL. RECUPERAÇÃO JUDICIAL. CERTIDÕES NEGATIVAS DE DÉBITO. APRESENTAÇÃO. OBRIGATORIEDADE. FINALIDADE DO INSTITUTO. INCOMPATIBILIDADE. 1. A apresentação de certidão negativa de débitos fiscais pelo contribuinte não é condição imposta ao seu deferimento do seu pedido de recuperação judicial. Precedentes. 2. Agravo interno não provido" (STJ. AgInt n. 1.841.841 – RJ. Min. Rel. Luis Felipe Salomão. j. 9-5-2022). "RECURSO ESPECIAL. DIREITO CIVIL, EMPRESARIAL E PROCESSUAL CIVIL. A APRESENTAÇÃO DE CERTIDÕES NEGATIVAS DE DÉBITOS TRIBUTÁRIOS PARA O DEFERIMENTO DA RECUPERAÇÃO JUDICIAL. REQUISITO NÃO OBRIGATÓRIO. INTERPRETAÇÃO TELEOLÓGICA DOS ARTIGOS 47 E 57 DA LEI N. 11.101/2005. PRINCÍPIOS DA PRESERVAÇÃO E DA FUNÇÃO SOCIAL DA EMPRESA. FINALIDADE DA RECUPERAÇÃO JUDICIAL. ACÓRDÃO RECORRIDO EM CONFRONTO COM A JURISPRUDÊNCIA DESTA CORTE SUPERIOR. RESTABELECIMENTO DA DECISÃO AGRAVADA NA ORIGEM. TESE DE CONFIGURAÇÃO DE LITIGÂNCIA DE MÁ-FÉ. NECESSIDADE DE INCURSÃO NO CONJUNTO FÁTICO-PROBATÓRIO DOS AUTOS. INVIABILIDADE. SÚMULA 7 DO STJ. RECURSO ESPECIAL CONHECIDO EM PARTE E, NESSA EXTENSÃO, PROVIDO" (STJ. REsp n. 1.989.920 – PR. Min. Rel. Paulo de Tarso Vieira Sanseverino. j. 1º-7-2022). "AGRAVO INTERNO. PEDIDO DE CONCESSÃO DE EFEITO SUSPENSIVO A RECURSO ESPECIAL. JUÍZO DE ADMISSIBILIDADE PENDENTE. DEFERIMENTO EXCEPCIONAL NO CASO DOS AUTOS. 1. Em situações excepcionais o Superior Tribunal de Justiça tem admitido a apreciação de pedido de tutela de urgência visando à concessão do efeito suspensivo a recurso especial ainda pendente de juízo de admissibilidade, condicionando sua procedência à demonstração da presença concomitante do fumus boni iuris e do periculum in mora, o que restou caracterizado no caso concreto. 2. Caso dos autos em que o acórdão que deu provimento do agravo de instrumento da Fazenda Nacional, anulando a decisão que homologara o plano de recuperação judicial, em razão da não apresentação de certidões negativas de débito tributário, tem o potencial de inviabilizar o soerguimento da empresa, função precípua do instituto da recuperação. Precedentes do STJ. 3. Plausibilidade do direito e perigo na demora cuja presença, em juízo de cognição sumária, justifica o deferimento da tutela provisória de urgência. Pedido deferido. 4. AGRAVO INTERNO DESPROVIDO" (STJ. AgInt n. 4113, SP. Min. Rel. Paulo De Tarso Sanseverino, j. 18-8-2022).

[113] Aponta-se, entretanto, jurisprudência minoritária que demonstra controvérsia em relação a essa dispensa, em especial nos tribunais de instâncias inferiores. É o exemplo do Tribunal de Justiça do Estado de São Paulo.
"RECUPERAÇÃO JUDICIAL Decisão judicial que determinou que as recuperandas agravantes apresentassem as Certidões Negativas de Débitos Tributários (art. 57 da LREF), ou que comprovassem a adesão a programas de parcelamento (art. 68, LREF), sob pena de indeferimento da recuperação judicial Alegação de que em razão da expressividade do passivo fiscal, a tão almejada adequação não se afigura como simples tarefa, e deve ser realizada com critério e responsabilidade, salientando que empreenderam tratativas no sentido de promover acordos para a adequação de seu passivo fiscal, mas sem sucesso, e que exigência elencada no art. 57 da lei n. 11.101/2005 impõe às empresas em recuperação judicial ônus excessivo, a ponto de inviabilizar o êxito do procedimento recuperacional, o que acaba por fulminar a finalidade do instituto Descabimento Com a promulgação de legislações a permitir parcelamento de débitos fiscais, não mais se justifica a relativização regra estabelecida no art. 57 LREF, salientando-se que a Lei n. 14.112/2020, com prazo de vigência de 30 dias a partir de 24 de dezembro de 2020 e de aplicação imediata conforme dicção do art. 5º Necessidade de a recuperanda providenciar a liquidação ou o parcelamento dos débitos fiscais existentes na forma que dispõe a legislação tributária de cada ente público, sob pena de não o fazendo, ter a falência decretada Art. 10-C da Lei n. 10.522/2002 é tão somente uma alternativa para o disposto no art. 10-A desse diploma Jurisprudência atual Ausência de comprovação tentativa de tratativa nesse sentido Decisão mantida Agravo de instrumento não provido" (TJSP. 2ª Câmara Reservada de Direito Empresarial. Agravo n. 2162158-02.2022.8.26.0000. Rel. Des. Ricardo Negrão. j. 19-10-2022).

[114] "Não se conhece do recurso especial pela divergência, quando a orientação do Tribunal se firmou no mesmo sentido da decisão recorrida."

Assim, tendo em vista que a Corte de origem concluiu pela desnecessidade de comprovação da regularidade fiscal através das certidões negativas ou positivas de débito, tem-se que o acórdão recorrido julgou a demanda em consonância com a jurisprudência desta Corte, o que significa que o recurso encontra óbice na Súmula 83/STJ[115].

Apesar de a não equalização permitir o prosseguimento das execuções fiscais, isso não significava a satisfação dos referidos créditos. Para se evitar a constrição de ativos, a jurisprudência desenvolveu conceito de universalidade do juízo da recuperação judicial sobre todas as medidas constritivas e, de forma não rara, como meio de se evitar que as execuções fiscais, mesmo após a concessão da recuperação judicial, pudessem fazer a constrição de ativos essenciais e que poderiam comprometer o plano de recuperação[116].

A jurisprudência elaborou o conceito da universalidade para a recuperação judicial com base no art. 47 da Lei n. 11.101/2005, que garantia o princípio da preservação. Com base nesse fundamento, a universalidade na recuperação judicial foi construída pela aplicação analógica dos arts. 76[117] e 126 da LRE[118], segundo os quais o juízo seria competente para conhecer de todas as constrições que recaíssem sobre o bem do devedor e como forma de se assegurar a preservação do concurso de credores. Consequentemente, a necessidade de se considerar o concurso de credores se estenderia também à recuperação judicial.

Nesses termos, a palavra concurso foi interpretada pela doutrina não como concorrência entre credores, mas sim no sentido de "cooperação para um resultado ou ato ou efeito de juntar-se em um mesmo lugar"[119].

Se foi atribuída a análise das constrições ao Juízo da Recuperação Judicial, a universalidade do juízo recuperacional e o princípio da preservação da empresa também justificavam impedimento fático do prosseguimento das execuções fiscais. De forma a corroborar a sustentada omissão legislativa para a previsão de mecanismos adequados de parcelamento do crédito tributário, resolvida apenas com a reforma implementada em 2020, declarava-se ainda a essencialidade do bem pelo juízo da recuperação judicial para suspender sua constrição[120].

Essa discussão foi afetada pelo Superior Tribunal de Justiça, no Tema Repetitivo 987[121], que acabou por ser cancelado após a entrada em vigor da Lei n. 14.112/2020[122].

---

[115] STJ. AgInt n. 1996672-SP. Rel. Min. Raul Araújo. j. 10-10-2022.

[116] BARROS, Filipe Aguiar de. A participação do Fisco no processo de insolvência. In: SALOMÃO, L. F.; TARTUCE, F.; CARNIO, D. *Recuperação de empresas e falência*: diálogos entre a doutrina e a jurisprudência. Barueri: Atlas, 2021; MENEGAT, Bruno; FOLADOR, Rafael. Da cobrança de créditos fiscais de empresas em recuperação judicial: custos, experiências internacionais e análise crítica da jurisprudência brasileira. *Revista da PGFN*, ano VII, n. 10, 2017.

[117] Art. 76. O juízo da falência é indivisível e competente para conhecer todas as ações sobre bens, interesses e negócios do falido, ressalvadas as causas trabalhistas, fiscais e aquelas não reguladas nesta Lei em que o falido figurar como autor ou litisconsorte ativo.

[118] Art. 126. Nas relações patrimoniais não reguladas expressamente nesta Lei, o juiz decidirá o caso atendendo à unidade, à universalidade do concurso e à igualdade de tratamento dos credores, observado o disposto no art. 75 desta Lei.

[119] DEZEM, Renata Mota Maciel Madeira. *A universalidade do juízo da recuperação judicial*. São Paulo: Quartier Latin, 2017. p. 202.

[120] ALMEIDA, Gustavo Henrique de. A preservação da empresa como pressuposto para desconstituição da penhora em execução fiscal contra o falido. *Revista de Direito Mercantil, Industrial, Econômico e Financeiro*, São Paulo, v. 158, 2011.

[121] STJ. Tema Repetitivo 987: "Possibilidade da prática de atos constritivos, em face de empresa em recuperação judicial, em sede de execução fiscal de dívida tributária e não tributária".

[122] "PROCESSUAL CIVIL. RECURSO ESPECIAL. SUBMISSÃO À REGRA PREVISTA NO ENUNCIADO ADMINISTRATIVO 03/STJ. PROPOSTA DE CANCELAMENTO DE AFETAÇÃO. VIGÊNCIA DA LEI N. 14.112/2020, QUE ALTEROU A LEI N. 11.101/2005. NOVEL LEGISLAÇÃO QUE CONCILIA ORIENTAÇÃO DA SEGUNDA TURMA/STJ E DA SEGUNDA SEÇÃO/STJ. 1. Em virtude de razões supervenientes à afetação do Tema Repetitivo 987, revela-se não adequado o pronunciamento desta Primeira Seção acerca da questão jurídica central ('Possibilidade da prática de atos constritivos, em face de empresa em recuperação

CAPÍTULO 5 • FASE DE DELIBERAÇÃO

Nesses termos, até então, ainda que sob a justificativa de resultar em menor onerosidade ao devedor em recuperação judicial e de preservar os ativos essenciais ao cumprimento do plano, fora criada situação de efetiva suspensão das constrições que recaíssem sobre o patrimônio do devedor em recuperação judicial[123].

Dessa forma, como os créditos tributários não se sujeitavam à recuperação judicial, mas sua satisfação não tinha sido exigida ou não tinha as constrições permitidas pela jurisprudência, a recuperação judicial poderia permitir comportamentos estratégicos, tanto pelo devedor quanto por seus credores sujeitos, como forma de manter o desenvolvimento da atividade empresarial sem a devida satisfação do fisco.

Criavam-se, assim, dois comportamentos estratégicos que impediam a melhor satisfação da coletividade. Os credores concursais menos privilegiados poderiam aprovar plano sabidamente inviável para extrair valores que poderiam ser destinados ao fisco. O próprio Fisco poderia ensejar uma situação de decretação da falência e impedimento do prosseguimento da recuperação judicial, ainda que a atividade fosse viável economicamente e o devedor recuperável, como uma forma de preservar ativos para a satisfação do referido crédito.

O primeiro incentivo inadequado é o estímulo aos credores menos privilegiados. Os credores quirografários, subquirografários e subordinados teriam incentivos para não analisar a viabilidade econômica da empresa ou a recuperabilidade do devedor para continuar a condução de sua atividade. Pelo contrário, seriam estimulados a aprovarem plano de recuperação judicial sabidamente inviável como forma de receberem mais do que na falência, haja vista a falta de qualquer restrição à ordem de pagamentos no procedimento recuperacional e a comum proteção judiciária conferida aos bens do devedor e à atividade em face das execuções fiscais durante a recuperação judicial.

Nesse aspecto, Cavalli aponta que

a continuação de execuções singulares em paralelo à recuperação judicial (e também à falência) acentua problemas de ação coletiva que os processos concursais visam a resolver, pois (1) aumenta os custos de administração das execuções paralelas, (ii) incentiva *forum shopping*, (iii) incentiva corrida por ativos que

---

judicial, em sede de execução fiscal de dívida tributária e não tributária.') 2. Recurso especial removido do regime dos recursos repetitivos. Cancelamento da afetação do Tema Repetitivo 987" (STJ, 1ª Seção, Recurso Especial n. 1.694.261/SP, Rel. Min. Mauro Campbell Marques, j. 23-6-2021).

[123] RECUPERAÇÃO JUDICIAL – PLANO DE RECUPERAÇÃO JUDICIAL – M3/SP ENGENHARIA E OUTRA – APRESENTAÇÃO DE CERTIDÕES NEGATIVAS DE DÉBITOS TRIBUTÁRIOS PARA A HOMOLOGAÇÃO DO PLANO DE RECUPERAÇÃO JUDICIAL – CONTROLE JUDICIAL DE LEGALIDADE – DÉBITO FISCAL – ART. 57 DA LEI N. 11.101/2005 – Decisão agravada que determinou que as recuperandas apresentem Certidões Negativas de Débitos Tributários (art. 57, LRE) ou comprovem adesão ao parcelamento (art. 68, LRE) – Inconformismo das Recuperandas – Não acolhimento – A Lei n. 14.112/2020 veio revigorar a posição do crédito fiscal. Conferiu maior autonomia à execução fiscal (art. 6º, § 7º-B, LRE), deu maior elasticidade ao parcelamento do débito fiscal na recuperação judicial (art. 68, LRE, c.c. art. 10-A, 10-B e 10-C da Lei n. 14.112/2020) e novo tratamento à Fazenda Pública nos procedimentos falimentares (arts. 7º-A, 83, III, e 86, LRE). No tocante à certidão negativa de débito, a exigência passou a ser inarredável e condicionante à concessão da recuperação judicial. Primeiro, que os arts. 57 e 58, LRE, e o art. 191-A, CTN, preveem expressamente tal requisito para a concessão da recuperação judicial. Segundo, que a legislação específica a que alude o art. 68, LRE, veio com a edição da Lei n. 14.112/2020, dando nova dicção à Lei n. 10.522/2002, dispondo que a empresa recuperanda pode liquidar seus débitos mediante parcelamento. Terceiro, que o parcelamento ou a transação, além de serem meios de liquidação da dívida fiscal, servem de mecanismo de análise e controle da saúde financeira da empresa pela Fazenda Pública, autorizando a convolação da recuperação judicial em falência em caso de inadimplemento (art. 73, V e VI, LRE; art. 10-A, V, c.c. § 4º-A, IV, da Lei n. 10.522/2002) – Precedentes das Câmaras Reservadas de Direito Empresarial do TJSP – RECURSO DESPROVIDO. AGRAVO INTERNO – Interposição contra decisão que indeferiu o pedido de efeito suspensivo postulado no recurso – Exame prejudicado diante do julgamento do agravo de instrumento – AGRAVO INTERNO NÃO CONHECIDO (TJSP, 2ª Câmara Reservada de Direito Empresarial, AI: 22343921620218260000, Rel. Des. Sérgio Shimura, j. 28-1-2022).

destrói valor de *going concern*, e, por isso, (iv) induz liquidação de empresas. Por conseguinte, reduz inclusive a recuperação de crédito fiscal[124].

Por seu turno, há também comportamento estratégico do próprio fisco. Se o desenvolvimento da atividade empresarial sem o recolhimento dos tributos pode acarretar incentivos perversos na recuperação judicial, o recolhimento absolutamente preferencial, ao exigir a regularidade das execuções fiscais e a satisfação dos referidos créditos, poderá implicar a decretação da falência e o descumprimento do plano de recuperação.

Como na falência o crédito tributário não é o primeiro a receber, mas apenas será satisfeito após o pagamento dos créditos extraconcursais, concursal trabalhista e concursal com garantia real, o tratamento absolutamente privilegiado do fisco contrariaria a lógica. O recolhimento preferencial do crédito fiscal poderia gerar a decretação da falência e impedir que mesmo os credores mais privilegiados do que o fisco na ordem legal de pagamento do procedimento falimentar do art. 83[125] pudessem receber os referidos créditos, sem prejuízo de não gerar qualquer satisfação do crédito tributário.

A reforma promovida pela Lei n. 14.112/2020 procurou justamente evitar que o fisco, como credor não sujeito à recuperação judicial, fosse prejudicado em benefício dos credores sujeitos e como forma de se evitar um desincentivo na análise da viabilidade econômica do devedor. Pela alteração legal, foram alterados os requisitos para os parcelamentos e transação fiscais justamente para assegurar a condição de equalização tributária para fins de concessão da recuperação judicial, pelo cumprimento dos arts. 57 e 68 da LREF.

A alteração recaiu justamente na Lei n. 10.522/2002, que passou a disciplinar o Parcelamento Especial para Contribuintes em Recuperação Judicial (inclusão dos arts. 10-A e 10-B da Lei n. 10.522/2002) e a Transação Especial para Contribuintes em Recuperação Judicial (inclusão do art. 10-C da Lei n. 10.522/2002). Conforme redação do art. 10-A, o parcelamento ocorrerá, além de demais condições, em até 120 prestações mensais, com pagamentos em percentuais mínimos sobre o valor da dívida consolidada: (i) da 1ª à 12ª prestação: 0,5% cada parcela; (ii) da 13ª à 24ª prestação: 0,6% cada parcela; (iii) da 25ª prestação em diante: percentual correspondente ao saldo remanescente.

Realizado o parcelamento ou a transação tributária especiais, a falta de satisfação das condições acordadas para o parcelamento ou transação, assim como a falta de recolhimento dos tributos e encargos correntes não apenas permitem o pedido falimentar pelo próprio fisco, como determinam que o Juízo da Recuperação Judicial, inclusive de ofício, seja obrigado a convolar a recuperação judicial em falência. É nesse sentido que foi inserido o art. 73, V, LRE[126], após a reforma da Lei n. 14.112/2020, para exigir a convolação em falência das recuperandas que descumprirem os parcelamentos fiscais contratados.

Diante do risco de não satisfação dos referidos créditos fiscais e da possibilidade antevista de que as recuperações judiciais fossem concedidas sem a equalização do referido crédito, ademais, foram previstos novos dispositivos legais para limitar o comportamento estratégico dos devedores e credores concursais em detrimento dos créditos fiscais e que não submeteriam ao procedimento coletivo.

---

[124] CAVALLI, Cássio. A tragédia da reforma da Lei de Recuperação de Empresas no Brasil (*The Tragedy of the Brazilian Bankruptcy Law Reform*) *Working paper do Núcleo de Direito, Economia e Governança FGV*. Disponível em: https://ssrn.com/abstract=3688988. Acesso em: 6 jun. 2023.

[125] Art. 83. A classificação dos créditos na falência obedece à seguinte ordem: III – os créditos tributários, independentemente da sua natureza e do tempo de constituição, exceto os créditos extraconcursais e as multas tributárias.

[126] Art. 73. O juiz decretará a falência durante o processo de recuperação judicial: V – por descumprimento dos parcelamentos referidos no art. 68 desta Lei ou da transação prevista no art. 10-C da Lei n. 10.522, de 19 de julho de 2002.

CAPÍTULO 5 • FASE DE DELIBERAÇÃO 255

Nos termos do art. 6º, § 7-B, as execuções fiscais cujo parcelamento e transação fiscal não foram exigidos deveriam prosseguir regularmente. A constrição promovida pelo credor fiscal não poderia ser suspensa. Apenas caso recaiam as constrições sobre bens de capital essenciais à recuperanda, referidos bens poderiam ser substituídos pelo Juízo da Recuperação Judicial, mas não suspensas seriam as execuções[127].

Pelo dispositivo legal, a competência para os atos de constrição dos bens do devedor continua a ser do Juízo da execução fiscal. Entretanto, o Juízo da recuperação judicial poderia realizar um juízo de menor onerosidade e determinar a substituição dos atos de constrição que recaíssem sobre bens de capital essenciais à manutenção da atividade empresarial até o encerramento da recuperação judicial por bens não essenciais ou não de capitais, caso existentes no caso concreto, visando a proteger os devedores e credores concursais[128].

De forma correlata, foram inseridas pela Lei n. 14.112/2020 hipóteses de convolação da recuperação judicial em falência na ocorrência de esvaziamento patrimonial por liquidação substancial do devedor. Pela redação do art. 73, § 3º, considera-se como liquidação substancial a venda de ativos desde que não tenham sido reservados bens, direitos ou projeção de fluxo de caixa futuro suficientes à manutenção da atividade econômica para fins de cumprimento de suas obrigações.

Pelo novo dispositivo legal, impede-se a liquidação de bens do devedor sem que haja a reserva de bens para a satisfação dos credores não sujeitos[129]. Entretanto, a análise das recuperações judiciais demonstra que as liquidações de ativos, notadamente liquidações substanciais, têm ocorrência reduzida na prática do Brasil[130].

2.6.3 Adequação dos incentivos legais

A dissociação de tratamento na recuperação judicial e na falência entre credores, seja diretamente pela lei ou pela construção jurisprudencial, poderá implicar que a deliberação assemblear não reflita o melhor interesses da coletividade de credores pela satisfação do crédito e melhor alocação dos fatores de produção.

A falta de comunhão de interesses e de um interesse comum para nortear os votos dos credores permite que cada qual tutele os referidos interesses creditícios. Diante da dissociação de tratamento entre os credores na recuperação judicial e na falência ou da não sujeição de todos os créditos, os credores votantes, a despeito da viabilidade econômica da empresa, da recuperabilidade do devedor e do plano de recuperação judicial apresentado, tentarão maximizar a satisfação dos respectivos créditos em detrimento dos interesses de outros menos favorecidos ou sem poder de escolha.

Nesse aspecto, a deliberação pela maioria somente poderá refletir os interesses da coletividade de credores e os interesses de todos os demais envolvidos se a comparação entre a alternativa do plano de recuperação judicial e a falência do devedor puder ser realizada nos mesmos moldes.

---

[127] SACRAMONE, Marcelo. *Comentários à Lei de Recuperação de Empresas e Falência*. 2. ed. São Paulo: SaraivaJur, 2021. p. 122.

[128] STJ, AgInt no CC 177.164/SP, 2ª Seção, Rel. Min. Luis Felipe Salomão, j. 31-8-2021; STJ, CC 181.190/AC, 2ª Seção, rel. Min. Marco Aurélio Belizze, j. 30-11-2021; AgInt no REsp 1.982.327/SP, 1ª Turma, Rel. Min. Benedito Gonçalves, j. 13-6-2022.

[129] Em crítica ao dispositivo, Cavalli sustenta que a regra "inviabiliza desinvestimento na recuperação judicial. Como se sabe, o desinvestimento é a principal forma de obtenção de liquidez nas recuperações judiciais. Sem liquidez, reduzem-se as probabilidades de a empresa se reestruturar e, ao mesmo tempo, aumentam-se as probabilidades de a empresa se reestruturar e, ao mesmo tempo, aumentam-se as probabilidades de a empresa não pagar seus créditos não sujeitos" (CAVALLI, Cássio. *A tragédia da reforma da Lei de Recuperação de Empresas*, p. 5. Disponível em https://ssrn.com/abstract=3688988 Acesso em: 6 jul. 2023).

[130] AMARAL, Fernando Lima Gurgel; MELLO, Marcus Vinicius Ramon Soares de; SACRAMONE, Marcelo Barbosa. Recuperação judicial como forma de liquidação integral de ativos. *Revista Empresarial — RDEmp.*, Belo Horizonte, ano 17, n. 3, p. 155-168, set./dez. 2020, p. 161-162.

A deliberação sobre o plano refletirá a viabilidade econômica ou não da empresa, a recuperabilidade ou não do devedor, se a ordem de pagamento for a mesma na falência ou na recuperação para todos os credores de uma determinada classe. Para tanto, a sujeição ou não à recuperação judicial deve refletir a submissão dos créditos ao procedimento falimentar e a mesma ordem de pagamento ou de preferência para a satisfação com os ativos do devedor.

3. FORMAÇÃO DAS CLASSES

A natureza negocial da recuperação judicial caracteriza-se pela atribuição aos credores do poder de decidir sobre a viabilidade econômica da condução da atividade econômica pelo devedor. A proposta de composição, o plano e a documentação que o acompanha devem conter elementos suficientes para permitir aos credores (e não ao tribunal) uma avaliação informada, razoável e ponderada da viabilidade e da adequação ao plano[131].

Para a avaliação dessas manifestações, foi determinada a regra da maioria. Pela regra da maioria, se permitiria verificar a manifestação mais comum e se excluiriam interesses particulares extremados ou que extrapolariam a regra geral. Referida maioria permitiria que se chegasse à melhor forma de se satisfazer o interesse da coletividade de credores e, por consequência, se preservassem todos os interesses envolvidos com o desenvolvimento da atividade empresarial.

A definição dessa maioria exige a apreciação das classes de credores e dos quóruns de votação.

Decerto, para a análise da maioria, exige-se a aplicação do princípio da *par conditio creditorum* ou igualdade de tratamento entre todos os credores. O princípio constitucional da igualdade determina que todos serão tratados igualmente perante a lei. Referido princípio, entretanto, pressupõe a igualdade do interesse de todos os credores, o que pode não ocorrer na prática.

O tratamento idêntico entre credores distintos implicaria maior custo *ex post* para alguns credores desfavorecidos e comportamentos estratégicos para alguns privilegiados. Os credores que foram mais diligentes no momento da contratação e obtiveram garantias idôneas, a despeito do maior custo, não poderiam receber a mesma condição necessária de pagamento do que aqueles que não foram diligentes ou não incorreram no referido custo. Da mesma forma, credores mais vulneráveis ou cujo crédito não poderiam contratar seriam novamente punidos com um tratamento idêntico em face dos credores sofisticados e que puderam se proteger *ex ante* da contratação do referido crédito diante do risco do devedor[132].

Diante de uma diversidade de interesses entre os credores, cujos créditos podem ter natureza diversa ou serem titularizados por pessoas com condições e necessidades diferentes em relação ao restante, a separação dos credores em classes permite considerar os interesses de forma diferenciada de credores com condições distintas[133].

As classes de credores possuem duas finalidades. Elas permitem o agrupamento dos interesses homogêneos e a distinção dos créditos com natureza diversa. Asseguram, também, a satisfação homogênea dos credores da classe e a distinção de pagamento em relação às demais, de modo que o

---

[131] No mesmo sentido: "[...] la proposta di concordato, il piano e la documentazione accompagnatoria devono contenere elementi sufficienti a consentire ai creditori (e non al tribunale) un informato, ragionevole e ponderato giudizio sulla fattibilità e sulla convenienza del piano" (SACCHI, Roberto. *Concordato preventivo, conflitti di interessi fra creditori e sindacato dell'Autorità giudiziaria*. Ordinario di Diritto commerciale presso l'Università degli Studi di Milano. Allegato, Il Falimento 1/2019).

[132] WARREN, Elizabeth. Bankruptcy policymaking in an imperfect world. *Michigan Law Review*, Ann Arbor, v. 92, n. 2, 1993.

[133] CEREZETTI, Sheila. As classes de credores como técnica de organização de interesses: em defesa da alteração da disciplina das classes na recuperação judicial. In: SATIRO, Francisco; TOLEDO, Paulo. *Direito da empresa em crise*: problemas e soluções. São Paulo: Quartier Latin, 2012. p. 369.

CAPÍTULO 5 • FASE DE DELIBERAÇÃO

princípio da *par conditio creditorum* deve ser interpretado como de aplicação exclusiva entre os credores componentes da mesma classe.

Esse agrupamento de interesses homogêneos assegura que o quórum de maioria em cada uma das classes possa refletir de forma mais precisa o interesse de toda a coletividade de credores, ainda que estes possuam interesses e naturezas muito diversos. Nesse aspecto, o agrupamento de interesses semelhantes é mecanismo para permitir que a decisão comum reflita de forma mais adequada a vontade da maioria dos credores.

Como os credores votam com base na satisfação dos seus interesses particulares enquanto credores, a divisão dos credores em virtude da homogeneidade de seus interesses e a maioria de votos em cada uma das classes asseguram que a vontade de cada um desses grupos de interessados seja respeitada e que um grupo de credores com interesses diversos e mais numeroso não prevaleça sobre o outro menos numeroso[134]. A regra da maioria, se realizada em cada um dos agrupamentos de credores, permitiria que se refletisse a vontade de todas as diferentes naturezas de créditos e de condições de pagamento.

Além de permitir que a maioria reflita os interesses de todas as classes, o agrupamento dos credores assegura também a satisfação idêntica dos credores com condições de crédito semelhantes e permite o pagamento diferenciado entre classes de interesses diversos.

Dentro da classe, dessa forma, os credores teriam condições semelhantes e deveriam receber a mesma forma de satisfação dos respectivos créditos. Entre classes, contudo, como os créditos são diferenciados em virtude de sua natureza ou condições, os credores poderiam ser satisfeitos de forma diversa.

Essa diferenciação entre os credores para a formação das classes pode ser realizada em relação aos aspectos subjetivos dos credores, à relevância do valor ou à natureza do crédito[135]. Sua delimitação inadequada, entretanto, poderá descaracterizar o quórum de maioria e criar incentivos contrários à persecução dos objetivos pretendidos.

3.1 Alemanha

Na Alemanha, a *Insolvenzordnung* estabelece a classificação obrigatória dos credores em classes, como regra. Confere-se a possibilidade, também, de formação de classes para aglomeração dos interesses econômicos comuns entre os credores integrantes das classes obrigatórias[136].

O exame da observância dos requisitos relacionados à formação das classes de credores será realizado pelo juízo. Sua análise é imprescindível porque o cômputo dos votos para formação de

---

[134] "Con la possibilità di creare più classi di creditori giunge a piena maturazione il processo di crisi del principio formale della *par condicio creditorum*. L'istituto delle classi è centrale nel nuovo concordato preventivo e su di esso si gioca il successo o l'insuccesso dello stesso. Se usate male, le classi consentono di premiare comportamenti opportunistici a vantaggio dei creditori forti e a danno di quelli deboli, segmentando l'area di rischio degli uni rispetto a quella degli altri e permettendo così di separare la sorte dei primi da quella dei secondi. D'altra parte, un utilizzo adeguato dello strumento delle classi risulta molto importante per garantire l'omogeneità fra gli interessi tipici dei creditori votanti e per giustificare in tal modo la soggezione della minoranza dissenziente alla maggioranza. A questo riguardo diviene fondamentale il controllo del tribunale sulla correttezza dei criteri di formazione delle classi, espressamente previsto dall'art. 163, comma 1, l.fall. Ritengo che questo controllo possa e debba essere particolarmente approfondito e che nell'ambito dello stesso vada sindacata non solo la moltiplicazione artificiosa delle classi, ma anche la mancata creazione delle stesse" (SACCHI, Roberto. Concordato preventivo, conflitto di interessi fra creditori e sindacato dell'autorità giudiziaria. *Il Fallimento*, 1, 2009, p. 33).

[135] CEREZETTI, Sheila. As classes de credores como técnica de organização de interesses: em defesa da alteração da disciplina das classes na recuperação judicial. In: SATIRO, Francisco; TOLEDO, Paulo. *Direito da empresa em crise*: problemas e soluções. São Paulo: Quartier Latin, 2012. p. 369.

[136] BORK, Reinhard. *Rescuing companies in England and Germany*. Tradução: Christopher Schuller. Oxford: Oxford University Press, 2012. p. 246-247.

maioria necessária à aprovação dos votos está relacionado à correta divisão das classes e que tal verificação não será realizada novamente antes da votação[137].

A criação da classe dos credores da insolvência somente faz-se necessária se tiver sido formado um grupo de credores com garantia afetados pelo plano de insolvência (§ 222, I, 1) e se os créditos da insolvência subordinados não tiverem sido remidos pelo plano (§ 222, I, 3 e § 225, I). Caso qualquer dessas situações não ocorra, os credores formarão uma única classe, a dos credores da insolvência com créditos não subordinados[138].

O plano de insolvência deverá prever a separação das partes envolvidas em classes, que serão determinadas de acordo com as diferenças (ou semelhanças) no *status* jurídico dos credores afetados (§ 222) ou dos seus interesses econômicos (§ 222 (2)). Essencialmente, distinguem-se cinco classes de credores, a saber: (i) credores com direito à satisfação dos seus créditos fora do processo de insolvência, como os credores com garantia, em consideração ao valor do bem da garantia[139]; (ii) credores não subordinados, na qual se incluem os créditos tributários, na medida em que, no sistema alemão, os privilégios do fisco foram abolidos[140]; (iii) classes de credores subordinados, na hipótese de não serem remidos os seus créditos nos termos do § 225 do InsO; (iv) credores com interesses de participação no devedor, tais como acionistas ou quotistas[141]; e (v) titulares de créditos decorrentes de garantias prestadas por terceiros intragrupo[142].

O plano de insolvência não afetará os credores que têm direito a perseguir a satisfação dos seus créditos separadamente, mas pode fazê-lo, desde que detalhe o percentual de redução

---

[137] SMID, Stefan; RATTUNDE, Rolf; MARTINI, Torsten. *Der Insolvenzplan, Handbüch für das Sanierungsverfahren gemäß §§217 bis 269 InsO mit pratikschen Beispielen und Musterverfügungen.* 4. ed. Stuttgart: W. Kohlhammer GmbH, 2015. p. 110.

[138] COROTTO, Susana. *Modelos de reorganização empresarial brasileiro e alemão*: comparação entre a Lei de Recuperação e Falências de Empresas (LRFE) e a *Insolvenzordung* (InsO) sob a ótica da viabilidade prática. Porto Alegre: Sergio Antonio Fabris Editor, 2009. p. 106-107.

[No] mesmo sentido, "Werden absonderungsberechtigte Gläubiger und die Rechtspositionen der Anteilseigner nicht in den Plan einbezogen und existieren keine nachrangigen Gläubiger oder werden diesen durch den Insolvenzplan keine Werte zugewiesen, so existiert lediglich eine Abstimmungsgruppe: die der nicht-nachrangigen Insolvenzgläubiger" (DECKERS, Marc. *Die Mitgliedschaft in der Insolvenz.* Zugl.: Heidelberg, Univ., Diss., 2018. p. 73).

[139] COROTTO, Susana. *Modelos de reorganização empresarial brasileiro e alemão*: comparação entre a Lei de Recuperação e Falências de Empresas (LRFE) e a *Insolvenzordung* (InsO) sob a ótica da viabilidade prática. Porto Alegre: Sergio Antonio Fabris Editor, 2009. p. 107.

[140] "The traditional privileges and priorities for certain classes of pre-bankruptcy creditors (typically the fiscal authorities or the workers) revalue or reinflate depreciated claims by the very fact of insolvency. Priorities in bankruptcy, as opposed to out-of-bankruptcy wealth allocation redistribute wealth under a presumed standard of equity. In line with the full recognition of pre-bankruptcy entitlements and the mandate against bankruptcy-specific revaluation of pre-bankruptcy entitlements, the new law abolishes all bankruptcy-specific priorities for prebankruptcy claimants" (BALZ, Manfred. Market conformity of insolvency proceedings: policy issues of the German Insolvency Law. *Symposium Commentary*: Bankruptcy in the Global Village, v. 23, n. 1, article 8, 1997, p. 174).

[141] "Eine Pflichtgruppe bilden die absonderungsberechtigten Gläubiger, wenn der Plan – entgegen der gesetzlichen Regelannahme des § 223 Abs. 1 Satz 1 – in deren Rechtspositionen eingreift. Eine weitere Hauptgruppe stellen nicht-nachrangige Insolvenzgläubiger dar. Regelmäßig ist hier eine Untergruppierung, etwa für Arbeitnehmer, geboten. Nachrangige Insolvenzgläubiger bilden – entsprechend ihres insolvenzund haftungsrechtlichen Ranges – verschiedene Plangruppen, soweit sie ihre Forderungen gem. § 174 Abs. 3 InsO zur Tabelle anmelden konnten. Zuletzt bilden die an dem Schuldner beteiligten Personen eine (Pflicht-)Abstimmungsgruppe. Eine weitere Untergliederung in verschiedene Aktiengattungen oder eine Trennung zwischen Groß- und Kleinbeteiligten ist oftmals sinnvoll und geboten, wenngleich sie das Gesetz nicht ausdrücklich verlangt" (DECKERS, Marc. *Die Mitgliedschaft in der Insolvenz.* Zugl.: Heidelberg, Univ., Diss., 2018. p. 72).

[142] O dispositivo § 222 (1) enumera que devem possuir distinção de tratamento os créditos garantidos por: "1. den absonderungsberechtigten Gläubigern, wenn durch den Plan in deren Rechte eingegriffen wird; 2. den nicht nachrangigen Insolvenzgläubigern; 3. den einzelnen Rangklassen der nachrangigen Insolvenzgläubiger, soweit deren Forderungen nicht nach § 225 als erlassen gelten sollen; 4. den am Schuldner beteiligten Personen, wenn deren Anteils- oder Mitgliedschaftsrechte in den Plan einbezogen werden; 5. den Inhabern von Rechten aus gruppeninternen Drittsicherheiten".

CAPÍTULO 5 • FASE DE DELIBERAÇÃO

dos direitos creditórios, o período de pagamento e todas eventuais outras condições aplicáveis a tais credores (§ 223 (2))[143].

Por seu turno, se o plano de insolvência não dispuser de outra forma, o direito de um credor da insolvência sobre uma garantia intragrupo não será afetado pelo plano de insolvência. Se for feita uma previsão específica nesse sentido, a interferência deverá ser adequadamente compensada[144].

Os credores da insolvência subordinados formam, como indicado, de acordo com a sua classificação legal de insolvência e responsabilidade, diferente classe, na medida em que puderam registrar os seus créditos de acordo com o § 174, n. 3, do InsO[145]. Na medida em que os devidos créditos possuem tratamento subordinado, só poderão registrar suas reivindicações se solicitado pelo tribunal de insolvência. Ao registrar tais reivindicações, por força do dispositivo indicado, seu *status* de classificação inferior será sinalizado, e sua classificação será também designada.

O plano de insolvência poderá também, a partir de critérios bem delimitados e devidamente esclarecidos[146], separar as partes com interesses econômicos similares em categorias específicas (§ 222 (2) do InsO). Como regra, os empregados formarão classe própria de credores quando fizerem jus a valores relevantes. Pequenos acionistas e pequenos credores trabalhistas, entendidos como aqueles que representam menos de 1% (um por cento) do capital social ou que sejam titulares de créditos inferiores a 1.000 (mil) euros também poderão compor classe apartada (§ 222 (3) do InsO).

O § 222 (2) prevê, portanto, uma formação facultativa de subclasses de credores[147]. As partes com direitos iguais podem formar grupos nos quais os titulares de interesses econômicos equivalentes são reunidos. Esses grupos devem ser adequadamente delimitados uns dos outros e respeitar a separação obrigatória das classes. Os critérios para essa delimitação devem ser indicados no plano.

Como é comum nos sistemas de insolvência, os credores em um mesmo grupo devem receber tratamento igualitário. A *par conditio creditorum* está prevista também no sistema alemão, no § 226, I, pelo qual "Innerhalb jeder Gruppe sind allen Beteiligten gleiche Rechte anzubieten".

Pela *par conditio creditorum*, todos os credores de uma mesma classe devem ser tratados de forma igualitária. Contudo, permite-se tratamento diferenciado dentro da mesma classe se o proponente do plano puder demonstrar que tal tratamento beneficia os credores como um todo[148] e desde que tal tratamento diferenciado conte com a aprovação de todos os demais credores, exigência esta indicada no § 226 (2) do InsO, sob pena de nulidade (§ 226 (3), InsO).

---

[143] InsO. § 223. (2) Soweit im Plan eine abweichende Regelung getroffen wird, ist im gestaltenden Teil für die absonderungsberechtigten Gläubiger anzugeben, um welchen Bruchteil die Rechte gekürzt, für welchen Zeitraum sie gestundet oder welchen sonstigen Regelungen sie unterworfen werden sollen.

[144] SPAHLINGER, Andreas. In: KÜBLER/PRÜTTING/BORK/JACOBY. KPB – *Kommentar zur Insolvenzordnung, § 223a Gruppeninterne Drittsicherheiten*, 2023. p. 1.

[145] InsO. § 174 (3) Die Forderungen nachrangiger Gläubiger sind nur anzumelden, soweit das Insolvenzgericht besonders zur Anmeldung dieser Forderungen auffordert. Bei der Anmeldung solcher Forderungen ist auf den Nachrang hinzuweisen und die dem Gläubiger zustehende Rangstelle zu bezeichnen.

[146] InsO. § 222 Bildung von Gruppen. Aus den Beteiligten mit gleicher Rechtsstellung können Gruppen gebildet werden, in denen Beteiligte mit gleichartigen wirtschaftlichen Interessen zusammengefaßt werden. Die Gruppen müssen sachgerecht voneinander abgegrenzt werden. Die Kriterien für die Abgrenzung sind im Plan anzugeben.

[147] COROTTO, Susana. *Modelos de reorganização empresarial brasileiro e alemão*: comparação entre a Lei de Recuperação e Falências de Empresas (LRFE) e a *Insolvenzordung* (InsO) sob a ótica da viabilidade prática. Porto Alegre: Sergio Antonio Fabris Editor, 2009. p. 108.

[148] "In particular, it must distinguish between secured and unsecured creditors and the various classes of subordinated creditors. Generally the creditors in each class must be treated equally. However, disparate treatment of creditors within the same class is permitted if the plan proponent can demonstrate that such treatment benefits creditors as a whole" (KAMLAH, Klaus. The New German Insolvency Act. *American Bankruptcy Law Journal*, v. 70, n. 4, p. 417-436, Fall 1996, p. 431).

Uma vez que a subdivisão é delimitada pelo que dita o plano da insolvência, o autor do plano deverá combinar estrategicamente o seu conteúdo. "O contrapeso desse poder consiste na necessidade da aprovação do plano, no mínimo, pela maioria dos grupos de credores (§§ 244 s.) e da necessidade de homologação judicial (§§ 244 s.)."[149]

3.2 Portugal

O direito português garante ampla liberdade à autonomia privada e autoriza o plano de insolvência a estabelecer condições de pagamento dos créditos, liquidação da massa insolvente e a repartição entre os credores e o devedor, bem como a responsabilidade do devedor após o encerramento do processo até mesmo em derrogação das normas previstas no CIRE (art. 192º, n. 1).

Em razão do disposto no n. 1 do art. 192º do CIRE, Leitão destaca essa autonomia.

Os credores têm assim, em relação ao conteúdo do plano, ampla liberdade de estipulação, podendo livremente adoptar algumas das soluções previstas no CIRE, ou outras, mesmo que em derrogação dos seus preceitos, o que implica que o plano da insolvência seja, em termos de conteúdo, um negócio atípico.[150]

O plano de insolvência poderá, nesse sentido, afetar a esfera jurídica dos credores e demais interessados de maneira diversa daquela prevista pelo CIRE, desde que tal medida seja expressamente autorizada pela lei ou conte com o consentimento dos afetados (art. 192º, n. 2).

Para avaliar a concordância dos credores, o CIRE estabelece o princípio da igualdade entre credores em mesma situação jurídica, admitindo, todavia, o estabelecimento de diferenciações justificadas a partir de critérios objetivos (art. 194º, n. 1). De acordo com o Supremo Tribunal de Justiça de Portugal, "o normativo consagra de forma mitigada a igualdade dos credores da empresa em estado de insolvência. O princípio da igualdade não implica um tratamento absolutamente igual, antes impõe que situações diferentes sejam tratadas de modo diferente"[151].

A admissibilidade do tratamento mais desfavorável de determinados credores em situação idêntica dependeria do consentimento do credor afetado, que se considera manifestado tacitamente na hipótese de voto favorável ao plano de insolvência (art. 194º, n. 2).

A jurisprudência portuguesa interpreta de maneira extensiva tal regra, "admitindo amplamente que o plano da insolvência estabeleça diferenciações entre classes de credores, e altere a sua situação jurídica sem consentimento destes"[152]. A esse respeito, o Supremo Tribunal de Justiça português admitiu que, quando o plano de insolvência reestruture os créditos com garantia, é desnecessário o consentimento de todos os credores afetados, bastando a aprovação do plano na classe respectiva pela maioria[153].

---

[149] COROTTO, Susana. *Modelos de reorganização empresarial brasileiro e alemão*: comparação entre a Lei de Recuperação e Falências de Empresas (LRFE) e a *Insolvenzordung* (InsO) sob a ótica da viabilidade prática. Porto Alegre: Sergio Antonio Fabris Editor, 2009. p. 107.

[150] LEITÃO, Luis M. *A recuperação económica dos devedores*. Coimbra: Almedina, 2019. p. 90.

[151] PORTUGAL. Supremo Tribunal de Justiça, processo n. 08A3763, Rel. Fonseca Ramos, votação por unanimidade, j. 13-1-2009.

[152] LEITÃO, Luis M. *A recuperação económica dos devedores*. Coimbra: Almedina, 2019. p. 91.

[153] "II – Ora, no caso em apreço, a assembleia de credores aprovou, maioritariamente, com o quorum legalmente exigível – art. 212º do CIRE – um plano de insolvência por si moldado, pelo que não se aplica a regra supletiva do art. 197º. IV - Decorrendo do art. 197º do CIRE, não ser necessária a unanimidade do voto dos credores, incluindo os afectados pela supressão ou alteração do valor dos seus créditos e inerentes garantias, sendo privilegiados, não se antevê que a homologação do plano de insolvência esteja ferida de ilegalidade" (PORTUGAL. Supremo Tribunal de Justiça, processo n. 08A3763, Rel. Fonseca Ramos, votação por unanimidade, j. 13-1-2009).

CAPÍTULO 5 • FASE DE DELIBERAÇÃO

Em sentido similar, consagrou o Supremo Tribunal de Justiça que

a homologação do plano de insolvência só deve ser rejeitada quando a diferenciação entre os credores é meramente arbitrária, sem qualquer fundamento objectivo e racional, o que não sucede se o tratamento diferenciado dado às instituições bancárias e financeiras está objectivamente fundamentado[154].

Nesse sentido, há ampla liberdade para a constituição das classes no direito português, restrita exclusivamente pela exigência de aplicação do princípio da igualdade entre credores em mesma situação jurídica. Aqui, fundamental que se relembre da necessária distinção entre credores da insolvência (submetidos ao concurso) e da massa insolvente (não submetidos ao concurso).

É o que conclui José Anchieta: "distinguem-se, pois, no CIRE, para o efeito, dois grupos de créditos na ação de insolvência: 'as dívidas da massa insolvente', isto é, dívidas decorrentes de suas obrigações concorrentes, e as 'dívidas da insolvência' que são exatamente os 'créditos sobre a insolvência'. Esses últimos são os créditos do concurso"[155].

3.3 Itália

O procedimento de concordata visa a permitir ao devedor obter o consentimento dos credores sobre uma proposta de reestruturação e/ou a satisfação dos seus créditos. Dessa forma, o devedor deve apresentar o plano e nele a divisão dos credores em classes. Pelo art. 160 da lei italiana, o plano deve conter "la suddivisione dei creditori in classi secondo posizione giuridica e interessi economici omogenei" e pode prever "trattamenti differenziati tra creditori appartenenti a classi diverse".

O legislador deu ao devedor o direito de propor tratamentos diferenciados aos credores, ao consentir com a formação de classes. Configurou-se, assim, um desvio convencional à regra da igualdade de condições, não mais baseada no consentimento individual, mas no consentimento da maioria, pois a proposta deve sempre e apenas visar à melhor satisfação de toda a comunidade de credores[156].

Como esclarece Fabiani, é o fim da regra da *par conditio*:

[...] per provare a ricercare il fondamento del superamento della *par conditio* nel concordato, si può prospettare (anche si tratta di una ipotesi di scuola) che a ciascun creditore – in ragione di una peculiarità nella posizione economica – spetti un trattamento differente da quello di tutti gli altri. Se così fosse, in modo inconfutabile, si dovrebbe concludere che la *par conditio* non solo non coincide o non assorbe la concorsualità, ma non è più neppure, quanto meno nei concordati, la pietra angolare della concorsualità[157].

Dentre as classes que podem ser concebidas, é possível dividir os credores em créditos privilegiados e créditos quirografários, assim como dividir estes em classes distintas[158]. Quanto aos créditos

---

[154] PORTUGAL. Supremo Tribunal de Justiça, 6ª Secção, processo n. 83/13.3TBMCD-B.P1.S1, Rel. Salreta Pereira, votação por unanimidade, j. 10-4-2014.

[155] SILVA, José. *A posição dos credores e a recuperação da empresa*: no protagonismo dos credores a ideia de insolvência residual. São Paulo: Quartier Latin, 2023. p. 352.

[156] FABIANI, Massimo. *Il diritto della crisi e dell'insolvenza*. Bologna: Zanichelli, 2017. p. 477.

[157] FABIANI, Massimo. *Il diritto della crisi e dell'insolvenza*. Bologna: Zanichelli, 2017. p. 475.

[158] "La distinzione fra classe e privilegi è dimostrabile anche con l'affermazioone per la quale è consentito suddividere in classi creditori che fruiscono della medesima posizione giuridica. Che classi e privilegi siano entità giuridiche ben distinte è confermato dal fatto che l'attribuzione di un privilegio non esclude la possibilità di suddividere i creditori in classi, sol perché la legge ha stabilito che con le classi non si può alterare l'ordine delle prelazioni: il divieto di pagamento di crediti di rango inferiore non esclude una proposta che preveda un pagamento solo sino a un certo punto della graduazione" (FABIANI, Massimo. *Il diritto della crisi e dell'insolvenza*. Bologna: Zanichelli, 2017. p. 475).

262

privilegiados, não pode ser oferecida satisfação inferior ao valor do bem que pode ser retirado da sua liquidação.

Tampouco pode ser alterada a ordem de satisfação dos créditos. Quando um título de preferência (hipoteca, penhor ou privilégio especial) recai sobre determinado bem, o crédito garantido pode não ser integralmente satisfeito se o valor do bem, certificado pelo profissional avaliador referido no art. 160, § 2°, for inferior ao valor do crédito[159]. Significa que se procede com a ordem de preferência ("degradação de privilégio em privilégio") somente se o crédito colocado no nível mais alto tiver sido totalmente satisfeito[160].

A divisão dos credores em classes foi mantida pela nova lei italiana, embora não seja mais facultativa. Por seu art. 85, 1, assim como no art. 160 da revogada, o plano pode prever a divisão dos credores em classes e prever tratamento diferente para credores pertencentes a diferentes classes. Mas não há mais a faculdade de sua criação.

A divisão dos credores em classes tornou-se obrigatória. A partir da nova redação do art. 85, 2, do *Codice della crisi d'impresa e dell'insolvenza*, os credores titulares de créditos tributários ou previdenciários, cujo pagamento integral não esteja previsto, os credores titulares de garantias prestadas por terceiros, os credores que se satisfaçam, ainda que parcialmente, com vantagens não pecuniárias formarão classes distintas. A doutrina majoritária traz reflexões no sentido de que a divisão em classes de credores está ligada ao fortalecimento da autonomia contratual, tanto que o pedido de acordo com os credores é regido em nome da atipicidade[161]. Isso é reforçado com o fato de que, além das classes obrigatórias, a possibilidade de agrupamento dos credores em classes voluntárias continua possível. Entretanto, sem prejuízo do disposto no art. 84°, n. 5, 6 e 7[162], o tratamento estabelecido para cada classe não poderá ter por efeito alterar a ordem das causas legítimas de preferência.

Sobre isso, tem sido observado que a correta formação de classes significaria homogeneidade na distribuição de recursos diante da diversidade de posições dos credores. Como continua Minutoli,

---

[159] "Ai creditori privilegiati non può essere offerto un soddisfacimento che sia inferiore al valore del bene ritraibile dalla sua liquidazione; né può essere alterato l'ordine delle prelazioni. Con la suddivisione dei creditori in classi si può smentire il principio di parità di trattamento, ma non può essere alterato l'ordine di graduazione nelle prelazioni. Questi due vincoli incidono, parallelamente, sul tema della falcidiabilitá dei crediti privilegiati. Quando su un bene specifico insiste un titolo di prelazione (ipoteca, pegno o privilegio speciale), il credito assistito dalla prelazione può essere 'trattato', e cioè non soddisfatto integralmente, se il valore del bene, certificato dal professionista stimatore di cui all'art. 160, 2° comma, è inferiore all'importo del credito" (FABIANI, Massimo. *Il diritto della crisi e dell'insolvenza*. Bologna: Zanichelli, 2017. p. 485).

[160] Il che a ben vedere significa che si procede con l'ordine delle prelazioni ('degradando da privilegio in privilegio') soltanto se il credito collocato in più alto grado è stato interamente soddisfatto. Il divieto dell'aterazione dell'ordine delle prelazioni significa che ove sia certificata l'incapienza del patrimonio del debitore per soddisfare tutti i creditori privilegiati, il pagamento parziale non può contraddire l'ordine delle prelazioni, sì che nella proposta il debitore subisce i vincoli che si possono definire 'da graduazione'" (FABIANI, Massimo. *Il diritto della crisi e dell'insolvenza*. Bologna: Zanichelli, 2017. p. 485).

[161] Nesse sentido: "Una prima riflessione: la possibilità di suddividere in classi i creditori è collegata al rafforzamento dell'autonomia contrattuale, tanto che, secondo autorevole dottrina: 'la domanda di concordato preventivo è oggi disciplinata nel segno della atipicità'" (MARROLLO, Anna. Le classi di creditori nel concordato preventivo alla luce del D.lgs. 12 settembre 2007 n. 169. *Fallimento e le altre procedure concorsuali* (Il), n. 12, IPSOA, 2008, p. 1.461).

[162] 5. I creditori muniti di privilegio, pegno o ipoteca, possono essere soddisfatti anche non integralmente, purché in misura non inferiore a quella realizzabile in caso di liquidazione dei beni o dei diritti sui quali sussiste la causa di prelazione, al netto del presumibile ammontare delle spese di procedura inerenti al bene o diritto e della quota parte delle spese generali, attestato da professionista indipendente. La quota residua del credito è trattata come credito chirografario. 6. Nel concordato in continuità aziendale il valore di liquidazione è distribuito nel rispetto della graduazione delle cause legittime di prelazione; per il valore eccedente quello di liquidazione è sufficiente che i crediti inseriti in una classe ricevano complessivamente un trattamento almeno pari a quello delle classi dello stesso grado e più favorevole rispetto a quello delle classi di grado inferiore 7. I crediti assistiti dal privilegio di cui all'articolo 2751-bis, n. 1, del codice civile sono soddisfatti, nel concordato in continuità aziendale, nel rispetto della graduazione delle cause legittime di prelazione sul valore di liquidazione e sul valore eccedente il valore di liquidazione. La proposta e il piano assicurano altresì il rispetto di quanto previsto dall'articolo 2116, primo comma, del codice civile.

CAPÍTULO 5 • FASE DE DELIBERAÇÃO

"significa attenta e analitica frammentazione del ceto creditorio in modo che tutte le differenze vengano evidenziate in funzione di sollecitare un consenso genuino ed 'imparziale' da parte della maggioranza dei creditori ammessi al voto"[163].

3.4 França

A divisão dos credores em classes, denominadas de "parties affectées" (partes afetadas) constitui inovação implementada pela *Ordonance* n. 2021-1193, que transpôs, ao menos parcialmente, a Diretiva (UE) 1.023/2019 para o ordenamento francês.

O Código Francês considera como "partes afetadas" os credores diretamente afetados pela proposta do plano e os sócios do devedor (L626-30, 1º e 2º)[164], bem como os titulares de valores mobiliários que garantam acesso ao capital[165], caso o plano altere sua participação no capital social ou quaisquer dos seus direitos. Desse modo, apenas os credores titulares de créditos que, de qualquer modo, serão reestruturados pelo plano participarão das suas discussões e votação[166].

A constituição de classes, pelo *Code de Commerce*, não é obrigatória no *redressement judiciaire* (L631-1)[167]. Ela poderá ser elaborada mediante consulta individual aos credores, o que constituiria método habitual de adoção do plano[168], ao menos para os casos menores.

Dessa forma, a divisão dos credores em classes dependerá de previsão no plano de recuperação, no qual se dividirão os credores sujeitos em "classes représentatives d'une communauté d'intérêt économique" (L626-30, III). Tal circunstância poderia implicar a transformação do processo de insolvência em um processo "semicoletivo", de acordo com definição de Peróchon, na medida em que

permet au débiteur de proposer un plan reposant sur la restructuration d'una partie seulement du passif, avec des avantajes en termes d'efficacité et de moindre dégradation de l'image de l'enterprise, en contrepartie d'un caractere plus inégalitaire de la procédure et d'une très haute technicité[169].

O estabelecimento das classes de partes afetadas deverá considerar os créditos anteriores à abertura do processo e obedecer às condições indicadas também no L626-30, III, as quais determinam que, caso sejam afetados, os credores titulares de créditos garantidos deverão ser separados em classe própria. A divisão deverá, ainda, considerar que os créditos objeto de acordo de subordinação deverão compor classe própria, tal como deverão fazê-lo os *equity holders* (no L626-30, III, 1º a 3º).

Caso não se adote o plano com classe única (ou sem classes), o administrador judicial poderá constituir, além daquelas indicadas nos n. 1º a 3º do L626-30, III, outras classes de credores de partes afetadas, desde que observado o critério objetivo indicado no L626-30, III do Código[170].

---

[163] MINUTOLI, Giuseppe. Il controllo giudiziale sul mancato o insufficiente 'classeamento' dei creditori: il punto nella prassi e in dottrina. *Il Fallimento* 1, 2010, p. 45.

[164] Article L626-30. I.-Sont des parties affectées: 1º Les créanciers dont les droits sont directement affectés par le projet de plan; 2º Les membres de bassemblée générale extraordinaire ou de bassemblée des associés, des assemblées spéciales mentionnées aux articles L. 225-99 et L. 228-35-6 et des assemblées générales des masses visées à barticle L. 228-103, si leur participation au capital du débiteur, les statuts ou leurs droits sont modifiés par le projet de plan. Pour bapplication du présent livre, ils sont nommés "détenteurs de capital".

[165] DIESBECQ, Antoine; LAROCHE, Maud. Le nouveau rôle des parties prenantes: les détenteurs de capital. Étude Dossier, 1530, *La Semaine Juridique, Entreprise et Affaires*, n. 49, 9, dec. 2021l, p. 46.

[166] POUJADE, Hélène; SAINT-ALARY-HOUIN, Corinne. L'instauration des classes de parties affectées. *Revue des Procédures Collectives*, Dossier 8 (n. 6), 2021. Disponível em: https://publications.ut-capitole.fr/id/eprint/44126. Acesso em: 6 jul. 2023.

[167] PEROCHON, Françoise. *Entreprise en difficulté*. 11. ed. Paris: LGDJ, Lextenso, 2022. p. 604.

[168] PEROCHON, Françoise. *Entreprise en difficulté*. 11. ed. Paris: LGDJ, Lextenso, 2022. p. 604.

[169] PEROCHON, Françoise. *Entreprise en difficulté*. 11. ed. Paris: LGDJ, Lextenso, 2022. p. 642.

[170] POUJADE, Hélène. La réforme des plans de restructuration. *Revue Trimestrielle de Droit Commercial* (n. 4), 2021. Disponível em: https://publications.ut-capitole.fr/id/eprint/44127. Acesso em: 6 jul. 2023.

O administrador judicial deverá, com no mínimo vinte dias de antecedência da data da assembleia, comunicar a todas as partes afetadas, ao devedor, ao *mandataire judiciaire* e ao Ministério Público sobre "les modalités de répartition en classes et de calcul des voix retenues, au sein de la ou des classes auxquelles elle est affectée". No mesmo ato de comunicação, o administrador judicial está obrigado a "préciser les critères retenus pour la composition des classes de parties affectées et dresse la liste de celles-ci", bem como "ces modalités de répartition et de calcul au débiteur" (R626-58).

3.5 EUA

Nos EUA, determina-se que o plano de reorganização apresentado deve fixar quais são as classes de credores e de interessados[171].

No sistema do *structured bargain*, o plano de recuperação judicial apresentado pelo devedor ou o plano alternativo apresentado pelos credores, após o fim do período de exclusividade, será deliberado pelas classes de credores e pelos titulares de direitos em face do devedor, como os quotistas e acionistas.

A fixação das classes é condicionada à substancial semelhança dos outros créditos pertencentes. Sua fixação pelo plano de reorganização deverá atender à natureza do crédito ou à qualidade da pessoa.

É o conteúdo do BC § 1.122:

(a) Except as provided in subsection (b) of this section, a plan may place a claim or an interest in a particular class only if such claim or interest is substantially similar to the other claims or interests of such class.(b)A plan may designate a separate class of claims consisting only of every unsecured claim that is less than or reduced to an amount that the court approves as reasonable and necessary for administrative convenience.

Os próprios membros do legislativo estadunidense tecem anotações sobre esta codificação, alegando que ela traduzia a jurisprudência atual sobre a classificação de reivindicações e títulos patrimoniais, i.e., que ela exigia a classificação com base na natureza dos créditos ou interesses classificados e permitia a inclusão de créditos ou interesses em uma determinada classe somente se o crédito ou interesse que estava sendo incluído fosse substancialmente semelhante aos outros créditos ou interesses da classe[172].

A diferenciação em classes voluntárias na Lei Americana torna-se ainda mais relevante em função da regra de que os créditos de determinada classe devem ser tratados de forma idêntica pelo plano de reorganização[173].

3.6 As classes de credores no Brasil

No Brasil, a Assembleia Geral de Credores é composta por quatro classes de credores. A diferenciação entre as referidas classes é obrigatória. Ela é realizada, na recuperação judicial, para garantir dois propósitos: assegurar o prevalecimento da vontade dos credores e o tratamento idêntico em face de créditos com igualdade de condições.

Quanto ao primeiro aspecto referente à vontade dos credores, a divisão desses em classes é decorrente do intuito de se garantir que a vontade da maioria dos credores revele, diante da maioria ser extraída de grupos de interesses homogêneos, a vontade dos diversos interessados.

---

[171] BC § 1.123 "(a) Notwithstanding any otherwise applicable non bankruptcy law, a plan shall – (1) designate, subject to Section 1122 of this Title, classes of claims, other than claims of a kind specified in Section 507 (a)(1), 507 (a)(2), or 507 (a) (8) of this Title, and classes of interests; [...]".

[172] Disponível em: https://www.law.cornell.edu/uscode/text/11/1122. Acesso em: 6 jul. 2023.

[173] BC § 1.123 (a) (4).

CAPÍTULO 5 • FASE DE DELIBERAÇÃO

No Brasil, referidos interesses homogêneos são agrupados em consideração à natureza do crédito ou de seu titular.

A primeira dessas classes é composta pelos credores titulares de créditos derivados da legislação do trabalho ou cujos créditos sejam decorrentes de acidentes de trabalho, independentemente de qualquer limitação de valor, na recuperação judicial. A diferenciação foi realizada para assegurar tratamento privilegiado aos seus titulares, os quais seriam considerados mais vulneráveis e, portanto, com maior dificuldade de avaliarem *ex ante* a contratação ou não do crédito diante da crise do devedor. Trata-se, nesses termos, de uma tentativa do legislador de corrigir uma falha de mercado, justamente decorrente da menor condição desses titulares de imporem as referidas condições, de analisarem as informações a respeito do devedor ou de se protegerem em suas negociações individuais.

A segunda classe é formada pelos credores com garantia real, na medida da sua garantia. Tais credores são diferenciados quanto aos demais credores em virtude do menor risco contraído pelo credor. A maior diligência *ex ante* ou a redução dos valores exigidos em consideração à maior garantia contraída exigem que referidos credores tenham melhor tratamento *ex post*. Mas o tratamento diverso é constrito ao valor do bem. Caso este seja inferior ao valor do crédito, o montante remanescente será considerado quirografário.

A terceira classe de credores é formada pelos credores quirografários. Trata-se de uma classe cuja definição é feita pela exclusão dos demais. São esses credores que não são trabalhistas, não possuem garantias reais, nem são considerados empresários de pequeno porte ou microempresários.

Incluem-se na classe dos quirografários os créditos subquirografários, que consistem nas multas contratuais e nas penas pecuniárias. Também são incluídos os créditos subordinados, previstos como tais na lei ou em contrato. Trata-se dos créditos de sócios e dos administradores sem vínculo empregatício cuja contratação não tenha observado as condições estritamente comutativas e as práticas de mercado, ou os credores de obrigações definidas pela lei ou pelo contrato como subordinadas.

Por fim, a Lei Complementar inseriu no art. 41 a quarta classe de credores, não prevista originalmente na redação da Lei n. 11.101/2005. Trata-se de classe dos credores microempresários (ME) e empresários de pequeno porte (EPP), assim os definidos pela Lei Complementar n. 123/2006 e independentemente da natureza do crédito por eles titularizado.

As classes de credores, contudo, devem ser construídas em parâmetros que não possam levar ao *forum shopping*, de modo que o procedimento de insolvência não possa ser utilizado para se subverter o que os credores aufeririam no caso de execuções individuais. Nesse sentido, a despeito da crise, o credor poderia forçar o devedor a ingressar no procedimento de insolvência não para superar a crise econômico-financeira, mas para se beneficiar em detrimento de classe de credores menos protegida.

Nesse aspecto, fora do ambiente de insolvência, as classes de credores são definidas, além dos credores titulares de propriedade sobre o referido bem e que, diante do inadimplemento, poderão excutir o bem de sua titularidade, em quatro classes. Nos termos do art. 186 do Código Tributário Nacional, que organiza a ordem material de preferência nas execuções, o crédito decorrente da legislação do trabalho ou de acidente de trabalho e o crédito tributário deverão ser diferenciados dos demais créditos comuns[174].

---

[174] Art. 186, CTN: "O crédito tributário prefere a qualquer outro, seja qual for sua natureza ou o tempo de sua constituição, ressalvados os créditos decorrentes da legislação do trabalho ou do acidente de trabalho. Parágrafo único. Na falência: I – o crédito tributário não prefere aos créditos extraconcursais ou às importâncias passíveis de restituição, nos termos da lei falimentar, nem aos créditos com garantia real, no limite do valor do bem gravado; II – a lei poderá estabelecer limites e condições para a preferência dos créditos decorrentes da legislação do trabalho; e III – a multa tributária prefere apenas aos créditos subordinado".

A disposição é completada pelo art. 1.422 do Código Civil[175], que determina que o credor com garantia real tem o direito de excutir a coisa hipotecada ou empenhada e preferir, no pagamento, a outros credores.

Para mitigar eventual conflito de normas, o parágrafo único do artigo em comento trouxe importante disposição, quando disciplina que "excetuam-se da regra estabelecida neste artigo as dívidas que, em virtude de outras leis, devam ser pagas precipuamente a quaisquer outros créditos".

Pela interpretação de ambos os dispositivos legais, o crédito com garantia real prefere os créditos quirografários em relação ao produto da excussão do bem dado em garantia. Credores trabalhistas, fiscais, previdenciários e acidentários, entretanto, têm preferência sobre o produto da excussão do bem dado em garantia na hipótese de não existirem outros bens ao seu pagamento[176].

Esse tratamento prioritário e essa divisão de classes são diversos no procedimento de insolvência. Por seu turno, neste, as classes também não coincidem entre a falência e a recuperação judicial, tampouco possuem tratamento idêntico, o que poderá gerar incentivos inadequados entre os credores submetidos à insolvência.

Na recuperação judicial, ao contrário do procedimento de execução individual, não há ordem prioritária de pagamento entre as classes e para os credores trabalhistas. Estes, nesses termos, não são tratados como créditos preferenciais.

Há mera limitação temporal ao seu pagamento. Nos termos do art. 54 da Lei n. 11.101/2005, alterada pela Lei n. 14.112/2020, o plano de recuperação judicial não poderá prever prazo superior a 1 (um) ano para pagamento dos créditos derivados da legislação do trabalho ou decorrentes de acidentes de trabalho vencidos até a data do pedido de recuperação judicial, assim como não poderá prever prazo superior a 30 dias para o pagamento, até o limite de cinco salários mínimos por trabalhador, dos créditos de natureza estritamente salarial vencidos nos três meses anteriores ao pedido de recuperação judicial.

Excetuam-se da regra a possibilidade de pagamento em até 36 meses do crédito trabalhista, desde que haja a apresentação de garantias julgadas suficientes pelo juiz, a aprovação pela classe de credores por maioria e a garantia da integralidade do pagamento dos créditos.

Na falência, entretanto, esse regime tampouco é preservado. Além dos credores extraconcursais receberem tratamento preferencial na ordem de pagamento, os credores trabalhistas têm a preferência de pagamento limitada a 150 salários mínimos, o que não ocorre com os créditos decorrentes de acidente do trabalho. Logo, o crédito trabalhista superior ao referido montante, embora tenha incentivos para manter a execução individual ou para se compor na recuperação judicial, poderá ter o crédito considerado como menos privilegiado no procedimento falimentar.

Essa assimetria também ocorre com os credores com garantia real. Se no procedimento da execução individual no direito brasileiro resguardam-se os créditos trabalhistas e os tributos com preferência em face do crédito com garantia real, os credores titulares de hipoteca, penhor e anticrese não possuem tratamento preferencial na recuperação judicial, sequer aos credores quirografários. A única restrição é que o plano de recuperação judicial não poderá prever a alienação do referido ativo sem a concordância expressa do credor.

No procedimento de falência, os credores com garantia real possuem direito preferencial aos credores quirografários e mesmo aos credores tributários, o que contraria a ordem de preferência

---

[175] Art. 1.422. O credor hipotecário e o pignoratício têm o direito de excutir a coisa hipotecada ou empenhada, e preferir, no pagamento, a outros credores, observada, quanto à hipoteca, a prioridade no registro.

[176] LOUREIRO, Francisco Eduardo. In: PELUSO, Cezar (coord.). *Código Civil comentado*: doutrina e jurisprudência. 2. ed. Barueri: Manole, 2008. p. 1.422.

CAPÍTULO 5 • FASE DE DELIBERAÇÃO

do procedimento de execução individual. Entretanto, referida preferência apenas ocorre após a satisfação do crédito dos demais credores extraconcursais e trabalhistas. Nesse aspecto, se referido passivo mais privilegiado superar o montante dos demais bens, seu próprio bem onerado em garantia real ao seu crédito poderá ser utilizado para a satisfação dos demais, o que pode desincentivar o credor a buscar a solução falimentar.

Além dos créditos tributários, apenas incluídos no procedimento falimentar, mas não no de recuperação judicial, formam classes de credores os demais créditos, os quais, todavia, são divididos em credores quirografários, subquirografários e subordinados. Referida divisão não encontra comparativo na execução individual ou no procedimento de recuperação, o que fará com que os credores possam ter comportamentos distintos a depender da natureza do referido crédito.

Nesse particular, os créditos subordinados são considerados como tais por terem condição não equânime pelo contrato, sejam eles não comutativos ou decorrentes das práticas do mercado, ou por terem pelo próprio contrato a condição de subordinado estipulada, o que pressupõe que o contratante exigiu maiores condições para subordinar o referido crédito ao pagamento precedente de todos os demais.

Após a alteração legislativa pela Lei n. 14.112/2020, os créditos dos sócios não são mais necessariamente considerados como subordinados. O tratamento menos privilegiado se justificava para se evitar que a capitalização da sociedade não fosse realizada mediante financiamento ao invés de integralização por aumento de capital ou que os sócios continuassem a injetar capital na sociedade, ainda que por meio de novos financiamentos, se a atividade empresarial fosse inviável, o que poderia prejudicar todo o mercado e os demais contratantes com a sociedade.

A partir da Lei n. 14.112/2020, e de modo a ajustar às situações de devedores solventes, cuja previsão da diferenciação não existia, o art. 83, VIII, determinou que os créditos dos sócios não mais seriam subordinados. Referida condição somente se mantinha se não houvesse vínculo empregatício cuja contratação não tivesse observado as condições estritamente comutativas e as práticas de mercado, ou se houvesse contrato que determinasse essa natureza de obrigação.

A supressão do destaque do crédito ordinário do sócio se harmoniza com a alteração do procedimento falimentar e com o procedimento das execuções individuais, eliminando o *forum shopping*. Ademais, incentiva os sócios e administradores a financiarem as sociedades, notadamente por deterem maiores informações a respeito de sua viabilidade econômica.

A subordinação do crédito em razão do contrato, bem como em função das condições não equitativas, exigiria tratamento diferenciado pela legislação e separação em face dos demais credores quirografários. O crédito, *ex ante*, fora contraído em diferenciada condição, de modo que o credor deve ter exigido melhor remuneração para a sua prestação. Sua equiparação a quirografário promoveria alteração do custo *ex post*, para beneficiá-lo, mas prejudicaria os demais credores quirografários e permitiria o seu comportamento estratégico.

A classe dos credores microempresários e empresários de pequeno porte, por seu turno, não guarda coerência nem com o regime das execuções individuais, nem com o da liquidação falimentar e deverão ter os créditos, salvo garantia atribuída, considerados como créditos quirografários em ambos. A criação de classe legal específica para fins de recuperação judicial, apenas, assegura incentivo para que referidos credores aprovem planos de recuperação judicial destinados a extraírem valores para si, ainda que em detrimento da coletividade dos demais credores.

Se referidas classes não comportam a mesma previsão nos sistemas falimentares e de execução individual, o que poderá gerar incentivos adversos, tampouco o voto da maioria dos referidos credores poderá evidenciar o melhor interesse para a referida classe. Isso porque o agrupamento das classes na insolvência brasileira, ao pretender o agrupamento de interesses homogêneos, revela composição por credores com interesses muito diversos, o que compromete a obtenção de maioria.

Quanto a esses interesses, na primeira classe dos credores trabalhistas, a classe não se restringe às relações de emprego. São incluídos como credores integrantes dessa classe os titulares de créditos decorrentes de todas as relações laborais, como trabalhadores eventuais ou temporários, avulsos, autônomos, tanto os com vínculo atual quanto os rescindidos. Também são incluídos os honorários advocatícios e a remuneração dos demais profissionais liberais, cujas verbas alimentares têm sido associadas a créditos trabalhistas[177].

Na classe dos credores com garantia real, cada credor possuirá, ainda que em comum tenham uma garantia sobre algum bem, interesses muito diversos em relação aos demais credores da mesma classe. Ainda que cada crédito seja relacionado pelo valor do bem recebido em garantia, referidos bens possuem natureza e condições muito diversas, o que é refletido em valores na liquidação forçada e poderá impedir interesses convergentes.

Quanto à classe de credores quirografários, esta reúne credores com condições absolutamente distintas não apenas do crédito quanto da própria característica de seu titular. Há titulares fornecedores, financeiros sem garantias, locadores, sócios em condições equitativas, credores titulares de multas. A dispersão de interesses impediria a caracterização efetiva de uma vontade da maioria.

3.6.1 As subclasses de credores para efeito exclusivo de diferenciação de pagamento no Brasil

Quanto à segunda finalidade da formação das classes, a de satisfação dos credores semelhantes, o agrupamento dos créditos exige a identidade de condições de pagamento dentro da respectiva classe. No direito brasileiro, entretanto, tem-se admitido o tratamento diverso de credores com condições idênticas e dentro da mesma classe, de modo a preferir a satisfação de alguns em detrimento de outros, injustificadamente[178].

A satisfação idêntica dos credores integrantes da mesma classe era inicialmente controversa na jurisprudência, a qual não exigia a identidade de forma de pagamento, justamente pelo tratamento diferenciado somente ser restrito na hipótese de aprovação do plano de recuperação judicial pelo *cram down* (art. 58, §§)[179].

Ainda que na redação originária da Lei n. 11.101/2005 somente na hipótese de aplicação do quórum do *cram down* exigia-se expressamente que os credores da mesma classe não fossem tratados de forma diversa, a evolução jurisprudencial consolidou o entendimento de que o tratamento deveria ser equânime dentro da classe[180]. O tratamento diverso poderia ser admitido apenas excepcionalmente, desde que justificado a partir do conceito de subclasses de credores.

É como entendeu o STJ, no julgamento do REsp 1.634.844:

---

[177] Nesse sentido entendeu o STJ, pela tese fixada no REsp 1.152.218 (Tema 637 dos recursos repetitivos): "I – os créditos resultantes de honorários advocatícios têm natureza alimentar e equiparam-se aos trabalhistas para efeito de habilitação em falência, seja pela regência do Decreto-Lei n. 7.661/45, seja pela forma prevista na Lei n. 11.101/2005, observado o limite de valor previsto no art. 83, inciso I, do referido Diploma legal. II – São créditos extraconcursais os honorários de advogado resultantes de trabalhos prestados à massa falida, depois do decreto de falência, nos termos dos arts. 84 e 149 da Lei n. 11.101/2005" (STJ, Corte Especial, Resp. 1.152.218/RS. Rel. Min. Luis Felipe Salomão. j. 9-10-2014).

[178] SACRAMONE, Marcelo. *Comentários à Lei de Recuperação de Empresas e Falência*. 2. ed. São Paulo: SaraivaJur, 2021. p. 224.

[179] Nesse sentido: STJ, Resp. n. 1.578.610/MT. Rel. Min. Marco Aurélio Bellizze, j. 8-10-2020.

[180] Na doutrina, PAIVA, Luiz Fernando Valente de. Aspectos relevantes do instituto da recuperação judicial e necessária mudança cultural. In: OLIVEIRA, Fátima Bayna de (coord.). *Recuperação de empresas*: uma múltipla visão da nova lei. São Paulo: Pearson Prentice Hall, 2006. p. 91-92. TOLEDO, Paulo Fernando Campos Salles de. Recuperação judicial – Sociedades Anônimas – Debêntures – Assembleia Geral de Credores – Liberdade de Associação – Boa fé objetiva – abuso de direito – *cram down* – *par conditio creditorum*. *Revista de Direito Mercantil*, São Paulo, Malheiros, n. 142, 2006, p. 274-275.

CAPÍTULO 5 • FASE DE DELIBERAÇÃO

a criação de subclasses entre os credores da recuperação judicial é possível desde que seja estabelecido um critério objetivo, justificado no plano de recuperação judicial, abrangendo credores com interesses homogêneos, ficando vedada a estipulação de descontos que impliquem verdadeira anulação de direitos de eventuais credores isolados ou minoritários[181].

Esse posicionamento jurisprudencial e doutrinário foi consolidado pela alteração da Lei n. 11.101/2005 pela Lei n. 14.112/2020. Pela nova redação do art. 67, parágrafo único, permitiu-se que os credores fossem tratados de forma diversa quanto ao pagamento mesmo dentro da classe de credores, desde que houvesse fundamento para serem objetivamente diferenciados para o desenvolvimento da atividade do devedor. Pela redação do dispositivo legal, determinou-se que o plano de recuperação judicial poderá prever tratamento diferenciado aos créditos sujeitos à recuperação judicial pertencentes a fornecedores de bens ou serviços que continuarem a provê-los normalmente após o pedido de recuperação judicial, desde que tais bens ou serviços sejam necessários para a manutenção das atividades e que o tratamento diferenciado seja adequado e razoável no que concerne à relação comercial futura.

Ainda que essa posição atenue a rigidez das quatro classes de credores e se permita a aglomeração de credores com interesses semelhantes, não se permite o cômputo do voto em separado na classe e na subclasse, o que poderá gerar alteração no quórum determinado na lei e comprometimento da vontade da maioria.

Pior. A utilização da subclasse de credores, sem a verificação dos critérios objetivos para a distinção dos interesses entre os credores, é mecanismo utilizado pelo devedor para a obtenção do quórum estritamente necessário à aprovação do seu plano de recuperação judicial e como forma de satisfazer prioritariamente alguns credores privilegiados, sem qualquer mecanismo de proteção ao credor dissidente.

Como apresentado por Cerezetti,

chega-se, destarte, ao ponto em que o credor individual não se agrupa entre seus pares, não possui garantia de que seu crédito receberá tratamento igualitário em relação aos dos demais participantes da mesma classe e, pior do que isso, não encontra mecanismos efetivos de defesa de seu direito[182].

O tratamento diferenciado entre os credores dentro da classe, portanto, além de ser excepcional, deve ser apreciado judicialmente para se evitar que se crie distinção injustificada, sem qualquer parâmetro objetivo ou forma de incentivo ao desenvolvimento da atividade da recuperanda, e que simplesmente albergue comportamento estratégico do devedor para conseguir subverter o quórum legal e conseguir a aprovação do plano de recuperação judicial. Referido controle judicial, entretanto, tem-se revelado frágil.

Exemplo de admissão jurisprudencial da subclasse sem qualquer justificativa objetiva e relacionada à prestação de serviços ou fornecimento de produtos durante a recuperação judicial é o tratamento diferenciado a credores trabalhistas na recuperação judicial. O Enunciado XIII, publicado pelas Câmaras de Direito Empresarial do Estado de São Paulo, enuncia: "admite-se no âmbito da recuperação judicial, a aplicação do limite de 150 salários mínimos, previsto no art. 83, I, da Lei n. 11.101/2005, que restringe o tratamento preferencial dos créditos de natureza trabalhista (ou a

---

[181] STJ, Terceira Turma, Resp 1.634.844/SP. Re. Des. Ricardo Villas Bôas Cueva. j. 15-3-2019.

[182] CEREZETTI, Sheila. As classes de credores como técnica de organização de interesses: em defesa da alteração da disciplina das classes na recuperação judicial. In: SATIRO, Francisco; TOLEDO, Paulo. *Direito da empresa em crise*: problemas e soluções. São Paulo: Quartier Latin, 2012. p. 375.

estes equiparados), desde que isto conste expressamente do plano de recuperação judicial e haja aprovação da respectiva classe, segundo o quórum estabelecido em lei".

Nesse aspecto, não houve qualquer limitação à aplicação da cláusula a fornecedores. Não há a necessidade de quaisquer outros fornecimentos ou prestações para os referidos credores e de modo a contribuir com o desenvolvimento da recuperação judicial.

De forma ainda mais gravosa, o tratamento gera enorme distorção no quórum de maioria diante da diferenciação dos interesses homogêneos. Como a classe dos credores trabalhistas vota por cabeça para a aprovação do plano de recuperação judicial, independentemente do valor do crédito, a diferenciação entre os credores com base unicamente no montante de 150 salários mínimos ou qualquer outra mensuração de valores poderá assegurar a obtenção de quórum da maioria em detrimento dos interesses do maior volume de créditos da classe.

Com a subclasse nesses moldes, permite-se que o plano de recuperação preveja o pagamento de percentual maior para os credores com valor menor de crédito e eventualmente pagamento diminuto para os maiores credores. Nessa hipótese, ainda que o plano conceda tratamento absolutamente insatisfatório para a maioria dos créditos da classe, poderá ser aprovado pela maioria dos credores que detenha parcela ínfima dos créditos e em detrimento de todos os demais.

Se as classes podem ser criticadas por conterem credores não homogêneos, essa assimetria também se revela se os credores possuírem interesses diversos em virtude do tratamento falimentar.

Em relação aos credores trabalhistas, o art. 41, § 1º, determina que o credor será considerado como credor trabalhista independentemente de qualquer valor ou limitação na recuperação judicial. Na falência, contudo, o art. 83, I, determina que o crédito trabalhista será classificado como tal até 150 salários mínimos. O crédito que extrapole esse limite no procedimento falimentar terá o remanescente classificado como crédito quirografário[183].

No tocante à classe dos quirografários, ao serem incluídos credores subquirografários e credores subordinados na mesma classe da recuperação judicial, verifica-se que referidos credores possuem uma alternativa de recebimento falimentar muito diversa em relação aos credores quirografários na falência.

Quanto à classe dos credores microempresários e empresários de pequeno porte, referidos credores não receberam essa igualdade de tratamento em relação aos seus interesses na falência. Se na recuperação judicial seus interesses serão agrupados numa única classe de credores, no procedimento falimentar referidos credores serão considerados como créditos quirografários.

3.6.2 A votação pelos sócios

No Brasil, a deliberação sobre o plano de recuperação judicial, seja em Assembleia Geral, seja no termo de adesão, é feita exclusivamente por credores. Nos termos do art. 39 da Lei n. 11.101/2005, apenas os credores listados no quadro geral de credores ou, na sua falta, na relação de credores apresentada pelo administrador judicial ou, ainda, na falta desta, na relação apresentada pelo próprio devedor, poderão votar. Apenas os credores sujeitos e listados, desde que não esteja presente nenhuma hipótese de impedimento, poderão votar.

Pela dinâmica estruturada pela Lei n. 11.101/2005, aos sócios não foi conferido o direito de votarem. Referido fato não significava a desconsideração de sua vontade.

Para as sociedades, exige o Código Civil que o pedido de recuperação seja aprovado por deliberação de sócios. Nos termos do art. 1.071 do Código Civil para as sociedades limitadas, o quórum

---

[183] SACRAMONE, Marcelo. *Comentários à Lei de Recuperação de Empresas e Falência*. 2. ed. São Paulo: SaraivaJur, 2021. p. 224.

CAPÍTULO 5 • FASE DE DELIBERAÇÃO

de deliberação é de mais da metade do capital social. Ainda que seja possível aos administradores o requerimento de urgência, o pedido deverá ser ratificado pelos sócios com o referido quórum.

Da mesma forma, nas sociedades anônimas, a Lei n. 6.404/76, em seu art. 122, determinou como competência exclusiva da Assembleia Geral a autorização para os administradores requererem a recuperação judicial. Pelo quórum de maioria de votos dos acionistas presentes, os administradores poderão requerer a recuperação judicial, a menos que, em razão da urgência, haja autorização do acionista controlador, a qual deverá ser imediatamente ratificada pela Assembleia Geral de Acionistas.

Aos sócios minoritários discordantes não fora conferida a possibilidade de direito de retirada em razão da autorização do pedido de recuperação judicial. A autorização da maioria, nesses termos, vincula todos os sócios à deliberação.

A apresentação do plano de recuperação judicial pelo devedor, ademais, não necessita de autorização específica, em regra. Contudo, nos termos do art. 50 da Lei n. 11.101/2005, os meios de recuperação judicial propostos exigirão o respeito à legislação pertinente em cada caso.

Nessa hipótese, a apresentação do plano de recuperação judicial exigirá nova deliberação pelos acionistas se os meios de recuperação judicial pretendidos dependerem de deliberação dos sócios, nos termos do art. 1.071 do Código Civil, como a nomeação ou destituição dos administradores, remuneração ou modificação do contrato, e conforme competência privativa da Assembleia Geral na sociedade anônima, nos termos do art. 122 da Lei n. 6.404/76, como emitir debêntures, suspender exercício de direitos, deliberar sobre a avaliação de bens para a formação do capital, emissão de partes beneficiárias, operações societárias e alterar o estatuto.

Por essa razão, meios de recuperação que impliquem alteração do contrato social, fusão ou incorporação da pessoa jurídica conferirão o direito de retirada ao quotista discordante de sociedade limitada em recuperação judicial, nos termos do art. 1.077 do Código Civil. Assim como a criação de ações preferenciais, alteração nas preferências, redução de dividendo obrigatório, operação societária, participação em grupo ou mudança de objeto conferirão direito de retirada ao acionista da sociedade anônima em recuperação judicial, nos termos do art. 137 da Lei n. 6.404/2006.

A concordância dos sócios, ainda que por maioria, para a apresentação do pedido de recuperação judicial e, posteriormente, nos casos necessários, para a apresentação do plano de recuperação judicial do devedor com a previsão dos meios imprescindíveis para a superação da crise econômico-financeira, permitia que a Assembleia Geral de Credores na recuperação judicial fosse composta apenas pelos credores. O consentimento dos referidos sócios, enquanto tais, já havia ocorrido necessariamente antes dessa referida deliberação.

A previsão do plano alternativo de recuperação judicial, apresentado pelos credores, altera essa dinâmica e quebra essa lógica. Essa apresentação pode não contar com a concordância do devedor ou de seus sócios.

Introduzido pela Lei n. 14.112/2020 na nova redação do art. 56, § 4°, o plano alternativo exige o preenchimento dos requisitos previstos nos incisos I, II e III do *caput* do art. 53. Este **último exige que o plano de recuperação judicial contenha discriminação pormenorizada dos meios de recuperação que serão empregados, em atenção ao art. 50 da lei. O dispositivo legal do art. 50, por seu turno, determina que os meios de recuperação judicial deverão observar a legislação societária pertinente.**

A partir da redação literal do dispositivo legal, portanto, mesmo que o plano alternativo de recuperação judicial seja apresentado pelos credores, haverá a necessidade de prévia aprovação pela assembleia geral de sócios/acionistas se o meio de recuperação judicial previsto for de atribuição exclusiva da assembleia geral de quotistas ou da assembleia geral de acionistas. Nessas hipóteses, a legislação de insolvência submete-se à legislação societária e se condiciona a deliberação do plano alternativo proposto à manifestação de vontade da maioria dos quotistas/acionistas, enquanto tais, desde que sobre os meios de recuperação específicos e que assim o determinem.

Referida interpretação poderá gerar aos sócios/acionistas a situação de *holdout*. Se os meios de recuperação judicial propostos forem condicionados à aprovação prévia dos sócios em Assembleia Geral, os sócios poderão, por comportamento estratégico, exigir maiores condições para não evitar o meio de recuperação ou prejudicar a superação da crise econômica em benefício de todos os demais credores, notadamente se não possuírem nenhum valor remanescente a auferirem.

O incentivo parece ainda mais inadequado na previsão de meios de recuperação que não exijam, pela legislação societária, a atribuição privativa à Assembleia Geral de sócios. Se o plano alternativo apresentado não dispuser sobre meios de recuperação de competência privativa da Assembleia Geral, os quotistas/acionistas terão a si imposto plano de recuperação que versa especificamente sobre o patrimônio da pessoa jurídica por eles constituída e sem que tenham tido qualquer condição de se manifestar.

Os requisitos materiais definidos para a apresentação do plano alternativo não suprem essa inexistência de concordância dos referidos sócios. Ainda que não possa estabelecer obrigações novas aos sócios ou condições que onerem mais os sócios do que uma liquidação falimentar (art. 56, § 6°, IV e VI), como forma de se evitar o confisco indevido dos recursos, a utilização do patrimônio social para o desenvolvimento da atividade empresarial poderá ser imposta ao devedor sem que esse ou seus sócios possam avaliar todas as consequências e se manifestar.

Se o instituto da recuperação judicial pressupõe solução negocial estabelecida entre ambas as partes para maximizar a satisfação dos créditos e superar, em conjunto, a crise que acomete a atividade, nem aos sócios se deveria conferir o poder de vetar o meio de recuperação judicial, cuja aprovação pela Assembleia Geral de sócios é condição prévia para a sua deliberação, nem se poderia propor plano que desconsiderasse por completo a possibilidade de esses manifestarem sua vontade em face da alocação dos recursos pretendida.

3.7 Adequação dos incentivos legais

A formação das classes de credores deve sofrer tratamento diferenciado pela Lei.

De modo a refletir a análise sobre a melhor forma de satisfação do referido crédito e, por consequência, a verificação da eficiência do devedor para conduzir sua atividade empresarial ou a necessária liquidação falimentar, os credores deverão possuir a mesma ordem de preferência entre os regimes. Distinções de preferência provocarão incentivos inadequados para a maximização do interesse individual dos credores em determinados procedimentos, sem análise da eficiência e, por consequência, ainda que em detrimento da maior satisfação de toda a coletividade. A distinção promoveria o *forum shopping*, não apenas entre os procedimentos de insolvência em face dos procedimentos da execução individual, mas mesmo entre os procedimentos da insolvência entre si.

Nesse aspecto, o tratamento das classes obrigatórias deveria refletir o sistema de execução individual. As classes obrigatórias deveriam ser formadas por credores titulares dos credores trabalhistas e decorrentes de acidente do trabalho, sem limitação, os credores tributários, os credores com garantias sobre os bens e os demais credores comuns ou quirografários.

Sem prejuízo das classes obrigatórias de credores, devem integrar classe específica os sócios da pessoa jurídica devedora, enquanto tais, ou o próprio devedor, se pessoa física. A classe dos sócios assegura que estes não sejam incentivados a terem comportamento estratégico de vetar a propositura de um meio de recuperação específico no plano alternativo de credores e que possa sanear a crise econômico-financeira que afeta a atividade e impede a maximização da satisfação do crédito de todos e a

CAPÍTULO 5 • FASE DE DELIBERAÇÃO

preservação da atividade empresarial. Garante também que, diante de um plano de recuperação judicial apresentado pelos credores, um dos maiores interessados e titular dos fatores de produção possa se manifestar sobre a eficiência da alocação pretendida.

Considerando a sua função de assegurar a homogeneidade dos interesses dos credores para refletir melhor a vontade da maioria, sem prejuízo das referidas classes obrigatórias, a divisão voluntária dos credores das referidas classes em virtude da natureza e condição de pagamento asseguraria melhor homogeneidade de interesses e maior adequação da regra da maioria.

Nesse aspecto, a livre composição das classes de credores, com o agrupamento dos créditos com natureza e condições de pagamento semelhantes, permitiria maior clareza na obtenção do interesse da maioria em cada uma das classes.

Tal sistema, entretanto, pressupõe controle judicial de que apenas os créditos semelhantes estão sendo agrupados e que os díspares não sejam incluídos na classe. Ao magistrado cumpriria tutelar a adequada classificação dos credores e a verificação de que as classes de credores não estariam sendo formadas apenas para se conseguir o quórum necessário à aprovação do plano de recuperação. Como até então o judiciário não assegurou a construção adequada das referidas classes e subclasses, referida estruturação deverá ser refletida no quórum de aprovação do plano e como uma forma de se deslocar referida apreciação aos maiores incentivados: os credores.

Se a votação em todas as classes e subclasses elaboradas se torna imprescindível para se assegurar a vontade da maioria, importante regular a segunda função das classes, que é assegurar a satisfação idêntica dos credores nela incluídos e a possibilidade de diferenciação de pagamento entre classes distintas.

O tratamento idêntico entre os credores com condições semelhantes de pagamento e natureza somente poderia ser excepcionado para incentivar os credores a continuarem a fornecer bens ou serviços durante a recuperação judicial e na medida da importância desses novos fornecimentos. O estímulo ao desenvolvimento da atividade empresarial deve permitir o tratamento preferenciado aos referidos credores, embora não possa ser utilizado para desvirtuar o quórum de aprovação dos planos de recuperação.

4. QUÓRUNS DE APROVAÇÃO SOBRE O PLANO DE RECUPERAÇÃO JUDICIAL

Diante da natureza negocial do procedimento de recuperação judicial, a exigência da concordância unânime de todos os credores tornaria os custos de transação exorbitantes para a obtenção da solução coletiva para superar a crise comum e que afetaria a satisfação de todos.

Se a recuperação judicial produzisse efeitos apenas sobre os credores que concordassem com o plano de recuperação judicial proposto, haveria ao dissidente incentivos a não negociar. O *free ride*, ao não negociar, se beneficiaria da negociação das dívidas de todos os demais credores para conseguir a satisfação integral de seus créditos.

A exigência de unanimidade, por seu turno, provocaria comportamentos estratégicos dos credores[184], os credores *holdouts*, de modo a pretender a majoração da satisfação dos créditos próprios como forma de concordância à posição de anuência dos demais.

A concordância dos credores ao plano de recuperação judicial proposto deve, assim, ser aferida pela regra da maioria. Esse quórum assegura que nenhum credor dissidente ou discordante, em virtude de comportamento estratégico voltado à satisfação de seus interesses individuais, possa comprometer a melhor solução para os demais credores e, por consequência, a melhor alocação dos fatores de produção.

---

[184] Cf. SALAMA, Bruno; CROCCO, Fábio. A racionalidade econômica do direito falimentar. In: ABRÃO, Carlos Henrique; ANDRIGHI, Fátima Nancy; BENETI, Sidnei (ed.). *10 anos de vigência da Lei de Recuperação e Falência*. São Paulo: Saraiva, 2015. p. 388-393.

274   *RECUPERAÇÃO JUDICIAL: DOS OBJETIVOS AO PROCEDIMENTO*

Como inexiste um interesse comum a balizar a manifestação dos credores e diante dos interesses diversos de cada qual, cujos créditos possuem condições diversas e naturezas distintas, a obtenção da maioria pode não ser tarefa simples. Se cada credor buscar a maximização dos interesses individuais creditícios, conforme sua convicção pessoal, como pretende a Lei, a manifestação da maioria somente poderá ser apreendida na medida em que os credores possam ser agrupados conforme a homogeneidade dos seus interesses.

Por seu turno, a obtenção da maioria deve ainda considerar situações em que o credor resistente (*holdout*), por comportamento estratégico, possa impedir a maximização dos interesses de todos para obter benefício particular individual.

Diante de uma posição dominante ou de que o restante dos credores concordou com o plano de recuperação judicial, o credor relevante remanescente poderá, por estratégia de exigir maior benefício próprio, resistir a um plano mais adequado à satisfação dos interesses de todos como forma de conseguir extrair maior benefício de seu voto.

A avaliação da maioria dos interesses dos credores, dessa forma, alcança certa complexidade nos procedimentos coletivos de insolvência.

4.1 Alemanha

Na Alemanha, o § 218 do InsO determina que o administrador e o devedor podem apresentar o plano de insolvência. Ainda que não possam apresentar diretamente o plano, os credores podem instruir o administrador através da assembleia dos credores (*Gläubigerversammlung*)[185].

A Assembleia Geral de Credores é órgão necessário, convocado sob a direção do juiz e instalada de ofício (§ 74, InsO), a pedido do administrador da insolvência, dos credores e/ou da comissão de credores (§§ 29 e 75, InsO).

Para que o plano seja aprovado, o § 244, I, do InsO exige o que se chama de dupla maioria em cada classe[186]. Exige-se maioria simples em todas as classes formadas e a aceitação por, pelo menos, metade do valor total dos créditos reivindicados em cada classe[187].

A votação em si ocorre por meio das classes de credores. O plano deverá ser aprovado em cada uma das classes de credores afetadas pelo plano, o que derivaria do reconhecimento, pelo legislador, de que os credores decidem o plano não como uma comunidade uniforme de interesses, mas também a partir de suas expectativas pessoais em relação à satisfação do direito individual a que fazem jus[188]. A Alemanha adota o princípio da maioria, segundo o qual, aprovado o plano, os credores dissidentes passam a também ser submetidos aos seus termos[189].

---

[185] EHLERS, Eckart. German Statutory Corporate Rescue proceedings: The Insolvenzplan Procedure. In: BROC, Katarzyna Gromek; PARRY, Rebecca (ed.). *Corporate Rescue*: an overview of recent developments. 2. ed. The Netherlands: Kluwer Law International, 2006. p. 165.

[186] InsO. § 244 Erforderliche Mehrheiten (1) Zur Annahme des Insolvenzplans durch die Gläubiger ist erforderlich, daß in jeder Gruppe 1. die Mehrheit der abstimmenden Gläubiger dem Plan zustimmt und 2. die Summe der Ansprüche der zustimmenden Gläubiger mehr als die Hälfte der Summe der Ansprüche der abstimmenden Gläubiger beträgt.

[187] Sobre o assunto, D. Berger aponta que "A aprovação do plano de insolvência pelos grupos de credores exige dupla maioria em cada grupo votante (§ 244, I, n. 1 e 2): 1 – que a maioria dos credores votantes aprovem o plano (por cabeça); 2 – que a soma das pretensões dos credores que votaram a favor do plano exceda à metade da soma das prestações dos credores votantes" (BERGER, Dora. *A insolvência no Brasil e na Alemanha*: estudo comparado entre a Lei de Insolvência alemã de 01.01.1999 (traduzida) e o Projeto de Lei Brasileiro n. 4.376 de 1993 (com as alterações de 1999) que regula a Falência, a Concordata Preventiva e a Recuperação das Empresas. Porto Alegre: Sergio Antonio Fabris Editor, 2001. p. 108).

[188] MADAUS, Stephan. *Der Insolvenzplan. Jus Privatum Beiträge zum Privatrecht*, Band 157. Tübingen: Mohr Siebeck, 2011. p. 219.

[189] MADAUS, Stephan. *Der Insolvenzplan. Jus Privatum Beiträge zum Privatrecht*, Band 157. Tübingen: Mohr Siebeck, 2011. p. 220.

CAPÍTULO 5 • FASE DE DELIBERAÇÃO

Com o objetivo de proteger os credores dissidentes, que formaram a minoria da votação, o § 251 do InsO garante o direito de tais credores requererem a rejeição do plano de insolvência aprovado. Para tanto, deverá o credor comprovar que (i) se opôs, por escrito, ao plano ou, ao menos, fez constar sua oposição na ata da reunião de credores convocada para votar o plano; e (ii) o plano coloca-o em situação de desvantagem em comparação com a tramitação do processo de insolvência sem o plano de insolvência.

Como esclarece a doutrina, a preservação do valor da liquidação como montante mínimo assegura a proteção do credor discordante[190].

Em razão do objetivo legal de garantir o melhor interesse dos credores, inclusive dos dissidentes e eventualmente prejudicados pela adoção da via do plano de insolvência, o § 251 (3) do InsO estabelece o indeferimento do pedido de rejeição do plano caso este estabeleça a disponibilização de fundos para o credor que demonstrar que foi colocado em posição de desvantagem pelo plano.

Além da aprovação dos credores, a depender de quem partiu a iniciativa de propor plano de insolvência, o plano deverá também contar com a aprovação do devedor (§ 247 do InsO), caso este não tenha sido o proponente. O consentimento do devedor será presumido quando não tiver ele se oposto, por escrito, ao plano, o que deverá ocorrer, no mais tardar, durante a reunião de votação (§ 247 (1), do InsO). A oposição será desconsiderada pelo juízo se o devedor não comprovar que foi colocado em situação de desvantagem pelo plano e se nenhum credor receber qualquer benefício econômico que supere o valor total do seu crédito (§ 247 (2), do InsO).

A necessidade de aprovação pela maioria das classes votantes decorreria da percepção de que "just one consenting group is too weak as foundation for a reorganization plan"[191].

A fim de excluir o perigo de obstrução por parte das classes de credores, o § 245 do InsO prevê a possibilidade do *cram down*[192].

Ainda que uma ou mais classes rejeitem o plano, a rejeição pode ser afastada e o plano pode ser considerado aprovado se forem preenchidos cumulativamente os requisitos do § 245, I. O *cram down* é possível se for improvável (i) que os credores que não consentiram fiquem em pior condição com o resultado do plano, (ii) que os credores do grupo tenham uma participação apropriada no valor econômico que se pretende acumular para os participantes com base no plano, e (iii) que a maioria das classes votantes tenha aprovado o plano com as maiorias necessárias[193].

---

[190] "Jeder Minderheitsgläubiger hat danach das Recht auf eine gerichtliche Inhaltskontrolle hinsichtlich einer angemessenen Berücksichtigung seiner Interessen. Besondere Opfer muss er gegen seinen Willen nicht hinnehmen" (MADAUS, Stephan. *Der Insolvenzplan. Jus Privatum Beiträge zum Privatrecht*, Band 157. Tübingen: Mohr Siebeck, 2011. p. 229). Em tradução livre, "todo credor minoritário tem direito a um controle de conteúdo judicial no que diz respeito a uma adequada consideração de seus interesses. Ele não tem que aceitar sacrifícios especiais contra sua vontade".

[191] MIESSLER, Ira. *Creditor's rights and cramdown in reorganization*: a comparative study of US Law and German Law. Central European University, 2015. p. 28.

[192] PAULUS, Christoph G. The New German Insolvency Code. *Texas International Law Journal*, Austin, v. 33, 1. ed. 1998, p. 152.

[193] InsO § 245 Obstruktionsverbot (1) Auch wenn die erforderlichen Mehrheiten nicht erreicht worden sind, gilt die Zustimmung einer Abstimmungsgruppe als erteilt, wenn 1. die Angehörigen dieser Gruppe durch den Insolvenzplan voraussichtlich nicht schlechter gestellt werden, als sie ohne einen Plan stünden, 2. die Angehörigen dieser Gruppe angemessen an dem wirtschaftlichen Wert beteiligt werden, der auf der Grundlage des Plans den Beteiligten zufließen soll, und 3. die Mehrheit der abstimmenden Gruppen dem Plan mit den erforderlichen Mehrheiten zugestimmt hat.

"A plan may be confirmed against the will of an impaired dissenting class of claimants or against the will of the debtor, when the class or debtor receives the full liquidation value of its claims or interests, and when it is treated fairly and adequately as against all other classes. This rule is derived, in essence, from section 1129 of the U.S. Bankruptcy Code, but is greatly simplified for the use in a civil law system. A class is considered to be treated adequately and fairly when: (1) no other claimant or class receives more than the full amount of its claims; (2) neither the debtor nor any junior claimant or class receives any value; and (3) no claimant or class with equal liquidation rank receives better treatment than the dissenting class" (BALZ, Manfred. Market

276   *RECUPERAÇÃO JUDICIAL: DOS OBJETIVOS AO PROCEDIMENTO*

Para o preenchimento do pressuposto indicado no item (ii) e referente à participação apropriada nos recursos, o item (3) do § 245 do InsO estabelece três requisitos: o primeiro, que nenhum credor faça jus, pelo plano, ao recebimento de valores superiores aos seus créditos; o segundo, que nenhum acionista que, sem um plano, seria colocado naquele mesmo grupo de credores, seja tratado com melhores condições do que as atribuídas ao grupo de credores dissidente; e terceiro, nenhum credor da mesma classe receba benefício indevido. Em que pese o InsO se referir expressamente apenas aos acionistas (*Anteilsinhaber*), a doutrina entende que essa regra se aplicaria a todos os credores[194].

Desse modo, o § 245 (2) Inso também consagraria a *absolute priority rule* no direito germânico.

This standard corresponds to the "absolute priority rule" that guaranties that a creditor will receive a hundred percent of its claim before junior classes or interest receive anything. It should be noted at this point that § 245 InsO makes no distinction between secured and unsecured creditors but only between claim holders and interest holders. In consequence, the equivalent of the "absolute priority rule" also applies to secured creditors.[195]

No caso de credores cujos direitos de crédito derivem de garantias intragrupo, a aplicação do *cram down* apenas será possível se o plano votado previr compensação adequada e suficiente aos credores respectivos em razão da interferência em seus direitos (§ 245, 2(a), InsO).

4.2 Portugal

No sistema português, assim que a proposta do plano de insolvência é admitida, é obrigatória a manifestação da comissão de trabalhadores (ou, na sua falta, dos representantes designados pelos trabalhadores), da comissão de credores, se existir, do devedor e do administrador da insolvência (art. 208).

A proposta do plano será discutida e votada em assembleia de credores convocada com tal objetivo, desde que "transitada em julgado a sentença de declaração de insolvência, de esgotado o prazo para a impugnação da lista de credores reconhecidos e da realização da assembleia de apreciação de relatório" (art. 209°, n. 2). Impede-se a hipótese de votação antes de prolação de sentença de verificação e graduação de créditos para que, caso haja modificações da lista de credores mediante procedência de impugnações ou provimento de recursos, "seja concedido aos créditos controvertidos o tratamento devido" (art. 209°, n. 3).

O plano poderá ser alterado durante a assembleia pelo proponente e poderá ser votado no mesmo conclave, desde que as alterações não digam respeito ao "próprio cerne ou estrutura do plano ou

---

conformity of insolvency proceedings: policy issues of the German Insolvency Law. *Symposium Commentary: Bankruptcy in the Global Village*, v. 23, n. 1, article 8, 1997, p. 178).

[194] "Darüber hinaus dürfen nach § 245 Abs. 2 Nr. 2 InsO weder ein Gläubiger, der ohne einen Insolvenzplan mit Nachrang gegenüber den Gläubigern der Gruppe zu befriedigen wäre, noch der Schuldner oder eine an ihm beteiligte Person einen wirtschaftlichen Wert erhalten. Der Vorschrift liegt der Gedanke zugrunde, dass bei der Befriedigung der Kapitalgeber ihre rechtliche Rangfolge streng zu beachten ist und daher kein nachrangiger Gläubiger oder der Schuldner wirtschaftliche Werte erhält, obwohl ein diesen Personen vorrangiger Gläubiger nicht voll befriedigt wird. Ein Gläubiger muss es somit zum einen nicht hinnehmen, dass ein anderer Gläubiger. der in der Rangfolge des § 39 InsO „hinter" ihm steht, einen Wert erhält, obwohl dieser in einem regulären Insolvenzverfahren mangels ausreichender Masse keinen Wert (Quote) erhalten hätte. Erst recht gilt dies aufgrund des § 199 S. 2 InsO für die am Schuldner beteiligten Anteilseigner" (Dersken, Nils. *Die Unternehmenssanierung innerhalb und außerhalb der Insolvenz:* Eine vergleichende Betrachtung der gesetzlichen Sanierungs: Instrumente im deutschen und englischen Recht, Band 59, Auf. 2, Nomos: Köln, 2017. p. 130).

[195] Miessler, Ira. *Creditor's rights and cramdown in reorganization*: a comparative study of US Law and German Law. Central European University, 2015. p. 27.

CAPÍTULO 5 • FASE DE DELIBERAÇÃO

com a finalidade prosseguida" (art. 210). O juiz condutor do processo poderá determinar que a votação do plano "tenha lugar por escrito, em prazo não superior a 10 dias" (art. 211, n. 1).

De acordo com o art. 212º, n. 1, do CIRE, a proposta de plano de insolvência considera-se aprovada se, estando presentes ou representados na reunião credores cujos créditos constituam, pelo menos, um terço do total dos créditos com direito de voto, recolher mais de 50% da totalidade dos votos emitidos e, nestes, estejam compreendidos mais de metade dos votos correspondentes a créditos não subordinados com direito de voto, não se considerando como tais as abstenções.

Não terão direito a voto os credores titulares "(a) [d]os créditos que não sejam modificados pela parte dispositiva do plano; e (b) [d]os créditos subordinados de determinado grau, se o plano decretar o perdão integral de todos os créditos de graus hierarquicamente inferiores e não atribuir qualquer valor económico ao devedor ou aos respectivos sócios, associados ou membros, consoante o caso" (art. 212º, n. 2).

4.3 Itália

Para o *Codice della crisi d'impresa e dell'insolvenza*, a concordata preventiva é aprovada pelos credores que representem a maioria dos créditos admitidos à votação. Serão submetidas à votação dos credores todas as propostas apresentadas pelo devedor e pelos credores[196].

O chamado "consenso informato dei creditori", na concordata preventiva, é procedimentalmente criado pelas regulações dos arts. 107-110, e, se tal consenso não for atingido, pelo art. 111. Esses artigos formam o todo da seção "Voto nel concordato preventivo". O art. 107, em suas nove *comme*, dispõe sobre as normas gerais que regem a votação, com os procedimentos antecedentes. No art. 108, versa-se sobre a admissão de créditos contestados. No art. 109, cerne do presente tópico, versa-se sobre o quórum. Por fim, no art. 110, regula-se a elaboração do relatório de adesões à proposta de concordata.

Pelo art. 109, a concordata é aprovada pelos credores que representem a maioria dos créditos admitidos à votação. Quando essa votação se dividir em diferentes classes, o acordo é aprovado se a maioria das classes, cujo consenso se computa pela maioria dos créditos no seu interior, assentir com o plano[197].

Na hipótese de aprovação por maioria das classes, o quórum somente permitirá a homologação se os créditos forem satisfeitos conforme as preferências legais, nenhum credor receba mais do que o valor do seu crédito e ao menos uma das classes de credores privilegiados ou garantidos tenha aprovado o plano[198].

---

[196] Dispositivo dell'art. 107 Codice della crisi d'impresa e dell'insolvenza: 2. Sono sottoposte alla votazione dei creditori tutte le proposte presentate dal debitore e dai creditori, seguendo, per queste ultime, l'ordine temporale del loro deposito. Il giudice delegato regola l'ordine e l'orario delle votazioni con proprio decreto.

[197] PACCHI, Stefania; AMBROSINI, Stefano. *Diritto della crisi e dell'insolvenza*. 2. ed. Torino: Zanichelli, 2022. p. 195.

[198] Art. 112, 2: Nel concordato in continuità aziendale, se una o più classi sono dissenzienti, il tribunale, su richiesta del debitore o con il consenso del debitore in caso di proposte concorrenti, omologa altresì se ricorrono congiuntamente le seguenti condizioni:

a) il valore di liquidazione è distribuito nel rispetto della graduazione delle cause legittime di prelazione;

b) il valore eccedente quello di liquidazione è distribuito in modo tale che i crediti inclusi nelle classi dissenzienti ricevano complessivamente un trattamento almeno pari a quello delle classi dello stesso grado e più favorevole rispetto a quello delle classi di grado inferiore, fermo restando quanto previsto dall'articolo 84, comma 7;

c) nessun creditore riceve più dell'importo del proprio credito;

d) la proposta è approvata dalla maggioranza delle classi, purché almeno una sia formata da creditori titolari di diritti di prelazione, oppure, in mancanza, la proposta è approvata da almeno una classe di creditori che sarebbero almeno parzialmente soddisfatti rispettando la graduazione delle cause legittime di prelazione anche sul valore eccedente quello di liquidazione.

À luz do mesmo artigo, em sua alínea primeira, encontra-se a principal exceção à regra da maioria: no caso de um único credor deter créditos superiores à maioria dos créditos admitidos à votação, "creditore tiranno", a concordata é aprovada se, além da maioria do crédito do "creditore tiranno", houver sido obtida a maioria "por cabeças" (no sentido de maioria de credores, não de crédito), proferida pelos credores admitidos à votação.

Quanto ao crédito fiscal, há uma particularidade no sistema italiano. O art. 88, *comma* 2-bis, do *Codice della crisi d'impresa e dell'insolvenza* contém em sua redação a possibilidade de homologação do acordo de reestruturação na falta da adesão do fisco ou de gestores de entes da previdência ou assistência social, quando essa adesão é determinante para se atingir o percentual do quórum de aprovação e, no relatório do profissional independente, a proposta satisfaz mais o crédito desses entes que a opção liquidatária.

4.4 França

Pelo art. L631-19 do Código de Comércio Francês[199], o administrador judicial, com o auxílio do devedor, apresenta às classes de partes afetadas propostas para a reorganização da empresa a fim de que seja elaborada a minuta do plano de reorganização, que será submetido à votação. Garante-se, ainda, às partes afetadas pelo plano elaborado pelo administrador a faculdade de apresentar outras propostas, o que implicaria a existência de planos concorrentes.

Os planos propostos pelas partes afetadas serão objeto de relatório pelo administrador judicial para posterior votação pelas classes de partes, de acordo com condições estabelecidas em decreto do Conselho de Estado[200].

As classes são convocadas para votação nas condições definidas por decreto do Conselho de Estado[201] para decidir sobre o plano, modificando-o se necessário. A pedido do devedor ou do administrador, o juiz-comissário pode aumentar ou reduzir o prazo para convocação, o qual não pode ser inferior a quinze dias.

A deliberação é tomada por cada classe por maioria de dois terços dos votos dos membros presentes. Em uma classe, a votação sobre a aprovação do plano pode ser substituída por acordo desde que, ouvidos os seus membros, haja a aprovação de dois terços dos votos por eles detidos.

Se o plano não for aprovado em cada classe, poderá o juiz encarregado do processo, a pedido do devedor, do administrador judicial, neste caso, com o consentimento do devedor, ou de quaisquer das partes afetadas (L631-19), impor sua aplicação à(s) classe(s) que tenha(m) rejeitado a proposta, desde que, em complemento às condições do art. 626-31 do *Code de Commerce*, estejam presentes as demais indicadas nos §§ 2º a 5º do art. L626-32 do *Code de Commerce*.

---

[199] Article L631-19. I.-Les dispositions du chapitre VI du titre II, à l'exception des troisième et quatrième alinéas de l'article L. 626-1, sont applicables au plan de redressement, sous réserve des dispositions qui suivent.

Il incombe à l'administrateur, avec le concours du débiteur, d'élaborer le projet de plan et, le cas échéant, de présenter aux classes de parties affectées les propositions prévues au premier alinéa de l'article L. 626-30-2. Pour l'application de l'article L. 626-2-1, la consultation est faite par l'administrateur, lorsqu'il en a été désigné un. Les classes se prononcent sur chacune des propositions faites. Pour l'application du premier alinéa de l'article L. 626-8, l'information et la consultation portent sur les mesures qui sont soumises au vote des classes de parties affectées.

[200] Code de Commerce. Article L-631-19. [...] Toute partie affectée peut soumettre un projet de plan qui fera l'objet d'un rapport de l'administrateur et sera soumis, ainsi que celui proposé par le débiteur, au vote des classes conformément aux conditions de délai et aux modalités fixées par décret en Conseil d'Etat.

[201] O Conselho de Estado (*Conseil D'Etat*) é órgão do governo francês que tem como função aconselhar o governo, julgar litígios no âmbito administrativo entre pessoa pública e pessoa privada e organizar os próprios tribunais administrativos franceses. No âmbito do aconselhamento, auxilia a preparação de projetos de lei e decretos regulamentares.

CAPÍTULO 5 • FASE DE DELIBERAÇÃO

O primeiro critério diz respeito à aprovação por uma parcela dos credores considerada como mínima pelo legislador[202]. Exige-se que o plano tenha sido aprovado pela maioria das classes afetadas, sendo que, impreterivelmente, ao menos uma delas corresponda a créditos com garantia real ou que tenham prioridade em relação a credores quirografários. A formação da maioria, nesse caso, consideraria o número de classes, independentemente do valor dos créditos que componha cada uma das classes votantes[203], o que poderia levar à imposição forçada de plano de reorganização aprovado por credores titulares de minoria dos créditos sujeitos.

Admite-se, alternativamente, a aprovação forçada do plano se este tiver sido aprovado por, ao menos, uma classe com direito de voto desde que não corresponda à classe dos sócios ou à classe que, após a determinação do valor do devedor como *going concern*, possa razoavelmente ser presumida como não tendo direito a qualquer pagamento, se a ordem de prioridade dos credores para a distribuição dos ativos em liquidação judicial ou do preço da venda da empresa de acordo com o art. L642-1 for aplicada.

A intenção do legislador seria assegurar que o plano tenha sido aprovado, ao menos, por credores para os quais a rejeição do plano não seja indiferente, isto é, por aqueles que serão potencial e financeiramente afetados pelo sucesso (ou insucesso) do plano[204]. Haveria uma certa subjetividade, por parte do julgador, na avaliação da presença de interesse monetário da classe de credores respectiva, o que abriria margem de manobra para a imposição forçada do plano[205].

Pelo § 4º do art. L626-32, a imposição forçada do plano à(s) classe(s) em que tenha sido rejeitado depende também que nenhuma das classes de credores afetados pelo plano receba valores ou direitos superiores ao que faria jus contratualmente.

Em complemento às condições indicadas acima, aplicam-se conjuntamente três princípios inovadores, inseridos no ordenamento francês quando da internalização da Diretiva (UE) 1.093/2019: o *critère du meillleur intérêt*, a determinação do valor do devedor como uma empresa em continuidade, o que está relacionado à verificação do melhor interesse dos credores, e a *règle de la priorité absolue*.

O critério do melhor interesse estabelece que os credores dissidentes não sejam colocados, pelo plano proposto, em situação menos favorável do que aquela em que estariam expostos no caso de liquidação forçada nos termos do art. L642-1 do Código Comercial Francês ou de cessão da empresa como uma *going concern*[206].

Como segundo requisito, o § 5º do artigo em comento estabelece que, caso se tenha constituído uma classe composta por sócios do devedor e tal classe tenha rejeitado o plano, a aprovação forçada do plano depende da presença de quatro requisitos adicionais, a saber: (i) o número de empregados da empresa deve atingir um limite definido por decreto do Conselho de Estado, que não pode ser

---

[202] O parágrafo 2º do artigo L626-32 do Code de Commerce ordena que o plano tenha sido aprovado por "Une majorité de classes de parties affectées autorisées à voter, à condition qu'au moins une de ces classes soit une classe de créanciers titulaires de sûretés réelles ou ait un rang supérieur à celui de la classe des créanciers chirographaires" ou, na impossibilidade a tanto, por "au moins une des classes de parties affectées autorisée à voter, autre qu'une classe de détenteurs de capital ou toute autre classe dont on peut raisonnablement supposer, après détermination de la valeur du débiteur en tant qu'entreprise en activité, qu'elle n'aurait droit à aucun paiement, si l'ordre de priorité des créanciers pour la répartition des actifs en liquidation judiciaire ou du prix de cession de l'entreprise en application de l'article L. 642-1, était appliqué"Trata-se, portanto, de requisitos alternativos (PEROCHON, Françoise. *Entreprise en difficulté*. 11. ed. Paris: LGDJ, Lextenso, 2022. p. 666).

[203] PEROCHON, Françoise. *Entreprise en difficulté*. 11. ed. Paris: LGDJ, Lextenso, 2022. p. 666.

[204] PEROCHON, Françoise. *Entreprise en difficulté*. 11. ed. Paris: LGDJ, Lextenso, 2022. p. 667.

[205] PEROCHON, Françoise. *Entreprise en difficulté*. 11. ed. Paris: LGDJ, Lextenso, 2022. p. 667.

[206] ANTONINI-COCHIN, Laetitia; LAURENCE-CAROLINE, Henry. *Droit des entreprises en difficulté*. Paris: Fualino, Lextenso, 2022. p. 135.

inferior a 150 empregados, ou seu faturamento deve ser igual ou superior a um limite definido por decreto do Conselho de Estado, que não pode ser inferior a 20 milhões de euros, sendo que, quando o devedor for controlador de outras sociedades, na acepção dos arts. L233-1 e L233-3 do código, esses limites serão avaliados no nível de todas as empresas envolvidas; (ii) seja possível razoavelmente presumir, após determinação do valor do devedor *going concern*, que os sócios da(s) classe(s) dissidente(s) não teriam direito a qualquer pagamento ou tampouco conservariam quaisquer direitos e benefícios, se fosse aplicada a ordem de prioridade dos credores para a distribuição dos ativos em liquidação judicial ou do preço de venda da empresa nos termos do art. L642-1; (iii) se a minuta do plano previr um aumento de capital subscrito por contribuição em dinheiro, as ações emitidas serão oferecidas em preferência aos acionistas, na proporção da parte do capital representada por suas ações; e (iv) o plano não preveja a transferência total ou parcial dos direitos da classe ou classes de sócios que não aprovaram a minuta do plano.

Por fim, exige-se ainda a regra da prioridade absoluta. Ela está positivada no § 3º do art. L626-32 do *Code de Commerce* e estabelece que os créditos titularizados por credores afetados pelo plano que tenham votado desfavoravelmente à aprovação sejam integralmente pagos por meios idênticos ou equivalentes àqueles que pertençam a uma classe hierarquicamente inferior (como seria o caso, por exemplo, dos créditos com garantia real em relação aos créditos quirografários), se tal classe tiver direito a qualquer pagamento ou a conservar qualquer tipo de benefício pelo plano proposto.

No processo de salvaguarda, o tribunal pode derrogar a regra da prioridade absoluta, caso demonstrado que tal derrogação é necessária a fim de atender aos objetivos do plano e não imponha ônus excessivo aos direitos e interesses das partes afetadas (L626-32, II). Pelo art. L631-19 do *Code de Commerce*, essa possibilidade não se aplica à recuperação judicial[207].

4.5 EUA

Nos Estados Unidos, para que seja concedida a reorganização, o plano deverá ser aprovado, em cada uma das respectivas classes de credores, por 2/3 dos créditos e maioria dos credores efetivamente votantes. Para a classe dos detentores de participações do capital social, a aprovação deverá ocorrer se houver a concordância de 2/3 do valor presente à assembleia geral[208].

Como critério geral, de forma a proteger o credor dissidente da maioria que aprovou o plano, exigem-se diversos requisitos para a confirmação da aprovação[209]. Dentre os requisitos legais, o judiciário deverá apreciar a *feasibility* e o *best interest of creditors*.

A *feasibility* é a exigência de que o plano de recuperação seja exequível, não implique falência imediata ou exija nova reorganização. Assim, mesmo que todas as classes deliberem a favor do plano, é dever do juízo bloquear a sua confirmação caso entenda pela sua inviabilidade.

O dispositivo é questionado pela doutrina local. Jordan Tabb, nesse sentido: "Why? Does it make sense to give a disinterested judicial officer the power and mandate to second-guess the financial stakeholders themselves, whose money is actually on the line?"[210].

---

[207] Code de Commerce. L631-19. [...] Lorsque le plan n'est pas approuvé conformément aux dispositions de l'article L. 626-30-2, il peut être arrêté par le tribunal sur demande du débiteur, de l'administrateur judiciaire avec l'accord du débiteur ou d'une partie affectée. Il peut être imposé aux classes qui ont voté contre le projet de plan dans les conditions prévues au I, à l'exclusion de son premier alinéa, et au II l'article L. 626-32.

[208] Respectivamente, BC § 1126(c) e (d).

[209] BC §1.129 (a)(1) — (13).

[210] TABB, Charles Jordan. *Law of bankruptcy*. 4. ed. St. Paul: West Academic, 2016. p. 1.140.

CAPÍTULO 5 • FASE DE DELIBERAÇÃO

Em contrapartida, o judiciário é pacífico no sentido de analisar o plano quanto à sua viabilidade e negá-lo se assim achar pertinente. Isso resta esclarecido no emblemático *Tennessee Publishing Co. v. American National Bank* (1936). Foi editado que "Under § 77B of the Bankruptcy Act, if the plan of reorganization is neither fair nor feasible, the District Judge, upon so finding, can proceed no further with the plan, and is authorized to dismiss the petition"[211]. No referido julgamento, a Corte entendeu que "the District Court is not bound to clog its docket with visionary or impracticable schemes for resuscitation".

O *best interest of creditors*, por seu turno, é a exigência de que os credores ou sócios discordantes do plano de reorganização recebam ao menos o valor que receberiam em caso de liquidação forçada dos ativos pela via falimentar[212].

Ressalta a doutrina que

the best interests of creditors test for determining whether a proposed Chapter 11 plan may be confirmed is bright line test, which does not appear to provide for any minimis exception. This test has become a yardstick for determining whether creditors receive more under the plan than they would receive in a liquidation[213].

A apreciação do requisito é feita judicialmente e possui alguma discricionariedade. Por ser exercício de suposição do quanto os credores receberiam perante um processo de liquidação, caberá ao magistrado definir se, a partir dos indicadores utilizados, há ou não prejuízo aos credores no processamento da recuperação judicial em detrimento da falência do devedor[214].

Caso alguma das classes tenha rejeitado o plano, a legislação americana disciplinou o quórum alternativo do *cram down* justamente para evitar o comportamento estratégico do credor *holdout*. O *cram down* consiste em hipótese de superação do veto assemblear ao plano e tem como objetivo evitar a prevalência de posições individualistas sobre o interesse da sociedade na preservação da empresa[215].

---

[211] Tennessee Publishing Co. *v.* American National Bank, 299 U.S. 18 (1936).

[212] U.S.C. § 1.129 (a) (7): "with respect to each impaired class of claims or interests – (A) each holder of a claim or interest of such class – (i) has accepted the plan; or (ii) will receive or retain under the plan on account of such claim or interest property of a value, as of the effective date of the plan, that is not less than the amount that such holder would so receive or retain if the debtor were liquidated under chapter 7 of this title on such date; or (B) if section 1.111 (b) (2) of this title applies to the claims of such class, each holder of a claim of such class will receive or retain under the plan on account of such claim property of a value, as of the effective date of the plan, that is not less than the value of such holder's interest in the estate's interest in the property that secures such claims [...]".

[213] REGOLI, Natalie. Confirmation of Chapter 11 Bankruptcy: a practical guide to the best interest of creditors test. *Texas Journal of Business Law*, v: 41:1, 2005, p. 8.

[214] *V.g.* o plano apresentado pela Affiliated Foods, Inc. (2000) foi questionado quanto a sua viabilidade perante a exigência do *best interest of creditors*. Isso porque *Central States, Southeast and Southwest Areas Pension Fund*, credora do plano, juntou objeção alegando que a proposta falhava no teste do *best interest of creditors*, com uma diferença negativa de $16,750.00, do plano de *reorganization* com uma suposição de plano de *liquidation*. Porém, decidiu o juiz Jerry Venters que: "Using these figures, the Plan does indeed appear to fail the best interests test by $16,750.00. Considering the size of the estate and the projected surplus, this figure does not seem significant. But, as counsel for Central States accurately pointed out at the hearing, § 1129(a)(7)(h) is a bright line test and does not appear to provide for any de minimis exception. The Court does not disagree with Central States' interpretation of the statute; we do, however, disagree with the assumptions on which these figures are based. The Committee contends, and we agree, that the trustee's fees will most likely be higher than the $143,000.00 figure Central States uses in its calculations, and once the fees rise by $16,750.00, to $159,750.00, the Plan will pass the best interests of creditors test. Because Chapter 7 trustee's fees are determined by the size of the estate according to the formula set forth in 11 U.S.C. § 326(a),21 the outcome of the best interests of creditors test rests on the estimated value of the hypothetical chapter 7 bankruptcy estate, and any valuation of the hypothetical chapter 7 bankruptcy estate that exceeds $4,561,666.00 will result in the requisite increase in trustee's fees" [In re Affiliated Foods, Inc., 249 B.R. 770 (2000)].

[215] SCALZILLI, João Pedro; SPINELLI, Luis Felipe; TELLECHEA, Rodrigo. *Recuperação de empresas e falência*. 2. ed. 2017. p. 399.

Pelo quórum do *cram down*, a reorganização poderá ser concedida judicialmente mesmo que nem todas as classes de credores o tenham aprovado. Para tanto, é preciso que todos os requisitos do BC § 1.129(a) sejam atendidos pelo plano, com exceção do BC § 1.129(a)(8), que prevê que toda classe tenha aceitado o plano, expressa ou tacitamente.

Dentre os requisitos, estão a necessidade de pelo menos uma classe, considerada *impaired* pelo BC § 1.124, aceitar o plano (BC § 1.129(a)(10)). Também são requisitos as exigências de *feasibility* e do *best interest of creditors* (BC § 1.129(a)(11) e §1.1299(a)(11), respectivamente), aplicáveis a todas as aprovações e referentes aos créditos que discordaram da aprovação.

Entretanto, foram impostos alguns outros requisitos para a concessão da reorganização por meio da aprovação por *cram down*, mas no tocante às classes de credores propriamente ditas e que rejeitaram o plano. Não se aplicam esses demais requisitos aos credores das classes que aprovaram os planos, ainda que tenham discordado da aprovação.

O primeiro requisito trata-se da exigência da ausência de "*unfair discrimination*". O plano não poderá implicar tratamento discriminatório injusto.

Esse primeiro requisito está previsto no § 1.129 (b) (1). Consiste na exigência de que não haja previsão de tratamento discriminatório injusto entre credores de classes com a mesma ordem de preferência.

A distinção se refere às classes existentes. Não poderá ser admitido que os credores que integram determinada classe que rejeitou o plano de recuperação judicial recebam tratamento diverso de outra classe com credores com igualdade de condições e natureza, caso ele seja injustificável. A diferenciação de pagamento entre as classes precisa ser justificável.

Distinção razoável entre os credores poderá ocorrer se o credor for relevante para o desenvolvimento da atividade durante a reorganização, por exemplo. Para a Corte atestar se o tratamento diferenciado resulta em distinção injusta, é comumente utilizada análise que se baseia em quatro fatores: se a distinção tem base razoável; se ela for imprescindível para o devedor cumprir o plano; se a discriminação é proposta de boa-fé; e se a discriminação é proporcional[216].

Entretanto, parte da jurisprudência substitui o quarto critério. Para essa corrente, uma presunção de discriminação injusta surge quando existe

> (1) a dissenting class; (2) another class of the same priority; and (3) a difference in the plan's treatment of the two classes that results in either (a) a materially lower percentage recovery for the dissenting class (measured in terms of the net present value of all payments), or (b) regardless of percentage recovery, an allocation under the plan of materially greater risk to the dissenting class in connection with its proposed distribution[217].

Para que o *cram down* seja aplicável, ademais, o plano deverá também ser justo e equitativo em relação à classe discordante. Trata-se da exigência de o plano ser "*fair and equitable*".

Nos termos do § 1.129(b)(2), a ordem de preferência entre as classes de credores deve ser respeitada em relação à classe dissidente. As classes menos privilegiadas não poderão receber qualquer

---

[216] Nesse sentido, decidiu-se *Armstrong World Industries, Inc.* (2006): "Traditionally, courts applied a four-factor test to determine unfair discrimination. The factors considered are: (1) whether the discrimination is supported by a reasonable basis; (2) whether the debtor could consummate the plan without the discrimination; (3) whether the discrimination is proposed in good faith; and (4) the relationship between the discrimination and its basis or rationale" (In re Armstrong World Industries, Inc., 348 B.R. 111 (D. Del. 2006).

[217] Nesse sentido: In re Dow Corning Corp., 244 B.R. 696 (Bankr. E.D. Mich. 1999); In re Greate Bay Hotel Casino, Inc., 251 B.R. 213 (Bankr. D.N.J. 2000).

CAPÍTULO 5 • FASE DE DELIBERAÇÃO 283

quantia antes que a classe dissidente seja integralmente satisfeita. Tampouco poderão as classes mais favorecidas receberem montante maior do que o que lhes é devido.

Nesse aspecto, em relação às classes de créditos com créditos com garantia, *secured claims*, o credor deverá manter a garantia sobre o bem, ainda que alienado a terceiro, e deverá receber o pagamento de seu crédito no valor de ao menos o montante do crédito garantido[218]. Por seu turno, os créditos sem garantia deverão ser satisfeitos no valor equivalente ao valor do crédito ou nenhum credor com menos privilégio deve receber valor em razão de seu crédito[219] [220].

Resume Mark J. Roe que: "the 'fair and equitable' standard covers vertical fairness among differing priorities; 'unfair discrimination' deals with horizontal fairness among creditors with the same priority"[221].

Se a classe tiver aprovado o plano de reorganização, não haveria exigência de que a classe não fosse tratada de forma diversa em relação a outra com créditos semelhantes ou que não houvesse pagamento a credores menos privilegiados em detrimento da classe[222].

Como os requisitos apenas se aplicam à classe discordante, o efeito da disciplina legal é incentivar a negociação e as modificações no próprio plano de reorganização. Para evitar a incidência das referidas limitações, o plano é negociado de modo a obter a aceitação voluntária de todas as classes.

4.6 Os quóruns de deliberação brasileiros

No Brasil, o plano de recuperação judicial do devedor será considerado aprovado caso não sofra nenhuma objeção dos credores (art. 55) ou caso a Assembleia Geral de Credores ou o termo de adesão tenham aprovado o plano de recuperação judicial, conforme o quórum ordinário previsto no art. 45.

O art. 42 da Lei n. 11.101/2005 estabelece a regra geral de maioria dos créditos, independentemente das classes, como quórum de deliberação pela Assembleia Geral de Credores. Entretanto, no art. 45, é disciplinada regra especial para deliberação sobre o plano de recuperação judicial. Para

---

[218] BC §1.129 (b) (2) (A): (2) for the purpose of this subsection, the condition that a plan be fair and equitable with respect to a class includes the following requirements: (A) with respect to a class of secured claims, the plan provides – (i) (I) that the holders of such claims retain the liens securing such claims, whether the property subject to such liens is retained by the debtor or transferred to another entity, to the extent of the allowed amount of such claims; and (ii) that each holder of a claim of such class receive on account of such claim deferred cash payments totaling at least the allowed amount of such claim, of a value, as of the effective date of the plan, of at least the value of such holder's interest in the estate's interest in such property […].

[219] BC §1.129 (b) (2) (B): (B) with respect to a class of unsecured claims – (i) the plan provides that each holder of a claim of such class receive or retain on account of such claim property of a value, as of the effective date of the plan, equal to the allowed amount of such claim; or (ii) the holder of any claim or interest that is junior to the claims of such class will not receive or retain under the plan on account of such junior claim or interest any property.

[220] Como complementa Jordan Tabb: "For example, if unsecured creditors are not paid in full, equity security holders, who are behind unsecured creditors in priority, must take nothing" (TABB, Charles Jordan. *Law of bankruptcy*. 4. ed. St. Paul: West Academic, 2016. p. 1.134).

[221] ROE, Mark J. *Bankruptcy and corporate reorganization*. 3. ed. New York: Foundation Press, 2011. p. 87.

[222] Em conclusão apresentada por Carolina Soares João Batista *et al.*, "pode-se dizer que, de acordo com o regime norte-americano, a *unfair discrimination* e a *fair and equitable* aplicam-se apenas nos casos de *cram down*. Isso significa que o plano pode discriminar injustamente as classes de credores de mesma hierarquia, embora não possa discriminar credores pertencentes à mesma classe e desrespeitar as preferências creditórias contanto que haja a concordância de todas as classes e seja observado o *best interest of creditors* para os dissidentes. A *unfair discrimination* e a *fair and equitable* não são, portanto, regras absolutas, de ordem pública: a autonomia da vontade prevalece e o plano pode, respeitadas algumas garantias mínimas, distribuir os bens do devedor de qualquer forma, ainda que discriminatória e injusta, desde que todas as classes de credores concordem com isso" (BATISTA, Carolina Soares João *et al*. A prevalência da vontade da Assembleia Geral de Credores em questão: o *cram down* e a apreciação judicial do plano aprovado por todas as classes. *RDM*, 143, 2006, p. 209).

a aprovação desse, devem ser obtidos votos favoráveis da maioria dos credores presentes em cada classe, conforme o valor do crédito ou o número de credores, a depender a classe.

Na classe I, referente aos titulares de créditos derivados da legislação do trabalho ou decorrentes de acidentes de trabalho, assim como na classe IV, relativa aos credores microempresários ou empresários de pequeno porte, a maioria exigida é de mais da metade dos credores presentes, independentemente do valor do crédito. O voto é considerado por credor, ou seja, em consideração simplesmente ao número dos credores presentes e não ao valor do respectivo crédito.

Nas classes II e III, credores com garantia real e credores quirografários, com privilégio especial, geral e subordinados, por seu turno, a maioria exige dois critérios. As classes aprovarão o plano se cumulativamente houver votos favoráveis de mais da metade dos credores presentes de cada uma dessas classes e, também, se houver votos favoráveis de credores que representem mais da metade do valor dos créditos presentes de cada classe na Assembleia Geral. A aprovação, assim, exige maioria relativa dos credores em quantidade e em valor de crédito.

Não há limitações aos meios de recuperação judicial apresentados como forma de se garantir o dissidente. Exceção é o crédito trabalhista.

Como já anteriormente exposto, nos termos do art. 54, o crédito trabalhista não poderá ser pago com prazo superior a um ano, se vencido até a data do pedido de recuperação judicial, bem como o pagamento deverá ocorrer em 30 dias se o crédito for de até o limite de 5 (cinco) salários mínimos por trabalhador, de natureza estritamente salarial e vencido nos 3 (três) meses anteriores ao pedido de recuperação judicial.

O prazo de pagamento de até um ano poderá ser estendido em até dois anos, desde que haja a apresentação de garantias julgadas suficientes pelo juiz, a classe dos credores trabalhistas tenha aprovado o meio de recuperação judicial por maioria dos credores presentes e haja garantia da integralidade do pagamento dos credores trabalhistas.

Quanto aos demais créditos, não há, na lei brasileira, qualquer exigência de que os credores sejam pagos em montante maior do que resultaria do procedimento de liquidação falimentar, nem há qualquer exigência de respeito à ordem de credores, ou seja, de que credores menos privilegiados na falência devam necessariamente receber posteriormente aos mais privilegiados.

Exceção a essa regra ocorre na venda integral da devedora, prevista no art. 50, XVIII, da Lei n. 11.101/2005, em que se exige que o plano somente poderá ser admitido se forem garantidas aos credores não submetidos ou não aderentes condições, no mínimo, equivalentes àquelas que teriam na falência.

Com o quórum ordinário, a LREF baseia-se no pressuposto de que, se a maioria dos credores da referida classe concordou com o plano de recuperação judicial, o plano deve ter dado tratamento adequado aos credores e deve ser a solução que mais satisfaça os créditos da referida classe. Os credores devem ter mensurado a viabilidade econômica da atividade, a recuperabilidade do devedor e aferido que a sua preservação à frente da atividade geraria maior satisfação dos créditos do que a liquidação falimentar.

Além de nem sempre serem a viabilidade econômica da atividade ou a recuperabilidade do devedor claras para todos os credores, referida consideração pelos credores faz-se quanto à respectiva classe. Nem todos os credores, contudo, estão sujeitos à recuperação judicial. As classes de credores estão incentivadas a votar favoravelmente ao plano de recuperação judicial se verificarem que poderão auferir maior satisfação do referido crédito, ainda que em detrimento de outras classes de credores mais privilegiados na liquidação falimentar.

O quórum de maioria na referida classe, por seu turno, pressupõe os interesses homogêneos dos credores a ela pertencentes, o que nem sempre ocorre. As garantias pessoais conferidas, como avais

CAPÍTULO 5 • FASE DE DELIBERAÇÃO

e fianças de terceiros não sujeitos, não geram classificação em classe de credores diversas, embora possam tornar os interesses dos credores não homogêneos. Os credores garantidos por aval e fiança são relacionados pelo respectivo crédito em face do próprio devedor e independentemente dessas referidas garantias, se proferidas por terceiros não sujeitos à recuperação judicial.

Por consequência, ainda que a condição de satisfação dos referidos créditos principais não seja a mais adequada em comparação ao cenário falimentar, referidos credores poderão ter incentivos para concordar com o referido plano se houver a promessa de pagamento maior dos referidos créditos via garantia fidejussória. A aprovação de um plano inviável poderá ser a solução que mais maximize seus interesses particulares de recebimento do crédito em detrimento dos demais credores da mesma classe e que receberão apenas do devedor sujeito à recuperação judicial.

Se os interesses podem não ser homogêneos por conta do próprio crédito, os credores de uma mesma classe poderão ser subdivididos em subclasses sem que haja cômputo do voto em separado por grupo, como já visto. A maioria dos votos, nesse aspecto, pode ser obtida ainda que haja tratamento diverso entre os credores de uma mesma classe.

Por seu turno, na hipótese de rejeição por uma das classes de credores sobre o plano de recuperação judicial, a legislação brasileira possui disciplina própria para impedir que o credor individual ou uma classe de credores possa ter comportamento estratégico.

De acordo com dados do Observatório de Insolvência da Associação Brasileira de Jurimetria, em análise dos processos de recuperação judicial do estado de São Paulo, constatou-se que, de um total de 156 processos analisados nas varas especializadas de São Paulo, apenas em 8 a aprovação do plano de recuperação judicial foi por *cram down*. Nas varas comuns do estado de São Paulo, o percentual aumenta. De um total de 392 recuperações judiciais aprovadas, em 28 os planos de recuperação judicial foram aprovados por meio do quórum alternativo de deliberação sobre o plano[223].

No Brasil, estabelece o art. 58, § 1º, da Lei n. 11.101/2005[224] o quórum alternativo para a aprovação do plano de recuperação judicial, conhecido por *cram down*. A despeito da nomenclatura, não há qualquer semelhança com o instituto americano e que confere ampla margem ao juiz para a concessão da reorganização e impõe diversos requisitos para proteger o credor dissidente.

No direito brasileiro, o *cram down* é verdadeiro quórum alternativo, que não permite discricionariedade do magistrado e que se refere apenas ao preenchimento de determinados quóruns de votação. Por esse quórum alternativo, o plano de recuperação judicial deverá ser aprovado caso quatro requisitos forem cumulativamente preenchidos.

Como primeiro requisito, deverá ocorrer o voto favorável de mais da metade do valor dos créditos presentes na Assembleia Geral, independentemente das classes.

Cumulativamente, apenas uma das classes de credores presentes na Assembleia Geral de Credores poderá ter rejeitado o plano de recuperação. Todas as demais classes devem ter aprovado o plano

---

[223] CÔRREA, Fernando Marcelo Guedes; SACRAMONE, Marcelo Barbosa; WAISBERG, Ivo. *Relatório da Insolvência, Segunda Fase*, p. 37. Disponível em: https://abjur.github.io/obsFase2/relatorio/obs_recuperacoes_abj.pdf. Acesso em: 9 jul. 2023.

[224] Art. 58. Cumpridas as exigências desta Lei, o juiz concederá a recuperação judicial do devedor cujo plano não tenha sofrido objeção de credor nos termos do art. 55 desta Lei ou tenha sido aprovado pela assembleia-geral de credores na forma dos arts. 45 ou 56-A desta Lei. § 1º O juiz poderá conceder a recuperação judicial com base em plano que não obteve aprovação na forma do art. 45 desta Lei, desde que, na mesma assembleia, tenha obtido, de forma cumulativa: I – o voto favorável de credores que representem mais da metade do valor de todos os créditos presentes à assembleia, independentemente de classes; II – a aprovação de 3 (três) das classes de credores ou, caso haja somente 3 (três) classes com credores votantes, a aprovação de pelo menos 2 (duas) das classes ou, caso haja somente 2 (duas) classes com credores votantes, a aprovação de pelo menos 1 (uma) delas, sempre nos termos do art. 45 desta Lei; III – na classe que o houver rejeitado, o voto favorável de mais de 1/3 (um terço) dos credores, computados na forma dos §§ 1º e 2º do art. 45 desta Lei.

conforme o quórum estabelecido pelo art. 45, ou seja, as classes dos trabalhadores e dos credores EPP e ME deverão ter voto favorável de metade dos credores presentes, independentemente do valor dos respectivos créditos. Nas classes de credores com créditos com garantia real e com créditos quirografários, a aprovação deverá ser por maioria de credores e, cumulativamente, por maioria dos créditos.

Além dos dois requisitos anteriores, na classe que rejeitou o plano de recuperação, deverá existir quórum de, ao menos, mais de um terço dos credores para aprovação. Referido quórum será contabilizado em número dos credores presentes, se credores trabalhistas ou EPP e ME, e por número dos credores presentes e por valor do crédito, se credores com garantia real ou pertencentes à classe dos credores quirografários.

Para que esse quórum de mais de um terço seja obtido em detrimento dos interesses dos demais credores da classe, o quórum alternativo somente estará preenchido se, na referida classe de credores que rejeitou o plano de recuperação judicial, não haja tratamento diferenciado entre os credores.

Preenchidos os quatros requisitos impostos pela Lei, ao Juiz cumpre considerar como aprovado o plano de recuperação judicial pelos credores. Ressalta-se, entretanto, que o § 1º do art. 58 faz referência a um poder do juiz à aprovação do plano. Não há, contudo, faculdade ou discricionariedade para a sua aprovação. Ao magistrado, a doutrina entende que foi imposto verdadeiro poder dever desde que os requisitos estejam preenchidos[225].

Referido quórum alternativo, todavia, não consegue resolver a situação dos credores *holdouts*, se estes prevalecerem em determinada classe acima de 2/3 do valor do crédito ou de credores, ainda que em detrimento da melhor satisfação da coletividade de credores e dos interesses dos demais envolvidos. A exigência de 1/3 de aprovação na classe discordante poderá se tornar inviável e permitir comportamento estratégico de um ou alguns credores para negociarem benefício econômico em detrimento dos demais.

Os quóruns brasileiros, dessa forma, não incentivam os credores a avaliarem a melhor solução para a satisfação dos créditos de toda a coletividade dos credores e, diante da viabilidade econômica da atividade e da recuperabilidade do devedor, a melhor decisão para a satisfação dos interesses dos demais agentes envolvidos.

4.6.1 Adequação dos incentivos legais

No Brasil, a partir da natureza negocial do instituto da recuperação judicial, o plano de recuperação judicial deverá ser aprovado pela maioria dos credores. Como forma de que a maioria possa refletir o interesse da coletividade de credores, estes serão divididos em classes de credores obrigatórias e voluntárias, como sugerido anteriormente.

A aprovação da maioria dos credores exigirá, assim, que o quórum de maioria seja obtido em cada uma das referidas classes, seja por quantidade de credores presentes, seja por quantidade de credores e quantidade de crédito presente.

O voto deverá refletir a manifestação dos maiores incentivados a tomarem a decisão correta. Aos credores deve ser atribuído o poder exclusivo de verificar a viabilidade econômica da

---

[225] Nesse sentido: TJSP, Câmara Especial de Falências e Recuperações Judiciais, AI 558.460-4/8-00, Rel. Des. Elliot Akel, j. 24-9-2008; TJSP, 1ª Câmara Reservada de Direito Empresarial, AI 0183061-44.2012, Rel. Des. Francisco Loureiro, j. 11-12-2012.
Em sentido contrário, que defende a discricionariedade do juiz de conceder a recuperação: COELHO, Fábio Ulhoa. *Comentários à Lei de Falências e de Recuperação de Empresas*. 11. ed. São Paulo: Revista dos Tribunais, 2016. p. 243. Também na jurisprudência: TJSP, Câmara Especial de Falências e Recuperações Judiciais, AI 580.607-4/6-00, Rel. Des. Boris Kauffmann, j. 24-9-2008.

atividade e a recuperabilidade do devedor na medida em que sofrerão diretamente as consequências de uma decisão equivocada. Desse modo, os votos por eles expressos para aprovar ou rejeitar um plano de recuperação judicial não poderiam ser pelo Poder Judiciário desconsiderados, sob pena de se gerar ineficiência.

Para que a vontade dos credores possa ser extraída dos votos, entretanto, impossível se exigir a unanimidade, sob pena de se conferir incentivo para comportamento estratégico dos credores. Necessário se exigir a maioria e, para que esta reflita mais claramente os interesses dos credores, sua divisão em classes de credores com interesses homogêneos.

A regra da maioria e a divisão dos credores em classes, entretanto, pressupõem quórum de deliberação que assegure a proteção à minoria discordante dentro da classe e a proteção dos credores de uma classe discordante em face da aprovação pelas demais.

No âmbito interno das classes, para que o voto da maioria possa ser computado em cada classe, os credores deverão receber igualdade de tratamento. A maioria apenas poderá ser aferida se os credores possuírem créditos homogêneos dentro da referida classe e se receberem a mesma condição de pagamento, sob pena de classe voluntária ter que ser criada pelo plano.

Dentro da classe, a menos que haja concordância do credor em renunciar ao tratamento idêntico, ao credor discordante não poderá ser imposto pela maioria o direito de receber menos do que um crédito em semelhantes condições de pagamento e de natureza receberia na mesma classe. A exigência de tratamento idêntico na referida classe assegura que o quórum de maioria reflita o interesse de toda a classe e não apenas de um determinado grupo em detrimento dos demais. O tratamento menos privilegiado dentro da classe deveria exigir anuência expressa do referido credor.

Ademais, a maioria não poderá dispor do direito de crédito ou de maior recebimento pelo terceiro. Se a recuperação judicial foi instituto criado para maximizar a satisfação dos créditos e conservar o devedor à frente da atividade empresarial quando for o mais adequado para o aproveitamento dos recursos, o voto da maioria não pode prejudicar a minoria discordante ou renunciar pelo terceiro a uma melhor satisfação do referido crédito.

A renúncia à satisfação do referido crédito conforme o que lhe seria de direito na falência apenas poderia ocorrer se o credor concordasse expressamente com o plano, o que asseguraria que a ordem de pagamento dos credores não fosse subvertida em detrimento de alguns credores, ainda que a classe por maioria concordasse. Nesse aspecto, o plano de recuperação judicial não poderá prever que os referidos credores discordantes recebam menos do que aquilo que poderiam auferir na liquidação falimentar.

A exigência de aprovação por todas as classes de credores, sejam obrigatórias ou voluntárias, entretanto, pode favorecer o *holdout*. Se a aprovação de todas as classes for necessária, o credor dominante de alguma delas terá incentivo estratégico para dificultar a negociação do referido plano, de seu voto dependente, para extrair benefício próprio em detrimento de todos os demais credores e do próprio devedor.

Nesse aspecto, a exigência de concordância de 1/3 dos créditos ou credores da referida classe não supre a necessidade de se evitar o comportamento estratégico de credor resistente e de tutela do melhor interesse de toda a coletividade de credores. A previsão de forma alternativa de quórum de aprovação, com a possibilidade de rejeição de uma ou mais classes de credores, desde que a maioria das classes continue a aprovar o plano, é imprescindível para regular os interesses de todos.

A possibilidade de uma ou mais das classes rejeitar o plano de recuperação judicial e, ainda assim, ter a aprovação do plano homologada poderá, por outro lado, gerar abusos do proponente do plano de recuperação, o que exige requisitos para seu controle judicial.

Se a exigência de aprovação da classe, no quórum ordinário, impediria o tratamento menos favorável da referida classe, a possibilidade de rejeição da classe deverá exigir que os credores discordantes não sejam prejudicados.

Num primeiro aspecto, a diferenciação realizada pelo proponente do plano entre as classes voluntárias de credores não poderá ser realizada para prejudicar determinado grupo de credores injustamente. Na hipótese de rejeição da classe, deve ser assegurado que a rejeição não seja justa, ou seja, que a classe não tenha sofrido tratamento prejudicial em relação a outra com a mesma preferência ou condições de pagamento.

O tratamento diferenciado entre credores com mesma natureza e semelhantes condições de pagamento, o que exigirá a formação de classe diversa com cômputo do voto em cada qual, somente poderá ser justificável se decorrer do fornecimento de bens ou serviços por prestador que o fizer durante a recuperação judicial e na medida de sua razoabilidade. A disciplina é semelhante à possibilidade da subclasse atual do art. 67 da Lei n. 11.101/2005, mas que exige o cômputo em separado dos votos em classe distinta.

Se entre classes iguais essas semelhantes condições de pagamento devem ser exigidas, a menos que haja razoabilidade em sua distinção, também deverá ser respeitada a preferência das classes na ordem de pagamento. Para que uma classe menos privilegiada não tenha incentivos para aprovar plano sabidamente inviável como forma de obter benefício em detrimento de outra classe, a ordem de preferência de pagamento entre as classes deve ser respeitada para a proteção do melhor interesse de toda a coletividade de credores.

Dessa forma, a aprovação da maioria da classe de credores assegura que o tratamento não lhe fora prejudicial. A rejeição da classe dos credores somente poderá ser desconsiderada para fins de aprovação do plano de recuperação judicial, entretanto, se a classe não receber tratamento menos benéfico do que as demais de créditos com igual natureza. De forma a assegurar que a classe não está sendo prejudicada, ademais, nenhuma classe de credores menos privilegiada poderá receber qualquer quantia antes que a classe dissidente mais privilegiada seja integralmente satisfeita, tampouco poderão as classes mais favorecidas receberem montante maior do que o que lhes é devido de crédito.

5. HOMOLOGAÇÃO JUDICIAL DO PLANO

A concessão da recuperação judicial pressupõe o controle judicial a respeito da negociação empreendida entre devedores e credores. Sua análise pressupõe a verificação de que o plano de recuperação proposto não afronta a legislação cogente e de que o voto dos credores não apenas foi realizado com base em informações fidedignas e suficientes para produzirem uma declaração de vontade qualificada, como que essa declaração foi proferida em acordo com a legislação de insolvência e não como uma forma exclusiva de causar prejuízo ao devedor.

A extensão desse controle judicial ou a limitação à análise da legalidade do plano e dos votos proferidos tem sido realizada de forma diferente pelas legislações e, principalmente, pela realidade prática da jurisprudência dos diversos países.

5.1 Alemanha

Na Alemanha, a legalidade do plano de insolvência, que pode ser proposto tanto pelo administrador da insolvência quanto pelo devedor (§ 218, InsO), é avaliada em diversos momentos, inclusive mediante controle prévio.

CAPÍTULO 5 • FASE DE DELIBERAÇÃO

Como regra, por força do § 231 do InsO[226], antes de o plano de insolvência proposto ser submetido aos comentários do comitê de credores, do conselho de trabalhadores e do representante do corpo executivo, bem como do administrador da insolvência ou do devedor, o juiz da insolvência analisa o plano apresentado e poderá rejeitá-lo de ofício quando verificadas quaisquer das hipóteses indicadas no § 231(1) do InsO.

Essa análise preliminar estará, conforme adiantado anteriormente, limitada à verificação de defeitos óbvios, o que decorre da intenção legislativa de acelerar o processo de insolvência[227] e impedir que planos escancaradamente inaptos sejam levados à votação[228].

Caso não seja liminarmente rejeitado pelo juízo ou, se aplicada a hipótese do § 232(4) do InsO[229], o plano de insolvência é submetido para comentários dos interessados, listados no §232(1)[230], e, em caráter facultativo, também àqueles listados no § 232(2)[231] do InsO, que representam os setores de atuação do devedor, e, posteriormente, será encaminhado à discussão e à votação pelos credores (§§ 235 a 244 do InsO).

Se alcançada a maioria necessária para aprovação do plano, ou na hipótese de aprovação forçada do § 245 do InsO, o plano de insolvência será, novamente, analisado pelo juízo da insolvência, o qual deverá intimar o administrador judicial, o comitê de credores, se houver, e o devedor para se manifestarem anteriormente à prolação de decisão a respeito da aprovação do plano.

A análise do Poder Judiciário versará sempre sobre (i) a adequação do conteúdo do plano às regras de direito material e processual; (ii) a aceitação do plano e a verificação do respeito aos critérios de obtenção do consentimento das partes; e (iii) a inexistência de qualquer vício que macule a aceitação, especificamente a previsão de vantagem excessiva em favor de alguma das partes do processo.

---

[226] § 231: (1) Das Insolvenzgericht weist den Insolvenzplan von Amts wegen zurück, 1. wenn die Vorschriften über das Recht zur Vorlage und den Inhalt des Plans, insbesondere zur Bildung von Gruppen, nicht beachtet sind und der Vorlegende den Mangel nicht beheben kann oder innerhalb einer angemessenen, vom Gericht gesetzten Frist nicht behebt, 2. wenn ein vom Schuldner vorgelegter Plan offensichtlich keine Aussicht auf Annahme durch die Beteiligten oder auf Bestätigung durch das Gericht hat oder 3. wenn die Ansprüche, die den Beteiligten nach dem gestaltenden Teil eines vom Schuldner vorgelegten. Plans zustehen, offensichtlich nicht erfüllt werden können. Die Entscheidung des Gerichts soll innerhalb von zwei Wochen nach Vorlage des Plans erfolgen. (2) Hatte der Schuldner in dem Insolvenzverfahren bereits einen Plan vorgelegt, der von den Beteiligten abgelehnt, vom Gericht nicht bestätigt oder vom Schuldner nach der öffentlichen Bekanntmachung des Erörterungstermins zurückgezogen worden ist, so hat das Gericht einen neuen Plan des Schuldners zurückzuweisen, wenn der Insolvenzverwalter mit Zustimmung des Gläubigerausschusses, wenn ein solcher bestellt ist, die Zurückweisung beantragt. (3) Gegen den Beschluß, durch den der Plan zurückgewiesen wird, steht dem Vorlegenden die sofortige Beschwerde zu.

[227] SMID, Stefan; RATTUNDE, Rolf; MARTINI, Torsten. *Der Insolvenzplan, Handbüch für das Sanierungsverfahren gemäß §§217 bis 269 InsO mit pratikschen Beispielen und Musterverfügungen*, v. 4, W. Kohlhammer GmbH, Stuttgart, 2015. p. 110.

[228] SMID, Stefan; RATTUNDE, Rolf; MARTINI, Torsten. *Der Insolvenzplan, Handbüch für das Sanierungsverfahren gemäß §§217 bis 269 InsO mit pratikschen Beispielen und Musterverfügungen*, v. 4, W. Kohlhammer GmbH, Stuttgart, 2015. p. 109.

[229] § 232 (4): Das Gericht kann den in den Absätzen 1 und 2 Genannten den Plan bereits vor der Entscheidung nach § 231 zur Stellungnahme zuleiten. Enthält eine daraufhin eingehende Stellungnahme neuen Tatsachenvortrag, auf den das Gericht eine Zurückweisungsentscheidung stützen will, hat das Gericht die Stellungnahme dem Planvorleger und den anderen nach Absatz 1 zur Stellungnahme Berechtigten zur Stellungnahme binnen einer Frist von höchstens einer Woche zuzuleiten.

[230] § 232 (1): Wird der Insolvenzplan nicht zurückgewiesen, so leitet das Insolvenzgericht ihn zur Stellungnahme, insbesondere zur Vergleichsrechnung, zu: 1. dem Gläubigerausschuß, wenn ein solcher bestellt ist, dem Betriebsrat und dem Sprecherausschuß der leitenden Angestellten; 2. dem Schuldner, wenn der Insolvenzverwalter den Plan vorgelegt hat; 3. dem Verwalter, wenn der Schuldner den Plan vorgelegt hat.

[231] § 232 (2): Das Gericht kann auch der für den Schuldner zuständigen amtlichen Berufsvertretung der Industrie, des Handels, des Handwerks oder der Landwirtschaft oder anderen sachkundigen Stellen Gelegenheit zur Äußerung geben.

No exame, que será final, a rejeição apenas é possível caso se verifique vício intransponível, como no caso de desrespeito às regras relacionadas à formação de credores e tratamento igualitário entre os credores da mesma classe e/ou grupo[232].

Segundo o entendimento doutrinário, o item 2 do § 250 do InsO impõe ao magistrado o dever de verificar se o plano de insolvência é justo e não está sendo utilizado como meio para obtenção dos interesses individuais de quaisquer das partes, de modo a torná-lo legítimo para alcançar uma verdadeira conciliação dos interesses envolvidos[233]. Haveria violação a justificar a rejeição pelo item 2 do § 250 do InsO quando as partes violarem os seus deveres de boa-fé, como no caso de compra de votos para garantir a aprovação do plano[234].

O magistrado também tem o condão de, como já apontado, suprir eventual discordância do devedor quando da aprovação do plano nos moldes do § 247 do InsO. O seu voto será desconsiderado se o devedor não comprovar que foi colocado em situação de desvantagem pelo plano e se nenhum credor receber qualquer benefício econômico que supere o valor total do seu crédito (§ 247(2), do InsO). Sobre isso, dispõe Ariel Ángel: "pero no sólo los acreedores pueden ser sujetos de *cram down*, o sometimiento de su voluntad: cuando el plan hubiere sido presentado por el administrador de la insolvencia, el deudor debe prestar su conformidad al mismo"[235].

O juiz também analisará se eventuais condições precedentes estão preenchidas e, em caso negativo, rejeitará a aprovação do plano (§ 249[236]). Caso preveja a realização de pagamentos específicos ou outras medidas antes da aprovação, o plano não poderá ser aprovado a menos que essas condições sejam atendidas. A aprovação deve ser recusada *ex officio* se essas condições não forem atendidas, mesmo após o término de um período adequado fixado pelo tribunal de insolvência.

Também pertinente o disposto no § 250[237], que impõe que o plano será recusado de ofício (i) se as disposições sobre o conteúdo e o tratamento processual do plano de insolvência e sobre a aceitação pelas partes e o consentimento do devedor não tiverem sido observadas em um aspecto material e o defeito não puder ser corrigido; ou (ii) se a sua aceitação tiver sido feita injustamente[238], em especial por favorecer uma das partes.

---

[232] SMID, Stefan; RATTUNDE, Rolf; MARTINI, Torsten. *Der Insolvenzplan, Handbüch für das Sanierungsverfahren gemäß §§217 bis 269 InsO mit pratikschen Beispielen und Musterverfügungen*, v. 4, W. Kohlhammer GmbH, Stuttgart, 2015. p. 138.

[233] "Zudem prüft das Insolvenzgericht von Amts wegen nicht nur die Einhaltung aller Verfahrensbestimmungen und damit der Verfahrensrechte der Beteiligten (§ 250 Nr. 1 InsO), sondern auch die Interessengerechtigkeit des Plans im Hinblick auf die Nichtverfolgung unerwünschter Eigeninteressen (§ 250 Nr. 2 InsO). Ein angenommener Plan hat damit eine Richtigkeitsgewähr, die wegen der obligatorischen richterlichen Bestätigung über die einer rein konsensualen Annahme sogar hinausgeht. Das Mehrheitsprinzip der §§ 243, 244 InsO ist als hinreichend legitimiert anzusehen, alle Beteiligten an den beschlossenen Interessenausgleich zu binden" (MADAUS, Stephan. Der Insolvenzplan. *Jus Privatum Beiträge zum Privatrecht*, Band 157, Mohr Siebeck, p. 229).

[234] SMID, Stefan; RATTUNDE, Rolf; MARTINI, Torsten. *Der Insolvenzplan, Handbüch für das Sanierungsverfahren gemäß §§217 bis 269 InsO mit pratikschen Beispielen und Musterverfügungen*, v. 4, W. Kohlhammer GmbH, Stuttgart, 2015. p. 138.

[235] Em tradução livre: "[...] mas não apenas os credores podem estar sujeitos ao *cram down* ou à submissão de sua vontade: quando o plano é apresentado pelo administrador da insolvência, o devedor deve concordar com ele" (DASSO, Ariel Ángel. *Derecho Concursal comparado*. Buenos Aires: Legis Argentina, 2009. t. 1 e 2. p. 22).

[236] § 249: Ist in Insolvenzplan vorgesehen, daß vor der Bestätigung bestimmte Leistungen erbracht oder andere Maßnahmen verwirklicht werden sollen, so darf der Plan nur bestätigt werden, wenn diese Voraussetzungen erfüllt sind. Die Bestätigung ist von Amts wegen zu versagen, wenn die Voraussetzungen auch nach Ablauf einer angemessenen, vom Insolvenzgericht gesetzten Frist nicht erfüllt sind.

[237] § 250: Die Bestätigung ist von Amts wegen zu versagen, 1. wenn die Vorschriften über den Inhalt und die verfahrensmäßige Behandlung des Insolvenzplans sowie über die Annahme durch die Beteiligten und die Zustimmung des Schuldners in einem wesentlichen Punkt nicht beachtet worden sind und der Mangel nicht behoben werden kann oder 2. wenn die Annahme des Plans unlauter, insbesondere durch Begünstigung eines Beteiligten, herbeigeführt worden ist.

[238] A norma utiliza a expressão '*unlauter*' — o que nos leva a traduzi-la para *injusto, desonesto*. Ao ler a íntegra do dispositivo, compreende-se pela hipótese de quando a aceitação do plano se deu de forma abusiva ou parcial, visando favorecer determinada classe ou crédito em específico.

CAPÍTULO 5 • FASE DE DELIBERAÇÃO

A análise de ambas as disposições dos §§ 249 e 250 do InsO ocorrerá de ofício e independente de provocação.

A aprovação do plano também poderá ser rejeitada mediante provocação de credores ou acionistas e/ou quotistas, se o devedor não for pessoa natural, quando o suscitante demonstrar que (i) se opôs, por escrito, ao plano ou, ao menos, fez constar sua oposição na ata da reunião de credores convocada para votar o plano; e (ii) o plano os coloca em situação de desvantagem em comparação com a tramitação do processo de insolvência sem o plano de insolvência (§ 251 do InsO).

A decisão que confirmar ou negar a aprovação do plano de insolvência é recorrível (§ 253). No entanto, a admissibilidade da apelação dependerá da demonstração, pelo recorrente, de que (i) objetou ao plano por escrito, no mais tardar, durante a reunião de votação; (ii) votou contrariamente ao plano; e (iii) foi colocado em posição negativa pelo plano, em comparação à via da reorganização sem plano de insolvência e que tal desvantagem não pode ser compensada na forma do § 245a.

Nesse contexto, essa discricionariedade exercida pelo judiciário alemão, tanto em sede de admissibilidade do plano quanto na aprovação forçada, exprime acentuadas particularidades. A título de exemplo, o *cram down* norte-americano é um instrumento utilizado por iniciativa do devedor, e em seu interesse, ao contrário da proibição de obstrução observada no direito alemão, que ocorre *ex officio* pelo magistrado[239].

A legislação estabelece que o procedimento recuperacional tem como máxima a satisfação dos credores, ainda que em detrimento de uma maior preservação da atividade empresarial[240]. Então, o controle exercido pelo juízo está fundado na maior efetividade do processo aos credores. É o que se extrai do citado dispositivo § 245 (a), que tem seus requisitos postos a favor do ressarcimento mais eficiente dos créditos[241].

5.2 Portugal

Em Portugal, o plano, mesmo que aprovado pelos credores e admitido pelo juízo, deixará de ser homologado no caso de violação grave de regras procedimentais ou das normas aplicáveis ao seu conteúdo, tal é o controle disciplinado pela lei, e concedido ao juízo, nos casos de ilegalidade de cláusulas do plano.

Exerce o juiz, neste momento de homologação, um controle de legalidade sobre o plano. Mesmo que admita a proposta inicial, nos ditames do art. 207°, é nesse momento que o juiz tem maior controle[242].

---

[239] Buschinelli, Gabriel. *Abuso do direito de voto na Assembleia Geral de Credores*. São Paulo: Quartier Latin, 2014. p. 150.

[240] Pedro, Carolina. *Abuso do direito de voto afirmativo na Assembleia Geral de Credores*. Dissertação (Mestrado) – Curso de Direito, Universidade de São Paulo, São Paulo, 2018. p. 57.

[241] "(1) Mesmo que as maiorias exigidas não tenham sido alcançadas, o consentimento de um grupo de votação será considerado concedido se: 1. é improvável que os membros desse grupo fiquem em pior situação como resultado do plano de insolvência do que estariam sem um plano, 2. os membros desse grupo tenham uma parcela justa do valor econômico que se pretende acumular para os participantes com base no plano, e 3. a maioria dos grupos votantes aprovou o plano com as maiorias necessárias. (2) Para um grupo de credores, existe uma participação adequada na acepção do n. 1 do n. 2 se de acordo com o plano 1. nenhum outro credor recebe valores econômicos que excedam o valor total de seu crédito, 2. nem o credor, que ficaria satisfeito sem um plano subordinado aos credores do grupo, nem o devedor ou qualquer pessoa nele interessada recebe um valor econômico que não seja totalmente compensado pelo pagamento ao patrimônio do devedor e 3. nenhum credor que estaria satisfeito pari passu com os credores do grupo sem um plano está em melhor situação do que esses credores."

[242] Serra, Catarina. *Lições de direito da insolvência*. Coimbra: Almedina, 2019. p. 320.

O referido art. 215º disciplina que

> o juiz recusa oficiosamente a homologação do plano de insolvência aprovado em assembleia de credores no caso de violação não negligenciável de regras procedimentais ou das normas aplicáveis ao seu conteúdo, qualquer que seja a sua natureza, e ainda quando, no prazo razoável que estabeleça, não se verifiquem as condições suspensivas do plano ou não sejam praticados os actos ou executadas as medidas que devam preceder a homologação.

Porém, essa forma de violação, disciplinada pelo art. 215º, CIRE, não foi explicada pela legislação. Coube à doutrina e à jurisprudência defini-la.

Para Luís Menezes Leitão,

> o juiz rege-se aqui por considerações de legalidade, mas apenas pode recusar a homologação em caso de "violação grave, não negligenciável" das regras procedimentais ou do conteúdo do plano. Violações consideradas menores, que não ponham em causa o interesse do devedor e dos credores afectados, não constituirão causa suficiente para que o juiz possa recusar a homologação do plano[243].

A jurisprudência também, no caso concreto, acabou delimitando o escopo da aplicação da norma, mesmo que ainda não esteja pacificada a aplicação. É o caso das cláusulas que preveem a afetação do crédito tributário. Em acórdão proferido em 2014, o relator Fonseca Ramos decidiu que não constitui obstáculo à homologação do plano a violação ao art. 30º, n. 2, da Lei Geral Tributária ("LGT")[244], mas apenas haveria ineficácia em relação aos credores tributários[245].

De forma diversa, o então relator Salreta Pereira, no ano de 2015, entendeu que a cláusula que afetava o crédito tributário era ilegal, e, portanto, caracterizava forma de *violação não negligenciável*. Entretanto, para preservar o restante do plano, caminhou em sentido de homologar o plano, mas com a retirada do respectivo clausulado. Importante também que o magistrado deu oportunidade para que os credores se pronunciassem sobre se mantêm ou não o plano após a devida alteração[246].

Ainda, no que concerne à expressão de regras procedimentais, muito embora a lei não as defina, a doutrina tem interpretado como aquelas que visam a regular a forma de desenvolvimento do procedimento. Desta forma, entende-se que o magistrado poderá deixar de homologar o plano nas hipóteses de serem constatadas graves violações a regras procedimentais, como as violações procedimentais e que ponham em causa o interesse do devedor e dos credores afetados.

A interferência também ocorrerá por violação às normas de conteúdo. As normas de conteúdo versam sobre a matéria tratada no plano de revitalização. Quanto às normas de conteúdo, serão todas as respeitantes à parte dispositiva do plano, mas, além delas, ainda aquelas que fixam os princípios a que ele deve obedecer imperativamente[247].

Aponta-se também que o juiz pode deixar de homologar o plano também a pedido dos credores ou do próprio devedor. Por força do art. 216º (1), a pedido do interessado, o juiz poderá deixar de homologar o plano se este resultar em valor menor do que a liquidação falimentar ou gerar a alguns credores pagamento superior ao valor da obrigação.

---

[243] LEITÃO, Luis M. *A recuperação económica dos devedores*. Coimbra: Almedina, 2019. p. 99.

[244] Art. 30º, n. 2 – "O crédito tributário é indisponível, só podendo fixar-se condições para a sua redução ou extinção com respeito pelo princípio da igualdade e da legalidade tributária".

[245] Ac. de 13-11-2014, Proc. n. 217/11.2TBBGC-R.P1.S1, Rel. Fonseca Ramos.

[246] Ac. de 3-1-2015, Proc. n. 12/12.1TYLSB-I-L1.S1, Rel. Salreta Pereita.

[247] Ac. de 27-6-2017, Proc. n. 8389/16.3T8CBR.C1, Rel. Isaías Pádua.

CAPÍTULO 5 • FASE DE DELIBERAÇÃO

Nesses termos:

O juiz recusa ainda a homologação se tal lhe for solicitado pelo devedor, caso este não seja o proponente e tiver manifestado nos autos a sua oposição, anteriormente à aprovação do plano de insolvência, ou por algum credor ou sócio, associado ou membro do devedor cuja oposição haja sido comunicada nos mesmos termos, contanto que o requerente demonstre em termos plausíveis, em alternativa, que: a) A sua situação ao abrigo do plano é previsivelmente menos favorável do que a que interviria na ausência de qualquer plano, designadamente face à situação resultante de acordo já celebrado em procedimento extrajudicial de regularização de dívidas; b) O plano proporciona a algum credor um valor económico superior ao montante nominal dos seus créditos sobre a insolvência, acrescido do valor das eventuais contribuições que ele deva prestar.

Por mais que extensas as hipóteses em relação à homologação de ofício, o juiz também deverá se ater a um controle de legalidade. Quanto à primeira alínea, fundamental para que os interessados não sejam prejudicados pelo plano. E com a segunda, o legislador traz forma de controle de eventuais fraudes ou tratamento desigual, ao passo que nenhum credor deverá receber mais do que deveria pelo seu crédito original.

A disposição foi alterada por força do Decreto n. 282/2007, hipótese em que o controle judicial passou a ser efetuado de forma mais presente pela reforma da primeira alínea, em que foi adicionada a ressalva de que o plano não será homologado caso haja acordo já celebrado em procedimento extrajudicial de regularização de dívidas[248], recepcionando, de maneira positiva, a hipótese de as partes efetuarem renegociações extrajudiciais.

5.3 Itália

Com exceção das hipóteses de plano com "execução antecipada", que consiste na parcial alienação patrimonial dos ativos empresariais antes da submissão do plano à votação[249], a última fase do procedimento de *concordato*, antes da execução propriamente dita, é a referente à sua homologação judicial.

O art. 112, 1, do *Codice della crisi d'impresa e dell'insolvenza*[250], é o principal dispositivo da lei que regula o procedimento, dando clareza sobre qual objeto o tribunal deve exercer o controle. O dispositivo impõe cinco principais critérios para o sucesso da homologação: a) a regularidade do procedimento; b) o resultado da votação; c) a admissibilidade da proposta; d) a correta formação das classes de credores; e) a igualdade de tratamento dos credores dentro de cada classe.

Sobre a modalidade de *concordato in continuità*, o tribunal, verificada a votação em todas as classes de credores e a razoabilidade do plano, deverá homologar o plano.

A homologação também ocorrerá pelo Juízo diante da regularidade do procedimento, mesmo que uma ou mais classes tiverem votado contrariamente ao plano. Nesse caso, abre-se a possibilidade

---

[248] Disponível em: https://www.pgdlisboa.pt/leis/lei_mostra_articulado.php?nid=927&tabela=leis&ficha=1&pagina=1&so_miolo=. Acesso em: 26 jun. 2023

[249] Tota, Edmondo. L'esecuzione anticipata dei concordati con continuità aziendale indiretta: la vendita e l'affitto d'azienda nel concordato "in bianco". *Diritto della Crisi*, fascicolo II, p. 24, 2021.

[250] Art. 112, 1: Il tribunale omologa il concordato verificati: a) la regolarità della procedura; b) l'esito della votazione; c) l'ammissibilità della proposta; d) la corretta formazione delle classi; e) la parità di trattamento dei creditori all'interno di ciascuna classe; f) in caso di concordato in continuità aziendale, che tutte le classi abbiano votato favorevolmente, che il piano non sia privo di ragionevoli prospettive di impedire o superare l'insolvenza e che eventuali nuovi finanziamenti siano necessari per l'attuazione del piano e non pregiudichino ingiustamente gli interessi dei creditori; g) in ogni altro caso, la fattibilità del piano, intesa come non manifesta inattitudine a raggiungere gli obiettivi prefissati.

de o Juízo, a partir da iniciativa do devedor ou com o seu assentimento em caso de propostas concorrentes, homologar o plano desde que cumpridos os seguintes requisitos: a) o valor da liquidação ser distribuído conforme a graduação dos direitos de preferência; b) o valor excedente ao da liquidação ser distribuído de modo que os créditos incluídos nas classes desfavoráveis recebam um tratamento pelo menos igual ao das classes do mesmo grau e mais favorável em relação às classes de grau inferior; c) nenhum credor receber mais do que o valor do seu crédito; e d) a proposta ser aprovada pela maioria das classes, desde que pelo menos uma seja formada por credores titulares de direitos de preferência, ou, na ausência desses, a proposta ser aprovada por pelo menos uma classe de credores que seriam pelo menos parcialmente satisfeitos respeitando a graduação dos direitos de preferência também sobre o valor excedente ao da liquidação[251].

Inclusive, mesmo na presença de voto majoritário (e mesmo totalitário) favorável dos credores, o tribunal poderá negar a homologação caso julgue a proposta não conveniente ou as garantias ou o valor dos bens insuficientes[252].

O que também deve ser analisado é a eventual abusividade do voto e o conflito de interesses. Para a doutrina, elemento essencial da hipótese de conflito de interesses é a existência de dano potencial que consiste na impossibilidade, para a comunidade de credores considerada em seu conjunto e para os demais participantes da reestruturação planejada, de participar da distribuição do excedente de riqueza gerado pela assinatura da concordata[253].

No arranjo, portanto, é possível recorrer ao mecanismo previsto no art. 2.373 do Código Civil apenas nos casos em que, em decorrência de voto determinante de credor com interesse particular não vinculado à reestruturação, a coletividade possa sofrer prejuízos dessa natureza. Por outro lado, o voto do credor conflitante não seria punido com a nulidade quando seu exercício não causasse dano, ainda que potencial, no plano coletivo[254].

Ainda sobre a modalidade do *concordato in continuità,* na hipótese de o credor dissidente alegar falta de conveniência do acordo, o tribunal ainda tem aporte legal para homologar o plano, desde que ele satisfaça o crédito de forma igual ou superior à liquidação judicial[255].

---

[251] Art. 112, 2: Nel concordato in continuità aziendale, se una o più classi sono dissenzienti, il tribunale, su richiesta del debitore o con il consenso del debitore in caso di proposte concorrenti, omologa altresì se ricorrono congiuntamente le seguenti condizioni:

a) il valore di liquidazione è distribuito nel rispetto della graduazione delle cause legittime di prelazione;

b) il valore eccedente quello di liquidazione è distribuito in modo tale che i crediti inclusi nelle classi dissenzienti ricevano complessivamente un trattamento almeno pari a quello delle classi dello stesso grado e più favorevole rispetto a quello delle classi di grado inferiore, fermo restando quanto previsto dall'articolo 84, comma 7;

c) nessun creditore riceve più dell'importo del proprio credito;

d) la proposta è approvata dalla maggioranza delle classi, purché almeno una sia formata da creditori titolari di diritti di prelazione, oppure, in mancanza, la proposta è approvata da almeno una classe di creditori che sarebbero almeno parzialmente soddisfatti rispettando la graduazione delle cause legittime di prelazione anche sul valore eccedente quello di liquidazione.

[252] Nuzzo, Gabriele. *L'abuso del diritto di voto nel concordato preventivo*. Interessi protetti e regola di correttezza. Università degli Studi Roma Ter. Roma: Tre-Press. 2018. p. 16.

[253] Nuzzo, Gabriele. *L'abuso del diritto di voto nel concordato preventivo*. Interessi protetti e regola di correttezza. Università degli Studi Roma Ter. Roma: Tre-Press. 2018. p. 192.

[254] Art. 2373, Codice Civile: "La deliberazione approvata con il voto determinante di coloro che abbiano, per conto proprio o di terzi, un interesse in conflitto (1) con quello della società è impugnabile a norma dell'articolo 2377 qualora possa recarle danno. Gli amministratori non possono votare nelle deliberazioni riguardanti la loro responsabilità. I componenti del consiglio di gestione non possono votare nelle deliberazioni riguardanti la nomina, la revoca o la responsabilità dei consiglieri di sorveglianza".

[255] Art. 112, 3: Nel concordato in continuità aziendale, se con l'opposizione un creditore dissenziente eccepisce il difetto di convenienza della proposta, il tribunale omologa il concordato quando, secondo la proposta e il piano, il credito risulta soddisfatto in misura non inferiore rispetto alla liquidazione giudiziale.

CAPÍTULO 5 • FASE DE DELIBERAÇÃO

Por fim, nos casos de substancial insatisfação dos créditos tributários e previdenciários, nos termos do art. 88, *comma* 2-bis, do *Codice della crisi d'impresa e dell'insolvenza*[256], o tribunal deverá homologar a concordata mesmo na ausência de adesão do fisco ou de gestores de entes da previdência ou assistência social, ainda que tal adesão seja decisiva para atingir as porcentagens referidas no art. 109 (*cram down*) se, de acordo com o relatório independente, a concordata for considerada um meio mais adequado ou tão adequado quanto a liquidação para a satisfação desses referidos créditos.

5.4 França

Na França, ainda que o plano seja aprovado por todas as classes, ele será encaminhado ao tribunal para homologação, o que dependerá da verificação de algumas condições.

Para que o plano de recuperação seja homologado, exige-se: (i) a confirmação de que a adoção do plano se deu conforme o art. L626-30; (ii) as partes interessadas dentro de uma mesma classe recebem tratamento igualitário e são tratadas de maneira proporcional à sua reivindicação ou direito; (iii) se a notificação do plano foi feita regularmente a todas as partes afetadas; (iv) se as partes que votaram contrariamente ao plano não foram colocadas em situação mais desfavorável pelo plano do que estariam em uma liquidação ou na venda da empresa; e (v) se, caso necessários para a implementação do plano, eventuais novos financiamentos não prejudicam injustamente os credores afetados[257][258].

O tribunal pode, ainda, recusar a homologação do plano se entender que "n'offre pas une perspective raisonnable d'éviter la cessation des paiements du débiteur ou de garantir la viabilité de l'entreprise" ou que os interesses de todas as partes afetadas não estão suficientemente protegidos (L626-31)[259].

---

[256] Art. 82-bis. Il tribunale omologa il concordato preventivo anche in mancanza di adesione da parte dell'amministrazione finanziaria o degli enti gestori di forme di previdenza o assistenza obbligatorie quando l'adesione è determinante ai fini del raggiungimento delle percentuali di cui all'articolo 109, comma 1, e, anche sulla base delle risultanze della relazione del professionista indipendente, la proposta di soddisfacimento della predetta amministrazione o degli enti gestori di forme di previdenza o assistenza obbligatorie è conveniente o non deteriore rispetto all'alternativa liquidatoria.

[257] Code de Commerce. Art. L626-31 Lorsque le projet de plan a été adopté par chacune des classes conformément aux dispositions de l'article L. 626-30-2, le tribunal statue sur celui-ci selon les modalités prévues à la section 2 du présent chapitre et vérifie que les conditions suivantes sont réunies:

1° Le plan a été adopté conformément à l'article L. 626-30; 2° Les parties affectées, partageant une communauté d'intérêt suffisante au sein de la même classe, bénéficient d'une égalité de traitement et sont traitées de manière proportionnelle à leur créance ou à leur droit; 3° La notification du plan a été régulièrement effectuée à toutes les parties affectées; 4° Lorsque des parties affectées ont voté contre le projet de plan, aucune de ces parties affectées ne se trouve dans une situation moins favorable, du fait du plan, que celle qu'elle connaîtrait s'il était fait application soit de l'ordre de priorité pour la répartition des actifs en liquidation judiciaire ou du prix de cession de l'entreprise en application de l'article L. 642-1, soit d'une meilleure solution alternative si le plan n'était pas validé; 5° Le cas échéant, tout nouveau financement est nécessaire pour mettre en œuvre le plan et ne porte pas une atteinte excessive aux intérêts des parties affectées. Le tribunal peut refuser d'arrêter le plan si celui-ci n'offre pas une perspective raisonnable d'éviter la cessation des paiements du débiteur ou de garantir la viabilité de l'entreprise. Le tribunal s'assure que les intérêts de toutes les parties affectées sont suffisamment protégés. Le jugement qui arrête le plan en rend les dispositions opposables à tous.

[258] "Si le plan est approuvé par chaque classe, le tribunal peut ou non l'arrêter en respectant les conditions de l'article L. 626-31 du Code de commerce (Ord. 15 sept. 2021, art. 37). Il peut refuser d'arrêter le plan s'il n'offre pas une perspective raisonnable d'éviter la cessation des paiements ou de garantir la viabilité de l'entreprise, si tout nouveau financement nécessaire à la mise en œuvre du plan après s'être assuré que les intérêts des parties affectées. Il peut arrêter le plan après s'être assuré que les intérêts de toutes les parties affectées sont suffisamment protégés. Une fois arrêté, le plan est opposable à tous" (p. 135).

[259] A necessidade de garantir a proteção suficiente do interesse de todos não é recente e já constava da redação do L626-31 anterior à reforma de 2021: "Lorsque le projet de plan a été adopté par chacun des comités conformément aux dispositions de l'article L. 626-30-2 et, le cas échéant, par l'assemblée des obligataires dans les conditions prévues par l'article L. 626-32, le tribunal statue sur celui-ci ainsi que sur le projet de plan mentionné à l'article L. 626-2, selon les modalités prévues à la section 2 du présent chapitre; il s'assure que les intérêts de tous les créanciers sont suffisamment protégés et, s'il y a lieu, que l'approbation de l'assemblée ou

296   *RECUPERAÇÃO JUDICIAL: DOS OBJETIVOS AO PROCEDIMENTO*

Em acréscimo a tais disposições, o plano de reorganização apenas será homologado pelo tribunal se o administrador judicial comprovar que respeitou o disposto no art. L1233-58 do Code du Travail[260], segundo o qual, caso o plano de reorganização estabeleça a dispensa dos empregados, deve o administrador judicial convocar e consultar o comitê social e econômico para elaboração de acordo coletivo.

---

des assemblées mentionnées à l'article L. 626-3 a été obtenue dans les conditions prévues audit article. Sa décision rend applicables à tous leurs membres les propositions acceptées par les comités". À época, já se entendia que "if both creditors' committees approve the plan, the court must independently review the plan to verify that it appropriately protects the interests of all creditors. Approval of the plan by the committees is therefore insufficient, in itself, to assure its adoption" (CAFRITZ, Eric; GILLESPIE, James. French Bankruptcy Law Reform Assessed. *International Financial Law Review*, v. 24, n. 12, dec. 2005, p. 43. Disponível em: https://heinonline.org/HOL/P?h=hein.journals/intfinr24&i=921. Acesso em: 29 mar. 2023.

[260] Code du Travail. Article L1233-58. I.-En cas de redressement ou de liquidation judiciaire, l'employeur, l'administrateur ou le liquidateur, selon le cas, qui envisage des licenciements économiques, met en œuvre un plan de licenciement dans les conditions prévues aux articles L. 1233-24-1 à L. 1233-24-4.

L'employeur, l'administrateur ou le liquidateur, selon le cas, réunit et consulte le comité social et économique dans les conditions prévues à l'article L. 2323-31 ainsi qu'aux articles: 1° L. 1233-8, pour un licenciement collectif de moins de dix salariés; 2° L. 1233-29, premier alinéa, pour un licenciement d›au moins dix salariés dans une entreprise de moins de cinquante salariés; 3° L. 1233-30, I à ɓexception du dernier alinéa, et dernier alinéa du II, pour un licenciement d›au moins dix salariés dans une entreprise d›au moins cinquante salariés;4° L. 1233-34 et L. 1233-35 premier alinéa et, le cas échéant, L. 2325-35 et L. 4614-12-1 du code du travail relatifs au recours à l'expert; 5° L. 1233-31 à L. 1233-33, L. 1233-48 et L. 1233-63, relatifs à la nature des renseignements et au contenu des mesures sociales adressés aux représentants du personnel et à ɓautorité administrative;6° L. 1233-49, L. 1233-61 et L. 1233-62, relatifs au plan de sauvegarde de l'emploi;7° L. 1233-57-5 et L. 1233-57-6, pour un licenciement d'au moins dix salariés dans une entreprise d'au moins cinquante salariés.

II.-Pour un licenciement d'au moins dix salariés dans une entreprise d'au moins cinquante salariés, l'accord mentionné à l'article L. 1233-24-1 est validé et le document mentionné à l'article L. 1233-24-4, élaboré par l'employeur, l'administrateur ou le liquidateur, est homologué dans les conditions fixées aux articles L. 1233-57-1 à L. 1233-57-3, aux deuxième et troisième alinéas de l'article L. 1233-57-4 et à l'article L. 1233-57-7.

Par dérogation au 1° de l'article L. 1233-57-3, sans préjudice de la recherche, selon le cas, par l'administrateur, le liquidateur ou l'employeur, en cas de redressement ou de liquidation judiciaire, des moyens du groupe auquel l'employeur appartient pour l'établissement du plan de sauvegarde de l'emploi, l'autorité administrative homologue le plan de sauvegarde de l'emploi après s'être assurée du respect par celui-ci des articles L. 1233-61 à L. 1233-63 au regard des moyens dont dispose l'entreprise.

À titre exceptionnel, au vu des circonstances et des motifs justifiant le défaut d'établissement du procès-verbal de carence mentionné à l'article L. 2324-8, l'autorité administrative peut prendre une décision d'homologation.

Les délais prévus au premier alinéa de l'article L. 1233-57-4 sont ramenés, à compter de la dernière réunion du comité social et économique, à huit jours en cas de redressement judiciaire et à quatre jours en cas de liquidation judiciaire.

L'employeur, l'administrateur ou le liquidateur ne peut procéder, sous peine d'irrégularité, à la rupture des contrats de travail avant la notification de la décision favorable de validation ou d'homologation, ou l'expiration des délais mentionnés au quatrième alinéa du présent II.

En cas de décision défavorable de validation ou d'homologation, l'employeur, l'administrateur ou le liquidateur consulte le comité social et économique dans un délai de trois jours. Selon le cas, le document modifié et l'avis du comité social et économique ou un avenant à l'accord collectif sont transmis à l'autorité administrative, qui se prononce dans un délai de trois jours.

En cas de licenciements intervenus en l'absence de toute décision relative à la validation ou à l'homologation ou en cas d'annulation d'une décision ayant procédé à la validation ou à l'homologation, le juge octroie au salarié une indemnité à la charge de l'employeur qui ne peut être inférieure aux salaires des six derniers mois. L'article L. 1235-16 ne s'applique pas.

En cas d'annulation d'une décision de validation mentionnée à l'article L. 1233-57-2 ou d'homologation mentionnée à l'article L. 1233-57-3 en raison d'une insuffisance de motivation, l'autorité administrative prend une nouvelle décision suffisamment motivée, dans un délai de quinze jours à compter de la notification du jugement à l'administration. Cette décision est portée par l'employeur à la connaissance des salariés licenciés à la suite de la première décision de validation ou d'homologation, par tout moyen permettant de conférer une date certaine à cette information.

Dès lors que l'autorité administrative a édicté cette nouvelle décision, l'annulation pour le seul motif d'insuffisance de motivation de la première décision de l'autorité administrative est sans incidence sur la validité du licenciement et ne donne pas lieu au versement d'une indemnité à la charge de l'employeur.

III.-En cas de licenciement d'au moins dix salariés dans une entreprise d'au moins cinquante salariés prévu par le plan de sauvegarde arrêté conformément à l'article L. 626-10 du code de commerce, les délais prévus au premier alinéa de l'article L. 1233-57-4 du présent code sont ramenés, à huit jours. Ils courent à compter de la date de réception de la demande de validation ou d'homologation qui est postérieure au jugement arrêtant le plan.

CAPÍTULO 5 • FASE DE DELIBERAÇÃO

5.5 EUA

Nos EUA, o exercício do direito de voto para deliberar sobre o plano é fundamental para os credores. A verificação e a análise da viabilidade econômica do devedor são exercidas pelos próprios credores, por meio da prática do voto.

Este poder concedido é um mecanismo de salvaguarda do *Bankruptcy Code* com a finalidade de assegurar que o plano se dê no melhor interesse dos credores. Entretanto, como todo direito, o exercício do voto é também restringido.

Para os votantes, o exercício do seu direito não pode ocorrer de forma abusiva, de modo a comprometer a finalidade da norma que o estabeleceu. Nesses fundamentos, o Código Americano de Falências estabeleceu, em BC 1.126(e), os limites de voto dos credores. Pelo dispositivo legal, confere-se ao Tribunal a possibilidade de, mediante requerimento e após ouvida a parte, "designate any entity whose acceptance or rejection of such plan was not in good faith or was not solicited or procured in good faith or in accordance with the provisions of this title".

O verbo "*designate*", utilizado na redação da norma, é interpretado como "desqualificar" o voto questionado, como já definido por decisões judiciais[261]. Essa imprecisão do estatuto não se limita, entretanto, ao referido verbo.

O termo "*was not in good faith*" também carece de clara definição. Não foi definido no Código e, portanto, tem sido entendido pelos Tribunais em diferentes significados, o que pode gerar significativa insegurança jurídica.

Historicamente, o processo de reorganização foi estabelecido para as empresas em geral pela promulgação da Lei de Falências de 1933. Foi determinado que a oferta do plano e sua aceitação deveriam ser feitas de boa-fé. Como foi estabelecido, "the plan and its acceptance are in good faith and have not been made or procured by any means or promises forbidden by this title"[262]. Apesar de o estatuto exigir que o voto fosse proferido de boa-fé, não havia qualquer poder expresso conferido aos Tribunais para invalidar um voto que, em tese, não tivesse atendido a esses critérios.

Em Texas Hotel Securities Corp. *v.* Waco Development Co., a ausência do poder de desqualificar os votos expressos de má-fé impediu o Tribunal de o fazer. Em verdade, o Tribunal de Apelações do Quinto Circuito considerou que a Seção 77B, à época, não dava autoridade ao Tribunal para desqualificar os votos dos credores.

Essa polêmica se estendeu sobre o processo, e motivou a promulgação de uma nova norma estatutária[263]. Em 1938, as emendas advindas do *The Chandler Act* adicionaram o *Chapter 10* ao *Bankruptcy Act* e, através da seção 203, permitiu-se que o juiz pudesse desqualificar os votos expressos de má-fé, no momento da aceitação ou recusa de um plano de reorganização.

O poder conferido aos Tribunais foi estabelecido para permitir grande discricionariedade na análise da finalidade do voto. A vaga expressão "*not in good faith*" foi aplicada pelos redatores da Seção 203 com o objetivo de permitir que os tribunais desenvolvessem o seu significado a partir de decisões

---

Lorsque l'autorité administrative rend une décision de refus de validation ou d'homologation, l'employeur consulte le comité social et économique dans un délai de trois jours. Selon le cas, le document modifié et l'avis du comité social et économique, ou un avenant à l'accord collectif, sont transmis à l'autorité administrative, qui se prononce dans un délai de trois jours.

[261] In re Figter Ltd., 118 F.3d 635, 638 (9th Cir. 1997).

[262] 11 U.S.C.A. §207 (f) (6) – 1934.

[263] "There is now little doubt that Section 77B was deficient in not specifically giving to courts the power to disregard the votes of those holding a veto control who dissented from a plan in order to serve some ulterior selfish purpose" [SEC Report on the Study of Investigation of the Work, Activities, Personnel and Functions of Protective and Reorganization Committees, Part. VIII (Sept. 30, 1940)].

judiciais[264]. O termo foi entendido como propositalmente vago, com o intuito de abranger as mais diversas situações que surgirem, de modo a que sua aplicação seria delimitada a cada caso. William O. Douglas, como Comissário da SEC e também redator do projeto de lei, confirmou o propósito da cláusula: "prevemos essa cláusula de 'boa-fé' para permitir que os tribunais afirmem um plano sobre a oposição de uma minoria que tenta bloquear a adoção de um plano meramente para fins egoístas"[265], como aconteceu no caso Waco.

A Suprema Corte, apenas dois anos após a referida promulgação, em Young v. Higbee, reconheceu o propósito dos novos estatutos de conferir poder aos tribunais para proibir práticas como descrito no caso Waco: "Seu objetivo era impedir a participação de credores que, 'pelo uso de táticas obstrutivas e técnicas de retenção, exigem para si vantagens indevidas dos outros acionistas que estão cooperando'"[266].

O termo ambíguo *good faith* foi reproduzido em BC 1.126(e), quando o Código foi alterado em 1978. Na origem, o projeto conferia poderes aos tribunais para rejeitar os votos que foram emitidos em um conflito de interesses. O poder dos Tribunais de designar (desqualificar) os votos expressos de má-fé foi mantido, mas o estatuto conferiu também autoridade aos próprios Tribunais de Falências para desqualificar os votos que não foram solicitados ou obtidos de boa-fé ou de acordo com as disposições do título específico.

Entretanto, o termo "*good faith*", conforme estabelecido na norma em comento, BC 1.126(e), não exige que o credor vote com desinteresse altruísta. Nesse sentido, Collier explica que não há nenhuma declaração no Código de Falências que exija que os credores renunciem a seus interesses: "a mera busca de ganho econômico não indica, por si só, má-fé por parte de um credor, desde que os juros que estão sendo servidos sejam os do credor como credor, em oposição ao credor em alguma outra capacidade"[267].

A desqualificação do voto em conformidade com o designado em BC 1.126(e) foi considerada pelos tribunais como um recurso extremo, aplicável apenas em situações excepcionais. Essa designação raramente deve ser imposta pelos tribunais, devido à importância do direito de voto e a sua essencialidade para o processo de recuperação. O voto deve ser desqualificado "[...] only upon a finding of egregious conduct by a party that evidences a lack of good faith"[268].

Este conceito de boa-fé, que deve ser determinado pelos Tribunais "[...] with a perspicacity derived from the data of its informed practical experience in dealing with bankrupts and their creditors"[269], pode causar incerteza nos agentes econômicos. Essa incerteza levou os estudiosos e os tribunais a tentarem restringir o termo "*good faith*" e criar um padrão mais estável, dando maior delimitação à sua aplicação. Um padrão preciso poderia promover a previsibilidade para os agentes, que estavam em situação confiante em uma designação de um voto emitido dentro de certos padrões[270].

---

[264] House Hearings on H.R. 6439, 75th Cong., 1st Sess. at 181 (1937), Weinstein Testifying.

[265] House Hearings on H.R. 6439, 75th Cong., 1st Sess. At 181 (1937).

[266] Young v. Higbee Co., 324 U.S. 204, 213, 65 S. Ct. 594, 599, 89 L. Ed. 890 (1945).

[267] SOMMER, Henry J.; LEVIN, Richard. *Collier on bankruptcy*. 16. ed. New York: Matthew Neder Elite Products, LexisNexis, 2009. v. 17. p. 1.126.

[268] PASQUALE, Kenneth; TAVERAS, Elizabeth; CANFIEL, Jonathan. What conduct is required to designate votes pursuant to Bankruptcy Code Section 1126(e)?, 2014 *Ann. Surv. of Bankr. Law* 4, p. 2.

[269] In re Figter Ltd., 118 F.3d 635, 639-40 (9th Cir. 1997).

[270] BOYD, Suzanne N. A statutory analysis of the Bankruptcy Code's Vote Designation Provision: Protecting an Equitable Process from Manipulation. 2014 *Ann. Surv. of Bankr. Law* 6. p. 11.

CAPÍTULO 5 • FASE DE DELIBERAÇÃO

Nesse sentido, os tribunais interpretaram a boa-fé do voto como a falta de segundas intenções do votante. A relação mais antiga do termo má-fé com segundas intenções pode ser encontrada no caso *Downtown Investment,* decidido em 1936. Neste, o Tribunal do Primeiro Circuito argumentou que a aprovação do plano fornecia a presunção de que era justo e equitativo, a menos que o voto tivesse sido dado "due to ulterior reasons not common to all of the class of the creditors or other parties whose assent is called for"[271].

O motivo oculto foi conceituado como um interesse não apenas além daquele pertencente ao próprio credor, mas relacionado a um interesse além daquele do credor enquanto credor. Este conceito de *ulterior reasons* foi seguido pelos Tribunais em vários casos, como critério para desqualificar um voto proferido de forma abusiva.

Em Young *v.* Higbee[272], um caso decidido poucos anos após a promulgação do *Bankruptcy Code,* a Suprema Corte confirmou em que sentido o voto deveria ser interpretado. Para a Corte, o voto poderia ser invalidado quando seu "selfish purpose was to obstruct a fair and feasible reorganization in the hope that someone would pay them more than the ratable equivalent of their proportionate part of the bankrupt assets"[273].

Também, no caso da então recuperanda Figter Ltd., o Tribunal de Apelação do Nono Circuito analisou o conceito de boa-fé e estabeleceu um precedente para os casos posteriores quando confirmou a decisão do tribunal distrital[274].

Dessa forma, se a interpretação dos poderes conferidos aos tribunais a partir do BC 1.126(e) para rejeitar qualquer voto que não seja de boa-fé para a aceitação ou rejeição de eventual plano de recuperação não era clara, o termo *good faith* foi definido pelos Tribunais como a ausência de segundas intenções, i.e., *ulterior reasons.* Apesar do significado original de segundas intenções que os redatores do Código de Falências pretendiam, os precedentes dos tribunais o definiram como o interesse além daquele do credor na sua posição de credor.

Trata-se, entretanto, de hipótese absolutamente excepcional de desconsideração do voto dos credores. Na regra geral, a análise da viabilidade econômica do devedor e do plano de recuperação judicial compete exclusivamente aos credores, por meio do voto. A concessão da reorganização ou liquidação pelo Juízo deve-se atentar à referida análise, exceto se constatada ilegalidade das previsões do plano.

5.6 A homologação judicial do plano de recuperação judicial no Brasil

A alocação de poder na legislação brasileira trazida com a revogação do Decreto-Lei n. 7.661/45 buscou deslocar o poder de decisão sobre a viabilidade econômica da atividade e a recuperabilidade do devedor proposto no plano para os credores, consistentes nos principais interessados na superação da crise econômico-financeira do devedor e no cumprimento de suas obrigações.

A concordata, concebida pelo Decreto-Lei como um favor legal conferido pelo Juízo, passou a ser substituída pela recuperação judicial, cujo poder de análise da viabilidade econômica do plano fora atribuída exclusivamente aos credores.

Pela nova legislação, não pode mais o Judiciário intervir no mérito do plano ou alterar a deliberação dos credores. A Assembleia Geral de Credores é autônoma.

---

[271] Downtown Inv. Ass'n *v.* Boston Metro. Bldgs, Inc., 81 F.2d 314 (1st Cir. 1936).

[272] Young *v.* Higbee Co., 324 U.S. 204, 206, 65 S. Ct. 594, 596, 89 L. Ed. 890 (1945).

[273] Id. p. 598.

[274] In re Figter Ltd., 118 F.3d 635, 639-40 (9th Cir. 1997).

Tal conclusão é apresentada pelo art. 58 da Lei n. 11.101/2005. Pelo dispositivo legal, desde que cumpridas as exigências desta Lei, o juiz concederá a recuperação judicial do devedor cujo plano não tenha sofrido objeção de credor nos termos do art. 55 desta Lei ou tenha sido aprovado pela Assembleia Geral de Credores na forma do art. 45 desta Lei.

Pelo dispositivo legal, a intervenção judicial deve ser absolutamente excepcional e exclusiva das hipóteses de constatação de ilegalidade do plano de recuperação judicial ou do voto dos credores.

Nesse aspecto, a doutrina brasileira, parcialmente reunida na I Jornada de Direito Comercial do Conselho da Justiça Federal/STJ, apregoou, ainda que sem qualquer poder normativo, dois enunciados sobre a questão. O Enunciado 44 procurava esclarecer que "a homologação de plano de recuperação judicial aprovado pelos credores está sujeita ao controle de legalidade". Por seu turno, o Enunciado 46 pretendia que "não compete ao juiz deixar de conceder a recuperação judicial ou de homologar a extrajudicial com fundamento na análise econômico-financeira do plano de recuperação aprovado pelos credores".

5.6.1 O controle de legalidade sobre o plano de recuperação

A despeito da posição doutrinária sobre a lei, a interpretação jurisprudencial tem sido diversa. Levantamentos de julgados do TJSP demonstram que a incidência de intervenções e invalidações em planos questionados em sede de agravo de instrumento, além de não serem excepcionais, demonstram evidente ausência de uniformidade acerca do que constitui a ilegalidade nos planos, desde a extensão do prazo de carência à incidência de juros[275].

Como qualquer outro negócio jurídico, tanto o plano quanto o voto dos credores devem se submeter aos requisitos de validade dos negócios jurídicos, que precisam ter objeto lícito, possível e determinado[276].

A despeito da vedação à apreciação da viabilidade econômica do plano proposto e da restrição apenas à apreciação da legalidade dos negócios jurídicos, a jurisprudência tem anulado diversas cláusulas do plano de recuperação judicial que versam sobre as formas de pagamento dos credores.

Nesse aspecto, há intervenção na negociação e no mérito do plano por meio da avaliação da taxa de deságio, taxa de juros, índice de correção monetária, tempo de carência e prazo de satisfação dos credores sujeitos à recuperação judicial. Suas condições são sujeitas à negociação entre credores e devedor, de modo que o Poder Judiciário deveria apenas assegurar a simetria de informações durante a referida negociação e que nenhuma cláusula seja contrária à Lei.

Entretanto, pesquisa da jurisprudência do Tribunal de Justiça de São Paulo sobre os planos de recuperação judicial constata que "nos anos de 2013 e 2014 (conjuntamente), 50% dos planos com pedido de invalidação de ao menos uma cláusula que versava sobre deságio, taxa de juros, índice de correção monetária, tempo de carência ou prazo de pagamento dos créditos quirografários sofreram intervenção por estes mesmos motivos. Já na avaliação feita em outubro de 2017, essa proporção cai para 27%"[277].

---

[275] OLIVEIRA, Beatriz Witts Maldos. Intervenção do Poder Judiciário na invalidação do deságio dos créditos quirografários aprovados no plano de recuperação. In: RIBEIRO, José Horácio; SACRAMONE, Marcelo Barbosa; WAISBERG, Ivo (org.). *Direito comercial, falências e recuperação de empresas – Temas*. São Paulo: Quartier Latin, 2019. Série Direito Comercial Moderno. p. 59-78.

[276] Enunciado 44 da I Jornada de Direito Comercial CJF/STJ: "a homologação de plano de recuperação judicial aprovado pelos credores está sujeita ao controle de legalidade".

[277] OLIVEIRA, Beatriz Witts Maldos. Intervenção do Poder Judiciário na invalidação do deságio dos créditos quirografários aprovados no plano de recuperação. In: WAISBERG, Ivo; RIBEIRO, José Horácio H. R.; SACRAMONE, Marcelo Barbosa (org.). *Direito comercial, falências e recuperação de empresas – Temas*. São Paulo: Quartier Latin, 2019. Série Direito Comercial Moderno. p. 65.

CAPÍTULO 5 • FASE DE DELIBERAÇÃO

Versando sobre os dados levantados, em relação ao deságio, foram levantados 92 processos contendo 125 planos distintos. Dos 117 nos quais constam dados acerca do percentual do deságio, 6,88% foram invalidados em decorrência do deságio[278]. Sobre essas decisões, verifica-se grande divergência do órgão julgador quanto a qual valor se considera inadequado: enquanto 7% dos planos com deságio entre 50-60% foram invalidados, nenhum com taxa entre 60-70% o foi.

Sobre a previsão de juros, por sua vez, dos 98 planos com taxas especificadas, 25,5% deles foram invalidados, com prevalência de 60% sobre os que previam a taxa de 0%. Novamente, incoerências emergem: tanto os processos com previsões remuneratórias baixas, 0-4%, quanto os já com índices razoáveis, 4-8%, tiveram a mesma prevalência de invalidações, 7%[279].

No relativo à correção monetária, dos 116 planos analisados, quase todas as modalidades de índice foram reprovadas na incidência de 10% ou menos dos casos. As únicas notáveis exceções se referem aos corrigidos por taxas prefixadas, 80% deles invalidados, e os sem qualquer correção, 61%, apenas[280].

Já sobre o tempo de carência, dos 81 planos sobre os quais constam os prazos, 3,7% foram invalidados. Novamente constata-se falta de homogeneidade nas decisões: 8% dos que tinham os prazos compreendidos entre 20-30 meses foram invalidados, enquanto 0% dos que abarcavam os entre 30 e 40 meses[281].

Por fim, no relativo ao prazo de pagamento dos quirografários, dos 91 questionados, 5 foram invalidados. E, de acordo com os padrões já estabelecidos, incoerências são constatáveis: a invalidação sobre os planos com prazo de até 10 anos foi superior ao dos com prazo de 10 a 20 anos[282].

Se na prática as intervenções judiciais não têm sido excepcionais, elas tampouco se adstringem aos planos.

5.6.2 O controle de legalidade sobre o abuso de voto

O direito de voto, como qualquer outro direito, não é absoluto. O art. 187 do Código Civil[283] disciplina o exercício dos direitos e estabelece cláusula geral aplicável ao exercício de todos os direitos subjetivos[284].

---

[278] OLIVEIRA, Beatriz Witts Maldos. Intervenção do Poder Judiciário na invalidação do deságio dos créditos quirografários aprovados no plano de recuperação. In: RIBEIRO, José Horácio H. R.; SACRAMONE, Marcelo Barbosa; WAISBERG, Ivo (org.). *Direito comercial, falências e recuperação de empresas – Temas*. São Paulo: Quartier Latin, 2019. Série Direito Comercial Moderno. p. 67.

[279] OLIVEIRA, Beatriz Witts Maldos. Intervenção do Poder Judiciário na invalidação do deságio dos créditos quirografários aprovados no plano de recuperação. In: RIBEIRO, José Horácio H. R.; SACRAMONE, Marcelo Barbosa; WAISBERG, Ivo (org.). *Direito comercial, falências e recuperação de empresas – Temas*. São Paulo: Quartier Latin, 2019. Série Direito Comercial Moderno. p. 69.

[280] OLIVEIRA, Beatriz Witts Maldos. Intervenção do Poder Judiciário na invalidação do deságio dos créditos quirografários aprovados no plano de recuperação. In: RIBEIRO, José Horácio H. R.; SACRAMONE, Marcelo Barbosa; WAISBERG, Ivo (org.). *Direito comercial, falências e recuperação de empresas – Temas*. São Paulo: Quartier Latin, 2019. Série Direito Comercial Moderno. p. 71.

[281] OLIVEIRA, Beatriz Witts Maldos. Intervenção do Poder Judiciário na invalidação do deságio dos créditos quirografários aprovados no plano de recuperação. In: RIBEIRO, José Horácio H. R.; SACRAMONE, Marcelo Barbosa; WAISBERG, Ivo (org.). *Direito comercial, falências e recuperação de empresas – Temas*. São Paulo: Quartier Latin, 2019. Série Direito Comercial Moderno. p. 73.

[282] OLIVEIRA, Beatriz Witts Maldos. Intervenção do Poder Judiciário na invalidação do deságio dos créditos quirografários aprovados no plano de recuperação. In: RIBEIRO, José Horácio H. R.; SACRAMONE, Marcelo Barbosa (org.); WAISBERG, Ivo. *Direito comercial, falências e recuperação de empresas – Temas*. São Paulo: Quartier Latin, 2019. Série Direito Comercial Moderno. p. 75.

[283] Código Civil. Art. 187. Também comete ato ilícito o titular de um direito que, ao exercê-lo, excede manifestamente os limites impostos pelo seu fim econômico ou social, pela boa-fé ou pelos bons costumes.

[284] Daniel Souza Araújo *et al.* apontam que, embora originalmente a Lei de Recuperação e Falências não estabelecesse qualquer definição de exercício abusivo do direito de voto e nem suas consequências, era possível recorrer-se ao art. 187 do Código Civil e ao art. 115 da Lei das S.A. para a caracterização do abuso. "Quando da publicação da Lei de Recuperação e Falências – Lei n. 11.101/2005 ('LRF'), antes da alteração da Lei n. 14.112/2020, o legislador não estabeleceu qualquer definição de exercício

Ainda que o direito subjetivo tenha sido conferido a uma determinada pessoa, esse será considerado um ato ilícito se o seu exercício ocorrer de forma anormal ou abusiva. O exercício anormal ocorrerá se houver contrariedade aos bons costumes, à boa-fé ou aos limites impostos pelos fins econômicos e sociais[285].

Como não há contrato plurilateral prévio entre os credores ou qualquer disposição de que eles seriam obrigados a renunciar aos interesses particulares em prol de um interesse da coletividade, os credores não precisam necessariamente votar sempre conforme a aprovação do plano de recuperação judicial.

Ao contrário do que ocorre com a assembleia geral de acionistas, não há um interesse comum ou social a caracterizar todo o voto que se desvia desse fim como um voto abusivo, nos termos do art. 115 da Lei n. 6.404/76[286].

O art. 47 da Lei n. 11.101/2005, nesse aspecto, não determina um interesse comum de voto. Estabelece-se mero objetivo do sistema de insolvência ao determinar que "a recuperação judicial tem por objetivo viabilizar a superação a situação de crise econômico-financeira do devedor, a fim de permitir a manutenção da fonte produtora, do emprego dos trabalhadores e dos interesses dos credores, promovendo, assim, a preservação da empresa, sua função social e o estímulo à atividade econômica"[287].

Na Assembleia Geral de Credores, pressupôs a lei que a melhor alocação dos recursos escassos para a preservação da atividade empresarial na condução da recuperanda ou por meio do desenvolvimento da atividade empresarial pelo arrematante na liquidação falimentar seria obtida pela maioria dos votos dos credores ao tutelarem os respectivos interesses particulares enquanto credores. Estes, ao votarem conforme os respectivos interesses particulares e com o objetivo de maximizar a satisfação dos seus créditos, permitiriam a obtenção de um interesse da maioria e uma deliberação sobre a

---

abusivo do direito de voto, e tampouco impôs consequências. Por meio de interpretação teleológica, recorre-se à teoria do abuso de direito na forma estatuída pelo art. 187 do Código Civil, segundo a qual comete ato ilícito o titular de um direito que, ao exercê-lo, excede manifestamente os limites impostos pelo seu fim econômico ou social, pela boa-fé ou pelos bons costumes. No âmbito do direito societário, o art. 115 da Lei da S.A. considera abusivo o voto do acionista que age com a finalidade de causar dano à companhia ou de obter vantagem pessoal que possa resultar em prejuízo para a sociedade" (ARAÚJO, Daniel Souza *et al. O abuso de direito de voto na Assembleia Geral de Credores: uma análise jurimétrica dos processos de recuperação judicial do estado de São Paulo. In: DANTAS, Rodrigo D'Orio; NUNES, Marcelo Guedes; SACRAMONE, Marcelo Barbosa (coord.). Recuperação judicial e falência.* Indaiatuba: Foco, 2022. p. 319).

[285] Segundo LEÃES, aproximando o conceito de abuso de direito ao de excesso de poder, "ocorre abuso de direito, segundo a concepção mais generalizada, quando o agente, atuando dentro das prerrogativas que o ordenamento jurídico lhe concede, deixa de considerar a finalidade social para a qual o direito subjetivo foi concedido (posto que os direitos são conferidos para serem usados de uma forma que se afeiçoe ao interesse coletivo), ou, o que vem a dar no mesmo, quando o agente exerce sem qualquer interesse legítimo. O abuso de direito é, em suma, um desvio no seu exercício regular, seja por faltar ao titular legítimo interesse para exercê-lo daquele modo; seja porque a sua destinação econômica e social tenha sido frustrada" (LEÃES, Luiz Gastão Paes de Barros. *Conflito de interesses.* Estudos e pareceres sobre Sociedades Anônimas. São Paulo: Revista dos Tribunais, 1989. p. 16).

[286] Art. 115 da Lei n. 6.404/76: "O acionista deve exercer o direito a voto no interesse da companhia; considerar-se-á abusivo o voto exercido com o fim de causar dano à companhia ou a outros acionistas, ou de obter, para si ou para outrem, vantagem a que não faz jus e de que resulte, ou possa resultar, prejuízo para a companhia ou para outros acionistas [...]".

[287] Em sentido contrário, Álvaro Marino sustenta que "o voto em deliberação sobre o plano de recuperação judicial é em tudo semelhante ao que tem lugar nas assembleias. O art. 47 da Lei n. 11.101/2005 aflige ao credor o dever de votar não apenas conforme os interesses pessoais, mas também em atendimento à função social da empresa. Não é, naturalmente, que aqueles não possam ser perseguidos. Também aqui não se deu a desnaturação do direito (subjetivo) de voto, mas tão somente sua funcionalização [...]. O que ele determina é a busca pela função social da empresa, isto é, da atividade empresarial – que apenas cumpre sua função, se é mantida, como fonte produtora: o complexo de bens organizado é explorado para a produção e circulação de bens e serviços ao mercado" (MARIANO, Álvaro A. C. *Abuso de voto na recuperação judicial.* Tese (Doutorado em Direito Comercial) – Faculdade de Direito da Universidade de São Paulo, 2012).

CAPÍTULO 5 • FASE DE DELIBERAÇÃO

viabilidade econômica ou não do devedor, o que asseguraria a proteção aos interesses de todos os demais afetados pelo seu desenvolvimento.

Os credores, nesses termos, podem votar favorável ou contrariamente ao plano de recuperação judicial, desde que como forma de protegerem os seus legítimos interesses creditórios.

O voto será nulo apenas se for proferido com abuso manifesto desse específico direito, se houver contrariedade à boa-fé ou aos limites impostos pelos fins econômicos e sociais.

Dessa forma, pela própria redação do art. 187 do Código Civil, a violação deve ser manifesta. A nulidade do voto somente poderá ser reconhecida se o voto tiver sido proferido de forma nitidamente abusiva, de forma evidente. Isso porque a situação de abuso deverá ser absolutamente excepcional para justificar a intervenção judicial, sob pena de se gerar insegurança jurídica diante da interpretação subjetiva do que seria lícito e do que seria excesso ilícito[288].

A violação poderá ser da boa-fé para caracterizar a abusividade. Pela boa-fé, o voto será considerado abusivo se for proferido pelo credor de forma desleal ou ímproba, ou seja, se o credor votar com o intuito não de satisfazer seu crédito, mas de prejudicar o devedor ou a terceiro para beneficiar a si ou a outrem.

Em sua vertente objetiva, que restringe o direito de voto do credor, a boa-fé é encarada como "exigência de lealdade, modelo objetivo de conduta, arquétipo social pelo qual impõe o poder-dever (do que cada pessoa ajuste a própria conduta a esse arquétipo, obrando como obraria uma pessoa honesta, proba e leal)"[289].

Como parâmetro objetivo, o voto também deverá atender aos bons costumes, como o atendimento de normas de comportamento ético. Os bons costumes apresentam-se como parâmetros estabelecidos pela consciência social e em relação a comportamentos que deveriam ser seguidos pelo votante.

Por fins sociais e econômicos, o exercício dos direitos deve respeitar a um interesse coletivo, à satisfação de determinados interesses públicos ou dos demais cidadãos[290] e consistentes no melhor funcionamento do mercado[291]. Os fins sociais e econômicos a pautarem o exercício do direito de voto devem ser considerados como a utilidade pela qual referido direito foi imposto aos credores. Deverão ser considerados como a melhor forma de satisfação do crédito de seu titular, conforme a análise individual e subjetiva de cada um desses credores sobre a viabilidade ou não da empresa sob a condução do devedor em recuperação judicial.

A reforma legislativa promovida pela Lei n. 14.112/2020 consagra essa interpretação e especifica os requisitos do abuso de direito para a hipótese do voto proferido por credores em assembleia geral. Com a inserção do art. 39, § 6º, na Lei n. 11.101/2005, estabeleceu-se que "o voto será exercido pelo credor no seu interesse e de acordo com o seu juízo de conveniência e poderá ser declarado nulo por abusividade somente quando manifestamente exercido para obter vantagem ilícita para si ou para outrem".

---

[288] Nas palavras de Boulos, "o termo traduz, por um lado, uma preocupação do legislador com as interpretações meramente subjetivas do juiz ao apreciar o caso concreto e, por outro, uma verdadeira válvula de segurança que separa o exercício conforme do exercício disforme, ou, ainda, o exercício lícito do exercício ilícito" (BOULOS, Daniel. *Abuso do direito no novo Código Civil*. São Paulo:Método, 2006. p. 162).

[289] REALE, Miguel. *A história do Código Civil*. São Paulo: Revista dos Tribunais, 2005. p. 249.

[290] SZTERLING, Fernando. *A função social da empresa no direito societário*. Dissertação (Mestrado) – Faculdade de Direito da Universidade de São Paulo, São Paulo, 2003. p. 45.

[291] Sobre as consequências negativas de quebras contratuais no mercado, conferir REZENDE, Christiane Leles; ZYLBERSZTAJN, **Décio**. Pacta sunt servanda versus the social role of contracts: the case of Brazilian agriculture contracts. *Revista de Economia e Sociologia Rural*, Piracicaba, v. 50, n. 2, abr./jun. 2012, p. 207-222.

Desta forma, tornou-se claro que aos credores foi conferido o poder de votar conforme a sua convicção pessoal acerca da viabilidade econômica do devedor para a condução de sua atividade. Com base em seu interesse creditício, é legítimo ao credor avaliar se lhe é mais conveniente e oportuno para a maximização da satisfação dos seus créditos a aprovação do plano de recuperação judicial proposto ou sua rejeição.

O reconhecimento de sua nulidade exigirá apreciação do caso concreto. Para tanto, imprescindível que se demonstre que seu exercício abusivo foi manifesto, evidente.

Dentro dos elementos objetivos cuja demonstração será concomitante, imprescindível ainda que a utilidade ou finalidade do voto tenha sido desviada. O credor precisa ter exercido o voto não conforme sua convicção sobre a viabilidade econômica do devedor e como a melhor forma para aumentar a satisfação do seu respectivo crédito, mas como meio para obter um benefício para si ou para outrem que extrapole sua condição de credor[292].

Fora dessa hipótese excepcional, o voto será exercido com regularidade e não será possível a intervenção judicial se o credor apreciar a viabilidade econômica para propiciar maiores resultados para si enquanto credor ou menores perdas em relação à liquidação dos ativos do devedor[293].

A intervenção excepcional, entretanto, não se reflete na jurisprudência brasileira. Por meio do abuso de voto dos credores que rejeitaram o plano de recuperação judicial, a jurisprudência brasileira tem referendado a declaração de nulidade do voto proferido pela rejeição do plano de recuperação judicial e como forma de se assegurar a concessão da recuperação judicial, ainda que em detrimento da vontade da maioria dos credores.

Nesse aspecto, precedente do Superior Tribunal de Justiça do Brasil, Recurso Especial n. 1.337.989-SP[294], referendou o julgamento do Tribunal de Justiça do Estado de São Paulo, para confirmar a decisão do juízo de primeiro grau e conceder a recuperação judicial em detrimento do voto negativo da maioria dos credores. Segundo o acórdão do Tribunal de Justiça, "ao julgador há de ser dado certo campo de atuação além dos limites literais da lei para que prevaleça o princípio da manutenção da empresa que revele possibilidade de superar a crise econômico-financeira pela qual esteja passando"[295].

No Recurso Especial julgado pelo Superior Tribunal de Justiça, o ministro relator emitiu voto de que a interpretação dos dispositivos da Lei n. 11.101/2005 deveria ser realizada com base no princípio da preservação da empresa por meio da recuperação judicial. Segundo o seu voto,

> nenhuma interpretação pode ser aceita se dela resultar circunstância que, além de não fomentar, na verdade, inviabilize a superação da crise empresarial, com consequências perniciosas ao objetivo de preservação da empresa economicamente viável, à manutenção da fonte produtora e dos postos de trabalho, além de não atender a nenhum interesse legítimo dos credores, sob pena de tornar inviável toda e qualquer recuperação, sepultando o instituto[296].

---

[292] Nesse sentido, ver: BUSCHINELLI, Gabriel Saad Kik. *Abuso do direito de voto na assembleia geral de credores*. Dissertação (Mestrado em Direito Comercial) — Faculdade de Direito da Universidade de São Paulo, São Paulo, 2013, pp. 77-112. Disponível em: doi:10.11606/D.2.2016.tde-24102016-155244. Acesso em: 13 abr. 2023.

[293] Nesse sentido, MUNHOZ, Eduardo Secchi. Anotações sobre os limites do poder jurisdicional na apreciação do plano de recuperação judicial. *Revista de Direito Bancário e do Mercado de Capitais*, 193, Revista dos Tribunais, ano 10, n. 36, 2007.

[294] STJ, Quarta Turma, Recurso Especial 1.1337.989-SP, Rel. Min. Luis Felipe Salomão. j. 8-5-2018.

[295] TJSP. Câmara Reservada à Falência e Recuperação Judicial. Agravo de Instrumento n° 657.733-4/6-00, rel. José Roberto Lino Machado, j. 27-10-2009.

[296] STJ, Quarta Turma, Recurso Especial 1.1337.989-SP, Rel. Min. Luis Felipe Salomão. j. 8-5-2018.

CAPÍTULO 5 • FASE DE DELIBERAÇÃO

Pelo seu voto condutor, defendeu-se que a recuperação judicial deveria ser concedida ainda que em detrimento da vontade da maioria em virtude da necessidade de preservação da empresa. Nesse sentido, determinou-se que

a mantença de empresa ainda recuperável deve-se sobrepor aos interesses de um ou poucos credores divergentes, ainda mais quando sem amparo de fundamento plausível, deixando a realidade se limitar à fria análise de um quórum alternativo, com critério complexo de funcionamento, em detrimento da efetiva possibilidade de recuperação da empresa e, pior, com prejuízos aos demais credores favoráveis ao plano[297].

Longe de revelar comportamento isolado, os dados colhidos no estado de São Paulo revelam que a jurisprudência nacional, mais do que se restringir a aferir os parâmetros de ilegalidade do voto proferido, tem utilizado o instituto do abuso de direito de voto para interferir no mérito dos planos de recuperação judicial em detrimento da vontade da maioria dos credores.

Pelos dados coletados na jurisprudência do estado de São Paulo, dos 62 processos em que houve a discussão a respeito dos abusos de voto, em 41 dos processos o abuso foi efetivamente reconhecido, ao menos em primeira instância. A justificativa para tanto, ainda que não exclusiva dos argumentos, foi variada e não identificava necessariamente o abuso. Dos 41 processos, em 21 processos o abuso foi identificado como falta de racionalidade econômica do voto; em 13 processos o abuso foi fundamentado na ausência do dever de negociação pelo credor; em 13 casos a desconsideração do voto do credor foi realizada com base no princípio da preservação da empresa[298].

Além do abuso nem sempre estar efetivamente presente nas hipóteses expressas pela redação do dispositivo legal, segundo o estudo, o *cram down* foi utilizado em 87,9% dos casos em que fora reconhecido o abuso e concedida a recuperação judicial. Porém, quando analisada a forma que se deu a concessão da recuperação precedida da desconsideração do voto, verificou-se que "em 30,5% dos processos analisados não havia os requisitos objetivos para a concessão [pelo *cram down*], considerando o que preceitua a Lei n. 11.101/2005"[299].

5.6.3 A adequação dos incentivos legais

A atribuição dos recursos deve ser conferida àqueles que tenham maior incentivo a obter informações e a empreender a melhor análise sobre a viabilidade econômica do plano de recuperação proposto e sobre a alternativa da liquidação falimentar.

Aos credores foi conferida expressamente pela legislação essa atribuição justamente para se garantir a maior eficiência econômica. No mínimo, garantia-se forma nova para se evitar o resultado já conhecido de apropriação indevida dos recursos pelo devedor em deterioração da satisfação dos credores e da manutenção da própria atividade a longo prazo, o que ocorreu durante 60 anos de vigência do Decreto-Lei n. 7.661/45.

O controle judicial sobre o plano de recuperação judicial e sobre o voto dos credores deverá ser realizado de modo a assegurar que o negócio jurídico celebrado pelos devedores com os credores ocorra mediante a convergência de declarações de vontade qualificadas. Para tanto, deverão ser

---

[297] STJ, Quarta Turma, Recurso Especial 1.1337.989-SP, Rel. Min. Luis Felipe Salomão. j. 8-5-2018, p. 13.

[298] Araújo, Daniel Souza *et al.* O abuso de direito de voto na Assembleia Geral de Credores: uma análise jurimétrica dos processos de recuperação judicial do estado de São Paulo. In: Dantas, Rodrigo D'Orio; Nunes, Marcelo Guedes; Sacramone, Marcelo Barbosa (coord.). *Recuperação judicial e falência*. Indaiatuba: Foco, 2022. p. 328.

[299] Araújo, Daniel Souza *et al.* O abuso de direito de voto na Assembleia Geral de Credores: uma análise jurimétrica dos processos de recuperação judicial do estado de São Paulo. In: Dantas, Rodrigo D'Orio; Nunes, Marcelo Guedes; Sacramone, Marcelo Barbosa (coord.). *Recuperação judicial e falência*. Indaiatuba: Foco, 2022. p. 328.

garantidas pelo Juízo as informações imprescindíveis para que se conheça a real condição econômico-financeira do devedor, seu fluxo de caixa efetivamente esperado e o valor de seus ativos em eventual liquidação forçada. Tais informações são imprescindíveis para que se possa mensurar a viabilidade econômica do devedor e de seu plano proposto.

O plano de recuperação e o voto, entretanto, não podem ser utilizados como meios para se afrontar a legislação cogente, sob pena de se abusar do direito conferido. O controle de legalidade do plano e do voto deve ser atribuído ao Poder Judiciário como mecanismo para se garantir o respeito à legislação nacional e às próprias funções do instituto da recuperação judicial.

O controle de legalidade, entretanto, não pode ser utilizado como forma de interferência na aferição da viabilidade econômica do devedor ou das condições propostas para superarem a crise. Apenas se os agentes econômicos com maiores incentivos puderem efetivamente avaliar a viabilidade econômica da proposta será possível obter a maior eficiência econômica decorrente da melhor alocação dos recursos escassos e que permitiria a preservação da empresa a longo prazo e maior satisfação dos interesses de todos os envolvidos.

Conclusão

Como instrumento de política pública, o instituto de recuperação judicial no Brasil pretende a maximização do valor dos ativos do devedor, a recuperação das sociedades e empresários recuperáveis e a liquidação falimentar com a retirada do mercado dos empresários irrecuperáveis, o que promoveria a redução do custo do crédito do Brasil e a tutela da higidez do mercado.

Dentro dessas finalidades, a preservação da empresa é objetivo precípuo pretendido. Seu atendimento a longo prazo se relaciona com os demais objetivos pretendidos. Almeja-se a proteção dos interesses de todos os envolvidos com o desenvolvimento da atividade empresarial por meio da avaliação do melhor aproveitamento dos recursos escassos para satisfazê-los, seja pela manutenção da empresa viável sob a condução do empresário devedor recuperável, seja por meio da exploração da atividade viável economicamente por adquirente mais eficiente na liquidação falimentar do conjunto de ativos do empresário irrecuperável.

Essa função do instituto exige a correta estruturação do procedimento. A opção política dos objetivos, que assegurou a inexistência de prevalência do procedimento de recuperação ao procedimento falimentar, impõe a adequação dos incentivos legais para que os agentes decisórios possam, diante de cada caso concreto, apreciar o melhor aproveitamento dos recursos escassos por meio da mensuração da viabilidade da empresa, do valor de seus ativos e da avaliação sobre a manutenção do devedor sob a condução da atividade.

Na estruturação do procedimento, a atribuição do poder deve ser feita àqueles que terão o maior incentivo para tomar decisões corretas sobre a viabilidade da atividade e recuperabilidade do devedor e que suportarão os maiores custos de uma decisão equivocada.

A atribuição de poderes a terceiros afetados pela atividade não permitiria a obtenção dos objetivos almejados. Além da dificuldade da representação e da variabilidade dos interesses, os terceiros interessados não detentores de créditos, mas cujos interesses são dependentes do prosseguimento da atividade empresarial, não possuem incentivos para a direta mensuração da viabilidade econômica da atividade ou para a recuperabilidade do devedor. Os efeitos negativos de uma eventual preservação da atividade inviável ou de um devedor irrecuperável a longo prazo são dispersos e contrapostos a efeitos benéficos positivos e concentrados, ainda que transitórios e de curto prazo, da preservação de um empresário ineficiente.

A atribuição do poder a um órgão externo, como o Poder Judiciário, para a proteção dos interesses de todos esses envolvidos também não asseguraria, de forma mais adequada, a persecução de todos os objetivos pretendidos. Seja pela aplicação de regras distributivas expressas, seja indiretamente por meio de interpretação teleológica para implementar política pública com intuito social, o Poder Judiciário estaria sujeito a vieses cognitivos e a fatores externos, com a tendência a evitar a possibilidade de perda por meio da decretação da falência e a reduzir o risco de erro da concessão da recuperação judicial e a influência promovida pela comoção social gerada por eventual descontinuidade da atividade, fechamento dos postos de trabalho, interrupção do fornecimento de produtos e serviços.

Os devedores e credores suportariam os custos mais identificáveis e teriam os incentivos econômicos mais diretos para a tomada da mais correta decisão econômica. Ao protegerem a maximização da satisfação dos próprios créditos ou interesses, estarão mais inclinados a tomarem a decisão mais racional no longo prazo sobre o melhor aproveitamento dos recursos. Ao aferirem a viabilidade econômica da empresa para maximizar a satisfação dos respectivos créditos e interesses, esses agentes avaliariam a melhor destinação dos ativos e, por consequência, promoveriam a proteção dos interesses de todos os envolvidos com o desenvolvimento da atividade.

A obtenção dos objetivos pretendidos, contudo, exige que os incentivos legais sejam adequados e que o procedimento seja corretamente estruturado nas três fases, postulatória, de negociação e de deliberação.

Na fase postulatória, verifica-se que o devedor não tem incentivo para realizar livremente os requerimentos de medidas de saneamento de forma precoce, no primeiro sinal de crise financeira. A falta de adequação do procedimento poderá acarretar demora injustificada do pedido, prejuízo à preservação da empresa e deterioração dos interesses de todos os demais afetados pelo desenvolvimento da atividade empresarial.

Além do custo exacerbado do procedimento e da necessária documentação contábil inviáveis aos micro e pequenos empresários, os pedidos de recuperação judicial são diminutos no Brasil, pois a estrutura societária é concentrada. Os administradores de sociedades identificam-se com os próprios sócios controladores ou, diante da concentração das participações societárias, têm estímulos a continuarem a tutelar os respectivos interesses, ainda que em detrimento dos demais interessados. Por seu turno, não há imposição de dever legal de requerimento das medidas de saneamento empresarial, nem alteração de dever fiduciário dos administradores diante da insolvência da pessoa jurídica devedora e que permita sua responsabilização.

Tampouco a previsão da possibilidade de os pedidos de recuperação judicial pelo devedor serem realizados como forma de defesa a pedidos falimentares pelos credores é suficiente. Há pouca utilização dos pedidos de falência pelos credores, diante da reduzida utilidade para a satisfação do referido crédito e pelo grande tempo despendido para a liquidação dos ativos do devedor.

A previsão como um direito subjetivo e não obrigação e a exclusividade da legitimidade aos devedores para o requerimento voluntário dos pedidos de recuperação judicial, desta forma, parecem não ser condizentes com a realidade brasileira e com os objetivos pretendidos pelo legislador.

Se os pedidos devem ser incentivados, a obrigação legal de se exigir a demonstração da situação de crise econômico-financeira, a existência de inadimplemento geral dos débitos ou de o montante do ativo não ser suficiente para a satisfação do passivo dificultam o ingresso dos pedidos. A prática jurisprudencial de exigir a efetiva demonstração da atividade empresarial, por seu turno, atribui poder de decisão a agente não interessado e que não tem incentivos adequados para buscar as informações necessárias para a decisão, sem prejuízo de a delegação a terceiro permitir comportamentos estratégicos ou conflitos de agência.

Diante do confronto dos diversos sistemas legais, a busca antecipada de soluções para resolver ou mitigar a crise iminente ou mesmo prevista deve ser estimulada e não coibida. A antecipação do pedido de recuperação judicial permitiria aos devedores e credores soluções menos drásticas enquanto as condições econômico-financeiras da empresa ainda não tenham se deteriorado.

Além de os pedidos de recuperação judicial não serem incentivados, o procedimento de negociação não é estruturado de forma a assegurar que devedores e credores possam reunir todas as informações necessárias para a adequada deliberação sobre a melhor solução para superar a crise que afeta a atividade do devedor.

Na fase de negociação, a suspensão das medidas de constrição apenas após a decisão de deferimento do processamento da recuperação judicial permite que os ativos do devedor sejam utilizados para a satisfação de créditos individuais em detrimento da maior satisfação coletiva e, eventualmente, com o comprometimento de eventual plano de recuperação judicial.

CONCLUSÃO

Se não se justifica que o início de *stay period* não seja imediato, o seu retardamento não poderá ser utilizado por comportamento estratégico dos devedores e parte dos credores. A dilação do período de negociação atrasa sem qualquer contraprestação o início do pagamento de valores destinados aos credores concursais e permite a utilização dos ativos fiduciariamente onerados ou dos bens de capital essenciais que poderiam ser constritos pelos credores fiscais.

Durante essa fase de negociação, a ordinária conservação do devedor na condução de sua atividade assegura a condução pelo agente com maiores informações sobre o negócio, preserva as relações de confiança celebradas com os diversos contratantes e impede que o devedor, por meio de seus administradores, evite ou retarde o pedido de recuperação judicial diante do receio de substituição na condução de sua atividade. Entretanto, ao contrário de países com controles acionários dispersos, a concentração acionária brasileira permitiria que o administrador possuísse incentivos para se conservar no cargo e proteger os benefícios particulares do referido sócio, ainda que em detrimento dos interesses de todos os demais envolvidos, o que exigiria peculiar controle de suas atividades.

Ainda que no direito brasileiro referido controle esteja previsto, com a exigência de nomeação de um administrador judicial como fiscal, assim como a possibilidade de hipóteses de destituição do administrador por prática de malversação, as pesquisas jurimétricas demonstram que esse controle tem sido pouco efetivo. A falta de controle sobre as informações a respeito do passivo soma-se à falta de fiscalização quanto ao desenvolvimento da atividade, aos reduzidos relatórios mensais tempestivos, ao diminuto percentual de destituição de administradores das sociedades e à rara nomeação de gestores judiciais.

Referido administrador judicial não poderá ser substituído pelos credores, caso constatada a inefetividade do controle realizado pelo devedor. A substituição do administrador judicial restrita apenas ao juiz, limitada à demonstração de quebra de confiança do magistrado, violação dos impedimentos para a nomeação, renúncia justificada ou destituição motivada pelo descumprimento dos deveres, impede que os credores possam exigir controle mais efetivo.

Desta forma, não apenas os parâmetros para a condução da atividade pelo devedor e em atenção aos interesses dos demais envolvidos com a atividade devem ser tornados claros pela Lei, como os mecanismos de fiscalização devem ser fortalecidos.

Ainda na fase de negociação, a exclusividade na apresentação dos planos de recuperação judicial pelos devedores não permitiu o balanceamento dos poderes entre todos os interessados. Com um resultado diminuto decorrente da liquidação falimentar, planos de recuperação judicial seriam aprovados pelos credores ainda que a atividade econômica fosse inviável, que o empresário fosse irrecuperável ou mesmo se a proposta de satisfação dos créditos fosse aquém do possível no caso concreto.

A possibilidade de os credores apresentarem plano de recuperação judicial, após o fim do período de exclusividade do devedor, era medida adequada para o equilíbrio entre os poderes e foi consagrada pela Lei n. 14.112/2020. Os diversos requisitos impostos pela nova legislação, entretanto, comprometem o próprio objetivo pretendido pelo legislador de se conferir solução mais adequada do que a falência e compelir o devedor a apresentar o melhor plano de recuperação possível. O prazo diminuto para a apresentação, o percentual abrangente de apoio necessário, os documentos de informações não necessariamente disponíveis, além da renúncia às garantias pessoais em face das pessoas naturais impossibilitam a efetiva apresentação do plano alternativo pelos credores, na maioria dos casos ou, ainda, criam situação ainda mais desbalanceada em favor do devedor.

A melhor solução para a superação da crise, que tanto impede o regular desenvolvimento da atividade como a satisfação dos créditos, exige procedimento de negociação em que ambas as partes possam confrontar as alternativas apresentadas pela parte adversa e recusá-las. Para tanto, a contraproposta pelos credores somente poderá ser realizada se a esses não for imposto ônus desmedido.

O melhor aproveitamento dos ativos em benefício de toda a coletividade alcançada, seja por meio da aprovação do plano de recuperação judicial e concessão da recuperação judicial, seja por meio da sua rejeição e decretação da falência do devedor, somente poderá ser obtido por deliberação da maioria dos credores, em Assembleia Geral, se a análise da maximização da satisfação dos respectivos créditos não permitir comportamento estratégico em face dos demais credores.

A elevada taxa de aprovação dos planos de recuperação, a despeito da baixa percentagem de empresários que conseguem cumprir as obrigações vencidas nos dois primeiros anos para lograr o encerramento da recuperação judicial, demonstra que os credores podem não ter os incentivos mais adequados para apurar e efetiva recuperabilidade do devedor e a viabilidade econômica da sua atividade. Pelo contrário, os credores podem estar se comportando de forma absolutamente racional e com o intuito de maximizar os interesses individuais no caso concreto, em detrimento da vontade da própria maioria dos credores.

Para que essa deliberação pela maioria dos credores, dessa forma, reflita que a recuperação judicial é a melhor alternativa ao interesse da coletividade de credores e não de apenas alguns grupos em detrimento de outros e, por consequência, promova análise da eficiência do devedor na condução da empresa, o sistema deve se estruturar de modo a que os credores reflitam, ao tutelarem as respectivas posições individuais, os interesses de todos os credores.

Na fase de deliberação, a ausência de submissão de todos os créditos à recuperação judicial impede o comportamento coletivo. Ela permite, por um lado, a excussão dos ativos pelo credor não sujeito, ainda que integralmente protegido, em detrimento da maximização dos ativos e da coletividade dos credores. Incentiva os credores sujeitos, por outro lado, a pretenderem a satisfação individual dos respectivos créditos com prioridade em detrimento dos demais credores não sujeitos ou a se expropriar dos bens objetos da garantia fiduciária sem a devida remuneração, inclusive para além do período de suspensão.

A deliberação pela maioria somente poderá refletir os interesses da coletividade de credores e os interesses de todos os demais envolvidos se a comparação entre a alternativa do plano de recuperação judicial e a falência do devedor for realizada nos mesmos moldes. Nesse aspecto, a formação das classes de credores determinada pelo procedimento de recuperação judicial é inadequada aos objetivos pretendidos pela legislação.

Se a regra da maioria impõe, na formação das classes, o agrupamento dos interesses homogêneos e a distinção dos créditos com natureza diversa, a formação das classes no procedimento de recuperação judicial não reflete as classes do procedimento falimentar ou a preferência da execução individual e agrupa créditos com interesses diversos.

Se a classe não permite o agrupamento de interesses semelhantes e a diferenciação dos créditos de condições distintas, tampouco assegura a mesma condição de pagamento entre os seus integrantes. No direito brasileiro, a própria lei admitiu o tratamento diverso de credores com condições idênticas e dentro da mesma classe, de modo a preferir a satisfação de alguns em detrimento de outros, e a jurisprudência tem flexibilizado a justificativa necessária à sua construção.

A regra da maioria e a divisão dos credores em classe pressupõem quórum de deliberação que assegure a proteção à minoria discordante dentro da classe e a proteção dos credores de uma classe discordante em face da aprovação pelas demais. O agrupamento de créditos heterogêneos e a distinção de tratamento quanto às condições de pagamento impedem que se verifique a vontade da maioria no procedimento brasileiro. Tampouco se exige a anuência da minoria discordante para o tratamento menos preferencial dentro da classe ou que lhe imponha menor recebimento do que a liquidação falimentar ou uma classe menos privilegiada.

CONCLUSÃO

A previsão de forma alternativa de quórum de aprovação, com a possibilidade de rejeição de uma ou mais classes de credores, desde que a maioria das classes continue a aprovar o plano, é imprescindível para regular os interesses de todos e se evitar o comportamento estratégico de um credor *holdout*. A exigência brasileira de concordância de 1/3 dos créditos ou credores da classe discordante, entretanto, não supre a necessidade de se evitar o comportamento estratégico de credor resistente. A flexibilização jurisprudencial do percentual, contudo, pode, por outro lado, gerar abusos do proponente do plano de recuperação.

Diante da deliberação, a intervenção judicial deve ser absolutamente excepcional e exclusiva das hipóteses de constatação de ilegalidade do plano de recuperação judicial ou do voto dos credores. Seja por meio do abuso de direito de voto em hipóteses não previstas na lei, seja pela anulação de cláusulas do plano de recuperação judicial e que não afrontam a norma cogente, a intervenção judicial no procedimento de recuperação judicial tem sido frequente na jurisprudência brasileira. Ela impede que os objetivos pretendidos pelo legislador sejam alcançados pelo procedimento ao subverter a decisão do principal interessado quanto à melhor alocação os bens do devedor.

Desta forma, a estruturação do procedimento de recuperação judicial precisa se conformar à função pretendida. Apenas com os corretos incentivos regulatórios os devedores e credores poderão, ao pretender a maximização da satisfação individual dos próprios interesses patrimoniais, promover o melhor aproveitamento dos recursos escassos e, como consequência, assegurar a satisfação dos interesses de todos os demais envolvidos com o desenvolvimento da atividade empresarial.

Referências

ABRÃO, Nelson. *Curso de direito falimentar*. 5. ed. revista, atualizada e ampliada por Carlos Henrique Abrão. São Paulo: LEUD, 1997.

ABRÃO, Nelson. *O novo direito falimentar*: nova disciplina jurídica da crise econômica da empresa. São Paulo: Revista dos Tribunais, 1985.

ACCETTELLA, Francesco. The crisis of companies from an Italian perspective: reorganization and fresh money. *International Insolvency Review*, v. 25, 2016.

ADAMS, Edward S. Governance in Chapter 11 reorganizations: reducing costs, improving results. *Boston University Law Review*, v. 73, 1993.

ADLER, Barry E. Bankruptcy and risk allocation. *Cornell Law Review*, v. 77, n. 3, 1992.

ADLER, Barry E. Financial and political theories of American corporate bankruptcy. *Stanford Law Review*, v. 45, 1992.

AGHION, Philippe. Bankruptcy and its reform. In: *The New Palgrave Dictionary of Law and Economics*, v.1, p. 145-149, New York: Palgrave, 2002.

ALBERTO, Jorio; AMBROSINI, Stefano; CAVALLI, Gino. *Trattato di diritto commerciale*. Padova: Cedam, 2009. v. XI, tomo II.

ALLEN, Franklin; BREALEY, Richard; EDMANS, Alex; MYERS, Stewart. *Principles of corporate finance*. 14 ed. New York: McGraw-Hill, 2023.

ALMEIDA, Gustavo Henrique de. A preservação da empresa como pressuposto para desconstituição da penhora em execução fiscal contra o falido. *Revista de Direito Mercantil, Industrial, Econômico e Financeiro*, São Paulo, v. 158, 2011.

ALTMAN, Edward I. Financial ratios, discriminant analysis and the prediction of corporate bankruptcy. *The Journal of Finance*, v. 23, n. 4, 1968. Disponível em: https://doi.org/10.2307/2978933. Acesso em: 30 jun. 2023.

ALTMAN, Edward; HOTCHKISS, Edith; WANG, Wei. *Corporate financial distress, restructuring and bankruptcy*: analyze leveraged finance, distressed debt, and bankruptcy. 4. ed. New Jersey: Wiley, 2019.

AMARAL, Fernando; MELLO, Marcus; SACRAMONE, Marcelo Barbosa. Recuperação judicial como forma de liquidação integral de ativos. *Revista Empresarial – RDEmp*, n. 3, ano 17, Belo Horizonte, 2020.

ANGELONI, Alberto. *Italy restructuring update*. The new concordato preventivo: the Italian Chapter 11? DLA Piper, 2012.

ANTONINI-COCHIN, Laetitia; LAURENCE-CAROLINE, Henry. *Droit des entreprises en difficulté*. Paris: Fualino, Lextenso, 2022.

ARAÚJO, Aloísio Pessoa de; FERREIRA, Rafael de Vasconcelos Xavier; FUNCHAL, Bruno. The Brazilian bankruptcy law experience. *Journal of Corporate Finance*, n. 18, Elsevier, 2012. Disponível em: https://doi.org/10.1016/j.jcorpfin.2012.03.001. Acesso em: 6 jul. 2023.

ARAÚJO, Daniel Souza *et al.* O abuso de direito de voto na Assembleia Geral de Credores: uma análise jurimétrica dos processos de recuperação judicial do estado de São Paulo. In: DANTAS, Rodrigo D'Orio; NUNES, Marcelo Guedes; SACRAMONE, Marcelo Barbosa (coord.). *Recuperação judicial e falência*. Indaiatuba: Foco, 2022.

ASCARELLI, Tulio. *Panorama do direito comercial*. 2. ed. Sorocaba: Minelli, 2007.

Asquini, Alberto. *Profili dell'impresa*, 1943, trad. portuguesa de Fábio Konder Comparato: Perfis da empresa, *RDM* 104/116, São Paulo: Revista dos Tribunais, 1996.

Ávila, Humberto. *Teoria dos princípios*. 13. ed. São Paulo: Malheiros, 2012.

Azar, Ziad Raymond. Bankruptcy policy: a review and critique of bankruptcy statues and practices in fifty countries worldwide. *Cardozo Journal of International and Comparative Law*, New York, v. 16, n. 2, 2008.

Bae, Kee-Hong; Goyal, Vidhan. Creditor rights, enforcement, and bank loans. *The Journal of Finance*, v. 64, n. 2, Wiley for the American Finance Association, 2009, p. 832-860.

Baird, Douglas Gordon. A world without bankruptcy. *Law and Contemporary Problems*, v. 50, n. 2, 1987.

Baird, Douglas Gordon. *Elements of bankruptcy*. 6. ed. New York: Foundation Press, 2001.

Baird, Douglas Gordon. Loss distribution, forum shopping and bankruptcy: a reply to Warren, *The University of Chicago Law Review*, Chicago, v. 54, 1987.

Baird, Douglas Gordon; Picher, Randal C. A simple noncooperative bargaining model of corporate reorganizations. *The Journal of Legal Studies*, Chicago, v. 20, n. 2, 1991.

Baird, Douglas Gordon. The uneasy case for corporate reorganization. University of Chicago Press, *Journal of Legal Studies*, Chicago, v. 15, 1986.

Baird, Douglas Gordon; Morrison, Edward. Bankruptcy decision making. *John M. Olin Program in Law and Economics*, Working Paper n. 126, 2001.

Baird, Douglas; Jackson, Thomas. Corporate reorganizations and the treatment of diverse ownership interests: a comment on adequate protection of secured creditors. Bankruptcy, *University of Chicago Law Review*, Chicago, v. 51, 1984.

Baird, Douglas; Rasmussen, Robert K. Control rights, priority rights, and the conceptual foundations of corporate reorganizations. *Virginia Law Review*, Charlottesville, v. 87, p. 921-959, 2001.

Baker, Erin Y. The automatic stay in bankruptcy: an analysis of the Braniff Chapter 11 Proceeding. *Texas Tech Law Review*, v. 14, n. 2, 1983.

Ballantine, Henry W.; Lattin, Norman D.; Jennings, Richard W. *Cases and materials on corporations*. 2. ed. Chicago: Callaghan & Company, 1953.

Balleisen, Edward. *Navigating failure*. Bankruptcy and commercial society in Antebellum America. Chapel Hill and London: The University of North Carolina Press, 2001.

Balz, Manfred. Market conformity of insolvency proceedings: policy issues of the German Insolvency Law. *Symposium Commentary*: Bankruptcy in the Global Village, v. 23, issue 1, article 8, 1997.

Barossi-Filho, Milton. As assembleias de credores e plano de recuperação de empresas: uma visão em teoria dos jogos. *Revista de Direito Mercantil, Industrial, Econômico e Financeiro*, São Paulo. v. 54, n. 137, 2005.

Barreto Filho, Oscar. Medidas judiciais da companhia contra os administradores. *Revista de Direito Mercantil, Industrial, Econômico e Financeiro*, São Paulo, v. 19, n. 40, p. 09-18, 1980.

Barreto Filho, Oscar. *Síntese da evolução histórica do direito brasileiro*. São Paulo: Revista dos Tribunais, v. 15, n. 24, 1971.

Batalha, Silvia Marina Labate; Batalha, Wilson de Souza Campos. *Falências e concordatas*: comentários à Lei de Falências. São Paulo: LTr, 1991.

Batista, Carolina Soares João *et al*. A prevalência da vontade da assembleia geral de credores em questão: o *cram down* e a apreciação judicial do plano aprovado por todas as classes. *RDM*, 143, 2006.

Bauer, Peter. *Der Insolvenzplan*. Untersuchungen zur Rechtsnatur anhand der geschichtlichen Entwicklung, Deutschland: Lit, 2009.

REFERÊNCIAS   315

BEAUCHAMP, Jean-Pascal; GUERNER, Christophe *et al*. *Étude Deloitte Altares sur les entreprises en difficulté en France en 2021*. Deloitte, 2022.

BEBCHUCK, Lucian Arye. A new approach to corporate reorganizations. *Harvard Law Review*, p. 775-804, 1988.

BEBCHUCK, Lucian Arye; ROE, Mark J. a theory of path dependence in corporate ownership and governance. *Stanford Law Review*, v. 52, n. 1,1999.

BECKER, Gary S. *The economic approach to human behavior*. Chicago: University of Chicago Press, 1978.

BERAHO, Enoch Karobe; ELISU, Richard. Influence of country culture on bankruptcy and insolvency legal reform management. *International Journal of Management & Information Systems (IJMIS)*, s.l., v. 14, n. 2, 2010. Disponível em: https://clutejournals.com/index.php/IJMIS/article/view/829. Acesso em: 8 jun. 2023.

BERGER, Dora. *A insolvência no Brasil e na Alemanha*: Estudo comparado entre a Lei de Insolvência alemã de 01.01.1999 (traduzida) e o Projeto de Lei brasileiro n. 4.376 de 1993 (com as alterações de 1999) que regula a falência, a concordata preventiva e a recuperação das empresas. Porto Alegre: Sergio Antonio Fabris Editor, 2001.

BERKOVITCH, Elazar; ISRAEL, Ronen. The bankruptcy decision and debt contract renegotiations. *European Finance Review*, v. 2, p. 01-27, 1998.

BERKOWITZ, Daniel; PISTOR, Katharina; RICHARD, Jean-François. Economic development, legality, and the transplant effect. *European Economic Review*, v. 47, n. 1, 2003.

BERKOWITZ, Daniel; PISTOR, Katharina; RICHARD, Jean-François. *Economic development, legality and the transplant effect*. New York, Columbia Law School, 1999. Disponível em SSRN: https://ssrn.com/abstract=183269. Acesso em: 7 jul. 2023.

BEZERT, Adrien; VERMEILLE, Sophie. *Breaking the deadlock through Law & Economics*: How can we reconcile the effectiveness of the French law of security interests with French insolvency law? Droit et croissance, 2014. Disponível em https://papers.ssrn.com/sol3/papers.cfm?abstract_id=2438697. Acesso em: 10 jul. 2023.

BHARATH, Sreedhar; PANCHAPEGESAN, Venky; WERNER, Ingrid. *The changing nature of Chapter 11*. Working paper n. 461. Indian Institute of Management Bangalore, 2013.

BISOGNO, Marco. The accessibility of the Italian Bankruptcy procedures: an empirical analysis. *Eurasian Business Review*, v. 2, Springer: Eurasia Business and Economics Society, 2012.

BLOCK-LIEB, Susan. Fishing in muddy waters: clarifying the common pool analogy as applied to the standard for commencement of a Bankruptcy Case, *32 Am. U. L. Rev*. 337, 1993.

BLOCK-LIEB, Susan. Why creditors file so few involuntary petitions and why the number is not too small. *57 Brook. L. Rev*. 803, 1991.

BONELLI, Gustavo. *Del fallimento*. 3. ed. Milano: Francesco Vallardi, 1938. v. 1.

BORGA, Nicolas; JACQUEMONT, André; MASTRULLO, Thomas. *Droit des entreprises en difficulté*. 11. ed. Paris: LexisNexis, 2019.

BORK, Reinhard. *Corporate insolvency law*: a comparative textbook. Cambridge: Intersentia, 2020.

BORK, Reinhard. Einführung. *Insolvenzordnung, StaRUG. Unternehmensstabilisierungs-und-restrukturierungsG. InsO-EinfüHRUNGSg EU-Verordnung über Insolvenzverfahren AnfechtungsG*. 24. ed. Munique: Beck-Texte, 2022.

BORK, Reinhard. *Insolvenzordnung / Unternehmensstabilisierungs- und -restrukturierungsgesetz*: InsO / StaRUG. 24. Auflage. München : C.H. Beck, 2022.

BORK, Reinhard. *Rescuing companies in England and Germany*. Oxford: Oxford University Press, 2012.

BORTOLINI, Pedro. *Anotações sobre a Assembleia-Geral de Credores na Lei de Recuperação de Empresas e Falência (Lei n. 11.101/2005)*. Tese (Mestrado em Direito) — Universidade de São Paulo, São Paulo, 2013.

BOTELHO, Martinho. A eficiência e o efeito Kaldor-Hicks: a questão da compensação social. *Revista de Direito, Economia e Desenvolvimento Sustentável*, v. 2, n. 1, p. 27-45, 2016.

BOULOS, Daniel. *Abuso do direito no novo Código Civil*. São Paulo: Método, 2006.

BOYD. Suzanne N. A statutory analysis of the bankruptcy code's vote designation provision: protecting an equitable process from manipulation. *Norton Annual Survey of Bankruptcy Law*, 6, 2014.

BRADLEY, Michael; ROSENZWEIG, Michael. The untenable case for Chapter 11. *Yale Law Journal*, v. 101, 1992. Disponível em: http://digitalcommons.law.yale.edu/ylj/vol101/iss5/2. Acesso em: 9 jul. 2023.

BRANLARD, Jean-Paul; SALGADO, Maria-Beatriz. *Master droit de l'entreprise*: théorie & pratique du droit des affaires. 5. ed. Paris: Editions ESKA, 2021.

BRAUM, Lawrence. *Judges and their audiences*: a perspective on judicial behavior. New Jersey: Princeton University Press, 2006.

BREYER, Stephen. *Regulation and its reform*. Cambridge, MA: Harvard University Press, 1982.

BRIS, Arturo; WELCH, Ivo; ZHU, Ning. The costs of bankruptcy: Chapter 7 liquidation vs. Chapter 11 reorganization. *The Journal of Finance*, v. 61, n. 3. 2006, p. 1.253-1.303.

BRUNET, Andrée. Propos critiques sur le projet de réforme du droit français de la faillite. *Revista do Direito Bancário e do Mercado de Capitais*, ano 10, n. 36, São Paulo, Revista dos Tribunais, 2007.

BUCCI, Maria Paula Dallari. *Direito administrativo e políticas públicas*. São Paulo: Saraiva, 2002.

BULGARELLI, Waldírio. Apontamentos sobre a responsabilidade do administrador das companhias. *Revista de Direito Mercantil, Industrial, Econômico e Financeiro*, n. 50, São Paulo, Malheiros, 1983.

BUMACHAR, Juliana. O plano de recuperação judicial apresentado pelos credores — consequências e controvérsias. In: COSTA, Daniel Carnio; SALOMÃO, Luis Felipe; TARTUCE, Flávio (coord.). *Recuperação de empresas e falência*: diálogos entre a doutrina e a jurisprudência. Barueri: Atlas, 2021.

BUSCHINELLI, Gabriel Saad Kik. *Abuso do direito de voto na assembleia geral de credores*. Dissertação (Mestrado em Direito Comercial) — Faculdade de Direito da Universidade de São Paulo, São Paulo, 2013. Disponível em: doi:10.11606/D.2.2016.tde-24102016-155244. Acesso em: 13 abr. 2023.

CAFRITZ, Eric; GILLESPIE, James. French bankruptcy law reform assessed. *International Financial Law Review*, v. 24, n. 12, dec. 2005, p. 43. Disponível em: https://heinonline.org/HOL/P?h=hein.journals/intfinr24&i=921. Acesso em: 29 mar. 2023.

CAMILO JUNIOR, Ruy Pereira. Comentários ao art. 1º da Lei n. 11.101/2005. In: TOLEDO, Paulo Fernando Campos Salles de (coord.). *Comentários à Lei de Recuperação de Empresas*. São Paulo: Thomson Reuters, 2021.

CAMILO JUNIOR, Ruy Pereira. *Direito societário e regulação econômica*. Barueri: Manole, 2018.

CAMPBELL JR., Rutheford, B.; FROST, Christopher W. Managers' fiduciary duties in financially distressed corporation: chaos in Delaware (and elsewhere). *Journal of Corporation Law*, v. 32, n. 3, 2007. Disponível em: https://ssrn.com/abstract=1096309. Acesso em: 3 jul. 2023.

CARAMÊS, Guilherme; RIBEIRO, Márcia Carla P. A prorrogação do *stay period*: análise jurisprudencial. *Revista Semestral de Direito Empresarial*, n. 19, Rio de Janeiro, 2018.

CARDOSO, Henrique Ribeiro; GASSEN, Valcir; SANTOS NETO, José Leite. A distanásia judicial de empresas: uma análise do comportamento judicial nos processos de recuperação de empresas. *Revista Jurídica*, v. 5, n. 72, Curitiba, 2022.

REFERÊNCIAS

CARVALHO DE MENDONÇA, José Xavier. *Tratado de direito comercial brasileiro*. Rio de Janeiro: Freitas Bastos, 1946. v. 7.

CARVALHOSA, Modesto. *Comentários à Lei das Sociedades Anônimas*. 3. ed. São Paulo: Saraiva, 2002. v. 3.

CARVALHOSA, Modesto. *Comentários à Lei de Sociedades Anônimas*. 2. ed. São Paulo: Saraiva, 1998. v. 3.

CASTELLI, Claudio; MICUCCI, Giacinto; RONANO, Giacomo; ROMANO, Guido. Il concordato preventivo in Italia: una valutazione delle riforme e del suo utilizzo. *Questioni di Economia e Finanza. Banca d'Italia, Eurosistema*, n. 319, mar. 2016.

CAVALHEIRO, Frederico Augusto; NUNES, Carmelo. A satisfação de créditos por empresas em recuperação judicial e o período de fiscalização judicial. *Revista da Faculdade de Direito da Universidade São Judas Tadeu*, n. 9, São Paulo, 2020.

CAVALLI, Cássio. A tragédia da reforma da lei de recuperação de empresas. *Núcleo de Direito, Economia e Governança FGV*, 2020. Disponível em: https://papers.ssrn.com/sol3/papers.cfm?abstract_id=3688988. Acesso em: 6 jul. 2023.

CAVALLI, Cássio. *Empresa, direito e economia*. Rio de Janeiro: Forense, 2013.

CAVALLI, Cássio. Reflexões sobre a recuperação judicial: uma análise da aferição da viabilidade econômica de empresa como pressuposto para o deferimento do processamento da recuperação judicial. In: MENDES, Bernardo Bicalho de Alvarenga (org.). *Aspectos polêmicos e atuais da lei de recuperação de empresas* Belo Horizonte: D'Plácido, 2016.

CEREZETTI, Sheila Christina Neder. *A recuperação judicial de Sociedade por Ações: o princípio da preservação da empresa na Lei de Recuperação e Falência*. São Paulo: Malheiros, 2012.

CEREZETTI, Sheila Christina Neder. Administradores independentes e independência dos administradores (regras societárias fundamentais ao estímulo do mercado de capitais brasileiro). In: ADAMEK, Marcelo Vieira von (coord.). *Temas de direito societário e empresarial contemporâneos*. São Paulo: Malheiros, 2011.

CEREZETTI, Sheila Christina Neder. As classes de credores como técnica de organização de interesses: em defesa da alteração da disciplina das classes na recuperação judicial. In: SATIRO, Francisco; TOLEDO, Paulo (coord.). *Direito da empresa em crise*: problemas e soluções. São Paulo: Quartier Latin, 2012.

CEREZETTI, Sheila Christina Neder. Grupos de sociedades e recuperação judicial: o indispensável encontro entre direitos societário, processual e concursal. In: PEREIRA, Guilherme Setoguti; YARSHELL, Flávio Luis (coord.). *Processo societário*. São Paulo: Quartier Latin, 2015. v. 2.

CESTARI, Roberto Tagliari. *Decisão judicial e realismo jurídico*: evolução das pesquisas sobre o comportamento judicial. Dissertação (Mestrado em Desenvolvimento no Estado Democrático de Direito) – Faculdade de Direito de Ribeirão Preto, Universidade de São Paulo, Ribeirão Preto, 2016. Disponível em: https://teses.usp.br/teses/disponiveis/107/107131/tde-01092017-094644/pt-br.php. Acesso em: 30 jun. 2023.

CILIBERTO, Federico; SCHENONE, Carola. Bankruptcy and product-market competition: evidence from the airline industry. *International Journal of Industrial Organization*, v. 30, Issue 6, p. 564-577, 2012, p. 565, ISSN 0167-7187. Disponível em: https://doi.org/10.1016/j.ijindorg.2012.06.004. Acesso em: 30 jun. 2023.

CLAESSENS, Stijn; DJANKOV, Simeon; MODY, Ashoka (ed.). *Resolution of financial distress*: an international perspective on the design of bankruptcy laws. Washington: Washington WBI Development Studies, 2001.

CLARO, Carlos Roberto. Apontamentos sobre o diagnóstico preliminar em recuperação judicial. Abordagem zetética. In: ABRÃO, Carlos Henrique; CANTO, Jorge Luiz Lopes do; LUCON, Paulo Henrique dos Santos (coord.). *Moderno direito concursal*. São Paulo: Quartier Latin, 2021.

CLOSSET, Frédéric; URBAN, Daniel. The balance of power between creditors and the firm: evidence from German insolvency law. *Journal of Corporate Finance*, v. 58, 2019.

COASE, J. H. The problem of social cost. *Journal of Law and Economics*, Chicago, v. 3, University of Chicago Press, 1960. Disponível em: http://www.jstor.org/stable/724810. Acesso em: 30 jun. 2023.

COELHO, Fábio Ulhoa. *Comentários à Lei de Falências e de Recuperação de Empresas*. 11. ed. São Paulo: Revista dos Tribunais, 2016.

COELHO, Fábio Ulhoa. *Curso de direito comercial*. 17. ed. São Paulo: Revista dos Tribunais, 2016. v. 3.

COFFEE JR., John. Do norms matter? A cross-country evaluation. *University of Pennsylvania Law Review*, n. 6, v. 149, 2001.

COFFEE JR., John. Privatization and corporate governance: the lessons from securities market failure. *Journal of Corporation Law*, v. 25, Iowa, 1999.

COFFEE JR., John. The rise of dispersed ownership: the roles of law and the state in the separation of ownership and control. *Yale Law Journal*, n. 76, 2001.

COMPARATO, Fábio Konder. *Aspectos jurídicos da macro-empresa*. São Paulo: Revista dos Tribunais, 1970.

COOLER, Robert; ULEN, Thomas. *Law and economics*. 3. ed. New York: Addison Wesley Longman, 2000.

COROTTO, Susana. *Modelos de reorganização empresarial brasileiro e alemão*: comparação entre a Lei de Recuperação e Falências de Empresas (LRFE) e a *Insolvenzordung* (InsO) sob a ótica da viabilidade prática. Porto Alegre: Sergio Antonio Fabris Editor, 2009.

CÔRREA, Fernando; NUNES, Marcelo Guedes; SACRAMONE, Marcelo Barbosa; WAISBERG, Ivo. *Observatório da Insolvência, Segunda Fase*. Disponível em: https://abj.org.br/pesquisas/2a-fase-observatorio-da-insolvencia/. Acesso em: 9 jul. 2023.

COSTA, Eduardo José da Fonseca. *Levando a imparcialidade a sério*: proposta de um modelo interseccional entre direito processual, economia e psicologia. São Paulo, 2016. Tese (Doutorado em Direito) — Curso de Direito Processual Civil, PUC-SP, São Paulo.

COSTA, Luiz Felipe Duarte Martins. *Contribuição ao estudo da responsabilidade civil dos administradores de companhias abertas*. Dissertação de Mestrado — Faculdade de Direito, Universidade de São Paulo, São Paulo, 2006.

COSTA, Olímpia. *Dever de apresentação à insolvência*. 2. ed. Coimbra: Almedina, 2019.

COTTINO, Gastone. *Diritto commerciale*. Padova: Cedam, 1976. v. 1.

DAINES, Robert. Does Delaware law improve firm value? *Journal of Financial Economics*, 62, New York University, 2001.

DANTAS, Rodrigo D'Orio. *A imparcialidade no divã*. São Paulo: Revista dos Tribunais, 2021.

DANTAS, Rodrigo D'Orio; SACRAMONE, Marcelo Barbosa. O fator emocional nas decisões dos credores sobre o plano de recuperação judicial. In: MUNHOZ, Eduardo; SATIRO, Francisco; CEREZETTI, Sheila (coord.). *Estudos sobre a reforma da Lei n. 11.101/2005*. Belo Horizonte: Expert, 2022.

DASSO, Ariel Ángel. *Derecho concursal comparado*. Buenos Aires: Legis Argentina, 2009. t. I e II.

DAVIS, Kevin E.; TREBILCOCK, Michael J. *The relationship between law and development*: optimists versus skeptics. New York: New York University School of Law, 2008.

DAVYDENKO, Sergei; FRANKS, Julian. Do Bankruptcy Codes matter? A study of defaults in France, Germany and the UK. *The Journal of Finance*, v. LXIII, n. 2, 2006.

REFERÊNCIAS 319

DE ROUX, Xavier. *Sur la sauvegarde de l'entreprise, l'esprit d'un texte.* Paris: Revue de Jurisprudence Commerciale, 2006.

DECKERS, Marc. *Die Mitgliedschaft in der Insolvenz.* Zugl: Heidelberg, Univ., Diss., 2018.

DERSKEN, Nils. *Die Unternehmenssanierung innerhalb und außerhalb der Insolvenz: Eine vergleichende Betrachtung der gesetzlichen Sanierungs*: Instrumente im deutschen und englischen Recht, Band 59, Auf. 2, Nomos: Köln, 2017.

DEZEM, Renata Mota Maciel Madeira. *A universalidade do juízo da recuperação judicial.* São Paulo: Quartier Latin, 2017.

DI MARZIO, Fabrizio. *Obbligazione, insolvenza, impresa.* Milano: Giuffrè, 2019.

DIESBECQ, Antoine; LAROCHE, Maud. Le nouveau rôle des parties prenantes: les détenteurs de capital. Étude Dossier, 1530. *La Semaine Juridique, Entreprise Et Affaires*, n. 49, 9, dec. 2021.

DINIZ, Almachio. *Da fallencia.* 2. ed. São Paulo: Livraria Academica, Saraiva & Cia, 1930.

DJANKOV, Simeon; MCLIESH, Caralee; SHLEIFER, Andrei. Private credit in 129 countries. *Journal of Financial Economics*, v. 84, n. 2, 2007.

DRUKARCZYK, Jochen; SCHÜLER, Rolf. Rn. 2. *Münchener Kommentar zur Insolvenzordnung*: InsO | InsO § 19 Rn. 1-3.

DUBROVICH, Chiara. *L'azione di responsabilità contro gli amministratori e la quantificazione del danno.* Tesi di Laurea Magistrale. Università degli Studi di Milano, 2020.

DUFFIE, Darrel; SKEEL, David. A dialogue on the costs and benefits of automatic stays for derivates and repurchase agreements. *University of Penn, Institute for Law & Economics*, Research Paper n. 12-02, Rock Center for Corporate Governance at Stanford University Working Paper n. 108, 2012.

EHLERS, Eckart. German statutory corporate rescue proceedings: The Insolvenzplan Procedure – EC Regulation 1346/2000, selected issues and German Case Law. In: BROC, Katarzyna Gromek; PARRY, Rebecca. *Corporate rescue*: an overview of recent developments. 2. ed. The Netherlands: Kluwer Law International, 2006.

EIDENMUELLER, Horst. *Comparative corporate insolvency law.* European Corporate Governance Institute (ECGI) – Law Working Paper n. 319, 2016. Oxford Legal Studies Research Paper n. 30, 2017.

EISFELDT, Andrea; RAMPINI, Adriano. Capital reallocation and liquidity. *Journal of Monetary Economics*, v. 53, Illinois: Northwestern University, 2006.

ELLIAS, Jared; STARK, Robert. *Delaware Corporate Law and the 'End of History' in Creditor Protection.* Fiduciary Obligations in Business, Forthcoming, UC Hastings Research Paper Forthcoming, 2020. Disponível em: https://papers.ssrn.com/sol3/papers.cfm?abstract_id=3670399 Acesso em: 4 jul. 2023.

EPSTEIN, Lee; GEORGE, Tracey E. On the nature of supreme court decision making. *The American Political Science Review*, v. 86, n. 2, 1992.

ESQUERRÉ, Stéphane. Court structure and legal efficiency: the case of French échevinage in bankruptcy courts. *HAL Open Science*, 2019. Disponível em: https://hal.science/hal-02305492/document. Acesso em: 9 jul. 2023.

ESQUERRÉ, Stéphane. *How do judges judge?* Evidence of local effect on French bankruptcy judgments, 2014. Disponível em: https://ssrn.com/abstract=2470059. Acesso em: 3 jun. 2023.

EUROPEAN BANKING AUTHORITY. *Report on the benchmarking of national loan enforcement frameworks response to the European Commission's call for advice on benchmarking of national loan enforcement frameworks (including insolvency frameworks) from a bank creditor perspective.* EBA/Rep/2020/29. Disponível em: https://www.eba.europa.eu/sites/default/documents/files/document_library/About%20 Us/Missions%20and%20tasks/Call%20for%20Advice/2020/Report%20on%20the%20 benchmarking%20of%20national%20loan%20enforcement%20frameworks/962022/Report

%20on%20the%20benchmarking%20of%20national%20loan%20enforcement%20frameworks.pdf. Acesso em: 6 jul. 2023.

FABIANI, Massimo. *Il diritto della crisi e dell'insolvenza*. Bologna: Zanichelli, 2017.

FARIA, Alberto de. *Mauá: Irenêo Evangelista de Souza, Barão e Visconde de Mauá*. 2. ed. São Paulo: Companhia Editora Nacional, 1933.

FAZZIO, Waldo. *Manual de direito comercial*. 17. ed. São Paulo: Atlas, 2016.

FERNANDES, Roberta Ribeiro. *Failing Firm Defen*se: utopia, teoria ou tese aplicável na análise antitruste brasileira? Maceió: VIII Prêmio SEA, 2013.

FERREIRA, Waldemar. *Revista da Faculdade de Direito da Universidade de São Paulo*, v. 56, n. 1, 1961.

FERREIRA, Waldemar. *Tratado de direito comercial*. São Paulo: Saraiva, 1965. v. 14.

FINCH, Vanessa. *Corporate insolvency law*: perspectives and principles. 2. ed. New York: Cambridge University Press, 2009.

FISCHHOFF, Baruch. For those condemned to study the past: reflections on historical judgment. *New Directions for Methodology of Social and Behavioral Science* 4, p. 79-93, 1980.

FLESSNER, Axel. Philosophies of business bankruptcy law: an international overview. In: ZIEGEL, Jacob S. (ed.). *Current developments in international and comparative corporate insolvency law*. Oxford: Clarendon Press; New York: Oxford University Press, 1994.

FONSECA, Humberto Lucena Pereira. Arts. 64 a 69. In: CORRÊA-LIMA, Osmar Brina; CORRÊA-LIMA, Sérgio Mourão (coord.). *Comentários à nova Lei de Falência e Recuperação de Empresas*. Rio de Janeiro: Forense, 2009.

FORGIONI, Paula. *A evolução do direito comercial brasileiro*: da mercância ao mercado. 5. ed. São Paulo: Thomson Reuters Brasil, 2021.

FRANCO, Gustavo Lacerda; SACRAMONE, Marcelo Barbosa. Dever de diligência na recuperação judicial: novos interesses, riscos menores. In: REVISTA DOS TRIBUNAIS (org.). *Contraponto jurídico*: posicionamentos divergentes sobre grandes temas do direito. São Paulo: Revista dos Tribunais, 2018.

FREDERICO, Viana. Os novos paradigmas do direito concursal. *Revista de Direito Bancário e do Mercado de Capitais*, ano 10, n. 36, São Paulo: Revista dos Tribunais, 2007.

FREGE, Michael C.; KELLER, Ulrich; RIEDEL, Ernst. *Handbuch der Rechtpraxis, band 3*: Insolvenzrecht. 8. ed. München: C.H. Beck, 2015.

FRIDGEN, Alexander; GEIWITZ, Arndt; GÖPFERT, Burkard. *BeckOK Insolvenzrecht*. 26. ed. München: C.H. Beck, 2022.

FRIEDMAN, Lawrence M. On regulation and legal process. In: NOLL, R. G. (ed.). *Regulatory Policy and the Social Sciences*. Berkeley: University of California Press, 1985.

FROST, Christopher W. Bankruptcy redistributive policies and the limits of the judicial process. *North Carolina Law Review*, v. 74, n. 1, 1995.

GABRIELLI, Enrico. *L'autonomia privata dal contrato alla crisi d'impresa*. Milano: Wolters Kluwer, 2020.

GARRIDO, José. Insolvency and enforcement reforms in Italy. *IMF Working Paper*, n. 16/134, 2016.

GENNAIOLI, Nicola; ROSSI, Stefano. Judicial discretion in corporate bankruptcy. *UBC Winter Finance Conference 2008 Paper*, EFA 2008 Athens Meetings Paper, 2009. Disponível em SSRN: https://ssrn.com/abstract=1051441 ou http://dx.doi.org/10.2139/ssrn.1051441. Acesso em: 3 jul. 2023.

GHEZZI, Federico. I 'doveri fiduciari' degli amministratori nei 'principles of corporate governance'. *Rivista delle Società Aberta*, p. 2-3, Milano: Giuffrè, 1996.

GICO, Ivo Teixeira Junior. A natureza econômica do direito e dos tribunais. *Revista Brasileira de Políticas Públicas*, v. 9, n. 3, 2019.

REFERÊNCIAS

GILSON, Stuart C. Managing default: some evidence on how firms choose between workouts and Chapter 11. *Journal of Applied Corporate Finance*, v. 4, n. 2, 1991.

GILSON, Stuart C. Transactions costs and capital structure choice: evidence from financially distressed firms. *The Journal of Finance*, v. LII, n. 1, Blackwell Publishing for the American Finance Association, 1997.

GIORDANO, Andrea; TOMMASI, Fabrizio; VASAPOLLO, Valeria. *Codice del fallimento e delle altre procedure concorsuali*. Padova: CEDAM, 2015.

GOLDSCHMIDT, Levin. *Storia universale del diritto commerciale*. Torino: UTET, 1913.

GONÇALVES, Maria Eduarda; MARQUES, Maria Manuel Leitão; SANTOS, Antônio Carlos. *Direito económico*. 7. ed. Coimbra/Lisboa: Almedina, 2014.

GORGA, Érica Cristina Rocha. Does culture matter for corporate governance? A case study of Brazil. *John M. Olin Program in Law and Economics*, Working Paper n. 257, Stanford Law School, 2003.

GORNATI, Gilberto. *O modo de produção das leis de falências e concordatas no Brasil*. Tese (Doutorado em Direito) – Faculdade de Direito da Universidade de São Paulo, 2023.

GORNATI, Gilberto. Por um aprofundamento sobre a teoria geral do direito da empresa em crise: a falência e a recuperação judicial no direito comercial brasileiro. *Cadernos Jurídicos da Faculdade de Direito de Sorocaba*, SP, ano 2, n. 1, 2020.

GRAÑA, Eva Recamán. *Los deberes y la responsabilidad de los administradores de sociedades de capital en crisis*. Cizur Menor: Aranzadi, 2016.

GROSS, Karen. *Failure and forgiveness*: rebalancing the bankruptcy system. New Haven: Yale University Press, 1997.

GURREA-MARTÍNEZ, Aurelio; ROUILLON, A. (org.). *Derecho de la insolvencia*: un enfoque comparado y funcional. Madrid: Wolters, 2022.

GURREA-MARTÍNEZ, Aurelio. Objetivos y fundamentos del derecho concursal. In: GURREA-MARTÍNEZ, Aurelio. *El ineficiente diseño de la legislación concursal española*: una propuesta de reforma a partir de la experiencia comparada y de un análisis económico del derecho concursal, Working Paper Series 6/2016, Instituto Iberoamericano de Derecho y Finanzas (IIDF), 2016.

GURREA-MARTÍNEZ, Aurelio; ROUILLON, Adolfo. *Derecho de la insolvencia*: un enfoque comparado y funcional, Madri: Bosch, 2022.

GURREA-MARTÍNEZ, Aurelio. Towards an optimal model of directors' duties in the zone of insolvency: an economic and comparative approach. *Journal of corporate law studies Singapore*, v. 21, n. 2, Routledge Taylor & Francis Group, 2021.

GUTHRIE, Chris; RACHLINSKI, Jeffrey J.; WISTRICH, Andrew J. Inside the judicial mind. *Cornell Law Faculty Publications*, v. 86, n. 4, paper 814, 2001.

HAHN, David. Concentrated ownership and control of corporate reorganizations. *Journal of Corporate Law Studies*, v. 4, n. Part 1, 2004.

HARDIN, Garret. The tragedy of the commons. *Science*, v. 162, issue 3859, 1968.

HART, Oliver. Different approaches to bankruptcy. *Harvard Institute of Economic Research*, discussion paper 1903, Cambridge, MA: 2000. Disponível em SSRN: https://ssrn.com/abstract=241066. Acesso em: 29 jun. 2023.

HAVIV-SEGAL, Irit. Bankruptcy law and inefficient entitlements. *Berkeley Business Law Journal*, v. 2:2, 2005.

HAYEK, Friedrich August. *Prices and production and other works*: on money, the business cycle, and the gold standard. Alabama: Ludwig von Mises Institute, 2008.

HAZLITT, Henry. *Economics in one lesson*. New Rochelle, NY: Arlington House, 1979.

HEATON, J. B. Deepening insolvency. *Journal of Corporation Law*, v. 30, n. 3, 2005.

HOBBES, Thomas. *Leviatã ou matéria, forma e poder de um Estado eclesiástico e civil*. Tradução: João Paulo Monteiro e Maria Beatriz Nizza da Silva. São Paulo: Martins Fontes, 2003.

HOLANDA, Sérgio Buarque de. *Raízes do Brasil*. 26. ed. São Paulo: Companhia das Letras, 1995.

HU, Henry T. C.; WESTBROOK, Jay Lawrence. Abolition of the corporate duty to creditors. *Columbia Law Review*, , n. 6, v. 107, New York, 2007.

HYNES, Richard M.; LAWTON, Anne; HOWARD, Margaret. National study of individual Chapter 11 bankruptcies. *American Bankruptcy Institute Law Review*, v. 25, 2017.

IANNIELLO, Barbara. *Il nuovo diritto fallimentare*: guida alla riforma delle procedure concorsuali. Milano: Giuffrè, 2006.

IRTI, Natalino. *L'ordine giuridico del mercato*. Roma-Bari: GLF Editori Laterza, 2001.

JACKSON, Thomas H. Bankruptcy, Non-bankruptcy entitlements, and the creditors' bargain. *Yale Law Journal*, New Haven, v. 91, n. 5, 1982.

JACKSON, Thomas H. *the logic and limits of bankruptcy law*. Washington D.C.: Beard Books, 2001.

JACKSON, Thomas H.; SCOTT, Robert E. On the nature of bankruptcy: an essay on bankruptcy sharing and the creditors' bargain, *Va. L. Rev.* 155, v. 75, 1989.

JACQUEMONT, André; VABRES, Régis. *Droit des entreprises en difficulté*. 9. ed. Paris: LexisNexis, 2015.

JENSEN, Michael C. Corporate control and the politics of finance. *Journal of Applied Corporate Finance*, v. 4, n. 2, Summer 1991.

JORIO, Alberto. Insolvency procedures in Italy. In: BROC, Katarzyna Gromek; PARRY, Rebecca. *Corporate rescue*: an overview of recent developments. 2. ed. The Netherlands: Kluwer Law International, 2006.

JORIO, Alberto. La riforma della legge fallimentare tra utopia e realtà. In: CARIELLO, Vincenzo; CAMPOBASSO, Mario; DI CATALDO, Vincenzo; GUERRERA, Fabrizio; SCIARRONE ALIBRANDI, Antonella (org.). *Società, banche e crisi d'impresa*. Torino: Utet, 2014.

JUPETIPE, Fernanda Karoliny; MARTINS, Eliseu; MÁRIO, Poueri do Carmo; CARVALHO, Nelson Guedes do. Custos de falência no Brasil comparativamente aos estudos norte-americanos. *Revista Direito GV*, v. 13, n. 1, FGV Direito SP, São Paulo, jan.-abr. 2017.

KAHNEMAN, Daniel. *Rápido e devagar*: duas formas de pensar. Tradução por Cássio de Arantes Leite. Rio de Janeiro: Objetiva, 2012.

KAHNEMAN, Daniel; SIBONY, Olivier; SUNSTEIN, Cass. *Ruído*: uma falha no julgamento humano. Rio de Janeiro: Objetiva, 2021.

KAMLAH, K. The New German Insolvency Act: Insolvenzordnung. *American Bankruptcy Law Journal*, v. 70, n. 4, 1996.

KATE, Jan; VAN KOPPEN, Peter. Individual differences in judicial behavior: personal characteristics and private law decision-making. *Law & Society Review*, v. 18, n. 2, 1984.

KELCH, Thomas G. Shareholder control rights in bankruptcy: disassembling the withering mirage of corporate democracy. *Maryland Law Review*, v. 52, issue 2, 1993.

KELCH, Thomas G. The phantom fiduciary: the debtor in possession in Chapter 11. *The Wayne Law Review*, v. 38, n. 3, 1992.

KERKMAN, Jerome R. *The debtor in full control*: a case for adoption of the trustee system. *Marquette Law Review*, v. 70, n. 2, article 1, p. 159-209, Winter 1987.

KILPI, Jukka. *The ethics of bankruptcy*. EUA e Canada: Routledge, 2004.

REFERÊNCIAS

KLEE, Kenneth N. All you ever wanted to know about cram down under the new bankruptcy code. *American Bankruptcy Law Journal*, v. 53, n. 2, 1979.

KLÖHN, Lars; SPAMANN, Holger. Justice is less blind, and less legalistic than we thought: evidence from an experiment with real judges. *Journal of Legal Studies*, v. 45, n. 2, Chicago, Harvard, John M. Olin Center for Law, Economics, and Business, 2016.

KOEHL, Marie. *La négociation en droit des entreprises en difficulté*. Droit. Université de Nanterre. Paris X, 2019.

KOROBKIN, Donald R. Contractarianism and the normative foundations of bankruptcy law. *Texas Law Review*, v. 71, n. 3, 1993.

KOROBKIN, Donald R. Rehabilitating values: a jurisprudence of bankruptcy. *Columbia Law Review*, New York, v. 91, n. 4, 1991.

KOROBKIN, Donald R. Value and rationality in bankruptcy decision making. *William & Mary Law Review*, v. 33, issue 2, 1992. Disponível em: http://scholarship.law.wm.edu/wmlr/vol33/iss2/2. Acesso em: 29 jun. 2023.

KOROBKIN, Russell; GUTHRIE, Chris. Psychology, economics, and settlement: a new look at the role of the lawyer. *Texas Law Review*, v. 76, n. 1, 1997.

KRAMER, Ralph; PETER, Frank K. *Insolvenzrecht*. Grundkurs fur Wirtschaftswissenschaftler. 3. ed. Springer Gabler, 2014.

LA PORTA, Rafael; LOPEZ-DE-SILANES, Florencio; SHLEIFER, Andrei; VISHNY, Robert. Legal determinants of external finance. *NBER Working Paper Series*, Cambridge, n. 5879, 1997.

LA PORTA, Rafael; LOPEZ-DE-SILANES, Florencio; SHLEIFER, Andrei. The economic consequences of legal origins. *Journal of Economic Literature*, v. 46, 2008.

LA PORTA, Rafael; LOPEZ-DE-SILANES, Florencio; SHLEIFER, Andrei; VISHNY, Robert. Law and finance. *NBER Working Paper Series*, Cambridge, n. 5661, 1996.

LACERDA, Gustavo. *A administração da empresa em recuperação judicial*: entre a manutenção e o afastamento do devedor. São Paulo: Almedina, 2021.

LACERDA, Paulo Maria de. *Da fallencia no direito brasileiro*. São Paulo: Companhia Editora Nacional, 1931.

LAMOUNIER, Bolívar; DE SOUZA, Amaury. *As elites brasileiras e o desenvolvimento nacional*: fatores de consenso e dissenso. São Paulo: Instituto de Estudos Econômicos, Sociais e Políticos de São Paulo, 2002.

LATTIN, Norman D. *The law of corporations*. 2. ed. New York: Foundation Press, 1971.

LEÃES, Luiz Gastão Paes de Barros. *Conflito de interesses*: estudos e pareceres sobre Sociedades Anônimas. São Paulo: Revista dos Tribunais, 1989.

LEAL, Hugo. *Relatório apresentado ao PL 6.229/2005 à Câmara dos Deputados*.

LEITÃO, Luís Manuel Teles de Menezes. *Código da Insolvência e da Recuperação de Empresas*. 12. ed. Coimbra: Almedina, 2022.

LEITÃO, Luís. *A recuperação económica dos devedores*. Coimbra: Almedina, 2019.

LEITÃO, Luís. *Direito da insolvência*. 9. ed. Coimbra: Almedina, 2019.

LEVINE, Ross. Law, finance, and economic growth. Charlottesville, 1997. *Journal of Financial Intermediation*, v. 8, 1999.

LEWIS, Paul B. Corporate rescue law in the United States. In: BROC, Katarzyna Gromek; PARRY, Rebecca. *Corporate rescue*: an overview of recent developments. 2. ed. The Netherlands: Kluwer Law International, 2006.

LISBOA, Marcos de Barros; DAMASO, Otávio Ribeiro; SANTOS, Bruno Carazza dos; COSTA, Ana Carla Abrão. A racionalidade econômica da nova lei de falências. In: PAIVA, Luiz Fernando Valente de (coord.). *Direito falimentar e a nova lei de falências*. São Paulo: Quartier Latin, 2005.

LO CASCIO, Giovanni. *Il concordato preventivo e le altre procedura di crisi*. 9. ed. Milano: Giuffrè, 2015.

LOBO, Jorge. *Direito da crise econômica da empresa*, RDM 109/65. São Paulo: Malheiros, 1998.

LOBO, Otto Eduardo Fonseca. *World insolvency systems*: a comparative study. Toronto: Thomson Reuters, 2009.

LOPUCKI, Lynn. A team production theory of bankruptcy reorganization. *Research Paper* n. 3-12. University of California. Los Angeles: School of Law Law & Economics Research Paper Series, 2003.

LOPUCKI, Lynn. *Bankruptcy research database*. Disponível em: https://lopucki.law.ufl.edu/index.php. Acesso em: 1º jul. 2023.

LOPUCKI, Lynn. Strange visions in a strange world: a reply to Professors Bradley and Rosenzweig. *Michigan Law Review*, Ann Arbor, v. 79, issue 1, 1992.

LOPUCKI, Lynn. The debtor in full control – Systems failure under. Chapter 11 of the Bankruptcy Code? First installment. *American Bankruptcy Law Journal*, v. 57, 1983.

LOPUCKI, Lynn. The nature of the bankrupt firm: a reply to Baird and Rasmussen's the end of bankruptcy. *Stanford Law Review*, v. 56, n. 3, 2003. Disponível em SSRN: https://ssrn.com/abstract=397780. Acesso em: 29 jun. 2023.

LOPUCKI, Lynn. A Reply to Alan Schwartz. *The Yale Law Journal*, v. 109, n. 2, Nov. 1999, p. 317-342.

LOUREIRO, Francisco Eduardo. In: PELUSO, Cezar (coord.). *Código Civil comentado*: doutrina e jurisprudência. 2. ed. Barueri: Manole, 2008.

MACFIE, Alexander. *The individual in society, papers on Adam Smith*. Oxford: Routledge, 1967.

MACHADO, Patrícia da Silva Oliveira. *A efetividade do princípio da viabilidade no sistema de insolvência*. Tese (Mestrado em Gestão para Competividade – linha de pesquisa Finanças e Controladoria), Fundação Getúlio Vargas, São Paulo, 2022.

MADAUS, Stephan. *Zustand und Perspektiven der Eigenverwaltung in Deutschland*: Shortcomings in the Current German Insolvency Law on Debtor-in Possession Proceedings, KTS, 2015. Disponível em: SSRN: https://ssrn.com/abstract=2648860. Acesso em: 6 jul. 2023.

MAKSIMOVIC, Vojislav; PHILLIPS, Gordon. Asset efficiency and reallocation decisions bankrupt firms. *The Journal of Finance*, Maryland: University of Maryland, 1998.

MALCHER, Wilson de Souza. Aspectos processuais do novo Código da Insolvência e da Recuperação de Empresas em Portugal. *Revista de Direito da ADVOCEF* – Associação Nacional dos Advogados da Caixa Econômica Federal, v. 1, n. 5, Londrina: ADVOCEF, 2007.

MANGE, Renato Luiz de Macedo. Comentários ao art. 51-A da Lei n. 11.101/2005. In: TOLEDO, Paulo Fernando Campos Salles de (coord.). *Comentários à Lei de Recuperação de Empresas*. São Paulo: Thomson Reuters, 2021.

MANGE, Renato Luiz de Macedo. O administrador judicial, o gestor judicial e o comitê de credores na Lei n. 11.101/2005. In: SANTOS, Paulo Penava (coord.). *A nova lei de falências e de recuperação de empresas Lei n. 11.101/2005*. Rio de Janeiro: Forense, 2006.

MANN, Bruce. *Republic of debtors, bankruptcy in the age of the American Revolution*. Cambridge: Harvard University Press, 2009.

MARIANO, Álvaro A. C. *Abuso de voto na recuperação judicial*. Tese (Doutorado em Direito Comercial) – Faculdade de Direito da Universidade de São Paulo, 2012.

REFERÊNCIAS

MARQUES, André Moraes; ZENEDIN, Rafael Nicoletti. Uma análise comparativa do direito de propor o plano de recuperação judicial à luz das legislações americana e brasileira. In: MARTINS, André Chateaubriand; YAGUI, Márcia (coord.). *Recuperação judicial*: análise comparada Brasil-Estados Unidos. São Paulo: Almedina, 2020.

MARROLLO, Anna. Le classi di creditori nel concordato preventivo alla luce del D.lgs. 12 settembre 2007 n. 169. *Fallimento e le Altre Procedure Concorsuali* (Il), n. 12, IPSOA, 2008.

MARTIN, Nathalie. The role of history and culture in developing bankruptcy and insolvency systems: the perils of legal transplantation. *Boston College International and Comparative Law Review*, v. 28:1, Boston, 2005.

MARTINI, Torsten; RATTUNDE, Rolf; SMID, Stefan. *Der Insolvenzplan, Handbüch für das Sanierungsverfahren gemäß §§217 bis 269 InsO mit pratikschen Beispielen und Musterverfügungen*. 4. ed. Stuttgart: W. Kohlhammer GmbH, 2015.

MARTINS, Alexandre de Soveral. *Um curso de direito da insolvência*. 2 ed. rev. e atual. Coimbra: Almedina, 2017.

MARTINS, Fran. *Comentários à Lei das Sociedades Anônimas*. Rio de Janeiro: Forense, 1978. v. 2.

MARZAGÃO, Lídia Valério. A recuperação judicial. In: MACHADO, Rubens (coord.). *Comentários à Nova Lei de Falências e Recuperação de Empresas*. São Paulo: Quartier Latin, 2005.

MATTOS FILHO, Ary Oswaldo *et al*. Radiografia das sociedades limitadas. *Núcleo de Estudos em Mercados e Investimentos* – FGV Direito SP, 2014.

MATTOS, Eduardo da Silva; PROENÇA, José Marcelo Martins. O inferno são os outros II: análise empírica das causas de pedir e dos remédios propostos em recuperações judiciais. *Revista de Direito Empresarial – RDEmp*, ano 18, n. 2, Belo Horizonte: Fórum. maio/ago. 2021, p. 31-46.

MATTOS, Eduardo da Silva; PROENÇA, José Marcelo Martins. *Recuperação de empresas*: (in)utilidade de métricas financeiras e estratégias jurídicas. Rio de Janeiro: Lumen Juris, 2019.

MATTOS, Eduardo da Silva; PROENÇA, José Marcelo Martins. *Recuperação de empresas*: curso avançado em direito, economia e finanças. São Paulo: Thomson Reuters Brasil, 2023.

MATTOS, Eduardo. *Fundamentos falimentares em risco de crédito*. Tese (Programa de pós-graduação em Administração de Empresas) – Centro de Ciências Sociais Aplicadas, Universidade Presbiteriana Mackenzie. São Paulo, 2015.

McBRYDE, William; FLESSNER, Axel; KORTMANN, S.C. *Principles of European Insolvency Law*. Países Baixos: Kluwer Legal Publishers, 2003. v. 4.

McCORMACK, Gerard; KEAY, Andrew; BROWN, Sarah. *European Insolvency Law*: reform and harmonization. Cheltenham, UK and Northampton, MA, USA: EE Elgar, 2017.

MEARS, Patrick; PANDYA, Sujal. Convergence in national and international insolvency laws since 2002. *Insolvency and Restructuring International*, v. 7, n. 1, 2013.

MEDEMA, Steven G.; MERCURO, Nicholas. *Economics and the law*: from poster to postmodernism and beyond. 2. ed. New Jersey: Princeton University Press, 2006.

MELO, Cinira Gomes Lima. *Plano de recuperação judicial*. 2. ed. São Paulo: Almedina, 2021. *E-book*.

MENDES, Max; SACRAMONE, Marcelo. Meios de soerguimento da empresa em crise na recuperação judicial. In: YARSHELL, Flávio Luis; PEREIRA, Guilherme Setoguti Julio (org.). *Processo societário IV*. São Paulo: Quartier Latin. 2021.

MENDES, Octavio. *Fallencias e concordatas*. São Paulo: Saraiva, 1930.

MENDES, Octavio. *Fallencias e concordatas*: de acordo com o Decreto n. 5.746. São Paulo: Livraria Acadêmica Saraiva & C., 1929.

MENEGAT, Bruno; FOLADOR, Rafael. Da cobrança de créditos fiscais de empresas em recuperação judicial: custos, experiências internacionais e análise crítica da jurisprudência brasileira. *Revista da PGFN*, ano VII, n. 10, 2017.

MENEZES LEITÃO, Luís Manuel Teles. *Direito da insolvência*. 5. ed. Coimbra: Almedina, 2013.

MENEZES, Maria João Ferreira de. *O crédito tributário no contexto do direito da insolvência*. Dissertação (Mestrado em Direito e Economia) – Universidade de Lisboa, 2018. p. 101.

MENJUCQ, Michel; SAINTOURENS, Bernard; SOINNE, Bernard. *Traité des procédures collectives*. 3. ed. Paris: LexisNexis, 2021.

MIESSLER, Ira. *Creditor's rights and cramdown in reorganization*: a comparative study of US Law and German Law. Central European University, 2015.

MILLER, Harvey R. The changing face of Chapter 11: a reemergence of the bankruptcy as producer, director, and sometimes star of the reorganization passion play. *American Bankruptcy Law Journal*, v. 69, n. 4, 1995.

MILLER, Harvey; WAISMAN, Shai. Is Chapter 11 Bankrupt? *Boston College Law Review*, v. 47, n. 1, 2005.

MINUTOLI, Giuseppe. Il controllo giudiziale sul mancato o insufficiente 'classeamento' dei creditori: il punto nella prassi e in dottrina. *Il Fallimento*, 1, 2010.

MISES, Ludwig von. *Ação humana*. São Paulo: Instituto Ludwig von Mises Brasil, 2010.

MODIGLIANI, Franco; PEROTTI, Enrico C. *Security versus bank finance*: the importance of a proper enforcement of legal rules. MIT Sloan School of Management, 2000.

MORAIS, Rui Duarte. Os créditos tributários no processo de insolvência. *Direito e Justiça*, 19(2), 205-229, 2005. Disponível em: https://doi.org/10.34632/direitoejustica.2005.11364. Acesso em: 6 jul. 2023.

MORI, Giorgio. Rivoluzione industriale: Storia e significato di un concetto. *Studi Storici*, v. 5, n. 2, 1964.

MUNHOZ, Eduardo Secchi. *A aquisição de controle na sociedade anônima*. São Paulo: Saraiva, 2013.

MUNHOZ, Eduardo Secchi. Anotações sobre os limites do poder jurisdicional na apreciação do plano de recuperação judicial. *Revista de Direito Bancário e do Mercado de Capitais*, ano 10, n. 36, 193, Revista dos Tribunais, 2007.

MUNHOZ, Eduardo Secchi. Comentários ao art. 64. In: SOUZA JUNIOR, Francisco Satiro; PITOMBO, Antônio; ALTIERI, Sérgio. *Comentários à Lei de Recuperação de Empresas e Falência*. 2. ed. São Paulo: Revista dos Tribunais, 2007.

MUNHOZ, Eduardo Secchi. Desafios do direito societário brasileiro na disciplina da companhia aberta: avaliação dos sistemas de controle diluído e concentrado. In: CASTRO, Rodrigo R. Monteiro de; ARAGÃO, Leandro Santos de (coord.). *Direito societário*: desafios atuais. São Paulo: Quartier Latin, 2009.

NEGRÃO, Ricardo. *Preservação da empresa*. São Paulo: Saraiva, 2019.

NENOVA, Tatiana. *The value of corporate votes and control benefits*: a cross-country analysis. Cambridge: Harvard University – Department of Economics, 2000. Disponível em: SSRN: https://papers.ssrn.com/sol3/papers.cfm?abstract_id=237809. Acesso em: 10 jul. 2023.

NIMMER, Raymont; FEINBERG, Richard. Chapter 11 business governance: fiduciary duties, business judgment, trustees and exclusivity. *Bankruptcy Developments Journals*, v. 6, n. 1, 1989.

NOGUEIRA DA COSTA, Teresa. A responsabilidade pelo pedido infundado ou apresentação indevida ao processo de insolvência prevista no art. 22º do CIRE. In: EPIFÂNIO, Maria (coord.). *Estudos de direito da insolvência*. Coimbra: Almedina, 2015.

NORTH, Douglass C. *Instituições, mudança institucional e desempenho econômico*. São Paulo: Três Estrelas, 2018.

REFERÊNCIAS

NUNES, Marcelo Guedes; SACRAMONE, Marcelo; TRECENTI, Junior; WAISBERG, Ivo. *Observatório da Insolvência, Terceira Fase.* Disponível em: https://abj.org.br/pesquisas/3a-fase-observatorio-da-insolvencia/. Acesso em: 9 jul. de 2023.

NUNES, Marcelo; SACRAMONE, Marcelo Barbosa; TRECENTI, Julio. Recuperação judicial e preservação da empresa: evidências empíricas sobre a efetividade da recuperação judicial na manutenção da atividade econômica das empresas. In: D'ORIO, Rodrigo; NUNES, Marcelo; SACRAMONE, Marcelo Barbosa (coord.). *Recuperação judicial e falência*: evidências empíricas. São Paulo: Foco, 2022.

OGUS, Anthony. *Regulation*: legal form and economic theory. New York: Oxford University Press, 1994.

OLIVEIRA FILHO, Paulo Furtado. *Perícia prévia na recuperação judicial*: a exceção que virou regra? São Paulo: Portal Migalhas, 2018.

OLIVEIRA, Artur Dionísio. Os efeitos externos da insolvência: as acções pendentes contra o insolvente. *Julgar*, n. 9, 2009, p. 176.

OLIVEIRA, Beatriz Witts Maldos. Intervenção do Poder Judiciário na invalidação do deságio dos créditos quirografários aprovados no plano de recuperação. In: RIBEIRO, José Horácio Halfeld Rezende; SACRAMONE, Marcelo Barbosa; WAISBERG, Ivo (org.). *Direito comercial, falências e recuperação de empresas — Temas.* São Paulo: Quartier Latin, 2019. Série Direito Comercial Moderno.

OLSON, Mancur. *The logic of collective action*: public goods and theory of groups. Harvard University Press, 1971.

OTTO, Stephan. Die gewälte Definition bezweckt somit die Sicherstellung einer rechtzeitigen Verfahrenseröffnung. In: NITSCH, Karl Wolfhart. *Handbuch das Insolvenzrechts.* Bremen: Europäischer Hochschuverlag GmbH & Co KG, 2012.

PACCHI, Stefania. L'abuso del diritto nel concordato preventivo. *Giustizia Civile*, n. 4, 2015.

PACCHI, Stefania; AMBROSINI, Stefano. *Diritto della crisi e dell'insolvenza.* 2. ed. Torino: Zanichelli, 2022.

PAIVA, Luiz Fernando Valente de. Aspectos relevantes do instituto da recuperação judicial e necessária mudança cultural. In: OLIVEIRA, Fátima Bayna de (coord.). *Recuperação de empresas*: uma múltipla visão da nova lei. São Paulo: Pearson Prentice Hall, 2006.

PARETO, Vilfredo. *Manual of political economy.* London: Augustus M. Kelley, 1971.

PARGENDLER, Mariana. *Evolução do direito societário.* 2. ed. São Paulo: Almedina, 2021.

PARRY, Rebecca. Introduction. In: BROC, Katarzyna Gromek; PARRY, Rebecca (ed.). *Corporate rescue*: an overview of recent developments. 2. ed. The Netherlands: Kluwer Law International, 2006.

PASQUALE, Kenneth; TAVERAS, Elizabeth; CANFIEL, Jonathan. What conduct is required to designate votes pursuant to Bankruptcy Codesection 1126(e)?, *Ann. Surv. of Bankr. Law*, 4, 2014.

PASTORE, Michele; JEANTET, Luca; BASSO, Luca; VAROLI, Andrea. *La ristrutturazione.* 2. ed. Milano: Franco Angeli, 2005.

PATERSON, Sarah. Rethinking the role of the law of corporate distress in the twenty first century. *LSE Law, Society and Economy Working Papers*, London, 27, 2014.

PATROCÍNIO, Daniel Moreira. Eficiência e recuperação judicial de empresas. *Revista Magister Direito Empresarial, Concorrencial e do Consumidor*, v. 50, 2013.

PAULUS, Christoph G. Germany: lessons to learn from the implementation of a New Insolvency Code. *Connecticut Journal of International Law*, v. 17, n. 1, 2001.

PAULUS, Christoph G. The New German Insolvency Code, *Texas International Law Journal*, v. 33, Austin, 1998.

PEDRO, Carolina. *Abuso do direito de voto afirmativo na assembleia geral de credores*. Tese (Mestrado em Direito) – Curso de Direito, Universidade de São Paulo, São Paulo, 2018.

PERIN JR., Écio. A polêmica da chamada 'trava bancária': efeitos da alegação e cessão fiduciária de recebíveis em garantia na recuperação judicial. In: BRUSCHI, Gilberto Gomes (coord.). *Direito processual empresarial*: estudos em homenagem ao professor Manoel de Queiroz Pereira Calças. Rio de Janeiro: Elsevier, 2012.

PÉROCHON, Françoise; BONHOMME, Régine. *Entreprises en difficulté*: instruments de crédit et de paiement. 8. ed. Paris: Lextenso Éditions, 2009.

PÉROCHON, Françoise. *Entreprise en difficulté*. 11. ed. Paris: LGDJ, Lextenso, 2022.

PICKER, Randal C. Voluntary petitions and the creditors' bargain. *University of Cincinnati Law Review* 519, Ohio, 1992.

PIMENTEL JR., Washington Luiz Dias. O *automatic stay* e o *stay period*: um paralelo entre o regime jurídico falimentar norte-americano e brasileiro quanto aos mecanismos iniciais de proteção dos ativos da empresa em recuperação judicial. In: MARTINS, André Chateaubriand; YAGUI, Márcia (coord.). *Recuperação judicial*: análise comparada Brasil-Estados Unidos. São Paulo: Almedina, 2020.

PINHEIRO, Armando Castelar. Judiciário, reforma e economia: a visão dos magistrados. *IPEA* (Instituto de Pesquisa Econômica Aplicada), Texto para Discussão n. 966, Rio de Janeiro, 2003.

PINTO, Carlos Alberto da Mota. *Teoria geral do direito civil*. 3. ed. Coimbra: Coimbra Editora, 1999.

PORTUGAL. Supremo Tribunal de Justiça, 2ª Secção, Processo n. 368/10.0TBPVL-D.G1.S1, relator Álvaro Rodrigues, votação por unanimidade, julgado em 10-5-2012. Disponível em: https://jurisprudencia.csm.org.pt/ecli/ECLI:PT:STJ:2012:368.10.0TBPVL.D.G1.S1.46/. Acesso em: 6 jul. 2023.

POSNER, Richard. *How judges think*. Cambridge: Harvard University Press, 2008.

POSNER, Richard. *The economics of justice*. Cambridge: Harvard University Press, 1983.

POTTOW, John. Fiduciary duties in bankrupcty and insolvency. *Law & Economics Working Papers*, 135, Ann Arbor, University of Michigan Law School, 2018.

POUJADE, Hélène; SAINT-ALARY-HOUIN, Corinne. L'instauration des classes de parties affectées. *Revue des Procédures Collectives*, Dossier 8 (n. 6), 2021. Disponível em: https://publications.ut-capitole.fr/id/eprint/44126. Acesso em: 6 jul. 2023.

PUGLIESE, Adriana Valéria; TOLEDO, Paulo Fernando Campos Salles de. A preservação da empresa e seu saneamento. In: CARVALHOSA, Modesto (coord.). *Tratado de direito empresarial*. São Paulo: Revista dos Tribunais, 2016.

PUGLIESE, Adriana. *A falência e a preservação da empresa*: compatibilidade? Tese (Doutorado em Direito Comercial) – Universidade de São Paulo, São Paulo, 2012.

PUGLIESI, Adriana Valéria; TOLEDO, Paulo Fernando Campos Salles de. Insolvência e crise de empresa. In: CARVALHOSA, Modesto (coord.). *Tratado de direito empresarial*. 2. ed. São Paulo: Revista dos Tribunais, 2018. v. 5. Recuperação empresarial e falência

PULVINO, Todd. Do asset fire sales exist? An empirical investigation of commercial aircraft transactions. *The Journal of Finance*, v. 53, n. 3, 1998.

QIAN, Jun; STRAHAN, Philip. How laws and institutions shape financial contracts. *The Journal of Finance*, v. 62, n. 6, 2007.

RACHLINSKI, Jeffrey; GUTHRIE, Chris; WISTRICH, Andrew. Inside the bankruptcy judge's mind. *Cornell Law Faculty Publications*, v. 86, n. 5, paper 1084, 2006.

REFERÊNCIAS

RAJAN, Raghuram; ZINGALES, Luigi. *The great reversals*: the politics of financial development in the 20th century. Chicago: University of Chicago Press, 2001.

RASMUSSEN, Robert K. An essay on optimal bankruptcy rules and social justice. *University of Illinois Law Review*, v. 1994, n. 1, 1994.

RASMUSSEN, Robert K. The efficiency of Chapter 11. Claims & Opinions, v. 8, *Bankruptcy Developments Journal*, Atlanta, GA, 1991.

RASMUSSEN, Robert K.; BAIRD, Douglas. The end of bankruptcy. *John M. Olin Program in Law and Economics*, Working Paper n. 173, Chicago, 2002.

REALE, Miguel. Fundamentos da concepção tridimensional do direito. *Revista da Faculdade de Direito de São Paulo*, v. 56, n. 2, São Paulo, 1961.

Redressement judiciaire: tout savoir sur la procédure. LeFebvre Dalloz. Disponível em: https://www.boutique-dalloz.fr/redressement-judiciaire-fc. Acesso em: 4 jul. 2023.

REGOLI, Natalie. Confirmation of Chapter 11 bankruptcy: a practical guide to the best interest of creditors test *Texas Journal of Business Law*, v. 41:1, 2005.

REIS, Juliana de Freitas. *Deepening insolvency*: a obrigatoriedade do pedido de autofalência. Rio de Janeiro: Escola da Magistratura do Estado do Rio de Janeiro, 2011.

RELATÓRIO do Diploma Preambular que aprovou o CPREF (DL n. 132/93, de 23 de abril). Disponível em https://www.pgdlisboa.pt/leis/lei_mostra_articulado.php?nid=106&tabela=lei_velhas &nversao=2&so_miolo=. Acesso em: 10 jun. 2023.

REQUIÃO, Rubens. A crise do direito falimentar brasileiro: reforma da lei de falências. *Revista de Direito Mercantil, Industrial, Econômico e Financeiro*, v. 14, São Paulo: Revista dos Tribunais, 1974.

REQUIÃO, Rubens. *Curso de direito falimentar*. 17. ed. São Paulo: Saraiva, 1998. v. 1.

REZENDE, Barbosa de. As modificações da lei de falências. *Jornal do Commercio*. Rio de Janeiro, 15 dez. 1929.

REZENDE, Christiane Leles; ZYLBERSZTAJN, *Décio*. Pacta sunt servanda versus the social role of contracts: the case of Brazilian agriculture contracts. *Revista de Economia e Sociologia Rural*, Piracicaba, v. 50, n. 2, abr./jun. 2012.

RIBEIRO, Renato Ventura. *Dever de diligência dos administradores de sociedades*. São Paulo: Quartier Latin, 2006.

RIVERA, Julio; ROITMAN, Horacio; VÍTOLO, Daniel. *Ley de Concursos y Quiebras*. 3. ed. Santa Fe: Rubinzai-Culzoni, 2005. t. 1.

ROCHA, Marcelo. *Anotações sobre o gestor judicial na recuperação de empresas*. Dissertação (Mestrado em Direito) – Faculdade de Direito da Universidade de São Paulo, São Paulo, 2014.

RODRIGUES, Frederico Viana. Reflexões sobre a viabilidade econômica da empresa no novo regime concursal brasileiro. *Revista de Direito Mercantil, Industrial, Econômico e Financeiro*, n. 138, São Paulo: Malheiros, 2005.

ROE, Mark. *Bankruptcy and corporate reorganization*. Legal and financial materials. 3. ed. New York: Foundation Press-Thomson Reuters, 2011.

ROTEM, Yaad. Contemplating a corporate governance model for bankruptcy reorganizations: lessons from Canada. *Virginia Law & Business Review*, Charlottesville, v. 3, 2008. Disponível em: https://ssrn.com/abstract=1924598. Acesso em: 5 jul. 2023.

SACCHI, Roberto. Concordato preventivo, conflitti di interessi fra creditori e sindacato dell'Autorità giudiziaria. Ordinario di Diritto Commerciale presso l'Università degli Studi di Milano. *Il Falimento*, 1, 2019.

SACRAMONE, Marcelo Barbosa. *Administradores de Sociedades Anônimas*. São Paulo: Almedina, 2015.

SACRAMONE, Marcelo Barbosa. *Comentários à Lei de Recuperação de Empresas e Falências*. 4. ed. São Paulo: Saraiva, 2023.

SACRAMONE, Marcelo Barbosa. *Exercício do poder de administração na sociedade anônima*. Dissertação (Mestrado em Direito Comercial) – Faculdade de Direito, Universidade de São Paulo, São Paulo, 2007.

SACRAMONE, Marcelo Barbosa. *Tutela do interesse social nas deliberações assembleares*. Iniciação científica apresentada à Fapesp, São Paulo, 2004.

SACRAMONE, Marcelo Barbosa; AMARAL, Fernando Lima. Alienação fiduciária e taxa de ocupação na recuperação judicial. *Revista de Direito Empresarial – RDEmp*, n. 1, ano 19, Belo Horizonte, 2022.

SACRAMONE, Marcelo Barbosa; AMARAL, Fernando Lima Gurgel do; MELLO, Marcus Vinícius Ramos Soares de. Recuperação judicial como forma de liquidação integral de ativos. *Revista de Direito Empresarial – RDEmp*, Belo Horizonte, ano 17, n. 3, p. 155-168, set./dez. 2020.

SACRAMONE, Marcelo Barbosa; PIVA, Fernanda. Abuso de direito de voto na recuperação judicial. *Revista do Advogado*, n. 150, AASP, São Paulo, 2021.

SADDI, Jairo. *Crédito e Judiciário no Brasil*: uma análise de direito e economia. São Paulo: Quartier Latin, 2007.

SAINT-ALARY-HOUIN, Corinne. *Droit des entreprises en difficulté*. 4. ed. Paris: Montchrestien, 2001.

SALAMA, Bruno; CROCCO, Fábio. A racionalidade econômica do direito falimentar. In: ABRÃO, Carlos Henrique; ANDRIGHI, Fátima Nancy; BENETI, Sidnei (ed.). *10 anos de vigência da Lei de Recuperação e Falência*. São Paulo: Saraiva, 2015.

SALLES, Campos. Exposição apresentada ao chefe do governo provisório em janeiro de 1891. In: CARVALHO DE MENDONÇA, José Xavier. *Tratado de direito comercial brasileiro*. Rio de Janeiro: Freitas Bastos, 1946. v. 7.

SALOMÃO FILHO, Calixto. *O novo direito societário*. 4. ed. São Paulo, Malheiros, 2011.

SALOMÃO FILHO, Calixto. *Regulação da atividade econômica*: princípios e fundamentos jurídicos. 2. ed. São Paulo: Malheiros, 2008.

SAMPAIO DE LACERDA, José Cândido. *Manual de direito falimentar*. 14. ed. Rio de Janeiro: Freitas Bastos, 1999.

SAMUELS, Warren J. Maximization of wealth as justice: an essay on posnerian law and economics as policy analysis. *Texas Law Review* 147, v. 60, n. 1, 1981.

SANDULLI, Michele. Il tempo è danaro (anche nelle procedure concorsuali). In: CARIELLO, Vincenzo; CAMPOBASSO, Mario; DI CATALDO, Vincenzo; GUERRERA, Fabrizio; SCIARRONE ALIBRANDI, Antonella (org.). *Società, banche e crisi d'impresa*. Torino: Utet, 2014.

SARRA, Janis Pearl. *Creditor rights and the public interest*: restructuring insolvent corporations. Toronto, Canada: University of Toronto Press, 2003.

SATIRO, Francisco. Autonomia dos credores na aprovação do plano de recuperação judicial. In: CASTRO, Rodrigo Monteiro; WARDE JÚNIOR, Walfredo Jorge; GUERREIRO, Carolina Dias Tavares (org.). *Direito empresarial e outros estudos de direito em homenagem ao professor José Alexandre Tavares Guerreiro*. São Paulo: Quartier Latin, 2013.

SCALZILLI, João Pedro; SPINELLI, Luis Felipe; TELLECHEA, Rodrigo. *História do direito falimentar*. São Paulo: Almedina, 2018.

SCALZILLI, João Pedro; SPINELLI, Luis Felipe; TELLECHEA, Rodrigo. *Recuperação de empresas e falência*. 2. ed. São Paulo: Almedina, 2017.

REFERÊNCIAS

SCARPETTA, Stefano; BARTELSMAN, Eric; HALTIWANGER, John. Cross-country differences in productivity: The role of allocation and selection. *Nber Working Paper Series*, v. 103, n. 1, Cambridge: National Bureau of Economic Research, 2009.

SCHEMER, Barry S. Response to Professor Gross: taking the interests of the community into account in bankruptcy – a modern-day tale of belling the cat, *Washington University Law Review*, Washington D.C., v. 72, i.3, Interdisciplinary Conference on Bankruptcy and Insolvency Theory, 1994.

SCHMIDT, Karsten. Sobreendeudamiento y deberes en relación con la solicitud de apertura de concurso: wrongful trading conforme al derecho alemán. *Revista de Derecho Concursal y Paraconcursal*: Anales de doctrina, praxis, jurisprudencia y legislación, ISSN 1698-4188, n. 12, 2010.

SCHOENHERR, David; STARMANS, Jan. When should bankruptcy law be creditor-or-debtor-friendly? Theory and evidence. *The Journal of Finance*, v. 77, n. 5, 2022.

SCHOPPMEYER, Heinrich; STÜRNER, Rolf; EIDENMÜLLER, Horst. *Münchener Kommentar zur Insolvenzordnung*. 4. ed. München: C.H. Beck, 2019.

SCHUBERT, Glendon apud GIBSON, James L. From simplicity to complexity: the development of theory in the study of judicial behavior. *Political Behavior*, v. 5, n. 1, Judicial Behavior: Theory and Methodology, 1983.

SCHUMPETER, Joseph Alois. *Teoria do desenvolvimento econômico*: uma investigação sobre lucros, capital, crédito, juro e o ciclo econômico. Tradução: Maria Sílvia Possas. São Paulo: Nova Cultural, 1997.

SCHWARTZ, Alan. *A contract theory approach to business bankruptcy*. Yale Law School, Faculty Scholarship Series, 1998.

SEABRA, José Joaquim. *Anais da Câmara dos Deputados*, v. 5, 1900.

SERRA, Catarina. *Lições de direito da insolvência*. Coimbra: Almedina, 2019.

SERRA, Catarina. *O regime português da insolvência*. 5. ed. Coimbra: Almedina, 2012.

SERRA, Catarina. Os efeitos patrimoniais da declaração de insolvência após a alteração da Lei n. 16/2012 ao Código da Insolvência. *Julgar*, n. 18. Coimbra: Coimbra Editora, 2012.

SHEFFNER, Daniel J. Situating reimposition of the automatic stay within the federal common law of bankruptcy. *University of Toledo Law Review*, v. 47, n. 2, 2016.

SILVA, José. *A posição dos credores e a recuperação da empresa*: no protagonismo dos credores a ideia de insolvência residual. São Paulo: Quartier Latin, 2023.

SILVA, Suzana Tavares; SANTOS, Marta Costa. *Os créditos fiscais no processo de insolvência*: reflexões críticas e revisão da jurisprudência. UCILER (University of Coimbra Institute for Legal Research), FDUC: Artigos em Revistas Nacionais 85, 2013.

SILVEIRA, Alexander. *A governança corporativa no Brasil e no mundo*. Rio de Janeiro: Elsevier, 2010.

SKEEL JR., David. Creditors' Ball: The 'New' New Corporate Governance in Chapter 11, Faculty Scholarship. *University of Pennsylvania Law Review*, v. 152, paper 29, 2003. Disponível em: http://scholarship.law.upenn.edu/faculty_scholarship/29. Acesso em: 6 jul. 2023.

SKEEL JR., David. *Debt's dominion*: a history of bankruptcy law in America. Princeton: Princeton University Press, 2004.

SMITH, Adam. *An inquiry into the nature and causes of the wealth of nations*. MetaLibri Digital Library, 2007. Book I, Chapter VI: Of the component parts of the price of commodities.

SOARES, Antonio Joaquim de Macedo. Reflexões sobre o processo das falências. *O Direito*, v. 51, 1889.

SOINNE, Bernard. *Traité des procédures collectives*. 3. ed. Paris: LexisNexis, 2021.

Sommer, Henry J.; Levin, Richard. *Collier on bankruptcy*. 16. ed. New York: Matthew Neder Elite Products, LexisNexis, 2009. v. 17.

Spahlinger, Andreas. In: Kübler/Prütting/Bork/Jacoby. *KPB – Kommentar zur Insolvenzordnung, § 223a Gruppeninterne Drittsicherheiten*, 2023.

Stanghellini, Lorenzo. Proprietà e controllo dell'impresa in crisi. *Riviste delle Società*, 2004.

Stigler, George. The law and economics of public policy: a Plea to the Scholars. *Journal of Legal Studies*, Chicago, v.1, 1972.

Stiglitz, Joseph. Bankruptcy laws: basic economic principles. In: Mody, Ashoka; Djankov, Simeon; Claessens, Stijn (ed.). *Resolution of financial distress*: an international perspective on the design of bankruptcy laws. Washington: The World Bank, 2001.

Strack, Fritz; Mussweiler, Thomas. Explaining the enigmatic anchoring effect: mechanisms of select accessibility. *Journal of Personality and Social Psychology*, v. 73, n. 3, 1997.

Stringham, Edward. Kaldor-Hicks efficiency and the problem of central planning. *The Quarterly Journal of Austrian Economics*, v. 4, n. 2, p. 41-50, 2001.

Sunstein, Cass; Jolls, Christine; Thaler, Richard H. A behavioural approach to law and economics. *Stanford Law Review*, 1998.

Sztajn, Rachel. Notas sobre as Assembleias de Credores na Lei de Recuperação de Empresas. *Revista de Direito Mercantil, Industrial, Econômico e Financeiro*, n. 138, São Paulo: Malheiros, 2005.

Sztajn, Rachel; Gorga, Érica. Tradições do direito. In: Zylbersztajn, Decio; Sztajn, Rachel. *Direito & Economia*. Rio de Janeiro: Elsevier, 2005.

Szterling, Fernando. *A função social da empresa no direito societário*. Dissertação (Mestrado em Direito) – Faculdade de Direito da Universidade de São Paulo, São Paulo, 2003.

Tabb, Charles Jordan. *Law of bankruptcy*. 4. ed. St. Paul: West Academic, 2016.

Taruffo, Michele. *Uma simples verdade*: o juiz e a construção dos fatos. São Paulo: Marcial Pons, 2016.

Tebet, Ramez. *Lei de Recuperação de Empresas*: Lei n. 11.101, de 2005. Parecer n. 534. Senado Federal, Brasília, 2004.

Teboul, Georges. La cessation des paiements: une définition ne varietur? Entreprises en difficulté: nouvel essai. *Revue de Jurisprudence Commerciale*, Paris, 2004.

Teixeira, Egberto Lacerda; Guerreiro, José A. Tavares. *Das sociedades anônimas no direito brasileiro*. São Paulo: José Bushatsy, 1979. v. 2.

Terranova, Giuseppe. *Insolvenza, stato di crisi, sobraindebitamento*. Torino: Giappichelli, 2013.

Thaler, Richard. *Misbehaving*: a construção da econômica comportamental. Rio de Janeiro: Intrínseca, 2019.

The World Bank. *Principles for Effective Insolvency and Creditor/Debtor Regimes*. World Bank Group, 2021.

Toledo, Paulo Fernando Campos Salles de. A preservação da empresa, mesmo na falência. In: De Lucca, Newton; Domingues, Alessandra (coord.). *Direito recuperacional*: aspectos teóricos e práticos. São Paulo: Quartier Latin, 2009.

Toledo, Paulo Fernando Campos Salles de. *O conselho de administração na sociedade anônima*. São Paulo: Atlas, 1997.

Toledo, Paulo Fernando Campos Salles de. Recuperação judicial – Sociedades Anônimas – Debêntures – Assembleia Geral de Credores – Liberdade de associação – Boa fé objetiva – Abuso de direito – *cram down* – *par condicio creditorum*. *Revista de Direito Mercantil*, São Paulo, Malheiros, n. 142, 2006.

REFERÊNCIAS

TOLEDO, Paulo Fernando Campos Salles de. Recuperação judicial, a principal inovação da Lei de Recuperação de Empresas – LRE. *Revista do Advogado*, 83, 2005.

TOTA, Edmondo. L'esecuzione anticipata dei concordati con continuità aziendale indiretta: la vendita e l'affitto d'azienda nel concordato 'in bianco'. *Diritto della Crisi*, fascicolo II, p. 24, 2021.

TRIANTIS, George G. A theory of regulation of debtor-in-possession financing, *Review 901*, v. 46, issue 4, 1993. Disponível em: https://scholarship.law.vanderbilt.edu/vlr/vol46/iss4/4. Acesso em: 5 jul. 2023.

TROST, Ronald. Business reorganizations under Chapter 11 of the New Bankruptcy Code. *The Business Lawyer*, v. 34, 1979.

TVERSKY, Amos; KAHNEMAN, Daniel. O julgamento sob incerteza: heurísticas e vieses. *Science*, v. 185, 1974.

TVERSKY, Amos; KAHNEMAN, Daniel. Rational choice and the framing of decisions. *The Journal of Business*, v. 59, n. 4, Part 2: The Behavioural Foundations of Economic Theory, 1986.

UHLENBRUK, W. § 17. *Insolvenzordnung Kommentar, 12 Auflage*, München, 2003.

UNCITRAL – United Nations Commission on International Trade Law. Legislative Guide on Insolvency Law. Disponível em: https://uncitral.un.org/sites/uncitral.un.org/files/media-documents/uncitral/en/05-80722_ebook.pdf. Acesso em: 28 jun. 2023.

UNCITRAL – United Nations Commission on International Trade Law. *Legislative Guide on Insolvency Law*. New York: United Nations Publications, 2005. Disponível em: https://uncitral.un.org/sites/uncitral.un.org/files/media-documents/uncitral/en/05-80722_ebook.pdf. Acesso em: 4 jul. 2023.

UNIÃO EUROPEIA. Diretiva UE 2019/1023 do Parlamento Europeu e do conselho. *Jornal Oficial da União Europeia*, 26 jun. 2019. Disponível em: https://eur-lex.europa.eu/legal-content/PT/TXT/PDF/?uri=CELEX:32019L1023&from=EN. Acesso em: 30 jun. 2023.

UNITED STATES COURTS. *Caseload Statistics Data Tables*. Disponível em: https://www.uscourts.gov/statistics-reports/caseload-statistics-data-tables. Acesso em: 30 jun. 2023.

UNITED STATES COURTS. *Court role and structure*. Disponível em: https://www.uscourts.gov/about-federal-courts/court-role-and-structure. Acesso em: 30 jun. 2023.

VALVERDE, Trajano de Miranda. *Comentários à lei de falências*. 4. ed. Rio de Janeiro: Forense, 1999. v. 1.

VALVERDE, Trajano de Miranda. *Comentários à lei de falências*. 4. ed. Rio de Janeiro: Forense, 1999. v. 3.

VALVERDE, Trajano de Miranda. Exposição de motivos da lei de falências. In: VALVERDE, Trajano de Miranda. *Comentários à lei de falências*. 4. ed. Rio de Janeiro: Forense, 1999. v. 3.

VALVERDE, Trajano de Miranda. *Sociedade por ações*. 2. ed. Rio de Janeiro: Forense, 1953. v. 2.

VELJANOVSKI, Cento. *Economic principles of law*. New York: Cambridge University Press, 2007.

VERÇOSA, Haroldo Macheiros Duclerc. Recuperar ou não recuperar, eis a questão: o poder/dever do juiz objetivando a preservação da empresa – configuração e limites. In: CEREZETTI, Sheila C. Neder; MAFFIOLETTI, Emanuelle Urgano. *Dez anos da Lei n. 11.101/2005: estudos sobre a Lei de Recuperação e Falência*. São Paulo: Almedina, 2015.

VIANNA, Manoel Álvaro. *Das fallencias*. Rio de Janeiro: Typographia Hildebrandt, 1907.

VIDAL, Marina Coelho Reverendo. A impunidade impera na esfera empresarial? Uma análise casuística da aplicação dos arts. 64 e 65 da lei de recuperação e falência. *Revista da Faculdade de Direito da Universidade São Judas Tadeu*, São Paulo, n. 9, 2020.

WAISBERG, Ivo. O necessário fim dos credores não sujeitos à recuperação judicial. In: ELIAS, Luis Vasco (coord.). *10 anos da lei de recuperação de empresas e falências*: reflexões sobre a reestruturação empresarial no Brasil. São Paulo: Quartier Latin, 2015.

WARNER, Jerold. Bankruptcy costs: some evidence. *The Journal of Finance*, v. 32, n. 2, New Jersey: Wiley for the American Finance Association, 1997.

WARREN, Elizabeth. Bankruptcy policy. *The University of Chicago Law Review*, Chicago, v. 54, n. 3, 1987.

WARREN, Elizabeth. A theory of absolute priority. *Annual Survey of American Law*, 1991.

WARREN, Elizabeth. Bankruptcy policymaking in an imperfect world. *Michigan Law Review*, Ann Arbor, MI: 1993-1994.

WARREN, Elizabeth. The untenable case for repeal of Chapter 11. *The Yale Law Journal*, v. 102, n. 2, 1992.

WATSON, Alan. *Legal transplants*: an approach to comparative law. 2. ed. Georgia: University of Georgia Press, 1993.

WEBER, Robert. Can the sauvegarde reform save French bankruptcy law? A comparative look at Chapter 11 and French bankruptcy law from an agency cost perspective. *Michigan Journal of International Law*, Ann Arbor, v. 27, 2005. Disponível em: https://ssrn.com/abstract=802944. Acesso em: 3 jul. 2023.

WEBSTER, Seth. Collateral damage: non-debtor recovery for bad faith involuntary bankruptcy petitions. *Bankruptcy developments journal*, v. 35, Atlanta: Emory University School of Law, 2019.

WESTBROOK, Jay Lawrence. The control of wealth in bankruptcy. *Texas Law Review*, v. 82, n. 4, Austin, TX, 2004.

WESTBROOK, Jay Lawrence. The globalization of insolvency reform. *New Zealand Law Review*, Auckland, n. 3, 1999.

WHITE & CHASE Llp. *Bankruptcy and a fresh start*: stigma on failure and legal consequences of bankruptcy 10, European comm., U.S. Report, 2002.

WHITE, Michele. The corporate bankruptcy decision. *Journal of Economic Perspectives*, v. 3, n. 2, 1989.

WHITE, Michelle J. Does Chapter 11 save economically inefficient firms?. *Washigton University Law Review*, v. 72, issue 3, 1994. Disponível em: https://openscholarship.wustl.edu/law_lawreview/vol72/iss3/34. Acesso em: 30 jun. 2023.

WHITE, Michelle J. The costs of corporate bankruptcy: a U.S.-European comparison. In: BHANDARI, Jagdeep S.; WEISS, Lawrence A. (ed.). *Corporate bankruptcy*: economic and legal perspectives. Cambridge: Cambridge University Press, 1996.

WHITE, Michelle. Bankruptcy procedures in countries undergoing financial crises. In: CLAESSENS, Stijn; DJANKOV, Simeon; MODY, Ashoka (ed.). *Resolution of financial distress*: an international perspective on the design of bankruptcy laws. Washington: World Bank Institute, 2001.

WOOD, John M. *The interpretation and value of corporate rescue*. Cheltenham: Edward Elgar, 2022.

WORLD BANK. *Principles and guidelines for effective insolvency and creditors rights systems*, abr. 2001, p. 21. Disponível em: https://documents1.worldbank.org/curated/en/936851468152703005/pdf/481650WP02001110Box338887B01PUBLIC1.pdf. Acesso em: 6 jun. 2023.

YAMA, Hiroshi *et al*. A cross-cultural study of hindsight bias and conditional probabilistic reasoning. *Thinking & Reasoning*, v. 16, 2010.

ZUKIN, James H. Are more restructuring regimes becoming like the U.S. Chapter 11 System? In: POMERLEANO, Michael; SHAW, William (ed.). *Corporate restructuring*: lesson from experience. Washington: World Bank, 2005.